明治前期中学校形成史

府県別編Ⅳ 北陸東海

神辺靖光
米田俊彦
——編

梓出版社

まえがき

本書は、神辺靖光氏の『明治前期中学校形成史　府県別編』シリーズの四冊目である。一冊目は関東の一府三県と新潟・長野・山梨・岐阜県、二冊目（環瀬戸内海）は中国地方の五県と愛媛県・兵庫県・京都府、三冊目（東日本）は関東の三県と東北六県を扱った。今回は北陸三県・東海三県とその両者をつなぐ滋賀県が対象である。また、一・二冊目は神辺氏の単著、三冊目は神辺氏の編で神辺氏が序説を書き、八人が九章（県）を分担執筆したが、今回は神辺氏と筆者が編集を担当し、神辺氏が序説を書き、神辺氏を含む五人が七章（県）を分担執筆した。各章は各執筆者が執筆した独立した論文であるが、同時に、「中学校形成史」という共通のテーマを各県の事例に即して明らかにするために、編者を中心に共同の討議を行ってまとめた成果でもある。

この中学校形成史のシリーズは、「学制」前後から「中学校令」（一八八六年の制定と九一年の一部改正）による尋常中学校発足までの時期における、一八七〇年代の草創期と八〇年代の形成期を貫く中学校の形成過程を府県別に叙述したものである。尋常中学校は基本的に府県立とされ、しかも各府県一校に限定されたから、中学校の形成過程は府県という設置単位ごとに叙述することに大きな意味がある。府県は、一八七〇年代において（場合によっては八〇年代にも引き続き）統廃合されて現在の形に整えられていったから、府県の設定過程が中学校の形成に直接の影響を及ぼした。今回取り上げた北陸東海七県で言えば、一八七六年の第二次府県統合の段階では富山県・福井県は存在せず、その県域は石川県と滋賀県に包摂されていた一方、東海三県はその時点で現在と同じ県域となっていた。この府県の設定と中学校の形成との関係が一つのポイントとなる。

また、中学校は旧藩士の士族層に大きく支えられて形成された。北陸三県、滋賀県、愛知県（尾張地方）、三重県には大藩があって、その旧藩士族層を中心に、あるいはその影響関係を軸に、その城下町に中学校が形成されていくが、静岡県は新政府に降伏した徳川藩が移ってきたばかりであり、愛知県（三河地方）には大藩がない。大藩の有無による中学校形成の違いもまた一つのポイントである。

各章の節構成はその県の中学校の形成のされ方を反映している。県の統廃合を軸にして叙述する章（県）もあれば、県庁所在地にあった中核的な学校、あるいは県内のいくつかの地域に分散して設置された学校の変遷を軸に叙述する章（県）もある。節構成を見ただけでも北陸東海七県の中学校形成史は多様さがわかる。

なお、序説は、本書が対象とする北陸東海七県にかかわる事象だけでなく、中学校形成史全般を理解するうえでの基本的な事項を整理したものである。中学校の「形成史」という捉え方をご理解いただくうえでも参考にしていただけたら幸いである。

二〇一四年十二月に最初に集まってから、一七年十二月までに六回の編集・執筆者会議を神辺氏のご自宅で開催した。中学校の形成過程について、各県の担当者が把握した具体的な史実に即して有益な議論を重ねることができた。本書の編集作業に参加させていただいたことについて、ここに感謝の意を表したい。

二〇一八年一月

米田　俊彦

目次

凡例

一、年代表記は、明治五年までは陰暦により元号を用い、明治六年＝一八七三年以降は太陽暦による。ただし明治五年以前から以後まで、ある事項が連続する場合は元号を用いる。
一、引用史料については常用漢字を用いたが、仮名づかい、送り仮名は原文にしたがった。なお変体仮名は平仮名、片仮名に改めた。
一、引用史料には適宜、読点を付し、疑義ある箇所にはママと傍注した。

明治前期中学校形成史

府県別編Ⅳ　北陸東海

序説　北陸東海地方の戊辰戦争と府県立中学校本体観への道程

神辺靖光

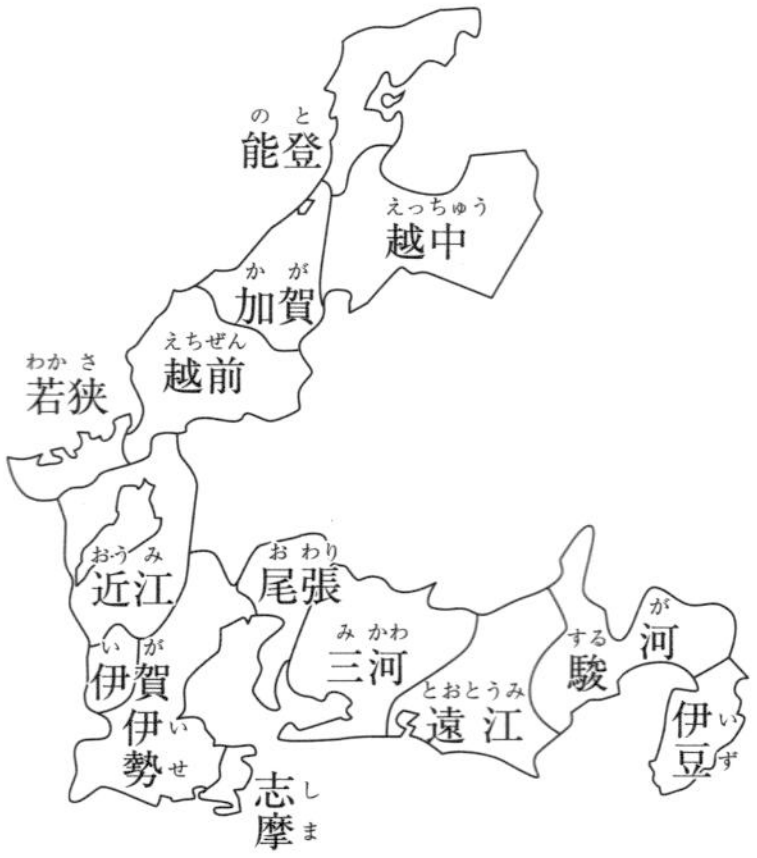

北陸東海旧分国図

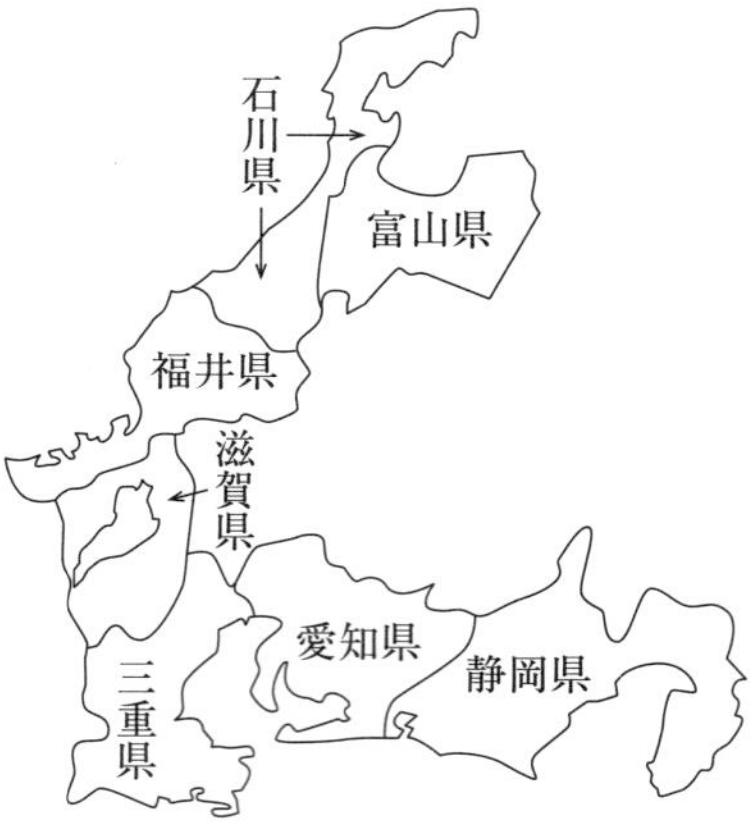

北陸東海旧分県図

はじめに

中学校の形成史を考えるとき、二つの視座がある。一つは小学校を終了して、中学校で学び、さらに上級の大学・高等専門学校に進学しようとする中学生に何を教えるかというアーティキュレーション（学校間接続）を念頭に置いたカリキュラム論からの考察、もう一つは中学校設置の資金は何によるか、如何なる行政区域にたてるかという学校設置論からの考察である。

第一のアーティキュレーションカリキュラムからみれば、明治前期の日本は理念と現実の間に大きな隔たりがあった。明治三年、「中小学規則」に「中学」の学科と教科書が示された時、学科は西洋風の教科、法科、理科、医科、文科であったが、教科書は和漢の古典を並べた珍妙なものであった。明治五年の「学制」に示された学科も西洋の中学校カリキュラムを模倣したものであった。しかしこれを教える教師もいなければ、教科書もないので、一八七〇年代、実際に中学校で教えたものは、江戸時代の藩校や私塾で教えた漢学と変らないものであった。そうした中で、官公私立の外国語学校は西洋風の中学校カリキュラムを学び、また官公立の中学師範学校は和洋折衷の中学校カリキュラムを工夫して、一八八一年に「中学校教則大綱」をつくり上げた。ここにはじめて中学校開設の条件に中学教則（カリキュラム）が登場したのである。

これ以後、中学校形成史においてカリキュラムの編制が重要事項になるが、それ以前の中学校問題は専ら中学区の問題、即ち、いかなる行政区域を中学校の設置区域とするか、財源はどうするかの学校設置論が主たるものであった。なぜそうなったのか、それは大学、中学校の発生が日本独特のもので、ヨーロッパのそれと大きな違いがあったからである。

大まかに言えば、およそ十二世紀以後、ヨーロッパ各地に学者が書物を抱えて集り、そこが学者連合の大学になった。そしてそこに集った学生や商人によって大学が維持され、成長発達した。十四世紀から十五世紀にかけて、イギリスにラテン語と文法を教えて大学の予備教育をするグランマスクールが次々にたてられた。これが後にパブリックスクールと呼ばれる大学進学用の中学校である。ドイツでも同じようなギムナジウムが十六世紀からたてられるが、ヨーロッパのこのような大学進学のための中学校は、いずれも市民の中の学者や教育者が市民の支持を得てつくったものである。

しかるに日本の中学校は十九世紀半ば、明治維新の新政府の指示のもとに、大学・中学・小学をセットにして一気につくられた。ゆえにカリキュラムは、あとにされ、設置ばかりが先行した。各地に置かねばならぬ中学校はその時々の行政区域を母胎とした。即ち府藩県三治の時期には府と藩と県が中学校の設置区となり、大区小区の戸籍区の時期には、これと並んで作られた中学区が、三新法制定によって府県と郡が行政区になってからは府県と郡が中学校設置区になる。そして森文政期において府県制を睨んだ府県立中学校本体主義が樹立されるのである。本稿は中学校の設置を軸に、その時々の事情を考察しながら森文政期の尋常中学校の展開までを論述する。

法令法規は内閣官報局編『法令全書』を用い、法令番号を付した。

本稿は冒頭に本書の対象地方である北陸東海の諸藩が戊辰戦争において、どのような行動をとったかを略述した。これがその後十数年にわたって該当地域に経済上、行政上、教育上の影響を少なからず与えたからである。

一、北陸東海地方の戊辰戦争

本書でいう北陸東海地方

本書でいう北陸・東海とは富山、石川、福井、滋賀、三重、愛知、静岡の七県をさす。滋賀県（近江国）は東山道に属し、交通路も、ここから北陸道、中山道、東海道の三方向に分かれる。これを北陸に含めてしまうのは強引のそしりをまぬがれないが、以下の理由でそのようにする。

畿内から発する古代律令の分国・北陸道は若狭国・越前国・加賀国と北方に伸びるのだが、官道としての北陸道は近江国穴多を首駅として琵琶湖西岸の近江路を通って越前・加賀に達する。近世前期に盛行した北国海運は日本海沿岸各地の物資を越前敦賀《つるが》湊または若狭小浜湊から陸路、琵琶湖北辺に揚げ、琵琶湖水運で大津から京阪に送る。明治中期から敷設がはじまった現JR北陸線は滋賀県米原から長浜を通って福井県敦賀に抜け、福井・金沢・富山と北陸各地を貫通する。このように北陸各地の物資、そして文化は必ず近江を通って京阪に運ばれ(1)、京阪の人が北陸に行く時は必ず近江を通ったのである。本書の対象時期では一八七六年八月、越前敦賀郡と若狭三郡が、滋賀県に合併された。若敦四郡は伝統的に木ノ芽嶺《きのめ》以北の越前国よりも近江国に親密であるという理由からである(2)。

律令国家の北陸道分国は若狭国からはじまって、越前・加賀・能登・越中・越後・佐渡の七ヶ国である。都から各国の国府を連ねる官道が設けられた。都から二日乃至三日で行かれる若狭国は近国、四日から十七、八日かかる越前、加賀、能登、越中の四国は中国、十七から三十四日かかる越後・佐渡の二国は遠国と三つに区別された。官道は近江国穴多から北上、越前・加賀・越中・越後の国府を通って佐渡国府に通じ、若狭と能登は支路で結ばれた。

古代律令の七道はいずれも畿内に顔を向けているが、国数も少なく、距離も短い北陸道は特に京阪との絆が強かった。しかし近世、江戸に徳川の政権ができると西の京阪ばかりでなく、東の江戸にも顔を向けないわけにはいかなくなった。参勤交替のため上越から信濃に入り、追分で中山道に合流する北国街道は江戸参勤のための加賀藩主恒例の道中であった。古代から遠国とされた越後の諸侯はなおさらのことで、会津へ出て江戸に向う会津街道、三国峠を直行して江戸に向う三国街道の交通が盛んになった。佐渡金山と新潟港が幕府直轄になったことと相まって、遠国《おんごく》として異端者扱いされてきた越後は北陸道を通って京阪につながるよりもすべての道は江戸につながるようになった。(3) 明治になって大学区、軍管区すべての区画において新潟県が北陸道の諸国・諸県と切り放されて、東や北の諸国・諸県と結ばれたのは近世に胚胎した政治経済文化上の東・北との結びつきによるものである。

古代行政区画としての東海道は伊賀・伊勢・志摩・尾張・三河（以上近国）・遠江・駿河・伊豆・甲斐（以上中国）・相模・武蔵・安房・上総・下総・常陸（以上遠国）の一五国である。しかし徳川氏が江戸で覇権を握ると関八州という区画が醸成され、相模・武蔵以東はその中に入った。伊豆・甲斐は関東か東海かあいまいなところがあったが、駿河以西の五国は一般に東海圏と認識されていた。

東海圏の認識は江戸幕府がつくった五街道最大の東海道の賜であろう。街道としての東海道は江戸日本橋より京都までの街道と近江の大津から分れて大阪に至る街道をいう。武蔵・相模・伊豆・駿河・遠江・三河・尾張・伊勢・近江・山城の十ヶ国を通り、大阪への道は河内・摂津が加わる。この東海道の中間大部分は古代律令の東海道における主要国であった。

幕府はこの幹線道路に宿場を設けて交通の便をはかった。江戸・京都間の五十三宿、大津・大阪間の四宿で、通常、東海道五十三次といわれるものである。東海道は河川が多く徒渉に難渋するため、近世初期には、これを避けて東山道を往来する者もあったが、東海道宿場の整備が進むにつれ、大名の参勤交替をはじめ、人々の往来、物資の流通、

通信が非常に多くなった。かくして東海道は西日本と東日本の文化交流の大動脈になったのである。(4)

戊辰戦争における北陸諸藩の対応

慶応四（一八六八）年一月七日、鳥羽・伏見の戦いに勝利した新政府は、直ちに前将軍・徳川慶喜の追討令を発した。政府は諸侯にその去就を決めさせるため、中国、四国、九州方面にも鎮撫総督を派遣する。ここでは前将軍追討東征軍の動向と北陸、東海諸藩の対応を述べよう。

一月九日、東海道鎮撫総督に橋本実梁、北陸道鎮撫総督に高倉永祜《ながさち》を任命し、二月九日には、それらを束ねる東征大総督として有栖《ありす》川宮《がわのみや》熾仁《たるひと》親王を任命した。(5) 大総督は皇族、各総督は公家で戦争の実務を知らないから、それぞれに西南雄藩選抜の武士をつけた。東山道軍参謀・土佐藩士板垣退助、大総督参謀・西郷隆盛の如きである。東征軍は徳川軍の抵抗を受けずに三月半ばに全軍江戸に到着した。そして勝海舟と西郷隆盛の会談をへて、四月十一日の無血江戸開城となった。(6) これを以て鳥羽・伏見の戦いに端を発した戊辰戦争の第一段階は終った。四月以降、関東各地に起った争乱や、五月にはじまる北越戦争、八月から九月にかけて行われた会津戦争を頂点とする奥羽戦争は戊辰戦争の第二段楷である。以下、戊辰戦争第一段階の北陸、東海地方の各藩の対応をみよう。

若狭国一国をほぼ領有した小浜藩は幕府大老酒井忠勝を出すほどの普代大名であった。鳥羽伏見の戦いに、東軍に属し薩摩・土佐軍と戦って破れ、藩主忠氏は丹波路を通って小浜に逃れる途中、山陰道鎮撫総督の下に降った。その後、朝廷に陳謝し、許されて北陸道鎮撫使先鋒となり、奥羽戦争に従軍した。(7)

福井藩は越前国福井周辺三二万石を領有した大藩で、藩主は徳川家門の松平氏である。一六代・慶永は西洋式医学・理化学・兵学を導入し藩の近代化に貢献したが、将軍継嗣問題で一橋派に属し、井伊直弼が大老に就任して後、左遷されて隠居、名を春岳と改めた。しかるに安政の大獄の報いで直弼が暗殺（桜田門外の変）された後、幕府政事総裁職に任ぜられた。一七代の松平茂昭《もちあき》は幕府親藩として尊王佐幕の立場を堅持していたが大政奉還後にできた暫定政府では松平春岳は総裁に次ぐ議定になった。翌年三月十四日紫宸殿で奉読された五箇条の誓文の原案は福井藩士・参与由利公正によってつくられたものである。福井藩は北陸道軍の順路に当るところから鎮撫総督高倉永祜《ながさち》の麾下で越後に向い、会津まで転戦して凱旋した。越前国内の幕府領地は当分の間、福井藩の預地になった。明治新政府になっても松平春岳は大学別当兼侍読などの要職を歴任、明治二年六月、版籍奉還によって松平茂昭が越前藩知事になった。(8)

加賀藩は加賀・能登各一国と越中の約三分の二を領有した一〇二万石の大大名である。領地の多い外様大名の中でも群を抜いて最大である。外様ではあるが、藩主前田家は代々、徳川将軍家に忠誠をつくす佐幕派であった。そうした中で、勤王派が動き出したのは文久二（一八六二）年で世子・前田慶寧《よしやす》の周辺にそれらの人々が集った。その頃、慶寧は皇居警護を命じられ、藩兵を率いて京都にあったが、元治元（一八六四）年の禁門の変では、長州藩のためにあっせんの労をとった。これが不成功に終ったので、慶寧は皇居警護を部下にゆだね、京都から退居した。これに対し、藩主・前田斉泰《なりやす》は慶寧に謹慎を命じ、慶寧側近の勤王派の武士を死刑・禁獄・流刑等に科したので、勤王派は全滅してしまった。鳥羽・伏見の戦いには徳川将軍を援けて薩長軍と戦うべく出兵したが、その途上、幕軍の敗北と慶喜が朝敵になったとの報を聞き、あわてて兵を返し、朝廷に尽忠報国の上書を提出した。しかし朝廷及び薩長の好感は得られず、ために北越戦争には進んで討伐軍の先鋒を志願するやら物資調達を申し出るやらの努力をした。(9)

富山藩は越中国の中部・富山地方一〇万石を領有した外様大名である。加賀藩前田家三代藩主・利常《としつね》が幕府に願い出て、長子光高《みつたか》に宗家を継がせ、次男利次《としつぐ》に越中国婦負郡・新川郡、加賀国能美郡の中で領地一〇万石を分与したことで富山藩が成立した。寛永十六（一六三九）年のことである。富山藩は藩内農政をはじめ行政は宗藩の仕方を踏襲した。よって戊辰戦争においても宗藩と同じく、北陸道官軍に従い、北越・会津戦争で奮戦した。(10)

大聖寺藩は加賀国江沼郡地方を領有した外様中大名である。富山藩と同じく寛永十六年前田利常が、三男利治《としはる》に大聖寺七万石を分与したので、大聖寺藩が成立した。富山藩ともども加賀前田家の支藩と言える。(11)戊辰戦争に際しては、福井において藩の正使・家老前田中務が、北陸道鎮撫総督に面会して恭順の意を示した。次いで総督一行が大聖寺に宿泊した時、北越戦争のための弾薬製造と戦地への輸送を命じられたので越後の官軍のもとに雷管二〇万発を送り届けた。その後、越後方面の守備兵として出兵が命じられた。(12)

近江国彦根周辺三五万国を領有した彦根藩・井伊家は三河以来の普代大名で徳川政権誕生以来、徳川総軍の先鋒を以て任じ、彦根に居を据えてから自ら西国外様大名への監視役として睨みをきかせてきた。何人も大老職に就いているが、日米通商条約調印、安政の大獄、桜田門外の変を惹起して歴史を転回させた井伊直弼もその一人である。直弼の死後幕閣から落されたが、第二次征長戦では長州軍と戦った。その後の政局の急変によって彦根藩は朝廷側に傾き、鳥羽伏見の戦いには公然と官軍についた。そして討幕戦の緒戦・桑名征討にはその先鋒をつとめ、以後、戊辰戦争全般にわたって奮戦した。(13)

近江国大津周辺六万石を領有した膳所藩・本多家は普代大名である。幕末には京都市中取締であった。膳所藩士の中には攘夷派がかなり居たので幕府から咎められていた。鳥羽伏見の戦いで幕府側が敗れると膳所藩は直ちに官軍に従い、伊勢桑名藩追討に向った。(14)

東海諸藩の対応　伊勢国津周辺と伊賀国を領有した津藩・藤堂家は三二万石の外様大名である。外様であるが、藩祖・藤堂高虎が豊臣時代から徳川家康に接近して信頼を得、また家康死後も歴代の徳川将軍に忠勤を励んだので、畿内枢要の地にあって一度も改易転封がなく約二六〇年続いて明治に至った。

禁門の変では藩兵三五〇人を出兵させて近くに陣を張ったが、形勢観望の日和見主義に徹して兵力を失うことはなかった。慶応四（一八六八）年十二月の王政復古の際には徳川慶喜に対する寛大な処置を願って動き、鳥羽伏見の戦い直前まで佐幕的中立を持していたが、両軍接近の機が熟するや幕府軍を砲撃した。同時に淀藩の裏切りもあって幕府軍は総崩れとなり敗走した。討幕軍が起ると津藩は東海道先鋒に加えられ、千百余人の混成部隊を編成し、房総で戦い、江戸で彰義隊と戦い、奥羽戦争で戦った。この戦いには伊賀伊勢の多くの無足人（切米扶持の軽輩の侍、津藩の場合は郷士）が農兵隊として従軍した⑮。

伊勢国の北部一一万石を領有した桑名藩は徳川家門の松平家である。戊辰戦争の時の藩主・定敬《さだあき》は美濃松平家から入った者で、尾張藩主・徳川慶勝《よしかつ》、会津藩主・松平容保《かたもり》の実弟であった。禁門の変の時は京都所司代の任にあり、その後も会津藩とともに京都の警備に当った。慶応三（一八六七）年十二月、王政復古が発せられると京都警備の任が解かれたので徳川慶喜や会津兵とともに大阪城へ引き揚げた。四年一月二日、桑名藩兵は大阪を出発し、鳥羽伏見で戦ったが大敗して大坂城へ退却した。しかるに藩主定敬は徳川慶喜とともに海路、江戸へ奔ってしまった。藩主が居なくなった桑名城では藩士たちの大評議がはじまった。①東下して徹底抗戦、②桑名で決戦、③無血開城恭順の三派に分かれて激論を闘わし、無血開城に決定した。しかし抗戦を唱える強硬派は脱藩して江戸へ走った。

強硬派は江戸で藩主・定敬と一緒になり、ロシア船を雇って海路箱館をへて越後柏崎に向った。柏崎には桑名藩の飛領地があるからである。ここで恭順派を殺害し、三六〇余名の藩士が朝廷軍と戦った。この戦いで、桑名兵は自分達を官軍、朝廷側を賊軍と称した。しかし戦は利あらず、閏四月には柏崎を放棄して会津に奔り、さらに仙台から海路、箱館へ逃げてそこで降伏した。この戊辰戦争で桑名藩兵は百余名の犠牲者を出した。

一方、桑名城は一月、無血開城となり、桑名藩は尾張藩の管理下に置かれた。松平定敬は五月、江戸の尾張藩邸に出頭して降伏した。明治二年八月、定敬の遺子万之助に家名を継がせ、桑名六万石として再興が許された(16)。

尾張一国と美濃国の一部、六二万石を領有した尾張藩は徳川親藩最大の藩である。家康の九男・徳川義直が尾張に入封した慶長十二（一六〇七）年、御三家筆頭の尾張藩が成立した。爾来二六〇年、延々と続いたが、歴代の藩主は養子相続が多い。最後の藩主慶勝《よしかつ》は支藩美濃高須藩松平家から入った者で、前述した会津藩主・松平容保、桑名藩主・松平定敬は慶勝の実弟である。

元治元（一八六四）年の征長戦に、慶勝は幕府軍の総督になった。しかし慶勝は積極的な戦闘を好まず、長州と折衝するので幕府の不信をかった。慶勝の不在中、尾張藩は佐幕派が勢力をつけていた。慶勝は尾張に帰ると直ちに佐幕派幹部三名を斬罪に処し、数日のうちにその与党一四名を斬って勤皇を明らかにした。これを、青松葉事件という。

早速、尾張藩は征討軍下の軍隊を編成したが、北陸道の諸藩とは著しく違った形態をとった。まず征討大総督の身辺警護を任とする磅礴《ぼうはく》隊であるが、これは浮浪者を集めたもの。放浪癖のある遊び人が多かったから進軍途中、女郎買いに出かけて斬られる者が続出する。このほか四隊をつくった。集義隊は博徒の集り、北陸方面に出動して長岡－新潟－新発田と転戦した。幹部は士格に取り立てられ、隊もそのまま藩属となった。正気隊は農民部隊、東正気隊は新選組・新徴組の残党で尾張藩に帰順したもの。精鋭隊は名古屋の医者・長屋左仲が隊長になって集めたものであるが、信州に出兵中、金を持ち逃げしたので長屋は捕えられ打ち首になった。正規の藩兵でなく、このような奇兵隊を正面に押し出したのは、もし佐幕側が勝った時、言い逃れできる余地を残したのである。凱戦後、磅礴隊と集義隊の博徒達は藩士にとりたてられた(17)。

尾張以東の三河・遠江・駿河三国は徳川家康本来の領地であったので関ヶ原戦を境に徳川家門か譜代の大名の領地になった。慶応元（一八六五）年におけるこの地の大名配置をみれば次のようである。

三河国	岡崎藩	本多忠民	五万石
	吉田藩	松平信古	七万石
	西尾藩	松平乗秩	六万石
	田原藩	三宅康保	一万石
	苅屋藩	土井利善	二万石
	挙母藩	内藤文成	二万石
	西端藩	本多忠鵬	一万石
	西大平藩	大岡愛致	一万石
遠江国	横須賀藩	西尾忠篤	三万五〇〇〇石
	浜松藩	井上正直	六万石
	掛川藩	太田資美	五万石
	相良藩	田沼意尊	一万石
駿河国	田中藩	本多正納	四万石
	小島藩	松平信敏	一万石[18]
	沼津藩	水野忠誠	五万石

みての通りの小大名が、この東海三国に将棋の駒のように並べられているのである。徳川幕府の大名配置は幕府に反抗できないように、外様大名をしばしば転封させたり、大名家を廃絶させたりしたが、この手の大名配置は近世中

期で終った。これに替って起ったのが、幕府の要職に就く家門や譜代大名を要職と引き換えに転封させることであった。家門譜代の小大名が並んだ三河、遠江、駿河の東海三国はまさにこの行政的転封の城地であった。この地の大名で幕閣の重職、老中や三奉行、京都所司代、大坂城代になった者は多い(19)。権力を持つ者の知行は少なくするというのが徳川幕府の基本方針であった。

東征軍東海道部隊進軍の成否を決めるものは御三家筆頭・尾張藩の向背であった。その尾張藩が佐幕派の首を刎ねて勤皇を宣言したいま、東海三国の家門譜代の小大名は駒が次々に倒れるように東征軍に降ったのである(20)。

東海地方の東征軍への対応は北陸諸道とは全く違った様相をみせた。それは尾張藩と同じように、正規の藩兵が東征軍に加わったのではなく、民衆が独自の軍隊をつくって討幕に加わったことである。例えば遠州報国隊である。遠江国浜松地方には国学を学ぶ者が多かったが、嘉永七（一八五四）年、浜松地方の万斛村と有玉村で六所明神以下十社の神職者が集り、復古惟神《かんながら》の祈願祭を行った。以後、この地方の維新勤皇運動が盛り上り、慶応四（一八六八）年二月の諏訪神社大祝杉浦大学邸における遠州報国隊の発起人会をへて三月、東征大総督率いる官軍に参加した。報国隊は江戸から奥羽戦争に従軍し、十一月に解隊した(21)。

遠州報国隊に呼応して駿河に駿州赤心隊ができた。国学信奉者で神職者もいる。慶応四年二月、東征大総督に願い出て、大総督の警護に当った。即ち隊を三組とし、安倍川以西は山西組、駿河近辺は府辺組、富士川以東は大宮組とし、併せて清水港を守備した。さらに大総督に従って江戸に入り、上野で戦い解散し帰国した。この直後、江戸の幕臣たちが駿河国に移住してきた。赤心隊の面々は、この江戸移住者によって次々に殺されていった(22)。

北陸東海戊辰戦争の総括

戊辰戦争における北陸東海諸藩の対応を総じてみると、北陸諸藩の対応のまずさと東海諸藩のあざといまでの機敏さが見える。若狭の小浜藩、加賀藩は鳥羽・伏見戦までは幕府軍の一翼として出征したが、幕軍の敗北を知るや一戦もせずに逃げ帰り、官軍に対し陳謝に努め、すすんで討幕軍の先鋒を勤めている。加賀藩の支藩である富山、大聖寺の両藩もこれに倣った。ひとり福井藩のみ尊皇佐幕の中立を保ちつつ、最終的には越後、会津戦に出征したが、(23)徳川親藩として穏当な態度で新政府に協力した。

あざとさが際どいのは近江の彦根藩と伊勢の津藩である。彦根井伊家は三河以来の譜代であり、津の藤堂家は外様であるが、ともに徳川将軍家と昵懇で佐幕派の統領である。彦根藩は東山道の、津藩は東海道の喉口を押さえて西国諸大名に睨みをきかす立場にあった。その彦根藩が鳥羽伏見戦には最初から公然と官軍につき、津藩は戦端が開かれるや、最初の砲門を幕府軍に向けた。ために幕府軍は総くずれになったのである。これに比べれば尾張藩徳川家の去就は念が入っている。征長軍総督で広島に出陣しても戦意を示さず、長州と折衝を続け、鳥羽伏見戦には尾張にあって佐幕派幹部を斬首して旗幟を明らかにした。しかも東征軍に従軍するに際しては藩士による正規軍ではなく、博徒・浮浪者の奇兵部隊を臨時編成するしたたかさであった。

三河・遠江・駿河の家門・譜代小藩は戦わずして東征軍に降った。しかし藩論をまとめきれず、多くの脱藩者を出し、脱藩者が関東奥羽で官軍と戦った。こうした中で悲劇の立役者は伊勢の桑名藩主・松平定敬であろう。最後まで戦った会津藩主・松平容保の実弟である。鳥羽伏見の戦いで、たまたま徳川慶喜と一緒に大坂城に居たため、慶喜とともに海路江戸に逃れ、東征軍が迫る桑名城に帰れなかった。よって桑名城では藩主不在のまま、開城恭順と決し、反対派は脱藩して東国に走り、定敬とともに越後、会津、箱館で戦う破目に落入ってしまった。このように東海道筋の桑名藩や三遠駿三国の小藩は官軍に組したものの多くの脱藩者を出して同僚戦う悲劇をみたが、北陸の大藩・加賀藩は大転換の中で一人の脱藩者もなく、整然と藩上層部の意向に従ったのである。

江戸開城で徳川慶喜は謹慎の身となった。しかし徳川家の存続は認められ、相続人は田安亀之助（後の徳川家達・公爵貴族院議長）と決まり、封地に駿府七〇万石が与えられた。旧将軍徳川家の移封と一口に言っても、駿府各地の諸大名が他国に移らねばならない。戊辰戦争第一段階の落着として駿府各地の大名の移封を述べておこう。

慶応四年五月、徳川宗家の処遇が決まると駿遠両国の大名・旗本は上知され、徳川の領地にかえられていった。大名達の替地は上総と安房で、徳川宗家の直轄地、旗本の知行地が集ったところである。七月から九月にかけて多くは海路でその地に移った。

駿河国　沼津藩・水野家→上総国菊間へ
　　　　小島藩・滝脇家→上総国桜井へ
　　　　田中藩・本多家→安房国長尾へ
遠江国　相良藩・田沼家→上総国小久保へ
　　　　掛川藩・太田家→上総国芝山へ
　　　　横須賀藩・西尾家→安房国花房へ
　　　　浜松藩・井上家→上総国鶴舞へ

そして遠江の堀江陣屋の旗本・大沢家だけが残留を許され堀江藩となった。

八月、徳川亀之助が百人ばかりの従者を引きつれ駿府に入った。これより前、駿府に入ることを許された徳川慶喜も駿府入りし、旧幕臣が続々、沼津、小島、田中、相良、掛川、横須賀、浜松などの旧藩士屋敷に入り込んだ。明治二年六月、版籍奉還に際して徳川家達(亀之助)は藩知事になった。駿府は近くが賤《しず》ヶ丘といわれていたことにちなんで静岡藩と改称した。これより前、明治元年六月、伊豆韮山代官所管の伊豆全域は韮山県となった。(24)

二、廃藩置県と府県統廃合

廃藩置県に至る経緯

明治四年七月、廃藩置県が断行された。七月十四日、急遽呼び出された藩知事(諸侯)は明治天皇の前で三条太政大臣が読む〝廃藩の詔〟を聞かされた。この瞬間、藩はなくなり二百十数年にわたった幕藩体制は終焉した。翌五年八月、「学制」が制定されて全国民を対象とする学校制度がつくれたのは、藩の介在がなくなって政府が地方官を通じて国民と直通できるようになったからである。廃藩置県に至る経緯を顧みよう。

慶応四年閏四月、「政体書」によって府藩県三治がはじまり、藩主は諸侯となり、家老が執政、参政となって藩体制がしばらく続いたが、明治二年七月「職員令」を発して府藩県長官の職名を知事に統一した。藩主は全員、藩知事に任命されたので、一種のセレモニーと安堵したが、藩主はこの瞬間、世襲の大名から政府が任命する官吏に変質したのである。代々の大名家が世襲する封建制度の根幹が抜き取られたと言えよう。家老が横すべりした執政、参政もこの時からなくなり、府県と同じ大参事、小参事が置かれた。こうして府藩県の行政を共通にするという名目で、藩の封建制を弱めていったのである。(25)

これとは別に維新政権以外の勢力が府藩県三治体制をゆるがす行動を起した。一つは自ら廃藩を願い出る諸侯が続出したことである。その原因は戊辰戦争による軍費消費で、終戦後も債務超過で財政破綻に落入るケースが少なくなかった。一三万石の盛岡藩は朝敵藩で、政府に約束した七〇万両の献金が納められないことで廃藩を願い、盛岡県になった。このように県になったり、大藩に合併されたりする例は小藩に多いが、北陸東海地方では若狭の鞠山藩が小浜藩に合併され、近江の大溝藩が大津県に、尾張の髙須藩が名古屋藩に吸収された。

第二は有力大藩の廃藩建白や知藩事辞職である。明治四年一月、徳島藩（二五万七〇〇〇石）知藩事・蜂須賀茂韶《もちあき》、鳥取藩（三二万石）同池田慶徳から廃藩の願が、三月には熊本藩（五四万石）同細川護久《もりひさ》から知藩事辞職の願が、四月には名古屋藩（五六石）同徳川慶勝から藩体制の改編を要求する建白が出された。これに反応して岩倉具視は「大藩同心意見書」（大隈重信起草）をつくった。府藩県三治体制の見直しがはじまったのである。

維新政権最初のスローガン、五ヶ条の誓文をみれば血脈、家柄を尊ぶ封建制度、それに基づく幕藩体制は否定さるべきものである。幕府を倒した今、藩もなくさなければならないが、維新政権を担う武士は藩士であったし、なによりも出身藩の財力、武力、威力によって討幕をなしとげたのである。藩をなくすことはできなかった。故に府藩県三治という過渡的な状態をつくり藩をできるだけ中央政府の命令通りに動くようにつくり変えてきたのである。しかしそれぞれ異なる条件を持つ藩（藩領の大小、人口、産業、交通の違い）を均一に統制することは不可能である。政権はそれに気づいていたから各藩の意見を聞く公議所→集議院で封建制か郡県制かを問うてきた。しかし各藩公議人たちの意見はまちまちで統一的見解に至らなかった。

明治四年になってではじめた大藩諸侯の意見はいずれも廃藩を明言している。大藩の領域を適宜に切って大を州、中を郡、小を県にして諸侯が知事になり、都に登って国家の政治に参画するというものが目立つ。廃藩によって全国統一に近づく道ではある。しかし薩長藩閥の維新政権への挑戦でもある。

かくするうちに今度は長州出身の若手官僚から即時、廃藩置県の強行意見が出た。これは明治三年九月の「藩制」、四年二月の親兵（政府直轄軍）問題と関連するので簡単に述べよう。「藩制」の要点は①藩歳入の一〇パーセントを知事家禄、九パーセントを海陸軍費（半額の四・五パーセントを海軍費として政府に上納）残りの八一パーセントを藩庁費と士族家禄とする。②藩債を知事家禄、士族家禄、藩庁費の中から返済し、藩札を回収するというものである。藩財政は苦しくなる一方であり、政府の建軍計画もこれでは立てない。

新政権は直属の軍隊を持っていなかった。戊辰戦争は薩長土佐三藩の兵を中核とした各藩提供の軍隊で勝利したが、戦いが終るやそれぞれの藩に帰ってしまった。東京及び関八州を守る軍隊がない。そこで天皇を守る軍隊即ち御親兵（政府直轄軍）をつくった。これはフランス式に歩兵・砲兵・騎兵からなる八、〇〇〇人の兵力で、薩摩・長州・土佐三藩が提供した軍隊である。経費は政府からでているが、三藩連合軍の観がある。軍隊としての忠誠は天皇に向けられるのか、藩主に向けられるのか、不明確であった。

これを懸念したのが兵部少輔・山県有朋であった。奇兵隊創設に参画した山県は新しい軍隊は武士ではなく庶民からの徴兵でなくてはならぬと思っている。しかし三年十一月の「徴兵規則」によって行われた徴兵の多くは士族卒であった。戊辰戦争では農民兵も出現したが、各藩兵は武士という観念が拭い切れなかった。山県の廃藩置県論はここに始まる。彼は同じ長州藩の野村靖、鳥尾小弥太《こやた》らと語らい、大蔵省を牛耳っていた井上馨《かおる》（長州藩士）に相談した所、財政上、藩の存在に困り抜いていた井上も廃藩に賛成、これを長州藩の首領・木戸孝允に伝え、さらに参議・西郷隆盛に伝えた所、西郷の「宜《よろ》しかろう」の一言で廃藩置県の挙が決ったのである。(26)

第一次府県統廃合

廃藩置県断行を事前に知っていたのは参議と少数の若手官僚だけであった。クーデターの臭いがする陰謀であったから事後の処置について計画がなかった。そこで当面、藩をそのまま県にしたので、これまでの府と県を合わせて、三府三〇二県になった。しかしこのままにして置いたら廃藩置県の意味がない。まず大県と小県の格差をなくさねばならない。政府は鋭意努力して府県の統廃合をすすめ同年十一月までに三府七二県に整理した。七六年さらに統廃合を行い、三府三五県にするので、四年十一月のそれを第一次府県統廃合とする。

第一次統廃合の論理には二つの原則があった。第一の原則は大藩を基準に新県を構成したり、旧幕府の天領を基につくった府や開港地その他の要地を中心に新県をつくったことである。大藩基準はさらに大藩をそのまま県にした場合と大藩に中小藩を附属させた場合がある。

大藩をそのまま県にした例は岡山藩→岡山県、広島藩→広島県、熊本藩→熊本県、鹿児島藩→鹿児島県のように西国にみられる。北陸東海地方では富山藩→新川県と駿河に移った徳川宗家の静岡藩→静岡県がある。金沢県は前田一〇二万石の金沢藩を主体にしているが、支藩の大聖寺藩を加えているし、名古屋県は尾張徳川六二万石を主体に家臣成瀬家の犬山藩を合わせている。堀江藩一藩の遠江に浜松県ができたのは例外である。遠江の浜松、掛川、相良、横須賀四藩は明治元年、房総に移封された。堀江の五、〇〇〇石旗本・大沢氏は新政府に一万石と偽って諸侯に列せられた。県統廃合では遠州一帯を浜松県と名づけた。

次に大藩を中心に数箇の中小藩を集めて一県とするケースがある。姫路藩一五万石を中心に明石以下一〇の中小藩をまとめた姫路県が典型であるが、北陸東海でみれば、彦根藩二五万石を中心に湖北四藩をまとめた長浜県、津藩三二万石を中心に伊勢北部の六藩をまとめた安濃津県、大藩とは言えないが岡崎藩五万石を中心に三河一帯一〇藩をま

とめた額田県がその例である。(27)

以上は大藩中心に新県をつくった例である。しかし府県統廃合は藩を中心にしたものばかりではなかった。新政府は長く伸びた国土を治めるのに各地方に拠点都市をつくろうとした。政治拠点、軍事拠点、後には教育の拠点都市まで考えるが、さし当っては政治拠点としての東京府、京都府。軍事拠点としての大阪府。貿易地としての横浜、神戸、長崎、新潟を特別扱いにし、第一次府県統廃が終了した四年十二月、「府県列順」(28)を発表した。それによると東京府、京都府、大阪府の三府の次に四位神奈川県、五位兵庫県、六位長崎県、七位新潟県となる。この四県は貿易港を持つ県で以後の県統廃合は横浜港、神戸港、長崎港、新潟港を中心に拡大してゆくのである。これらの拠点都市は戊辰戦争のさ中に決められたが、拠点都市という考え方はその初期にはただ人の集る要地ぐらいの意味で、旧時代の要地を府と名づけた。甲斐府、度会府、奈良府などがその例である。甲府は旧幕府が重視した城下町なので、四年十一月、ここを中心に甲斐国を山梨県とした。奈良は古来、東大寺の門前町で人の集る要地なので、ここを中心に大和国一帯の小藩をまとめて奈良県とした。同じやり方で、伊勢神宮のある度会府を中心に伊勢の久居藩と志摩の鳥羽藩を合わせて度会県にしたのである。

近江の大津は維新政権が京都とともに最初につくった裁判所（地方行政府）である。ここは琵琶湖の南端に位置し、北陸、東山、東海三道の要地であり、物資集積の要地である。ここを中心に南近江の四藩を集めて大津県をつくった。

福井県は福井藩を中心に越前北部の大野、丸岡、勝山の三藩とこの地に散在していた旧幕府天領を合わせてつくった本保県（明治三年十二月）を合併したものである。同時につくった敦賀県は若狭の敦賀藩、小浜藩と越前南部の鯖江藩を合わせたものである。わずか一万石の敦賀藩を新県の中心にしたのは、近江の大津県と同じく敦賀港が日本海通運の要地であったからである。

第一次統廃合の第二の原則として

1、旧来の飛地をなくして県域を地続きにし、新県の区域を古代律令の分国に合わせる。

2、各県の石高を均一化する。

があった。地続きを原則として古代分国に沿って一国一県にした例を北陸東海にあげるならば、加賀国＝金沢県、遠江国＝浜松県、駿河国＝静岡県がある。二国を合わせた例は若狭一国と越前の一部を合わせた敦賀県、能登一国と越中の一部を合わせた七尾県、伊賀一国と伊勢の一部を合わせた安濃津県、志摩一国と伊勢・紀伊の一部でつくった度会県がある。近江国は長浜県と大津県で分割した。

第一次統廃合には石高を均一化するねらいがあった。これによって一〇〇万石から一万石の差があった旧藩以来の石高は概ね一県三〇万石から四〇万石に平均化された(29)。北陸東海諸県にみられる（表1）。

県令が赴任し、「県治条例」(30)によって県政が実際に動き出すのは第一次統廃合が終ってからである。明治五年八月の「学制」公布までに県名が変った県がある。北陸東海方面に多い。金沢県が石川県に（五年二月）、福井県が足羽県に（四

表1　北陸東海地方・新県別石高表

府県名	石高	旧国名
新川県	68万石	越中
七尾県	46万石	能登，越中
金沢県	46万石	加賀
福井県	54万石	越前
敦賀県	23万石	若狭，越前
大津県	45万石	近江
長浜県	40万石	近江
度会県	34万石	伊勢，志摩，紀伊
安濃津県	53万石	伊勢，伊賀
名古屋県	66万石	尾張
額田県	56万石	三河，尾張
浜松県	37万石	遠江
静岡県	25万石	駿河

松尾正人『廃藩置県』200−201頁所収
「明治4年末改置府県概表」によって作る。

年十二月）、長浜県が犬上県に（五年二月）、大津県が滋賀県に（五年一月）、安濃津県が三重県に（五年三月）、名古屋県が愛知県に（五年四月）変った。これまで適宜につけた県名を県庁所在地の郡名をつけるという方針に各県が従ったからである。金沢県大参事に赴任した内田政風（薩摩藩士）は県庁を日本海沿岸の美川《みかわ》に移したので、美川の郡名をとって石川県とした。[31] また安濃津県参事になった丹羽賢（愛知県士族）は県庁を四日市に移したので、その地の郡名をとって三重県としたのである。[32] ともに旧金沢藩士、旧津藩士の勢力を嫌ったからである。こうして県庁の位置が決まり、県行政が動き出す。

藩校の終末と藩校中学校連続説

廃藩置県の詔がでた明治四年七月十四日の翌日から藩の行政が止ったわけではない。政府は藩の大参事以下に暫く藩行政を続けるよう命じているから概ねその年一ぱい旧藩行政は続いたのである。そして第一次府県統廃合の最中に「府県官制」（明治四年十月太政官布告五六〇号）、「県治条例」（明治四年十一月太政官布達六二三号）が発せられ、県令、権令、県参事を次々に任命して県行政へ移行した。[33] この過程で藩行政が次第に消え、藩校も閉鎖、消滅していった。

藩校の閉鎖、消滅について、総体的に考察した研究は寡聞にして聞かない。『日本教育史資料』の各「藩校沿革要略」にその終末が記録されているが、それを見聞した在地の古老が執筆したため、印象的な記述が多い。

……廃藩ノ令出ツルニ及ンテ全ク廃校トナリシガ明治五年後、苗木小学校トナス（美濃・苗木藩日新館[34]）

……学制御頒布ニ際シ豊橋郷学校トナリ又変シテ小学八町校トナル（三河・豊橋藩時習館[35]）

……今ノ亀田小学校是也（羽後・亀田藩長善館[36]）

……明治五年四月廃藩トナリ閉校ス。同年七月更ニ小学校トナシ今ニ連続ス（山城・淀藩明親館[37]）

いずれも藩校創立以来の沿革を述べた最後に右の文で了るのだが、これでは藩校が明治の学校に連続したと誤読されても止むを得ない。廃藩で一たん閉鎖になった後、同じ校舎に私立学校として、または県の学校として再興したとする記事も多いが、藩校沿革の末尾にこれを書くから、藩校の多くが明治の学校に連続したという印象を持ってしまう。正しくは藩校校舎跡にできた学校が多いということである。概して言えば、小藩の藩校は第一次統廃合で新県庁の周辺地域になったから小学校の建物になり、大藩の藩校は新県の中央部に位置し、多くは県庁所在地になるから中学校の校舎として用いられるのである。実際、明治前期、とりわけ一八七〇年代にはじまった変則中学校、師範学校予備科（中学校の濫觴）には旧藩校の校舎を用い、跡地にたてられたものが多いのである。「府県史料」『県史』『県教育史』『高等学校沿革史』等によって調査したものをあげる。天領地にたてられた幕府学校跡地も藩校とみなした（表2）。

こうしたこともあって一九三〇年代に教育学者で藩校と中学校を連続的に説明する者が現われた。例えば春山作樹は一九〇七年、東京帝国大学の講義で、「藩校は明治維新ののち師範学校若しくは中学校に変形したるもの多し」[38]と述べ、一九三五年に「藩校は廃藩置県と同時になくなったが、それが基礎となって新式の中学校・師範学校が府県の経営として成立したものもある」[39]と説明した。松浦鎮次郎は「実際に於て大藩中藩の藩学は多く府県の手に移り、学制に準拠して中学となった」[40]と述べ、髙橋俊乗も「廃藩置県を機として全国の藩学は一旦ことごとく政府の命令により廃校になったが、鹿児島・山口等有力な藩の学校は高等学校として残り、その他は中学校または小学校・幼稚園に継承され、あるいは校名を伝えている」[41]と述べている。

旧藩の地に開設された中学校が旧藩校名をつけたことも藩校の中学校連続観を意識させたであろう。山形県立米沢興譲館中学、福山誠之館中学校、私立修道中学校（広島）、福岡県立中学校修猷館、福岡県立中学明善堂、長崎県立

表2　藩校・幕府学校跡にたてられた一八七〇年代の中学校

岩手師範予備学科	盛岡藩校作人館修文所跡
〔秋田〕太平学校変則中学	秋田藩校明徳館跡
磐前県第五番中学	三春藩校明徳堂跡
高田仮学校	高田藩校修道館跡
〔佐渡〕修教館仮中学	幕府学校修教館
〔金沢〕変則専門学校	金沢藩校中学東校跡
〔金沢〕仙石町変則中学	金沢藩校明倫堂跡
山梨県中学予科学科	幕府学校徽典館跡
沼津中学校	静岡藩兵学寮跡
静岡師範学校中学課	静岡藩学舎
鳥取変則中学	鳥取藩校尚徳館跡
〔津山〕成器中学校	津山藩校修道館跡
山口変則中学校	山口藩校山口明倫館跡
萩変則中学校	山口藩校萩明倫館跡
岩国変則中学校	岩国藩校養老館跡
豊浦変則中学校	豊浦藩校敬業館跡
徳島師範附属変則中学	徳島藩校長久館跡
〔松山〕北予変則中学校	松山藩校明教館跡
〔高知〕陶冶学校変則中学	高知藩校致道館跡
〔福岡〕変則中学修猷館	福岡藩校修猷館跡
〔小倉〕変則中学	小倉藩校育徳館跡
久留米仮中学校	久留米藩校明善堂跡
柳河仮中学校	柳河藩校伝習館跡
佐賀変則中学校	佐賀藩校弘道館跡
長崎準中学校	幕府学校名倫堂跡
〔中津〕片端中学校	中津藩校進脩館跡

神辺『日本における中学校形成史の研究〔明治初期編〕』四八一―四八二頁所収

中学猶興館等々である。

彦根藩校弘道館は廃藩置県でなくなった。滋賀県立彦根中学校は一八八七年に、それまでの町立中学校から県立尋常中学校になった時を起点として『彦中五十年史』（一九三七年刊）を編纂したが、〝わが校の淵源は彦根藩校弘道館である〟として、藩校創立の寛政十一（一七九九）年から沿革を記述している。このように藩学の沿革と中学校の沿革を同等にみた沿革史に平仲次『沿革史・山形県立米沢興譲館中学校』（一九三六年刊）篠丸頼彦『校史・千葉県立佐倉高等学校』（一九六一年刊）がある。編纂者の意識、在地住民、教師、卒業生の感情が、このような藩校中学校連続意識を生み出した。そうした意識を醸し出してもかまわない。よい教育的効果をあげるかも知れない。しかし教育史研究として無限定に藩校中学校連続説をとってはならない。藩校校舎を中学校が使用した例があったこと、藩校跡地に中学校が開かれた例が多かったこと以外、連続を説くならば、実証的説明がいるだろう。

さて、廃藩置県で藩校は全滅した。しかるにいくつかの新県で、時を置かず中学校を開き活動した所がある。藩校養賢堂構内にできた宮城県の中学校仮学校、小田原藩校稽古所を引きついだ足柄県学校、鳥取藩主が開いた英学校を引きついだ鳥取県学校、岡山藩学校を改革して岡山県が引き継いだ普通学校、岩国藩が計画した学制を岩国県になってから実施した県中学校、山口県になったばかりの五年三月、萩と山口にあった藩校明倫館を改称した萩中学校と山口中学校、藩校を引きついだ壮大な金沢県中学校、同じく名古屋中学校、これらは廃藩置県直後に藩校を引きつぐ形で中学校を開校したが、いずれも短期間で閉鎖になった。

三、中学区と官立公立私立学校

「学制」の学区制と大学区の変更

明治五年八月三日、「学制」が公布された。「学制」は学区制をとっている。日本全国を大別して八大学区とし、各大学区に一箇の大学を置く（第二章）、一大学区を三二中学区に分かち、各中学区に一箇の中学校を置く（第五章）、一中学区を二一〇小学区に分け、各小学区に一箇の小学校を置く（第六章）とする壮大な計画である。

大学区をみよう。

第一大学区は東京府以下一府一三県、第二大学区は愛知県以下七県、第三大学区は石川県以下六県、第四大学区は大阪府以下二府一一県、第五大学区は広島県以下九県、第六大学区は長崎県以下一一県、第七大学区は新潟県以下七県、第八大学区は青森県以下八県である。ところが、「学制」公布後八ヶ月の一八七三（明治六）年四月十日、七大学区に改変した（文部省布達第四二号）。

第一大学区（一府一二県、本部・東京府）
東京府、神奈川県、埼玉県、入間県、木更津県、足柄県、印旛県、新治県、茨城県、群馬県、栃木県、宇都宮県、山梨県

第二大学区（九県、本部・愛知県）
愛知県、浜松県、岐阜県、三重県、度会県、筑摩県、石川県、敦賀県、静岡県

第三大学区（二府一〇県、本部・大阪府）
大阪府、京都府、兵庫県、奈良県、堺県、和歌山県、飾磨県、豊岡県、高知県、名東県、岡山県、滋賀県

第四大学区（八県、本部・広島県）
広島県、鳥取県、島根県、北条県、小田県、浜田県、山口県、愛媛県

第五大学区（九県、本部・長崎県）
長崎県、佐賀県、白川県、宮崎県、鹿児島県、小倉県、大分県、福岡県、三潴県

第六大学区（八県、本部・新潟県）
新潟県、柏崎県、置賜県、酒田県、若松県、長野県、相川県、新川県

第七大学区（八県、本部・宮城県）

宮城県、磐前県、水沢県、山形県、福島県、岩手県、秋田県、青森県

旧第三大学区の本部・石川県以下、敦賀県、筑摩県の三県を第二大学区（本部・愛知県）に入れて第三大学区（北陸方面）を消滅させ、第四大学区（本部・大阪府）以下、第五、第六、第七、第八大学区のナムバーを一つずつ繰り上げて全七大学区に編成し直した。なに故にこのような措置を行ったか、それは大学区画の偏頗性を直したかったからである。

そもそも「学制」の大学区はどのようにして構成したか。「学制」制定の前、明治五年一月四日、文部卿・大木喬任は「全国ノ人口ニ基キ、土地ノ広狭ニ随ヒ天下ヲ大別シテ七八部ニ分、一部内ニ大学一処……ヲ置キ」[42]と述べている。当初から全国を分割して七区または八区の大学区をつくる計画であった。まず拠点となるべき本部を長大な国土に沿って東京府、愛知県、石川県、大阪府、広島県、長崎県、新潟県、青森県と定めた。これは旧時代から文教の盛んな所、若しくは西洋文化が入り易い港を持った県である。そしてこの拠点府県を中心に地続きに交通の便をはかって大学区を構成する県を決めていったと思われる。その際、大木文部卿が言っている通り人口のバランスが考慮される筈であった。しかるに当時、全国の人口統計は作成中であったから米の生産高を以てこれに代えたのである。[43]「学制本文原案」（大木喬任本）[44]に大学区別、府県別に石高が記されている。大学区別のそれをみると

第一大学区	五六五万石	第五大学区	三九六万石
第二大学区	三六三万石	第六大学区	五五六万石
第三大学区	二七五万石	第七大学区	二五七万石
第四大学区	四八七万石	第八大学区	三三七万石

である。一見して第一大学区（関東方面）と第六大学区（九州）の石高の多さと第三大学区（北陸方面）と第七大学区（越後と羽州方面）の石高の少なさがわかる。明治六年の大学区改正はこのアンバランスを調整しようとするものであった。第三大学区をそのまま第二大学区に入れてしまうと六三八万石になってしまう。そこで第三大学区の新川県（越中）の六八万石を隣区である第七大学区に入れた。これで第七大学区は三二五万石になり均等化した。次に第一大学区の静岡県（駿河二五万石）を第二大学区に入れてバランスを計った。これで第一大学区は五四〇万石に、第二大学区も五九五万石におさまって、六〇〇万石台という突出した大学区を避けることができたのである。

文部省は大学区本部に大学をつくるつもりはなかった。にもかかわらず、大学区の均等化に気を配るのは、大学区を基準に中学区をつくり、さらに小学区をつくって小学校を普及したいからである。小学校を日本国土の隅々まで均等にたてることが文部省の使命と心得ていた。ゆえに各大学区の人口、それに比例すると思われている石高に神経を使って大学区の均等化をはかったのである。

中学区の区画

中学区は府知事県令が「土地ノ広狭、人口ノ疎密ヲ計リ便宜ヲ以テ郡区村市等ニヨリ」（学制第七章）区画した。第一次府県統廃合、「県治条例」の公布から一年たった明治五年末には県の行政事務体制が整ったので、明治六（一八七三）年になると各県は中学区の区画にとりかかった。その状況は『文部省第一年報』に記述されている。

七三年になると明治四年四月にはじまった「戸籍法」の成果があがりはじめた。文部省は七三年二月九日、中学区の区画は「人口大約十三万人ヲ以テ一中学区ノ目的トス」と指示した（文部省布達一三号）。『文部省第一年報』の「府県学事ノ景況」は府県内人口統計を載せている。かくして人口一三万が中学区画の基準になったが、府県人口の差は甚だしいものがあった。第六大学区でみると日本最多の人口一三六万八、七八二人の新潟県の側には海を隔てて日本最少人口（一〇万四、四〇五人）の相川県（佐渡島）があった。果して人口を規準に区画できるだろうか。大方の府県は人口によらなかったが、愛知県と浜松県の東海二県は概ね一二万から一三万人口の中学区をつくった[45]。この二県は比較的平坦な地形で人口の粗密が少なかった。多くの県が拠ったのは旧来の郡である。「学制」も「郡区村市」によるのもよいとしている（第七章）。小田県、広島県、山口県の山陽三県と高知県等は数郡まとめて一中学区とし、人口概ね一〇万から一五万ぐらいで収めている[46]。戸籍区の大区を合わせて中学区をつくったのが新潟県である。三〜四大区で一中学区をつくり、各中学区人口概ね一五〜一七万にしたが、上越高田を中心とする第五中学区は人口二三万余という全国最多人口の中学区になってしまった。東京府も戸籍区に重ねて中学区をつくったが、中学区人口を均等にするため周辺の郡部を適宜加えている[47]。京都府も市内は戸籍区の大区に当る上京・下京で、郡部は山城八郡と丹波三郡で中学区をつくり[48]、大阪府も旧来の大阪三郷を四大区に仕立てた大区で市部二中学区を、郡部は七郡を二中学区に区画した[49]。このように戸籍区と郡を混用したり、郡を更に区切って中学区をつくった県も多くみられる。

問題は県域が狭くて県内に複数の中学区をつくれない場合や、人口過疎のため中学区画不可能になった場合である。当時の兵庫県は神戸港を中心に摂津の川辺、武庫、莵原、八部、有馬の五郡を合わせた狭い地域で人口も一九万七、〇〇〇余であった。ために県域を分割できない。県令・神田孝平は県内一中学区を申請して、そのように決った[50]。人口過少のため一県一中学区になったのは佐渡島の相川県と置賜県、酒田県で過疎地帯の第六大学区に多い。大和一国を管轄する奈良県は奈良盆地以外の山岳地帯の人口は計ることができないとして中学区区分の猶予を乞うている[51]。このように過疎過密の人口配分を持つ当時の日本に人口を基準とする中学区区画を要求することは無理であった。しかし、人口過密な港湾商業都市、過疎な山岳地帯を無理に組み合わせて県令たちは中学区を編成したのである。

「学制」は一八七二年の「学制」（本編とする）と七三年三月から逐次追加された「学制二編」からなる。「学制本編」からみよう。

「学制」は小学校の普及を第一の使命としていたから小学校については本体となる正則小学校のほかに代用できるさまざまな変則小学、私塾家塾の例をあげている。中学校は〝小学普及の後〟と考えていたから壮大な構想ではあるが実現性の乏しい規定である。大学に至っては〝将来の事〟と考えていたため、規定は漠然とした一ヶ条（第三八章）だけである。

臨時措置としての外国語学校

中学校は小学校卒業生を容れる普通学の学校であるが、農業、工業、商業、通弁の学校と勤労者のための夜間学校や盲聾者のための学校まである（第二九—三七章）。戦前期の日本がつくり出した中等学校の全体像を示したようである。根幹になる普通学科は十四歳から十九歳までの生徒が学ぶ中学校で、国語、数学もあるが多くは西洋式の近代科学である。当時の文部省は維新以来、激烈な国漢洋三学派争いに勝ち抜いた洋学派で固めている。この洋式普通科中学校だけはモデルとして実現したい、しかし洋式普通科を教える教師もいなければ教科書もない。この八方塞がりの中で一条の光を見つけたのが、外国人教師を雇って中学校をつくる案であった。

「当今外国人ヲ以テ教師トスル学校ニ於テハ大学教科ニ非サル以下ハ通シテ之ヲ中学ト称ス」という学制本編第三一章のわかりにくい文章がそれである。これの実施のために学制公布の八月三日、すでに外国人教師によって普通学を教授していた南校を第一大学区第一番中学、大阪の開成所を第四大学区第一番中学、長崎の広運館を第六大学区第一番中学と改称したのである（文部省布達一六号）。七三年の学制二編にある外国語学校はこの第一番中学を発展させたものであった。

学制二編の主なることは専門学校と外国語学校の規定である。章程一八九—二〇七章にある。〝いまここに専門学校を開くのは西洋諸国の長技を取るためだ。その取るべき学芸技術は法律、医学、星学（天文学）、数学、物理学、化学、工学等で、神教修身（宗教倫理）は取らない〟と言っている（章程一八九章）。学制本編の大学が将来の事として悠長に構えたのに対し、学制二編の専門学校は早急の事として即時可能な実行策を示したのである。右の専門学科は西洋近代科学であるから教師は外国人である。ゆえに生徒は外国語に堪能でなければならない。そこで専門学校の予科として構想されたのが、普通学科の中学校を変形した修業年限四年の外国語学校であった。

「学制」本編の大学、普通学科中学校の章程は削除なくそのまま残されたから学制期の進学コースは

大学←普通学科中学校

専門学校←外国語学校

の二筋となった。七七年まで大学も普通学科中学校もできなかったから、このコースは空文と化し、文部省がつくった官立専門学校たる開成学校と官立英語学校が進学コースになるのである。[52]

大学区本部につくられた官立英語学校

一八七三年四月、第一大学区第一番中学を開成学校（専門学校）に、第二番中学を独逸学教場に、第三大学区第一番中学を開明学校に、第五大学区第一番中学を広運学校に更えた（文部省布達四三号）。独逸学教場は他の語学所を合わせて東京外国語学校になり、開明学校が大阪外国語学校になり、広運学校が長崎外国語学校になるのだが、七四年末には名古屋、広島、新潟、仙台にも外国語学校がつくられて各大学本部に官立七外国語学校が出揃った。[53] 名古屋外国語学校は名古屋藩立洋学校を前身とする県立成美学校を収用、[54] 新潟外語は町下の宗現寺を借用、[55] 宮城外語は仙台藩立医学館→県立中学南校跡地に

表3　一八七四年官立英語学校一覧

官立東京英語学校	第一大学区東京表神保町
官立愛知英語学校	第二大学区名古屋七間町
官立大阪英語学校	第三大学区大阪府下旧城大手前
官立広島英語学校	第四大学区広島県下材木町
官立長崎英語学校	第五大学区長崎県下立山郷
官立新潟英語学校	第六大学区新潟県下新潟町
官立宮城英語学校	第七大学区宮城県下二番町

（「明治七年・外国語学校表」『文部省第二年報』による）

たてたものである（表3）。

外国語教育を英語にすると決めたのは官立開成学校であった。開成学校は法学、理学、工学、諸芸学、鉱山学を教える学校だが、それぞれの学問を英語、フランス語、ドイツ語の三ヶ国語で教えようと語学別に三コースのカリキュラムをつくり、外国人教師を雇った。それは厖大な計画で、費用も高くつくので、医学だけをドイツ語にして他はすべて英語にすることにしたと『東京開成学校年報』は述べている。[56] 幕末明治初期にできた洋学校の多くは英語で、七一年頃から東京に起った洋学ブームも英語が圧倒的であった。[57] 外国語学校が英語学校になったのは当然の帰結であった。

大学本部には大学が置かれることになっていた（学制第二章）が、当面、大学を置く気はなかった。官立英語学校は将来たてられるはずの大学に替って、将来大学生になる筈の英語学生徒の学校がたてられたとみられる。

官立公立私立学校の区別

一八七四年八月、文部省は「学校名称ノ儀区々相成候テハ不都合」（布達二二号）と官立学校、公立学校、私立学校三種の設置者別学校を示した。「学制本編」に「官公私学」とか、「私塾家塾」の語があり、その説明もしているのに学制実施二年をへたこの時期に説明し直さねばならなくなったのは学校設置に当って官公私学、私塾家塾の説明が邪魔になり、共通の理解が得られなくなったからである。まず「学制」のこれらの説明をみよう。

学制一四章に「官立私立ノ学校及私塾家塾」は毎年、学校の規則、生徒数、進級状況を学区取締に提出せよとある。

ここに公立の語はない。しかるに第四七章（教員ノ事の項）に「公私学校ヲ問ハズ」優秀な教員は褒賞するから督学局は地方官と協議して推せんせよの一章があり、第五五章に優秀な生徒は「公私大中小学ニ拘ハラス」学費を貸与するとの一章がある。貸費生の選定は地方官がするのだから、この公学校は府県や学区の学校をさしているが、ここの章程以外に公学校の語がない。府県ができたばかりだったからであろう。

次に「私立ノ学校」と私塾家塾の違いをみよう。「学制」にこれらの違いを説明した章程はない。学制公布直後の五年九月、群馬県がこれらの違いを伺い出た時、文部省は「私学ニ至リテハ可成丈学制ノ教科ニ照準致サスベク」と回答した[58]。正則のカリキュラムを授業できるのが私立学校だと言うのである。次いで六年三月、文部省布達三〇号「学制追加第百五十八章」（学制二編）で「神社寺院ニ於テ開ク学校ハ私宅ニアラザルヲ以テ学校ト称スルヲ得ベシ」とした。これは神官僧侶が学校を開く場合を述べたものだが、神社寺院は私宅でないから学校と称してよい。逆に言えば私宅の教場は塾だから学校ではないとしたのである。つまり住宅から独立した校舎や教場で正則（教則通り）の授業ができるものが私学（私立学校）で、教師の住宅で変則の授業をするものが私塾家塾、としたのである。しからば私塾と家塾はどう違うのか。「学制」は教員免状を持つ教員が教えるものが私塾（第二三、三二章）、教員免状がない教員が教えるものが家塾（第二八、三二章）とした。そして中学校の教員免状は大学を卒業すれば授与されるとしている（第四一章）。けれども「学制」が起草された時、大学はまだできていない。教員免状を与える師範学校は東京に一校できたばかりである。教員資格によって区別する学制の私塾家塾規定は空文というしかない。そこで府県は私塾家塾の区別を独自の判断でおこなった。東京府の場合は中学校程度とみられる漢学塾洋学塾を私塾、小学校程度とみられる寺子屋流を家塾として類別した（東京都公文書館所蔵の開学願書、開学明細書）。このように「学制」の学校類別法は実際に適合しないものであったが、とりわけ公学＝公立学校は公の意味が不成熟のまま、共通の理解がないままに使用されたので混乱を招いた。この問題は学校経費（学費）に端を発するので多少複雑ながら、これとからめて公学問題をみよう。

政府は学校設置維持の財源を深く考えずに学校設置を急いだので、法規の各所に破綻をきたした。「学制」本編第八九章から一〇九章までに学費のことがある。即ち学校設置維持経費の負担は官金（国費）、民費（人民負担金）、受業料（受益者負担金）の三種で行うが、教育は人民立身のためだから民費を主とする。しかし民費だけでは無理なので、官金を一部助成するという趣旨である。文部省は官金助成を府県に委託した（学制第九九章）。故にこれを委託金という。府県は管内教育の会計報告を督学局にしなければならない（第一〇七章）。その二号表式に「私費ノモノハ私学ト書クヘシ。官ノ扶助金アルモノハ私費半ハヲ過クトモ公学ト書クヘシ」[59]とある。この委託金は人口一人当り九厘という少額で小学扶助金となったが、わずかでも官費を受けた小学校は公学即ち公立学校だというのである。ところが学制公布直後の群馬県伺（前述）に対しては、「官費ヲ以設立スルモノハ官立、民費ヲ以テスルモノハ私立ト可相心得事」[60]と原則論で回答した。公立私立については文部省自体が混乱している。

和歌山県は廃藩に際し藩校学習館を廃止したが、その生徒を小学等外として授業を続けた。七四年、文部省の長《ちょう》苂《ひかる》が巡視した際、これを変則中学校にするようにすすめた。小学として活動していたから委託金を受けている。長はこの学校は公立学校と思っていた。しかるに県は、この学校は人民の授産費をあてた民費による私立学校だと主張した。和歌山開智中学校のことである。[61]

要は公・私・民の理解、解釈にある。日本では古くから公＝公儀は支配者の意味で、転じて正しいもの、尊敬語として用いられてきた。公儀は朝廷、幕府をさし、臣民が仰ぎみる藩主もご公儀である。文部省が支配する府県の学校を公学＝公立学校とするのは、この支配関係からきたコトバを当代風に言ったのである。文部省は七三年四月、「学制追加」の中で、「官立学校即チ公学」と規定し直した。(62) 支配関係からみれば政府の直轄学校と府県の学校は同じと単純に思ったのであろう。しかし学校経営の財源と労力からみれば、官立学校と公立学校は大きな隔りがある。公立学校の意味は混迷を増すばかりであった。

公の対極にあるのは私である。公を仰ぎみる被支配者のはしくれ、自らを卑下したコトバであった。この封建時代の悪癖を吹き飛ばし、私を個人の尊厳たる独立の意味に変え、私立学校を造語したのは福澤諭吉である。(63) 多くの人に読まれて版を重ねた『学問のすゝめ』で福澤は〝一身独立して一国独立する〟を説くが、個人の独立を私立とも言っているのである。(64) 明治初期の新聞や文書に私立学校、私学、私塾の語がでるのは福澤の影響である。因みに江戸時代に〝家塾〟の語はあるが〝私塾〟はない。明治になって遡ってつけた名称である。

〝私〟と同じく君主に支配された人々を民《たみ》と言った。〝民百姓〟と言うように多人数の被支配人である。廃藩置県で支配者たる藩主がなくなったので、国民すべてが新政府の民となった。そこで前述の〝民費〟が登場する。

旧時代、町村では一町限り一村限りの祭礼や道普請、架橋などの費用を戸別に集金した。これを新政府は一括して「民費」と総称したのである。民費徴集の範囲は一町一村限りから小区大区の戸籍区に、果ては府県にまで拡がり、徴集目的も道路開削から官庁、警察の建築にまで及んで住民怨嗟の的になる。(65)「学制」は全国小学校設置の財源を民費に求めた(学制八九章)。ただし、民費だけでは無理だろうとしてわずかな官金を補助し、これを府県委託金とした。これが前述の公立学校か私立学校か、果ては公立は官立かの混乱を生む発端であった。

旧時代の〝私〟と〝民〟はこのように意味を変えて新時代に通用されはじめた。しからば〝公〟はどうであろうか。幕末維新期に洋学者によって欧米の諸物、諸制度が紹介されたが、諸制度のなりたちが、日本の場合と著しく違うことを彼らは感じとっていた。例えば藩の役所は城中か陣屋であり、町役所、村役所は庄屋名主の屋敷である。支配者の私宅が、そのまま役所になる。しかるに欧米では人民が集る居酒屋 Public House＝略称 Pub と市役所 Public Office も同じ公共の意味である。日本人が役所にでかける時は咎を受けて呼びだされるか、または願いごとで参上する場合である。しかるに欧米のそれは必要があるから出かけ、集る所である。民が挙金してつくる建造物や機構は民に開かれたものでなければならぬ。〝公〟の字義は本来は民に開くことである。かくして封建時代、支配者の意味であった公儀を棄て Public を公共と意約した。〝公〟の新しい解釈が誕生したのである。

七四年八月二十九日、文部省は「学校名称ノ儀、区々相成候テハ不都合」と次の如く改正した（布達二二号）。

官立学校　当省（文部省）定額金ヲ以テ設立シ、直チニ管轄スルモノ
公立学校　地方学区ノ民費ヲ以テ設立保護スル者、又ハ当省小学委託金ノ類ヲ以テ学費ノ幾分ヲ扶助スルモノ
私立学校　一人或ハ幾人ノ私財ヲ以テ設立スルモノ

即ち①官金（国庫金）による学校で、文部省直轄学校が官立学校、②民費によるものが公立学校、ただし官金の府県委託金が流れ込んでもかまわない。③民間の私塾家塾で、個人または数人の私財で経営するものが私立学校と三種の学校を規定したのである。

公立私立中学校、外国語学校の設置

文部省は早くから全国の学校設置状況を把握しようと、手を打っていた。「学制」本編に各種の学校、私塾家塾の位置、生徒数、規則等を調査することが載っている（一三、一四、一六章）。ただし調査責任が督学局にあるのか、府県にあるのか、学区取締にあるのか曖昧であっ

た。そこで「学制」公布後、何回となく文部省に提出する調査表式をかえて七三年四月には調査責任を府県とし、調査項目の大綱を決めた（学制二編第一八一章第六号表式）。これによって府県が調査し、文部省が集計編集したものが『文部省第一年報』である（一八七五年刊）。全国の学校設置は進みはじめた。文部省はその進行状況を把握すべく、さらに調査項目を整え、府県に詳細な調査を求めた。これに応じてつくられた報告を編集したものが『文部省第二年報』である（一八七五年刊）。以下、年度を逐って第三、第四の年報が作られてゆくが、書式は第二年報にならっている。「学制」は公立学校の設置者を明示していない。「地方官ハ総テ督学局ニ協議スベシ」（第十八章）とあるが、督学局は第一大学区以外にはない（前述）。こうした中で、学校設置がすすんだので、府県の学事担当者は学校調査表に管内の諸学校を公立、私立に分け、さらに「学制」の規定に従って小学校、中学校、外国語学校に類別して書きつけた。認可という考えがなかったので、これが書き込まれた曖間にその学校の設置が決まった。学校の種別は

①読書・算術・習字の如き卑近普通学は小学校
②英仏独の語学を修むるものは外国語学校
③高尚ならざる一科の専門学は中学校

という簡単なものであった[66]。

『文部省第四年報』によって一八七六年の公立、私立の中学校数と外国語学校数を府県別に示したものが**表4**である。

公立中学校は埼玉県浦和の中学校、岐阜県岐阜の遷喬学校、静岡県の沼津中学校、高知県高知の変則中学、島根県

表4　1876年府県別公立私立中学校・外国語学校数

大学区	府県	公立私立	中学校	外国語学校
第一大学区	東京	公		
		私	118	63
	神奈川	公		
		私		1
	埼玉	公	1	
		私		
	千葉	公		
		私	7	2
第二大学区	愛知	公		1
		私		2
	三重	公		
		私	1	
	岐阜	公	1	
		私	8	
	石川	公		
		私	1	
	静岡	公	1	
		私		1
第三大学区	大阪	公		
		私		3
	和歌山	公		
		私		1
	高知	公	1	
		私	3	
	京都	公		3
		私		1
第四大学区	岡山	公		
		私	30	
	山口	公		
		私	3	
	島根	公	2	
		私	5	
	愛媛	公	3	
		私	1	
第五大学区	長崎	公	5	
		私	1	
	福岡	公	1	
		私		
	熊本	公	1	1
		私		
	鹿児島	公	1	
		私	1	
第六大学区	新潟	公	2	
		私		
	山形	公		1
		私	1	1
第七	青森	公		
		私		2
計		公	19	6
		私	180	77

『文部省第4年報1』所収「明治9年・中学校表・外国語学校表」による

の松江中学と鳥取中学（当時島根県）、愛媛県の北予、南予、高松の三変則中学、長崎県の長崎、福江、佐賀、鹿島、唐津の五中学（当時肥前は長崎県）、福岡県豊津の育徳中学、熊本県熊本の温故中学、新潟県の新潟学校と長岡学校の十一県十八校である。奥羽地方には一校もない。

　私立中学校は東京府に密集し、次いで岡山県に多いが、これは従来の漢学塾を私立中学校に見たてたもので、前記〝高尚ならざる一科の専門学は中学校〟という種別を漢学塾と解釈して、これを中学校表に登記したのである。京都府にも大阪府にも漢学塾は数多くあったが両府の幹部や学務担当者は開明的で漢学塾を中学校表に載せなかった。

公立外国語学校は愛知県名古屋の外国語学校、京都府の独乙学校、英学校、女学校、熊本の洋学校、山形の英語学校の六校、私立外国語学校は東京府を除くと神奈川県横浜の恵毘志《えびし》夜学校、千葉県長狭郡の大山学舎、長柄郡の飯尾学舎、愛知県名古屋の英語夜学校と明治学校、静岡県静岡の自助舎、大阪の集成学校、日進学舎、順承舎、和歌山の自修学舎、京都の同志社、熊本の洋学校、山形県の米澤英語学校、青森県の東奥義塾である。東京府の私立外国語学校六三の中には慶応義塾、同人社、攻玉塾、共立学校のような著名な大私学もあったが、生徒数十数名の小私塾もかなりあった[67]。前《さき》の〝一人或は幾人の私財を以て設立する〟私立学校の規定のため、こうなったのである。後に東京府の私学問題を起す。

この時期の中学校、外国語学校の設置状況は右の通りで地方による片寄りがみられる。官立公立私立全体で第一大学区では山梨、群馬、栃木、茨城の四県、第三大学区では堺、滋賀、兵庫の三県、第五大学区では大分県、第六大学区では長野県、第七大学区では福島、秋田、岩手の三県には中学校も外国語学校もない。総じて東日本の学校設置のおくれが目立つ。

第二次府県統廃合
府県行政の強靭化

一八七六年、第二次府県統廃合が行われた。第一次統廃合後も七尾県を廃止して能登一国を石川県に併合したり、額田県を廃止して三河一国を愛知県に併合したり（明治五年）[68]、小田県を廃止して備中一国を岡山県に併合したり（一八七五年）することはあったが、七六年の統廃合は**表5**にみる如く四月と八月に一挙に、ほぼ全国にわたって行われたものである。四月の統廃合は近隣二県の合併で、第一次統廃合以来の県域、人口の均等化のためである。しかしそのために一たん分離した新川県（富山）を併合し、

表5　1876年　第2次府県統廃合

4月18日改編

大学区	旧県	新県	備考
第2大学区	足柄県・静岡県	静岡県	相模一国は神奈川県へ
	新川県・石川県	石川県	
	度会県・三重県	三重県	
第3大学区	奈良県・堺県	堺県	
第4大学区	北条県・岡山県	岡山県	備後は広島県へ
	浜田県・島根県	島根県	
第5大学区	佐賀県・三潴県	三潴県	
	小倉県・福岡県	福岡県	
第6大学区	相川県・新潟県	新潟県	
第7大学区	磐井県・宮城県	宮城県	陸中は岩手県へ

太政官布告53号による。

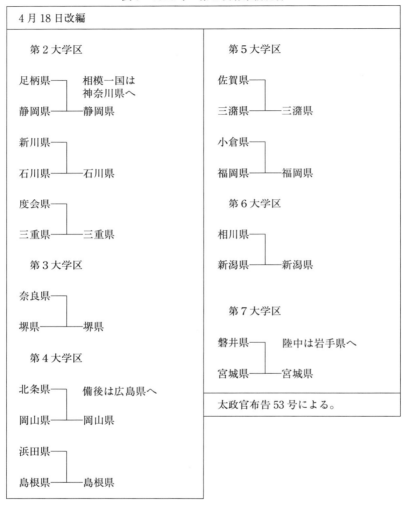

8月21日改編

第1大学区

熊谷県（分轄）―上野一国
群馬県（新置）
熊谷県（分轄）―武蔵13郡
埼玉県

第2大学区

越前7郡
敦賀県（分轄）―石川県
若狭と敦賀郡
敦賀県（分轄）―滋賀県へ

信濃4郡編入
筑摩県（分轄）―長野県
飛騨一国編入
筑摩県（分轄）―岐阜県へ

浜松県―
静岡県――静岡県

第3大学区

丹後1郡編入
豊岡県――京都府
飾磨県―
播磨但馬二国と
丹波2郡編入
―兵庫県

淡路一国
名東県（分轄）―兵庫県
阿波一国
名東県（分轄）―高知県

第4大学区

鳥取県―
島根県――島根県

香川県―
愛媛県――愛媛県

第5大学区

三瀦県―
福岡県――福岡県

宮崎県―
鹿児島県――鹿児島県

第6大学区

鶴岡県―
置賜県―
山形県――山形県

第7大学区

磐前県―
若松県―
福島県――福島県
第6大学区から第7へ

太政官布告112号による

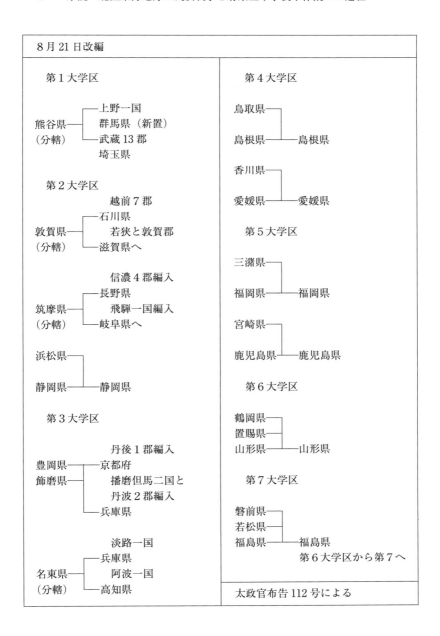

さらに敦賀県を分轄合併して大石川県をつくるなど理解しにくいこともある。八月の統廃合は従来の二県三県の合併もあるが、熊谷県、敦賀県、筑摩県、豊岡県、飾磨県、名東県の消滅にみられる分轄があった。

これを推進したのは内務卿大久保利通である。(69)当時、内務省は大久保指揮のもと、国内行政に絶大な権力を持つ機関であった。国内治安の多難な時であったが、これを乗り切るには各府県が安泰で、かつ生々としなければならない。そのための府県統廃合である。勧業と警察からそれをみよう。

欧米視察で大久保が感銘を受けたのは各国の盛んな民間産業であった。これこそ富国の途と考えた大久保はこれまで育成した官業を民業に改めようと方針を定めた。民業と言っても当時は農業を基盤とした織物などの地場産業である。その効果をあげるには在地の豪農豪商らの協力を得なければならない。そしてそのような名望家を動かして県民に働く場を与えるように仕向けるのが県令や県の幹部である。これまでの県令は封建社会から県民を転換させることに意を払ってきた。これからは土地の事情を知り新しい興業を理解し、それを成就できる県令でなければならない。これまでの実績で県令の手腕はわかっているし、地方長官会議で思想見識のほども察している。この第二次統廃合の前後、県令権令の任免、昇格は非常に多い。(70)昇格と言って体よく県令の激職から閑職に就かされた者もいる。地場産業を盛んにするには地域は広い方がよいし、労働力も多いに越したことはない。そして県の数は少ない方がよい。府県合併はこうして促進された。しかしこのように産業振興という積極的な理由ばかりではない。難治県といわれた県を消滅させるための合併もあった。例えば佐賀県は旧藩士が県を牛耳って派閥闘争に明け暮れ、県令を苦しめた。佐賀県を三潴県に併合したのは佐賀県庁をなくすためであった。(71)

欧米では都鄙を問わず至る処にポリスが居て治安の任を果しているが、日本は明治四年の県治条例（太政官達六二三号）で微力な邏卒《らそつ》が置かれただけである。地租改正や小学校設置に農民一揆が頻発する今、中央政府の意向を受けて素早く動ける府県の警察制度が必要であった。軍隊のような大人数は必要ない。移動のための道路交通網も、情報収集のための電信網も作りつつある。才智あり機敏な警察官を要所に配置しなければならない。かくして内務省に警保寮、府県に警部、府県内警察区に屯所（後の警察署）を置き、警視、警部、巡査という官職も決めた。(72)府県を単位にこのような警察制度を張り巡らせたのである。警部は増産されつつある法規法令に精通せねばならぬが、同時に世上の動きに敏感で、政府の意向を素早く受けとめる才覚がなければならぬ。巡査もかつての目明し捕亡方が変じた邏卒《らそつ》のような無頼漢上りでは困る。知識階層から求めなければならない。これらの警部、巡査を受け入れる府県の数は多くない方がよい。第二次府県統廃合は、まさにこのような近代警察制度がつくり上げられた時を同じくしているのである。

この時期は警察のみならず、府県行政が整えられた時である。七五年十一月、府県条例（太政官達二〇三号）で府県に次の六課が置かれた。

第一課　庶務　　第四課　警保
第二課　勧業　　第五課　学務
第三課　租税　　第六課　出納

右は七一年の県治条例（太政官六二三号）に替るものだが、新たに勧業、警保、学務の三課が加わった。大久保の意向と言ってよい。府県の学務は行われていたが、「学制」の規定が地方学務を学区に置くとしながら実際には大学区督学局、中学区本部事務所ができないまま、府県が教育行政事務を行ってきた。前述した如く、文部省の命令で府県の学務担当者が管内の中学校表をつくり、それがそのまま認可されて公立私立学校として全国に配布された如きはその好例である。すでに学区制は機能していなかった。次に述べる七八年の変動で学区制はなくなり、地方の教育行政は本格的に府県学務課に移るのである。そして三新法を待たずして府県立中学校が次々に設置される。七五年の府県学務課の充実、七六年の第二次府県統廃合による府県の強靭化が府県立中学校をつくっていくのである。

官立英語学校の廃止と学区制の消滅

西南戦争勃発直後の七七年二月から「学制」によってつくられた中学校制度を覆す変革が起った。これの実施者は教育令をつくる文部大輔・田中不二麿である。まず官立愛知英語学校、同広島英語学校、同長崎英語学校、同新潟英語学校、同宮城英語学校を廃止し（同年二月文部省布達一号）、四月には官立東京英語学校を東京大学予備門とし（文部省布達三号）七九年四月には官立大阪英語学校を大阪専門学校とした（文部省布達三号）。これで七大学区本部につくられた官立英語学校は全滅した。また七八年五月には学制に準拠した「中学教則略」「外国教師ニテ教授スル中学教則」以下それに付随する法規命令を一括廃止した（文部省布達四号）。これら一連の布達は「学制」が規定した中学校制度を止めて、新しい中学校をつくり直すという文部省の意志表明である。

官立英語学校廃止の主たる理由は政府の財政難であるが、(73) 英語ばかり堪能になっても日本語ができない生徒が続出したからである。大阪英語学校長・高良二は「本校は中学の名ありて実なく卒業に当りて実用に足るや保証し難し」(74) と述べている。以後、中学としての英語学校はなくなり、外国語学校は専門学校に位置づけられるようになる。そして英語の学習は中学校の重要な教科になるのである。官立英語学校の廃止はこれのきっかけになるものであった。

官立英語学校は最高学府たる東京開成学校への進学を独占した中学校であった。しかるにこの最高学府が東京医学校と一緒になって東京大学になった（文部省布達二号）。そして官立東京英語学校が大学予備門になったので、中学からの進学は、この予備門を通らねばならなくなった。明治三年以来の大学↑中学↑小学という三段階進学観がくずれて後年の大学↑高等学校または大学予科↑中学校↑小学校という進学四段階になる端緒である。

廃校になった官立英語学校の校舎、教具教材はその地の府県中学校に継がせようと文部省は考えた。(75) 宮城県がこれを受けて宮城英語学校を継ぐ形で七七年二月、県立仙台中学校を開校した。愛知県も二月、英語学校を引き継いで県立愛知中学校とした。以下、新潟、長崎、広島の各英語学校が同年十一月までに県が引き継ぐことになり、県立新潟学校（英学科、師範学科）、県立長崎中学校、広島県中学校になった。(76)

官立英語学校の廃止と並行して官立師範学校も廃止した。官立師範学校は各大学区本部にあって大学区内の小学教員養成所の指導を任務としたものである。大学区本部にあるこの二種の学校を全廃したことは学区制を否定したことであり、ひいては学制の学校制度を否定したことである。(77) この処置を断行した文部大輔田中不二麿は早くも七七年一月から教育令の作成にとりかかっている。教育令の審議では学区は問題にされなかった。(78)「学制」の学区制は七九年九月、教育令公布の太政官布告四〇号にある「学制相廃シ」でなくなった。

学区制が不確実な七七年から七九年までの間、中学校の設置はどうなったか。七八年九月、文部省は達六号を以て府県に〝従来、公立学校の設置については文部省に伺出たが、以後、それに及ばない。地方官で処置してよろしい〟と達した。公立学校の設置を府県にまかせたのは、この年七月の「府県会規則」（太政官布告一八号）を重視したからである。かくして学制の学区制は終り、府県が学校設置の責任を持つ時代に入るのである。

四、三新法下・中学校の設置

私学の濫設と各種学校の設定

教育令は小学校、中学校、大学校、師範学校、専門学校という従来の学校の外に「其他各種ノ学校」を新たに加えた。「各種ノ学校」は文部省の手で「各種学校」に替えられ、濫設されていた私立中学校をこれに移すことによって中学校の格式を整える効果をもたらした。

七六年頃から全国的に中学校が急増するがそれは私立中学校が急増したからである。私立中学校は特定の府県に蝟集し、特に東京府に密集した。

表6にみるようにおよそ六〇パーセントが東京府にあった。これらは明治初年に簇生した漢学塾を東京府がなんの審査もせずに片端から私立中学校に登記したものである。

七七年四月、東京府は、官立東京英語学校が大学予備門になって校舎が空屋になったから、そこに府立中学校をつくらないかと文部省から話を持ちかけられた(79)。全国的に府県立中学校ができはじめた時なのに東京府に中学校がなかったから府知事・楠本正隆も学務課の面々も府立中学校の設置を真剣に考えるようになった。この時期、府県の学務課が中学校の教育課程を検討しはじめた。前述の〝中学校設置について文部省に伺い出るに及ばない〟という文部省達六号(七八年九月)にも〝但し公立学校教則は伺出よ〟となっている。よって七八年以後の府県の公立中学校教則はすべて文部省に伺出された。七八年の『文部省雑誌八二号』(80)にはその年の公立中学校教則一五件が、七八年『文部省日誌四号』から八

表6　1876～78年　全国・東京府私立中学校

	全国	東京府
1876年	182	118
77年	358	209
78年	514	273

『文部省第4年報』～『同第6年報』による

○年の一二号[81]まで実に一〇九件の教則伺が掲載されている。これらの教則伺を府県学務課の職員は互いに読み合っていたのである。

七八年七月のある日、楠本東京府知事と学務課の面々は教育令案作成中の文部省学監ダビドマレーと田中文部大輔、教則取調中の文部省職員・江木千之、折田彦市らと一緒に東京府の学事巡視をした。『学監大闢莫爾矣《ダビトマレー》東京府下公学巡視申報』[82]に載っている。ここにおいて中学校教則作成上極めて劣悪の東京府下漢学塾系私立中学校が文部省職員と東京府学務課職員の共通関心事になったのである。

私立中学校を正規の中学校と区別することには一致したが、その処遇には硬軟の差があった。文部省職員も東京府学務課も強硬派で〝私学を直ちになくせ〟と主張したが、マレー、田中文部大輔、楠本府知事は〝漸次の改良〟を良しとした。私立中学校の選別は教育令案に「各種ノ学校」を設けることからはじまった。初発のマレー案は学校の種類として小学、中学、高等学校をあげたあと「何人ヲ論ゼス私費ヲ以テ各種ノ学校ヲ設立スルコトヲ得ベシ」とした[83]。この「各種ノ学校」が、その後、何回かの審議をくぐり抜けて教育令第二条の「学校ハ小学校中学校大学校師範学校専門学校其他各種ノ学校トス」になった。マレー案は通常の学校の外、各種各様の学校ができるようになっている。正規の学校のほかに、いろいろな学校があってもよいというふうに読める。しかし「各種ノ学校」が法規として公布されると、これは文部省職員の手によって「各種学校」に替えられた。正規の学校の下位につく雑学校という意味になる。府県の学務課も同じように認識し、従来の中学校統計表から、これら雑学校をとり払った。よって文部省に送附された八〇年の中学校表は著しく縮少されたものになった。『文部省第八年報』は言う。「中学校ノ本年ニ至リテ頓ニ減少ヲ見ルハ特ニ怪ムベキニ似タリ。然レドモ其実際ニ於テ卻《かえつ》テ此学ノ進歩セルト教規等ノ整備セルトニ由リテ一時統計上ノ変化ヲ現出セルニ過ギサルナリ」。続いて従来の教科不備の私立中学校を統計表からはずし、これを「各種学校ノ部ニ計入セリ[84]」とした。七九年、六七七校まで増加した全国の私立中学校は八〇年、五〇校に激減し、東京府の私立中学校は三一七校からわずか一校になった。「各種学校」は「純然完備ノ学校ト甄別《けんべつ》」するためにつくったのだと『文部省第八年報』は記している[85]。

中学校の設置者と学校認可

教育令は公立小学校の設置者を町村または町村連合とし（第九条）、公立師範学校の設置者を府県としているが（第三三条）、中学校及びその他の学校の設置者について記すところがない。改正教育令になって漸く「各府県ハ土地ノ情況ニ随ヒ中学校ヲ設置シ又専門学校農学校商業学校職工学校等ヲ設置スヘシ」（第五〇条）とした。

そもそも明治政府は学問することの大切さは喩したが（就学告諭）、学校の設置を命じることは稀であった。「学制」は学区取締に小学校の設置を命じただけで（第八章）、中学校の設置命令は「学制」のどこにもない。しかし中学校の設置を望む声は士族と上層農民町人の間に起り、七七年頃から都市に公立私立の中学校が増加したのである。教育令が府県に中学校の設置を命じないのは、これを都市の私立中学校にまかせようとしたからである。元老院の教育令審議で、田中文部大輔も伊藤参議も民権派の都市私立中学擁護論を支持してこれを成立させた[86]。しかるに「改正教育令」では一転して中学校の設置を府県に命じた。その理由に云う。

「府県会規則」「地方税規則」によってたつ府県会は府県の中学校を無用視して、これを廃止に追い込む傾向がある。漸く小学校卒業者が出はじめた今日、府県立中学校がなくなることは学事の退歩である。また都会の私学で学べばよいとの論があるが、地方から上京遊学するのは経費がかかり過ぎる。ゆえに府県に命じて公立中学校を設置維持させるのである。しかしそれは現行の中学校を維持するもので、未設置の県まで、これを強制するものではない。ゆえに「土地ノ情況ニ随ヒ」と附記したのである（教育令改正布告案[87]）。

「教育令」「改正教育令」に学校認可という教育行政上の新しいコトバが登場した。「公立学校ヲ設置或ハ廃止スルモノハ府知事県令ノ認可ヲ経ベシ」（教育令第二十条）というものである。学制前期は公立中学校を新設することは少なく、旧来の漢学塾を私立中学校にしたり、洋学塾や共立私学を外国語学校としたものであった。その場合、府県の学事担当者が、文部省指定の「学校表」に中学校、外国語学校に仕分けて書き込めばすむという安易な方法をとった。国家がこれを中学校として認定したという重みを持つものではなかった。学校設置について試行の時代であったからそれでよかったが、すでに多くの経験をつんだ。これを扱う府県の学事担当者も学務課となって行政専門職になった。かくして教育令第二十条の学校認可が規定されたのである。

けれどもこの条文には欠陥があった。教育令は学校設置者を公立と私立の二つにしているが、公立学校には地方税によってたつ学校と町村費によってたつ学校がある（第十九条）。そして同じ公立ながら師範学校の設置者を府県とし（第三十三条）、小学校の設置者を町村または町村連合としているのである（第九条）。これは一括して公立とするのではなく府県立と町村立学校に区別すべきではないか。さらにまた私立学校の設置は府知事県令の認可ではなく、開申すればよいとしているが（第二十一条）、これはすべて学校は「公立私立ノ別ナク文部卿ノ監督内ニアル」という教育令第一条の趣旨に悖《もと》るのではないか。私学の自由を保証する田中文部大輔と違って国家の教育統制を奉ずる河野文部卿配下の文部省官僚はそのように考えた（前掲・教育令改正布告案）。改正教育令は次のように改められた。

第二十条　公立学校幼稚園書籍館等ノ設置廃止、其府県立ニ係ルモノハ文部卿ノ認可ヲ経ベク、其町村立ニ係ルモノハ府知事県令ノ認可ヲ経ヘシ

第二十一条　私立学校幼稚園書籍館等ノ設置ハ府知事県令ノ認可ヲ経ヘク其廃止ハ府知事県令ニ開申スベシ（代

用私立小学校の事は略）

右の理由について「教育令改正布告案」はまたいう。府県立学校は府知事県令が地方税でつくり、自らこれを管するものである。府知事県令はいわば府県立学校の校主である。校主たるものが自らの学校を認可するのは理に合わない。よって府県立学校の設置認可権は文部卿にした。町村立学校はその町村人民の協力でできた学校だから府知事県令の認可でよい。私立学校は私人の力でなるものだが、学校は世間普通の営業と違って人間を陶冶し智徳を左右するものだから学術なき人が教えては困る。よって、その地の府知事県令が認可する。その廃止は官がこれに関知することがないから開申で足りる。[88] 以上の理由で、府県立学校、町村立学校、私立学校の設置廃止認可を定めたのである。ここに公立学校は府県立学校、町村立学校に二分された。八〇年代に続出する郡立中学校の端緒はここにある。

「学校設置廃止規則」と小学区・中学区の復活

教育令が学区を抹消したことで、全国的に混乱したのは小学校の管理維持であった。『文部省第九年報』（一八八一年）によれば次の三様になった。

①学区を廃止して、小学校の管理維持を町村に一切まかせた。
②従前の学区を小学校維持組合にした。
③従来の連合町村一学区をばらばらにして一町一村をそれぞれ一学区とした。

いずれも府県が関与しなくなったため、町村間の争いになり、小学校維持が頗る困難になった。[89] 文部省はこれを放置しておけず、小学区復活に乗り出した。小学区は小学校設置維持の母胎であるから財力を生み出せるだけの広域でなければならぬ。一方、学区内の学齢児童が通学できる範囲でなければならぬ。この条件は人家密集の都市と人口疎開の山村では全く違う。地勢の平坦、険阻、人口の疎密、生産の多少を案配して学区を決めるのに慣習の違う住民にまかせるのは当を得ない。ここは権力を持つ府知事県令が事に当らねばならない。かくして八一年一月、府県に対し「小学校設置ノ区域並校数指示方心得」（文部省達一号）が発せられた。「指示方心得」は府知事県令が小学区を定めねばならぬこと（第二条）、学区は一町村または町村連合を原則としつつも一小学区内に数校を置くことも、分校をつくることも認めた。そして同年七月、太政官布告第三八号を以って

小学校設置ノ区域町村ノ境界ニ仍《よ》リ難キ事情アルトキハ別ニ区域ヲ画スルヲ得ヘシ

とした。ここに府知事県令による小学区が復活したのである。

中学区復活の動きは小学区より遅れて起った。改正教育令第二〇条、第二一条の学校設置の認可条項を受けて、認可に必要な申請書式がつくられた。それが八一年一月の文部省達四号「府県学校幼穉園書籍館等設置廃止規則」、同五号「町村立私立学校幼穉園書籍館等設置廃止規則起草心得」である。府県立学校は文部省に申請して文部卿の認可を受けるが、町村立学校と私立学校は設置者が府県に申請して府知事県令が認可するものだから、その規則は府県が独自につくらなければならない。そこで文部省は「起草心得」即ち「設置廃止規則」のモデルを示したのである。「心得」を受けて八一年、八二年に府県がつくった二五府県三一件の「設置廃止規則」が『文部省日誌』に載っている。

学校設置に当って文部省に伺う書式はすでに「学制二編追加」一七七章にある。八一年の「設置廃止規則」はこれを下敷に、精密につくられた。しかしこれを受けとった府県は認可の権限と中学区について疑問が生じた。まず認可の権限からみよう。

「改正教育令」は府県立学校の認可権を文部卿としているが（第二〇条）、同時に「公立学校ノ費用、府県会ノ議定ニ係レルモノハ地方税ヨリ支弁シ、町村人民ノ協議ニ係レルモノハ町村費ヨリ支弁スベシ」（第二四条）としている。即ち地方税によるものが府県立学校、町村費によるものが町村立学校である。しかし地方税支弁の決定者は府県会である。であるならば、なに故に文部省に府県立学校設置を伺い、文部卿の認可を仰がねばならぬのか。長崎県がまずこれを伺い、他県が続いた。(90)

「府県会規則」によれば府県会の決議に対し府知事県令が認可すべからずと考えた時はこれを内務卿に具申してその指揮を受けることができる（同規則第五条）。このように非常特別の時だけ、内務卿に指揮を仰ぐが、通常の決定は府知事県令が府県会の議決を経て行うのである。何故、府県立学校設置の場合のみ文部卿の認可を仰がねばならぬのか。文部卿の権限について府県の質問が続いた。内務省と「府県会規則」によって地方行政の統一化が進みつつある時、学校設置だけ文部省の権限を強化するのは矛盾であったが、文部省としては「学制」に代る学校制度の改造に着手したばかり、地方学校である小学校、中学校の設置は最重要かつ緊急事であった。この時期、小学校、中学校、師範学校の「教則綱領」「教則大綱」が公示されつつあり、それらに連絡する諸学校のカリキュラムも検討されていた。これによって学校の教育レベルがあがり、学校設置維持費も高額になる。文部省としては学校費が低額で府県会の決定になっては困るのである。よって八二年十一月、学校設置に関する府県会の議決を認可する時は〝あらかじめ文部省に伺出〟またこれを不認可にしようとする時も〝内務省文部省両省へ伺出べし〟としたのである（明治十五年十一月二十九日文部省達十一号)。これについて文部省は同年末の学事諮問会で次のように述べている。「府県立学校等ノ経費ニ関シテ府県会ノ議決ヲ認可セザラントスルトキハ府県会規則ニ於テハ内務省ニ具状スヘキモノタリト雖モ同時ニ文部省ニモ伺出デザルベカラス。蓋シ此場合ノ如キモ亦其結局ノ如何ニ因テ教育事業ニ影響シ随テ教育令二十条ニ関係ヲ生セントスレバナリ、是レ文部省十五年第十一号達ヲ発スル所以ナリ」[91]

「改正教育令」第三三条、第五〇条によって師範学校と中学校の設置が府県の任務となった。師範学校はこれまでの慣例で、府県庁所在地に本校を置き、府県内交通の適地に分校を置く方式が踏襲されたが、中学校を何処に何校置くかは府知事県令の悩みであった。とりわけ第二次府県統廃合で、二県三県を合わせた大県や二国三国に跨がる広域県は地域住民の利害、風俗慣習の違いを越えてどうバランスをとるか頭を悩ます問題であった。旧中学区に代えるには「郡区町村編制法」によって府県下の行政区になった郡区町村を想定するのがわかり易い。

八一年、文部省達五号がでると各府県は独自の「町村立私立学校設置廃止規則」をつくった。町村立中学校の管理は当該郡の郡長がその任に当るもの、当該町村の小学区学務委員が代行するもの、特別に当該町村の中学学務委員を選出するもの等まちまちであった。郡立中学校としてすでに走り出した県もあるが、町村立中学校は県内全郡にわたるものばかりではないし、一郡内の全町村がこぞって設立したものばかりではない。一、二の町村が共同でたてた中学校もある。ならば、これを郡長が管理するのも小学区学務委員が代行するのも理に合わない。かくて文部省は中学区と中学学務委員を考慮せざるを得なくなった[92]。八二年十二月の太政官布告第五六号、文部卿連署がそれである。

小学校設置区域ノ外、数町村連合シテ中学校等ヲ設置スルトキハ特ニ其区域ニ学務委員ヲ置キ学務ヲ管理セシ特定の管理者のある中学校設置区が出現した。中学区の復活に外ならない。

郡立中学校

郡立中学校ができたきっかけは「郡区町村編制法」（七八年七月太政官布告一七号）の公布と「教育令」が公立学校設置者を地方税によるものと町村の公費によるものと二分したからである（同令一九条）。これまで単なる地域の名称であった郡が「郡区町村編制法」で府県の下部行政区域になり、府知事県令の命令に従う郡長が置かれるようになった。府県には府県会があり、財源として地方税をもつ。しかるに郡には郡会もないし、徴税の権限もない。事業を起す場合は管内町村協力の公金によるほかない。そこでこれによる中学校は町村立学校になるのである。しかし郡内町村公金でたつ中学校は郡立中学校と通称した。郡立中学校は七九年頃からいくつかの県で計画され八一年から全国的に拡がった。郡立中学校＝町村立中学校の最盛期である一八八二年の府県別郡立中学校をあげよう（表7）。

各郡を中学区と見立てて県内全域に郡立中学校を張り巡らそうとした青森県、埼玉県、新潟県、兵庫県、岡山県のような例もあれば、県内唯一の町村立たる小田原中学校、宝飯中学校、宇治山田中学校、彦根中学校、安芸中学校、玉名中学校のような例もあり、町村立中学校を全く持たない府県もある。さらに県内全域の郡立中学校と言っても兵庫県のように数郡連合の郡立中学校もあり、単独の町村立中学校も県立中学校の代替をする小田原中学校、彦根中学校のようなものもあれば、有力な県立中学校の設置地から離れて屹立して県の中学教育を補完する宝飯中学校や宇治山田中学校のようなものもあって、その様態はさまざまであった。

表7　一八八二年郡立中学校

青森県	東津軽中学校　仰高中学校　中津軽中学校　南津軽中学校　北津軽中学校　上北郡中学校　致道中学校　八戸中学校
山形県	最上中学校　東田川中学校　西田川中学校　南置賜中学校　酒田中学校
埼玉県	不動岡中学校　羽生中学校　入間高麗公立中学校　熊谷中学校　成田中学校　秩父中学校　北足立新座公立中学校　児玉中学校
神奈川県	小田原中学校
新潟県	新発田中学校　高田中学校　長岡中学校　西蒲原中学校　村上中学校　北魚沼中学校　西頚城中学校　南魚沼中学校　相川中学校
石川県（富山県を含む）	金沢中学校　遷明中学校　致遠中学校
長野県	松本中学校　小県中学校　下伊那中学校
静岡県	伊豆中学校　沼津中学校　掛川中学校
愛知県	宝飯中学校
三重県	宇治山田中学校
滋賀県	彦根中学校
大阪府（奈良県を含む）	東南中学校　千秋中学校
兵庫県	武庫中学校　姫路中学校　龍野中学校　小野中学校　篠山中学校　豊岡中学校　洲本中学校
島根県	能義中学校　神門中学校
岡山県	御野中学校　赤坂中学校　磐梨中学校　邑久中学校　上道中学校　後月中学校　川上中学校　上房中学校
広島県	安芸中学校
福岡県	前原中学校　飯塚中学校　宗像中学校　思川中学校　鞍手中学校　田主丸中学校　山内中学校　江上中学校　八尾中学校
熊本県	玉名中学校
大分県	杵築中学校　南海中学校　玖珠中学校　教英中学校　中津中学校　宇佐中学校
鹿児島県（宮崎県を含む）	高鍋中学校　都城中学校　水引中学校　喜入中学校　種子島中学校

明治十五年中学校一覧表『文部省第一〇年報二』九七六—九八三頁所収

八一年七月、「中学校教則大綱」（文部省達第二八号）が発せられた。教育課程の体《てい》をなしていない七二年以来の中学教則を編制しなおし、中学校教育課程の大筋を示したものである。これによって小学校の授業・学習との連絡、専門学校の教育への連絡がついた。つまり普通教育・高等普通教育・専門教育のアーティキレーション（学校間教育接続）が成立する目鼻がついたのである。これをさらに精緻にしたのが八六年の「中学校令」に附随する「学科及其程度」であるが、「教則大綱」ができたことで、これを規準に教科書や実験器具標本等がつくられ、中学校はこれらの教具教材を揃えねばならなくなった。さらに「教則大綱」で示された学科を授業できる教員を各中学校に配置しなければならなくなった。これらの条件を満たす中学校は費用がかかるから、町村費ではまかなえない。かくして地方税による府県立中学校が興起するのである。以下「中学校教則大綱」におけるインテグレーション（教科統合）とアーティキレーション（学校間教育接続）を略述しよう。

小学校・中学校間アーティキレーションの成立

教科統合の最たるものは和漢文と英語である。「学制」は邦語による中学校と西洋語による外国語学校の二系統の中学校をつくった。七〇年代末期に邦語による中学校（実態は漢学塾系私立中学校）と外国語学校（主流は官立英語学校）が廃止になったので、両学校教育の中心たる和漢文と英語の授業をどのように編制し直すかは教育令期の最重要課題であった。

明治になって漢学とか漢文と言うようになったが、それは近世の儒学で経史子集を内容とする。そのうち経書の学庸論孟の部分を修身に移し、史詩文の部分を漢文とした。和文は漢学塾でも次第に取り入れてきたが、七〇年代後半、文明開化の気運の中、交通、通信、出版の発達に伴なって新しい日本語が登場し、文章が変化した。これを授業に取り入れたのが、文章学である。これら全部を網羅して和漢文という中学校の学科を創設したのである。

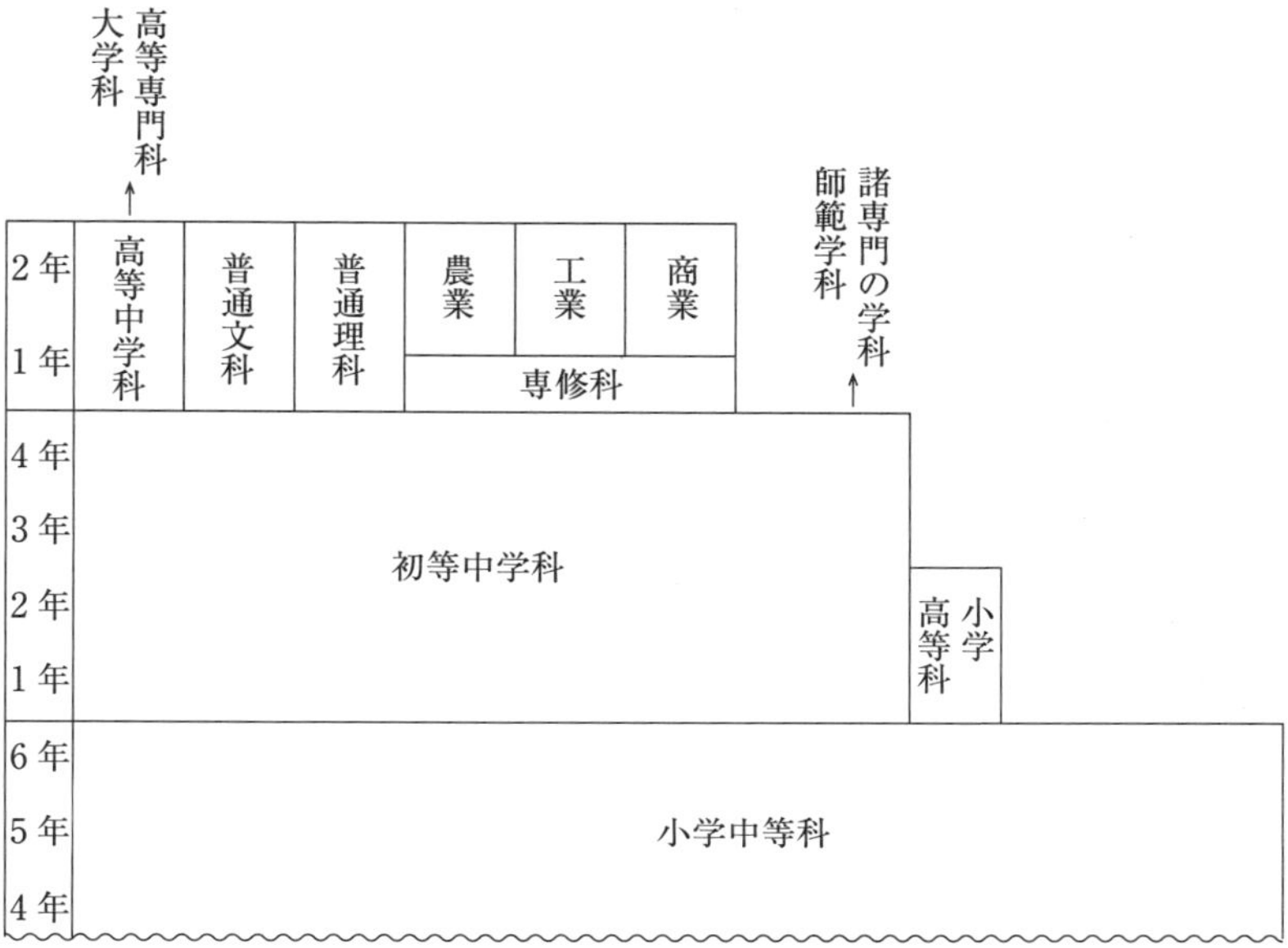

図1　中学校教則大綱における進学概念図

官立英語学校は卒業までの四～六年間（実際には最上級に進級する前に廃絶）外国人教師による英語の授業を受けねばならなかった。教則には地理、歴史、経済学、物理学などの学科が麗々しく並べられているが、実際はスペリングから始まってリーディング、会話、文法、上級になって史書《ヒストリー》を読む程度であった。ただ卒業までの数年、連日、英語で過ごすので日本語と日本の事情がわからなくなった。学科としての英語はこれを毎週六時間、即ち毎日一時間の授業に圧縮したのである。[93]

次にアーティキレーション（学校間教育接続）をみよう。「学制」に小学教科と中学教科があり、綴字、習字、読本、算術（小学教科）、国語、地学、幾何学（中学教科）など並べたてているが、小学校卒業までにどの程度の国語力、算術能力を身につかせるか不明であった。このような学習上の連絡、気脈を通じさせようとしたのが「中学校教則大綱」「小学校教則綱領」である。

図1は「教則大綱」「教則綱領」によってつくった小学校、中学校の進学概念図である。この時から小学校は三年制の初等科、中等科、二年制の高等科に区切られた。小学初等科は父母後見人が児童を必ず就学させねばならぬ強制就学課程で、学科は修身、読書、習字、算術の初歩と唱歌、体操である。中等科は初等科の学科に地理、歴史、図画、博物、物理の初歩を加えて初等中学科の学習へ繋げようとしている。小学中等科の卒業が、初等中学科の入学資格になる。貧困その他の理由で中学校には進学できないが、なお向学心がある児童は小学高等科へ進学することができる。二年制だから低度中学校の趣がある。女児は小学中等科から裁縫がある。中学校から女児を締め出すというよりは、女児は中学校進学を望むことはないだろうという当時の通念から出たものである。

中学校は〝高等普通学科〟を教える所で、修身、和漢文、英語、算術、代数、幾何、三角法、地理、歴史、生理、動物、植物、金石、物理、化学、経済、記簿、本法法令、習字、図画、唱歌、体操の二二学科があがっている。経済と記簿以外は多少名称が変ることがあっても第二次世界大戦後の学制改革まで続いた中学校の学科であった。これらの高等普通学科は大学の専門学を学ぶための、また中人以上の業務に就くために必須の知識、技能であった。中人について未だ定説はないが、当時の状況からして、各地に出現した府県会議員、府県庁職員、郡長、区戸長及び区町村の役職者、地場産業の指導者等を指していると思う。これらの業務をさばくには中学校で用意された新しい知識や技能が必要であった。大学への進学課程である二年制の高等中学科、普通文科、普通理科と並んで、農業、工業、商業の専修科を置いたのは、中人に対する配慮であったろう。

「教則綱領」「教則大綱」において小学初等科中等科各三年、高等科二年、初等中学科四年、高等中学科二年と各課程に年限を設けたことは注意すべきである。七〇年の「大学規則」「中小学規則」以来、学制期を通じて学校間の区切り、課程間の区切りは年齢で示した。下等小学六歳から九歳半まで、上等小学一〇歳から一三歳半まで（七三年、小学教則概表）とした如くである。不就学児童が多かった当時、さらに厳しい等級制の試験によって落第生が続出した当時、この年齢主義は害あって利のないことである。これは学齢と就学年齢を混同したあやまちであるから「教則綱領」「教則大綱」で年齢主義を改め、学習の課程を三年間、四年間という年限で示したのである。無論、試験で落第すれば就学年限は伸びる。しかし最低年限学習して卒業試験に合格すれば上級学校の入学資格が得られる。「初等中学科ヲ修メントスル生徒ハ小学中等科卒業以上ノ学力アル者タルベシ」（中学校教則大綱第一〇条）は小学校と中学校を、教育課程で繋いだ宣言である。従来の〝上等一級生〟に替って、〝中学校一年生〟、〝二年生〟というようになった。

「教則大綱」「中学校通則」の規制と府県立中学校の展開

小学校中学校間のアーティキレーションができたとはいえ、それは所詮、教育課程上、計画上のことである。これの実現には、計画通りに授業が行える中学校教師がいなければならない。

「教則大綱」に示された学科は修身と和漢文を除けば、すべて洋式の学科である。これを教えられる中学校教師の養成は七六年から石川県、埼玉県の中学師範学校、官立東京師範学校中学師範学科で行ってきたが、全国の中学校教員を充足できるだけの卒業生を出していない。微々たるものであった[94]。この時期になると欧米留学の帰国者や東京大学はじめ官公私立の洋学校の卒業生がかなりいるのだが、彼らは中学校教員になりたがらない。拡充しはじめた官公庁、実業界に走る。それは中学校教員の社会的地位が定まらず、なによりも俸給が低かったからである。それを是正すべく手を打ったのが八一年六月の「府県立町村立学校職員名称准官等」（太政官達五二号）である。これは府県立町村立師範学校、中学校、小学校の校長、教諭、助教諭、訓導を官立学校の教授、助教諭、訓導に準《なぞ》らえて職名を決め、それに官吏等級の八等から一三等までを振り当てた。官吏でないから準官等と言い、府県町村の教員は官吏なみの地

表8　1882～84年　全国中学校数

年度	官立	府県立	町村立	私立	計
1882年	1	79	84	9	173
83年	1	75	91	6	173
84年	1	76	54	2	133

文部省第10年報1 13頁、同第11年報1 12頁、同第12年報1 18頁による

位にあるとしたのである。中学校の教員は一等から三等までの教諭、一等から三等までの助教諭に階級化した。これに月俸をあてはめるが、月俸は府県に任せた。府県別の中学校教員月俸は八一、八二年の『文部省日誌』に載っている。一等教諭は概ね月俸八〇～五〇円、三等助教諭は一五～一〇円ぐらいである。しかし府県によっては教諭試補、準助教諭、助教生などの等外教員をつくっている。中学校教員はすべて判任官並であった。これは区長、郡長、警部並で、戸長、巡査よりは上位である。入学式、卒業式はじめ、町村で行われる葬祭に際し上席に座れる特権を持つものであった。[95]

有資格の教員が揃ったとしても、教具教材が整備されていなければ「教則大綱」の学科は教えられない。教科書を用いないで口授だけに頼る授業、標本を用いない博物の授業、実験を伴なわない物理化学の授業を文部省は強くいましめている。[96] 八四年一月に出た「中学校通則」（文部省達六号）は文部省の願望をよく伝えている。即ち

①中学校は教員中、最低三人は中学師範学校または大学の卒業生でなければならない（第四条）。

②各学科の教科書及び物理化学の実験器械、博物の標本を備えなければならない（第五条）。

③物理化学の実験室、体操場、生徒控室、教職員室を設け、場合によっては寄宿舎を設けること（第六条）。

表9　一八八四年官立府県立中学校

名称	省府県	所在地
大阪中学校	文部省	大坂東区大手前ノ町
東京府中学校	東京府	東京麹町区内山下町
京都中学校	京都府	京都上京区下立売釜座
宮津中学校	同	丹後国与謝郡宮津外側
亀岡中学校	同	丹波国南桑田郡餘部村
三山木中学校	同	山城国綴喜郡三山木村
郡山中学校	大坂府	大和国添下郡南郡山村
芝村中学校	同	同　式上郡芝村
大阪中学校	同	大坂北区堂島濱通
長崎県中学校	長崎県	肥前国西彼杵郡長崎村
新潟学校	新潟県	越後国新潟学校町
千葉中学校	千葉県	下総国千葉郡千葉町
茨城第一中学校	茨城県	常陸国水戸上市
茨城第二中学校	同	同　新治郡土浦町
茨城第三中学校	同	同　真壁郡下妻町
群馬県中学校	群馬県	上野国南勢多郡小暮村
栃木県第一中学校	栃木県	下野国下都賀郡薗部村
津中学校	三重県	伊勢国安濃郡津丸之内
愛知県中学校	愛知県	尾張国名古屋南外堀町
静岡中学校	静岡県	駿河国静岡追手町
豆陽学校	同	伊豆国田方郡韮山町
沼津中学校	同	駿河国駿東郡沼津城内町
掛川中学校	同	遠江国佐野郡掛川宿
濱松中学校	同	同　敷知郡濱松元城町
徽典館	山梨県	甲斐国甲府錦町
華陽学校	岐阜県	美濃国厚見郡今泉村
長野県中学校	長野県	信濃国上水内郡長野町
同　上田支校	同	同　小縣郡上田町
同　松本支校	同	同　東筑摩郡松本北深志町
同　飯田支校	同	同　下伊那郡飯田町
宮城中学校	宮城県	陸前国仙台東二番町
福島中学校	福島県	岩代国信夫郡福島町
若松中学校	同	同　北会津郡若松町
平中学校	同	磐城国磐前郡平町
岩手中学校	岩手県	陸中国南岩手郡仁王村
青森県中学校	青森県	陸奥国青森新町
山形中学校	山形県	羽前国山形旅籠町
秋田中学校	秋田県	羽後国秋田西根小屋町
福井中学校	福井県	越前国福井佐佳枝町上町
小濱中学校	同	若狭国遠敷郡竹原村
石川県専門学校中学科	石川県	加賀国金沢仙石町
鳥取中学校	鳥取県	因幡国鳥取東町
米子中学校	同	伯耆国会見郡西倉吉町
島根第一中学校	島根県	出雲国松江殿町
島根第二中学校	同	石見国那賀郡浅井村
岡山県中学校	岡山県	備前国岡山西中山下
廣島中学校	廣島県	安藝国廣島下中町
福山中学校	同	備後国深津郡福山西町
山口中学校	山口県	周防国吉敷郡上宇野令村
萩分校	同	長門国萩江向村
豊浦分校	同	同　豊浦郡豊浦村
岩国分校	同	周防国玖珂郡横山村
徳山分校	同	同　都濃郡徳山村
和歌山中学校	和歌山県	紀伊国和歌山真砂町
徳島中学校	徳島県	阿波国徳島富田浦町
脇町中学校	同	同　美馬郡脇町
富岡中学校	同	同　那賀郡富岡町
川島中学校	同	同　麻植郡川島町
愛媛県第一中学校	愛媛県	伊豫国松山二番町
同　第二中学校	同	讃岐国高松五番町
同　第三中学校	同	伊豫国北宇和郡丸穂村
高知中学校	高知県	土佐国高知西弘小路
同　安藝分校	同	同　安藝郡安藝村
同　赤岡分校	同	同　香美郡赤岡村
同　佐川分校	同	同　高岡郡佐川村
同　中村分校	同	同　幡多郡中村
福岡中学校	福岡県	筑前国福岡大名町
甘木中学校	同	同　夜須郡甘木町
葦屋中学校	同	同　遠賀郡葦屋村
久留米中学校	同	筑後国久留米篠山町
柳河中学校	同	同　柳川本町
豊津中学校	同	豊前国仲津郡豊津町
佐賀中学校	佐賀県	肥前国佐賀赤松町
熊本中学校	熊本県	肥後国熊本藪ノ内町
同　天草分校	同	同　天草郡本戸馬場村
鹿児島中学校	鹿児島県	薩摩国鹿児島易居町
首里中学校	沖縄県	琉球国首里當蔵村

『文部省第十二年報二』所収の「明治十七年官立府県立中学校一覧表」による。

の三ヶ条である。

だが実際はこの三ヶ条を満たすことはできなかった。前述の通り、中学師範学校、大学の卒業生はわずかで各界から引く手あまたであり、教科書編集は緒についたばかり、実験器具、標本、人体模型は文部省直轄の東京教育博物館で製作中であった(97)。

文部省は右の強行策と並行して緩和策も講じた。まず八二年三月に「教則大綱」を改正して英語を欠くことができるとした（第三条、文部省達二号）。英語教師欠乏の対策である。次いで八四年七月、「教則大綱」第十一条の六ヶ年制を削除し（文部省達六号）、同年十一月には学科の加除を認めた（文部省達一一号）。

こうした緩急両様の規制は中学校の設置にどのような影響を与えただろうか。資力薄弱な町村立中学校に甚大な影響を与えた。町村立中学校・郡立中学校は八三年まで増加の一途を辿ったが八四年になって急減した。同年の「中学校通則」の規制、即ち有資格教員の雇用、施設設備、教具教材の整備は経費薄弱の郡立中学校は堪えられなかったのである。その点、地方税による府県立中学校は強靭であった。

高等初等六年制の解除は影響がなかった。殆んどの中学校は初等科四年制で、高等科があっても生徒数名というもののばかりであった(98)。学科の加除も影響は少なかった。「教則大綱」通りにやる学校は少なく、やれる学科からやるというのが実態であった。六年制の解除、学科の加除は規制緩和というよりは現状に合わせた方策とみるべきであろう。

郡立中学校の縮少に対し、府県立中学校は不完全ながらも全国的に展開したのである。

五、森文政下の中学校

尋常中学校のアーティキレーション

一八八六年四月、初代文部大臣森有礼によって「中学校令」（勅令一五号）が公布された。「中学校令」に高等中学校と尋常中学校という二種の中学校が規定されている。教育令期の高等中学科と初等中学科は教育レベルの高低で分科したが、「中学校令」の高等中学校と尋常中学校は性格の違う二種の学校を中学校の名で括《くく》ったのである。尋常中学校からみよう。

「中学校令」に附属する「尋常中学校ノ学科及其程度」（文部省令十四号）は「中学校教則大綱」の高等中学科二年、初等中学科四年、計六年の年限を五年制に短縮している。「教則大綱」は高等初等合わせて六年だが、実態は初等科だけの中学校が多かった。『文部省第十二年報』所収の八四年「中学校一覧表」[99]をみると、その年の中学校卒業生初等科四五二名に対して高等科はわずか二七名でしかない。しかもそれは京都府、新潟県、千葉県、静岡県、岐阜県に限られている。他府県の中学校は初等科だけか、高等科があっても少数の生徒が下級に堆積していた。模範中学校であった官立大阪中学校も高等科は低調であった。校長・折田彦市は、「（高等科の）人員常ニ少ク、僅カ二人若クハ三人ノ為ニ」一学級置くのは不便だから「初等高等ノ区画ヲ除却シ中学全科ノ修業年限ヲ五ヶ年トシ」（一八八五年一月「中学規則ノ儀ニ付文部卿へ建白」[100]）と提言している。尋常中学校五年制は当時の実状を考慮したものであった。

「学科及其程度」の学科は「教則大綱」を踏襲しつつも、算術・代数・幾何・三角法を「数学」に、生理・動物・植物・金石を「博物」に統合し、物理・化学を強化、また修身を「倫理」、和漢文を「国語及漢文」に替えて、この時期の高等普通教育に合致させようとした。英語を「第一外国語」とし、別に「第二外国語若クハ農業」を新設したのは上級学校への進学と実業につくためという中学校令の併行目的のためである。

授業配当時間をみよう。週当り二八時間は「教則大綱」と変りない。倫理、国語及漢文が週当り一時間ずつ減って唱歌、体操になったほか概ね学科別配当時間に変化はない。しかし一年間の授業期間を三二週から四〇週に延長したので授業総時間はそれだけ増加した。六年間修学を五年間に短縮した分、年間授業週間を延長してつじつまを合わせたのである。

「教則大綱」は旧来の年齢主義を捨てて、年限主義をとった（前述）。尋常中学校の教育課程表（学科及其程度）では前期・後期の進級を撤廃したので、一年間の学習が単位となって、中学校一～五年生の呼称が次第に定着するようになった。

尋常中学校と小学校のアーティキレーションはどうなったか。「小学校令」に附属する「小学校ノ学科及其程度」（八六年五月、文部省令八号）をみよう。

教育令下の「小学校教則綱領」は初等科三年、中等科三年、高等科二年であったが、「小学校令」は各四年制の尋常小学校、高等小学校の二種の学校とした。尋常小学校の学科は修身・読書・作文・習字・算術・体操で「教則綱領」の初等科の学科と変りない。作文は旧読書の中に入っていた科目を引き出して学科にしたものである。高等小学校の学科は尋常小学の学科の上に、地理・歴史・理科・図画・唱歌を加えた。女児のために裁縫を課し土地の情況によって、英語・農業・手工・商業を加えるもよしとしている。旧小学中等科・高等科の学科を概ね踏襲している。新設の理科は旧中等科にある博物と物理を統合したもので、旧高等科にあった化学・生理・幾何は高等小学校から消えた。これらは尋常中学校の学科に移されている。高等小学校の学科は尋常中学校とのアーティキレーションを考慮してつくられている。尋常中学校への進学要件をみよう。

尋常中学校ノ第五級（第一学年のこと）ニ入ルコトヲ得へキモノハ品行端正身体健康満十二年以上ニシテ中学予備ノ小学校又ハ其他ノ学校ニ於テ該級ノ課程ヲ修ムルニ堪フヘキ学力ヲ得タルモノトス（尋常中学校ノ学科及其程度第六条）

尋常中学校の入学資格としてここで強調しているのは年齢一二歳以上と尋常中学一年生の学習に堪える学力ということである。高等小学校二年生終了の学力としなかったのは、この当時、高等小学校ができていなかったからである。「中学予備ノ小学校」とは七六年公立中学校ができはじめて以来、中学校の教育課程を履修できない学力不足の生徒が多かったためにつくった予備課程をさしている。いわば当分の間の臨時措置である。本筋は一二歳に達した高等小学校二年生終了後、尋常中学一年生課程履修の学力があれば入学できるということである。前述の尋常中学校、高等小学校の学科構成からみて両学校のアーティキレーションは明らかである。八八年一月、文部省令一号で中学予備小学は消滅した。

尋常中学校の設置方式

尋常中学校は「各府県ニ於テ便宜之ヲ設置スルコトヲ得」（中学校令第六条）となっている。条件が揃えば設置してもよいということで、設置すべしという行政命令ではない。すでに府県立中学校が全国に展開しているのに、腰が引けたようなこの条項はなぜだろう。一つには「師範学校令」（八六年四月、勅令一三号）が府県に尋常師範学校各一校の設置を命じ（第三条）、経費全額の地方税支弁を命じている（同第四条）からである。師範学校生徒には授業料のほか、寄宿舎での生活費まで支給するから経費が非常にかかる。ために

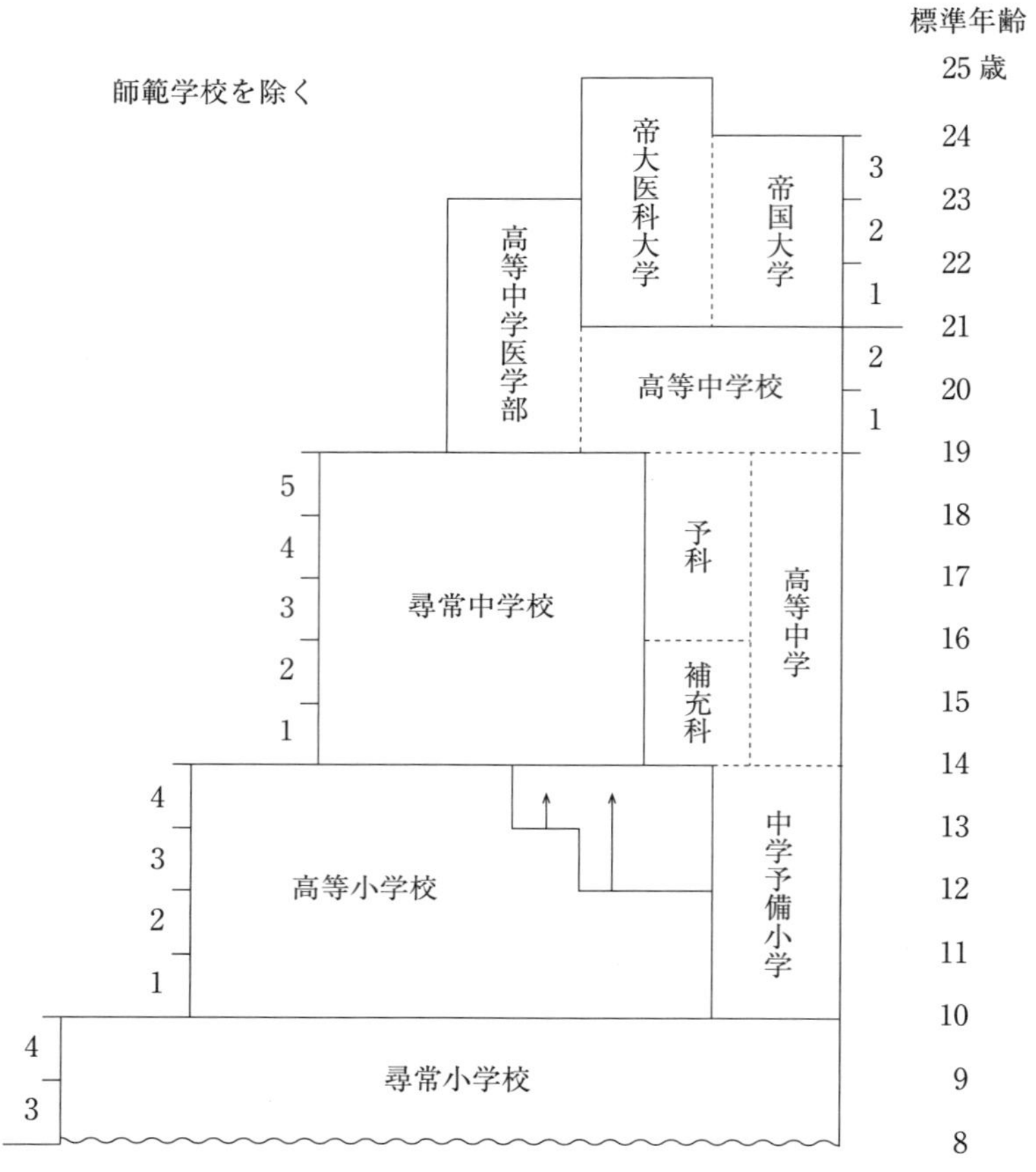

「小学校令」、「小学校ノ学科及其程度」、「中学校令」、「尋常中学校ノ学科及其程度」、「高等中学校ノ学科及其程度」、「帝国大学令」でつくる。

図2　1886年諸学校令体制における進学概念図

尋常中学校の府県設置は一歩控えられたのである。

第二に、これまで府県立中学校への地方税支弁は府県会に否決された経験がある。多くの府県に例があるが、東京府の例をあげれば、八〇年の府会で東京府立中学校費は全額否決された。府はこれに対し一五区共有金（寛政三〈一七九一〉年以来の老中松平定信の七分積金を引き継いだもの）によって府立中学校を継続した。(101)尋常中学校の設置は府県会で否決される可能性があった。

第三に、これが、この時の基本方針と思われるが、尋常中学生は地方の実業に就く者を養成するのだから、このような学校に全額、地方税を支弁することはない。一部の支援、補助で足りると文部省は考えた。右は森文部大臣の演舌の中にある。(102)これらを合わせ考えると尋常中学校は民間の財産で行わせる。即ち私立学校本体観であった。

しかしこれより一〇年前、教育内容不備の私学の濫設に悩まされたことがあった。ここ数年、文部省は教育課程の作成に尽力し、充実した「学科及其程度」もつくり、尋常中学校の修業年限も五年制にした。これからつくる尋常中学校はこれに堪え得るものでなければならない。そのためには旧来、分散多立した中学校を府県一校に凝縮して充実、高度化するしかない。この一校には地方税支弁または補助するもよい。これが中学校令の「地方税ノ支弁又ハ補助ニ係ルモノハ各府県一箇所ニ限ルヘシ」（第六条）、「尋常中学校ハ区町村費ヲ以テ設置スルコトヲ得ス」（第九条）である。

脆弱な中学校を県内に多立させるよりは一校に凝縮して強力な学校にしたい。しかし中学校を設置する財力、民力が各県平均しているわけではない。教育令期を通じて岩手県、秋田県、栃木県、群馬県、山梨県、岐阜県、和歌山県は県立中学一校だけであったが、福岡県は旧藩城下町に豊津、福岡、柳河、久留米の四中学校があり、旧藩主家の後援のもと、旧藩校育徳館、修猷館、伝習館、明善堂の伝統をひく学校として権威を誇った。(103)他にも県内に二、三校の有力中学校をもつ県もある。これら有力な中学が県内に数校ある場合、府県一校を盾に有力中学校を取り潰す手はない。それが有力者後援の私学であれば、地方税支弁がいらないだけ猶さら残したい。しかし「学科及其程度」の教育課程を実施できるだけの教員と教材、施設設備が整った学校でなければならない。このような思惑でつくられたのが八六年四月の「諸学校通則」（勅令十六号）である。即ち私立の中学校で、その学校を維持できるだけの金額を寄附して文部大臣または府知事県令に学校の管理を願い出れば、これを官立または府県立学校と同一に認めるというのである。（通則第一条）。「通則」はその対象を「師範学校ヲ除クノ外各種ノ学校又ハ書籍館」（通則第一条）としている。中学校はその対象に入る。しかしながら私の財産を寄附させて、官立府県立と同等とするには別の特権を与えねばならない。それが八六年十二月の「徴兵令改正」（勅令三十五号）に示された徴兵猶予の特典であった。府県管理学校になれば徴兵猶予の特権が得られるのである。[104]

こうして防長教育会の高等中学校が文部大臣の管理学校になり福岡の尋常中学修猷館、豊津の尋常中学校、久留米の尋常中学明善校の三私学が福岡県の管理学校になったほか、各府県の私学が府県管理学校になっていった。修猷館は旧藩主・黒田侯爵家が、豊津は小笠原伯爵家が、久留米は有馬伯爵家が資金を提供し、その利子で学校を維持経営したのである。管理学校になるためには府県に財産の管理規則、学科課程、教員組織等を揃えて認可を仰がねばならない。府県はそれらが文部省令の規則に適格するかをはかって認可する。かくして府県立尋常中学校と同一と認定されて府県管理学校になる。往年の私塾型の私立中学校とは全く違った後年の学校法人型の私学が誕生したのである。

府県立私立尋常中学校と府県管理学校の設置状況

「中学校令」「諸学校通則」によって各地の中学校は転身した。町村立中学校が禁じられたので多くは高等小学校に転じた。閉校になったり、京都府のように三山木、亀岡、宮津の郡部三中学校を京都府尋常中学校に合併した所もある。県立中学校一校の場合は

表10　一八九一年府県尋常中学校一覧

学校名	府県管理
東京府尋常中学校	
千葉県尋常中学校	
茨城県尋常中学校	
群馬県尋常中学校	群馬県管理
栃木県尋常中学校	
静岡県尋常中学校	
山梨県尋常中学校	
長野県尋常中学校	
福島県尋常中学校	
会津尋常中学校	福島県管理
岩手県尋常中学校	
青森県尋常中学校	
山形県尋常中学校	
秋田県尋常中学校	
京都府尋常中学校	京都府管理
大阪府尋常中学校	
兵庫県尋常中学校	
吉野尋常中学校	奈良県管理
郡山尋常中学校	奈良県管理
三重県尋常中学校	
愛知県尋常中学校	
滋賀県尋常中学校	
岐阜県尋常中学校	
斐太尋常中学校	岐阜県管理
福井県尋常中学校	
富山県尋常中学校	
和歌山県尋常中学校	
鳥取県尋常中学校	
島根県尋常中学校	
岡山県尋常中学校	
広島県尋常中学校	広島県管理
尋常中学福山誠之館	広島県管理
徳島県尋常中学校	
伊予尋常中学校	愛媛県管理
高知県尋常中学校	
高知県尋常中学海南学校	高知県管理
長崎県尋常中学校	
尋常中学修猷館	福岡県管理
豊津尋常中学校	福岡県管理
久留米尋常中学明善校	福岡県管理
大分県尋常中学校	
佐賀県尋常中学校	
宮崎県尋常中学校	
沖縄県尋常中学校	

神辺つくる「明治後期・府県別公立中学校設置及び継続表」（日本私学研究所「教育制度等の研究・その8」一九七九年所収）による。配列は明治二十四年の「尋常中学校一覧表」（『文部省第一九年報』三六―三七頁所収）の順序による

表11　一八九一年私立尋常中学校一覧

府県	私立尋常中学校	徴兵猶予
東京府	尋常中学共立学校	
	尋常中学郁文館	
	独逸学協会学校	徴兵猶予
	成城学校	徴兵猶予
山形県	庄内中学校	
	米沢中学校	
石川県	共立尋常中学校	
山口県	山口中学校	
長崎県	大村尋常中学校	徴兵猶予
	尋常中学猶興館	徴兵猶予

神辺つくる「明治後期・府県別私立中学校設置及び継続表」（日本私学教育研究所「教育制度等の研究・その8」一九七九年）所収

地方税の支弁を受けて、そのまま県立尋常中学校に移行した。県に二校、三校ある場合は県の管理学校になる例が多い。こうして八九年には概ね尋常中学校が出揃ったが、会津尋常中学校のように管理学校になるための条件整備が遅れ、九一年になった所もある。九一年十二月の「中学校改正」（勅令二百四十三号）で府県一校の尋常中学校必置が規定され、場合により数校置くことも認められた（第六条）。改正中学校令は九二年から動き出すので、九一年までが八六年の中学校令体制である。この六年間に旧中学校は尋常中学校に変った。九一年の府県尋常中学校（管理学校を含む）と私立尋常中学校をあげよう（表10）（表11）。

九一年の府県尋常中学校は管理学校を含めて四四校、私立尋常中学校は一〇校である。尋常中学校がないのは神奈川、新潟、埼玉、宮城、香川、熊本、鹿児島の七県だから概ね全国に展開したと言える。

府県管理学校は地方税によらず、寄附者の財産で学校を運営するものであるが、寄附者は旧大名の華族と一般県民に大別できる。華族の基金に旧藩士の有志が参加するのが通例で前にあげた福岡県の三校の外、高知県尋常中学海南学校、伊予尋常中学校、広島県尋常中学校、尋常中学福山誠之館、郡山尋常中学校等、西日本に多い。これに対し、県民有志の寄附によったのは会津尋常中学校、群馬県尋常中学校、吉野尋常中学校、斐太尋常中学校等、東日本に多い。京都府尋常中学校は例外で真宗大谷派の財力で経営した。当時、京都府は第三高等中学校建設に経費がかかったので尋常中学校経営を大谷派に依頼したのである。(105) 宮城県、熊本県、鹿児島県に尋常中学校がないのは高等中学校の予科補充科が尋常中学校を代替したからである。(106)

私立中学校一〇校のうち、米沢中学校、大村尋常中学校、尋常中学猶興館は旧大名華族の基金ではじまった学校である。米沢中学校は庄内中学校とともに九三年から山形県の管理学校になるが、大村尋常中学校と尋常中学猶興館は長崎県の管理学校にはならなかった。それは八八年から八九年にかけて、ともに徴兵猶予の特典を得たからである。八六年十二月の「徴兵令改正」（勅令三十五号）によって、私立学校にも徴兵猶予の特典が与えられた。しかし学校経営のため、毎年二、四〇〇円以上の資本利子がなければならぬという条件がついていた（八七年三月文部省訓令五号）。これを満たすには四万円以上の基金がなくてはならない。長崎県の二つの私学はこの条件を満たすだけの潤沢な基金を持っていたのである。東京府の独逸学協会学校、成城学校も八六年、八九年に徴兵猶予の特典を得た。両校は創立以来、宮内省から年二、四〇〇円の下賜金がある特別の学校であった。前者はドイツ文化を日本に移植するため、後者は陸軍士官学校の予備門たらしめようとした学校である。そのための特典であろう。石川県の共立尋常中学校は県が第四高等中学校をつくるため資金が欠乏したので京都府と同じく真宗大谷派と協同ではじめた尋常中学校であった。(107)

高等中学校の成立

高等中学校は「中学校令」第二条に「中学校ヲ分チテ高等尋常ノ二等トス」とあるように中学校の一種で高等な学校とされる。しかし学科構成と設置方式からみると高等中学校と尋常中学校は著しく違う性格を持っている。この違いをまず「中学校令」からみよう。

尋常中学校の教育課程は前述の如く、〝実業に就くためと高等の学校への進学〟という併行目的を持ちながらも普通教育として構成されている。これに対し高等中学校は帝国大学への進学を目的とする本科の外に「法科医科工科文科理科農業商業等ノ分科ヲ設クルコトヲ得」（中学校令第三条）とあるように「専門学科」が併設できるようになっている。設置面からみると尋常中学校が地方税負担を本体としている（同令第六条）のに対し、高等中学校は国庫支弁を本体として設置区域の府県地方税が加えられるようになっている（同令第五条）。このように尋常中学校が従来の高等普通教育観に立っているのに対し、高等中学校は専門教育を併せ持つ新しいタイプの高等教育制度であった。

次に、これまでに用意された大学進学のための学校と専門学校を略述しよう。前述した如く七七年頃から各府県に中学校ができはじめ、教育令末期の八五年頃にはかなりの数にのぼった。しかし生徒の学力は、「教則大綱」が示す高等中学科卒業の域に達していなかった。文部省は早くから中学卒業と大学入学が直結しないことを察知し、大学入学前の予備学校として大学予備門を設置していた。しかし地方の中学校卒業生は大学予備門の入学すら覚つかなかった。(108) 地方の大学進学志望者はまず上京して東京にたくさんあった英語の私学で学び、それから大学予備門に入学するのだから東京に長期間滞在させる地方の親の経済的負担は容易でなかった。よって東京開成学校の学生を確保するために七大学区本部に官立英語学校をつくった故知にならって地方要地に大学予備門に準じる進学校をつくろうとしたのである。八四年十月、大木喬任文部卿が、在京中の府知事県令に示諭した学制改革案の中の「府県連合設立高等学校」案はこの考えの先駆である。(109)

次に教育令期の専門学校をみよう。七九年の「教育令」に学校の一種として専門学校があり、八〇年の「改正教育令」では「土地ノ情況ニ隨ヒ」という条件づきながら府県に専門学校の設置を命じていた。八一年頃から専門学校の設置は多くなった。文部省はこれに応じ専門学校を学校制度全体の中に位置づけるため、医学校、薬学校、農学校、商業学校の通則をつくり、(110) 折から作成中の小学校、中学校の教育課程と学習上の連絡（アーティキレーション）をつける努力をした。しかしここで文部省は二つの問題に逢着した。一つは専門学校の種類のあまりの多さであり、第二は学習レベル幅の大差である。『文部省第一〇年報』所収の八二年「専門学校表」(111) をみると医学からはじまり、法学、

表12　1885年専門学校数

設置者別学校数		学科別学校数（多いもの）	
官立	2	医学校	31
府県立	49	数学校	19
町村立	5	農学校	13
私立	45	法学校	10
計	101	商業学校	7

『文部省第13年報1』31頁による

数学、商学、農学、航海、測量等まことに多様である。専門学校教育の規準をつくろうとはじめた「通則」が医学校、薬学校、農学校、商業学校で終ってしまったのはその種類の多さに辟易したからであろう。同年の『文部省示論』[112]は専門学校の設置にはその土地の事情によって緩急軽重をはかれと再三述べている。専門学校は専門職業の実事、技術を学ぶところである。その技術・知識には高低の差があっても止むを得ない。医学を例にとるならば、最高の知識技術を持つ医師が望ましいが、全国各地の需要が高いから、多少低級の医者でも無いよりはある方がよい。こうして「医学校通則」（八二年文部省達四号）に正規の医学校たる甲種と「簡易ノ医学科ヲ教授シ以テ医師ノ速成ヲ図ル」乙種医学校が設けられた。同じ発想で八二年の「薬学校通則」（文部省達六号）で薬学校も甲種・乙種、八三年の「農学校通則」（文部省達五号）、八四年の「商業学校通則」（文部省達一号）で農学校、商業学校を二種と一種に区別した。薬学校の甲種、農学校・商業学校の二種は初等中学科の卒業を入学資格とし、薬学校乙種、農学校・商業学校の一種は小学校中等科卒業を入学資格とするものである。

この過程の中で、従来、中学校卒業後の進学先であった専門学校が、小学卒業資格で入学できる中学校と並立する実業学校も含まれることになった。このことは「文部省示論」でも説いているし、[113]八五年の再改正「教育令」第七条で「専門学校ハ法科理科医科文科農業商業職工等各科ノ学業ヲ授クル所トス」と改められている。このように多様化、複雑化の道を辿って八六年の学制改革になったのである。諸学校令公布の前年、八五年における官公私立の専門学校数、学科別専門学校数（上位五位まで）を、**表12**に示した。専門学校は府県立と私立が多く、学科は医学が圧倒的に多かった。

高等中学校の設置

尋常中学校は、郡立町村立は認めず、地方税による学校だけと制限されても、これまで全国に展開した府県立中学校を襲用したから移行は容易であった。けれども高等中学校は大学予備門や医学専門学校の施設を襲用して開設したとはいえ、文部省の管理でありながら国費と地方税で経費を支弁する（中学校令第二条）というのだから難儀なことであった。文部省令、訓令によって高等中学校設置の大筋をみよう。

中学校令が公布されて間もない八六年四月二十九日、文部省は大学予備門を第一高等中学校に、大阪の大学分校を第三高等中学校に改変するとしたが(114)、第一、第三高等中学校と第四高等中学校を合わせて、その設置位置を定めたのは中学校令公布後八ヶ月を経た十一月三十日であった。設置位置は第一高等中学校・東京、第三・京都、第四・金沢であった（文部省告示第三号）。同時に五区の高等中学校設置区域が決められたが、直後の十二月九日、第二高等中学校・仙台、八七年四月十五日、第五・熊本と決った。このように五月雨式に設置位置を決めていったのである。

高等中学区設置区域五区のうち、第二区の奥羽六県と第五区の九州七県は一八七三年の軍管区制第二軍管区・第六軍管区、同年改正の大学区の第七大学区・第五大学区、八五年七月設置の第二地方部、第五地方部と変らないもので(115)、日本全土を五～七に区切る場合、奥羽地方と九州地方をそれぞれ一ブロックとみるのは、いわば固定観念になっていた。またその拠点都市も奥羽地方の仙台、九州地方の熊本は鎮台としても高等中学校の設置位置としても変らないものであった。問題は本州の中央部である関東・北陸・東海・近畿・山陰・山陽・四国をどのようにブロック化するかということであった。明治初期以来のやり方は、まず拠点都市を決めて、それから交通、人口を按配してブロック化する。例えば陸軍軍管区の拠点は鎮台で城郭をより所にしたから大城下町に鎮台を置き、まわりの県を合わせて軍管区をつくった。高等中学校設置区域の拠点都市は、それが拠る府県が高等中学校設置を受け入れる所でなければなら

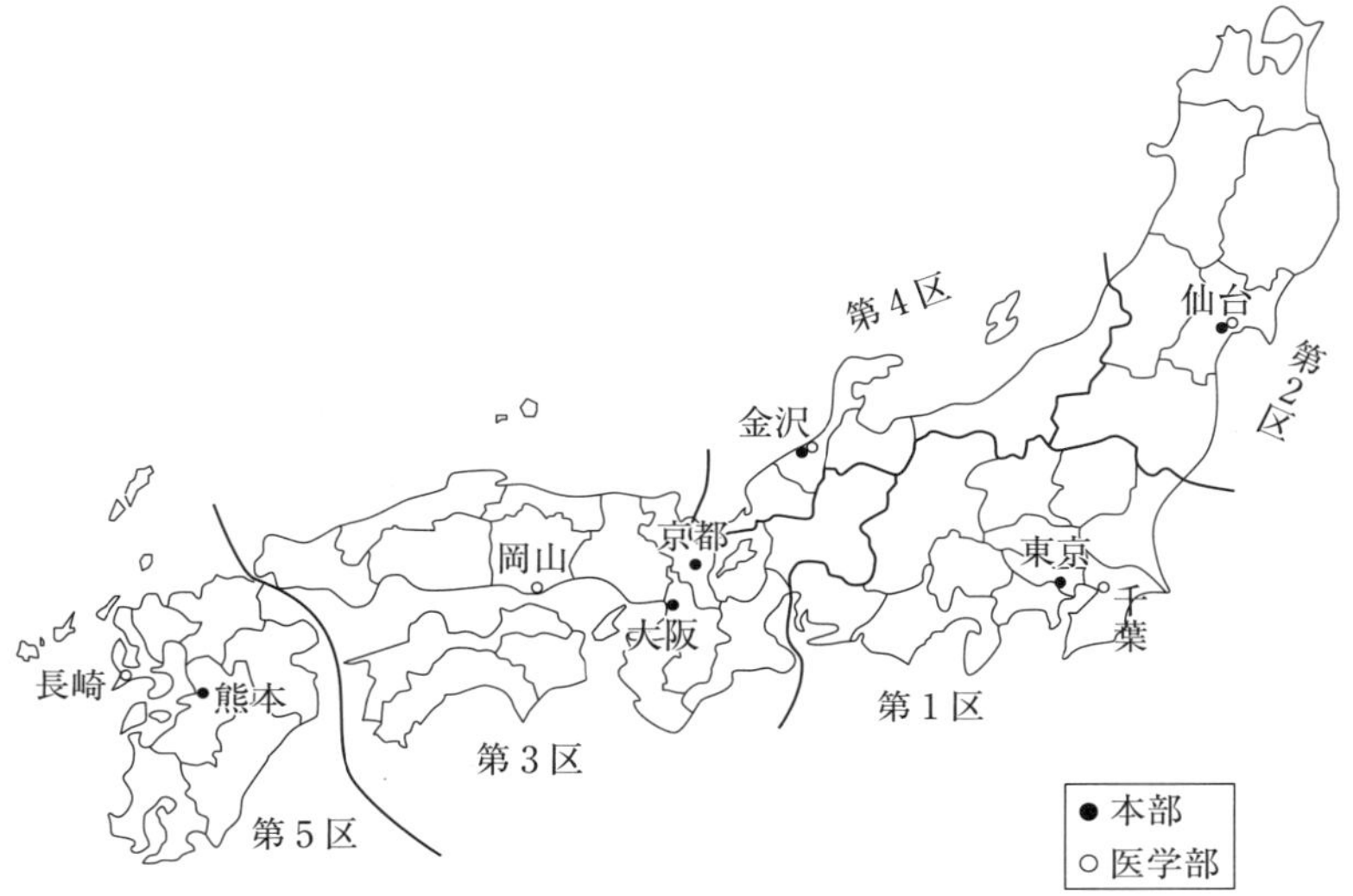

図3　1886年11月30日制定の高等中学校設置区域

田中智子論文「高等中学校制度と地方都市」の図2を引用

ない。

高等中学校は文部大臣の管理する学校であるが、その経費は国費または「該学校設置区域内ニ在ル府県ノ地方税」（中学校令第五条）という曖昧なことになっている。率直に言えば国費払底の折から、高等中学校の経費は府県が出せということである。そうであるならば高等中学校を設置する府県はまず、その設置費用を提供できなければならない。その手立てについて文部省は巧妙であった。八六年一月の「時事新報」に〝五大学校〟の報道が流されて四月の「中学校令」公布までに関係者間に知られた。五大学校とは東京大学の下位につく大学を全国に五ヶ所つくるという構想である。[116] そして四月十日、「全国ヲ五区ニ分画シ毎区ニ一箇所ヲ設置ス」（中学校令第四条）る高等中学校設置が公布されたのである。文部省としては高等中学校設置に意欲を持ち、かつ経費負担に応じ得る府県を探したい。文部大臣が区画する区域は設置府県が決ったあとで区切ればよい。中学校令公布後七ヶ月余りたった十一月三十日、第一区東京、第三区京都、第四区金沢と設置位置の決定と同時に「高等中学校ノ設置区域」を公示したのは設置位置を決めてから、その状況で区域をつくろうとした証左である。「第二区第五区ハ追テ之ヲ定ム」となっているが、第二区仙台、第五区熊本はこの時点で大よその見当がついていたのであろう。

八六年十一月告示の高等中学校設置区域はかなり歪《いびつ》な形である。最小四県の第四区に対し、第一区は一府一〇県、第三区は最大で二府一三県である。第四区が旧来の北陸地方に留《とど》まったのに対し、第一区は関東地方に加えて東海の静岡、愛知、山梨三県と長野県にまで伸長しているし、最大の第三区は近畿地方と山陰、山陽、四国を包摂してしまった。第三区に入るべき山口高等中学校が、設置区域告示直前、「諸学校通則」第一条による文部省の管理学校になった（文部省告示第二号）から山口県一県が抜けたが、それにしても第一区第三区の広大さと第四区の狭小さは異状である。一つには第一、第三区の交通、物資流通が、この時期、飛躍的によくなったのに対し、第四区の交通事情は旧時代と変らなかったからである。一八八〇年代、関東、近畿、東海、山陽は鉄道敷設が進み、乗り継ぎすれば東京から名古屋を通って京、大阪に達することができたし、神戸から広島に向けての山陽鉄道が工事中であった。広域から秀才生徒を集めようとする高等中学校が、最も期待できる第一、第三高等中学校の設置区域を交通網に沿って拡げたのは当然であろう。

当時、鉄道が着工されなかったのは日本海沿岸と紀州、四国、九州の太平洋沿岸である。そうした中で、なぜ北陸四県だけの第四区ブロックがつくられ、石川県金沢が第四高等中学校の設置位置に定められたのであろうか。(117)旧藩以来、金沢は学問芸術についての志向が高く、明治初年の藩校は洋学を取り入れた高級の学校をつくった。(118)廃藩置県後も金沢の高級学校志向は変らず、独自の啓明学校や専門学校をつくった。「中学校令」が公布されると石川県の幹部が文部省を尋ねて金沢に高等中学校を誘致する意志があることを伝えた。旧藩主前田家が七万八、〇〇〇円を寄附して文部省が提示する設置維持費一〇万円も軽くクリアし、これまで経営してきた専門学校、医学校も一切の財産を高等中学校に寄附すると申し出た[119]。これほどに高等中学校設置について熱意を示す県は日本海沿岸にはなかった。文部省はこれを第四高等中学校として聴許し、北陸道たる福井、石川、富山、新潟の四県を第四区として告示したのである。

漸く府県行政も安定し、近代産業の興起に向け進もうとしている府県にとって新産業の尖兵ともなるべき専門家を養成する高等中学校を招致したかった。国外国内の情況を熟知している知事県令、幹部達は高等中学校召致に熱意を示した。五大学校風説が流れ、「中学校令」公布以後、これが活発になった。文部省幹部も、そうした府県幹部と接触したり、候補地を視察したりしてこれに応じた。文部省は高等中学校設置については、経費一〇万円の提供を求めた。府県は有力者に寄附を求め、これを府県会に計らねばならない。こうした苦心の末に高等中学校の設置が決ったのである。各高等中学校本科と医学部の設置について詳細な経緯と顚末を記したものに田中智子の諸論文がある[120]。

高等中学校・尋常中学校、その後

明治後期における高等中学校・尋常中学校のその後を素描して終りたい。

中学校令第五条を受けて八七年八月、文部省は五高等中学校の経費を国庫と地方税で折半した金額を示した。各設置区は府県の負担額を審議し、全区、これに協賛した[121]。前述の如く、八七年四月までに高等中学校本科を東京、仙台、京都、金沢、熊本に定めたが続いて医学部を同年九月までに第一千葉、第二仙台、第三岡山、第四金沢、第五長崎に定めた（文部省告示第六、七、八号）。これらはその地方有力の県立医学校であった。しかるにこの高等中学校五医学部が決まった同年十月一日「府県立医学校ノ費用ハ明治二十一年度以降地方税ヲ以テ之ヲ支弁スルコトヲ得ス」という勅令第四十八号（府県立医学校費用ノ件）が発せられた。これは有力な医学校は官立に近づけて引きたてる一方、微力な県立医学校を淘汰する策であり、また尋常師範学校、尋常中学校の経費負担の折から県の医学校負担を軽くするための方策であったと思われる。

さらに八八年八月には内務、大蔵、文部三大臣より八九年以降、地方税分担は止めるとの訓令[122]があった。この時、府県制・郡制、「地方学事通則」は公布前であるが、八八年四月に市制町村制が公布されて地方自治体と政府の行政関係が整えられようとしていた。新制度は税の徴収や議決権など一定の権利を自治体に認める一方、内務大臣の監督権及び府県郡市町村の監督序列を決めた。市町村制では軍事、警察、教育は国家の委任事務であることが強調され、教育については外的事項即ち校舎等の施設設備は市町村が負うべきものとされた[123]。市町村の監督責任はまず府県郡が負うので、小学校校舎の建設が及ばない時は府県郡に責任がかかる。府県は師範学校、中学校設置維持に全力をあげねばならぬが、管轄下の町村小学校不振の場合は手を貸さねばならない。政府直轄の高等中学校へ分担金を提供できる状況ではなくなったのである。高等中学校への地方税差し止めの訓令はこうした状況下で起ったのである。

中学校の主目的は〝実業に就く者〟を養成する所で、上級学校への進学は二次目的である（中学校令第一条）。明治初年に唱えられた殖産興業が、この頃になると現実味を帯びてきて、政府は中学校に実業振興の一翼を託したのである。当時の実業は後年の農工商だけでなく広く仕事一般を指しており中学校に託されたのは高度な職業教育であった。具体的に言えば、すでにできつつあった各種の専門学校を拡充し、卒業生を増産することである。けれども現実は、この理念と隔たるものであった。発足したばかりの高等中学校でみれば、分科としてできたのは医学部ばかりで五校、急を要する法科、工科は高等中学校になっていなかった。学校担当者や生徒の意識も、政府のこの理念と離れて、大学進学を目指す課程が本科、医学専門部が分科と心得て不思議と思わなかった。ここに森文政の一大事業であった諸学校令の改訂が起る。

この改訂は八九年、森文相在世中にはじまり、森の遭難後も榎本武揚文相、芳川顕正文相の下で続けられ、九〇年三月から六月にかけて成案をみるに至った。(124) それが「五学校令案」と言われるものである。(125) 五学校令案は小学校令案、中学校令案、師範学校令案、専門学校令案、大学令案で、専門学校令案を除けば、森文政の諸学校令に対応している。新案の専門学校令案は「専門学校ハ専門ノ業務又ハ職業ニ須要ナル学術技芸ヲ教授スル所トス」（第一条）として雑多な専門学を次のようにカテゴライズした。

1、法学と医学（附薬学）の専門学（第六条）
2、陸軍と海軍の軍事専門学と技術（第七条）
3、美術と音楽の学術技芸（第九条）
4、商船学校と郵便電信学校の技術（第十条）
5、農業商業工業の専門学と技術（第十六条）
6、宗教の専門学（第三十二、三十三条）

法学と医学、陸海軍事学、美術音楽、商船郵便電信の専門学校（1～4）はすべて国立、農工商の専門学校（5）は国立、府県立、郡立、市町村立を問わず設置できるが、宗教専門学校（6）は私立に限るとした。また農商工の専門学校は教育段階別に三種とし、第一種は大学に準じる高等専門学校、第二種は尋常中学校卒業生を入学させる専門学校、第三種は小学校卒業生を入学させる専門学校としている（第十六章）。一八九九年の「実業学校令」（勅令二十九号）、一九〇三年の「専門学校令」（勅令六十一号）の実業専門学校の段階学校観を先取りしている。しかし五学校令案は陽を見ることなく終った。これが成案をみた時は新しい地方自治体制が始動した時だし、第一回の衆議院議員総選挙が行われて帝国議会が始った時である。教育勅語が発布されて森文政の教育方針が変更された時でもある。小学校令案が法制局の審議にかかるや異議百出して、つくり直すことになった。これに巻き込まれて五学校令案はすべて廃棄されることになったのである。(126)

廃棄になった中学校令案をみると高等・尋常の二段階は前の通りだが、目的はいずれも高等普通教育と上級学校進学予備教育となっている。この限りに於ては理解できるが、別に官立高等中学校に法科、医科、農工商等の専門学部を加設できるの一条がある。専門学校令案との整合性に疑いなしとしない。

九四年六月「高等学校令」(勅令第七十五号)が公布された。高等中学校はすべて高等学校と改称し、「中学校令」から離脱した。しかし高等学校教育の第一目的は「専門学科ヲ教授スル所」(第二条)であった。八六年以来、如何に文部省の専門学校志向が強かったかがわかる。しかし実際は学校当局も生徒も帝国大学進学のための予備教育に全力を傾倒していたのである。これを配慮してか、第二目的として「帝国大学ニ入学スル者ノ為メ予科ヲ設クルコトヲ得」という但し書きをつけた。高等学校は予科を本体として帝国大学への進学教育に邁進していった。

一九〇三年三月、「専門学校令」(勅令第六十一号)が公布された。一九〇一年四月、すでに官立高等学校の分科たる医学部は独立して医学専門学校となっていたが(文部省令八号)専門学校令第十六条によって追認された。

文部省の実業教育志向は尋常中学校に対しても強かった。一八九一年十二月「中学校令中改正」(勅令二百四十三号)があり、「尋常中学校ハ農業工業商業等ノ専修科ヲ設クルコトヲ得」(第十二条)の一条が加わった。高等普通教育という理念があるから自由裁量の専修科に止まったが、それでも第二外国語と一緒に選択科目であった農業(八六年・学科及其程度)より実業教育へ一歩進めている。この主張は九四年の「尋常中学校実科規程」(文部省令十三号)になった。実科教育というのは実業教育と違って農工商勤労の価値を知ろうという抽象的な主張である。当時、尋常中学校は漸く入学生が増加し、学校も分校、第二中学校として増設されたが、卒業する生徒は少なく、大半は中途退学してしまう。高等中学校や専門学校へ進学する者はさらに少なく、多くは家業に就く。実科教育はこうした実状に応えたものであった。実科課程は五年制でも、四、五年生を対象にした二年制でもよいが、実際に開設されたのは五年制一校、二年制二校という極く少いものであった。(127)

一八九九年二月「実業学校令」(勅令第二十九号)が公布された。「実業学校ハ工業農業商業等ノ実業ニ従事スル者ニ須要ナル教育ヲ為スヲ以テ目的トス」(第一条)というもので、種類として工業、農業、商業、商船等の学校をあげている(第二条)。実業学校は高等小学校と併立する実業補習学校、徒弟学校も含む階層性を持つものであった。よって一九〇三年「実業学校令中改正」(勅令六十二号)を以て、専門学校のうち、農工商に関する学校を実業専門学校とした(第二条ノ二)。以後それらは高等農業、高等工業、高等商業学校と称するようになる。一八九九年二月、実業学校令公布と同日、「中学校令改正」(勅令二十八号)もあって、中学校は「男子ニ須要ナル高等普通教育ヲ為ス」(勅令二八号)を目的とするようになり、尋常の冠称をとって中学校と称するようになった。

設置についてみよう。一八八六年の中学校令は「尋常中学校ハ各府県ニ於テ便宜之ヲ設置スルコトヲ得」という消極的なものであったが(前述)、一八九一年の「中学校令中改正」(前述)では「土地ノ情況ニヨリ」という条件つきながら「尋常中学校ハ各府県ニ於テ一校ヲ設置スベキモノトス」(第六条)と命令に転じた。そして一八九九年の「中学校令改正」(前述)では、「北海道及府県ニ於テ土地ノ情況ニ応ジ一箇以上ノ中学校ヲ設置スベシ」(第二条)となったのである。

学校設置者については一八九八年、官公立か私立かについて疑義が生じた。「民法施行法」は「民法施行前ヨリ独立ノ財産ヲ有スル社団又ハ財団ニシテ民法第三十四条ニ掲ゲタル目的〔営利を目的としない祭祀、宗教、慈善、学術、技芸――引用者注〕ヲ有スルモノハ之ヲ法人トス」（第十九条）としている。これについて私立防長教育会から山口高等学校は財団法人にならねばならぬのではないかと伺い出た。防長教育会は建物用地維持費を山口高等学校に寄附したものと思っていたのである。しかるに文部省は、一八八六年の「諸学校通則第一条」による寄附は国または府県に対して行ったものとし、〝官立府県立学校と同一〟とはそのことだと解釈していた。この解釈の齟齬を正すべく一九〇〇年三月、「寄附財産ヲ以テ設置スル官公立学校ニ関スル件」（勅令百三十六号）を公布し、同時に「諸学校通則」を廃止した。ここにおいて、通則によって官立府県立と同一とされた高等学校、中学校は官公立か私立かの道を選ばねばならなくなった。山口高等学校は一九〇五年、専門学校令による山口高等商業学校になって官立に移管した。鹿児島高等中学造士館は九四年、一たん廃校になっていたが、一九〇五年、第七高等学校として官立になった。中学校では東京府の尋常中学共立学校が私立東京開成中学校に戻った外は悉く府県立中学校になった(128)。

おわりに

「学制」は学区制をとり、全国の中学区に各一校、即ち二五六の中学校をつくるという壮大な計画をたてた。ただし、これは小学校が普及した後のことで、将来の見取図であった。しかし各地に中学校をたてると聞くとすぐ反応する者があった。都市や城下町に住む士族である。実際に漢学や洋学の私塾があったし、廃校になった藩校の跡地で何らかの学習活動が行われていたからである。

廃藩置県後、任地に着任した府知事県令は文部省の指示に従い、中学区を区画した。府県管内の人口の疎密、地域の広狭をものともせず、日本全国に中学区を張りめぐらしたことは驚くべきことである。文部省は中学区に教育事務所を置いて小学校の監督をするつもりだったが、実際に機能しなかった。大方の府県は中学区を区画するだけで中学校をたてるつもりはなかったが、なかには各中学区に中学校を本気でたてる気持を持った県令、県職員もいた。この気質が後に郡立中学校を県内全域につくる気運につながる。中学区は郡を単位に区画した例が多いからである。

明治初年の藩校で中学を名乗ったものがあったため、士族は、自分たちのつくる学校は小学校ではなく中学校だと思い込んだ。庶民がゆく小学校と自分達の学校を同列にみることはできなかった。こうして文部省の思惑と離れて中学校設置熱が都市と城下町に湧き起ったのである。文部省はこの熱気に押されて、当初の〃中学校は小学校普及のあと〃の方針を取り止め、各地の私塾、私学を私立中学校、私立外国語学校にしたのである。

文部省は激烈な国学派、漢学派、洋学派の争いに打ち勝った洋学派の精鋭によって成立したものである。よって文部省がつくった初期の学校制度は悉く欧米流であった。後に東京大学になる開成学校は徹底した西洋風で、欧米人教師による欧米科学の解説であった。これを学習する生徒は欧米語に通じねばならない。このため急拠つくったのが官立英語学校である。この学校は外国人教師を雇い、外国から教科書教材を輸入したので経費が嵩み文部省予算を圧迫した。同時に外国語専修生徒は日本語ができなくて専門学学習に不向の声もあがって官立英語学校廃止となった。この年（一八七七年）から二、三年大きな変動があった。

1、西南戦争の終結によって、これまでの士族争乱が終り、言論による民権運動にかわる。

2、前年の第二次府県統廃合の結果、地方行政強化の目途がつき、府県は民間産業の育成、中学校、師範学校の設置に積極的になる。

3、七八年の三新法制定により、府県会が起り、地方税が決まり、中学校、師範学校の設置が府県会の重要事項になる。

4、文部省は「学制」体制の非を悟り、現実に即した学校設置の「教育令」期に入る。

新制度に移るに際し、文部省が最初に手がけたことは教授内容の雑多な私立中学校を淘汰するため「各種学校」を設けたことである。これによって近世以来の漢学塾系中学校は各種学校となり、洋学と和漢学を折衷した新しい中学校をつくる地平が開けたのである。同時平行的に、中学校の新しいカリキュラムづくりがはじまり、八一年には「中学校教則大綱」が制定され、旧来の和漢学は「和漢文」という学科に、洋学は「英語」と「物理」「化学」以下数教科に縮少されて中学校教育の基本型が定った。また同年に制定された「小学校教則綱領」によって小学校教育とのアーティキレーションが成立し、小学校↓中学校の進学階梯が明らかになった。

中学校教育課程の基本が決ったとは言え、これを実践するには、各学校の教則を教え得る教員と教科書をはじめとする教材を揃えねばならない。文部省は教員養成をはじめ、教員資格及び待遇の規準づくり、教科書・教材の開発に努力したが、充足の域には達しなかった。一方、中学校の設置は、きびしい府県会の審議の中でも着々進み、府県立中学校が、また県令の意向と町村住民の支持を得て郡立中学校が増加していった。しかし「教則大綱」や文部省の規定に適格するものは殆んどなく、そうした意味では不完全な形の中学校が展開していったのである。

こうした状況の中で一八八六年、森文相による諸学校令が公布された。「帝国大学令」「中学校令」「小学校令」「師範学校令」「諸学校通則」とそれらに附随する諸規定によって諸学校令体制がわかる。小学校から尋常中学校・高等中学校をへて帝国大学へ到達する正系と尋常師範学校をへて高等師範学校に登る傍系の進学経路が明示されたことで画期的だと評されている。しかし師範学校の目的が教員養成と明らかなのに対し、中学校の目的は実業（この場合は広く専門職業をさす）に就くことを第一とし、上級学校進学を第二とするあいまいな所があった。

官立高等中学校は東京・京都をはじめ全国の要地に五校たてたが、本科は旧大学予備門以来の帝国大学進学を目指すものであった。そして分科にまず要地の医学校をあてて医学部と称し、逐次、法科、工科等の専門学部をつくるつもりであったが、医学部以外の専門学部の設置は進まなかった。

やがて諸学校令の欠陥が文部省当局に自覚されて森文相在任中からその改正案がつくられた。そこにみられるのは熱い専門学校待望である。想えば専門学校を主体とすべき学校をなぜ高等中学校の名で「中学校令」の中に入れたのか、三種類の学校をすべて尋常・高等の二段階に組みたてて文字面《もじづら》をよくしただけではないか。高等中学校と尋常中学校は異質の学校である。中学校の名で一括したくない。こうした考えが底流して九四年「高等学校令」が公布された。ここに高等中学校は中学校の範疇から離れた。「高等学校令」は第一目的が「専門学科ヲ教授スル所トス」となっている。しかし「帝国大学ニ入学スル者ノ為メ予科ヲ設クルコトヲ得」（第二条）の但し書きがあったため、すべての高等学校が大学予科になった。

教育令以来の中学校を引き継いだのは尋常中学校である。尋常中学校の教育課程は修業年限を五年に短縮し、学科を統合して縮少したようにみえるが、基本的に「教則大綱」を踏襲し、より実践し易くなっている。設置については区町村費によるものを禁じ、地方税による学校を府県一校に制限しているが、基本的には「府県ニ於テ便宜之ヲ設置スルコトヲ得」であるから府県は尋常中学校をつくってもつくらなくてもよいのであり、私立中学校はいくらつくってもよいのである。ここに文部省は妙案をたてた。私立中学校の中で、学校を維持できるだけの金額を寄附して府知事県令に学校の管理を願い出れば府県立学校と同一と認めるというものである。それは徴兵猶予の特権が付帯するものであった。これに応募した管理学校を含め、旧来の中学校を襲用して忽ちのうちに全国に展開した。

学制公布のはじめ、文部省は中学校は小学校普及の後と考えた。しかるに中学校設置にすぐに立ち上ったのは都市や城下町に住む士族達であった。文部省はその熱意に押されて旧来の漢学塾を私立中学校として認めたのである。その後、各地に共同学塾や町村立、府県立の変則中学校ができてゆくが、そこはすぐに生徒が集り、学習活動が行われた。ここが全国の学齢児童を相手とする小学校と全く違うところである。就学を告諭するとか督促する必要はなかった。文部省は新時代に即応する中学校の内容、方法に気を配ればよかったのである。中学校をつくりあげたのは士族を中心とする国民であったといえよう。

注

(1) 丸山雍成・小風秀雅・中村尚史編『日本交通史辞典』二〇〇三年、吉川弘文館、北陸道、北陸線、北国海運の項。
(2) 山川出版社『県史18福井県の歴史』二〇〇〇年、二七五頁。
(3) 前掲『日本交通史辞典』北国路、三国街道、越後街道の項。
(4) 吉川弘文館『国史大辞典』五街道、五畿七道、東海道の項。
(5) 『明治史要』明治十八年八月、修史館（一九六六年十一月東京大学史料編纂所復刻）一二―一五頁、二四頁。
(6) 『東京百年史第二巻』三四―三六頁。
(7) 児玉幸多・北島正元監修『新編物語藩史第六巻』一九七六年、新人物往来社、藤井譲治「小浜藩」二九五―三〇一頁、三二〇―三二二頁。
(8) 金井圓「福井藩」（前掲『新編物語藩史第六巻』二七三―二八〇頁）
(9) 若林喜三郎「加賀藩」（前掲『新編物語藩史第六巻』九〇―九三頁）
(10) 坂井誠一「富山藩」（前掲『新編物語藩史第六巻』二九―五七頁）
(11) 若林喜三郎「大聖寺藩」（前掲『新編物語藩史第六巻』一〇三頁）
(12) 神谷次郎・祖田浩一『幕末維新三百藩総覧』新人物往来社、一九七七年、一六二頁。

(13) 西田集平「彦根藩」（前掲『新編物語藩史第六巻』三二九―三六六頁）
(14) 渡辺守順「膳所藩」（前掲『新編物語藩史第六巻』三六九―三九〇頁）
(15) 杉本嘉八「津藩」（前掲『新編物語藩史第七巻』六五―一二五頁）
(16) 西羽晃「桑名藩」（前掲『新編物語藩史第六巻』二七―六二頁）
(17) 小島広次「尾張藩」（前掲『新編物語藩史第五巻』二八一―三二七頁）
(18) 東京帝国大学史料編纂所『読史備要』一九三三年、内外書籍、大名一覧による。
(19) 北島正元「徳川政権と東海諸藩」（前掲『新編物語藩史第五巻』一八―三一頁）
(20) 前掲『幕末維新三百藩総覧』一七七―一九四頁。
(21) 三浦俊明「浜松藩」（前掲『新編物語藩史第五巻』一五四―一五七頁）
(22) 前掲『幕末維新三百藩総覧』一七八―一七九頁。
(23) 前掲『幕末維新三百藩総覧』一六五―一六九頁。
(24) 若林淳之『静岡県の歴史』山川出版社、県史シリーズ22、一九七〇年、二八八―二九一頁。
(25) 拙論「明治初年の東日本」中の「府藩県三治」の要約（拙編著『明治前期中学校形成史・府県別編Ⅲ東日本』二〇一四年、梓出版社、一三一―一七頁所収）
(26) 松尾正人『廃藩置県――近代統一国家への苦悶』一九八六年、中公新書、八〇―一六七頁。中村哲『明治維新』一九九二年、集英社・日本の歴史16、五二―九六頁。勝田政治『廃藩置県――明治国家が生まれた日』二〇〇〇年、講談社選書メチエ188、一二〇―一五八頁を参考に要約した。
(27) 内務省図書局蔵版『地方沿革略譜』明治十五年二月印行、一九六六年柏書房復刊。松尾正人「廃藩置県前後の府県沿革」（『廃藩置県―近代統一国家への苦悶』中公新書八〇五、二二八―二四七頁所収）による。
(28) 明治四年十二月二十七日「府県列順当分別紙ノ通被定候」太政官第六八七（『法令全書』四）
(29) 松尾正人・前掲『廃藩置県――近代統一国家への苦悶』一九九頁
(30) 「県治条例」明治四年十一月二十七日、太政官達六二三（法令全書四）
(31) 高沢裕一他『石川県の歴史』山川出版社県史17、二〇〇〇年、二五六頁。

(32) 稲本紀昭他『三重県の歴史』山川出版社県史24、二〇〇〇年、二六〇頁。
(33) 東京大学史料編纂所蔵版『明治史要全』二五一―二七七頁。
(34)『日本教育史資料二』四八六頁。
(35) 同右、一四四―一四五頁。
(36) 同右、四八六頁。
(37) 同右、七頁。
(38)「徳川時代教育史」（春山作樹『日本教育史論』一九七九年、厚徳社、一三九頁）
(39)「江戸時代の教育」（春山作樹『日本教育史論』一九七九年、厚徳社、一八一頁）
(40) 教育史編纂会『明治以降教育制度発達史二』一九三八年、五五三頁。
(41) 髙橋俊乗『日本教育文化史』一九三三年、同文書院（講談社学術文庫本、二二〇―二二一頁）
(42) 大木喬任文書（『明治文化資料叢書・第八巻・教育編』一九六一年、風間書房、二三頁所収）
(43) 明治六年一月、前年の徴兵令によってまず東京鎮台管下の徴兵を行うべく徴兵使派遣の際の陸軍省の達に「現今戸籍人口調モ不精密ノ折柄」石高を規準にするとある（明治六年一月十日、陸軍省達第五）。同年一月九日、太政官布達四号、「全国鎮台配置」も連隊区別人口に代えて石高別になっている。
明治政府の人口統計は明治四年四月四日の戸籍法（太政官布告一七〇号）に端を発した壬申戸籍からである。明治七年頃からこれを基礎に内務省の戸籍表による人口統計が出廻るようになった。
(44)「学制発行ノ儀伺第六号」（『明治文化資料叢書第八巻・教育編』一九六一年、風間書房、二七―二八頁）
(45)『文部省第一年報』三〇―三二丁、以下同断。
(46) (47) 拙著『明治前期中学校形成史・府県別編Ⅰ』二〇〇六年、梓出版社、六―八頁。一一一―一一二頁。
(48)「府県史料・京都府史料、政治部学政類第一・京都府」（国立公文書館内閣文庫蔵）
(49)『文部省第一年報』五〇丁。
(50)「府県史料・飾磨県史」（国立公文書館内閣文庫蔵）
(51)『文部省第一年報』五八丁。

(52) 拙著『日本における中学校形成史の研究〔明治初期編〕』一九九三年、多賀出版、一六九―二二〇頁。
(53) 「明治七年・愛知英語学校年報」（『文部省第二年報』四二一―四二二頁）
(54) 「明治七年・新潟英語学校年報」（『文部省第二年報』四四八―四五〇頁）
(55) 『宮城県教育百年史四』四〇―四一頁。
(56) 『文部省第三年報二』五三二頁。
(57) 拙論「明治初期における官立英語学校顛末」（『アジア文化第七号』一九八二年、アジア文化総合研究所）
(58) (60) 「文部省日誌第三号」（『明治前期文部省刊行史集成1』一九八一年、歴史文献、一五頁）
(59) 「太政官第二一四号学制一〇七章第二号表式」（『法令全書第五巻ノ一』一六七頁）
(61) 「府県史料・和歌山県史料二〇・和歌山県史案・第一編政治部学制」（国立公文書館内閣文庫所蔵）
(62) 明治六年四月十七日・文部省布達五一号「学制追加第一七八章」（『法令全書第六巻の二』一五〇二頁）
(63) 拙論「私学の語源とその解釈」（日本私学教育研究所所報『窓』三号、一九八九年）
(64) 福澤諭吉「学問のすゝめ三編四編」（『福澤諭吉全集三』一九五九年、岩波書店、四二―五四頁）
(65) 開国百年記念文化事業会編『明治文化史2法制編』一九五四年、洋々社、一七四―一七五頁。
(66) (67) 前掲『日本における中学校形成史の研究〔明治初期編〕』二九二―三〇五頁。三一三―三五六頁。
(68) 前掲『明治史要』三一〇頁、三一八頁、四三〇頁。
(69) 勝田政治『政治家大久保利通』（講談社選書メチエ）一〇八頁、一九二―一九三頁。
(70) 前掲『明治史要』四三六―四五五頁。
(71) 杉谷昭一他『佐賀県の歴史』山川出版県史41、一九九八年、二五九―二六二頁。
(72) 勝田政治『政治家大久保利通』一八六―一八八頁。
(73) 前掲『明治前期中学校形成史・府県別編Ⅱ環瀬戸内海』三三―三五頁。
(74) 「明治九年・大阪英語学校年報」（『文部省第四年報一』三六四頁）
(75) 『編集復刻日本近代教育史料大系第二巻〔公文記録Ⅰ太政類典Ⅰ〕』三七八頁。
(76) 拙著『明治前期中学校形成史・府県別編Ⅱ環瀬戸内海』三七―三九頁。拙著『明治前期中学校形成史・府県別編Ⅰ』一六頁。

(77)「文部省沿革略」(文部省『法令彙纂下付録』七―八頁)
(78)拙論「わが国における中学校観の形成V――明治十年代前半における中学校の設置問題」(東京文化短期大学紀要6号一九八五年)
(79)前掲『明治前期中学校形成史・府県別編Ⅰ』一二〇―一三五頁。
(80)佐藤秀夫編『明治前期文部省刊行誌集成8』歴史文献、一九八一年、三一七―三三三頁。
(81)前掲、佐藤秀夫編『明治前期文部省刊行誌集成1』『同上2』
(82)「学監大闢莫爾矣東京府下公学巡視申報」(『文部省第六年報』附録七―三八頁)
(83)「学監考案日本教育法」(『明治文化資料叢書第八巻教育編』風間書房、一九六一年、五一―五四頁)
(84)(85)『文部省第八年報二』九―一〇頁、二四頁。
(86)拙論「わが国における中学校観の形成V――明治十年代前半における中学校の設置問題」『東京文化短期大学紀要6号』一九八五年
(87)(88)前掲「教育令改正布告案」(『法規分類大全58』一三七―一三八。一三四―一三五頁)
(89)『文部省第九年報二』二頁。
(90)明治十四年「文部省日誌五号」。続く他県からの伺いと文部省の回答は八一年、八二年の「文部省日誌」に載っている。
(91)「文部省示論」(国立教育研究所・教育史資料1『学事諮問会と文部省示論』一九七九年、六一頁。
(92)拙論「明治十年代における中学校の正格化政策(1)――学校の設置廃止規則について」(『明星大学教育学研究紀要10号』一九九五年)
(93)拙著「中学校史の一八八〇年(その五)――中学校教則大綱」『一八八〇年代教育史年報第五号』二〇一三年。拙著「明治初期における官立英語学校顛末」(『アジア文化第七号』一九八二年)
(94)拙論「中学校史の一八八〇年代(その四)――教育内容と方法の形成3」(『一八八〇年代教育史研究年報四号』二〇一二年)
(95)拙論「明治十年代における中学校の正格化政策2――公立中学校教員の待遇と准官等」(『明星大学教育学研究紀要12号』一九九七年)

(96)(97)教育史資料1「学事諮問会と文部省示諭」国立教育研究所一九七七年、七〇、八〇頁。八一頁。
(98)「明治十七年中学校一覧表」(『文部省第十二年報一』二〇—二二頁。
(99)『文部省第十二年報一』一九—二二頁。
(100)折田彦一「中学規則ノ儀ニ付文部卿へ建白」(中野実『近代日本大学制度の成立』吉川弘文館、二〇〇三年、四六—四八頁所収)
(101)拙著『明治前期中学校形成史・府県別編Ⅰ』一六三—一六五頁。
(102)一八八七年六月、福島県議事堂における県官郡区長・教員に対する演舌(大久保利謙編『森有礼全集一』五四六—五四七頁)
(103)福岡県教育委員会『福岡県教育史』二二一—二三八頁。
(104)拙著『明治後期における私立中学校の設置——諸学校通則による府県管理学校と徴兵令による認定学校をめぐって』(日本私学教育研究所調査資料『教育制度等の研究その8』一九七九年)
(105)拙著『明治後期における私立中学校の設置——諸学校通則による府県管理学校と徴兵令による認定学校をめぐって』(日本私学研究所調査資料65『教育制度等の研究(その8)』一九七九年、一七—二七頁。
(106)『文部省第十九年報』三八頁所収の高等中学校一覧表による。
(107)前掲、拙著『明治後期における私立中学校の設置——諸学校通則による府県管理学校と徴兵令による認定学校をめぐって』
(108)一八八四年の「府県連合設立高等学校(コルレージの類)之事」に「(中学)生徒ノ数一万三、〇八八名アリ。……本学年、東京大学予備門ノ生徒ヲ募集スルヤ之ニ応スル者一、一五五人而シテ其入学ヲ許シタルハ僅ニ一九七人ニ過ギズ」とある(倉沢剛『教育令の研究』一九七五年、八八二頁)
(109)「府県連合設立高等学校コルレージノ類之事」は倉沢剛『教育令の研究』一九七五年、八八二—八八三頁に「府県連合設立高等学校」として、また湯川嘉津美「一八八四年の学制改革案に関する考察」(『上智大学教育学論集四〇号』二〇〇五年)に全文掲載されている。
(110)拙論「中学校史の一八八〇年代(その五)——中学校教則大綱」(『一八八〇年代教育史研究年報第五号』二〇一三年)
(111)『文部省第十年報二』九八九—九九一頁。

(112)(113) 国立教育研究所・教育史資料1『学事諮問会と文部省示論』九一―九三頁、一〇七―一〇八頁
(114)「明治十九年五月一日官報所収文部省報告」(『明治以降教育制度発達史三』一五四頁)
(115) 拙著『明治の教育史を散策する』一三六―一三八頁。田中智子「高等中学校制度と地方都市」(高木博志編『近代日本の歴史都市―古都と城下町』思文閣出版二〇一三年、五一六―五一八頁。
(116) 中野実『近代日本大学制度の成立』吉川弘文館、二〇〇三年、四二―四三頁。
(117) 拙著『日本における中学校形成史の研究〔明治初期編〕』多賀出版、一九九三年、一〇〇―一〇五頁、四四五―四六二頁。
(118) 拙論「中学校史の一八八〇年代(その四)――教育内容と方法の形成3」(『一八八〇年代教育史研究年報第四号』二〇一二年、四―七頁)
(119) 田中智子『高等中学校制度と地方都市――教育拠点の設置実態とその特質(高木博志編『近代日本の歴史都市――古都と城下町』思文閣出版、二〇一三年、五二四―五二六頁)
(120) 田中智子「第三高等中学校設置問題再考――京都府における「官立学校」の成立」「高等中学校医学部時代の到来――岡山県における「官立学校」の成立」「官立学校誘致現象の生成と変容――京都と大阪の教育戦略」「府県連合学校構想史試論――一八八〇年代における医学教育体制の再編」(以上、田中智子『近代日本高等教育体制の黎明――交錯する地域と国とキリスト教界』第六章、第七章、補章、第八章、思文閣出版、二〇一二年所収)
前掲、田中智子「高等中学校制度と地方都市――教育拠点の設置実態とその特質」(前掲高木博志編『近代日本の歴史都市――古都と城下町』所収。
(121) 田中智子「高等中学校制度と地方都市――教育拠点の設置実態とその特質(高木博志編『近代日本の歴史都市―古都と城下町―』二〇一三年思文閣出版、五一五―五四五頁)。
(122)「明治二十一年八月七日、文部大蔵内務各省訓令第四九二号」(『資料集成高等中学校全書第二巻制度編』四七頁)
(123)『明治以降教育制度発達史三』四四―五三頁。
(124)(126) 佐藤秀夫『明治23年の諸学校制度改革案に関する考察』(教育史学会紀要一『日本の教育史学一四集』一九七一年)
(125) 五学校令案は東京書籍株式会社内の東書文庫に保存されているが井上久雄の『近代日本教育法の成立』(一九六九年、風間書房)に全文翻刻されている。「中学校令案」は同書八九三―九〇五頁、「専門学校令案」は同書九一二―九一八頁。本稿は

これによった。

(127) 拙論「わが国における近代教育課程の形成（その2）――実科中学校と実科高等女学校」（『日本私学教育研究所紀要四号』一九六九年）

(128) 拙著「設置者からみた近代日本の学校観」早稲田大学哲学会『PHILOSOPHIA68』一九八〇年）

第一章　富山県の中学校形成史

田中智子

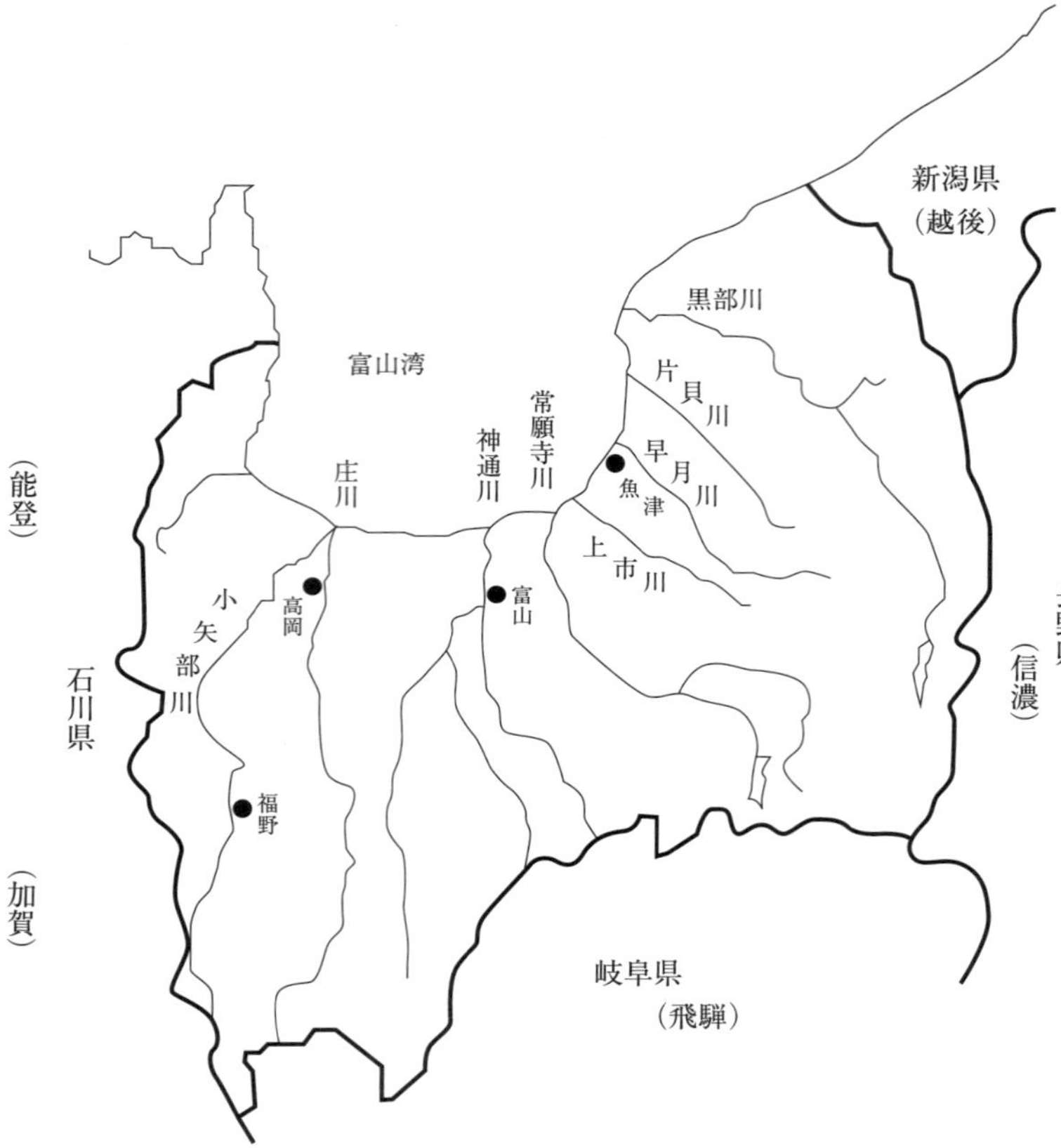
新潟県
（越後）
黒部川
富山湾
片貝川
常願寺川
神通川
早月川
庄川
魚津
（能登）
上市川
小矢部川
高岡
富山
長野県
（信濃）
石川県
福野
（加賀）
岐阜県
（飛騨）
富山県の図

はじめに

明治四（一八七一）年七月十四日の廃藩置県により、富山県が誕生した。しかし、現在の県域とほぼ同じ富山県が再置される一八八三年五月九日までの一〇年余り、越中における県境・県域、およびその下での郡境・郡域は複雑に揺れ動いた。その時期は、ちょうど中学校の形成期と重なる。本県は、この行政区画の度重なる変遷が、中学校形成史に大きな影響を与えた点を特徴とする。

また、南に立山連峰を望み、北の富山湾へと複数の川が豊かに流れ出す自然環境は、交通の不便さによる地域の分断、さらには異なる文化・気質を醸成し、教育への関心やその達成度の地域的な偏差がみられたことも特徴である。

中学校形成史を繙く前に、廃藩置県以降の当該地域における行政区の編成過程を跡付けておこう。(1) 明治四（一八七一）年七月に置かれた富山県は旧富山藩域からなり、現富山県の中央部、約五分の一の面積に過ぎず、東西の残る部分は、同時に設置された金沢県に属した（第二章「石川県の中学校形成史」図1参照）。しかし同年十一月二十日、新川県が新設され、同じく新設された七尾県に射水郡が属したものの、現富山県域の大半は新川県となった（同、図2参照）。翌明治五（一八七二）年九月二十七日、石川県（同年二月二日に金沢県を名称変更）に七尾県が併合されたのと同時に、射水郡は新川県に移り、新川県の名の下に、ほぼ現在の富山県域が出来上がる（同、図3参照）。

一八七六年四月十八日、新川県は石川県に併合されて消滅し、県域は大石川県の一部となった（同、図5参照）。その後、分県運動を経て一八八三年五月九日に再置されたのが、現富山県である（同、図8参照）。

本章の節立ては、結果的に所轄県の変遷に沿うものとなった。新川県時代・石川県時代・富山県時代との三時期区分の下に、越中における中学校形成過程を追いかけることにする。

一、中学校の萌芽――新川県時代

共立義塾と変則中学校

明治五（一八七二）年、士族の渡瀬恒時や山田清純が有志と協力し、県庁（当時は新川県）に共立義塾の設立を請願し、認可を得た。(2) 安永以来連続してきた「学規」が廃藩置県によって廃絶し、文学が久しく廃棄となることを憂いての行動だという。(3) 名称の「共立」は、後に触れる「新川県学規」（一八七六年）に照らすと、幾人かの私財をもって設立された学校が付す語であり、(4)「共立義塾」とは、固有名詞というより一般名詞的な呼称であったものと推察される。「安永以来」とは、安永二（一七七三）年に創設された富山藩校広徳館の歴史を指すのであろう。

共立義塾は一八七三年二月、富山餌指町の宣教館跡（後に中教院・神宮教会所が所在した）に開かれ、多くの生徒が入学したという。塾則によると、月俸（食費のこと）は一円五〇銭。入塾を望むものは組合の連印を整え、組合長の「印証」を出す。金銭の貸借は禁じる。疾病が七日以上に延びる者は外宿する。室内へ客を招いてはいけない。門の出入りは朝八時から夜八時まで。日数のかかる旅をするときには、その理由を塾長へ届け、許可を得た上で滞留すること。各々行状を正しくし、身体を清潔にすること。畳を焼くあるいは戸障子を破壊する者は弁償すること。講堂に掲示される日課を心得ること。――以上のような生活が規範とされた。

日課は以下のとおりであった。

八時から一〇時　漢籍・素読　一〇時から三〇分間　休息　一〇時三〇分から正午　習字
正午から一時　喫食・休息　二時から四時　数字《ママ》・習字　四時　退出

漢学が主体であって、洋学は課業に含まれていない。

入塾生は課業が終わってから門限までは外出することができた。また毎月三日は講釈、八日は輪講、二十五日は試験で、一・六の日は休業とされた。休業日の門限までに帰塾するなら、前日終業より「退散」できた。

共立義塾が中学校に通じる性格を有したとみなしうる理由は、義塾設立より前に富山梅沢町大法寺に設置された「変則中学校」に合併し、その後ほどなくして閉校したという経緯に求められる。(5) この変則中学校の教育内容については、岡田呉陽（一八二五～一八八五）らにより皇学・漢学・洋学・数学が教えられたということ以外の記録を得ない。(6) だが、一八七四年の『文部省年報』に、「私立変則中学」一校、「私立中学教員」一名（前年比二名減）、生徒男二一名（前年比七六名減）との記載が登場しているのは、この大法寺の変則中学校のことを指すと考えてよいだろう。(7) そして、生徒が計九七名であったと算出される前年の隆盛ぶりは、共立義塾の合併によってもたらされたのではないかとの推測が成り立つ。

ただし一八七五年の『文部省年報』になると、中学校の存在の記載がなく、なぜすぐに閉校したのかはあきらかでない。一方で、一八七三年七月、この変則中学校生徒八名が東京府の小学教員養成所に派遣され教則や教授法を学び、十月には六名が養成所を修了している。同月、富山北新町民家に開設された教員養成のための新川県講習所は、この六名を教官として発足した教員養成機関であった。(8) このことから、変則中学校はこの講習所に横滑りして消滅した可能性が高い。

県の中学校構想

それでは行政主体としての新川県は、中学校の設立をどのように捉えていたのであろうか。

一八七三年七月に県がまとめた県下の学校設立調によれば、中学校は即今設けず小学校拡充の後とする、しかし当分変則中学校を置くこともある、との旨が記されている(9)。先述のように、同年にはすでに、私立変則中学校一校が梅沢町に開かれていたはずである。その存在を念頭に、あるいは県がこれを管轄することも考えていたのであろうか。

また、中学校未設の段階にもかかわらず、中学区と「中学ノ所」について以下のように明示している点は目を引く。

第一中学区　県下魚津町ヲ以テ中学ノ所トス
区域　新川郡上市川以東　人口　十一万六千三百十五人
小学区　百九十一小学区　学区取締五人
第二中学区　富山町神通川東ニアル方ヲ以テ中学ノ所トス
区域　上市川以西神通川ヲ限トス　人口　十三万五千八百六十二人
小学区　二百二十六小学区　学区取締五人
第三中学区　富山町神通川西ニアル方ヲ以テ中学ノ所トス
区域　婦負郡一円〇射水郡荘川以東八十四小学区〇新川郡飛地三小学区〇砺波郡ノ内十八小学区
人口　十二万三千七百四十四人　小学区　二百零四小学区　学区取締六人
第四中学区　高岡町射水郡ニアリヲ以テ中学ノ所トス
区域　荘川以西射水郡残ラス〇砺波郡ノ内六十六小学区　人口　十二万零二百八十一人

小学区　百九十八小学区　学区取締五人
第五中学区　福野砺波郡ノ中央ヲ以テ中学ノ所トス
区域　東南砺波郡残ラス　人口　十一万九千四百六十一人
小学区　百九十六小学区　学区取締六人

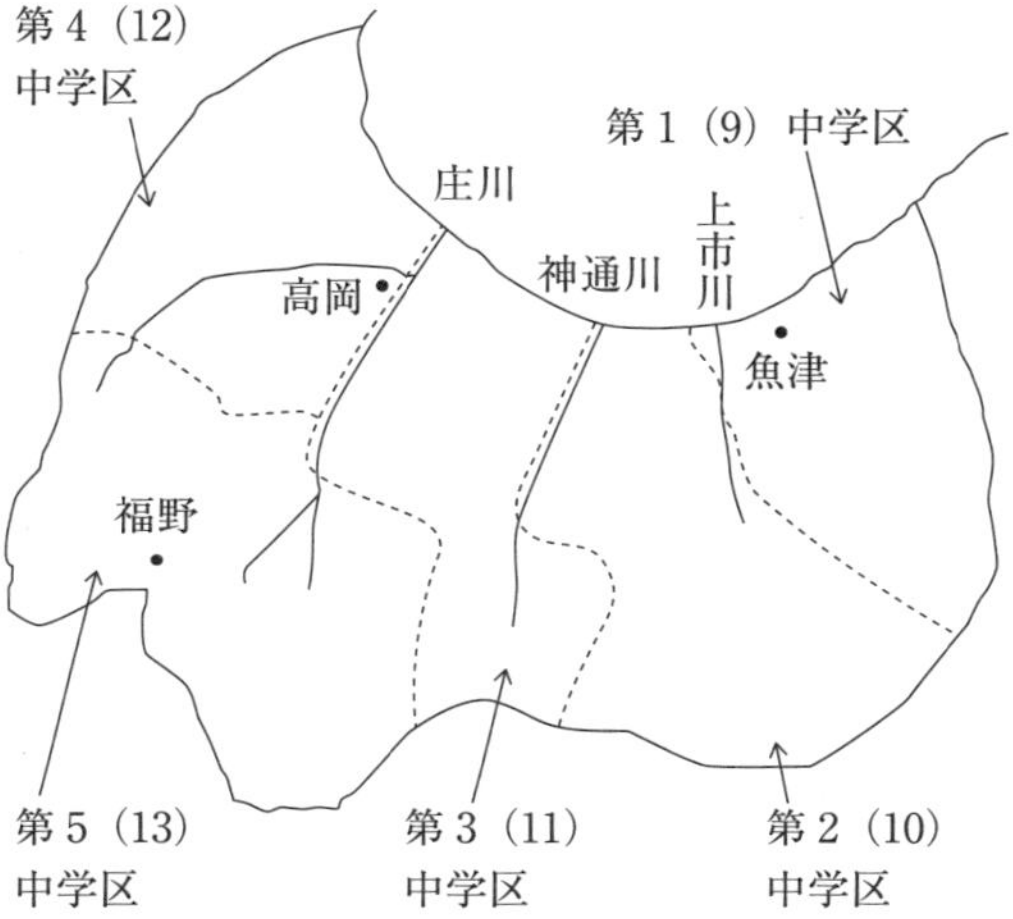

※図1～3は『富山県教育史』上巻120頁の図より作成。
※学区境界線を------で示した。
※（　）内は新潟を大学本部とする第6大学区の下で振り直された数字。

図1　新川県5中学区設置（1873年7月）

地勢を利用しながら、小学区の配分と人口の均衡にも配慮したこの五つの区割りは、その後も存続していく（図1）。なお、ここで第二・第三中学区に分割された「富山町」とは、以下にもしばしば登場するが、一つの行政区画ではなく、藩政期以来の概念として通用していた語で、地理的にいえば神通川の両岸域にわたっていた。川を挟んで人情や風習も異にしていたというが[10]、その「富山町」が学政上、川を境に二つの中学区に分けられたことに留意しておこう。

一八七六年四月十五日、「学制ノ成規ニ依遵」して定められた「新川県学規」が、県令山田秀典から管内の正副区長と学区取締に頒布された[11]。石川県に統合されるわずか三日前のことであり、「自今一層学務勧業ヲ拡張シ逐年当県下ノ人々富実開明ニ至ルヲ期シ度」とする山田県令の意欲が伝わる。

全二百十一章からなるこの学規は、新川県の学事に関わる総則的な性格をもち、第四章において中学校に関しては、「中学区ごとに必ず中学校一所を置く法となっているが、現今、中学の書籍器械がまだ備わっておらず、教員となりうる者もいないので、具備の日を待って興隆するしかない、しかしあらかじめその位置を示しておくことは必要だ」として、第九番中学所＝魚津町、第十番中学所＝富山町、第十一番中学所＝同舟橋向（第十番と同じく富山町内）、第十二番中学所＝高岡町、第十三番中学所＝福野村と定めた。(12) 一八七三年学校設立調の段階と、区割りや中学所の位置は変わっていない。

また「新川県学規」は、公立中学校と私立中学校とを区分し、それぞれ以下のように規定した。

公立中学校之事
第七十七章　各中学区公立中学校ハ第四章陳フル処ノ事情ニ因リ之ヲ設立セサルノ際小学科ヲ卒業スルモノ、タメ変則ノ一校ヲ在庁ノ地ニ設ク可シ
　但シ変則中学校規則教則校則舎則ナリハ別冊アリ
私立中学校之事
第七十八章　私立中学校生徒少試業ノ節学校監督ハ勿論官庁学務課ヨリモ出席ス可シ
第七十九章　従前漢書ヲ以テ経書歴史等ヲ教ユルモノハ私立変則中学校ト称ス可シ

残念ながら「別冊」は見当たらないが、中学校をすぐに設置できなくても、「変則」のそれを「在庁ノ地」（これは

前掲各「中学所」のことであろう）に置くことが奨励されている。また、学務課による私立中学校の監督や、「変則中学校」としての漢学塾の位置づけが述べられている。一方、公学校学資金として計上・支出可能な項目に「中学校基礎積金」が挙げられた（第百六十四章）。

このような条項から、近々の中学校設立計画があるわけではないが、一八七三年段階よりも未来図が具体化していたとみてよい。実際の中学校の設立は翌年、すなわち石川県に所轄される時代において実現することになる。

二、公立（町村立）中学校の発足――石川県時代

石川県政下に置かれたことによる越中の公教育制度の変化は、師範学校の次元において生じ、それが中学校の設置に結びついていくこととなった。

啓明学校支校の登場

新川県時代の一八七三年十月に、新川県講習所が置かれたことはすでに述べた。講習所は一八七五年十二月に新川県師範学校と改称され、一八七六年四月（五月との記載もあり）には、石川県への統合により石川県富山師範学校（石川県第二師範学校）となり、さらに八月二十五日には石川県師範学校富山支校へ、と目まぐるしく改組された。当初の北新町の校地は、一八七五年七月には総曲輪旧藩穀赤蔵跡（旧藩校広徳館北隣）へと移った(13)。

一方、金沢では一八七六年二月、金沢町巽中学校と英学校を廃し、「公立中学師範学校」として、石川県啓明学校が開校していた。この学校に関しては次章「石川県の中学校形成史」に譲るが、「従来設置するところの中学は純然たる中学と称し得ない状態なので、まず中学教員を陶冶するためにこの学校を設けた」との意図が述べられている。

同年十二月八日、師範学校富山支校の一部を区画して、啓明学校富山支校が設置された。つまり富山において、小

学校教師を養成する既設師範学校の上位に位置する中学校教員養成の師範学校が、支校ではあるが、発足したことになる。この支校は、早くも一八七七年七月二十日には廃校になり、現実にはほとんど機能しなかったと想像される。規則も見当たらないため、実態は不明である。[14] しかし、小学校教員養成にとどまらない機能をもつことを目された教育機関が、県によって富山に初めて置かれたという点において、画期となる一件であった。

致遠中学校の設立

一八七七年、富山に致遠中学校が創設された。越中に設置されたはじめての「公立」の中学校である。と同時に、同年七月二十日、富山支校を廃するとともに啓明学校を「中学師範学校」と改称した石川県全体にとっても、当時唯一「中学校」と名乗った公立学校であり、「方ニ富山ニ於テ仮教則ヲ以テ開校シ逐次各中学区ニ及ハントス」[15] とされるほどの期待を集めていた。十一月七日の開校式典では、桐山純孝石川県権令も臨場し、県大書記官熊野九郎の告辞と生徒代理永井信義の答辞が披露された。続いて三〇近い祝辞があり、この盛大な式典からは、いかに中学校の設置が地域において望まれていたかが伝わる。祝辞を述べたのは、以下のような面々である（ここでは肩書のみ記す）。

石川県属五名、第一大区長代理副区長、第二大区長、第三大区副区長・小区（第一から第九）の戸長・学区取締、「新川郡早月川以西富山町ノ外」担当の学区取締、石川県第二男女師範学校長、両校「吏教員」一同、両校生徒、致芳・勉焉・竜稚・博文・履新・聲振・立志小学校の教員、竜稚・聲振小学校の生徒、そして致遠中学校の「吏教員」らと助教の石谷了齋。

このうち石川県属（松原匠作、勝本菊正、中谷隆風、藤岡親明、逸見邁種）は、もとは新川県属であったと想像される。また第三大区学区取締として名の挙がる西田辰正は、富山藩上級藩士の家に生まれ、広徳館の訓導を務め、維新後は貢士として中央政治にも参与した経験をもつ人物で、[16] 後に啓迪小学校を設立し、富山県中学校設立にも積極性を示していく。

熊野と生徒のやりとりにおいては、区吏と学区吏員が尽力し父兄と謀って設立したこと、またこの学校が「大学ニ進ムノ軌途」であり「専門成業」を期待される存在であることが表明されている。[17] 経歴などの詳細は不明であるが、学校の「主長」は中島外成が継続して務めた。易経に由来するのであろう「致遠」を冠したが、一八八一年および翌年の『文部省年報』では、「富山中学校」の名称が使われている。[18] 校地は、石川県第二師範学校と同様、旧城址の広徳館跡に置かれた。[19]

一八七八年になって定められた「致遠中学校仮定則」[20] 冒頭の、中学は「小学卒業ノ生徒ヲ入学セシムル所」「中学区ノ公立学校」、あるいは「設立維持共猶小学ノ如ク悉皆区長学区取締ト人民トノ間ニ議定スルモノナリ」といった規定は、かつて啓明学校設置時に定められた「石川県中学定則」（第二章「石川県の中学校形成史」参照）と同一である。仮定則によると、「専門学校ノ予備」をなすものとして教則を設け、おおよそ六年で課程を修了する目標が示された。上下二等のうち、下等課は満一四歳から一七歳、上等課は満一七歳から二〇歳に終わるのが通例であった。上等下等はそれぞれ六級に小さく分け、一級が六ヶ月の修業とし、「中学」に初めて入った者を下等第六級生に、下等課卒業生徒を上等第六級にあてた。この構成は、「石川県中学定則」の定めるところと同じであるが、学科目に関しては違いが大きい。「致遠中学校仮定則」第八条中に定められる「課程表目」をみると（表1）、地理学、史学、数学、文学、修身学、英語学、物理学、記簿法、博物学、化学、生理学、経済学、地質学、天文学、統計学、画学、体操が六年間に配置されているが、「石川県中学定則」に存在する政体学や記簿法は設けられていない。科目の呼称としての「国語」「外国語」も見当たらない。逆に致遠中学校にのみ存在するのが、天文学である。

教則では、「文字のみを教えて暗記を強要する弊を脱し、勉めて生徒に理解を与え、思想思考の力をつけ、課程事

表1　致遠中学校課程表（一八七八年）

下等ノ部

第六級　第一年　前半期

地理学	日本地誌要略　輿地誌略
史学	国史略
数学	雑類問題
文学	文法講習　作文　書取　作文階梯ニヨル
修身学	口授　講義　ウエーランド氏修身学書等ニヨル
英語学	綴字　習字　単語読方
画学	幾何図学
体操	

第五級　第一年　後半期

地理学	日本地誌要略　輿地誌略
史学	国史略
物理学	物理全誌
数学	雑類問題
文学	文法講習　作文書取　作文階梯ニヨル
修身学	口授　講義　ウエーランド氏修身学書等ニヨル
英語学	読方　訳読
画学	花草　器物
体操	

第四級　第二年　前半期

地理学	輿地誌略
史学	国史略
物理学	物理全志
数学	雑類問題
記簿法	単記
文学	文法講習　作文　文章軌範ニヨル
修身学	前級ニ同シ
英語学	同断
画学	山水鳥獣
体操	

第三級　第二年　後半期

史学	国史略　泰西史鑑
物理学	物理全志
数学	代数学　記号ノ解　加減乗除
記簿法	複記
文学	文法講習　作文　文章軌範ニヨル
修身学	前級ニ同シ
英語学	同断

第二級　第三年　前半期

史学	十八史略　万国新史
物理学	物理全志
博物学	初学須知
数学	代数学　従括法至分数四則　幾何学巻ノ一
文学	文法講習　作文　文章軌範ニヨル
修身学	前級ニ同シ
英語学	同
画学	同
体操	

第一級　第三年　後半期

史学	元明史略　万国新史
数学	代数学　一元並多元一次方程式同問題　幾何学　例従第一至第七十二巻ノ二
文学	前級ニ同シ
修身学	同
英語学	同
画学	同
体操	

上等ノ部

第六級　第四年　前半期

史学	日本外史　綱鑑易知録
博物学	初学須知
化学	ロスコー氏化学書
数学	代数学　開方類　幾何学　例従第七十三至第百六十一巻三
文学	文法講習　作文　漢文　体唐宋八大家ニヨル
修身学	前級ニ同シ
英語学	読方　訳読
画学	花草器物　実見書取
体操	

第五級　第四年　後半期

史学	日本外史　仏国史
化学	ロスコー氏化学書
生理学	弗氏生理書
修身学	前級ニ同シ
数学	代数学　二次方程式同問題　例従第六十二至二百七十七巻四
文学	前級ニ同シ
英語学	読方　訳読
画学	人体万象　実見書取
体操	

第四級　第五年　前半期

史学	日本政記　綱鑑易知録　支那歴史
生理学	弗氏生理書
数学	代数学　翦管術　級数法　幾何学　例従第二百七十八至三百四十巻五巻六
文学	前級ニ同シ
修身学	同
英語学	同
画学	同
体操	

第三級　第五年　後半期

史学	日本政記　綱鑑易知録　魯西亜史
経済学	英氏経済論
数学	代数学　単積対数　幾何学　例従第三百四十一至四百十七附録
文学	前級ニ同シ
修身学	同
英語学	同
画学	地図略絵図便覧　絵図概略
体操	

第二級　第六年　前半期

史学	日本政記　綱鑑易知録　合衆国小史
経済学	英氏経済論
地質学	大意陀那氏地質論略ニヨル
天文学	大意ロックヤル氏天文学書ニヨル
数学	測量学大意
修身学	前級ニ同シ
英語学	同
体操	

第一級　第六年　後半期

史学	日本政記　綱鑑易知録
地質学	前級ニ同シ
天文学	同
統計学	大意
修身学	前級ニ同シ
英語学	同
体操	

注（20）「石川県史料　二十五」原文書から作表。

理を実用させる」とうたわれていた。また、生徒のなかには速成を求め、漢学・英学・算術のうちから一科あるいは二三科の専修を希望する者が往々にしてあったので、専修科の仮教則を設けて対応した。この三科が対象で、このうちからいくつを学んでもよかった。在学は三年で、課程は本科と同様、六級に分けられ、各級は六ヶ月修業とされた。大聖寺の遷明中学校とともに土地の情態を斟酌し、「地方の民情を汲んで」規則を仮定した、とされている。(21)入学時期は毎年一月と七月で、「小学課程」が終わっていれば入学できた。授業料は毎月一五銭より二〇銭、授業時間は一日五時間で、休日は日曜日、試験後、夏期三週間、年末年始、大祭日や天長節であった。書籍は自弁で、事前の自習が念押しされた。生徒は恥ずべき挙動あるべからずとされ、脱袴を許されず、休業中や自己・父母病気の場合を除いては、入学中の帰郷も禁じられた。ただし舎則にあたる条文は存在しない。

致遠中学校経費の負担主体

さて、各年次における致遠中学校の教員・生徒数を『文部省年報』から拾うと、以下のごとくである。(22)

一八七七年　教員六、生徒六五　　一八七八年　教員八、生徒四四
一八七九年　教員三、生徒二八　　一八八〇年　教員三、生徒一九
一八八一年　教員二、生徒一八　　一八八二年（名称・所在地のみ記載）

このように、「開校ノ当時旺盛ノ幻相ヲ呈シタルモ」(23)と振り返られたごとく、開設時をピークにしてその歴史は衰退の一途をたどった。(24)その理由は、行政区の変更とそれにともなう経費支出の問題に求められており、経緯をかみくだくと、以下のようになる。

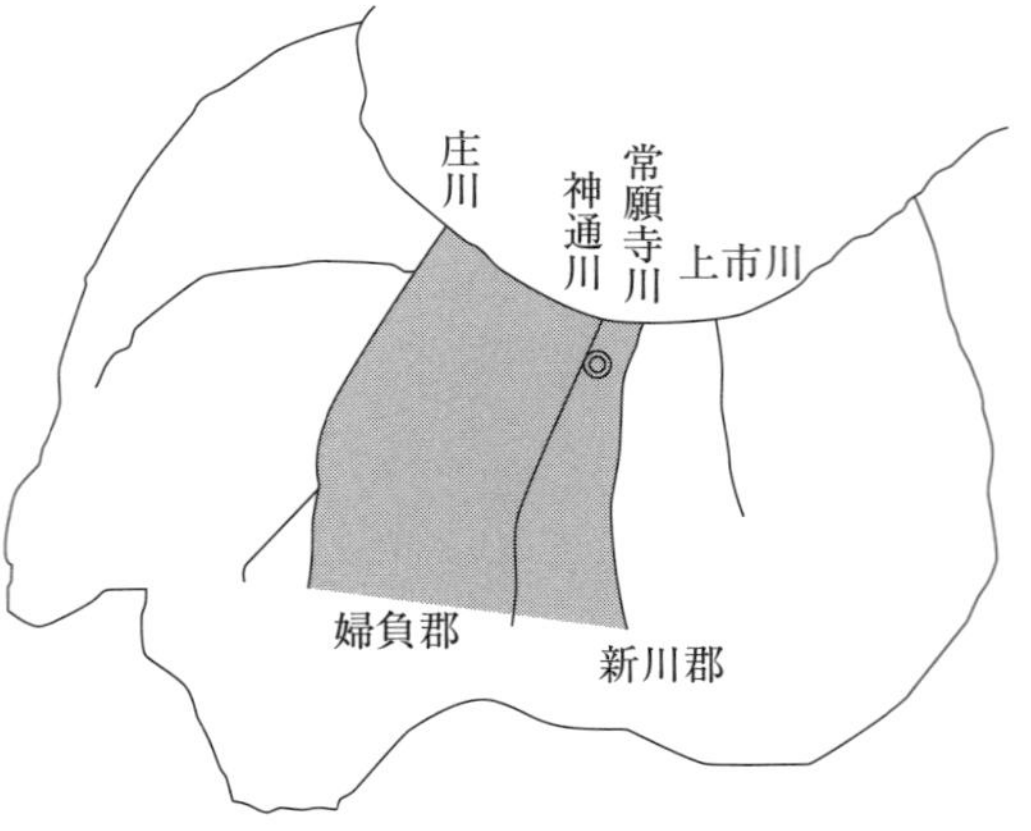

※第３大区＝新川郡の常願寺川以西と婦負郡（▒域）
◎＝致遠中学校位置

図２　石川県第３大区設置（５大区時代）（1876年４月）

致遠中学校は、「町村立」[25]の学校であったとされるが、具体的にどの町村からどのような割合・形態での出資があったかは不明である。富山には、「富山町共有金」[26]も存在したが、それとの関係もわからない。だが出資の範囲は、学校設立の前年、すなわち一八七六年四月における新川県の石川県への合併をもって編成された第三大区（**図２**「越中国婦負郡並新川郡ノ内富山町」。なお、このときの郡は行政区ではない）[27]に広がっていた。先ほど触れた開校式において、副区長以下、小区の戸長レベルに至るまで、第三大区の者が揃って祝辞を述べている事実は、ここに符合するといえよう。

そして奇妙なことに、規則では「第十一中学区ノ公立学校」（前掲「致遠中学校仮定則」第一条）[28]と明示されるにもかかわらず、致遠中学校の所在地は、第十中学区に属する富山町総曲輪（かつての藩校などが所在した学事の中心地）なのである（再び図１参照）。経費について定めた「設立維持共猶小学ノ如ク悉皆区長学区取締ト人民トノ間ニ議定スルモノナリ」（同右第二条）における「区（長）」とはどの範囲かが明らかでないが、要するに、第十一中学区の公立学校とうたわれながらも、実態としては第三大区（富山町ならびに他町村）の学校であり、中学区の区割り・境界は機能していなかったということになろう。学制章程に従って設けた中学区は、大区小区という行政区あるいは「民心」と、齟齬をきたす単位であったことがうかがわれる。

致遠中学校創設翌年の一八七八年十二月十七日、三新法の一つとして七月二十二日に公布をみた郡区町村編制法が石川県下に施行され、行政区としての上新川郡と婦負郡が発足し、出資町村も（特に富山町自体が）二郡に分かれることとなった（図3）。先に神通川で富山町を分断していた中学区の発想に、行政区が追いついたともいえる。有名無実でいられた中学区に対し、行政区は強制力を有した。大区小区制が廃止され、行政区域が別々の郡になったことで、自然と人心が離れ（「呉越ノ思ヲナシ」）、婦負郡となった町村の中学校に対する支出は取りやめとなり、上新川郡に属する富山町のみの負担となったという。こうなると、「第十」「第十二」いずれの中学区の公立学校でもなく、上新川郡あるいは婦負郡の学校でもなく、もともとの富山町域の一部（神通川より東部分）のみによって担われる学校になってしまったわけである。

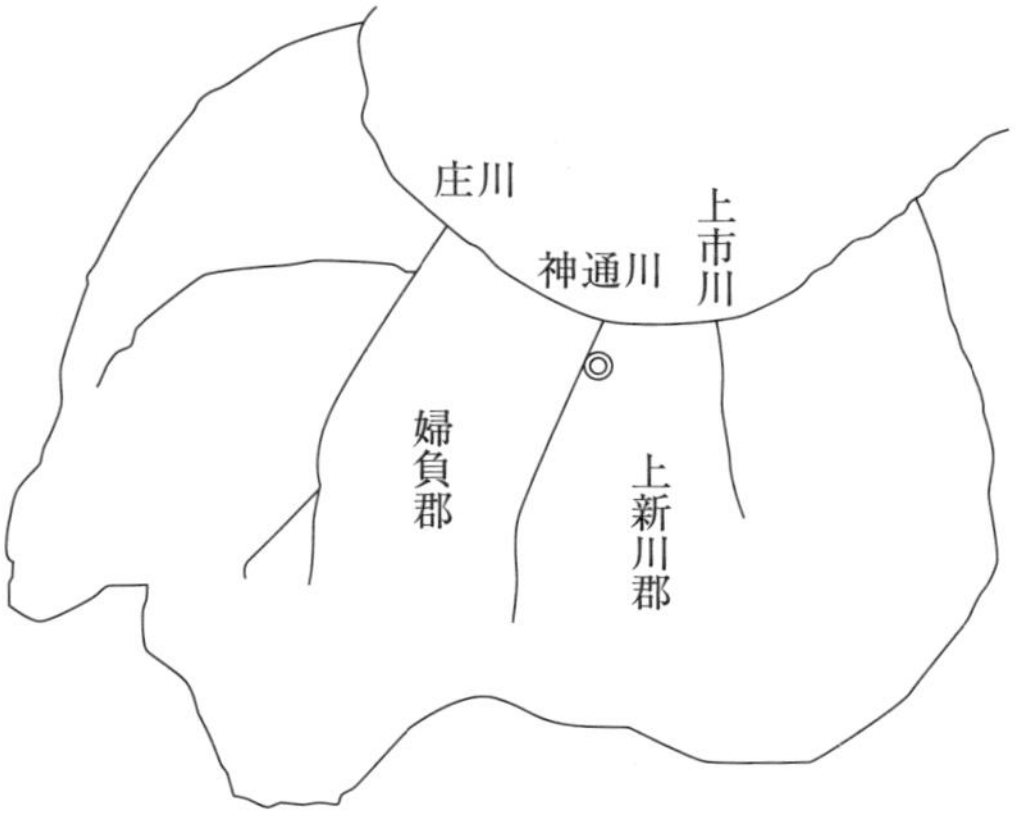

◎＝致遠中学校位置

図3　郡区町村編制法施行（1878年12月）

石川県に統合された後の越中の教育について、統合と同年の一八七六年に第二大学区を巡視した西村茂樹は、「民情はなお旧県の学政を好んでいるようにみえる、しかし新川県の学政は、少し外見を飾るようなところがあるが、石川県のそれと大きな異同はなく、民情も加能の二国と似ている、目下、石川県の学事と混じっても問題が生じていない」とまとめていた[29]。同じく石川県に統合された越前（旧福井県）での学政が、関係不和・不調であることと対比しての評価であるが、西村の言からも、新川県が廃止され石川県に編入されたことは、越中の学政に負の影響を及ぼさなかったことがうかがわれる。実際、中学校に関してみれば、金沢の啓明学校（公立中等師範学校）の支校設置がきっかけとなって、それまで設立が具体化できずにいた中学校の設置にまで結びついたのであった。むしろ負の方向に強く作用したのは、翌々年の郡区町村編制法であった。郡制施行により旧富山町域、あるいは第三大区の人心のまとまりが分断されたことが、財源を町村に求めていた中学校の命を縮めたということになろう。

とはいえ、金沢の啓明学校は、一八七七年七月に中学師範学校と改称すると同時に、これまで同校のために賦課されてきた民費を廃止して、県税と授業料によって維持することとなった（第二章「石川県の中学校形成史」参照）。このとき富山に関しては、啓明学校支校を廃したが、中学師範学校富山支校としてそのまま同様に維持しようという判断は下されなかった。金沢に関しては、師範学校に純化して県税で営み、富山に関しては、中学校にして県税は投入しない、という方法がとられたと理解できる。石川県下において一八七九年に始まる石川県会において、致遠中学校の財政問題が審議された形跡もない。一八七八年六月に設立された遷明中学校（大聖寺中学校）も大聖寺町民費によったので、その点では同じであり、石川県による旧別県域への差別的な学政が行われたともいえる。同じく石川県に統合された越前（旧敦賀県）への対応と合わせて考える必要があろう。

この一八八一年は、文部省から中学校教則大綱が達せられた年であり、石川県は、「各校〔大聖寺中学校・富山中学校〕共準ヲ此ニ取リ善良ノ教則ヲ編ミ完全ノ中学ニ帰セシメントス」と報告した。しかし、財政問題により衰退した致遠中学校はこの年に一時休業状態となり、再興の動きが起こるも「積年ノ弊習」[30]はぬぐい難く、翌年以降は、「全ク有名無実ノ校舎ヲ存スルノミ」さらには「空シク虚名ヲ存スルニ至レリ」という状態となったのが実情であった。

その後、一八八三年五月九日に旧新川県を県域とする富山県が再置されると、中学校は若干の連合町村の資力で支弁できるものではなく、この新設の一県の全力をもって設立支持されるべきであるという認識が芽生える。加えて小学校中等科卒業生が一年で一〇〇人に及ぶ実情をふまえ、致遠中学校に代わる県立中学校設立を目指す運動につながっていくのである。(31)

越中義塾の開設　次に、一八八一年、一商人の私財によって興った高岡の越中義塾を取り上げておく。越中義塾は、来たるべき県中学校創設計画に直接かかわる存在ともなる私塾であった。

創設者は材木商の家に生まれ、後に富山県会議長・衆議院議員となり漢詩人としても知られた大橋十右衛門（一八五九～一九四〇）である。大橋は、越中に人士が輩出しないのは、西洋学術を研習しないからだと悟り、高岡の片原横町に私塾を設け、越中義塾と名付けた。英漢二学科を教授し、多くの者が学んだという。(32)先述の岡田呉陽に漢学を学び、『東京日日新聞』主筆となっていた海内果（一八五〇～一八八一）も設立に協力し、漢学者の園田朝弼（大分出身）や英語学者の和田正脩が招聘された。(33)

「越中義塾規則」と題し、校則・教則・塾則・入校退校規則を定めた全三一条の印刷物が残っている。(34)それによると、当校は洋漢学を修めんと欲する者のために必需の学科を教授するところとされ、英語で普通学科を教授するとともに必需の漢学を教授した。入校には、束脩一円と授業料一円を納める必要があった。試験は課されず、履歴の記載と身元証人の保証状が必要であった。寄宿も通学も可能であったが、寄宿生は食料として三円をさらに納めなくてはならなかった。月前半と後半での納入額に関する規定から、入学は随時であったと推測される。

正科の「卒業期限」（修業年限）は四年とされ、卒業後は余科で修学することもできた。九月から十二月、一月から三月、四月から七月の三学期制で、授業時間は八時より一二時、一時より四時と定められ、日曜日大祭日は休日であった。

教授学科は以下のとおりである。

	第一期	第二期	第三期
一年生	綴書　ウエブストル	第二読本　ウヰルソン	算術　デビス
	第一読本　ウヰルソン	文典　ピネオ	地理書　ギヨー
	日本外史	同上	同上
	文章軌範	同上	同上
	作文演説毎週一回	同上	同上
二年生	万国史スヰントン	幾何三角術　デビス	米国史　アンドルソン
	代数学　デビス	物理学　スチユアト	化学　ロスノ
	史記	同上	同上
	八大家読本	同上	同上
	作文演説毎週一回	同上	同上
	但英語演説ヲ雑ルコトアルヘシ		
三年生	生理学ダアトン	星学　ロツクヤル	地質学　デイナ
	文理学イ《ママ》エツケンボス	修身学　ウエランド	米国史　グリン
	左伝	同上	同上

経書　同上　同上
作文演説毎週一回　同上　同上
但英語演説ヲ雑ルコトアルヘシ
四年生　欧州文明史　ギゾー　心理学　ヘーブン　代議政体　ミル
論理学　ゼボン　経済学　フオセット　万国公法　ウルセー
作文演説毎週一回　同上　同上
余科　法律原論　テリー　英文学　デー
政事学講述
世態学　ケリー

寄宿生徒は投票により、塾内生徒に諸規則を守らせる一年任期の塾長を選んだ。起床は午前六時で、七時・一二時・午後六時が食事、午後一〇時が就寝・消灯、門限は午後九時であった。そのほか、飲酒や猥褻な場所への立ち寄りを禁じるなど、生活態度に関わる条項も設けられていた。

一年が三期に区分されている点が独特であり、「余科」は、法科方面の専門学的な性格を有していたことがわかる。しかし、使用する教科書の西洋人著者名については誤植が散見し、それらの人名がいまだ常識化していなかったこともうかがわれる。

この義塾を、「慶応義塾にならった」「私立中学」と表現する向きもあり、同年七月の中学校教則大綱に準拠したとの見解もある。(35) たしかに慶応義塾と同一の洋書も教科書に使用してはいるが、具体的な人脈の有無は不明である。また、中学校教則大綱の初等科四年と年限が合致し、「普通」学科との用語は大綱の「普通」文科・理科を思わせるが、大綱が設立を促したどうかなど、その関係は推測の域にとどまる。

『文部省年報』中の「石川県年報」各年次において、越中義塾が「中学」として報告されたことはなく、「各種学校」(具体名を挙げての報告ではなく校数が示される)のなかに含められていたと推察される。一八八一年の「都邑学事統計表」において、越中高岡の各種学校は五校、男子学生数は三三一名という数字が挙がっていることから、越中義塾は、先ほど生徒数を示した富山の致遠中学校(最大六五、最少一八名)をしのぐ規模ではなかったかと想像される。(36)

三、県立中学校の誕生と展開――富山県時代

富山県中学校の創設と高岡分校案

一八八三年は、富山県が再度発足した年である。この年に関する『文部省年報』には、連合町村が経費支弁に苦しんでいることから廃止処分に及ぶことが予想される致遠中学校を断念し、翌年度の県会に「県立中学校」設置を付す計画である旨が記されている。(37)先述のように、中学校は少数の連合町村ではなく県が設立維持すべきであるとの見解が示された。一八八四年三月から開かれた通常県会において、中学校費の件が審議され、可決されるにいたった。(38)五月には学務課員を上京させ、文部省に県立中学校設置を伺い出て、一八八五年一月の開校を期した。初等科のみの設置を記した六月十四日の伺出は、十九日には早速認められた。

このようなスピードで中学校設立に至った背景には、国重正文富山県令の存在がある。彼がこの年に臨席した富山

啓迪小学校高等科の卒業式では、卒業生が県に中学校がないことを嘆き、その設立を訴える演説を順番に行っていた。[39]この学校の校長は、致遠中学校開校のくだりで触れた西田辰正であり、彼も式中に中学校設置の重要性を熱心に説き、地域に中学校設置の強い要求があったこともわかる。

しかしこの一八八四年通常県会は、県再置以来、新設の事業が多く地方税の負担が大きいことから、校舎新築の費額については否決していた。中学校設置費は、当初予算七、八五〇円六四銭に対し三、二二〇円九九銭一厘で可決し、有志者の寄附七、〇〇〇円を得ることで新築に着手することができた、というのが実態である。伺出にあたっては、教育に用いる「奨励品」の交付も文部省に求められた。

大いに論戦があったとされるこの県会では、番外三宅五郎三郎（のち尋常師範学校長）[40]から、各郡の小学校高等科卒業生数、中学校に入るべき人数（二〇名）とその増加傾向が説明され、「我等は学ぶに場所なく、遊学に学資なく、進退維れ谷まる」という啓迪小学校高等科生徒の県令宛哀訴も紹介された。また富山県中学校の分校を高岡に設ける案が常置委員の島田孝之（高岡出身）から出され、福野・魚津も分校を置く候補地に挙がっていた。しかし、委細不明ながら、文部省には一県に二つの中学校を置かないという内規があるために分校設置については認可が得られなかった旨、県会での説明があったという。[41]

この分校問題に存亡がかかっていたのが、先述した高岡の越中義塾であった。越中義塾は、一八八三年十二月の徴兵令改正により、官立府県立学校生徒と同様の徴集猶予の特典を得られなくなったことから、塾生が次第に減少して永続が難しくなり、窮地に立たされていた。[42]

一八八四年に書かれたと思われる、越中義塾の教師園田朝弼から大橋十右衛門宛の七月二十九日付書簡が存在する。[43]ここで園田は、自分が「中学教師」となるという噂がすでに富山で流れていることなどを紹介しながら、そもそも

「中学支校」（「分校」）の件の成否と義塾とは毛頭関係のないことであり、義塾との三年の条約（雇用契約）が反故になるのはおかしいと訴え、蒙った迷惑についての怒りをぶつけている。

以上のことから、県中学校分校設置案の前提には越中義塾の存在があり、実現することはなかったものの、この私塾を県中学校分校に移行させる構想があったことが知られる。分校化計画が消え、越中義塾は一八八四年九月に閉鎖されるに至った。

富山県中学校開校

一八八四年六月三十日、国重富山県令は、県庁下富山に中学校を設置し富山県中学校と称し、一八八五年一月に開校することを布達した。(44) 十九日に文部省の認可がおり、早々に開校を予告したということになる。初代の校長に就任した田中貞吉（一八五七〜一九〇五）は岩国出身で、岩倉使節団と同時にアメリカに渡ってアナポリス海軍兵学校などに学び、海軍省を経て、富山県師範学校長を務めていた人物であった。(45)

布達時には校舎の位置は明示されなかったが、設置伺出において計画されていた総曲輪百七十三番地に新校舎が建設された。一八八五年一月二十五日に行われた創校式には、国重県令や文部省の吉村寅太郎書記官らが出席した。大書記官の五〇円など、多くを寄附に負って新築された中学校校舎は、楼上が県会議事堂としても利用されていた（『中越新聞』86・1・29、85・11・5。以下同紙典拠の場合は、原則的にこのように本文中に紙面日付〔西暦下二桁〕を注記）。体操場では警察署や監獄本署の連合撃剣会が開かれることもあった（86・3・30）。久保文部省権少書記官と高峰東京師範学校長は師範学校・中学校・啓迪高等小学校を巡視し、特に中学校は新設で校舎が美しく教授法が完全であると、ことのほか賞賛したという（85・11・25）。

開校布達に添付された「富山県中学校規則」(46) は全一三章三五条から構成され、基本的に、一八八四年一月二十六日達の中学校通則と、これに先立つ一八八一年七月二十九日達の中学校教則大綱に準拠した内容になっている。四年の初等中学科のみからなり、生徒定員は最大一〇〇名であった。一日五時間半の修学を基本とし、休業は日曜日・冬季夏季休業と大祭日・天長節で、二学期制が採られた。二月と七月が入学時期で、履歴書と保証書を揃えて願書を提出させ、小学中等科卒業以上の学力を求める入学試業を課すとした。一八八五年の場合、入試及第二三名、落第七名で、翌年は二月十五日までに三五名の生徒募集があった（85・10・24、86・2・6）。ちなみに新聞には、中学校を徴兵忌避のために使うなと主張する論説が掲載されている（86・3・10）。

授業料は、管内の者は二五銭、管外の者は五〇銭で、貧困者への減額措置の道もあった。進級に関して、一八八六年の場合には二月二十五日に定期試験を行い、卒業証書授与がなされた。生徒一八〇人中、一年後期生徒六四名、一年前期生六〇名であり、残りの五六名は落第か病気などのために試験を受けなかった者である（86・2・25）。

「富山県中学校規則」に定められた学科課程は**表2**のとおりであり、中学校教則大綱の課程に忠実に沿ってつくられている。体操の内容の具体性が特徴的であるが、学科課程と同時に別途定められた「教科用図書各学期配当表」には、歴史の『皇朝史略』は神代の記録を欠くので『神皇正統記』（口授）でこれを補うこと、代数と化学の教科書には間違いが多いので教授の際に注意するように、といった細かい注記が施されている。後者の点にもみられるように、実用的な科目に強い学校であったと推測され、実物を用いた教育のため、小電話・フランス製小蒸汽船などを買い入れたこともあった（86・4・25）。

「生徒心得」は、致遠中学校時代と比すと格段に細かくなり、「立身報国」「信義ヲ重ンジ操ヲ固クシ」といった文言を含む「銘心服膺すべき」七項目、あるいは寄宿舎での規則も設けられた。着袴・帰郷に関わる規定のほか、「予修」時間なども定められている。着袴とあるが、服制は洋服と定まっており、後に師範学校がこれに倣うこととなった（85・10・16）。

表2　富山県中学校課程表（一八八四年）

初等中学科

学年	学科	修身	和漢文	英語	算術	代数	幾何	地理	歴史
第一年	毎週時数	二	七	六	五			二	二
	前期	嘉言 善行	読書：日本文法・近易ノ漢文 作文：仮名交リ文・書牘文	綴字：附書取 読方 訳読 習字	加減乗除 諸等数 分数 小数			総論 日本地理：総論 畿内東海道 東山道北陸道	日本史：神代ヨリ平氏ノ末ニ至ル
	同上	二	七	六	五			二	二
	後期	前期ノ続	読書：前期ノ続 作文：前期ノ続	前期ノ続	諸比例 百分算 同□用 混□□法			日本地理：山陰道山陽道南海道西海道北海道 万国地理：亜細亜大陸	前期ノ続：頼朝総追捕使トナルヨリ豊臣氏ノ末ニ至ル
第二年	同上	二	六	六	二	二		二	二
	前期	前期ノ続	読書：和文漢文 作文：前期ノ続	文法 読書：附書取 習字	累乗法 開法 級数 求積	名義 整数四術		万国地理：欧羅巴、亜非利加、亜米利加、大洋州	前期ノ続：家康将軍トナルヨリ現時ニ至ル
	同上	二	六	六		二	二	二	二
	後期	前期ノ続	読書：前期ノ続 作文：前期ノ続	前期ノ続		分数四術	平面幾何総論、直線、角、四辺形	地文：地球、地皮、陸水	支那史：太古ヨリ五代ニ至ル
第三年	同上	二	六	六		二	二	二	二
	前期	前期ノ続	読書：前期ノ続 作文：前期ノ続	文法 読書：附書取 作文		方程式 一次方程式 乗方、方根	平面幾何、円、多角形	前期ノ続：大気、生物、物産	前期ノ続：宋ヨリ今代ニ至ル
	同上	二	六	六		二	三		二
	後期	前期ノ続	読書：前期ノ続 作文：前期ノ続	読書：附書取 作文		方程式 方根式 二次方程式等	平面幾何 比例		万国史：上古史
第四年	同上	二	六	六		二	二		二
	前期	前期ノ続	読書：前期ノ続 作文：前期ノ続	読書 翻訳 作文		平面幾何 比例	立体幾何 面ノ交接 立体		前期ノ続：中古史
	同上	二	六	六			二		二
	後期	前期ノ続	読書：前期ノ続 作文：前期ノ続	前期ノ続			立体幾何：立体幾何ノ応用 常用曲線		前期ノ続：近世史
	各科授業時間比較	一六	五〇	四八	一二	一〇	一一	一〇	一六

通計	体操	唱歌	図画	習字	記簿	経済	化学	物理	植物	動物	生理
三一	三		二	二							
九	美容術 徒手運動 唖鈴演習		自在画法	楷書							
三一	三		二	二							
九	前期ノ続 棍棒演習		前期ノ続	前期ノ続							
三一	三		二	二						二	
十一	前期ノ続 球棹演習		前期ノ続	行書						総論、分科法、構造、発育、殊性、慣習効用等	
三一	三		二	二						二	
十一	前期ノ続 木環演習 歩兵操練ノ初歩		前期ノ続	艸書						前期ノ続	
三一	三		二					二	二		
十一	前期ノ続		前期ノ続					重力音熱ノ大意	総論 分化法、構造、発育、殊性、□□等		
三一	三		二					二	三		
十	前期ノ続		前期ノ続					光電気磁気ノ大意	前期ノ続		
三一	三		二			二	二				二
十一	前期ノ続		前期ノ続			総論 生財 配財	非金属大意				総論、骨格筋肉、消化分泌及営養機ノ諸器幷ニ其効用養生法等
三一	三		二		二	二	二				二
十一	前期ノ続		前期ノ続		単式	交易 貨幣：附銀行 租税	金属大意				皮膚循環呼吸感覚器及神経ノ諸器幷ニ其効用養生法等
二四八	二四		一六	八	二	四	四	四	五	四	四

注（38）「富山県史料　九」所収の表を適宜加工して作成。□は虫損により判読不能。

行事についてみると、例えば一八八五年には十二月二十四日で授業が終わり、年明け一月十四日まで休業した。十二月二十五日には「休校式」が挙行され、折詰の饗応があった。県令・大書記官・警部長・上新川郡長・学務課長をはじめ、柔剣槍の三術に名声高い歴々も臨場し、試合を催した（85・12・27）。

尋常中学校への改組

富山県は、一八八六年四月十日の中学校令による混乱が少なかった県である。中学校令は、地方税を支弁する県の中学校を一校に限ったが、富山県で該当するのは富山県中学校一校のみであったので、これがそのまま尋常中学校に移行した。改称の旨は十二月二十三日になって、県令第三十八号にて布達された。また同時に、富山県尋常中学校規則が定められた。これは同年六月二十二日公布の文部省令第十四号「尋常中学校ノ学科及其程度」にのっとったものであり、中学校は五年制の学校となった。[47]

富山県尋常中学校発足以来五年間の教員・生徒数、歳費は以下のとおりであった。富山県中学校時代の定員一〇〇名に比するとかなり大規模化しているが、生徒数の変動は激しい。

一八八六年	教員一一、生徒一七九	五八八三円		
一八八七年	教員一一、生徒二三五	五二四八円		
一八八八年	教員一五、生徒二五六	六三二六円		
一八八九年	教員一二、生徒一九一	六六一一円		
一八九〇年	教員一〇、生徒一五六	（不明）		

卒業試験を初めて行ったのは一八八九年四月のことであり、二八名中二三名が合格し、卒業証書を授与された。翌年は二八名合格となる。[48]彼らの卒業後の進路は、高等中学校へ入学した者六名（一）、その他の官立学校に入学した者一一名（六）、私立学校へ入学または他府県へ遊学した者〇名（一）、官庁に奉職した者一名（五）、其他の業務に

就いた者〇名（七）、小学校教員〇名（一）、不詳の者五名（七）という内訳であった（（　）内は一八九〇年度）。

また中退者が多く、一八八八年には四三名（八二、五八）を数える（（　）内は一八八九・九〇年）。『富山県学事年報』はその原因を、高等中学校への転学や家事都合による中途退学に求めているが、最初の第四高等中学校入学試験（一八八七年）では、それぞれ相応の学年を受験した富山県尋常中学校生一七名のうち、一五名までが不合格だったといい、学業不振の可能性もあろう。(49) 一八九〇年に別途放校一五名を数えるのは、一八九〇年一月、大谷津校長の時代に、教諭人事などをめぐる生徒のストライキ事件が起こったためである。(50)

一八八七年には田中貞二校長のほか、教諭二名、助教諭九名がおり、幹事や書記はいずれかの教員が兼摂した。(51) 一八八九年には理学士・工学士各一名、一八九〇年に理学士一名が在籍したことが報告されている。(52) 入れ替わりが多いものの、一八九〇年まででいえば、小林常道・松田為常・大谷津直麿（以上校長）、佐久間餘三郎・細田謙蔵・片山といった学内教員名が確認される。(53)

森有礼文相の巡視

一八八七年十月、第三地方部学事巡視に出発した文部大臣森有礼は、石川県を経て同月三十日より富山県に入り、各種の学校を視察した。(54) 三十一日、高岡から富山に移動し、師範学校に続いて中学校を訪問している。ここで森は、郡下各小学校長を召集して教育を「実用」に赴かせることの必要を説き、その後、寄宿舎・各教室・器械体操などを一覧した。森はある教室では、英語について自ら問題を直接出したともいう。(55) その後、県庁内の巡査教習所において、中学校生徒の兵式体操を一覧した。体操科については、同年五月に教員を金沢営所（第三軍区第六師管）に派遣し、新式歩兵操練科を伝習させて面目を改めたばかりであったというが、(56) 随行した木場貞長秘書官は、器械体操が「挙動活発」に見えたのに対し、兵式体操は「精練ヲ欠ク」と評している。さらに小学校を巡回した森が富山を去る際には、師範学校・小学校の生徒らとともに整列敬礼した中学校生徒は、「帽子ヲ脱シ喝聲ヲ発シテ」惜別の意を表した。

森の巡視の結果、早速翌年から学科教育の改善が図られている。体操科教員を一人増やし、臨時に富山大隊区副官の出張を要請して、兵式体操整備に関して協議して漸次改良を企図した。体操時間のこの「練兵運動」に際しては、練熟した生徒から小隊長分隊長を立てねばならず、彼らの「ズボン」と「ハット」には目印として赤筋を加えた（86・4・25）。一八八九年には射的場を設けて射的演習が行えるようになった[57]。

修学旅行はすでに森大臣の巡視以前に始まっていたが、一八八七年は、四月に四日間、十一月に五日間の習〔ママ〕学旅行を行い、動物標本の採集、発火や仮想敵の演習を行った。一八八八年五月五日には、砺波婦負両郡に長途行軍をなし、地理の研究や発火演習を実施した[58]。

英語夜学校を開く教員もあったが（86・4・27）、一八八八年十一月には英語科に米国人一名を雇い入れ、発音の矯正や会話作文の上達を図っている[59]。校長は同年四月から、薩摩の出身でアメリカ留学も経験した松田為常に代わっており、この雇用は、森の巡視を受けての松田の差配であったとみることもできるだろう[60]。

おわりに

富山県における中学校の形成史を、どの県の所轄時代か、すなわちどの県の学政下にあるか、という点に意識を傾けながら追ってきた。新川県時代は、中学校に関わる県の構想・政策はほとんど存在しなかった。ただ新川県時代の最末期に、中学校構想・中学区が提示された（一八七六年四月）。中学校が未設置であるにもかかわらず、中学区の区割りや拠点が明示された点は、注目に値する。だが大区小区と一致しないこの区割りは、実態をもたなかった。石川県時代になると、同県の先進的な中等教育政策の下におかれ、金沢の学校との連関性が生じ、「支校」という発想の下に、富山での中学校設立の道が具体化することとなった。しかし、金沢が本、富山は支、と位置づける県政の下、経費の地元負担、すなわち県が支出しないかたちでの中学校設立となった（一八七七年十一月開校、致遠中学校）。この学校は、一中学区の中学校であるとうたわれたが、実際には一中学区域を超えた大区制下の町村（第三大区）により維持されていた。だが、郡区町村編制法（一八七八年十二月施行）は、旧富山町の、あるいはその近隣の町村を含めての一体性を解体し、住民の中学校費支出、すなわち中学校の継続を妨げた。この折には、県境の変更よりも郡境の変更（行政区としての郡境の設置）が、中学校のゆくえを左右したわけである。

富山県が再置されてようやく、県による中学校費支出が目指され、県中学校の設置が実現する（一八八五年一月開校、富山県中学校）。しかし今度は富山県内部において、富山を本、高岡を支、とみなしたかたちでの問題が発生する。中学校令公布以前における、一県に二つの中学校を置かないようにという「文部省の内規」なるものの真相は不明であるが、いずれにせよ、別県（金沢県→七尾県）所轄下にあった前歴も有する高岡には、結局「分校」は置かれず、富山県の中学校は一校しか存在しないまま、一八八六年四月の尋常中学校制度発足を迎えた。越中義塾の存在をもとに、これがもしも実現していた場合、その「分校」の経費負担主体はどのように取り決められたのだろうか。富山県となったたか、それとも地元の郡あるいは町村に限られたのであろうか。

このように、大小行政区の度重なる変更の影響を受けたこと、そしてそれが入れ子のような「本」と「支（分）」の問題としてあらわれたことも、富山県中学校形成史の特徴であったといえよう。

最後に、本県中学校設置構想の担い手層について考えておく。たしかに、明治初年に共立義塾を設けた渡瀬恒時・山田清純や変則中学校の岡田呉陽、あるいは後年の上級士族・西田辰正のように、地元士族の積極性もみとめられるが、前者の教育活動は学者的なものであり、全体として、士族が階層化して中学校設立運動を進めるという性格が薄かったことが、富山県の特徴である。

県下では、民権運動あるいは盛んな分県運動が行われていたが、そのような政治運動が中学校設立構想を伴って展開することもほぼなかった。例外的存在が、民権運動に関わりつつ越中義塾を営んでいた高岡の大橋十右衛門であるが、彼も士族ではなく富商階層の出身である。一八七九年に開かれた石川県会では、六九名中二二名の議員が越中出身であったが、彼らはほぼ豪商や豪農であった。(61) 一八八四年の「富山県職員録」によると、全官員の八〇パーセントが士族で、うち富山県の士族が二八パーセントを占めたが、県庁や師範学校の上層部は、他県出身士族のなわばりであった。(62) このように、地元出身の士族が石川県会において、あるいは富山県政のなかで画策し、中学校設立を実現していくという構図は存在しなかった。むしろ熊本藩出身の山田秀典新川県令、長州出身の国重正文富山県令といった他県出身内務官僚の強い主導力、そして京都から来た三宅五郎三郎のような実務県官層の働きによって実現へと向かったと理解すべきなのが、富山県の中学校形成史であろう。

注

(1) 県域の変遷については『富山県史』通史編Ⅴ近代上（一九八一年）第一章第三節を参照。地図については、富山県公文書館常設展示開設パンフレット「富山県の誕生と県政の動き」を参考にした。

(2) 本項の共立義塾、および旧藩の教育については、「旧富山藩学制沿革取調要目」（富山県立図書館所蔵）、高桑致芳『富山高岡沿革志』（一八九四年）三四頁の記述を総合した。前者は「富山市立図書館用紙」に筆写されたもので、末尾に異筆にて、「前田伯爵家取調　大正六年二月　富山私立図書館謄写」との書き込みがある。後者は、前年二月に富山開市祭を行うのに先立ち、有志者総代前田則邦（九代藩主二男の子。富山県下にて郡長・師範学校長などを歴任し、初代富山市長）より嘱託され、古書旧記を集めて脱稿したという。

(3) 山田清純には校閲書『珠算階梯』（聚星堂、一八八〇年）がある。

(4) 注（11）「新川県学規」は、官立公立私立学校の呼称を説明する際、私立学校については、「一人或ハ幾人ノ私財ヲ以テ設立スルモノ嚮ニ私塾私塾《ママ》又ハ共立学舎等種々ノ唱ヘアルモノヲ云」と解説しており（第四十五章）、あるいはこの「共立義塾」が念頭にあった可能性がある。

(5) 富山県教育史編さん委員会編『富山県教育史』上巻（一九七一年）の巻末に付載された「郷学私塾寺子屋表」によれば、一八七三年廃止とある。

(6) 岡田呉陽（信之、有信）は、富山有数の漢学塾・臨池居を営む小西有斐の二男で、藩校広徳館でも教え、岡田家に養子に入ってからは自らも私塾・学聚舎を主宰した。なお、前掲「郷学私塾寺子屋表」によれば、梅沢町には沢野なる人物のいとなむ私塾もあったようだが、変則中学校との関係はわからない。

(7) 「新川県学事年報」（『文部省第二年報　明治七年』二九五頁）。

(8) 前掲『富山県教育史』上巻、六三九頁。

(9) 『富山県史』史料編Ⅵ近代上（一九七八年）、一三二〇頁。

(10) 『富山県史』通史編Ⅴ近代上（一九八一年）、三九五頁。

(11) 「新川県学規」（南砺市立福野図書館所蔵「山田文書」）。前掲『富山県史』史料編Ⅵ近代上、一三三四―一三四二頁にも所収されているが、中学校に関わる部分の省略がある。同書よりは省略が少ないものの、富山県立公文書館所蔵『山田文書』複写版にも省略がある。特に、ここで原文引用した公立中学校・私立中学校に関する規定（第七十七―七十九章）は、『富山県史』掲載分にも文書館所蔵の複写版にも含まれていない。今回初めて、南砺市所蔵の原文書を用いて公にした。なお前文によると、山田県令による学規頒布先は、なぜか婦負射水砺波三郡正副区長と第十一十二十三中学区学区取締に限られ、魚津や富山町東部（神通川より東）あたりの第九・第十中学区が対象となっていない。その地域は、近く行われる県域改正で、別県となる可能性が想定されていたからだろうか。

(12) 新川県は一八七三年四月、大学本部を新潟とする第六大区に属することとなったので、第九から第十三の中学区という数字が振られた。第一から第八は新潟県である。

(13) 以上、前掲『富山県教育史』上、六三九頁、「石川県史料二十三　九年　政治部　学校衛生三」（石川県立図書館編『石川県

史料』第二巻、一八七二年、三二一頁)、「石川県年報」(『文部省年報』)、前掲『富山高岡沿革志』三四―三六頁。石川県立図書館編『石川県史料』は、内閣文庫に収められている府県史料「石川県史料」翻刻した便利な刊本であるが、巻頭の「原本一覧表」は、原本巻号と内容・年代がすべてずれてしまっている。本章では、国立公文書館デジタルアーカイブで公開されている原文書にあたり、巻号数をすべて修正して掲載した。また、刊本の翻刻に疑義のある場合は、原文書にあたって修正した。

(14) 石川県教育会金沢支会『金沢市教育史稿』(一九一九年。一九八二年復刻)、前注「石川県史料二十三」「石川県史料二十四年　政治部　学校衛生四」(前注『石川県史料』第二巻、三三七頁、四一二頁)。前掲『富山県教育史』上は、支校設置年月が異なり、一八七七年三月とする。

(15) 「石川県年報」(『文部省第五年報　明治十年』一五八頁)。

(16) 西田辰正については、元兼正浩「明治後期における「優良」小学校長の履歴」(『教育経営教育行政研究紀要』第二号、一九九五年)に経歴が収載される。前掲『富山県教育史』上、四八四頁も参照。

(17) 「富山致遠中学開校祝辞」(『石川新聞』二八三号附録、金沢市立玉川図書館近世史史料館所蔵「藤本文庫」中にあり)。なお、前掲『富山県史』史料編Ⅵ近代上には、熊野の告辞と永井の答辞しか掲載されていない(一三四六―一三四七頁)。

(18) 「石川県年報」(『文部省第九年報　明治十四年』四五九頁)、「石川県年報」(『文部省第十年報　明治十五年』五五〇頁)。

(19) 前掲『富山高岡沿革志』三九頁。

(20) 「石川県史料二十五　十一年　政治部　学校衛生五」(前掲『石川県史料』第二巻、五二三頁)。制定の時期は明らかでないが、史料の配置からみて六月末以降と思われる。年限については、「石川県年報」(『文部省第六年報　明治十一年』一三九頁)も参照。なお、『石川県史料』第二巻の「課程表目」翻刻には不備があるため、原文書(国立公文書館デジタルアーカイブ)にあたった。

(21) 『明治十年七月八月石川県学事報告第十九号附録　石川県学務沿革略記』(石川県『石川県史資料』近代篇(11)、一九八四年所収)、二一〇・二一二頁。

(22) 『文部省年報』各年次(第五―十、明治十―十五年)の「中学校一覧表」あるいは「五畿七道国別学事統計表」による。

(23) 「石川県年報」(『文部省第十年報　明治十五年』五五〇頁)。

(24)「石川県年報」(『文部省第九年報　明治十四年』四五九頁)、「石川県年報」(『文部省第十年報　明治十五年』五五〇頁)、「富山県年報」(『文部省第十一年報　明治十六年』五三九―五四〇頁)、「富山県年報」(『文部省第十二年報　明治十七年』三一一―三一二頁)参照。
(25)「富山県年報」(『文部省第十一年報　明治十六年』五三九頁)、「富山県年報」(『文部省第十三年報　明治十八年』三一七頁)。
(26)『中越新報』明治二十年十月十四日「臨時富山町連合会」など。
(27)大区小区の区割りについては、「明治五年新川県大区、小区別町村名および戸数表」(前掲『富山県史』史料編Ⅵ近代上、一七一―一八六頁所収)ならびに「五大区町村名」(『富山県政史』第壹巻第二篇第二章「廃藩以後県治の発達」一六二頁)を参照。
(28)前掲「致遠中学校仮定則」。熊野大書記官の告辞もこのことを明言している。
(29)「学区巡視功程」(『文部省第四年報　明治九年』四二頁)。
(30)以上、「石川県年報」(『文部省第九年報　明治十四年』四六〇頁)、「石川県年報」(『文部省第十年報　明治十五年』五五〇頁)、「富山県年報」(『文部省第十一年報　明治十六年』五四〇頁)。
(31)「富山県年報」(『文部省第十一年報　明治十六年』五三九―五四〇頁)、「富山県年報」(『文部省第十二年報　明治十七年』三一一―三一二頁)参照。
(32)前掲『富山高岡沿革志』五七頁。
(33)『近世越中の教育事情――広徳館・私塾・寺子屋(平成二十四年度富山県公文書館特別企画展)』(富山県公文書館、二〇一二年)。
(34)富山県立図書館所蔵。おそらく古書店から入手したものと思われる。前掲『富山県史』史料編Ⅵ近代上、一三四九―一三五二頁所収。
(35)『高岡市史』下巻(一九六九年)、九一五頁。
(36)高岡の各種学校全五校の名称は不明だが、女子生徒数が挙がっているので女子対象の学校(塾)が一つは必ずあり、越中義塾に匹敵する学校も見当たらないことから、男子生徒のうちの多くが越中義塾生徒ではないかと推察する。
(37)「富山県年報」(『文部省第十一年報　明治十六年』五四〇頁)参照。

(38) 以下、「富山県史料　九」(内閣文庫。国立公文書館デジタルアーカイブに「富山県史料」の「学校1」として公開)所収の、県令国重正文代理の大書記官前田利充による「中学校設置之義ニ付伺」および「富山県年報」(『文部省第十二年報　明治十七年』三一一―三一二頁)参照。なお、富山県の県会議事については、肝心の一八八四年から一八八六年までの議事録が失われており、県中学校設立をめぐる審議の詳細を直接知ることができず、戦前刊行の富山県『富山県政史』県会・第貳巻(一九三七年)に依拠した。

(39) 同校については、富山市立八人町小学校創校百周年記念事業実行委員会編『八人町小学校百年史』(一九七三年)参照。

(40) 三宅は富山県に着任する前、京都府において学業と学事に従事した。京都府中学校の一分科である欧学舎の独逸学校に学んで舎長を命じられ、ドイツ語や洋算の教授にもあたったらしい。その後は府の勧業課学務掛や学務課に属し、一八七九年からは中学監事を兼任、独逸学校を医学校に組み込むなど、府の中等教育政策に力をふるった(『官員進退』〔京都府行政文書明〇六-〇〇一九-〇〇二、明一三-〇〇一四〕、『京都府教育史』上〔京都府教育会、一九四〇年〕三四三頁)。

(41) 県会議事録がないために、前掲『富山県政史』第貳巻、二三〇頁の記述を踏襲するしかなく、委細不明。なお前掲『富山高岡沿革志』五九頁にも同様の記述があるので、発言自体の信憑性はある。国立教育研究所第一研究部教育資料調査室編『学事諮問会と文部省示諭』(国立教育研究所教育史資料1、一九七九年)によると、同年の学事諮問会の場で、文部省府県に対し、「務メテ其全力ヲ一箇ノ府県立中学校ニ尽クシ以テ完全ナル高等普通教育ヲ施設スル」ことが望まれていた。これを指すものか。

(42) 前掲『富山高岡沿革志』五九頁。

(43) 朝弼より大橋大兄宛、富山県公文書館所蔵「鳥山文書」(複製)、文書番号二四。

(44) 六月三十日甲第六十九号(前掲「富山県史料　九」所収)。なお、以下尋常中学校設立に至るまで、布告や設立の年月日や経過は、典拠となる一次史料が不明の場合、前掲「富山県史料　九」前掲『富山県教育史』上に依拠した。

(45) 手塚晃・国立教育会館編『幕末明治海外渡航者総覧』第二巻(柏書房、一九九二年)。田中は後に官を辞し、南米への移民送出事業に関わる。

(46) 前掲「富山県史料　九」所収。前掲『富山県史』史料編Ⅵ近代上、一三六〇―一三六七頁にも抄録あり。

(47) 『官報』第一二八四号(明治二十年十月七日)の「富山県学事年報適要」、宮城県第二部学務課編『富山県学事年報』明治二

十年、明治二十一年、明治二十二年の「富山県管内公私立諸学校（小学校ヲ除ク）表」による。小数点以下、四捨五入。
(48) 以下、卒業生・退学生に関わるデータは、『富山県学事年報　明治二十二年』『明治二十三年　富山県学事年報』の「中学校」（一〇―一一、九―一一頁）参照。
(49) 『中越新聞』明治二十年十一月十八日から連載される「本県尋常中学校生徒の実力如何」がこのデータを挙げ、その責任のありかを論じている。
(50) 前掲『富山県教育史』上、四八九―四九〇頁参照。
(51) 「文部大臣学事巡視随行日記（第六）」『教育報知』第百三十二号、明治二十一年八月十八日（大久保利謙編『森有礼全集』第一巻、宣文堂書店、一九七二年に所収）。
(52) 『富山県学事年報　明治二十二年』『明治二十三年　富山県学事年報』の「中学校」（一〇―一一頁、九―一一頁）参照。
(53) 『富山県学事年報　明治二十一年』『富山県学事年報　明治二十二年』の「富山県管内公私立諸学校（小学校ヲ除ク）表」、前掲「文部大臣学事巡視随行日記（第六）」、『富山県教育史』上、四九〇頁参照。
(54) 以下、森の巡視行程については、前掲「文部大臣学事巡視随行日記（第六）」。なお巡視時の中学校生徒は二五八名、明治二十（一八八七）年度経費総額は四、七九〇円四三銭九厘とある。
(55) 前掲『富山県教育史』上、四八九頁参照。
(56) 『富山県学事年報　明治二十年』の「中学校」（一〇―一一頁）参照。
(57) 『富山県学事年報　明治二十一年』『富山県学事年報　明治二十二年』の「中学校」（ともに一〇―一一頁）参照。
(58) 『富山県学事年報　明治二十年』『富山県学事年報　明治二十一年』の「中学校」（ともに一〇―一一頁）参照。
(59) 前掲『富山県学事年報　明治二十一年』の「中学校」（一〇―一一頁）参照。
(60) 前掲『富山県教育史』上、四八九頁参照。ただし松田は就任半年にして第一高等中学校に転任する（石井八萬次郎「松田為常先生の追憶」『一高同窓会会報』第十一号、一九二九年）。
(61) 前掲『富山県史』通史編Ｖ近代上、四七七―四七八頁。翌年以降の石川県会議員選挙では、立候補者も少なくなったことが指摘されている。
(62) 同右、一三〇頁。

第二章　石川県の中学校形成史

田中智子

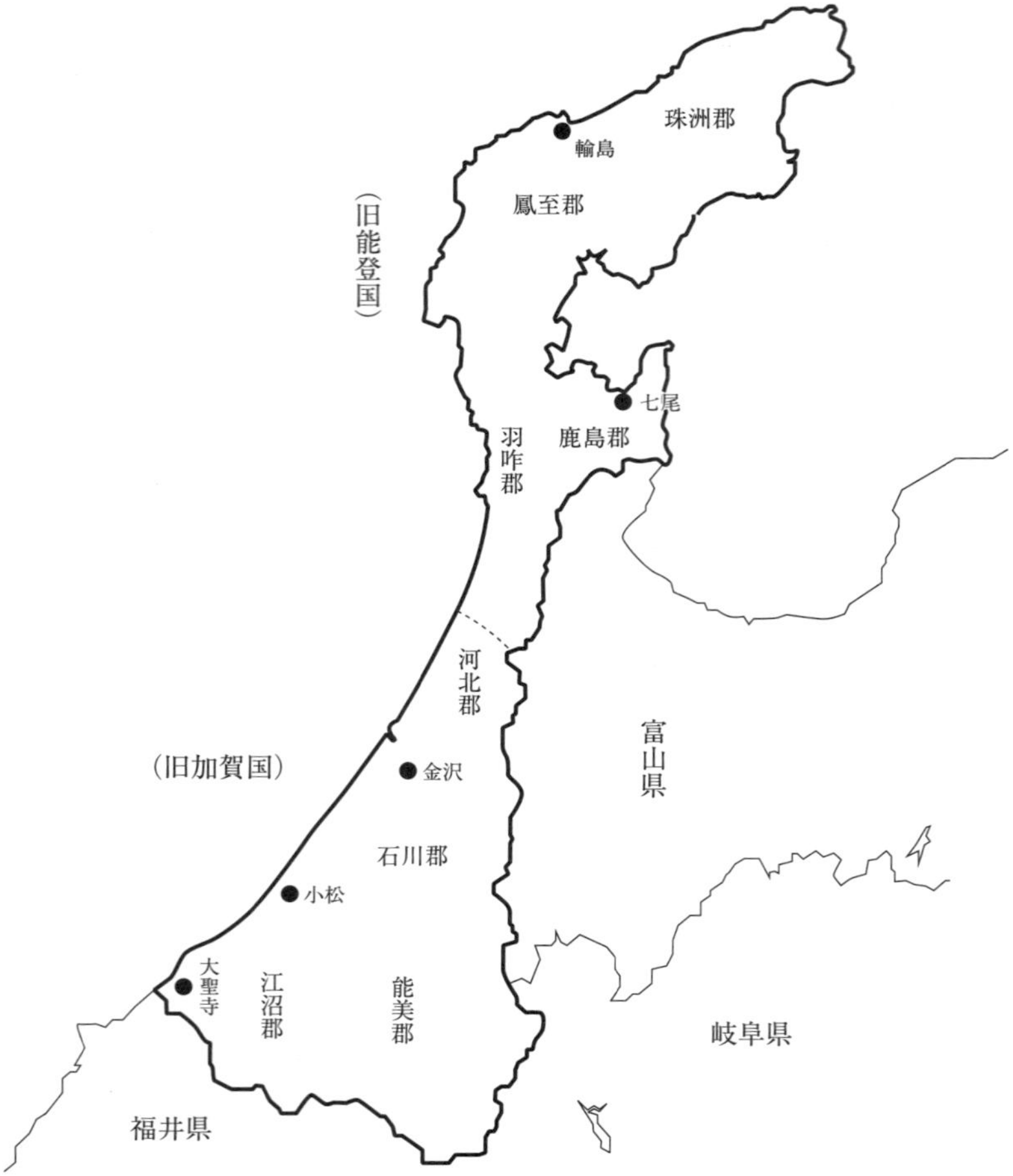
珠洲郡
輪島
鳳至郡
(旧能登国)
七尾
羽咋郡
鹿島郡
河北郡
(旧加賀国)
金沢
富山県
石川郡
小松
大聖寺
江沼郡
能美郡
岐阜県
福井県

石川県の図

はじめに

石川県の中等教育体制は、金沢という都市の圧倒的な主導力の下に形成された。

廃藩置県直後の明治四（一八七一）年七月の段階で、金沢町の人口は一二万三、〇〇〇人を超えたが、その四割前後が士族・卒とその家族であった。[1]この年の十二月、卒は廃止となり士族と平民に分属させられたが、士族には家禄をはじめとする身分的特権への執着が強く、平民となった卒にも、秩禄はともかく族籍だけでも士族へ、という意識がみられた。中下層士族の人数がおそらく全国水準よりかなり多かった点も、金沢の特徴である。

地租改正後の市街地の三分の二以上は武家地であったが、地価は三分の一に満たず、士族には安価な払い下げという優遇措置が採られたことがわかる。しかし全体として中下層士族らの生活は厳しく、窮乏する彼らは、県や旧藩主前田家と結びついて、様々な授産事業を企てた。

士族らは、一八七一年より金沢県令あるいは石川県参事・権令・県令として県政を動かした内田政風（薩摩藩出身）と親密な関係を築き、県官となる者も多く、またさまざまな結社を組織し政治的にも影響力をもった。県令が内田から桐山純孝（大垣藩出身）に代わった一八七五年四月以降、士族と県当局との関係は薄まるが、政治運動は一八八〇年代に入っても活発であった。

一八七八年のデータでは、石川県の県官八割近くを大半が士族とみられる地元出身者が占めるが、この割合は調査対象三府三五県中、第三位である。翌年四月、県令は千坂高雅（米沢藩出身）に交代し、五月に石川県会、九月に金沢区連町会が開設されるが、当初の主導権はいずれも士族の手に握られていた。

以上が、明治初期の金沢の状況であり、県下のハイレベルな教育をいかに行うかという課題も、まずは士族主導の下に模索されていった。つまり、新時代をいかに生き抜くかという士族の課題と密接不可分な問題として、本県の中学校形成史も考えなくてはならないということになる。

ただ、金沢は単なる「士族の町」ではない。本稿で扱う一八八〇年代末までの金沢の人口変遷をみると、藩士身分の解体や士族の減禄、松方デフレによる不況などにより、一八八九年には九万四、〇〇〇人と、先述した一八七二年に比すれば四分の一も減少した。そのなかでの多様な伝統産業あるいは新しい産業を担った商工業者層の存在と、次第に彼らが台頭してくる状況にも目配りしなくてはならないだろう。

また金沢だけに視点を集中させず、特に、大聖寺藩・富山藩といった元前田家の支藩地域、あるいは現富山県域や福井県域が、石川県の管轄下に組み込まれたり管轄からはずされたりしたことが、石川県総体としての中学校観にどのような影響を与えたのか、ということも考える必要がある。

さて、石川県の教育史については、戦前に『金沢市教育史稿』（石川県教育会金沢支会編、一九一九年）、戦後に大部な『石川県教育史』（石川県教育史編さん委員会編、一九七四年）がまとめられ、基礎的概説書として評価を得てきた。明治前期の県下中等教育史については、その後神辺靖光の研究が公にされ[2]、特に金沢藩時代の藩校から中学への改組過程や、石川県の専門教育志向に関わる考察が深められた。

これらの先行研究を通じ、中学校令公布以前の本県の中学校形成過程や教育内容は、かなりの程度まで知ることができる。前田家が治めた加賀藩時代から各種の藩校が設置され、高等専門教育への強い志向を有した点が特徴であることも、否定すべくもない事実である。

そこで本稿では一点目に、後述のように県域が伸縮し、行政区の改変や諸議会の開設をみる時期において、学校運営資金の調達が、どの範囲を対象にどのように計画・実施されたかという点を、可能な限り明らかにする。これは、そもそもハイレベルな学校設立が、金沢町在住の士族を中心とする事業であったならば、それがいかに身分や地域を超え、県下全域に益をもたらす公共の事業として位置づけられていったのかという点にかかわる問題でもある。

二点目に、文部省により中学校教則大綱（一八八一年）が通達される以前から独自に模索されてきた学科課程を整理して示し、士族らが構想した教育内容の特質を理解する。第一・第二の点に関わって、石川県は、ハイレベルな教育を行う場を必ずしも「中学校」という枠組で認識せず、しばしばそれは「専門学校」「師範学校」といった枠組で捉えられた。そして「中学校」は、それらと不即不離の枠組として構想された。その意味についても考えたい。

さらに、中学校令（一八八六年）が公布され、第四高等中学校が設立されたことは、本県教育史上の一大画期となった。文部大臣管理の高等中学校設置によって県下教育の再編成が促され、最終的に県立中学校の設立をみて一段落するまでの顚末についても記す。これが三点目である。

以上三点に重点をおいて、石川県における中学校形成の歴史的過程を叙述する。

複雑な組織改編の過程、あるいは豊富な教育内容を繙くにあたり、従来の研究が主に依拠してきたのは、『日本教育史資料』、『府県史料』（『石川県史料』）[3]、『文部省年報』、前掲『金沢市教育史稿』であった。典拠を記していないうらみのある『金沢市教育史稿』は、石川県学務課が発行した『石川県学事報告』に依拠した部分が大きいと類推される。本稿では、この『石川県学事報告』、あるいは『石川県公報』『石川県学事年報』といった、従来利用の乏しい一次史料（報告・公報類）によって、できる限り事実の析出・特定を行う。

また、『石川県会議事録』や「金沢区会文書」を活用し、学校設置に関する県官や県会議員、区会議員の発言になるべく言及することで、中学校をめぐる県下の多様な動きを描き出す。なお、一八八〇年代に石川県下で発行されていた新聞は残念ながら基本的に失われているが、富山県で発行された『中越新聞』などの検索により、県下の学事状況に関わる記事の収集に努める。

石川県の県域確定過程についても、最初に説明しておこう。明治四（一八七一）年七月十四日の廃藩置県時に設置されたのは、金沢県（版籍奉還時同様、現富山県域東部も含む）と大聖寺県であり、十一月二十日に大聖寺県を併合して金沢県と七尾県（現富山県域北西部を含む）となった。明治五（一八七二）年の二月二日に金沢県は石川県と名称変更され、九月二十七日になって、石川県は七尾県の西部を吸収した。一八七六年四月十八日に新川県（現富山県域）が、八月二十一日には敦賀県（現福井県域東部）が組み込まれ、大石川県が形成された。その後、一八八一年二月七日の福井県、一八八三年五月九日の富山県発足によって一部分が分離し、現在の県域の石川県となる（図1～8参照）。

以上のように、現富山県域・福井県域の中学校が石川県の管轄下に形成された時期もあるが、それらについての言及は本章では必要な範囲にとどめ、それぞれの県を扱った章に委ねたい。

なお、行論にそくして参照できるよう、石川県専門学校時代までを対象に**図9**・**表1**として、学校組織系統図・規則類一覧表を最初に提示しておく。**表1**にみるように、石川県では約二〇もの学科課程表が独自に作成されたことが特徴である。本文では、**表1**に示したA～Gの記号と対応させて適宜掲載し、検討することとする。

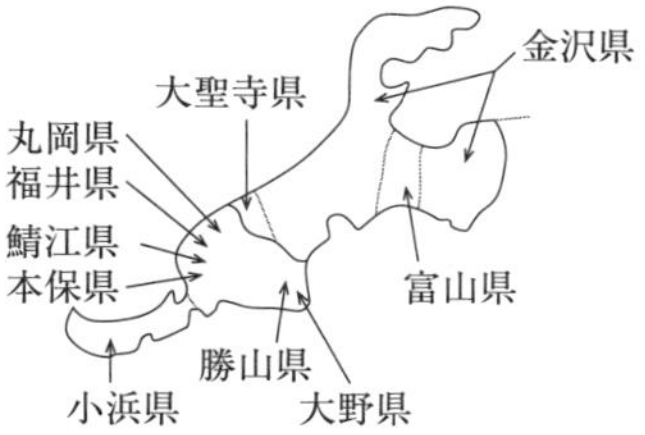

図１　明治４年７月
（廃藩置県）

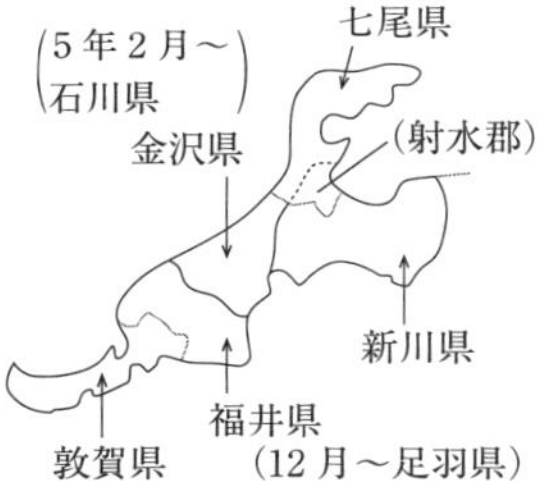

図２　明治４年 11 月
（新川県・福井県・敦賀県設置〔第一次府県統合〕）

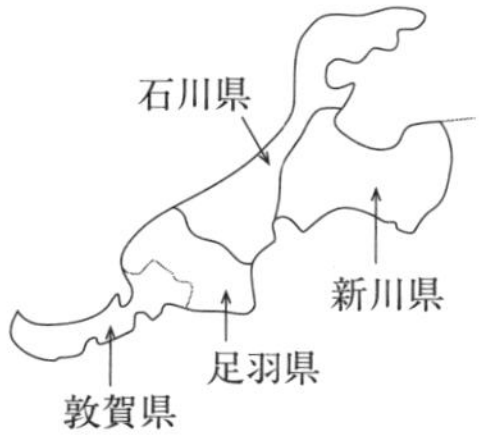

図３　明治５年９月
（石川県拡大）

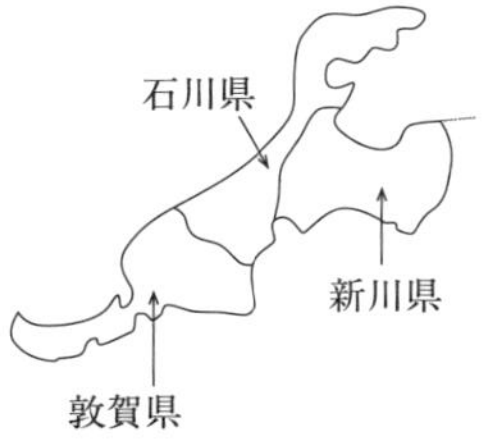

図４　1873 年１月
（足羽県を敦賀県に統合）

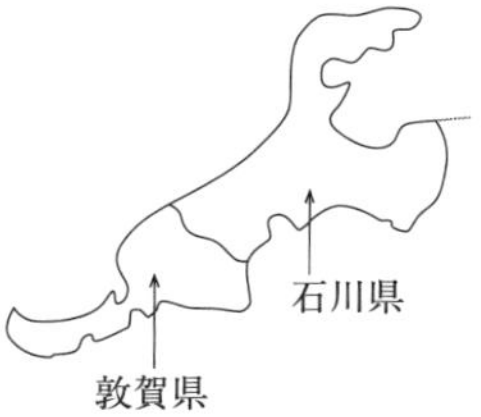

図５　1876 年４月
（新川県を石川県に統合〔第二次府県統合〕）

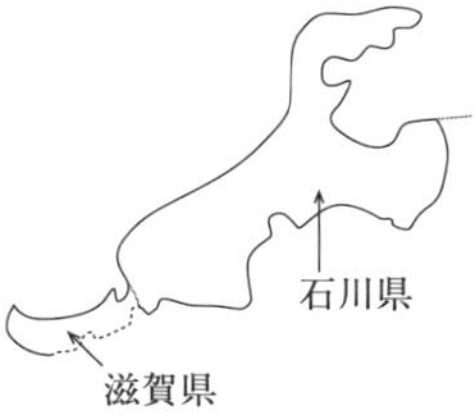

図６　1876 年８月
（敦賀県を石川県・滋賀県に分割
〔第二次府県統合〕）

図７　1881 年２月
（福井県分立再置）

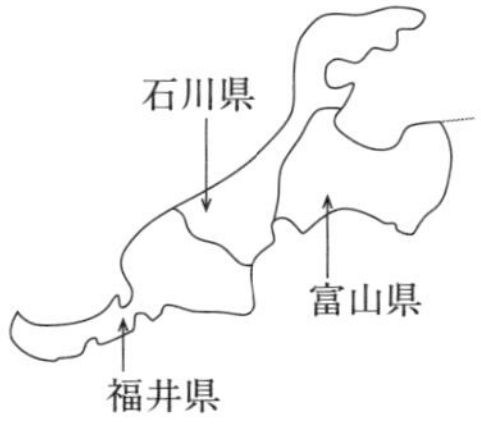

図８　1883 年５月
（富山県分立再置）

図１～８　加賀・能登・越中・越前・若狭地域の県域変遷

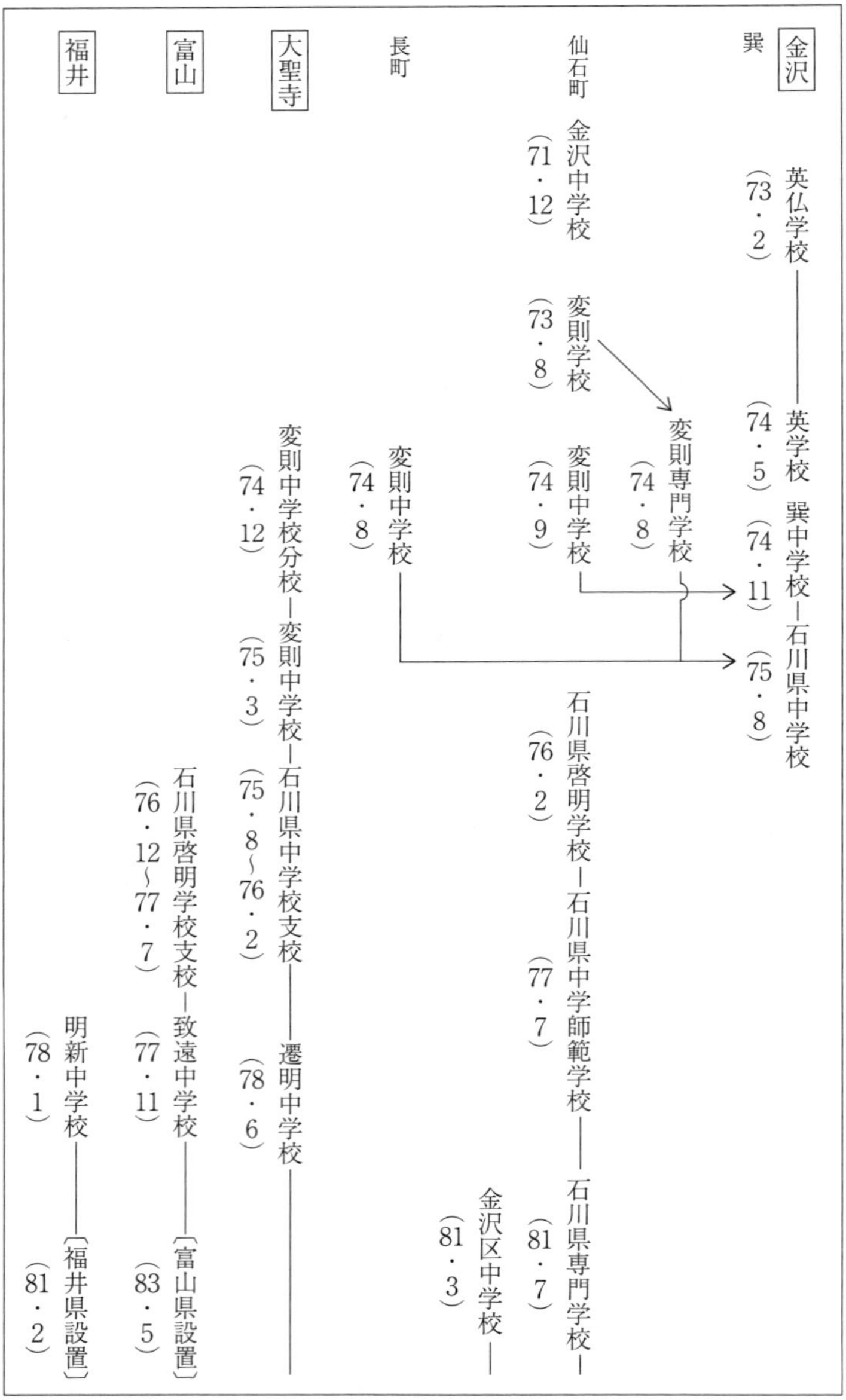

（　）内は開設年月。

図９　石川県下中学校・専門学校系統図（1872～1881。私立を除く。）

表1　石川県下中学校・専門学校規則類一覧（〜一八八四年、私立を除く）

校名（所轄）	制定規則名（学科課程規則）	制定年月日	本章言及時記号	備考
金沢中学校（県）	金沢中学校・規則	明四・十二	A	○
石川県変則専門学校（県）	変則専門学校規則（教則）	一八七四・九カ	B—1—①〜③	○
石川県変則中学校（県）	石川県変則中学校規則（教則）	一八七四・九カ	B—2—①〜③	○
石川県啓明学校（県）	石川県啓明学校規則	一八七六・二	C—1	＊1
	教科表改正	一八七六・八	C—2	○
	教科表改正（規則改正）	一八七六・十二	C—3	＊2
	石川県中学仮定則（規則のみ存在）	一八七六・二カ	D	○
石川県中学師範学校（県）	中学生徒仮教則（規則のみ存在）	一八七八・五・十五	E	○
遷明中学校（町）	遷明中学校規則	一八七八・六	F	○
致遠中学校（町村）	致遠中学校規則	一八七七・十一	（「富山県の中学校形成史」参照）	
明新中学校（町村）	明新中学校規則	一八七八・一カ	（「福井県の中学校形成史」参照）	
金沢区中学校（区）	？	？		
石川県専門学校（県）	公立専門学校規則	一八八一・九・二	G—1—①〜④	
	石川県専門学校教則	一八八四・八・三十	G—2—①〜⑤	○

？は発見がかなわなかった規則。備考欄の○は、本章に学科課程を掲載したことを示す。＊1は『石川県史料』第二巻三〇九—三一一頁、＊2は同三四三—三四七頁に所収。

一、金沢中学校の開校

「「中小学規則」の実施において金沢藩の右に出るものはない」「壮大な中学校」と評する神辺靖光の論稿(4)に依拠し、まずは金沢藩時代の中学校構想の概略を記しておこう。

中学西校・中学東校（金沢藩時代）

明治二（一八六九）年六月十七日、版籍奉還により加賀藩は金沢藩と改称した。明治三（一八七〇）年二月、初めて法規上に「中学」を定めた「大学規則」「中小学規則」が大学より出されると、金沢藩は十一月、「中学校仕方」「中学規則」「中学東校仕方」などを制定し、藩中学校の建設を始めた。藩校由来の旧明倫堂（学問所）と旧経武館（武芸所）を中学西校と称して国漢学の、藩邸と辰巳（巽）御殿を中学東校と称して洋学の学習所とした。

中学東校は、明治二（一八六九）年に設けられた二つの藩校、挹注館と致遠館の洋学生を引き継ぎ、正則科と変則科に分かれていた。正則科（一五歳以上）ではお雇い外国人オースボン（Osborn）により英語習得が目指され、変則科（一六歳以上）では主に翻訳書が用いられた。年齢の定めは、「中小学規則」にほぼ一致している。また、明治三年一一月の「中学東校変則寮学則」によれば、「変則専門科」には法・理・文の三科が設けられていた。同年閏十月に改正されたばかりの大学南校規則に酷似しており、中央の制度変化に機敏に反応しながら改革を進めたのが金沢藩であった。

金沢中学校の教育目的と経費

廃藩置県後の明治四（一八七一）年十一月十五日、中学西校が所在した仙石町の旧明倫堂と旧経武館を校舎とし、金沢中学校の「開館式」が挙行された。中学東校と中学西校、すなわち洋と皇漢の三学を合併し、普通専門の二科を置いた(5)。同月十日に金沢県から文部省に進達されたところでは、「費用」（一年の経費）二、四〇〇石、教官六三名（九等中最上等の俸禄が六七石）、生徒数五一二名（入塾二三二、通生二八〇。開業式時は四四三名）とある(6)。

しかしこの中学校は、開校して半年も経たない明治五（一八七二）年四月十二日、早くも廃止となった。その理由は、「廃藩置県ノ際学資ノ用度不相償」、かつ学制発令が近いからとされた(7)。旧藩所定の教育費としての二万石は、中学校発足の頃に大蔵省に徴収されていたという(8)。

金沢中学校「中学課業」

明治四（一八七二）年十二月に制定されたという金沢中学校の教則は、「中学校」と称するものの、「中学」のみならず「小学」から「専門学」に至るまで、年齢としても八歳から三〇歳以上までを対象としている包括性が際立つ。廃藩置県によって発足したばかりの金沢県が、中学校を核として管下子弟の一貫教育を志し、総合的な学科課程を提示したものといえよう。

課程表（表A）によれば、学科課程は「中学課業」と「小学課業」とに分かれ、小学課業から中学課業までの計五等が「普通学」とされた。「普通学」は、「正則」（八歳以上一五歳まで、小学課業計三等＋中学課業計二等）、と「変則」（一六歳以上、小学課業計二等＋中学課業計三等）に分けられる。さらにこの「普通学」の上に、中学課業中の最高段階として、三〇歳以上で一学科に通じた者が入学できる「専門学」が設けられている。つまりここでの「中学」とは、「専門学」を含むものと捉えられていたということであり、「中学」と「専門学」の境界のあいまいさがあらわれている。

表A　金沢中学校課業表（一八七二年）

金沢学校

中学課業

専門学

政治学		法科	理科
此学ニ入ル者ハ必下ノ五ケノ学ヲ兼ベシ	理財 租税	法律（詞訟法） 民法 国勢（公法・交際）	医学 究理 化学（化学・動物学） 天文（暦学・星学） 地理 測量（数学）

普通学　正則

等級	文章	史学	地理	理化	数学
一等	対策	国史紀事本末 三朝事略 洋書 歴史中ルイ	洋書 大地理書	洋書 大究理書 中舎密書 絵図学 器械取扱	対数用法 平三角 弧三角
二等	洋書 大文法書	日本外史 元明史略 洋書 歴史小ルイ	洋書 中地理書	洋書 小究理書 小舎密書 器械名称	開法 点竄

小学課業

普通学

等級	解義	習字	数学
一等	国史略 十八史略 地球説略 西洋事情 洋書 第三リードル 小地理書 小文法書	要用文章 諸物名数	雑題

等級	素読	暗誦	（習字）	（数学）
二等	皇国語学階梯 職員令 世界国尽 第一第二リードル	国郡名尽 星学初歩 地理初歩 内外国旗章	世話千字文 国郡名尽 漢語消息 ライテング	減法 乗法 除法 比例
三等	金沢名数 四書 スペリブック	五十韻 方角支干 童蒙秘読 単語篇	五十韻（平カナ・片カナ） 数字 支干 名頭 ライテング	加法

業科	国産（農学 牧畜 鉱山） 商法 建築（器械 水利） 航海
文科	古学 支那学 西洋学 史学

変則

	政事	史学	地理	理化	数学
一等			製図	業学	孤三角
二等	立憲政体略 真政大意	国史紀事本末 易知録 英国史略 西洋英傑伝	瀛環志略	博物新編 格物入門 舎密開宗 絵図学	対数用法 平三角
三等	西洋聞見録 制度通 開知新篇	日本代史 元明史略 三朝事略 万国史略	与地志略	究理図解 気海観瀾 器械名称 化学入門 舎密局必携 器械取扱	開法 点竄

	解義	習字	数学
一等	国史略 十八史略 万国名数記 地球説略 西洋事情 リードル 小文法書	要用文章 諸物名数 ライテング	雑題
二等	素読	世話千字文 国郡名尽 漢語消息 ライテング	減法 乗法 除法 比例
	金沢名数 四書 星学初歩 地理初歩 国郡名尽 スペリブック		加法

『日本教育史資料』貳（二三五―二三七頁）所収。

「専門学」には、政治学・法科・理科・業科・文科が備えられた。「業科」とは耳慣れないことばであるが、内容からみて、後に「産業科」と呼ばれる実業的な専門教育を指したものと思われる。法・理・文の三科について専門性を追求する発想は、一〇年後に創設される石川県専門学校へも受け継がれたといえよう。この「専門学」は、特に「業科」の実業的性格（農学・牧畜・商法・航海等々）が目を引くが、いずれも教科書や教育内容を具体的に挙げるものではなく、ある意味で漠然とした構想の段階にとどまっていた。

一方で「中学課業」の「普通学」は、教科書や教科内容を具体的に示すものとなっている。「普通学」は「正則」と「変則」に分けられ、「正則」の科目は「文章」「史学」「地理」「理化」「数学」、このうち「文章」に代えて「政事」が入るのが「変則」であった。「小学課業」との関係でいえば、「正則」が「小学課業」を三等級かけてじっくり学ばせた上で、「中学課業」として二等級の普通学を学ばせるのに対し、「変則」は、「正則」と同じ教科書を用いつつも、「小学課業」を二等で圧縮して終わらせてしまい、「中学課業」三等のうちには、製図など「正則」にない実践的な学課を盛り込んでいる。

「小学課業」にみられる素読・暗誦・解義といった学習形態は、いまだ近世的性格が色濃いが、「中学課業」も含め、福沢諭吉の書物が多く用いられている。

この学科課程は、それぞれの科目を学ぶ期間についての定めはまだ登場していないが、「普通学」段階の総合性・計画性において比類なき存在であり、また、この後に石川県が発足してからも続いていく県の「専門学」志向の源流と位置づけられるものである。

二、変則学校の族生

金沢中学校が廃校になると、早くも学校再置の動きが起こった。その経緯は、史料によって設置年月などに違いがあり、正確なところが把握できず、また図9をみてもわかるように大変複雑である。複数の教育の場が、始期や固有の名称、相互関係も明らかでないまま発生した時代だったということでもあろう。ここでは『府県史料』（『石川県史料』）の記載する年月日を優先させ、『文部省年報』や『金沢市教育史稿』に異なる記載があれば、（　）に入れて併記する。

金沢・大聖寺での動き

まず、廃校翌月の明治五（一八七二）年五月、英仏語を途中であきらめるに忍びなかった少壮子弟が、有志の力で学校を再興した。翌年一月になって、石川県は下石引町にある旧藩主退隠所の巽邸を利用して、英仏学校を設け「旧藩学校元資金」でこれを維持するとし、二月三十日（五月）、教則を定めて開校した。(9) 入学生徒は二一五名であり、小学校の書目をほぼ卒業している者を入学させた。その後、東京の開成学校が英語で専門学科を修業するとの報を得て、一八七四年五月二十三日（三月）に仏学を廃し、英語学校が開業した。生徒は一〇〇名程度であり、イギリス人ランベルト（Edward B. Lambert）(10) を月給一五〇円で招聘した。

一方、金沢中学校の旧生徒や解散した「兵隊」たちが方向を誤らないようにとの理由から、同じく「有志寄附ノ積置金」(11) あるいは「旧藩学校元資金等」(12) を用い、一八七三年五月（一月）より仙石町の金沢中学校跡地に設けられた変則学校が存在した。年齢により小学校の課程を履修できない者に普通の書を読ませる簡易速成の学科と、国書訳書を以てする法律産業測量の専門三科を置き、生徒は一七九名であった。(13) 一八七四年八月二十九日（十月）、この変則学

校は変則専門学校となって、巽の英学校校地（下石引町）に移り、三〇名ほどの生徒を擁するようになった。(15)(14)

「変則専門学校教則」によれば、「小学教科」を卒業し、年齢およそ一六歳以上、変則中学校に入った者が入学することができ、後述するように法律科・産業科・算術科が置かれた。(16)この学校は「旧藩知事委託の金額」そのほか「雑税」などをもって維持された。(17)

ほぼ同時となる一八七四年九月（八月あるいは十月）、変則中学校も仙石町に発足した。(18)「石川県変則中学校規則」によれば、まだ専門科に進学していない者や「小学全科」の卒業生が入学した。この学校は十一月（十月）には英学校校地に移され、巽中学校と称することになった。(19)教員は一七名、生徒は男一一九名で、「主長」は岩尾福男であった。(20)一方で同年八月二十九日、旧藩庁跡の長町小学校も変則中学校となった。教員一五名、生徒は男子一五五名、「主長」は八木為章であった。(21)

仙石町および長町に発足した二つの変則中学校の特徴は、費用が「金沢町一般の人民」に賦課されたことである。(22)前者は「金沢市中の民戸」に課され、(23)後者は「校費ハ民費課賦ノ法ヲ以テ」、一ヶ月五〇円の経費が金沢町中に賦課されたと記される。(24)

かつて一つの藩・県であり、明治四（一八七一）年五月には、藩学校に中学校の門札を掲げたこともある大聖寺にも、(25)一八七四年十二月、「積置金」をもって金沢の変則中学校（巽中学校を指すのか、長町の変則中学校を指すのか、双方なのかは不明である）の分校が置かれ、翌年二月にはその半分を大聖寺町の民戸に課すようになった。(26)続く三月には、変則中学校が大聖寺元区会所に設けられた。(27)分校から変則中学校に発展したということであろう。「主長」は今村豊、士族子弟が多く五〇名余が入学し、かつて所在した大聖寺城の別名を採って「錦城学校」と呼ばれていたようである。(28)

このように、一八七四年から翌年にかけて変則中学校として発足した金沢・大聖寺の三校がすべて、積置金や元資金に経営の基盤を置く状態を脱し、町下の民戸への賦課方式を開始したことは、注目すべきであろう。一方で専門学校の方は、旧藩主の委託金に依存したとされていることを確認しておく。

変則専門学校学科課程

石川県は早くから、また後々に至るまで、「専門学（校）」の名を積極的に用いた県である。「専門学校」について初めて定めた「学制二編追加」（一八七三年四月二十八日文部省布達第五十七号）によれば、「外国教師ニテ教授スル高尚ナル学校」（第百九十章）が専門学校であった。とすると、石川県の変則専門学校は、ランベルトの存在をもって、「専門学校」と称する正当性を確保したということになるだろう。そして金沢中学校時代と異なり、「中学」とは切り離した学科課程を定めることとなった。

表B―1として整理したように、この変則専門学校は、それぞれに予科をもつ「法律科」（①）「産業科」（②）「算術科」（③）の三科から成り、変則中学校の上等を卒業していれば、予科を経ずに直ちに本科で学ぶことができた。「学制二編追加」に挙げられた専門学校の具体例をみると、法学校はあるが、産業科・算術科に該当する校種は示されていない。この二科は石川県独特であり、先述の金沢中学校の「中学課業」専門科の系譜を引くものであろう。しかし、金沢中学校では「業科」と扱われていた「商法」が「産業科」ではなく「法科」の中に位置づけられる、あるいは「理科」が消えて「産業科」と「算術科」に振り分けられる、といった変化がみられる。

また、「算術科」が本科ではさらに「測量」と「算術」とに区分され、一級を一年相当として、力を入れている点も特徴である。特に「算術」の本科は四年もの課程を有し、課業の内容も細かく示された。

表B―1　石川県変則専門学校学科課程（一八七四年）

①石川県変則専門学校法律科

予科目

	第六級　第一年	第五級	第四級　第二年	第三級	第二級　第三年	第一級
史学	日本外史一ヨリ六ニ至ル	日本外史七ヨリ尾ニ至ル	慶弘紀聞	十八史略一ヨリ五ニ至ル	十八史略六七　元明史略	西洋綱紀　万国新史
文章学	作文階梯	正文章軌範放胆文	正文章軌範小心文	謝選拾遺	謝選拾遺二	謝選拾遺三四
経済学	経済小学　生産道案内	西洋事情外篇	英氏経済学	経済原論三四	経済原論五六	経済原論七八九

本科目

	第三級　第一年	第二級　第二年	第一級　第三年
国法	職官志　政治略原　米国律例　米国撮要　政学提綱　泰西国法論　立憲政体略	制度通　国法汎論　仏国政典　米国収税法　合衆国政治小学	憲法類篇　令義解　英国法律全書　議事院談　和蘭政典　田税新法
民法	○	○	○
刑法	新律綱領　改定律領　律令要略　刑法大意　英国刑典	明律　仏蘭西刑法　司法職制法	清律
公法	万国公法　西氏訳国際法	万国公法支那訳　交際公法	新条約書
国勢	国勢要覧	○	○
経済	世渡リノ杖	○	○
商法	立会略則　商会法則	会社弁　交易心得草	英国商法　仏蘭西商法
治罪法	無冤録述　監獄則	棠陰比事　板倉政要　仏国治罪法	洗冤集証　疑獄集
性法	性法略	○	○

②石川県変則専門産業科

予科目

	数学	理学	化学	史学	文章学
第六級　第一年	求積　雑問 対数用法	格物入門一水学	化学入門初篇	日本外史一ヨリ六 ニ至ル	作文階梯
第五級	代数分数以下	格物入門二気学	化学入門外篇	日本外史七ヨリ 尾ニ至ル	正文章軌範放胆文
第四級　第二年	一次方程式	格物入門三火学	化学入門後篇一二	慶弘紀聞	正文章軌範小心文
第三級	二次方程式	格物入門四電学	化学入門三四上	十八史略一ヨリ五 ニ至ル	謝選拾遺一
第二級　第三年	平三角	格物入門五力学	化学入門後四下五	十八史略六七 元明史略	謝選拾遺二
第一級	地方測量 製図式	格物入門六化学 同七算学	化学入門後篇六七	西史綱紀　万国新 史	謝選拾遺三四

本科目

	理学	化学	植物学	動物学	農学	経済学	租税学
第二級　第一年	スロイス氏理学	スロイス氏化学	スロイス氏植物学	○	西洋開拓新説　土性弁　農家備要 水利新説　耕稼春秋　農具便利論 養蚕新論	○	租税則　地券法　田税新法 地方凡例録
第一級　第二年	スロイス氏理学	スロイス氏化学	スロイス氏植物学	○	農業全書　泰西農学　成形図説 培養秘録　斉民要術	○	地方大概集　農政全書　農政本論

③石川県変則専門算術科

予科目

	第六級 第一年	第五級	第四級 第二年	第三級	第二級 第三年	第一級
理学	格物入門一水学	格物入門二気学	格物入門三火学	格物入門四電学	格物入門五力学	格物入門六化学七算学
化学	化学入門初篇	化学入門外篇	化学入門後篇一二	化学入門三四上	化学入門四下五	化学入門六七
経済学	経済原論三	経済原論三	経済原論五	経済原論六	経済原論七	経済原論八九
数学	累乗 開方 重利法	度学 連数 求積	雑問	対数用法	○	○
幾何	○	幾何初学三	幾何初学四	幾何初学五	幾何初学六	○
代数	○	○	○	従記号ノ解至分数四則	一次方程式 同問題	開方術並二次方程式 同問題

本科測量

第二級 第一年	第一級 第二年
幾何学 平三角法 八線変換最初ノ部 高低幅長測量 推積測量 分積術 分間制図式 八線変換 八線起原	孤三角術 地球制図式 聠針路 時辰論 六分儀論 高度改正区分略ス 両高度緯度測法区分略ス 検時太陽時角　恒星時角　行星時角 推測器械論 経緯舟行 推測航路日誌 航海暦用法区分略ス 気差並視差 子午線緯度区分略ス

本科算術

第四級　第一年	第三級　第二年	第二級　第三年	第一級　第四年
変法 数列 級数三則 変数術 累乗術二則 多式累乗術 窮理算法区分略ス 対数術 利法三種雑問	聯分数二則 一次方程不定式 二次方程不定式 分断分数不定段数 循還連式 垜積術並積垜積 多少比較術 数理 成不成割合術	円錐裁断術区分略ス 微分術区分略ス	星学区分略ス 暦学区分略ス 積分術区分略ス

『石川県史料』第二巻（二一四—二二二頁）から作表。〇は科目はあるが内容指定がないことを、空欄は科目がないことを示す。

変則中学校学科課程

専門学校と分化し、複数の変則中学校の発足をみたことは先に見たとおりであるが、そこには、一見相反する二つの意図が込められていた。一つは、これまでにもしばしば指摘された高度な教育への志向である。学科が「小学」レベルにとどまることは生徒の望みに適っていないとされ、ハイレベルな教育が目指される場となったのが中学校である。[29]今一つは、小学校における学齢を守るための調整弁としての機能である。卒業していようがいまいが、一定の年齢になれば中学校に収容し、そこで小学校相当の科業を学ばせる機能が求められていた。

「石川県変則中学校則」によると、在学年は上下二等合わせて六ヶ年であり、「小学卒業」の一四歳で入学し一九歳で卒業となるが、志願すれば二〇歳以上の者でも入学を許された。また、「小学科業」を卒えずに一四歳に及んだ者や一四歳以上で初めて就学する者は皆この学校に入り、「小学科業」を簡易に教える予科で学ばねばならないとされた。前年三月に改定された小学校教則が生徒は一三歳までと示したために多数の廃学者が発生していたが、彼らを入学させるために設けられたのが予科で、入学の上限を一七歳としていた[30]。

要するに変則中学校は、予科（期間定めなし、第二級・第一級）、下等（三年、第六級から第一級）、上等（三年、第六級から第一級）の三段階に分けられていた。表B—2は、「石川県変則中学校規則」に示されたそれぞれの「教則」（科目）を表にしたものである。予科（①）は読物・作文・算術・習字、下等（②）は地学・史学・理学・化

表B—2　石川県変則中学校学科課程（一八七四年）

①石川県変則中学校予科教則

予科目	時間	第二級	第一級
読物	三／日	問答 智環啓蒙和解 本朝国尽 地理幼学問答 史略ヲ授ケ其要処ヲ問答シテ暗記セシム	輪講 輿地誌略 国史略皇朝史略ノ内 物理階梯 天文幼学問答 詔令集ヲ授ケ或ハ独見シ来テ輪講セシメ能ク暗記セシム
作文	一／月十二次	手紙ノ文ヲ綴ラシム	問題ヲ出シテ答ヲ文ニ作ラシム
算術	一／日	加減	容易キ諸比例開平開立等ヲ授ク
習字	一／日	楷行草ヲ適宜ニ授ケ及仮字交ノ文手紙ノ文ヲモ授ク	細字楷行草仮字交ノ文ヲ授ク或ハ手本ヲ与ヘス教師口述シテ早写セシム

②石川県変則中学校下等教則

科目	地学	史学	理学	化学	輪講	算術	文章学	作文
時間				三以上／日 四科ヲ質問ス	一／日	一／日	一／月三次	三／月三次
第六級 十四歳	北海紀行一二	日本外史一ヨリ四ニ至ル　十八史略十九史略ノ中一ヨリ四ニ至ル　西史綱紀	格物入門一水学	化学入門初篇	当級課スル所ノ書ヲ輪講セシム	諸比例	作文階梯	紀事ヲ習ハシム
第五級 十四歳半	北海紀行三四五	日本外史五ヨリ八ニ至ル　十八史略十九史略ノ中四ヨリ八ニ至ル　泰西史鑑	格物入門二気学	化学入門外篇	当級課スル所ノ書ヲ輪講セシム	開平問題　開立問題	正文章軌範放胆文	紀事ヲ習ハシム
第四級 十五歳	琉球新誌	日本外史九ヨリ尾ニ至ル　十八史略十九史略ノ中九ヨリ尾ニ至ル　万国新史	格物入門三火学	化学入門後篇三	当級課スル所ノ書ヲ輪講セシム	累乗　開方　重利法等　幾何初学一	正文章軌範小心文	紀事ヲ習ハシム
第三級 十五歳半	書追テ入ヘシ以下倣之	慶弘紀聞　元明史略一二　聯邦史略	格物入門四電学	化学入門三四上	当級課スル所ノ書ヲ輪講セシム	数学連数　度学連数　幾何初学二	謝選拾遺一	紀事ヲ習ハシム
第二級 十六歳	○	日本政記一ヨリ四ニ至ル　元明史略三ヨリ尾ニ至ル　英国史一ヨリ四ニ至ル	格物入門五力学	化学入門後篇四下五	当級課スル所ノ書ヲ輪講セシム	求積　幾何初学三	謝選拾遺二	紀事ヲ習ハシム
第一級 十六歳半	○	日本政記五ヨリ尾ニ至ル　清三朝事略　英国史五ヨリ尾ニ至ル	格物入門六化学七算学	化学入門後篇六七	当級課スル所ノ書ヲ輪講セシム	雑問　対数用法　幾何初学四	謝選拾遺三四	紀事ヲ習ハシム

③石川県変則中学校上等規則

科目	時間	第六級 十七歳	第五級 十七歳半	第四級 十八歳	第三級 十八歳半	第二級 十九歳	第一級 十九歳半
史学		大日本史一ヨリ十五ニ至ル　国史紀事本末一　資治通鑑一ヨリ二十五ニ至ル	大日本史十六ヨリ三十ニ至ル　国史紀事本末二　資治通鑑二十六ヨリ五十ニ至ル	大日本史三十一ヨリ四十五ニ至ル　国史紀事本末三四　資治通鑑五十一ヨリ七十五ニ至ル	大日本史四十六ヨリ六十ニ至ル　国史紀事本末五六　資治通鑑七十六ヨリ百ニ至ル	大日本史六十一ヨリ八十ニ至ル　国史紀事本末七八　資治通鑑百一ヨリ百二十五ニ至ル	大日本史八十一ヨリ尾ニ至ル　国史紀事本末九十　資治通鑑百二十六ヨリ尾ニ至ル
博物学		スロイス動物学	韋廉臣氏植物学	経済要論ノ中金石部	○	○	○
修身学		西国立志篇一二	西国立志篇三四	西国立志篇五六	西国立志篇七八	西国立志篇九・十	西国立志篇十一・十二・十三
経済学		経済小学	生産道案内　西洋事情外篇	英氏経済論	経済原論三四	経済原論五六	経済原論七八九
生理学		生理発蒙一二	生理発蒙三四	生理発蒙五六	生理発蒙七八	生理発蒙九・十・十一	生理発蒙十二・十三・十四
星学	三以上／日	六科ヲ質問ス	六科ヲ質問ス	六科ヲ質問ス	六科ヲ質問ス	六科ヲ質問ス	六科ヲ質問ス　星学図説
輪講	一／日	当級課スル所ノ書ヲ輪講セシム	当級課スル所ノ書ヲ輪講セシム	前級ノ如シ	前級ノ如シ	前級ノ如シ	前級ノ如シ
算術代数	一／日	従記号用法至加減乗除	従括法至分数四則	一元一次方程式同問題	多元一次方程式同問題	従開方至根数方程式	二次方程式　同問題
文章学	一／月三次	八大家読本一二	八大家読本三四	前級ノ如シ	八大家読本七八九	八大家読本十・十一・十二	八大学読本十三ヨリ尾ニ至ル
作文	三／月三次	紀事並論説等ノ軽キ題ヲ出シ綴ラシム	前級ノ如シ	前級ノ如シ	前級ノ如シ	前級ノ如シ	前級ノ如シ

『石川県史料』第二巻（二〇四―二一一頁）から作表。○は科目はあるが内容指定がないことを、空欄は科目がないことを示す。

学・輪読・算術・文章学・作文、上等（③）は史学・博物学・修身学・経済学・生理学・星学・輪講・算術代数・文章学・作文を学科目とし、それぞれ具体的な教科書あるいは教授内容が定められていた。

すでに二年ほど前に公布されていた「中学教則略」と共通の科目も多く、例えば地理学を「地学」と呼んでいる点も同じである。また、上等下等それぞれ三年間の課程である点、「級」の発想を取り入れた点など、「中学教則略」の影響の下に学科が編成されたことがうかがわれる。ただし予科を置き、一級三ヶ月の修業期間とした点は独特である。

変則専門学校も三年の修業年限であり「級」の語を用いている点は同じだが、変則中学校はそれに加え、各級を学ぶべき年齢を書き添えている。また興味深いのは、変則専門学校とは異なり、それぞれの科目を修業する時間数が示されている点である。しかも文章学・作文に関しては、一日何時間という定めではなく、一時間を月に一二次（一二回）、といった具合に、いまだ七曜表に対応していない形で修業時間数が示されていた。この二科目を教授する人物の時間感覚に合わせたものであろう。

県下の中学区

ではここで、学制章程の公布をうけて一八七三年二月に定められた石川県管内の中学区について検討しておきたい[31]。

第一中学区加賀国 自第一区 至第十区　石川郡
人口男女十四万三千六百〇二人
第二中学区同　国 自第十一区 至第十八区　石川郡三区 河北郡四区
人口男女十二万八千〇五一八人
第三中学区同　国 自第十九区 至第廿七区　江沼郡四区 能美郡五区

人口男女十三万千六百九十七人

第四中学区能登国自第一区至第七区外ニ第十六区ヲ加フ　羽咋郡四区 鹿島郡四区

人口男女十三万九千五百八十四人

第五中学区同　国自第八区至第十五区　鳳至郡五区 珠洲郡三区

人口男女十二万六千九百〇二人

一三万人内外の、できるだけ均等な区割りがなされているが、新川県の中学区（第一章「富山県の中学校形成史」）と異なり、行政区と連動させた分画が行われている。この五中学区は、一八七三年七月二日の第二大学区督学局の達により、第二十一より第二十五中学区と改称された[32]。

さらに一八七四年一月には、第二十一・二十二中学区（もとの第一・第二中学区）が次のように再編された[33]。

第二十一中学区加賀国　自第八区至第十四区

人口拾万九千二百八十一人

第二十二中学区　自第一区至第七区及ヒ自第十五区至第十八区

人口拾六万千八百四十一人

当時の区制に照らしてみると、この措置は、金沢町が第二十一・二十二中学区にまたがっていたところを、第二十一区が金沢町のみ、第二十二区はそれ以外の石川郡と河北郡と、人口バランスを少々犠牲にしてでも、きれいに分けてまとめたということだと解釈できる(34)。

学制章程は、「凡学校ヲ設立シ及之ヲ保護スルノ費用ハ中学ハ中学区ニ於テシ小学ハ小学区ニ於テ其責ヲ受クルヲ法トス故ニ官金ヲ以テ之ヲ助クルモノハ学区ヲ助クルモノナリ区ノ情態ニヨリ人口ニ平均シ毎年出金セシムルカ或ハ一時富人ヨリ出金セシムルカ或ハ地方ニテ旧来ノ積金等学校ニ費ヤシテ妨ケナキモノアルトキハ其金ヲ以テ融通セシムルカ其他幾様ノ便宜ハ土地ノ事情ニ随フヘシ」（第九十八章）と規定していた。つまり、「中学」の設立と保護の費用については、中学区が責任をもつことを原則的に掲げつつ、寄附金や積金を用いることはかまわないとしたものである。

前項で述べたように、この年の八月、金沢の仙石町と長町に変則中学校が発足し、費用が「金沢町一般の人民」に賦課された。ということは、それに先立って、「中学」費用負担主体の金沢町が、一つの中学区にまとまるように区割りの変更がなされていたのであり、寄附金や積金への依存体制を脱することとともに、学制章程の原則を守るための措置が生真面目に施されたものといえる。新川県域において、経費負担範囲と中学区とが合致せずに不都合が生じたこと（第一章「富山県の中学校形成史」）とは対照的である。

一八七四年六月三日には、学区取締が中学区取締と改称されており、小学校を管轄するものとしての中学区の教育行政単位としての機能が強まっている(35)。

同年十月、石川県下を巡視した文部省督学局加納久宜は、「第二十三学区大聖寺地方」については「錦城学校ハ当中学区ノ本部」、あるいは第二十五番中学区については「本部タル七尾輪島」と、「本部」という表現で特定の学校や町を名指ししていた(36)。だが、各中学区の改称や再編を経ても、石川県がそれぞれに「中学所」（中学校設置予定地）を付記した史料は見当たらず、同時期に新川県がそれぞれに「中学所」を明示していたこととは対照的である。石川県が、金沢と大聖寺以外に（変則）中学校を増設することを考えていなかったことのあらわれといえようか。

督学局の加納が巡視をふまえ、石川県下の教育に関して批判的にまとめた全六条の心付書が「興学六弊」であり、これに県の学務課が反論を試み、文部省に進達されたのが、「興学六弊ノ疑問書」（一八七四年十二月）である。[37]研究史では、小学区区分の困難さ、あるいは中等・高等専門学校の必要性如何という文脈から解釈されてきた。後者についていえば、旧藩学校の流れを引く高度な専門教育を推進する県学務課の士族・加藤恒（後述）と、それを問題視する文部官僚加納との、より直接的には石川県参事桐山純孝との対立構図があったとされる。

だが一方でこの問題は、全体として、学事に「民費」を用いることをめぐる意見対立を本質としている。県学務課側は、寄附金ではなく「民費」に依拠することの意義と正当性、そして変則中学校の意義を説き、この学校についても、「官費」という「公費」が得られない以上、「民費」に課さざるをえないと述べている。英学校についても、今は積金と受業料で維持しているが、永世維持のためには「民費」を課すことが必要だとの見解を示している。

文部官僚が「民費」の省減を説くのに対し、石川県学務課は「民費」志向を強く帯び、前述した学制章程の原理原則的なところをむしろ主張した。こうしたいわば逆転の関係を確認できる。

三、石川県啓明学校の設置

石川県中学校（変則学校の統合）

一八七五年八月八日、変則専門学校と三つの変則中学校はすべて石川県中学校として統合された。巽の中学校が本校、大聖寺の変則中学校はその支校と位置づけられ（図9）、新しく「中学教則」が制定されることとなった。この教則は、すぐに制定されて公にされた形跡はないのだが、いったん分立した「専門学」「中学」をここで再び統合し、「中学校」の枠組で捉えることになったものといえる。

経費については、「小学師範」の養成と「小学卒業生徒」の受け入れという役割に鑑みれば、中学校は「全管ノ民力」をもって維持すべき、との考え方から、これまで金沢町あるいは大聖寺町の民戸がそれぞれ担ってきた費用を「全管ノ民」に課すこととした。(38) ここでいう「全管」とは「全県」を指すと解釈できる。本支両校を維持する費用を県下の人民に賦課する法を定め、各校一ヶ月の経費概算を示したという。(39) 変則専門学校・変則中学校を、「県の中学校」という一つの枠組にまとめた上で、これを小学校との関連性から県全体に益をもたらす学校と位置づけ、経費を県下全体に課すことの正当性をうたい、管理を県の下へと一元化する発想が登場したのである。

啓明学校の教育目的と経費

一八七六年二月七日（三月）、仙石町に啓明学校が設立され、二十日に開校した。巽中学校（要するに「石川県中学校」を指す）は「純然タル中学」とはいえず、英学校も「一種ノ学派」に過ぎず「普通学生」の望みを満たすに足りなかったとして、師範学校・中学校の教員、あるいは翻訳や通弁をなし得る者を養成し、管下一般の智識を「啓明」することを目的とした「公立中学師範学校」とする、とうたわれた。(40) この年発行された『加賀金沢細見図』(41) をもとに作成したのが**図10**の学校所在地概念図であるが、原地図には「シハンカウ」（師範学校）と並ぶ「ケイメイカウ」（啓明学校）の所在を仙石町に確認できる。

実際この学校は、この年次の『文部省年報』においては、「中学校一覧表」ではなく「師範学校一覧表」に列挙されている。学務専任十等出仕の野村彦四郎が校長、十二等出仕の百東誠助が副校長を兼任し、ランベルトが「教長」となり、教諭八名助教五名の態勢であった。入学は「小学全科」を卒業した者の志願によるとされたが、最初はそれにこだわらない簡単な制限を設けたといい、一七四名の応募中一六八名が入学した。(42)

変則学校を統合した石川県中学校が「小学師範」の養成をうたっていたのに対し、啓明学校は師範学校・中学校の教員養成を目的の一つに掲げており、中学校より一段高い教育を目指す学校へと位置づけ直したということになろう。

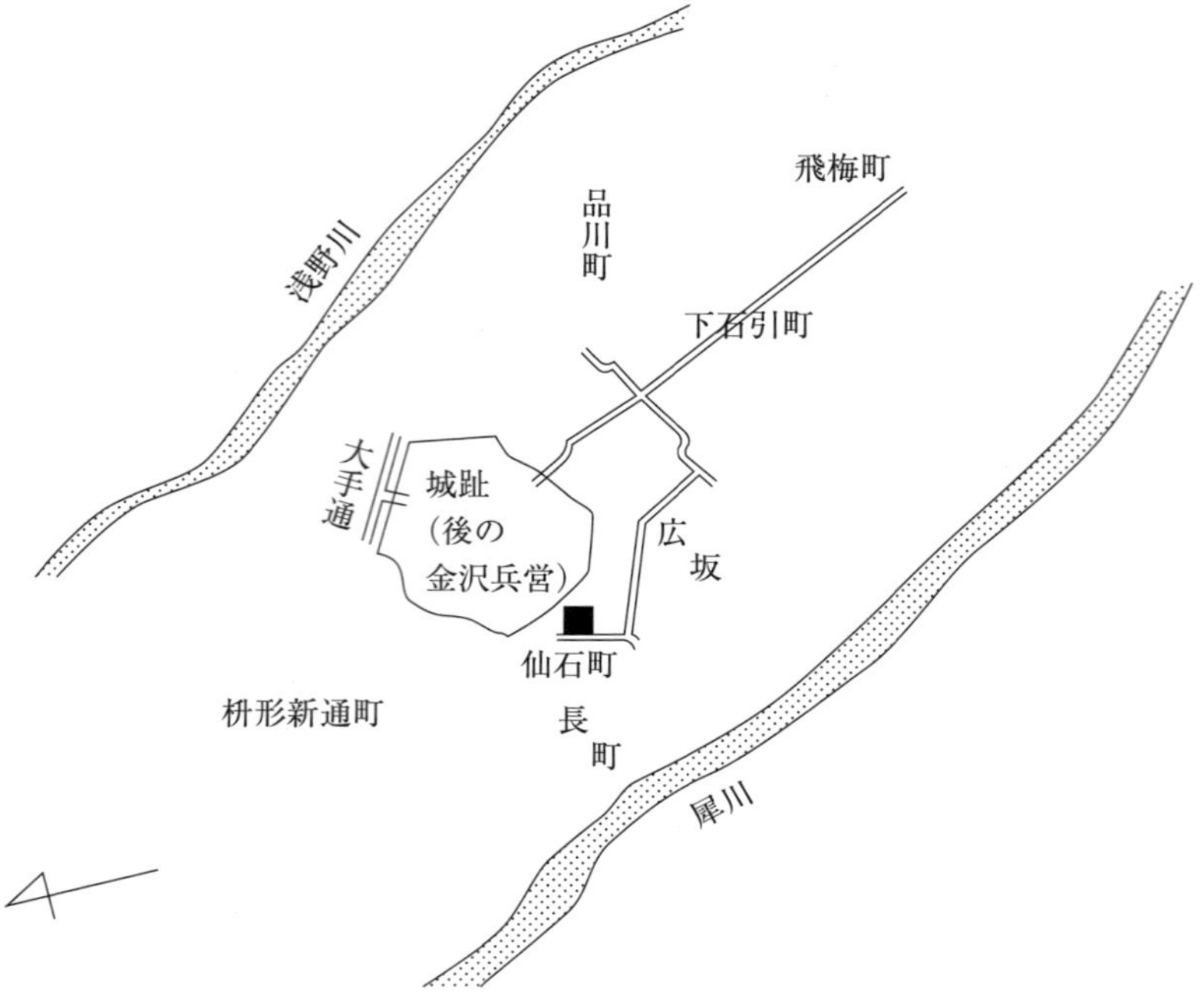

図 10　金沢町概念図

本稿に登場する学校の所在地を示した。■が仙石町の学校（啓明学校―中学師範学校―専門学校―高等中学校）所在地。

よりハイレベルな教育への志向性が、あきらめきれずに復活してきたということになる。後に記すように、修業年限は中学教則略の定める六年より短い四年である。

開校に次いで頒布されたのが「石川県啓明学校規則」（一八七六年二月頃か）である。規則中、生徒が「公学員」「私学員」に区分されている点が注目される。公学員はいわば奨学生であり、原則一八歳以上の行状端正・体質壮健・志操秀逸な者で、学歴の定めはなく、戸長の保証状や履歴書を必要とした。束脩と授業料を払わなくてよい代わりに、他日「一般人民ニ報答」することが課せられていた。私学員は、「小学全科」を卒業した者で、一般の志願生を指した。

このような制度の導入と並行し、経費

については、「管下一般ノ公立学校ナレハ其経費ノ如キ固ヨリ一般ニ徴スモノナリ而シテ廃存及ヒ経費ノ多寡増減等ハ悉皆本庁ニ於テ特裁スルモノトス」（第二条）と定められた。石川県啓明学校であることからすると、やはり「管下」とは「県下」であり、県下一般より経費を徴収し、学校の存廃や予算はすべて県庁が行うと述べたものといえよう。ただし、この数ヶ月後に石川県へと併合される新川県域や敦賀県域が想定されていたかどうかは不明である。

一八七六年十二月には、啓明学校の経費を県下一般に賦課し、幾分かは県税をもって補助するという方策が立てられた[43]。学校経費の出処として「県税」の語が登場したのは、これが初めてである。「県税」について規定したのは一八七五年九月八日太政官布告第四十号であり、その賦課方法や費用の目途は地方官が取り調べ、大蔵省の許可を得て施行することになっていた[44]。これを受けて石川県では翌年二月十七日、営業税や醸造税などの「県税課賦税額」を定め、徴収を開始していた。これらと同一カテゴリーの「県税」をもって、啓明学校を維持する考え方が出現したのである。

啓明学校学科課程

「石川県啓明学校規則」では、「洋書を専らとする」甲部と「国書訳書を専らとする」乙部とが設けられ、それぞれが上下二等（一等が二年）を有し、双方とも計四年間で卒業とすると定められていた。とはいえ、甲部であっても、日本支那歴史・日本地理・博物・生理・政体・農学・画学は国書訳書を用いるとされていたから、洋書を用いた教育は、実態としては難しかったことがうかがわれる。

規則と同時に示された教科表（表1のC—1（本書には収載せず））は、まだ甲部と乙部を区分するものではなかった。下等の科目は修身学・代数学・幾何学・外国語・史学・地理学・物理学・化学・博物学・生理学・経済学・記簿法・政体学・作文・画学・体操で、上等になると地理学・記簿法・画学が消え、代わって統計学・農学が入る。中学校より高い段階の学校と自らを位置づけつつも、全体的には中学教則略の科目との共通性を有しつつ編成されている。

ただ、中学教則略の定める性理学・地学・測量・金石学・重学といった理科系統の科目は設けられず、手薄であった。

一方、啓明学校は専ら普通科を教えるところだが、望みに応じて理科学、外国語、政体学、農学のうちの「一門専修」（上等に定められた課目の一部削減）も可能であるとされ、削減可能な科目がそれぞれ具体的に示された。このことから、上等については専門教育の役割が強く意識されていたことがわかる。

一八七六年八月二十九日、啓明学校学科表（教科）の改正があり、洋書を中心とする甲部と国書を主に用いる乙部に分けた形での教科表がようやく示された。**表C―2**がそれであり、約半年前の発足時の教科表とは異なり、主に教科書を示す形で学科内容を示す形式へと変化している。下等に数学・英語学（「外国語」から変更）が加わり、化学・生理学・経済学は上等へと移動した。政体学は消えるが、上等に法学大意という独自の科目が加わっている。一方、上等から修身学が消えるとともに、早くも特有の統計学・農学まで消えた。以上、地域に必要とされる専門性をめぐる試行錯誤がうかがわれる。また甲部の科目に「翻訳科」が新設されたことは、そもそもの目的に掲げた翻訳・通弁の能力をもつ者の養成への対応がようやく具体化した措置といえる。パーリー、カッケンボス、グートリッチ、チャンバースの著作が挙げられているが、翻訳の訓練を兼ねて和訳教科書の作成が意図されたということであろうか。

なお、かつて変則専門学校において力が入れられていた数学（算術）であるが、啓明学校では、数学に関してのみ予科が設けられていた。課程を定めるものではないが、一二ヶ月（一年）限定で毎週六時間伝習するとされた。ただし、一二ヶ月経っても卒業できない者には退学を命じるとされ、いわば補習授業のようなものであったと推察される。

啓明学校は、走りながら考えるかのように、教授内容に関する短期間の模索過程を逐次公表したことを特徴とする。一八七六年十二月にも再び規則を改正し、学科課程についても定め直している（表1のC―3〔本書には収載せず〕）。学科目と教授内容に目立った変更はないが、甲部において、洋書を用いる科目や外国教師が伝習する課目を指定し、

表C―2　啓明学校学科課程（一八七六年）

甲部下等（洋書中心）

課目	第四級	第三級	第二級	第一級
修身学				ウエランド氏小修身論
代数学		記号ノ解 加減乗除	従括法至分数四則	一元並多元一次方程式同問題
幾何学			トードハンタ氏幾何巻一	例従第一至第七十二巻二
数学	雑類問題	同上		
英語学	綴字習字 読方書取会話	綴字書取文法 読方書取会話	書取文法読方 作文会話	書取文法読方 作文会話
史学	国史略	十八史略	元明史略	日本外史 パァリー氏万国史
地理学	日本地理小誌	コロネル氏地理初歩	同氏小地理書	コロネル氏大地理書
物理学				クェッケンボス氏究理書
博物学	スロイス氏動物学	同上	植物学用書定ス	
記簿法		単記		
作文	作文階梯 日本文典 作文	作文階梯 作文	同上	文章軌範 作文
翻訳科	単語 第一読本 第二読本	文法 第三読本	パァリー氏万国史或ハクェッケンボス氏小米国史	クウトーレッチ氏　英国史
画学	幾何図学	花草器物図	山水鳥獣ノ図	人体万象 実見書取
体操				

甲部上等（洋書中心）

課目	第四級	第三級	第二級	第一級
代数学	開方類	二次方程式同問題	剪管術級数法	弾積対数
幾何学	トードハンター氏幾何例従第七十三至第百六十一巻三	例従第百六十二至第二百七十七巻四	例従第二百七十八至三百四十八巻五巻六	例従第三百四十一至第四百十七附録
英語学	書取文法 作文実地会話	同上	同上	同上
史学	日本外史 ハーレ氏万国史	同上 ウーストル氏万国史	同上	同上
地理学	コロネル氏大地理学	地学質部		同上
物理学	クェッケンボス氏究理書	同上	ラーダナ氏究理書	同上
化学		ロスコー氏化学書	同上	同上
生理学			弗氏生理書	同上
経済学			経済書	同上
法学大意			新律改定律	同上
作文	文章軌範 作文	同上	同上	同上
翻訳科	クードリッチ氏　英国史或ハ同氏仏国史	チヤンハス氏近世史	同上 一週一回翻訳	一週一回翻訳
体操				

乙部下等（国書中心）

課目	第四級	第三級	第二級	第一級
修身学			口授	口授
代数学		記号ノ解 加減乗除	従括法至 分数四則	一元並多元 一次 方程式同問 題
幾何学			トードハンタ氏幾何巻 一	例従第一至 第七十二巻 二
数学	雑類問題	同上		
英語学	綴字習字 単語読方	読方 訳読		
史学	泰西史鑑 国史略	泰西史鑑 十八史略	万国新史 元明史略	万国新史 日本外史
地理学	日本地理小 誌	輿地誌略	同上	同上
物理学	物理全志	同上	同上	同上
博物学	スロイス氏 口授動物学	同上	植物学	同上
経済学				
記簿式			単記	
作文	作文階梯 日本文典 作文	作文階梯 作文	文章軌範 作文	同上
画学	幾何図学	花草器物ノ 図	山水鳥獣ノ 図	人体万象 実見書取
体操				

乙部上等（国書中心）

課目	第四級	第三級	第二級	第一級
代数学	開方類	二次方程式 同問題	剪管術 級数法	弾積 対数
幾何学	例従第七十 三至第百六 十一巻三	例従第百六 十二至第二 百七十七巻 四	例従第二百 七十八至第 三百四十巻 五巻六	例従第三百 四十一至四 百十七附録
史学	日本外史 通鑑擥要	綱鑑易知録 仏国史	綱鑑易知録 改正英国史 魯西亜史	綱鑑易知録 合衆国小史 日耳曼史
化学	ロスコー氏 化学書	同上	同上	化学実地経 験 究理上高尚 算術
生理学	弗氏生理学	同上		
経済学	英氏経済論	同上	同上	同上
法学大意	泰西国法論	同上	新律改定律	同上
作文	唐宋八大家 作文	同上	同上	同上
博物学	金石	地質		
体操				

『石川県史料』第二巻（三二一―三二四頁）所収。C―1、C―3は同書に譲る。

翻訳を一週間に一回と定めるなど、英語教育に関する情報がより具体的に提示されるようになった。

さて、啓明学校開校にあたっては、「石川県中学定則」が同時（一八七六年二月頃か）に頒布され[45]、まだ存在をみない中学校について、規則を並行的に定めておいた点が目を引く。

「石川県中学定則」

「中学」とは小学卒業の生徒を入学させるところで、「中学区ノ公立学校」とされ、「一中学区若クハ連区ニテ設立」するものであった。設立維持は小学校と同様、「区長学区取締ト人民トノ間ニ議定スルモノ」とされた。前年八月に「石川県中学校」として変則中学校や専門学校の統合がなされた折には、中学校とは特定の中学区の公立学校ではなく、県下全域に対する学校と位置づけられ、管下全域から費用を徴収することが構想されていた。だがここで、啓明学校がその位置にとって代わり、一方で中学校とは、地域的な、中学区単位の学校と性格づけされたものと読める。この「石川県中学」にまつわる定則とは、そのように地域に中学校がつくられる際のガイドラインとして県が示した標準なのであった。石川県域には、実際に三つの公立中学校が周辺部（富山・大聖寺・福井）に設けられることになったが、それらについては次々項で扱おう。

「石川県中学定則」によれば、「中学」は上下二等から成り、下等生徒の年齢が満一四年より満一七年、上等が満一七年から満二〇年で、在学は合わせて六年とされ、各年がそれぞれ二級に分かたれた。四年と定める啓明学校とは異なり、中学教則略が定めるところと同じ六年の修学年限である。

表Dは定則に定められた課程表をまとめたものである。「下等中学」第一年が国語・史学・地理学・代数学・幾何学・物理学・博物学・生理学・画学・体操、第二年になると、国語と生理学が消えて、外国語・化学が入る（第二年第三級では地理学も消える）。第三年では記簿法が加わる。「上等中学」第四年の科目は、作文・統計学・代数学・幾何学・物理学・博物学・体操で、作文や統計学が始まるが、「下等中学」の外国語・史学・記簿法は削除される。第

表D　石川県中学学科課程（一八七六年、規則のみ）

下等中学

課目	第一年前半期 第六級	第一年後半期 第五級	第二年前半期 第四級	第二年後半期 第三級	第三年前半期 第二級	第三年後半期 第一級
国語	文典 習字	文典 習字				
外国語			英語学	英語学	英語学	英語学
修身学			人ノ務天ニ対スル務	人ニ対スル務族人ニ対スル務国ニ対スル務		
史学	万国史太古ノ部	万国史中古ノ部	万国史近世ノ部	各国史日本国ノ部	各国史支那魯国米国ノ部	外国史英国仏国日耳曼ノ部
地理学	総論 日本国ノ部	亜細亜洲ノ部 欧羅巴洲	亜弗利加洲 亜米利加洲 亜西亜尼洲			
代数学	記号ノ解 加減乗除	分数術	累乗法 開法	指数変化 開法諸法	一次方程式	一次方程式
幾何学	線面ノ種類 亘線角 垂線斜線 平行線論	三角形並其同積同形ヲ論ス	多辺形並其同積同形ヲ論ス	三角形及ヒ多辺形ノ同式ヲ論ス	円論弧線ヲ以テ角度ヲ推ス法	円論弧線ヲ以テ角度ヲ推ス法
物理学	物理通性	固液気三体ノ平均論	固液気三体ノ運動論	音論	熱論	熱論
化学			無気体化学	有機体化学	有機体化学	有機体化学
博物学	総論	総論	動物学動物生理 動体機関総論	動物学動物ノ貴要機関 動物ノ属種	動物学関節属 耀輝属	動物学脊骨属 軟体属
生理学	血行及呼吸論 消食機論 運動論	神経論 五官機論 生殖機論				
記簿法						
画学	図画 罫画	図画 罫画	図画 罫画	図画 罫画	図画 罫画	図画 罫画
体操	○	○	○	○	○	○

上等中学

課目	作文	統計学	政体学	経済学	代数学	幾何学	物理学	化学	博物学	体操
第四年前半期 第六級	和文　漢文	大意			二次方程式	円ノ内外ニ多辺形ヲ画ク法	光論	定性分析	植物学植物性理 植物ノ通性	○
第四年後半期 第五級	和文　漢文	大意			剪管術	同周並弧線ノ長サヲ求ムル法	光論	定性分析	植物学諸器並器能 植物ノ属種	○
第五年前半期 第四級			大意	総論価値論 交易論	諸法ノ雑題ヲ挙テ代数ノ働キヲ示ス	多辺面並円面積ヲ求ムル法	磁気論	定性分析	金石学金石ノ性	○
第五年後半期 第三級			大意	産物論　職業論 財本論	対数原理	線及ヒ平面ノ関係ヲ論ス	電気論	定性分析	金石学金石ノ属種	○
第六年前半期 第二級			大意	土地論 貨幣論	級数法	多辺体並求積法	電気論	定性分析	地質学 地形外皮ノ形状結構 体質ノ論	○
第六年後半期 第一級			大意	外国交易論 租税論	弾積法	旋転体並求積法	気象論	定性分析	地質学地金ノ弁別	○

『石川県史料』第二巻（三一一―三一四頁）から作表。○は科目はあるが内容指定がないことを、空欄は科目がないことを示す。

五年からは、作文・統計学の代わりに政体学・経済学が始まる。

すでに現実に始動している啓明学校の教科表とそれほど違いのない科目構成で、年限にも違いがないが、政体学や国語の設置など、中学教則略との共通性がわずかに強い。それよりも特徴的なのは、全体を通じて教授内容を詳しく指定している点である。例えば下等に設けられた「史学」の場合、万国史太古ノ部→中古ノ部→近世ノ部→各国史日本国ノ部→支那魯国米国ノ部→英国仏国日耳曼ノ部と、段階的な教育が設計されている。また「修身学」は下等中学第二年にのみ設けられ、英書を用いることとともに、「人ノ務」「天ニ対スル務」「人ニ対スル務」「族人ニ対スル務」「国ニ対スル務」と、教授すべき内容が具体的に示されている。

なお付言すると、「啓明学校教科表」「石川県中学定則」ともに、習字ではなく作文と画学を、またすでに体操を設置している点は、中学教則略にない石川県の独自性だといえよう。

四、石川県中学師範学校の模索

中学師範学校への改称

一八七七年七月二十日、啓明学校は校名を「石川県中学師範学校」と改称した。それとともに、従来の民費への課賦を廃し、「県税と生徒授業料」をもって維持することにしたという。学校経費を、民費（区費）ではなく県税からの支弁に特化した点が注目される。また、外国人教師ランベルトを除いて吏員教員を刷新し、公学員は五〇名に、私学員は一〇〇名に限定した。目下の生徒は一二二名で、上等二級に一名、三級に六名が進学した状況であり、近いうちに中学教員を出せるであろうとの期待が述べられている。(46)

大きな改革が行われたことをうかがわせる内容を含む報告であるが、背景は明らかでない。特に「中学師範学校」と改称した意図を明確に示す史料はないが、師範学校・中学校の教員、あるいは翻訳や通弁を為し得る者を養成することを目的とするという啓明学校とは異なり、前者に特化した学校であることを宣言したということになるだろう。

この名称変更により、学校の学科課程が刷新された形跡はない。では名称変更が必要となった事情は何であろうか。まだ府県会開設以前の時期であるが、先述の県税問題と絡めれば、金沢という一部地域の学校ではないことを、中学校教員養成機能に特化することで明示しようと考えたとも受け取れる。あるいは、一八七七年二月十九日文部省達第二号によって、公立師範学校への補助金制度が文部省により開始されたことと関係があるのかもしれない。

「中学生徒仮教則」　一八七八年五月十五日、石川県中学師範学校は「中学生徒仮教則」を定めた。「小学全科」を卒業した生徒が輩出しつつある今日、中学校設置の日が待たれるとの旨を付したものである。相変わらず中学校の存在をみないにもかかわらず、先に検討した「石川県中学定則」に代わって学科目が再規定されたということであり、「中学仮教則学科当分書目」と題する具体的なリストも添付していた。

「中学生徒仮教則」における中学校の修業期間は三年とされ、「石川県中学定則」が示した年限の半分となったことが注目される。**表E**に示した学科課程によると、第一年では、地理学・史学・物理学・博物学・算術・英語・作文・画学が課され、第一年後半期より化学が設けられる。第二年後半からは、地理学に代わって史学が取り入れられる。第三年後半期（第一級）になって、史学に代わって文学が始まる。科目としての英語は第一年だけに設けられ、第二年からは英文の教科書が用いられることになっていた。修身学は第三年にのみ設置され、これも「ウェーランド小修身論」といった洋書で学ぶものとされた。

全体として、年限の半減とともに「石川県中学定則」よりも学科が簡素となり、中学師範学校の学科目（啓明学校

表E　石川県中学学科課程（一八七八年、規則のみ）

課目	第一年前半期 第六級	第一年後半期 第五級	第二年前半期 第四級	第二年後半期 第三級	第三年前半期 第二級	第三年後半期 第一級
史学	漢文日本歴史	漢文支那史	漢文支那史	洋文支那史 英文万国史	漢文支那史 英文万国史 英文米国史	
地理学	日本地誌	日本地誌	英文地理書			
文学						英文英国史仏国史
修身学					英文修身論	英文修身論
物理学	翻訳書	翻訳書	翻訳書	翻訳書		
化学		翻訳書	翻訳書	翻訳書	翻訳書	
生理学						翻訳書
博物学	翻訳書	翻訳書	翻訳書			
経済学					翻訳書	翻訳書
算術	比例雑類問題	開平法開立法				
英語	綴字読本文法	読本文法				
数学			代数	代数	幾何	幾何
作文	文範設題作文	文範設題作文	文範設題作文	文範設題作文	文範設題作文	文範設題作文
画学	○	○	○	○	○	○

『石川県史料』第二巻（五二二―五二三頁）から作表。○は科目はあるが内容指定がないことを、空欄は科目がないことを示す。

規則）との差異がわかるようになっている。ここに至り、中学師範学校の下位に位置付くものとしての中学校の性格が明示されたものといえる。

専門学校への胎動

冒頭の図9にあるように、「中学師範学校」時代は約四年の歴史を有し、これは組織改編の激しかった前身校に比べるとかなり長い。

『文部省年報』[47]各年次、あるいは典拠不詳ながら前掲『金沢市教育史稿』から、一八七八年以降の状況に関わる記事を拾ってみよう。なお〈　〉内は、各年次に示される在籍生徒数である。

一八七八年四月、中学師範学校規則を改正。八月、ホイットニーを雇い入れて「教長」とする。彼の下で理化学を拡張し実験も盛んに行った。九月、天皇臨幸。〈一一〇名〉

一八七九年九月、理化学専門教師を招聘。ウィン（Thomas C. Winn）とツルー（Mary T. True）を雇い入れ、英語学を教授させる。七六名入学（退学六七名）、予科生中心。十一月、化学室建築（翌年二月竣功）。〈一月・九六名〉

一八八〇年二月、戸水寛人、平岩才一郎、林文太郎、金子重太郎が本科を、田中哲吉が専修数学科を、大島康熈が専修漢学科を卒業。四月、学務課の内山行貫が校長就任。同月、試みに内部措置として、理学科と文学科（法学は教員と設備を欠くので未着手）、および予備学科を設置。附属中学生徒は廃止。七月、県会の議決により給費生を廃止。八月、教授の沼田悟郎を校長に任命（内山は文部省出仕に転任）。〈四月・一〇三名〉

一八八一年四月、東京より法学士一人を招聘、法学科講授開始。六月、法学科教師の法理学講義。外来の傍聴者七〇名。

以上の経緯の中で、「中学師範学校規則」の存在、あるいは「附属中学」およびその生徒の存在は、他の記録に記載がなく、真偽のほどに疑問が残る。また、啓明学校時代に認められていた「一門専修」は、数学や漢文を対象に挙げるものではなかったはずである。さらに、一八八〇年七月に県会が給費生を廃止したという記事は、該当する議事録にみあたらない。

このようないくつかの気になる点はあるが、全体として、理学科を中心とした専門教育の充実が具体的に図られたことがわかる。一八七九年には、将来実施すべき要件として、専修科設置・書籍器械の充実（特に理科と法学科に使えるもの。文学科用の文献は多数あると述べられるのは、前田家の寄贈ということであろうか）・植物園の開設の三点が挙がっていた。また、内々に専門学校化を図った点については、「中学ノ教員タル人ヲ陶冶」「高尚ノ学術ヲ研究（県下ノ文物ヲ誘導）」という二つの意義をもたせた学校であったため、教育内容が繁雑となり学徒の意志を満たせない、と判断した旨が説明されている。

これらの改革を主導したのは、啓明学校時代から校内にあった野村彦四郎、そして内山行貫、沼田悟郎という、学務課所属の歴代校長たちであろう。後に京都府学務課長、さらに文部官僚としてよく知られることになる薩摩藩士族の野村は、このとき石川県に在籍中であり、内山は金沢教育社を後に主宰、沼田は加賀藩家老の家柄につながる地元の士族であった。

県会における中学師範学校改組論

さて、一八七九年五月に府県会が開設されると、石川県でも、県会における予算審議が学校の行方を左右する時代が始まった。石川県会の開設は、中学校あるいは県のハイレベルな教育機関が、金沢（≒士族）の専有物として存在するのではなく、地域的にも階層的にも、県下の多方面がその意味を問い、議論できる場が保証されたということでもあった。今日の我々にとってみれば、当時中学校がどのようなものと捉えられていたのか、その幅を知ることができる場が県会ということになる。以後の行論に従って参照できるよう、中学校をめぐり物申す面々として登場する県会議員の略歴を**表2**に示した。

表 2　本章に登場する石川県会議員経験者一覧（1880 年代当選者のみ）

氏名	出身	初当選	略歴
加藤恒	金沢区	1879.5	1843〜1899。藩校教授兼侍読の子として出生。明林堂・長崎遊学・昌平黌を経て藩主世子の教育にあたり、九州歴遊の後、県少属・大属・学務課長。1875 品川町に家塾蛾術館開設。初代県会議長。1880 能美郡庁、1881 金沢区長。1881 前田家家扶、後家令。1889 旧藩主と欧米巡遊。
遠藤秀景	金沢区	1879.5	1853〜1911。1880 盈進社幹事として国会開設運動・士族授産運動に尽力。1887 北陸新聞経営。自由党。1887 県会議長、1890 衆議院議員（大同倶楽部)。殖産興業をめぐっては加藤と、県会では河瀬と対立。
安田蕎軍	金沢区	1879.5	生没年不明。加賀藩士の家に出生。千坂県令時代に石川県属。盈進社員外評議員。
神野良	鹿島郡	1879.5	1851〜1910。庄屋の家に出生。江戸に学び、帰郷後は 1873 医学校教員、1876 啓明学校入学、中学師範学校に進む。1879 戸長就任。1885 倉庫会社（共益社)、1886 石川県蚕糸業取締所頭取。1890 衆議院議員。
岡野是保	羽咋郡	1879.5	1855〜1915。豪農の家に出生。村会議員を経て県会議員。常置委員、県勧業諮問委員。1890 多額納税者として貴族院議員。後、実業界にて金沢電気（株）など創設。
小間粛	鳳至郡	1879.5	1843〜1899。寺社奉行の家に出生。藩校に学び、廃藩後は製糸工場経営。戸長・小学校訓導・郡書記を経て、1890 衆議院議員。
梅田五月	江沼郡	1879.5	1835〜1912。大聖寺藩士の家に出生。越前大野の洋学館に入塾。藩公用人・陸軍を経て 1872 大聖寺町戸長、1874 県庁勧業課。
真舘貞造	鹿島郡	1880.7	1854〜1931。農蚕業の家に出生。東京で巡査となり 1875 帰郷。1884.1 県会副議長。自由党所属。後、七尾鉄道（株）取締役、北陸毎日新聞社長。
吉本榮吉	石川郡	1881.8	1844〜1916。地券取調掛・小学校訓導・戸長・学区委員などを経て、1880 石川郡書記。農務委員、地方衛生会員なども務める。1890 村長。
浅野順平	河北郡	1881.8	1855〜1925。豪農の家に出生。高松村村長、郡会議員を務め、1890 衆議院議員。後、金沢電気（株）や北陸新聞社長を務める。
河瀬貫一郎	金沢区	1882.6	1855〜1916。金沢藩重臣村井家家臣の家に出生。東京で法律学を修める。北陸新報刊行。
永江久常	鹿島郡	1883.7	1849〜1922。加賀藩より代官等を命じられる家に出生。戸長や学務を担い、1881 郡書記。1885 第二鉱産社を創設。自由党所属。後、村会議員、郡会議員。
橋元舃	珠洲郡	1883.8	1858〜1917。1889 村会議員、1891 郡会議員。後、衆議院議員。
竹内衛磨	能美郡	1886.9	1844〜1903。加賀藩士の家に生まれ、能美郡の医師の養嗣子となる。医師、地主。
児島璋心	金沢区	1887.6	生没年、事績詳細不明。1888 年金沢区会議長。
森下森八	金沢区	1888.7	1861〜1894。加賀藩家柄町人の家（菓子製造業）に出生。1879 家督を継ぎ、各種文化・近代化事業に参与、実業界重鎮の位置を占める。1887 金沢商工会会員。

『石川県議会史』第一巻所収の議員一覧を主な典拠として作成。同書は不正確な記述も含むと思われるが、記載内容に基づいた。「初当選」欄には、当選後初めての県会開催月を示す。

一八七九年最初の県会では、石川県中学師範学校の有用性について、早速疑問が提示されている。七月十五日に議員の神野良（鹿島郡）より出された「県立学校改革意見案」は、中学師範学校を小学師範学校や農業講習所と併合して啓明学校名で学校を新設し、特に農業に力を入れるようにと強調している。神野は一八七六年に石川県啓明学校に入学して英語を修め副塾長になり、中学師範学校への改称後もその座にあった人物である。また河瀬貫一郎（金沢区）や安田菁車（同）からは「学校廃改意見草案」とし、師範学校は人材養成に堪えないので、「小学師範」も「中学師範」もすべて併合してしまい、「変則中学」を一校設置せよ、と要求された(48)。河瀬らの意見は、「変則中学」には「中小学教員」になるために必要な科目を設けるが、教員のみならず、官吏、学士・著述家、法学家・陪審員、新聞記者・代言人、議員・郡区長など、将来さまざまな職に就くことが可能な学校とすること、そして、①修身科を設置する、②化学・電学・生理学などを廃してその分を修身・経済・歴史・文章・法律・英学・数学・小学師範学の八科とする、③一科でも修業できる制度を設ける、の三点を提案するものであった。

共通するのは、「（変則）中学」に、小学校と中学校の教員となる機能をもたせる点であるが、七尾の神野は機能をそこに限る考え方であり、金沢の士族である河瀬・安田は、それを超えた高度な知識を授ける場所としての機能を付加する方向を考えていたといえる。

いずれも多数の賛意を得られなかったが、この学校の意義は、県会の教育費審議の中心的な議題となり続けた。

一八八〇年七月十日の県会では、近藤藤五郎（越前坂井郡選出）が、「中学師範校惣費額」に一、〇〇〇円を加え、福井と富山の中学校へ各五〇〇円ずつ補助せよとの説を唱えたが、五名以上の賛成がなく取り消しとなった。

一方、七月二十一日には「中学師範学校」との名義について、実際は師範学科のみならず高尚の学科も併せて修める学校であり、名と実がそぐわないので「県立啓明学校」と改称してほしいとの旨、野尻東内議員（越前丹生郡）から建議があった。こちらは可決されたので、翌日付をもって県会議長米山道生より大書記官熊野九郎宛に上申された。しかし「啓明学校」の名を復活させて「県立」と冠したという事実はみないまま、後述する「石川県専門学校」の設立に至ったとみられる。(49)

五、区町村立中学校の開設

このように石川県が、統合した福井・富山地域をも含む一県としての学事行政に苦闘するかたわらで、県よりも下位の行政単位における中学校設立の動きがみられるようになった。

遷明中学校

一八七七年十一月、県域の併合とともに発足していた啓明学校富山支校が廃校となり、富山に致遠中学校が開校した。「致遠中学校仮定則」には「第十一中学区の公立学校」と明示され、前項で述べた「石川県中学定則」の規定に合致する（致遠中学校については第一章「富山県の中学校形成史」参照）。

次に一八七八年六月、石川県中学校支校から数年の空白を経て、大聖寺に遷明中学校が発足した。だが富山とは異なり、「遷明中学校仮則」には第何中学区の学校という明示はない。その代わりに、「石川県中学定則」や「致遠中学校仮定則」には定めのない教育目的、すなわち「此校ハ他日中学師範学校及専門学ニ入ルノ階梯」との文言があり、石川県中学師範学校と思しき学校への進学準備（おそらく公学生として）の場と位置づけられていた。致遠中学校が「剏設」（「はじめる」の意）なのに対し、こちらは（石川県中学師範学校への）「併設」と記されていることは、象徴的である。(50)金沢の中学師範学校と大聖寺の中学校とのヒエラルキーと接続関係が明示されたものといえよう。

なお遷明中学校は、旧大聖寺藩庁の所在地、八軒道に開校されている。一八七八年には教員八人、男子生徒四四名

表F　遷明中学校学科課程（一八七八年）

	第一年前半期 四級	第一年後半期 三級	第二年前半期 二級	第二年後半期 一級
修身学			口授	口授
代数学		記号解 加減乗除 従括法至分数四則	一元並多元一次方程式同問題	開方類 二次方程式同問題
幾何学		幾何初歩	前級ノ如シ	前級ノ如シ
数学	加減乗除 分数四則 諸等比例	級数 開方 雑問		
史学	国史略 十八史略 泰西史鑑	前級ノ如シ 前級ノ如シ 元明史略	万国新史 日本外史 綱鑑易知録	前級ノ如シ 前級ノ如シ 前級ノ如シ
地理学	日本地誌提要ニ拠ル	前級ノ如シ 輿地誌略	前級ノ如シ	前級ノ如シ
物理学	物理全志 当分物理階梯ヲ代用ス	前級ノ如シ	前級ノ如シ 格物入門	前級ノ如シ
博物学	博物新編訳解	前級ノ如シ 博物新編補遺	前級ノ如シ	
経済学			英紙経済論	前級ノ如シ
法学大意	泰西国法論	前級ノ如シ	新律改定律	前級ノ如シ
化学		化学入門	前級ノ如シ	前級ノ如シ
作文	作文階梯 作文	文章軌範 前級ノ如シ	文章軌範唐宋八大家文 前級ノ如シ	文体明弁唐宋八大家文 前級ノ如シ
和算	算類新編	前級ノ如シ	前級ノ如シ	

但和算ハ生徒ノ望ニ任ス
『石川県史料』第二巻（五二九—五三二頁）所収の表より作成。

で、「主長」を務めるのが堀政太郎、一八七九年には教員二人、生徒二八人、「主長」は深町景知であった。遠隔地よりの入学者には七〇銭の学資補助金を支給する方法も採られ、維持発展に努力が払われた。(51)

「遷明中学校仮則」は、「書籍未夕備ハラス教員其人ニ乏」しきがゆえに「仮定」であり、「漸次改正スル」と留保しながらも、教則について独自の規定を含んでいた。在学期間は二ヶ年（各年に「前半期」「後半期」があり、計四級で構成）と短いことを特徴とし、石川県中学定則や致遠中学校が定めるところの三分の一である。富山の致遠中学校が、修業年限や年齢の点で石川県中学定則の枠を守っているのに対し、遷明中学校はいわば勝手な規定を作成している。金沢の中学師範学校への進学準備の場として、現実にはどのくらい機能していたのであろうか。**表F**に示したごとく、科目名には経済学・法学大意・化学など、他では上級と位置づけられる教科も並ぶ。代数学や数学には、必ずしもレベルが高いとは思えない「加減乗除」が盛り込まれているが、合わせて、生徒の希望次第で学べる「和算」が設置されている点も注目される。

金沢区中学校の設立

一八七八年の郡区町村編制法の下、人口密集地である金沢には区が置かれ、一八八〇年の区町村会法により、金沢町全域を管轄する金沢区会が設置された。(52) 区会議員は全区を一選挙区として区民から選出され、下級士族層の進出がみられた点で画期的であったが、町民層すなわち商工業者が初期の区会に進出した実態はなく、区会はまずは士族の会議体であった。官選によって担われる区長職も士族が務め、区会における区長の権限も次第に強化された。区会は区費の用途を合議するが、区費とは区税と共有金（前田家からの寄附の増殖利子を含む）から成り立っていた。なお、一八七八年に郡区町村編制法が公布されて以後の金沢区下各町は七つの連区に分けられ、それぞれに戸長が置かれていた。

一八八一年十二月二十七日から開かれた最初の区会において、第三号議案として一次会（翌年一月十四日〜）に提示されたのが、一校内に中学と高等小学の両科を置くという案であった。そして事務は七つの連区（小学校七校）の学務委員が「合同幹理」するとされ、同年度下半季の中学校と高等小学校との経費収支予算として、一括で二七九円六銭九厘が計上された。(53)

この議案に関する書記の説明は以下の通りである。

昨年、金沢連合町会の決議により戸長が中学校を創立したのだが、開校にまで至らなかった。それは、学務委員の設置が完備していなかったり、教員聘用の手続きができなかったりしたためである。中学校をずっと維持し速やかに開校することを考えるならば、「一般学費経済」のため、高等小学校を中学校に合併するしかない。

以上のような理由から、一校内に中学と高等小学の両科を置きたいとするものであり、これにより、区内の各小学校が高等科を将来開く必要もなくなる、という考え方であった。

一八七九年、区会開設に先立ち、金沢区一般に関わる協議体として連町会が臨時に開かれ、区会開設の建言書を提出するなど自治的な動きを示していたが、この議案でいう「連合町会」とはこの「連町会」を指すものと考えられる。[54] 中学校は、一八七三年に仙石町に創設された寄宿小学校に始まる第五連区の小学校（一八七五年〜育英小学校、一八八一年〜金沢区高等小学校、一八八二年七月〜精練小学校と改称）に附設する形で構想されていた。

区会では、「高等小学」の必要や形態・維持資金の出処も重要な論点となったが、「中学」に関して言えば、全区合同協議費を出してこれを維持することの妥当性が議論となった。

議案を呈上した側の上田（直義か）区書記は、「中学」は「小学」と異なり父兄の責任で行かせるところではないが、その設置がないばかりに他府県に行って学ぶ者がある状態で、「中学」を設置すれば便利となると述べ、五〇名ばかりは入学すると見積もっていた。彼は次のような考えを披露する。「今日人間世界ハ政事ナリ職業ナリ万般ノ事悉ク学術ヨリ運ハサルナシ小学ハ人間普通欠ク可カラサルノ事ヲ知ルノミ中学ニ入リテ初テ学事ニ掛ルト謂フヘシ」。[55]

これに対して、区会議長の岡田雄巣からは、「銘々ノ望ニ任ストアレハ他府県ナリ欧羅巴ナリ孰ツレヘナリトモ勝手ニ遣ルヘク然ルニ協議費ヲ出シテ中学ヲ設ケサルヲ得サルトスルハ細民ノ困難ヲモ顧リミス惟学事ノ流行ニ牽カレテ設立スルノ精神ナリヤ」と猛烈な批判がなされ、改正教育令の公布により、設置しなければ文部省から叱責されるから提案するのか、との疑問も浴びせかけられた。岡田は、五・六年前の調査では、自分の姓名を書ける者はヨーロッパで十分の三、「支那」で十分の六であったと述べ、流行に乗った中学校設置のために、四厘の割賦を課するのは「民度ノ酌量」を欠くと述べた。[56]

かたや、「金沢ハ北陸一ノ都会ナリ而シテ中学ノ設ケナクシテ学生ニ不満ヲ示スハ望マサル処ナリ」（杉山延群[57]）とされたように、金沢の拠点的都市としての機能を重視して中学設置に賛意を示す議員もあった。

『文部省年報』には、小学校生徒が逐次卒業し、高尚な普通学を受けようという壮年子弟が増えてきたため、金沢区会の評決により、一八八一年三月の金沢区中学校設置に至った、との経緯のみが記されるが(58)、実態はもう少し複雑で、小学校との合併が取り沙汰され、また新設の区会において、中学校の必要やその経費の出処をめぐる激しい議論がたたかわされていたことがわかる。

結局、この議案は修正され、甲号（「中学校維持ノ事」）と乙号（「高等小学合併ノ事」）に分けて二月十四日に採決が行われ、結果的に双方が認められるが、前者については一三対一〇で可決された。ただし「合同監理」に関しては、第五連区の学務委員のみが監理することに変更された。また生徒の授業料は一ヶ月二五銭であったが、区外からの入学者は三五銭とされた(59)。

このようにして開設された金沢区中学校は、先述した仙石町の第五連区小学校地内に置かれ、同じ校地に「金沢区高等小学校」があるという状態となった。校長は高田耕馬が務め、「高等小学二年後期」を卒えた者が入学できた(60)。

中学校教則大綱（一八八一年七月二十九日文部省達第二十九号）が出される直前に発足した金沢区中学校の学科課程は、残念ながら不明であるが、初等中学科四年の課程であったとする記録があり、「初等中学第一年前期・後期」、「初等中学第二年前期・後期」（いずれも半年で一期）の卒業証書が現存している。また、「中学ハ小学ト違ヒ各学科一層ノ高尚ニ渉リ」との考えから、一八八二年度になって英語・動物・植物といった科目（いずれも中学校教則大綱に挙がる）が加えられたとの記録がある(61)。短期間ながら、石川県中学師範学校時代に定められた前掲「中学生徒仮教則」を適用され、三年間の課程で発足した可能性も、論理的にはなきにしもあらずであるが、区会でのやりとりにみられるように、文部省の方針を強く意識し、じきに公布された中学校教則大綱を適用して四年とした可能性が高い。

一八八三年の区会予算案には、中学校費一、三九五円八〇銭（生徒数六六人）が計上され、規模が拡大していくさまがうかがわれる。とはいえ、予算案審議過程では、「今此ノ疲弊ヲ視テ学事ヲ退歩セシメハ一層ノ衰頽ヲ醸スハ必然ナリ。故ニ民力之慮リ成ヘク的節倹ヲ加ヘ以テ維持セント欲ス」（三清武規）とされる一方、「独リ中学ノミ盛大ニテ美ナルモ民力ノ衰微セシ時ハ支ヘント欲スルモ能ハサルヘシ」（木村四郎）との意見があり、[62]一割程度の減額修正がなされるなど、中学校への協議費支出を必ずしも肯定視しない考え方も、士族同士の間でまだくすぶっていた。

商業講習所包摂問題

一八八三年五月二十九日からの区会臨時会では、下級士族である野村精一・岩田以貞・逸見邁種より、「商法講習所ノ件ニ付建議」が区会議長に提出された。一八八〇年五月、「時勢ノ変」によって工となり商となった少なからぬ士族のために「工商学」を講じようと、私立商法講習所を柿木畠拾九番地に開いた。しかし、負債が一、七〇〇円余に及んで維持が難しく、農商務省の補助や県立化を請願したが却下されたので、「金沢区公立」としてほしい。これがこの建議の趣旨であった。[63]

ここで中学校との関係として注目されるのは、再び木村四郎により、特立の講習所にせず、商法講習の一点に着目して中学校に合併するのでも差し支えないか、との意見が出されている点である。しかし野村は、この講習所は普通学校とは異なり、実際の商店を教場として取引を学ぶような体裁を整えているので、合併されてしまっては目的を失うと述べた。そして公立になったとしても、独立を維持したいとの考えを示した。

野村の建議は可決され、結局協議費から五四五円余を支出して、金沢区の商法講習所と位置づけられることとなった。ところが翌年一八八四年の第一臨時会では一転、授業内容は金沢区中学校で商法学科として教え、講習所は閉所することに決まった。校舎は公売して中学校の商法学科費に充当することも、合わせて一度決議されている。

このとき金沢区中学校が、中学校教則大綱が定める「記簿」などをすでに授業として開設していたかどうかはわからない。しかし「中学校」という存在が、商法講習という機能を包摂しうるものとして認識されていたことが、この経緯からうかがわれる。

六、石川県専門学校の設立

専門学校の教育目的と経費

一八八一年七月、中学師範学校に代わって石川県専門学校が設立された。その事情について県は、県下にまだ中学校が陸続と興起するような盛運を見ることができずにいるものの、普通高尚の学科ではなく各自の学科を専修して大成しようと考えている学生が多くなってきたため、と説明している(64)。先述のように、金沢区中学校は、上というよりも下（高等小学校）や横（商業講習所）との関係において、その存在意義を認識され発揮する存在であったが、専門学校としても、開校直前の三月に、同じ仙石町において金沢区中学校が発足済であったことは、中学校の設置や維持を気にせず、心おきなく専門教育を追求できるとの安心感を与えられたに違いない。

続いて九月二日（八月）、「公立専門学校教則」が定められた(65)。「生徒教養の目的」は、所定の予備科（三年）を経て、法理文学科の一つを専攻修業（三年）するところとされた。改正教育令（一八八〇年十二月二十八日太政官布告第五十九号）では、「専門学校」とは「専門一科ノ学術ヲ授クル所トス」（第七条）とされている。しかし、石川県専門学校の「法理文」という複数の学科設定は、むしろ「法学理学医学文学等ノ専門諸科ヲ授クル所トス」と規定された「大学校」（第五条）を彷彿させる。一八八〇年二月、青森に誕生した「県立専門学校」が、予科一年半・本科二年で、科目が文学科（政治法律）と農工化学科であったことに比すると(66)、その大がかりさが際立つ。

またこの教則は、民費や府県税を廃し「地方税」を置いた地方税規則（一八七九年七月二十二日太政官布告第十九号）の公布後に定められたものであり、「学校資金」については「地方税及授業料」と明記されるようになった。「公立」とは、この点の含意もあって冠されたことばであろう。

最初の校長は、中学師範学校時代に引き続いて沼田悟郎（心得）が務め、一八八四年三月からは地元士族の武部直松（心得）となった。[67] 生徒数は、一八八二年時点で一三七名であった。[68]

一八八一年五月、石川県会は専門学校予算案を否決したため、県令千坂高雅は内務卿の裁定を得て、専門学校費五、〇六九円余を設け、戸数割で賦課した。[69] 翌年五月の通常県会でも「金沢法理専門学校設立費」が否決され、千坂県令から再議要求があったが、またも否決された。[70] 千坂県令に対する別件での反感もあったとはいえ、専門学校の存在およびその存続については、必ずしも合意が形成されていたわけではないことが確認できる。

初等中学科の設置と金沢区中学校の廃止

このような状況の下、一八八四年十月になって、石川県専門学校に予備科を改めた附属初等中学科が設置された。[71] 中学校教則大綱の改正（一八八四年七月二日文部省達第六号）により、初等中学科（四年）のみを置く中学校の設置が府県に認められたことに連動した措置であったと考えられる。専門学校は、初等中学科（四年）を履修した者、あるいはそれ相当の学力を有する者が、法理文のうちの一を専攻するところとされた（三年。ただし法学科には別個に予科一年あり）。初等中学科への入学は、一二歳以上の男子で小学中等科卒業以上の学力があり、定められた試験に合格した者に許可された。

先立つ八月三十日にあらためて制定された「石川県専門学校校則」[72] は、第一条冒頭において、専門学校は「石川県庁ノ所轄」と述べた上で、「県の学校」であることを全面的に宣言している。ここで目的に掲げられたのは、「県下中人以上ノ業務ヲ執」る者の養成であった。例えば専門学科を卒えた者であれば、県下中学校師範学校専門諸学校の教員となることが想定された。ちなみに、一八八〇年より一八八五年四月までの、専門学校卒業生三四名（一名が福井県籍、残りは石川県籍）の就職・従業状況をみると、専門学校教員八名、師範学校教員三名（一名は専門学校と兼任）、金沢区中学校教員二名、金沢学校（後述）教員二名、遷明中学校教員一名、東京大学学生四名、その他東京留学中四名、海軍省一名、加越能新聞社一名、在米商業従事一名、無職七名、死亡一名となっている。(73)

なお、金沢区中学校は、この専門学校初等中学科の発足をうけて、一八八五年六月に廃止された。(74) 中学校通則（一八八四年一月二十六日文部省達第二号）が要求する図書機械標本や建物などの完備が財政的に難しいという判断もあったのだろうか。議事録が残存しないが、一八八四年の第二臨時会では、「中学校処分議案」とともに「石川県専門学校補助費支出議案」が提示された。区会は石川県専門学校の初等中学科に機能を委ねることを前提に、区協議費による中学校を放棄する判断を下したものといえる。

専門学校学科課程

石川県専門学校の学科目は、一八八一年に定められ、一八八四年に改正された。

一八八一年九月の「公立専門学校教則」では、「石川県専門学校学科課程表」が予科、法学科、理学科、文学科それぞれについて作成された。

約三年後の一八八四年八月に定められた「石川県専門学校校則」は、新設の附属初等中学科のみならず、法・理・文の専門科についても課程を定め直し、あらたに法学予科を設置した。

従前の予備科（三年間）と新設初等中学科（四年間）、また専門課程の対応関係は、以下のとおりである。

予備科（一八八一）

第六級	第五級	第四級	第三級	第二級	第一級

初等中学科（一八八四）

第一年		第二年		第三年		第四年	
前期第八級	後期第七級	前期第六級	後期第五級	前期第四級	後期第三級	前期第二級	後期第一級

専門科

法・理・文学科（一八八一）

第六級	第五級	第四級	第三級	第二級	第一級

法学科（一八八四）

法学予科		第一年		第二年		第三年	
前期（乙級）	後期（甲級）	前期第六級	後期第五級	前期第四級	後期第三級	前期第二級	後期第一級

理・文学科（一八八四）

第一年		第二年		第三年	
前期第六級	後期第五級	前期第四級	後期第三級	前期第二級	後期第一級

中学校教則大綱が出て間もない時期に定められた「公立専門学校教則」（G—1）の課程表と比べると、「石川県専門学校校則」（G—2）は、より中学校教則大綱に近い学科編制となっている。一月二十六日の中学校通則により、中学校教則大綱遵守の強制力が高まったためと考えられる。

一八八一年と一八八四年を比べながら、専門学校学科課程の特徴を指摘するならば、以下のとおりである。

表G—1—①　石川県専門学校予備科課程表（一八八一年）

予備科	学科	志科	理科	数学	和漢文	英文	修身	図画
第壹級	時／級	六	六	六	六	五		一
		英国史初歩 仏国史初歩	物理学初歩 植物学初歩	代数 幾何	和文 史記	作文 作文法		着色法 正写画初歩
第貳級	時／級	六	四	六	六	七		一
		欧羅巴史 初歩	地質学初歩 星学初歩	同上 同上	和文 続日本外史	文法 作文法		実用幾何 画法
第三級	時／級	六	四	六	六	七		一
		羅馬史初歩	物理学初歩 地文学初歩	同上 同上	和文 神皇正統記 日本外史	書取読方 作文、文法		配景法 照景法
第四級	時／級	六	五	六	七	四	一	一
		希臘史初歩	化学初歩	算術	和文 日本文法 神皇正統記 日本外史	書取、読方 会話、地理誌	修身談	自在画
第五級	時／級			六	十一	十一	一	一
				算術	和文 日本文法 日本外史	綴字書取 地誌 読方会話	修身談	自在画
第六級	時／級			六	六	十六	一	一
				算術	和文 日本文法 文章軌範 素読	綴字習字 読方	修身談	自在画初歩

『石川県史料』第二巻（六九一—六九二頁）所収。

表G—1—② 石川県専門学校法学科課程表（一八八一年）

学科＼法学科	第壹級 時	第壹級	第弐級 時	第弐級	第三級 時	第三級	第四級 時	第四級	第五級 時	第五級	第六級 時	第六級
日本法律	六	口授 本朝古代律 口授 現行法律	六	口授 本朝古代律 口授 現行法律	三	新律綱領 改定律令	四	口授 訴訟手続	三	明治十三年七月御頒布 治罪法	三	明治十三年七月御頒布 刑法
英国法律	四	口授 保険法 火災 生命 海上	五	口授海法	九	口授 不動産法 同 会社法 同 代理法 同 売買法	八	口授動産法 同 訴訟法 同 衡平法	八	法律入門 口授証拠法 同 私証犯法 同 契約法	八	法律入門 口授国憲 同 刑法 同 契約法
仏国法律	三	商律	六	商律	六	民法	六	民法	三	治罪法	三	刑法
羅馬法律	三	口授 法典大意	三	口授 法典大意								
列国交際法	四	私法	四	公法								
法理	四	法理学 法律変遷論										
心理学									二	口授 心理学沿革論	二	口授 外感論
論理学									二	口授 帰因法	二	口授 帰納法
歴史					三	綱鑑易知録 大日本史 仏国史	五	綱鑑易知録 大日本史 仏国史	五	綱鑑易知録 大日本史 英国史	五	綱鑑易知録 日本政記 英国史
和漢文					三	作文 漢文 八大家文格	一	作文 和文 八大家文格	一	作文 和文 文章軌範	一	作文 和文 文章軌範

『石川県史料』第二巻（六九二—六九三頁）所収。

表G―1―③　石川県専門学校理学科課程表（一八八一年）

理学科	物理学	化学	地文学	地質学	金石学	植物学	動物学	生理学	星学	数学	図画
時／級	八	八								六	二
第壹級	磁気学 電気学	分析化学 製造化学								積分	製図式
時／級	八	八								六	二
第貳級	視学 熱学	分析化学 製造化学								円錐曲線法 微分	諸器械模写 正写画法
時／級	六	六				二	二			六	二
第三級	聴学 熱学	有機化学				グレー氏植物学	ホーケル氏動物学			平三角 弧三角	地図法
時／級	六	六			二			二		六	二
第四級	物・力・動通論、重学、水学	無機化学			ダナー氏金石学			ホキスリー氏生理学		高等代数 高等幾何	写生法 着色法
時／級	六	六		二	二					六	二
第五級	普通物理学	普通化学		ニコルソン氏地質学	ダカー氏金石学					高等代数 高等幾何	実用平面幾何画法
時／級	六	六	二						二	六	二
第六級	普通物理学	普通化学	ギーカイ氏地文学						ロッケル氏天文学	高等代数 高等幾何	平行配景法 照景配景法

『石川県史料』第二巻（六九三―六九四頁）所収。

表G―1―④　石川県専門学校文学科課程表（一八八一年）

文学科

学科	第壱級 時	第壱級	第弐級 時	第弐級	第三級 時	第三級	第四級 時	第四級	第五級 時	第五級	第六級 時	第六級
和漢文	三	漢文 春秋左氏伝	三	漢文 春秋左氏伝	三	漢文 八大家文読本	三	和文 八大家文読本	三	和文 文章軌範	三	和文 文章軌範
英文	三	作文 諸大家名文	三	作文 諸大家名文	三	作文 諸大家名文	三	作文 諸大家名文	三	作文 修辞法	三	作文 修辞法
歴史	三	清鑑易知録	三	明鑑易知録	九	鋼鑑易知録 大日本史 開化史	一　二	鋼鑑易知録 大日本史 開化史	一　二	鋼鑑易知録 大日本史 近世史	一　五	日本政記 太古史 中古史
論理学			三	ゼーボン氏論理学	三	ゼーボン氏論理学						
政治学	四	用書未定	四	同上			三	用書未定	三	同上	三	同上
経済学	六	ミール氏経済学	四	ミール氏経済学	四	ミール氏経済学	三	ホーセット氏経済学	三	ホーセット氏経済学		
哲学	五	ベール氏修身学 ミール氏利学	四	ベーン氏心理学 論語 孟子	三	ベイン氏心理学						

『石川県史料』第二巻（六九五頁）所収。

表G—2—①　石川県専門学校初等中学科課程表（一八八四年）

学年	学科	修身	和漢文	英語	算術	代数	幾何	地理
第一年	一週時数	二	六	八	五			二
	前期 第八級	嘉言 善行	読書 日本文法 近易ノ漢文 作文 仮名交リ文 書牘	綴字 付書取 読方 訳読 習字	諸比例 百分算 開平			総論 日本地誌
	同上	二	六	八	五			二
	後期 第七級	嘉言 善行	読書 日本文法 近易ノ漢文 作文 仮名交リ文 書牘	綴字 付書取 読方 訳読 習字	開平 級数 高次開方			万国地誌
第二年	同上	二	五	八	二	一		二
	前期 第六級	嘉言 善行	読書 和文、漢文 作文 仮名交リ文 書牘	作文法 読書 付書取 習字	求積 雑問	整数四則		地文 地球地皮 陸水 大気
	同上	二	五	八		二	二	一
	後期 第五級	嘉言 善行	読書 和文、漢文 作文 仮名交リ文 書牘	作文法 読書 付書取 習字		整数四則 分数四則	平面幾何 総論 直線角、多角形、円	地文 大気、生物、物産
第三年	同上	二	五	八		三	二	
	前期 第四級	嘉言 善行	読書 漢文 作文 仮名交リ文 漢文	作文法 読書 付書取 作文		方程式 一次方程式	平面幾何 比例面積 直線活用	
	同上	二	五	八		三	二	
	後期 第三級	嘉言 善行	読書 漢文 作文 漢文	作文法 読書 付書取 作文		自乗方 方根 方根数	平面幾何 円活用 面積活用	
第四年	同上	二	五	八		三	二	
	前期 第二級	嘉言 善行	読書 漢文 作文 漢文	作文法 読書 付書取 作文		方程式 二次方程式	立体幾何 面ノ交接 立体 平面幾何 比例活用	
	同上	二	五	六		三	二	
	後期 第一級	嘉言 善行	読書 漢文 作文 漢文	作文法 読書 付書取 作文		順列 錯列 級数	立体幾何 立体ノ続 代数幾何 常用曲線	

『石川県公報』第百弐拾八号（一八八四年八月三十日）所収。

計通	操体	画図	字習	簿記	済経	学化	理物	物植	物動	理生	史歴
一三	三	一	一								三
九	軽快運動	自在画法	楷書								日本史 神代ヨリ平氏マテ
一三	三	一	一								三
九	軽快運動	自在画法	楷書								日本史 頼朝武将トナルヨリ豊臣氏マテ
一三	三	一	一				二		二		二
十二	器械運動	自在画法	行書				大意		総論、分科法、構造、発育、殊性、慣性効用等		日本史 徳川氏ヨリ現時マテ
一三	三	一	一				二		二		二
十二	器械運動	自在画法	草書				前級ノ続		前級ノ続		支那史 太古ヨリ唐朝マテ
一三	三	一	一			二		二			二
十一	器械運動	自在画法	楷行、細字速字法			無機化学大意		総論、分科法、構造、発育、殊性、効用等			支那史 宗朝ヨリ清朝マテ
一三	三	二				二		二			二
十	器械運動	用器画法				前級ノ続		前級ノ続			万国史 上古
一三	三	二			二					二	二
十	器械運動	用器画法			総論 生財 配財					総論、骨骼運動、血性、血液運行	万国史 中古
一三	三	二		二	二					二	二
十一	器械運動	用器画法		単式	交易 貨幣 租税					血性ノ変化、呼吸、消化、排泄、神経感覚	万国史 近世

表G—2—②　石川県専門学校法学予科課程表（一八八四年）

学科	前期 一週時間	前期 乙級	同上	後期 甲級
修身	二	嘉言善行	二	嘉言善行
和漢文	四	読書　漢文 作文　仮名交リ文	四	読書　漢文 作文　漢文
算術	四	諸比例、開方	四	級数、求積、雑問
代数	六	四則ヨリ 一次方程式マデ	六	二次方程式ヨリ 高等代数初歩マテ
幾何	三	平面幾何初歩	三	平面幾何初歩 立体幾何初歩
歴史	四	支那史 太古ヨリ 元朝マテ	四	支那史 明朝ヨリ 清朝マテ 日本史
物理	二	総論、自然力、重力、 三体ノ性質、運動体、 震動体、熱体、電体		
化学			二	総論、火、空気、水、土、 非金属、金属、成績
経済	二	総論、生財、配財	二	交易、貨幣、租税
習字	一	楷行細字速写法	一	楷行細字速写法
体操	三	軽快運動	三	器械運動
通計	一三	十	一三	十

『石川県公報』第百弐拾八号（一八八四年八月三十日）所収。

表G―2―③　石川県専門学校法学科課程表（一八八四年）

専門学校法学科課程表

学年	期	級	学科	修身	本邦法律	英米法律	列国交際法	法理	羅馬法律	心理	論理	歴史	和漢文	体操	通計
第壹年	前期	第六級	一週時間	二	三	八				二	二	三	三	三	二六
				人倫ノ大道	刑法	法律入門 憲法 刑法 契約法				総論 感覚 体慾	演繹	日本史 支那史 万国史太古	読書漢文 作文漢文		八
	後期	第五級	同上	二	三	八				二	二	三	三	三	二六
				人倫ノ大道	治罪法 附旧刑法	受託法 代理法 身分法 傭雇法				本性 知力 契合識	演繹 帰納	日本史 支那史 万国史中古	読書漢文 作文漢文		八
第二年	前期	第四級	同上		三	八	二			二	二	三	三	三	二六
					現行法規 訴訟手続	動産法 組合商業 訴訟法 私訴犯法	公法			構造聯合 情緒 意志	帰納	日本史 支那史 万国史近世	読書漢文 作文漢文		八
	後期	第三級	同上		三	八	二	三				四	三	三	二六
					民法草案	流通証書法 会社法 証拠法 売買法	公法	法理				日本史 支那史 万国史近世	読書漢文 作文漢文		七
第三年	前期	第二級	同上		二	八	三	一半	一半			四	三	三	二六
					民法草案 古代律	海法 遺言法 イーズメント	公法 私法	法理	羅馬法律			日本史 支那史 万国史近世	読書漢文 作文漢文		八
	後期	第一級	同上		三	八	三	一半	一半			三	三	三	二六
					古代律	保険法（火災 生命 海上） 訴訟医学	私法	法律変遷論	羅馬法律			支那史	読書漢文 作文漢文		八

『石川県公報』第百貳拾八号（一八八四年八月三十日）所収。

表G—2—④　石川県専門学校理学科課程表（一八八四年）

専門学校理学科課程表

学年	期	級	学科	修身	物理	化学	代数	幾何	微積分	天文
第一年	前期	第六級	一週時間	二	四	四	三	二		二
				人倫ノ大道	総論、運動ノ法則、天然力、活力、明視活力、及熱	総論、非金属諸論	高次方程式	平三角　度法　八線論　符号		総論、星辰星雲、太陽、太陽系、地球、太陰、蝕、上等、及下等、惑星
	後期	第五級	同上	二	四	四	三	二		二
				人倫ノ大道	放射活力、電力ノ分離、遊離電力及科学的活力	金属諸論、塩基論及有機化学大意	聯分数　不定方程式	平三角　八線変換　八線表ノ組織　及関数		小惑星、隕石、天体ノ虚動、時ノ測量、星学器械ノ使用法、炎光鏡使用法、及引力緒論
第二年	前期	第四級	同上		四	五		五		
					総論、物、力、動、及水学	無機化学		弧三角、球面幾何、直三角、斜三角、星学応用等面体軸式幾何点直線軸ノ変換		
	後期	第三級	同上		五	五		六		
					気学　聴学	有機化学				
第三年	前期	第二級	同上		五	五			五	
					視学　熱学	定性分析			微分	
	後期	第一級	同上		五	五			六	
					磁学　電学	定量分析　吹管分析			積分	

地文	地質	金石	植物	動物	生理	和漢文	図画	体操	通計
二						三	一	三	六二
地球総論 大気論 海論						読書漢文 作文漢文	自在画法 用器画法		八
二						三	一	三	六二
陸論 有生物論						読書漢文 作文漢文	自在画法 用器画法		八
	三	二				三	一	三	六二
	総論地層ノ構造新旧地層等ノ概論	磁性論、結晶学、砿ノ理学性及化学性				読書漢文 作文漢文	自在画法 用器画法		八
		二	二			三		三	六二
		分類法及種類、酸性金属、貴性金属	総論、発育、構造、生活、分類法等			読書漢文 作文漢文			七
				三	二	三		三	六二
				総論、分類法、殊性慣性等	人体ノ構造及官能、脈管系統、血液運行、血液及淋巴質、呼吸、血液損益ノ理、滋養ノ功用、運動ノ理	読書漢文 作文漢文			八
					四	三		三	六二
					感覚及其諸機、視覚機、感覚ト精神ノ関係、神経系統、組織学ノ大意、衛生学ノ大意	読書漢文 作文漢文			八

『石川県公報』第百貳拾八号（一八八四年八月三十日）所収。

表G—2—⑤　石川県専門学校文学科課程表（一八八四年）

専門学校文学科課程表

学年	学科		修身	和漢文	英語	歴史	経済	政治	論理	心理	体操	通計
第一年	一週時間		四	三	五	八			三		三	二六
第一年	前期	第六級	人倫ノ大道	読書 漢文 作文 漢文	修辞 文法 作文	日本史 万国史 太古 中古			総論、名辞、前提 推測式			六
第一年	同	上	四	三	五	八			三		三	二六
第一年	後期	第五級	人倫ノ大道	読書 漢文 作文 漢文	修辞 文法 作文	日本史 万国史 中古 近世			誤謬、近代ノ論理諸説、論法、帰納法			六
第二年	同	上	三	三	四	七	四	二			三	二六
第二年	前期	第四級	人倫ノ大道	読書 漢文 作文 漢文	修辞 文法 作文	日本史 支那史 英国史	経済概論	本朝現今ノ制度 英国制度				七
第二年	同	上	三	三	四	七	四	二			三	二六
第二年	後期	第三級	人倫ノ大道	読書 漢文 作文 漢文	読書 作文	日本史 支那史 英国史	経済概論	本朝現今ノ制度 英国制度				七
第三年	同	上	二	三	四	六	三	二		三	三	二六
第三年	前期	第二級	道義	読書 漢文 作文 詩、歌、文	読書 作文	支那史 仏国史	経済ノ原理	単純ナル政論		総論感覚智能		八
第三年	同	上	二	三	四	六	三	二		三	三	二六
第三年	後期	第一級	道義	読書 漢文 作文 詩、歌、文	読書 作文	支那史 仏国史	経済ノ原理	単純ナル政論		情緒、意志、心理上諸論		八

『石川県公報』第百貳拾八号（一八八四年八月三十日）所収。

・一八八一年には、まるで思いつき順のように系統性のない学科目の配列であったが、一八八四年には中学校教則大綱を意識した配列となる。また、課程表における級次の配列が逆になり、最下段が最下級の第六級で、上段にいくにつれレベルが上がる仕様であったところから、最上段が最下級の第六級で、下段にいくにつれ順次レベルが上がる仕様へと変わる。
・予備科（表G—1—①）の「志科」と称する歴史系科目のなかで、ヨーロッパ史を学ばせる前にギリシヤ・ローマ史を導入している点が目を引く。法律を細かく国ごとに分けて学ばせる方式を採るようになった専門課程の法学科（表G—1—②）でも、そのなかにローマ法を挙げており、予備科にはその準備教育の機能があったことがうかがわれる。一八八四年、形式的には、予備科がもっていた機能を分割し、法学予備教育は法学予科に特化し、新設の初等中学科と切り離したということになる。しかし実際に置かれた法学予科（表G—2—②）は、実態としては法学準備教育的機能を失っていて、一年という短期間に普通教育としての初等中学科上級部分をおさらいするといった教授内容である。
・専門課程の法学科（表G—1—②→表G—2—③）については、フランス法が消え、変わってアメリカ法が「英米法律」の枠組で取り扱われるようになる。
・理学科（表G—1—③→表G—2—④）では、数学の時間数が削られ、その分物理・化学・生理学が充実する。金沢中学校以来、力を入れてきた数学に代わり、専門理化学により力点が置かれるようになった。
・文学科（表G—1—④→表G—2—⑤）は、法学科・理学科よりも専門性が薄い。教授内容の具体性を欠きながらも多くの時間数が充てられていた政治経済は、歴史とともに時間数が縮小され、その分、英語に力が入れられるようになる。一方、詩・歌・文の作文といった実用性が薄い教育も行われている。

・一八八四年には、専門課程にまで修身や体操が導入された。特に文学科は、専門性が低い代わりに修身に力が入れられ、法・理学科より時間数が多い。

なお、「石川県専門学校校則」には、初等中学科・法学科予科・法学科・理学科・文学科それぞれの課程について別々に作成された「教授ノ要旨」も含まれている。「教授ノ要旨」は、学科ごとに教授のねらいや内容・方法を記したものであり、文部省は中学校教則大綱を公布した後、各府県下中学校に対して次第に強くその提出を求めるようになっていた。県の中学校が存在しない石川県では、専門学校が作成主体となり、かつ専門学校の専門課程に関してもこれを作成して示したということになる。またそれぞれが使用する「用書並参考書各級配当表」を別途添付し、念の入った大部な課程表を作成するに至った。

表G―2―①に示した石川県専門学校初等中学科の学科目や「教授ノ要旨」の特徴を、中学校教則大綱が示す初等中学科の学科目、あるいは文部省が指令した「教授ノ要旨」(一八八二年七月十一日)[75]と比較しつつ、列挙してみよう。①英語の時間数の多さ。中学校教則大綱が六時間であるところに対し、八時間と定める。②入学以前に想定される数学のレベルの高さ。中学校教則大綱が加減乗除・分数・少数から始めるのに対し、すでにそれを修めたものとして授業を開始する。③歴史において「我ガ国体ヲ明ニシ」との文言を使用。④習字の総時間数は相対的に少ないが、「細字速字法」の必要を特に強調。⑤体操について、「軽快運動」「器械体操」と特定の内容を挙げる。

とはいえ、例えばラテン語法典については、一八八四年の「校則」でも法学科の科目として維持されており、「教授ノ要旨」にも、西洋を理解する前提となる学問としての必要性が説かれている。その点、修身や体操の導入や学科目の順序については文部省に従いつつも、課程の固有性は失われなかったといえる。

県会における専門学校廃止・郡部中学校設置論

一八八五年三月七日の県会では、専門学校費予算六、〇四四円七銭の審議が行われた。(76)梅田五月（江沼郡）は、専門学校費と督業訓導費を合わせて廃止し、県下に五つの中学校を置くことを提案した。その設置箇所は輪島、七尾、金沢、小松、大聖寺とし、費用は金沢が二、八〇〇円、その他の四ヶ所は一校一、四〇〇円とする見積もりだと示した。専門学校が不用とは考えないが、学科が高尚に過ぎ、「小学卒業」の者が直ちに入学して学科を修めることができないとの理由からであった。中学校を置いて彼らのために便宜を図り、学事の方向に迷う者の針路とし、大学に入る階梯を設けたい、と主張したのである。

これに対し籠田信次（金沢区）は、専門学校には予備科があり、「小学中等科」卒業の者がすぐに入学して専門の学科を学ぶことができる、また中学校を卒業すれば大学に入れると考えるのは大きな間違いで、専門学校本科三・四級になって初めてその学力を有するようになると述べた。そして、旧藩の余徳と地方税の力ですでに成立している専門学校を廃する利はないと結論づけた。さらに県官からは、専門学校が廃止されてしまうと、高尚の学科を修めることができなくなることが主張された。

このほか吉本栄吉（石川郡）からは、小松と大聖寺という近接する場所に中学校を設置することの深意が問われた。すでに教育令により廃止されてはいるが、かつて設定された中学区に照らし合わせると、小松（能美郡）と大聖寺（江沼郡）は同じ第三中学区に属した。一方、小間粛（鳳至郡）は梅田に賛成し、専門学校は本科生に重きを置いており、少数の者の少利益のための学校になっていること、小学科卒業者が就学の途に苦しんでいる実態を指摘した。

梅田の提案は四名の賛成しかなく否決されたが、専門学校の意義について、金沢区の議員が肯定的に捉えたのに対し、郡部議員には疑問を抱く傾向があり、各郡への中学校の設置を主張する向きもあったことがわかる。

七、民間の中等教育

冒頭に述べたように、金沢では一八七〇年代の半ばから士族の政治結社がいくつか生まれ、一八八〇年代にかけて活発な活動を繰り広げた[77]。その運動のなかから、あるいは関係者の事業として、私立中学校の設立がいくつか計画された。

私立中学校設立運動

一八七四年十二月、一、〇〇〇人を超える旧藩士が参加して結成されたのが忠告社である。学務課長として県下教育行政に力を尽した先述の加藤恒は、その中の一人であった[78]。士族結社間の論争は、主に旧藩主前田家の出資による授産事業の方向性についてであり、東北鉄道建設派と北海道開墾派とが対立したが、事態を収拾するため、一八八〇年代に前田本家の家扶・家令の職に就いたのも加藤であった。

加藤は一八七五年に、先述の「興学六弊」批判問題がきっかけとなって県官を辞し、翌年、金沢品川町に「蛾術館」と称し、教員四名、男子生徒五八名という規模の家塾を開いた。その意図について詳細は明らかにし得ないが、一八七九年に閉鎖するまでの三年間、読書問学、文を作らせ、六〇〇人余を育てたという。この「加藤私学」は「中学校」として、一八七六年、七七年の『文部省年報』に挙げられている[79]。

一方、一八八〇年四月に盈進社を結成し、国会開設運動などに関わる士族民権家と結びついて活動していたのが遠藤秀景であった。県会では金沢区選出の議員として、初代議長となった加藤恒（同じく金沢区）、あるいは県会議長を務めた河瀬貫一郎とも激しく対立している。

遠藤は一八八一年末頃より、人材育成のための私立変則中学校設立を計画し、三万円と掲げた資金の寄附に奔走した。[80] したためられた趣意書では、「我石川県のごときは、幼穉を教育する卑賤の学校に豊にして、壮丁を薫陶する高尚の学校に歉なり」「たまたま就学を欲するものあるも、必ず東京に赴かざれば、即ち阪府に往かざる能はず」と県下の教育程度の低さを嘆いている。寄附者の範囲は能登や越中に及び、殿町の私立病院跡を購入したというが、実体のある学校の設置までいかず、盈進社の事務所を兼ねた青年社員の演武場となるにとどまったらしい。

『文部省年報』において「加藤私学」以外に「中学校」と認定されている学校が、「金岩私学」である。一八七七年に金岩虎吉によって松枝町に創設され、教員四名、生徒三〇名という規模であった。[81] 金岩は、遠藤とは対立する士族結社・精義社の社員であるが、精義社は精義社で盈進社の中学校設立運動に対抗し、金岩の学校とは別の私立学校を兼六園内に建てようと動いていた。だがこちらも実体を得るに至らず、精義社員の放談場となっていたという。[82]

以上のように、金沢における「中学校」とは、士族の運動の実践体として認識される側面を有していた。

一八七四年十月に第二大学区を巡視した文部省督学局加納久宜による『文部省第二年報（明治七年）』の「督学局年報」は、長町変則中学校、巽町の英語学校、変則専門学校（いずれも前述）の三者を「中学」とみなし、人材輩出の淵源と位置づけている。続く『文部省第三年報（明治八年）』は、巽・長町・大聖寺の各中学校とともに、大手町の石川県病院までも「中学校一覧表」に並べている。文部省や石川県の「中学校」概念もあいまいであり、私学としては加藤と金岩の学校のみが「中学校」と認定された理由・基準は不明確である。

育英社と金沢学校

加藤恒や遠藤秀景・金岩虎吉のような士族の中学校設立運動を含め、一八八〇年代の県下、特に金沢区内には、さまざまな私立の教育機関が生まれていた。主な学校は**表3**のとおりである。このうち、県によるハイレベル教育体制の形成に深く関わる存在として特筆されるのが、金沢学校である。この学校を「中学校」と規定した史料は見当たらないが、県下の教育における機能について考えておこう。

表3　石川県内の主な私立学校（一八七六～一八八五年創設分。後の富山・福井県域は除く）

学校名	創設者・創設団体（校長）	創立年	所在地	教員数	生徒数	学科目	備考
加藤私学（蛾術館）	加藤恒	一八七六	金沢品川町			読書・作文	明治十一年
金岩私学	金岩虎吉	一八七七	金沢松枝町				明治十一年
加賀教校	大谷派	一八八一	金沢新道	12	約30		明治十四年
能登教校	大谷派	一八八一	鹿島郡七尾町	6	17		明治十四年
愛真学校	プロテスタント長老派 T. C. Winn	一八八二	金沢大手町（殿町）		12～13	英語・皇漢学	北陸英和学校前身
北陸英和学校	T. C. Winn／青木仲英	一八八三	金沢広坂通（飛梅町）	7（うち米国人5）	42	英語	明治二十年
金沢学校	育英社堀尾晴義カ	一八八四	金沢下石引町		約30	（陸海軍学校受験用）	
安田英和学校		一八八四	鹿島郡七尾町			英・漢・数	
金沢女学校	プロテスタント長老派 M. Hesser／青木仲英	一八八四	金沢上柿木畠	9（うち米国人2）	36	英語	明治二十年
獣医学校		一八八五	金沢地黄煎町			獣医	

『文部省年報』所収「石川県年報」各年次、『石川県年報』各年次、『石川県教育史』第一巻そのほかを参考に、判明する限りにおいて作成。備考欄の年号は、依拠した『文部省年報』の年次。空欄の箇所は不明。

金沢学校は、陸海軍士官学校への入学を希望するが、入学試験に対応する学科を「予修」する道がなく、落第して素志を貫徹できない県下の子弟があることに対応し、一八八四年に金沢区内に設置された。[83] これは、「加能越三国の幼年生徒」に対する一八七九年設立の学資補助団体・育英社が主導して実現した。育英社は一八七九年に設立された奨学団体であり、一八八二年十月には、東京七四名、金沢二九名、その他八八名の社員を擁し、石川県域（一八八三年分県後は石川・富山県域）からの醵金額は、約七八六円に達していた。補助を受ける生徒は、県庁への請願者から公選し、県から推薦を受ける方法が採られた。一八八三年六月、二名の石川県専門学校生を東京大学・同予備門に送り込んだのを嚆矢とする。

ところが一八八四年一月に社則が追加され、向こう三年間、社員の出金の半分は「武学生徒」の養成に費やすことになった。同年六月二日、前田侯爵家より二万五、〇〇〇円（五年間五、〇〇〇円ずつ）の寄附を得たが、うち一万五、〇〇〇円は「武学生徒養成費」、七、〇〇〇円が「武学生徒教場家屋費」にあてられ、「文学生徒養成費」は残りの三、〇〇〇円であった。

育英社幹事長の士族・堀尾晴義はこれをうけて臨時会合を開き、「武学生徒養成事務委員」を選定し、金沢学校を設立することに決した。陸軍戸山学校教官の大久保直道、海軍兵学校教官の井上敏夫の二委員が金沢に出張して開校準備に着手し、一八八四年七月に設置が認可され、九月に開校式が行われた。広坂下の益智館に校舎を借り受けて二七名で授業が始まったとする文献もあれば、[84] 入試合格・入学者は三五〜三六名で同衆学舎の建物を用いたとされる場合もある。志望先は海軍が二名、陸軍幼年学校が一二名、残りの生徒は陸軍士官学校を目指していた。[85] なお育英社は、一八八三年から八七年の間、「武学生」九四名に対して金沢から東京への旅費を与えて留学させた。ということは、地元の金沢学校とは別に、東京遊学も支援する体制を維持していたということだろう。

一八八四年八月二日、石川県令岩村高俊代理石川県少書記官徳久常範の名により、金沢学校の設立が公布され、希望者はなるべく募集に応じるようにと県自らが諭達している。(86)また翌年以降は、海軍機関学校、陸軍士官学校、海軍兵学校の生徒募集が県下に告示されていることを確認できる。(87)つまり金沢学校は、東京の陸海軍関係学校への進学を奨励する石川県の強い後押しを受けた私立学校であった。県と育英社・金沢学校が結びつき、陸海軍関係者を育成する態勢が出来上がっていたものと捉えられる。

金沢学校は一八八五年には校舎を増やし、一四四名の生徒を擁するに至った。実体をみなかった先述の精義社校舎を買い取ったものと推定されている。(88)学科課程は不明であるが、山岸弘（士族、一八八一年に金沢区会長）が無給で漢学を教えていたことが確認される。

八、第四高等中学校の創立

県の運動と経費負担

一八八六年四月、中学校令（四月十日勅令第十五号）の公布により、尋常・高等中学校制度が発足した。金沢には第四高等中学校の設立をみたが、この学校は、石川県下の中等教育・専門教育体制の大々的な再編を促すものとなった。また、中学校令は、尋常中学校は各府県が便宜に設置できるとしながらも、地方税の支弁または補助によるものは各府県一ヶ所に限るとし（第六条）、区町村費をもって設置することができないと定めていた（第九条）。石川県下の中学校としては大聖寺の遷明中学校が存続していたが、これは江沼「郡立」であったことを理由に、一八八六年十月をもって廃止となっている。(89)

まずは、第四高等中学校の設立経緯をまとめておこう。(90)

文部省は、文部大臣が管轄する高等中学校を全国に五つ設置すると中学校令に定めながらも、当初はその設置箇所や設置区域を示さなかったが、全国でももっとも熱心に、高等中学校を呼び込む運動を行ったのが石川県である。

五月から八月にかけて、県会議長河瀬貫一郎・真舘貞造や専門学校長武部直松を上京させ、地元では知事以下、学務課長檜垣直右らが、視察に訪れた折田彦市学務局長や辻新次文部次官を接待した。それとともに県側は、文部省から内々に提示された設置費用約一〇万円の地元負担を承諾した。十一月三十日、文部省告示第三号の第二条によって、高等中学校の第四区設置箇所は金沢と示され、設置が確定した。設置費用のうち七万八、〇二三円余は旧藩主の前田家が負担した。(91) 旧藩主の負担は、同じく高等中学校設置地となった仙台や熊本でも取り付けられているが、伊達家の五、〇〇〇円、細川家の一万円に比べ、前田家の寄附金はとび抜けて多い。

一八八六年十二月には、石川県知事岩村高俊（土佐藩出身、一八八三年一月県令就任、一八九〇年五月まで知事在任）の名による「高等中学校資本金醵集趣意書」が出された。(92) 寄附金を集めてから設置が決定したのではなく、設置が決定してから寄附金集めが始まり、この点、文部省の石川県に対する信頼がうかがわれる。趣意書では、石川県の状態を、「日に衰微に就き復昔日の観あるなし」としながらも、「独子弟教育の事に至りては旧藩以来特に意を用ゐられ其学校の整備する他府県多く其比を見ざる所なり」と、教育に力を入れてきた歴史への自負心が語られる。そして、県の専門学校・医学校が自然と廃絶に向かう状況にある以上、高等中学校の設立を望まないわけにはいかない、とされる。そこで前田侯にならい、管属（石川県属）の官吏教員には月俸一ヶ月分以上、県に縁故ある他府県人へは随意の義捐金を請い、各郡区でも有志者の集会を開いて義捐を勧誘せよ、と締めくくられる。

高等中学校制度は、設置の初期費用を地元に負担させせただけではなく、中学校令第五条によって、国庫金に加え地方税から運営費用を支弁させせることができると規定するものであった。地方税負担分は、文部大臣が決めた総額を設置区域内の府県が分担することが示された（八月二日勅令第四十号）。この経費支弁方法は府県側の反対によって一年限りで停止となるものの、この年に限っては、分担額を定める設置区域内府県の委員会が各地で開かれた。第四高等中学校の場合、一八八七年十月に第四区府県連合委員会が開かれ、同区を構成する石川県・富山県・福井県・新潟県で、地方税分二万二、五〇〇円（全体の半分）をいかに分担するかが話し合われた。結果、本部も医学部も有する石川県が、全体の三割五分を増課され、約半額の一万七九四円を負担することで話がまとまった。[93]

第四高等中学校学科課程　一八八七年十月二十六日、第四高等中学校は森有礼文相を迎えて開校式を行った。[94] それに先立つ十月一日、予科三級・二級・一級・本科二級の単発的な試験が行われた。[95] 専門学校からの受検者は、本科に三名が入り他は予科であったというが、[96] 予科には全部で一〇〇名近くが入学したとされる。[97]「高等中学校ノ学科及其程度」（一八八六年七月一日文部省令第十六号）により、高等中学校には、二年の本科に加えて予科三年（尋常中学校第三年級以上の「学科及其程度」）を設置することが可能となっていた。発足した第四高等中学校予科の学科課程は、同程度とされる「尋常中学校ノ学科及其程度」の示す時間数より、第一外国語の時間数が二時間程度多い。[98]

さらに高等中学校では、予科員数不足の際には予科補充生を入学させることも認められるようになった（一八八七年十二月二十八日文部省告示第十五号）。第四高等中学校の場合は、二年の補充科を設置した。一八八八年三月の第四高等中学校入学試業において、本科と予科三級以上の補欠生に加え、予科補充生二五〇名もの募集が行われたのは、[99] この月の専門学校廃止を受けたものであろう。レベルとしては、専門学校初等中学科に対応するのが高等中学校予科補充科、とみなされたものといえる。

前田家が第四高等中学校の設置に際し、巨額の醵出を行ったことは繰り返し述べたが、一八八五年十二月に育英社社長に就任した当主の侯爵利嗣は、「文学生養成資金」として一五年賦で一、〇〇〇円を育英社に寄贈するなど、[100]「武学生」中心ではなく「文学生」養成にも力を注ぎ始めていた。

一八八七年六月、社長前田利嗣の名により育英社員に対して「議案」が提示された。[101]その内容は、①金沢学校を廃止すること、②その時には地所と建物を石川県庁に寄附すること、③育英社で支援する生徒はすべて給費生ではなく貸費生とすること、④高等中学校へ各自およそ俸給一ヶ月分にあたる金額を三～四年間で寄附し、寄附金皆済まで育英社への出金は一時中止すること、などであり、高等中学校への寄附金を何よりも優先的に行う旨が盛り込まれていた。

この「議案」は塩屋方国幹事長以下、幹事八名、議員二〇名の連署を伴ったもので、すでに幹事長・幹事・議員によって審議された「完全良法」と自賛した上で、社員全体に熟議決定を求めるものであった。議員中には、加藤恒あるいは桜井錠二の名も並んでいる。

「議案」の妥当性を示すために付された「説明」によると、金沢学校の廃止は、その教育面での力不足と維持のための資金不足によるとされている。高等中学校が出来た今日、そこに入学し普通学科を卒え、陸海軍士官学校生徒募集に応じれば、「検査格例」に適合する学力が得られる、と説かれた。また地所と建物は、売却して資金を増やすよりも、計画されている工業学校（後述）に生かせるよう県庁に寄附する方がよいと述べられた。

金沢学校の廃校

なお、高等中学校の設立に際し、「誘致」と表現しうる積極性をみせ、前田家による多額の醵出もあって、募金目標額の達成に比較的困難がなかったようにみえる石川県であるが、寄附金の集まり具合は必ずしも良かったわけではない。一八八八年三月、広坂通より仙石町および西町壹番丁にまたがる地所約二万坪が高等中学校の新しい敷地と定まったが、[102]四月の段階で、予定する寄附金一〇万円中、集まったのは数万円に満たず、新校舎の建設には三年はかかるだろうと予想されている。[103]実際、一八九三年十月の新校舎落成式に至っても、五、〇〇〇円は未回収という状況であった。[104]

育英社の議案にある俸給「一ヶ月分」の寄附は、先述した岩村知事による「高等中学校資本金醵集趣意書」に示された割合と同じである。一〇万円から前田家の寄附分を引いた約二万円の捻出実現集団として目を付けられたのが育英社だったということであり、実際に知事からの懇托まで受けていたとされる。

このように、「武学生」養成を主な目的としてきた育英社は、第四高等中学校（「議案」では一貫して「金沢高等中学校」と表現）の設立に伴い、自らの学校の使命を高等中学校に委ね、当面の創立支援団体へと変質したのである。

石川県医学校・専門学校の廃校

一八八七年一一月からの石川県通常県会では、医学校と専門学校の財産を高等中学校に無償で引き継がせる旨の議案が提示された。[105]一二月五日に審議された号外「甲種医学校並専門学校財産引継議案」では、医学校は地所一、七五〇坪余、建物二〇棟、書籍器械等二、〇四四点、専門学校は地所合計二、七二六坪余、建物一〇棟、書籍器械等七、五五九点が財産としてリストアップされている。これらを「県民財産」とみなし、「民間切迫」の折から売却が妥当とする児島璋心（金沢区）の反対意見もあった。しかし、高等中学校補充科が「尋常中学生徒養成」[106]の機能を果たすという文部省と石川県庁との間の「談合」があったことが県会でも確認された結果、賛成多数で可決されたのであった。この県会では、高等中学校医学部実習用の金沢病院費七、七六七円も計上され、可決となった。これまで医学校と専門学校に二万円余の教育費を費やして維持してきたことを思えば、一万円余の年間負担で済むのはありがたいことであるとの発言（竹内衛磨・能美郡）もみられた。

以上のように、文部省への委譲が決定した地所・建物・書籍器械などの県財産に対する見解として、以下の二発言は石川県の特性を示し、注目される。

まず、引き継ぎに賛成する議員の浅野順平（河北郡）から、医学校や専門学校がそもそも石川県単独の持ち物ではないという発言があった。福井県も富山県も石川県の一部であった過去をもつ県である。それゆえ、そもそも「分県前ニ拵ヘタル」両校の建物や物品は、北陸全体のために使用したとしても「所謂モトモトニシテ何ノ損モナキ」と述べる。

次に、これを前田家の財産と捉える議員たちの発言である。竹内衛磨・梅田五月などは、専門学校書籍をはじめ、そもそも前田家の多額の寄附金に由来し同家の貴重な品物も多いとする立場から、文部省への引き継ぎも売却も行ってはならないと主張した。だが、高等中学校を専門学校・医学校の「相続者」とみなし、引き継ぎであれば承諾できるとする永江久常（鹿島郡）のような意見もあった。高等中学校設立が、多額の寄附をした前田家の存在にそもそも負うところ大であったことを想起するならば、この引き継ぎ容認論も理屈が通っているといえよう。

結局この議案は、五名の反対のみで十二月十六日に可決された。専門学校初等中学科は、同年三月十四日から二十四日まで卒業試験を行って、一四名中一〇名が及第、同日の入学試験では、志願者一五八名中、合格入学六六名という実績を挙げ(107)、七月まで生徒募集を行っていたが、一八八八年三月限りで廃校となった(108)。

九、県立中学校への道

共立尋常中学校の発足

一八八八年十月二十三日、金沢に共立尋常中学校が設立された。加賀教校（一八七六年創設）を「併摂」[109]し、同派新門跡大谷光瑩が年一、二〇〇円を出し、これに生徒の授業料を合わせて経費をまかなう態勢で発足した尋常中学校である。[110]設立願は八月、「共立尋常中学校々則」（全一九条）を添え、京都の大谷光勝、石川県士族岩村高俊、柏田正文（第四高等中学校長）の三人の名で、石川県知事岩村高俊宛に出されている。[111]加賀教校は、浄土真宗大谷派が、「大谷派本願寺其門末僧侶」に広く普通学を修めさせるため各地方に置いた学校の一つで、校地は金沢区の東本願寺近くの枡形新道町十七番地にあった（表3参照）。

共立尋常中学校の教育目的は「高等中学校へ入学ヲ望ムモノ若クハ之ト同等ナル諸学校へ入学ヲ欲スル者ノ募集試験ニ応ジ其他実業ニ従事スルヲ得ヘキ学力ヲ養成[112]」することとされ、学科程度は「尋常中学校ノ学科及其程度」（一八八六年六月二十二日文部省令第十四号）にのっとった。

発起人（設置者）は大谷光瑩（光勝に代わる新門跡）に加え、岩村県知事、県書記官の郷田兼徳・徳久恒範であり、学校の事務は、石川県学務課長橋本一済、県師範学校長内山行貫、大谷派賛事（教学部長）の梅原譲が執り行うこととなった。十一月十三日の開校式で披露された発起人による「設立趣意書」[113]には、尋常中学校が県下にないことを憂い、定員に限りのある高等中学校予備科を補完する旨の設立目的が述べられている。とはいえ、普通科の他に別科として「宗乗」（真宗）と「余乗」（他の仏教）も教授され、[114]兼修が可能であったことが、この学校の宗教学校としての側面をよくあらわしている。一八八九年九月の入試による入学者をみると、生徒内訳は、士族二〇名、平民四六名、大谷派僧侶一八名となっている。

運営に県が関与し、しかし地方税を支弁せず民間の宗教勢力に経費を委ね、それと引き換えに宗教教育も一部容認する態勢は、同じく諸学校令公布期にあって発足した大谷派経営の京都府尋常中学校、あるいは宗教こそ違えども、宮城県の東華学校（キリスト教系学校同志社の新島襄が校長、県知事・県官が運営団体に顔を並べる）の相似形である。京都府尋常中学校は、諸学校通則の適用を受けて府県管理中学校化するが[115]、石川県の場合は東華学校同様、私立の形態を維持したままでの「半県半民」的中学校が成立したのである。

「尋常中学校ノ学科及其程度」は修業年限を五ヶ年と定めているが、共立尋常中学校は当初五級と四級のみで始まり[116]、進級に従い一年ごとに一級ずつ増やした模様である。開校時の生徒は、二学年ではあるが二五七名を数えた。第四高等中学校や県師範学校、工業学校（後述）などの教員が半数弱を占めたが、イギリス人ブラウン（George Brown）を雇うなど、英語教育に重きを置いていた[117]。教科表を発見できず、学科課程についての委細は不明であるが、特に宗乗・余乗を教授した別科については、同じく大谷派が経営する京都府尋常中学校の規則を適用したことが多分に想像される[118]。

高等中学校との関係についてみると、一八八九年九月の第四高等中学校生徒募集に際しては、この共立尋常中学校から四〇名が応募し、予科第三級に一名、補充科第一級に三名、同第二級に三名、医学部第一年級に三名が合格し、転学したという。これは、高等中学校全体の入学合格者の総員中、四分の一に当たる数であった[119]。

共立尋常中学校は一八九〇年一月、設置者大谷光瑩他三名の名により、予備科の設置を県に伺い出た[120]。「共立尋常中学校附属共立尋常中学校予備科規則」（全八条）によると、予備科は本校第五級への入学を欲する者のために必要な学科を授けるものとされ、卒業すれば無試験で編入となった。修業期間は一年間、一週間の授業時数は三〇時とされた。年齢一一年以上一七年以下で、高等小学科第二年期卒業もしくはそれに相当する学力を有する者が入学できた。入学の際には束脩金五〇銭が必要で、授業料は一学期（およそ四ヶ月）につき一円二〇銭であったが、「加賀国新宗大谷派僧侶ノ子弟衆徒」であっても徴収対象とされた。

大谷尋常中学校への改組

共立尋常中学校は、一八九一年八月十五日には能登教校も併摂したが、[121]同年十二月十四日に中学校令が改正され（勅令二百四十三号）、尋常中学校は各府県において一校設置すべきとの意向が示された後は、本願寺の中学校へと純化する方向へと進む。一八九二年六月一日、大谷尋常中学校と改称し、[122]翌年三月一日、同じ大谷派が経営するところの京都尋常中学校に「併摂」される形となった。[123]残念ながら大谷尋常中学校の学科表も見出し得ないが、ここで「併摂」[124]されたということは、大谷尋常中学校に京都尋常中学校の規則が適用された可能性がなきにしもあらず、であろう。

大谷尋常中学校は、一八九二年七月十五日には徴兵猶予の特権を認められ、翌年四月三十日現在の生徒数は二七九名であった（うち別科生六七名）。[125]

石川県尋常中学校の誕生

一八九三年六月に臨時県会が開かれ、同年度の県立尋常中学校費六、〇〇〇円余（年度残りの九か月分。大谷尋常中学校の一年間の経費に相当）が、突然の予算として提示された。[126]六月十九日からの審議において籠田県属は、文部省や大谷派との間に次のようなやりとりがあったことを明かしている。

尋常中学校は一府県に必ず一校設立しなくてはならないが、幸いにも本県には大谷の私立学校がある。これで代用しようと文部省に掛け合ったところ、「設備不完全」として許可されなかった。そこで大谷家に完備してくれるよう照会したところ、大谷家の財政上の都合により廃校するとのことだったので、県立としなくてはならなくなった、と。

「設備不完全」とは、中学校令改正の翌日に公布された尋常中学校設備規則（一八九一年十二月十五日文部省令第二十七号）に照らしてのことであろう。

県会議員からは、高等中学校補充科が尋常中学校の役割を果たすのではなかったか、そのような文部省との約束があったのではなかったかとの質問がなされたが、籠田県属は、改正中学校令以降、高等中学校は補充生を募集しない方針であると説明した。橋元昜議員（珠洲郡）は、高等中学校が財政的に補充科を設けられないのであれば、医学部の県立病院使用料として県に下げ渡された二、五〇〇円を補充科の費用に充当し、さらに若干の県税を投入してもかまわないではないかとの案を示した。そして、中学校令がまた近いうちに改正される可能性についても含めて調査の必要を説いたところ、一人を除いた県会議員全員が同案に賛成した。この機に乗じて、能登への県立尋常中学校分校設置を主張する議員もあった（松井善四郎、鹿島郡）。

五名の調査委員による調査をふまえ、二十一日に議論が再開された。ここでは中学校費を五、〇〇〇円弱に減額した修正案も示されたが、西田彦平（江沼郡）より、教育補助費として三、〇〇〇円の計上が提案された。それは、大谷尋常中学校を補助してこのまま九ヶ月間維持させるという策であった。この点につき、大谷派本願寺加能布教主任梅原譲とも示談し、県の補助があれば九ヶ月間の維持は差し支えないとの回答をすでに得たことが紹介された。結局この教育補助費計上案が、出席議員二八名中一五名の支持を得て可決された。

だが七月五日、三間正弘知事（長岡藩出身、在任一八九三年四月～一八九六年十二月）は原案執行措置を講じ、大谷尋常中学校に代わって石川県尋常中学校が同じ校地（新道）に設置された。[127] 大谷尋常中学校は生徒をそのまま相応の学年に編入させることを認められ、同日廃止となった。[128] 七月十一日から早くも県尋常中学校舎の授業が開始されているが、籠田が臨時県会において、県立となったならば中学校令の規定にのっとり別科（宗教教育）は設けないと述べていた点については、結局どのように処理されたのか不明である。

前年の通常県会において、選挙干渉をめぐって知事辞任が問題化していたことの余波も指摘されているが[129]、要するに、中学校令がまた近いうちに改正される可能性があり、ここで早計に県立尋常中学校を発足させて痛い目をみるより、大谷尋常中学校を今しばらく維持する方が得策であるとの空気が県会には流れていた。中学校令公布以来、文部省の流動的な施策・度重なる方針変更の下で懐疑的になり、文部省の意向に逐一即応して策を講じることに慎重になった彼らの姿が見て取れる。石川県尋常中学校は、県会の合意を欠いた原案執行という知事の強硬手段によって、不安かつ後味の悪さを残して誕生したのであった。

おわりに

県政の開始とともに、「中学」と「専門学」を未分化なものと捉えて設立された金沢中学校が一八七二年に閉校して以来、両者の分化が起こりつつも、中学校を専門教育との関連において位置づけ、構想し続けたのが石川県である。県の中心・金沢在住の士族たちには、「高尚」な学問への強い志向性があり、そのための教育機関を設けたいとの欲求が常に存在していた。県官になった彼らは、具体的には「中学師範学校」あるいは「専門学校」という枠組を用い、その実現を図っていくようになった。

一方で中学校は、小学校相当の年齢の間に満足な教育を受けられなかった者への補習機関の役割も担うものとされ、県として維持するレベルの学校とは認識されない方向へと向かった。その結果、中学校は、①金沢区という行政単位で維持されるもの、②加賀藩の支藩であった旧富山藩域・大聖寺藩域など、周辺的地域に設置されてその地の最もレベルの高い教育機関となるもの、③私立学校として民間勢力が設立を企図するもの、として設立された。一八七六年の第二次府県統合で県域が大きく広がり、すでに一県として中学校を構想した経緯のある越中・越前地域を包摂したことも、石川県が県全体をカバーする中学校を自ら設立維持しようとしなかった姿勢に反映しているといえる。

中学校令公布後についてみると、同じく高等中学校と宗教系の民間中等教育機関が設置されるなか、いったん廃止した県の中学校を再興した宮城県などと比較すると、尋常中学校開設の阻止に躍起となった石川県会の特質が浮かび上がる。県中学校設立維持を自らの事業として行ってこなかった前歴が、このような中学校設立への動機の弱さを生み出したといえようか。

金沢中学校閉鎖以降、石川県は、中学教則略や中学校教則大綱といった文部省の示す範型を意識しつつも、英語や数学に力を入れ、高いレベルの学科課程を独自に作成し続けた。なかでも理化学の振興には、お雇い外国人を招き並々ならぬ情熱が傾けられるようになり、ついに専門学校と称し、法・理・文の三学科が設けられるに至った。ただしこの動きは、金沢以外の県下各地域、士族以外の階層からの支持を必ずしも得ているわけではなかった。金沢以外の土地からは、中学校の設置を求める声も次第に上がり、少数者のための一極集中型の学事行政には疑問が投げかけられた。だが県は、中学校は地域（中学区）単位で作られ地域で維持されるべきもの、との認識を手放さなかった。

とはいえ石川県は、中学校設置に関して完全放任の態度をとったわけではない。啓明学校・石川県中学師範学校時代には、自らが一校も設置維持しない中学校というものについて、規則を作成して示すことを務めと心得ていたのである。また先述の①に関わって、石川県の中学区は行政区と齟齬をきたすことなく調整され、その点での混乱や不調は起きなかった。

新設の第四高等中学校は、県下中等教育の大々的な再編を促した。結果的に、県専門学校、県医学校、私立金沢学校の教育機能は、土地や建物の供与を伴いつつ、文相が管理する高等中学校にすべて包摂されることとなった。こうしてみると、高等中学校は一種統合的な機能をもったといえるが、一方で県下の多様な教育活動を誘発することにもなった。その一つが、第四高等中学校の開校式と同日、一八八七年十月二十六日に開校した金沢工業学校である。ここでは深く立ち入らないが、臨時区会で二、四八四円をもって設立することが決議され、応用画と美術画法、染・織・西洋裁縫・繍を教授した金沢区立の学校であった。(130) 他にも県農学校、私立薬学校などが誕生している。これら公私立の専門教育機関は、漠然とではあっても、専門分科の設置も可能な第四高等中学校への将来的な包摂の可能性を予期しつつ、生まれたのかもしれない。(131)

金沢にそくしていえば、連区の高等小学校の機能を区の中学校が包摂し（一八八一年）、区の中学校の機能を県の専門学校が包摂し（一八八四年）、県の専門学校・医学校の機能・設備を国の高等中学校が包摂する（一八八八年）という、食物連鎖のような状態が生じたことになる。上位の行政機関に委ねることで、財政面での負担を回避しようという目論見が透けてみえるが、この現象はそのような経済的合理性だけで語れるものではないだろう。傍目には立派な課程を備えた県専門学校でさえ、「東京大学ニ比スルトキハ実ニ其予備科タルニ過キス」(132) と自虐的に述べたように、上位の行政機関の方がより充実した教育を達成できる、という期待もあったといえる。(133) 石川県は、高等中学校を呼び込むことに成功した時点で、やっと自前の「専門学」別名「二百有余年断続セル高等教育」を放棄することに納得し、これを文部省に委ねた。

最後に、経費の問題についてまとめておく。廃藩置県後の変則中学校時代（一八七四年〜）になって、有志の寄附金や旧藩学校資金と袂を分かち、町単位での一般への賦課が開始される。いくつかの変則学校が一元化され、期間は短いながら石川県中学校（一八七五年〜）と称すると、県下全体への賦課が意図される。啓明学校時代には（一八七六年〜)、幾分かを県税で補助することとなった。中学師範学校時代(一八七七年〜)には、民費への課賦を廃したことが画期的で、県税と生徒授業料による支弁となった。続く専門学校時代(一八八一年〜)になって、地方税と授業料による維持が明記される。

中学校令が公布されると、国庫金と地方税との共同支弁も当初は構想されたものの、結果的には前者によって維持されることになる高等中学校が石川県に登場した。並行して発足した共立尋常中学校は、本願寺の資金と授業料によって成り立つ学校であった。民費志向を強く持ち、寄附金や旧藩資金への依存態勢から脱却して、県全体としての税による学校経営へと段階的かつ着実に移行してきたはずなのが、石川県である。しかし高等中学校の設立、特に初期費用支弁問題を通じ、再び寄附金と旧藩資金(前田家の資金)に依拠する姿勢が復活し、その一方で専門学校や医学校という地方税による学校を失うこととなった。この点、いささか皮肉な顛末であったといえよう。

興味深いのは、森文相が来県しての第四高等中学校開校を記念して、一八八七年十月二十六日、有志二〇四名が計四一八円二〇銭を集め、「エンサイクロピヂヤ、ブリタニカ」(*The Encyclopædia Britannica :a Dictionary of Arts, Sciences, and General Literature*)のセットを学校に寄贈したという事実である。(134) このなかには、専門学校教員の北条時敬(一〇円)、県会議長河瀬貫一郎、学務課長檜垣直右、専門学校長武部直松(以上三名、各五円)といった、県下の教育行政を主導してきた士族階層の者も含まれるが、金沢の薬問屋・中屋彦十郎(一五円)、菓子商の森下森八(八左衛門、一〇円)など、かつて武士階層と結びついて特権を得ていた商人(実業家)が、むしろそれをしのぐ高額を寄附し、米商会所頭の今村勇次郎(自身も三円寄附)が寄附の取りまとめ役を果たしていた。また、高等中学校を呼び込むべく県会から上京したのは、議長河瀬貫一郎のような金沢の士族だけではなく、鹿島郡の豪農・真舘貞造副議長でもある。

第四高等中学校が設置されたのは、商工業者層がちょうど区政や県政に進出しようかという時期であった。高等中学校という新奇な学校は、金沢の士族の専有物であった中学校や専門学校とは一線を画する存在として、広い階層の期待と支持を背景に開校した、まさに新時代の学校であった。

注

（1）以下、ここでの金沢に関する説明は、筒井正夫「明治前期における金沢区会の成立と展開」（第2章「金沢市——標準的地方都市の事例研究Ⅱ」第1節、大石嘉一郎・金沢史男編『近代日本都市史研究——地方都市からの再構成』日本経済評論社、二〇〇三年所収）、奥田春樹「金沢の士族と授産事業」（橋本哲哉編『近代日本の地方都市——金沢／城下町から近代都市へ』日本経済評論社、二〇〇六年所収）を参照。

（2）「藩立中学校」「県立中学校」「石川県の中学校設置問題——「興学六弊」とその「疑問」をめぐって」（神辺靖光『日本における中学校形成史の研究〔明治前期編〕』多賀出版、一九九三年所収、第二章第一・三節、第六章第三節）、「金沢藩・金沢県の中学校」（『金沢市史会報』第十四号、二〇〇一年）。

（3）国立公文書館所蔵の「府県史料」石川県教育関係分に関しては、影印版の佐藤秀夫編『府県史料　教育　9　石川』（ゆまに書房、一九八六年）があるが、不鮮明な箇所や欠落も多い。原文書はマイクロフィルム化に加え、今日ではデジタルアーカイブとして公開されている。本章では、第一章「富山県の中学校形成史」注（13）で指摘した根本的誤りを逐次修正し、原文書と照合してその他の間違いも直した上で、石川県立図書館編『石川県史料』第二・三巻（一九七二・一九七三年）を典拠として示すこととする。

（4）注（2）「藩立中学校」、「金沢藩・金沢県の中学校」参照。

（5）金沢中学校については、文部省総務局『日本教育史資料』貳（一八九〇年）二三五—二三八頁、あるいは前掲『金沢市教育史稿』二五七—二六四頁を参照。

（6）『石川県史料二十一　自四年至七年　政治部　学校』（前掲『石川県史料』第二巻、一七五頁）。

（7）同前、一七九頁。

（8）「督学局年報」（『文部省第二年報（明治七年）』四四―四七頁）。どの法の適用を受けたためにこのようなことになったのか、検討を要する。

（9）以上英仏学校（英語学校）については、注（6）一八三頁、注（8）「督学局年報」、「石川県年報」（『文部省第三年報（明治八年）』二四六頁）、前掲『金沢市教育史稿』二六四頁を参照。

（10）一八七六年五月十日から一八七八年五月九日に石川県と契約している（『資料御雇外国人』小学館、一九七五年）。

（11）注（6）二〇四頁。

（12）『明治二十年七月八月石川県学事報告第十九号附録　石川県学務沿革略記』（石川県『石川県史資料』近代篇（11）、一九八四年所収）。

（13）注（9）「石川県年報」。

（14）注（6）二〇四頁。

（15）注（8）「督学局年報」、注（12）『明治二十年七月八月石川県学事報告第十九号附録　石川県学務沿革略記』。

（16）『石川県史料二十二　八年　政治部　学校』（前掲『石川県史料』第二巻、二一三頁）。

（17）注（8）「督学局年報」。

（18）注（6）二〇四頁。

（19）注（9）「石川県年報」。

（20）「中学校一覧表」（『文部省第三年報（明治八年）』六〇四―六〇五頁）。

（21）注（20）「中学校一覧表」。注（8）「督学局年報」は、教員二〇名、生徒三五〇名で士族の子女が多かったと述べるが、それは小学校時代に関するデータの可能性がある。

（22）注（12）『明治二十年七月八月石川県学事報告第十九号附録　石川県学務沿革略記』。これによると、両者とも一八七四年十一月より賦課したとされる。

（23）注（16）二七四頁。

（24）以上、注（6）二〇四頁。小学校の学齢と「変則中学」との関係は、九月二十日に改定された「石川県小学校教則」にも明記された（同上二二二頁）。

(25) 注（2）神辺「藩立中学校」八五頁。
(26) 注（16）二七四頁。
(27) 注（12）『明治二十年七月八月石川県学事報告第十九号附録　石川県学務沿革略記』。
(28) 注（8）「督学局年報」、注（9）「石川県年報」、注（20）「中学校一覧表」。ここで、大聖寺の中学校の場所において整理しておきたい。「督学局年報」では「中学区ノ本部」＝「旧藩庁」＝「錦城学校」と理解しているが、督学局加納久宜の視察は後述のように一八七四年十月であり、変則中学校分校が置かれる十二月より前のことなので、藩学校由来の学校が錦城学校と称されて存在していたのかもしれない。この学校について加納はさらに、「師範学校ノ教方ヲ模倣シ」と評していた。一方、変則中学校が設置されたという「区会所」は「旧藩庁」であり、「八軒道」に所在したと考えられる。しかし、一八七五年の「中学校一覧表」では、大聖寺中学校の所在地が「馬場」とあり、同年の「師範学校一覧表」によると、「八軒道」には、変則中学校とは別に、同じ一八七五年に設立された「石川県師範学校大聖寺支校」があることになっている（『文部省第三年報（明治八年）』六〇八頁、次年度も同様）。この師範学校大聖寺支校は一八七七年二月に廃止となる（注（12）『明治二十年七月八月石川県学事報告第十九号附録　石川県学務沿革略記』）。また後述のように、一八七八年六月に設立される遷明中学校は、師範学校支校の方が所在した八軒道に置かれた。このように、大聖寺の師範学校支校と変則中学校（分校）の関係は込み入っていて、互いの関係や場所の変遷について、確たることがまだ言えないが、最初は双方ともに八軒道があり、一時変則中学校が馬場に移り、師範学校支校の廃止後に、遷明中学校となって八軒道に戻ったということだろうか。
(29) 注（16）二七四頁。
(30) 注（8）「督学局年報」。
(31) 注（6）一八二頁。
(32) 同前、一八五頁。
(33) 注（6）一九四頁。
(34) 石川県編『石川県史』第四編（一九三一年）、一〇〇―一一九頁。
(35) 注（6）一八五頁。
(36) 注（6）「督学局年報」。ただし七尾は第二十四中学区（鹿島郡）の間違いである。

(37) 注(6)二四三—二五一頁。研究史としては注(2)神辺「石川県の中学校設置問題」を参照。
(38) 以上、注(16)二七四頁。
(39) 注(12)『明治二十年七月八月石川県学事報告第十九号附録　石川県学務沿革略記』。ただし、一八八〇年の江沼郡町村連合会では、大聖寺町民費によった遷明中学校維持費を、将来的には一郡全体の町村費から支出して同校の拡充を図ろうと議決したというので(石川県教育史編さん委員会編『石川県教育史』第一巻、一九七四年、三三三頁)、大聖寺についてはこのときには実現しなかった。
(40) 『石川県史料二十三　九年　政治部　学校』(前掲『石川県史料』第二巻、三〇三頁)。続く「石川県啓明学校規則」も同じ(三〇三—三一一頁)。
(41) 『金沢市史』資料編18絵図・地図、一九九九年(金沢市立玉川図書館所蔵)に所収。なお、一八八八年の一万分の一地形図(同『金沢市史』資料編18所収〔別添地図〕、現物は金沢大学・金沢市立玉川図書館所蔵)になると、啓明学校の位置に建物を増設した「高等中学校」の文字を確認できる。
(42) 前掲『金沢市教育史稿』二六六頁。「師範学校一覧表」(『文部省第四年報(明治九年)』)では、教員二二名、生徒一〇一名とされる。
(43) 注(12)『明治二十年七月八月石川県学事報告第十九号附録　石川県学務沿革略記』。
(44) 『石川県史料四十　自九年至十二年　制度部　租法』(前掲『石川県史料』第三巻、三七五頁)。
(45) 注(40)三一一頁。
(46) 「石川県年報」(『文部省第五年報(明治十年)』一六六頁)、『石川県史料二十四　十年　政治部　学校』(前掲『石川県史料』第二巻、四一三頁)。これらには「民費」と記されるが、注(12)『明治二十年七月八月石川県学事報告第十九号附録石川県学務沿革略記』では「区費」とされる。郡区町村編制法により金沢区が発足する一八七八年以前のことなので、どの範囲を指すのかは不明である。
(47) 「石川県年報」(『文部省第六年報(明治十一年)』一三八頁、『文部省第七年報(明治十二年)』二四六—二四七頁、『文部省第八年報(明治十三年)』三〇七頁)。なお、『金沢市教育史稿』が校長を山田行貫としているのは間違いで、内山と推察した。
(48) 「石川県会日誌第十一号」(『石川県議会会議録　明治十二年』)。石川県議会史編さん委員会編『石川県議会史』第一巻(一九六九年）七二三—七二四頁にも所収。

(49)「石川県会日誌第五十号」（『石川県会日誌』明治十三年）。

(50)『石川県史料二十五　十一年　政治部　学校』（前掲『石川県史料』第二巻、五二八頁）。

(51)『文部省第六年報（明治十一年）』三九九頁、『文部省第七年報（明治十二年）』四五七頁、『文部省第十一年報（明治十六年）』五一一頁。なお、位置の問題については注（28）参照。

(52)金沢区会については、金沢市議会編『金沢市議会史』上（二〇〇二年）の「第一編　市制・町村制施行以前」（執筆担当高澤裕一）を参照。

(53)「石川県金沢区会日誌　第八号」（金沢市立玉川図書館近世史料館所蔵『石川県金沢区会日誌　明治十三年』）。以下、金沢区会での議事中、最初の議案と商法講習所に関する建議は、『金沢市史』資料編11近代一（一九九九年）にも収録。

(54)金沢市役所編『稿本金沢市史』政治編第一（名著出版、一九七三年、三八—三九頁）では、「連町会」に引き続き開かれたのが「連合町会」であり、金沢区内に置かれていた七つの「連区」ごとに開かれた組織と推定されているが、区会議事録により、この議案でいう「連合町会」とは「連町会」のことと判断した。

(55)一月十四日（一次会）「石川県金沢区会日誌　第八号」（前掲『石川県金沢区会日誌　明治十三年』）。

(56)一月十七日（一次会続き）「石川県金沢区会日誌　第十号」（前掲『石川県金沢区会日誌　明治十三年』）。

(57)一月十八日（一次会続き）「石川県金沢区会日誌　第十一号」（前掲『石川県金沢区会日誌　明治十三年』）。

(58)「石川県年報」（『文部省第九年報附録（明治十四年）』四五九頁）。

(59)「石川県金沢区会日誌　第三十三号」（前掲『石川県金沢区会日誌　明治十三年』）。

(60)前掲『金沢市教育史稿』二六九—二七〇頁。

(61)前掲『石川県教育史』第一巻は初等中学科四年と記すが（三一六頁）、典拠が明らかでない。卒業証書は、「河地文庫」（金沢市立玉川図書館近世史料館所蔵）のうちに、四枚残されている。また、「中学校教員給料額再議ノ要旨説明」（金沢市議会事務局所蔵『明治十五年度議案綴　金沢区会』）に、科目追加の件が記される。

(62)「明治十六年度石川県金沢区通常会筆記」（金沢市議会事務局所蔵『明治十六年度通常会筆記』）。

(63)「（明治十六年度）第一臨時会筆記」（金沢市議会事務局所蔵『明治十六年度通常臨時会筆記』）。

商法講習所の一八八四年以降の顚末については、前掲『金沢市議会史』上、二一五―二一六頁にまとめてある。

(64) 注(58)「石川県年報」。

(65)『石川県史料二十八　明治十四　政治部　学校』(前掲『石川県史料』第二巻、六八九頁)。

(66) 宇内一文・柄越祥子「青森県の中学校形成史」(神辺靖光編『明治前期中学校形成史　府県別編Ⅲ　東日本』梓出版社、二〇一四年)。

(67) 前掲『金沢市教育史稿』二六九頁。

(68)「石川県年報」(『文部省第十年報(明治十五年)』五七〇頁)。

(69) 前掲『金沢市教育史稿』二六九頁。この県会の議事録が残存しておらず、詳細は不明。

(70) 本年度県会についても議事録が残存していない。同様に、前掲『金沢市教育史稿』二六九頁、および『石川県議会史』第一巻、七六六頁による。

(71) 注(12)『明治二十年七月八月石川県学事報告第十九号附録　石川県学務沿革略記』、石川県布達甲百号(『石川県公報』第百二拾八号、一八八四年八月三十日)。

(72)『石川県史料三十』(前掲『石川県史料』第三巻、五九―八四頁)。なお、初等中学科卒業生は、一八八六年十月二十七日、県よりマコレー氏論文を三冊ずつ賞与されている(『明治十九年九月十月　石川県学事報告　第十四号』、石川県『石川県史資料』近代篇(9)、一九八三年所収)。

(73)「専門学校卒業生」(『石川県学事報告　第六号』、石川県『石川県史資料』近代篇(8)、一九八三年所収)。

(74) 注(12)『明治二十年七月八月石川県学事報告第十九号附録　石川県学務沿革略記』、前掲『金沢市教育史稿』二七〇頁。詳細な経緯は、議事録がなく不明である。一八八四年の審議については、前掲『金沢市議会史』上が列挙したタイトルしかわからない。

(75)「教授ノ要旨」については、四方一㳽『「中学校教則大綱」の基礎的研究』(梓出版社、二〇〇四年)を参照。同書一五七―一六八頁に、文部省が大阪中学校に指令した「授業要旨」本文が掲載されている。

(76) 以下、『明治十七年度石川県会議事筆記第二』による。

(77) 以下士族の運動については、金沢市史編さん委員会編『金沢市史』通史編3近代(二〇〇六年)を参照。

(78)加藤恒については、前掲『金沢市教育史稿』四六六―四六七頁（学芸人物志）参照。以下、加藤の「家塾」についても同じ。注（2）神辺「石川県の中学校設置問題」は、県下教育における加藤の役割を重視している。

(79)「中学校一覧表」（『文部省第四年報（明治九年）』四〇四頁）。翌年には生徒が九〇名に増えている（「中学校一覧表」『文部省第五年報（明治十年）』四九八頁）。

(80)前掲『石川県史』第四編、三〇六頁。

(81)「中学校一覧表」『文部省第五年報（明治十年）』四九八頁）。翌年は生徒二五名（「中学校一覧表」『文部省第六年報（明治十一年）』三九九頁）。

(82)前掲『石川県史』第四編、三〇六頁。

(83)以下、本項中の育英社および金沢学校については、注（12）『明治二十年七月八月石川県学事報告第十九号附録　石川県学務沿革略記』、育英社『育英社沿革誌』（一九二九年）を参照。

(84)『加越能新聞』一八八四年八月十八日。以下も同じ。同新聞はわずか数日分が金沢市立玉川図書館近世史料館に残る。「同衆学舎」については不明。

(85)一〇年以上後年のデータであるが、外山正一『藩閥之将来』（博文館、一八九九年）によると、石川県は、輩出「武学生」（陸軍士官・戸山・砲工・中央幼年の各学校と海軍兵学校）の数では全国第五位である。

(86)「本県番外」（『石川県公報』第百拾四号、一八八四年八月二日）。

(87)管見の限り、石川県告示第二十四番（『石川県公報』第九号、一八八四年一月十八日）より石川県告示乙第十号（『石川県公報』第四号、一八八六年一月十二日）まで、八回ほどに及ぶ。

(88)『加越能新聞』一八八四年八月十八日。

(89)(12)『明治二十年七月八月石川県学事報告第十九号附録　石川県学務沿革略記』。「郡立」化過程については究明できなかった。

(90)すでに本項および「石川県専門学校の廃校」の項の内容については、拙稿「高等中学校制度と地方都市――教育拠点の設置実態とその特質」（高木博志編『近代日本と歴史都市――古都と城下町』思文閣出版、二〇一三年）、「「北陸」における官立学校設置問題の展開――「学区」と「拠点」の設定史」（『北陸史学』第六十一号、二〇一三年）が扱っている。大半が繰り返しとなるが、再度叙述し、一次史料にあたる最低限の典拠を示す。高等中学校設置運動については、先行研究として谷本宗生の論考、例えば「「学都」金沢形成の端緒――第四高等中学校の誘致獲得を中心に」（前掲『近代日本の地方都市――金沢／城下町から近代都市へ』所収）や『金沢大学五十年史』通史編（一九九九年）の「第1章　第四高等学校」などがある。

(91) 前掲『石川県史』第四編、六一〇頁。

(92)『大日本教育会雑誌』第四十五号、一八八六年十二月十六日。続いて、高等中学校は全国を五区に分画し毎区一ケ所と定められており、各府県がこれを設立することは許されていないと述べるのは、山口や鹿児島の例を見れば誤解であり、制度的には設立することも可能であった。ただし岩村知事は、意図的に間違え、一種の煽りの弁としてこのように述べた可能性もある。

(93)『明治廿一年度　第四高等中学校区域委員会議事筆記』。

(94)「文部大臣石川県巡視の状況」（大久保利謙編『森有礼全集』第一巻、宣文堂書店、一九七二年、七二〇頁）。

(95) 石川県告示第百三十一号（『石川県公報』第百七号、一八八七年九月十七日）。

(96)『中越新聞』一八八七年十月二十八日。

(97)「第四高等中学校開校式祝辞」（前掲『森有礼全集』第一巻、五五五頁）。

(98)『第四高等中学校一覧　自明治二十三年至明治二十四年』。

(99) 石川県告示第七号（『石川県公報』第拾三号、一八八八年二月二日）。

(100) 注（83）『育英社沿革誌』。

(101)『育英社議案　育英社規則』（金沢市立玉川図書館所蔵）。

(102)『第四高等中学校一覧　自明治二十三年至明治二十四年』の「第二章　沿革略」。

(103)『中越新聞』一八八八年四月二十六日。

(104)「第四高等中学校新築　落成式の景況」（『北国新聞』一八九三年十月三十一日）。

(105) 石川県議会図書室所蔵『明治二十年十二月　明治廿一年度通常会議事筆記』。以下注のない限り、同日の審議における各議員の発言である。なお医学校は、高等中学校発足の後、府県立医学校費用には地方税を用いることができなくなり（一八八七年十月一日勅令四十八号）、一八八八年三月に廃校となった。

(106) 一八九三年六月十六日石川県臨時県会における橋元昜議員の回想的発言による（『明治二十六年六月　第一臨時県会議事筆記』）。石川県議会史編さん委員会編『石川県議会史』第一巻（一九六九年）一〇〇八頁に収録。
(107)「専門学校附属中学科卒業試験」（『石川県学事報告　第十七号』石川県『石川県史資料』近代篇(10)、一九八三年所収）。
(108) 石川県告示第三十号（『石川県公報』第三拾三号、一八八八年三月二十九日）。生徒募集は、一八八七年六月十七日に、第二級（年齢一五年以上）、第四級（年齢一四年以上）、第六級（年齢一二年以上）において、それぞれ「人数不限」として行い、七月二十七日に第八級（一二年以上）三〇名の募集を行っている。（石川県告示第九十九号〔『石川県公報』第七拾二号、一八八七年六月十七日〕、第百拾二号〔『石川県公報』第八拾七号、一八八七年七月二十七日〕）。
(109)『本山報告』第四十一号（一八八八年十一月十五日）所収の本山告達第三十四号。
(110)『本山報告』第四十九号（一八八九年七月二十日）。
(111)「大島家文書」（金沢市立玉川図書館近世史料館所蔵）に含まれる「共立尋常中学校設置伺」（一八八八年八月）による。ただしここでは、大谷派の醵出は年一、〇〇〇円とされている。
(112)『明治二十一年九月十月　石川県学事報告　第貳拾六号』（石川県『石川県史資料』近代篇(12)、一九八四年所収）。ただし、前掲「共立尋常中学校設置伺」ではいささか異なり、「其他実業ニ従事スルヲ得ヘキ」の部分が存在しない。
(113)『本山報告』第四十二号（一八八八年十二月十五日）。
(114)『本山報告』第四十一号（一八八八年十一月十五日）所収の本山告達第三十三号。
(115) 京都府尋常中学校と大谷派の事例については、荒井明夫「京都府尋常中学校の管理をめぐる京都府と真宗大谷派との相剋」（『明治国家と地域教育――府県管理中学校の研究』吉川弘文館、二〇一〇年所収）を参照。なお拙稿「諸学校令下の高等教育体制再編――東華学校（＝半県半民・同志社分校）の射程」（『近代日本高等教育体制の黎明――交錯する地域と国とキリスト教界』思文閣出版、二〇一二年、終章）は、石川県と同じく府県管理学校とならない学校（宗教界と県との協同による、中学校相当の学校）として、宮城県の東華学校を扱ったものである。
(116)『石川県第十六学事年報　明治二十一年』（一八八九年十月刊）。
(117)『本山報告』第五十五号、一八九〇年一月十五日。英語はすでに加賀教校の時代にも取り入れられていた（『中越新聞』一八八七年七月十三日）。

(118)『本山報告』第四十八号（一八八九年六月二十日）には、京都府尋常中学校の「別科規則」が示され、大谷派本願寺僧侶に課するもの、ただし他の生徒で修学を望む者があれば許すこともあるとして、宗乗・余乗・哲学との学課が示されている。

(119)前掲『本山報告』第五十五号。なお、一八八九年二月時点では生徒二二七名と報告され、帽子は黒のドイツ型、「中」を刻んだ徽章を用い始めたとある（『本山報告』第四十五号、一八八九年三月二十五日）。

(120)『明治二十三年一月二月　石川県学事報告　第三十四号』（石川県『石川県史資料』近代篇（13）、一九八六年所収）。

(121)『本山報告』第七十四号（一八九一年八月二十五日）。

(122)『本山報告』第八十五号（一八九二年七月二十日）所収の本山告達第四号。

(123)『本山報告』第九十三号（一八九三年三月二十五日）所収の本山告達第八号。

(124)「京都府尋常中学校学科課程表」（『本山報告』第四十八号、一八八九年六月二十日）。この課程については、神辺靖光「京都府の中学校」（同著『明治前期中学校形成史　府県別編Ⅱ　環瀬戸内海』梓出版社、二〇一三年）があり、三〇時間中一二時間を占める英語、六時間を占める数学の比重の高さをもって、進学を意識していると評価している。

(125)参与員（籠田県属）の説明による（『明治二十六年六月　明治二十六年第一臨時県会議事録附録　石川県会』）。

(126)同右。

(127)石川県令第三十八号（『石川県公報号外』、一八九三年七月五日）。

(128)石川県告示乙第三十二号（同前）。注(125)『明治二十六年六月　明治二十六年第一臨時県会議事録附録　石川県会』にある参与員（籠田県属）の説明によれば、卒業生は無試験で高等中学校予科第一年に編入とある。籠田は先に述べたように、専門学校有用論を唱えたかつての金沢区の県会議員である。

(129)前掲『石川県教育史』第一巻、五四二頁。

(130)『中越新聞』一八八七年三月十六日。金沢工業学校は、一八八九年四月一日には、「県立石川県工業学校」となった。「石川県工業学校校則」によれば、県下に必要な実業につき、「その芸術とこれに関する学理とを兼ね授けること」を目的とし、「高等小学卒業」の者、速成科には「尋常小学卒業」の者が入ることができるとされた。同年七月五日には、文部省告示第六号により中学校の学科程度と同等以上のものと認められ、徴兵猶予の適用を受ける。結局、高等中学校に統合されることはなかった。

（131）例えば岡山では、地域有力者が設立した私立薬学校が、やがて第三高等中学校医学部薬学科となる（拙稿「高等中学校医学部時代の到来——岡山県における「官立学校」の成立」前掲『近代日本高等教育体制の黎明』、第七章）。

（132）「石川県年報」（『文部省第九年報附録（明治十四年）』四六五頁）。

（133）『第四高等中学校一覧自明治二十三年至明治二十四年』附録「石川県専門学校沿革略」六頁。

（134）「今村雪世家文書」（金沢市立玉川図書館近世史料館所蔵）に、「森有礼文部大臣来沢ニ付金沢町人等献金・献本書類」と題する一連の史料が所在する。十月二十六日には、森有礼による紀念献本表への答辞があった（前掲『森有礼全集』第一巻、五六一頁）。典拠不明ながら『第四高等中学校一覧』あるいは『金沢大学五十年史』通史編（一九九九年）、注（90）谷本論文三八三頁など、各種の通史や研究が好んで指摘してきたのがこの寄附である。

第三章　福井県の中学校形成史

熊澤恵里子

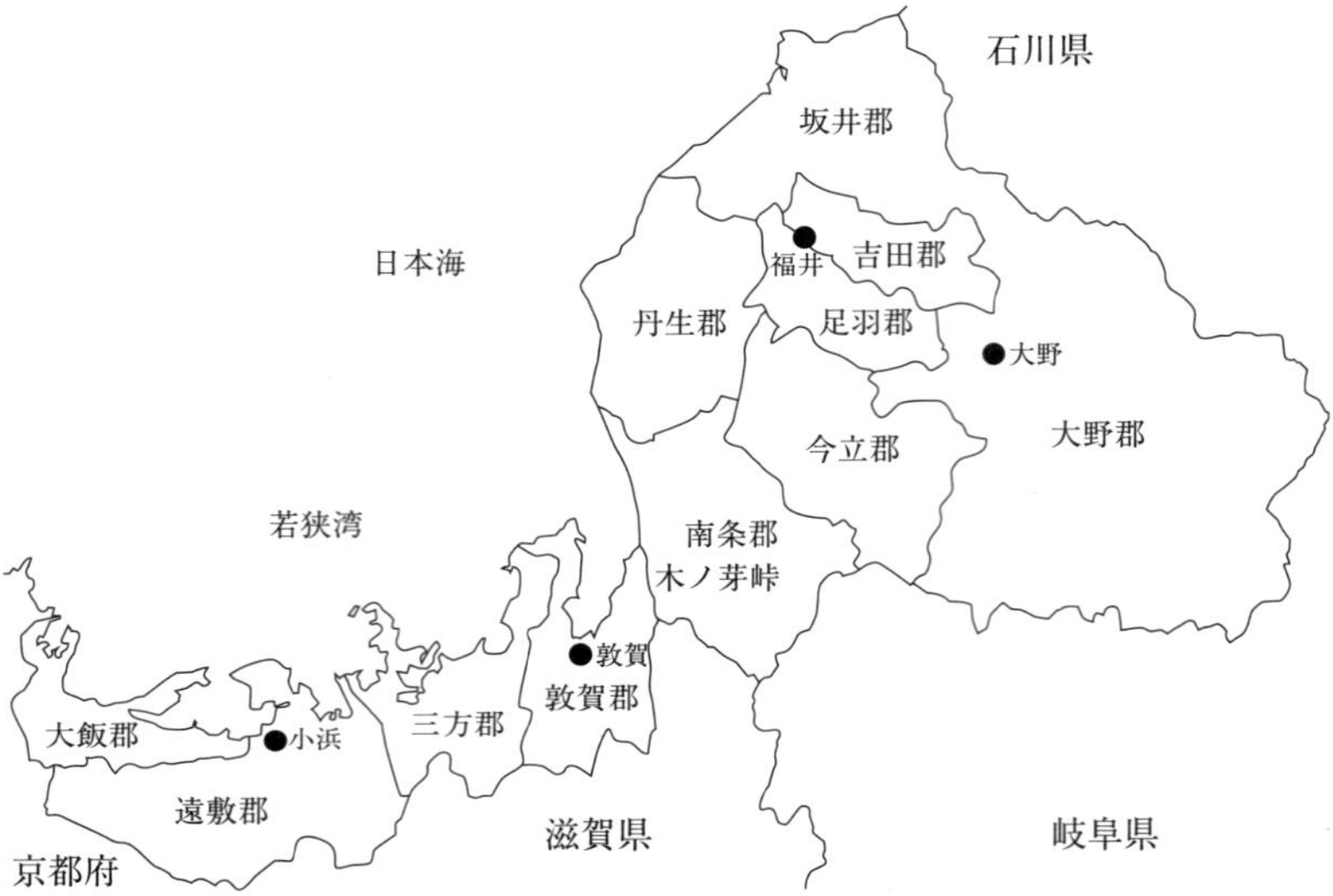
石川県
坂井郡
福井
吉田郡
日本海
丹生郡
足羽郡
大野
今立郡
大野郡
若狭湾
南条郡
木ノ芽峠
敦賀
敦賀郡
三方郡
大飯郡
小浜
遠敷郡
滋賀県
岐阜県
京都府

福井県の図

はじめに

福井県は木ノ芽峠を境として県北の嶺北地方と県南の嶺南地方の大きく二つに分けられる。嶺南地方は若狭湾沿岸地域で敦賀市・小浜市など旧小浜藩の領地が多くを占め、古くから京都、丹後、近江との交流が深く、言語や学問の上においても近畿圏に密接な文化圏である。嶺北地方は幕末の洋学導入により飛躍的な発展を遂げた旧福井藩と旧大野藩を含む越前七郡から成る地域の独自性豊かな文化圏で、県庁所在地である福井市（旧福井藩）を中心とし、福井県の政治・産業・教育の拠点となっている。

廃藩置県後、福井県域には福井県・丸岡県・大野県・勝山県・鯖江県・小浜県・本保県・郡上県・西尾県・加知山県の一〇県が設置された。これは、旧藩時代の福井藩、丸岡藩、大野藩、勝山藩、小浜藩、鯖江藩の若越六藩と幕府直轄領本保領、美濃郡上領、西尾領、安房加知山領他を基本に設置したもので、敦賀と小浜が合併された小浜県と新政府から多くの役人が派遣された本保県を除き、諸藩が職員共にそのまま県へ移行し県政を引き継いだ。しかし、約半年後の明治四年十一月二十日に一〇県は廃止となり、福井県と敦賀県の二県に整理統合された。この二県域は、現在の嶺北地方と嶺南地方の境界線と重なる。翌十二月には、福井県は足羽県と改称され、旧福井藩に県庁が置かれた。しかし、敦賀県参事・藤井勉三が大蔵卿・井上馨へ提出した明治五年十一月七日（一八七二年十二月七日）付の福井県合併の建言書(1)が政府に採用され、一八七三年一月に福井県は廃止となり敦賀県に統合された。統一敦賀県では藤井が県権令に任命され、次席の参事に旧福井藩重臣・村田氏寿が就任した。県庁所在地も敦賀に置かれ、旧足羽県庁は福井支庁となった。この統合により足羽県職員の大部分が県庁を去り、名実ともに旧福井藩は解体されることとなっ

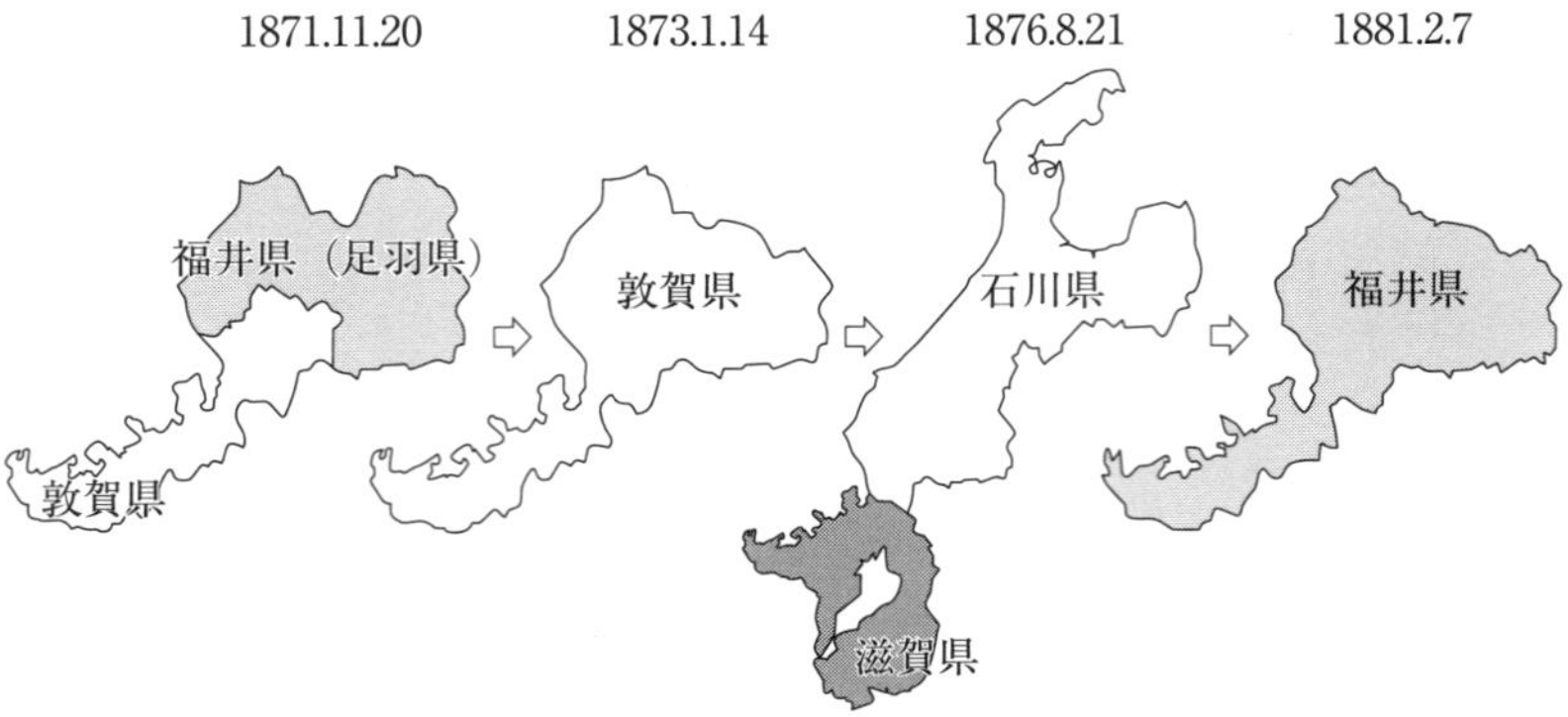

図１　1871‐1881 年　福井県県域変遷図
『図説福井県史』187 頁所収「福井県置県までの県域の推移」 より作成

た。このような政府の嶺北地方への処遇は、旧福井藩の政治的影響力を縮小するだけでなく、当該地方における地租軽減運動を始めとする反政府運動を警戒しての措置であったと考えられる。事実、政府の政策に断固反対し、県令を更迭にまで追い込んだ「徹底的不服村」は坂井・吉田・丹生・今立・南条の五郡下で計二八ヶ村にも及び、一八七六年八月二十一日に敦賀県は廃止され、越前七郡は石川県に、若狭三郡と越前敦賀郡は滋賀県に編入された。その後嶺北地方では越前自由民権運動の主導者・杉田定一中心に地租改正運動が続けられ、一八七九年には「越前七郡地租改正再調査」を勝ち取っている。政府はこの地租軽減運動が一段落した状況で、石川県令・千阪高雅の建言を受け、一八八一年二月七日に福井県を設置した（図１）。これにより現在の福井県が成立し、県庁は福井城下に置かれた。福井県の誕生に際し、嶺南地方では滋賀県への復県を求める運動が遠敷郡を中心に起こり、福井県初代県令・石黒務は嶺北地方と嶺南地方の対立緩和のために腐心したとされる[2]。

福井県域の中学区は、第一中学区＝後の第二十六番（三方・大飯・遠敷・敦賀の四郡）・第二中学区＝後の二十七番（南条・今立・丹生の三郡）・第三中学区＝後の二十八番（足羽・大野の二郡）・第四中学区＝後の二十九番（吉田・坂井の二郡）に区分されたが、実際に学校が設置されたのは、一八七四年二月から翌年八月の敦賀県時代で、第二十八番中学区の福井私立中学校のみであった。福井県設置の一八八一年には福井と小浜の二校が福井県立中学校として開校したが、財政難を理由とする師範学校との併合の決議に加え、中学校令を受けて一八八六年七月に小浜中学校は廃止となり、地方税による県立中学校は福井中学校一校に統一された。

本章では、福井県域の地域性を把握し、数度に亘る県域の変更と厳しい財政難により中学校教育の整備が大幅に遅れた要因が嶺北・嶺南地方の対立、旧福井藩を中心とした自律性にあったことに注目し、県立福井中学校を中心に教育内容の変化及び学校を取り巻く政治的・社会的背景も踏まえながら、福井県の中学校形成の歴史を明らかにしたい。

一、旧藩から足羽県、統一敦賀県時代

福井藩校明新館の中学校

明治二（一八六九）年頃から全国の藩校の中で、藩校を中学校と称したり、藩校の授業に段階を設け、初級を小学校、上級を中学校と称するものが現れた。(3) それらの中にあって、明治二年十二月制定の「福井藩学校規条」に示された中学及び中学校、中学生はより具体的で、かつ異色なものである。神辺靖光は福井藩中学校について次のように論じている。(4)

福井藩の藩校は文政二（一八一九）年の正義堂創設に始まるが、安政二（一八五五）年、藩主・松平慶永が福井城三ノ丸に明道館を開設してから藩校の体裁が一変した。その動機は「洋警之急」（西洋列強の日本接近）で、藩校の学科を従来の儒学（経史子集）に洋学を加え、日本式武術に洋式兵学を加えた。洋学はさらに算術、暦術、物産の学習に進み、兵学は大砲砲術、銃隊編成に進んだ。一方、城中にある明道館の外塾を城外につくったり、少年の学習の

ための幼儀所もつくった。明道館は明治二年五月に明新館と改称、十二月に「福井藩学校規条」を制定した。学校を外塾、小学、中学、医学校の四種とし、次の進学体型をつくっている。

中学生（二〇歳―一七歳）←┐
　　　　　　　　　　　　　├ 小学生（一六歳―一三歳）← 外塾生（一二歳―七、八歳）
医学生（二〇歳―一七歳）←┘

明新館では、旧来の藩校における講義生の上級を中学生、下級を小学生とし、素読生を外塾生としたのである。年齢を見ると、中学生、医学生は「元服した」成人藩士、小学生は「元服前」のいわゆる少年、外塾生は子どもで、後年の小学生の年齢に相当する。当時としては画期的な進学体系であった。

この藩校改革の目的は「文武普通ノ科目ノ確定」にあった。「普通学」が制度上用いられたのは明治三年二月の「中小学規則」であるが、明新館の「普通ノ科目」は藩校の学規としてきわめて斬新な発想である。「普通学」を理論的に構成したのは沼津兵学校の頭取（校長）であった西周である。藩校明新館の学科が沼津兵学校を斟酌し作成されたこと、西周が普通学を構成したことについては拙稿で論じている。[5]

福井藩は明治三年十二月、化学、博物の教師として米国人グリフィスを雇い、洋学、理化学の充実を図った。また、明新館に当時最新式の化学実験室を設け、最新の実験科学は福井のみならず、全国から修行生を集めた。次いで明治四年二月「福井藩学校規条」を発し、学科を改訂した。外塾生、小学生、中学生の学科は以下の通りである。

外塾生　一二―八、七歳　上中小三級

句読　小学　四書　三字経　孝経　大統歌　童蒙入学門
習字　暦朝帝号　世界国尽　小楷　府藩県名　御布令文類　字類三体五十音　数学　方位四季干支　国名
算術　九々加減
講義　小学　皇朝忠孝事蹟之類　日記故事　童蒙入学門之類
幼儀　進退拝趨式

小学生　一六歳—一三歳　上中初三級
句読　史記　文章軌範　国史略　十八史略　皇朝戦略編
習字　小楷　公私和文掲題　行書　公用和文　楷書　私用和文
算術　四則応用　乗除　雑題　定位　数字　加減　雑題
講義　万国地理概略　諸国山川道程并産物人口多寡　地球説概略　皇朝国郡　小学
剣術・柔術・体操

中学生　二〇歳—一七歳　上中初三級
皇典　神皇紀略　大日本史　皇朝史略　日本政記　日本外史
漢書　左伝　通鑑　大学講義　地理全史　鋼鑑易知録　中庸講義　博物新編　論語講義
洋書　理学　器械　化学　図画　地理　万国史　理学初歩　習字　綴字　音調　語学　文法
数学　代数術初等　比例　開方　連数　雑題　数性　奇零　積分　諸等
剣術・柔術・体操
歩兵　行軍陣営大概　小隊運動　生兵　小銃　折方

砲兵　発射　生兵　弾種　名義　標準
右二科ハ兵学所ニ管轄スベキナレドモ当分便宜ニヨリ姑ク中学ニ附属ス

医学校は別に移され、歩兵・砲兵の学科は暫定的に残されたが、外塾→小学→中学の三段階進学体系は各初級・中級・上級の計九級で構成され、進級・進学の体系が一層明確になった。学科・科目を見ると旧来の和学、漢学に並行して外塾生では「世界国尽」、小学生では「万国地理概略」、「地球説概略」が加わり、中学生になると「皇典」、「漢書」と並び多くの「洋書」を学習するように構成されている。また「算術」、「数学」は外塾・小学・中学と一貫して多くの学科目が置かれている。福井藩校における洋数学は、沼津兵学校と並び全国でも最高レベルにあったと思われる(6)。藩校明新館最盛期の生徒は一、三〇〇人と記録されている(7)。

廃藩置県・足羽県から敦賀県へ

明治四（一八七一）年七月、廃藩置県が断行された。この突然の出来事で混乱した福井城下の様子はグリフィスにより活写されている。グリフィスは、福井藩校明新館の優秀な教師は東京のよい官職を与えられて福井を去り、明新館の上級生は東京や横浜に出世の道を求めて去ろうとしていると述べている(8)。王政復古に尽力し、「御誓文」を起草した由利公正（通称三岡石五郎、八郎）は今や東京府知事となり、藩知事・松平茂昭も華族となって東京に移住し、藩重役もそれに従って東京に移ろうとしている。明新館の上級生たちが福井を去ろうと浮き足立つのも無理はないと続けている。グリフィスもまた大学南校へ招聘された(9)。

旧福井藩領のある越前国は坂井、吉田、足羽、丹生、大野五郡の足羽県と今立、南条、敦賀三郡と若狭三郡の敦賀県に分割された（明治四年十一月、第一次府県統廃合）。旧福井藩域は足羽県に編入され、旧福井藩士・村田氏寿が県参事に任命された。村田は藩校明道館の助訓導師で、橋本左内とともに藩校改革に尽力した人物である。(10) 足羽県職員は、旧福井藩士族によって占められた。

その後、約一年を経た一八七三年一月十四日、足羽県は突如廃止され、敦賀県に合併された。同月十九日には敦賀県参事の藤井勉三が敦賀県権令になった。(11)

足羽県中学校　廃藩置県により藩校明新館はどうなったのか。設置母体である藩はなくなったが、他の藩がそうだったように、明新館もしばらくはそのまま授業を続け、その後私立中学校となった。一八七四年の「督学局年報」(12)には、次のように記されている。

　旧福井藩ハ金澤藩ト頡頏シテ互ニ文武ノ技術ヲ競ヒ、現米三万石ヲ以テ教育ノ費用ニ充テ、米国人両名ヲ雇入レ其外日本教員若干名ヲ備フ、廃藩置県以後、更ニ費用ヲ各中学ニ募リ欧学校ヲ管内十七所ニ設ケタリ

廃藩後しばらくは旧藩の現米三万石により継続した。雇い入れた二名の米国人教師とは、エドワード・H・マゼットとマーチン・N・ワイコフのことである。一八七三年一月七日「足羽県布達別紙」の「学校表」に旧福井城内中学校の学科として、国学、英学、日耳曼学、理化学、洋算学、図画とあり、英語教師として「マッヂット」の名が、理化学教師として「ワイコーフ」の名が上がっている。(13)

明治五（一八七二）年八月三日に「学制」が公布された。藩校は、同日発せられた文部省布達第十三号により廃止されることになった。しかし、布達第十三号に次のような但し書きがある。

但シ、外国教師雇入有之場所ハ当省ヨリ官員ヲ派出シ地方官協議之上可及処分候条、夫迄之処、生徒教授向等不都合無之様可取計[14]

外国人教師を雇っていた明新館はこの「但し書き」によって延命したのである。しかし、同年十月十七日には「旧藩県以来其適宜ヲ以テ外国教師傭入有之諸学校ノ儀、今般悉皆相廃止候事」という文部省布達第三十五号[15]が出され、明新館も興廃の岐路に立たされた。

この頃の明新館は、足羽県中学校と称し存続していたようである。足羽県権大属で学校掛の富田厚積が発行した『撮要新聞第五号』（一八七二年十月）[16]に、

足羽県ハ越前ノ首都ニシテ人民四万庁ノ官員事務ヲ怠ラズ、舎密局活版局壮大ノ学校、二人ノ外国教師美麗ノ洋人館、弾薬製造局並ニ或ル古帝ノ山稜アリ（中略）○本県学校へ雇ヒ入ノ化学教師（ワイコツプ）へ本国米利堅ヨリ送リシ彼国学校新聞及ビ来簡中ノ新話ヲ訳シ載ス

とある。しかし、一八七三年一月の『撮要新聞第九号付録』には富田厚積から足羽県権参事・千本久信と同・村田氏寿へ宛てた次の文章が掲載されている。

先般足羽県下ニ於テ、依旧中学設置伺済ニ相成候処、当分官金費用ハ無之候段御指令之旨承知仕候、然ル処是迄本県ヨリ　朝廷是御用ヲ始メ、他県之教員ニモ被雇候者出来候ハ全ク旧来中学設置之功力ニ由候儀ニ御座候ヘバ、

猶以今後追々中学生徒之内ヨリ諸小学へ教員派出等之為メニモ、差当リ中学費用不行届候而ハ、大ニ管内学事之盛衰ニ関係致候儀ニ付、今般中小学設置ノ為メ区内集金方法モ御布達ニ相成上ハ、管内一般朝旨ヲ奉戴シ、接続保護ノ見込一層尽力可仕ハ勿論ニ御座候へバ必定諸有志之面々協同公議モ可有之候へ共、不取敢過凡壬申十一月頂戴仕候官給之分、中学資用ノ方へ差出申度奉存候(17)

達の趣旨は大きく次のようにまとめられる。足羽県に旧来の中学校として存続することになったが、その中学校に使うべき官金はない、という指令は承知した。しかしながら、朝廷に出仕した者をはじめ、他県の教員になった者もすべて中学校出身者である。今後、小学校の教員が必要になるが、中学校がなければ管内の教育は衰退する。管内学事の盛衰は中学費用の有無にかかっている。朝旨を貢戴し、教育を途切れさせないためにも中学校の継続保護が必要である。有志で議論し、とりあえず十一月分の官給を中学資金として献金したいというのである。この直後の一月十四日、足羽県は敦賀県に合併され敦賀県参事・藤井勉三が統一敦賀県の権令に就任したのである。

敦賀県　第二十八番中学校

権令・藤井勉三のもと、足羽県を吸収した統一敦賀県は「学制」が示す小学校の設置に向けて動き出した。一八七三年の実績を記録した『文部省第一年報』により、振り返ってみる。

まず県域を四中学区六〇〇小学区に区画し、その年の内に三三五校の公立小学校をたてた。就学者は二万六、八五八人（内、男子二万九三五人、女子五、九二〇人）である。教員は概ね一小学校に四名宛に置き、月給は五円、三円、二円、一円の四等に区別した。学校の経費は管内全戸に年二五銭を課したので授業料というものはない。(18)

一八七四年の「敦賀県学事年報(19)」は詳細にこれまでの変化と進捗の状況を述べている。三三五校の公立小学校を設置したというが、そのほとんどは寺院の一偶を借りたもので、新築の校舎は小浜町、武生町、福井町、坂井港にそれぞれ一、二ヶ所にあるに過ぎない。前年、六〇〇の小学区を作ったが、山間僻地には広すぎて幼童の通学に不便をきたすので、同年八月、小学区を改正した。しかし今回は、人家稠密の市街は二、〇〇〇戸以上、僻地山邑は僅か二、三〇戸で小学区をつくったため、学資に饒乏（富貧）の差を生じ困惑している。学資は前年より増加して一戸年三七銭五厘に増額したが、人民はこれを恰も重税の如く見て学校を忌避するようになったと衷情を述べている。
『文部省第一年報』は、中学区については四中学区をつくったとだけしか記していない。詳細は「府県史料・敦賀県歴史政治部」に記載がある。
（明治六年）六月、中小学校設置方法ヲ改正シ、管内若狭越前ノ両国ヲ四中学区ニ区分シ
第一中学区若狭国大飯遠敷三方ノ三郡、越前国敦賀合セ四郡、敦賀郡敦賀港ヲ以テ中学本部トス
第二中学区越前国南条今立丹生合セ三郡、南条郡武生ヲ以テ中学本部トス
第三中学区越前国足羽大野合セ二郡、足羽郡福井ヲ以テ中学本部トス
第四中学区越前国吉田阪井合セ二郡、阪井郡阪井港ヲ以テ中学本部トス
右四中学区ノ内、第一第二第四中学区ハ中学未タ設校ニ運ハズ。第三中学区ハ旧足羽県以来設置スル所ノ中学アリ(20)

すなわち、統一敦賀県は「学制」に則る小中学制度をつくりはじめた一八七三年六月の段階で、旧福井藩校の流れをくむ旧足羽県中学校を県内唯一の中学区中学本部として構想していたのである。

一八七三年四月、文部省は八大学区を七大学区に改正した。これにより中学区番号が変わり、同年八月敦賀県の中学区は第一が第二十六番、以下二十七番、二十八番、二十九番中学区に変更された。

同年十二月二日、敦賀県権令・藤井勉三は、「第二十八番中学区内越前国福井町ニ於テ私立中学開業ノ義、学制第百七十九章御成規ノ通願出候ニ付」と述べ、旧足羽県中学校を私立中学校として文部省少督学・柳本直太郎に認可を求め、一八七四年一月七日、「伺之通」として認可された。(21) 文部省に認可される一方で、敦賀県第二十八番中学校の経費については全くめどが立たなかった。一八七四年の「敦賀県学事年報」は「学費賦課ノ法」の中で次のように述べている。

明治六年七月伺済ノ上、管下一般一ケ年一戸ニ貳拾五銭ヲ課シテ小学費トナシ、拾貳銭五厘ヲ課シテ中学費トナス、然ルニ人民ノ景況未タ中学ヲ要セス、且小学普及ノ急務ナルヲ以テ、明治七年五月中学費ヲ止メ悉ク人民ニ返付(22)

つまり中学校は県民に支持されないため、これまで課した中学費を止めたのである。足羽県の中学費とは前年からはじめたもので、毎戸一年一二銭五厘で総額一万四、七三〇円七五銭である。未だ中学校が認可されない時期でもあり、費用は「他日中学設立ノ予備金トス」とされた。(23) それにしても、一旦集めた一万四、〇〇〇円の大金を全額人民に還付したとは不可解である。当時敦賀県は大野郡から今立、坂井郡に飛火した越前大一揆の対応に苦慮しており、県民の不満にある程度誠意を持った対応を見せる必要があったのか。いずれにせよ、県政の不手際とも捉えかねない矛盾である。

第二十八番中学校は旧福井藩以来の蓄積した資金と生徒の授業料による私立中学校として存続した。一八七四年の「督学局年報」は「当校（第二十八番中学）ノ費用ハ旧藩知事委託ノ金額ヲ以テシ生徒ハ月謝五十銭ヲ納メシム」と述べている。(24) なお、『文部省第二年報』所収の「明治七年中学校統計表」はこの学校を私立「福井学校」としており、まだ福井中学校と記した文書もある。

福井私立中学校を敦賀県連区中学校とする

権令藤井勉三は二十八番中学校を敦賀県全域の連区中学校にし、またその連区中学校に師範学科を附設すべく、一八七三年十一月九日、文部省少督・柳本直太郎宛伺をたてた。(25) すなわち、

当県管内ニ於テ多数ノ小学追々設立相成候ニ付テハ、差当リ教員ニ乏シク甚タ差閊《ツカエ》居候条、当今ノ処福井私立中学ヲ以テ管内四中学区ノ聯区中学ト見做シ保護ノ道相立、右中学校内ニ於テ師範学科取設ケ四中学区内小学生徒中ニテ中学年齢ニ立至リ小学ノ学科略卒業ノ者ヲ入学修業為致及ヒ、二十歳以上変則中学生徒ノ内ニテ師範学科中二科三科成業ノ者ヲ試験致シ、管内小学教員ノ欠乏ヲ相補ヒ候様致シ度（下略）

右は十九日、「伺之通」と認可された。

「学制」公布以来、文部省は学齢児童の就学、小学校の普及を第一の任務と考えてきた。文部省の方針に忠実な藤井権令が、足羽県合併後の敦賀県において小学校設置に尽力したことは、前述の通りである。寺院の一隅を借りた簡易なものもあったが、学制公布の翌年に管内全域に三三五校もの小学校を設置した意義は大きい。しかしながら、就学児童を教育する条件は不十分であった。新しい小学校で教える教材、特に教科は規定されておらず、教える教員も

不足していた。まず、小学校の教員養成が急務であった。しかし、敦賀県には師範学校を建てる経済的な余裕がなかった。そこで臨時措置として、唯一の中学校である第二十八番中学校の教員に師範学校教員を兼務させることにしたのである。これが前掲の文部省伺である。しかし、第二十八番中学校は旧福井藩影響下の足羽・大野二郡など嶺北の中学校であり、これに県内全域を対象とする県立の師範学校を附属させるのは難しい。そこで、嶺北と嶺南の地理的、社会的事情に鑑み決定したのが、二十八番中学校を管内四中学区の連区中学校にすることであった。これにより、第二十八番中学校は敦賀県の連区中学校になった。

福井の私立中学校を連区中学校にした目的は中学校を発展させるためではなく、師範学校をたてる一時的方策であった。伝統ある福井の中学校に寄り添って師範学校をおこし、福井中学校の教師に師範学校の教師を兼任させたのである。一八七四年の「敦賀県学事年報」にみる師範学校教員一二名は、私立中学教員一二名の兼任とみられる。(26)

一八七四年、師範学校の状況は徐々に向上した。五月に敦賀県庁で開かれた権令はじめ県学務幹部と学区取締、教員等の会同における県の教育方針と結論は、一八七四年の「督学局年報」に次のように掲載されている。

　政府ノ学事ニ意ヲ用井ル所以ノモノ之ヲ要スルニ唯人生必要ノ教科ヲ授ケ学齢ノ輩ヲシテ異日身ヲ立ツルノ基本ヲ培養セシメントノ謂ヒナリ、蓋シ中学ハ小学科卒業ノ生徒各自将来ノ見込アルモノ独リ之ニ入ルモノナルカ故ニ敢テ教育ノ大主眼トスヘキモノニ非ス、然レハ則チ当県ノ中学ニ於ケル目今無益ノ尽力ナルノミナラス、又以テ多数ノ金額ヲ徒費スルニ幾シ如カス之ヲ閉チテ力ヲ小学ニ専ラニセン(27)

「督学局年報」はこの時期、「学事の方向が一定した」と述べている。小学校の重視は、さし当り、小学校教員養成のための師範学校の向上策になる。一八七三年後半からの連区中学校については、「府県史料」や『文部省年報』などの公的記録が欠落しているため、敦賀県中属、中学大助教・富田厚積の行動を中心に史料を拾ってみたい。

富田は福井藩校の出身で、一八七二年四月、足羽県の権大属、県中学の一等教授であった。前述の『撮要新聞』の発行人と言われている。同年、県中学の維持が困難になった時、自らの給料一ヶ月分、三〇円を寄附したところ、県官や豪商がこれに協力して金や米を寄附して中学校の危機を救った。足羽県が敦賀県に吸収合併されてからは県権中属、学務専任、中学大助教を務めたが、県上層部の中学校縮小案に反対し、対立した。富田は福井の中学校の維持継続を固持して譲らず、一夕、県庁の権参事、権大属らと酒楼で論争し、暴力を振るったと伝えられる。(28) 七四年一月、富田は免官となった。「敦賀県学事年報」は「明治七年一月、権中属富田厚積岐阜県へ転任」(29) とだけ記しているが、福井の中学校は教育方針及び財政を巡り旧福井藩士の主張は大きく退けられ、その後の弱体化を余儀なくされたのである。

一八七四年四月、師範学科を独立させ福井師範学校とし、県下の第十九大区まで区切り人員を割当て、生徒を一二〇名募集した。これを機に福井の中学は福井明新中学校と改称して旧足羽県庁舎に校舎を移した。(30) 旧城内にあった中学校の校舎は師範学校となり、明新中学校は城外の旧足羽県庁跡に移されたのである。また、前述したように、中学資金を県民に還付する決定がなされ、福井明新中学校は危機的な状況に陥った。

敦賀県廃止と福井明新中学校の廃止

一八七五年二月、病気がちな藤井勉三に代り山田武甫が敦賀県権令に就任した。(31) 山田は熊本県出身で横井小楠の門人、熊本藩の会計権参事、熊本県参事を経て内務省に出仕、敦賀県権令になった。(32) 彼は小学授業法の改正を唱え、そのためには良教師の確保が急務であるとして若狭の小浜、越前の武生、大野、福井の各中学区本部に小学授業法伝習所を設置した。(33) 十二月に布告された

「公学規則」では、教員の採用と新校舎の築造などが規定された。[34] 中学校についても、

方今学齢外十五、六歳ノ者小学ノ科目ハ已ニ卒業スト雖、地方未タ中学ノ設ケ備ハラサルヲ以テ、前途修学ノ目的ヲ誤ン事ヲ恐ル因テ自今仮リニ管内便宜ノ地ニ於テ一、二ノ変則学校ヲ設ケ稍高尚ノ学科ヲ教授セン事ヲ要ス

と敬意を払った。[35] しかし一八七六年八月、第二次県統廃合により敦賀県は嶺北・嶺南に分割され、嶺北七郡が石川県に編入された。また敦賀県廃止により、山田権令も職を離れた。[36] 一八七六年秋、福井明新中学校は廃止された。[37]

二、大石川県時代

石川県公立明新中学校の設置

福井明新中学校が廃止となった翌年の一八七七年二月、「学制」の中等教育の基幹である官立英語学校が廃止になった。また同年四月には、東京開成学校と東京医学校が合併して東京大学となり、大学予備門が設置された。全国の官立英語学校は各県に下げ渡され、有力な県立中学校になった。これまで東京開成学校への進学を独占してきた官立英語学校がなくなり、大学予備門→東京大学への進学が全国の中学校に開放されたのである。一方、一八七六年の第二次府県統廃合により、各府県の学務課が強化された。一八七八年七月には「府県会規則」、「地方税規則」が制定され、府県立中学校開設が展望されるようになった。同年九月、文部省は達第六号で「従来、公立学校の設置は文部省に伺出たが、今後は地方官が処置してよい」と達した（本書序説参照）。このような状況下で、公立中学校は着実に増えはじめた。一八七六年度に一八校

であった全国の公立中学校は、一八七七年度は三一校になり、一八七八年度は六五校になった[38]。福井県でも、一八七八年墓参のため来福した旧福井藩主・松平茂昭が、「中学を再び造る資金」として金一、〇〇〇円と一宇の家屋を寄附し、それを機に県職員と有志らにより明新中学校が再興された。

明新中学校再興に関して、「石川県年報」や「府県史料」などに記載はない。再興後の公立福井明新中学校校長として呼び戻された富田厚積の「祝福井公立明新中学校開校序並詩」[39]がこの様子を語るのみである。

（前略）嚮松平公展祖先墓。来于福井。観小学日盛大感賞焉便附以金千円及家屋一于。為他日再造中学之資。吁公之着愛福井市民。何其厚也。始本校之廃也。猶有旧藩準備金。旧県官員其他有司寄附金若干。而画籍器械称之。於是区長学区取締等。奮勉竭力。起築造議。設維持之法。以請之本県。県官速充基請。且助以官舎若干。而至有今日之挙矣（後略）

旧藩主・松平茂昭が先祖の墓参りに来福した際に一、〇〇〇円と家屋一宇を寄附したことをきっかけに地域の区長、学区取締、戸長らが中学校再興に尽力することとなった。松平家からの寄附一、〇〇〇円に旧藩準備金を加えて新校舎建設に充て、さらに学校の維持は学校準備金の利子と小学校補助及び授業料で賄うこととし、不足は協議によって支弁することにした。かくて七月には二、四〇七円余で学校敷地を旧鉄門内に求め、校舎を新築した。石川県に公立中学校の設置を申請したところ、翌一八七九年一月、設置が認可され、石川県立公立明新中学校がここに復活したのである[40]。

公立明新中学校の校則・教則・学科

「石川県史料」に「明治十一年一月廿八日明新中学校管下越前国足羽郡ニ在ル公立中学校ナリヲ設立シ校則教則並学科ヲ編制ス」とあり、[41] 明新中学校の「校則教則並学科」が掲載されている。ただし、校則教則制定の年月は特定できない。

校則は全十三条、教則全九条だが、教則第九条に学科、級学期、教科書、教授法等盛り沢山な内容が詰め込まれていて、難解な教育課程である。したがって、ここでは以下、いくつかの項目に分けて、校則を検討していく。校則第一—四条にこの中学校の特徴が凝縮されている。

第一条　此校ハ文学英学算術画学ノ四科ヲ以テ教授スル所ナリ、但生徒ノ志願ニ依リテハ一科而巳専修スルモ妨ケナシ

第二条　此校ハ専ラ小学ノ全科ヲ卒業シ、尚前途一層高尚ノ学科ヲ修メント欲スル輩ノ為メニ設クト雖モ、年齢満十四歳已上ニシテ相当ノ学力ヲ有シ入学ヲ願フ者ハ試験ノ上之ヲ許ス

第三条　本校ノ維持法ハ旧福井中学以来ノ準備金及授業料等ヲ以テ之レニ充ツ、不足ノ分ハ福井市中ニ於テ弁償スル者トス

第四条　福井市中ノ生徒ハ当分一ヶ月拾五銭、他郡区ヨリ入校ノ者ハ一ヶ月三拾銭ヨリ少ナカラサル授業料ヲ納ムル者トス

第一条はこの中学校の教育の特色を示すものである。「此校ハ文学英学算術画学ノ四科ヲ」教授する所とうたい、藩校明新館の漢学、英学、洋数学の学問伝統をつなぐものと主張する。画学も数学幾何学の一翼である。ただし、場

合によっては一教科専修も許可されるという。

第二条は入学資格であり、小学全科卒業または年齢満十四歳以上の中学校であることを顕示したものである。「学制」施行により、制度上は下等上等の小学校が置かれていたが、小学校に通わなくても十四歳以上で学力がある者は入学を許可するというのである。これは士族の中には庶民と同じ小学校で学ばない者もいたと推測できる。

第三条にあるように、この中学校は旧福井中学校以来の準備金と授業料で維持される旧福井藩士族のためのものと捉えられる。したがって、維持費が不足の場合は城下町福井市中のものが弁償する。

また第四条にあるように、福井市内の士族生徒の授業料は月一五銭だが、市外、すなわち他郡区の生徒は月三〇銭以上徴収するという。旧福井藩の学校という意識が色濃く感じられる。

次に、教則第三―五条を検討する。

第三条　学業ニ普通専門ノ別アルヲ以テ教則ヲ分チ二種トナシ、普通ハ毎科三級ニ分チ三年ニシテ業ヲ終ル者トシ、専門ハ各六級ニ分チ六年ニシテ卒業スル者トス

第四条　学期ハ普通専門共ニ一級ヲ一ヶ年ノ修業ト定メ、毎学期ノ終リニ定期試験ヲ行ヒ精業ト認ムル者ハ昇級セシメ落第ノ者ハ尚原級ニ止ム

第五条　英学専門科ヲ分ツテ二途トナシ、一ハ小学教育ヨリ一層高尚ナル普通学科ヲ原書ニテ教授シ、一ハ理化学農業学動植学地質学等ノ技芸学術ヲ原書ニテ教授ス、孰モ全科卒業ニ至ルマテハ大約六ケ年ヲ要スト雖モ其始メ三年間ハ普通学ヲ修ムル者ト技芸学術ヲ学フ者ト同一ノ課業ニ就カシメ、第四期ニ至リテ全ク区分シテ修学スル者トス

表1　一八七八（明治十一）年一月　公立明新中学校　校則教則

専門画学科		普通画学科
専門数学科		普通数学科
技芸専門部	専門英学普通学	普通英学科
専門英学科	専門英学普通学	普通英学科
専門文学科		普通文学科
一級　二級　三級	四級　五級　六級	一級　二級　三級
専門六年		普通三年

14才

中学予備門 1879年10月	→	高等小学校 1880年5月

図示すれば**表1**のようになる。つまり三年三級の普通学と六年六級の専門学科・計九年九級の課程を含む全体が明新中学校のカリキュラムなのである。この体系は、藩校明新館の「学校規条」以来の流れをくんでいる。

藩校明新館を継承する教則

普通教育課程は普通学を学ぶところで、文学、英学、数学、画学を共通に学ぶが、専門教育課程は文学科、英学科、数学科、画学科の四コースから選んで専攻する。ただし専門英学科だけは六年間のうち、前期三年間は「専門英学普通学」としてより高度な英学を学び、後期三年間は「専門英学科」と「技芸専門部」に分かれる。前者は英語の専門家養成、後者は英語で物理学、経済学、化学、植物学、地質学、動物学、農学全書、金石学、天文学等を学ぶことになっている。複雑な課程は英語学習と英語で学ぶ洋式科学を截然と区分した「中学校教則大綱」公布前であったからである（本書序説ならびに第六章愛知県参照）。それ以前の洋学・英学学習はこのように英語で諸学書を手当たり次第に読んだのであった。明新中学校の専門英学科は幕末以来の洋学学習法を引き継いだものである。

明新中学校学科課程の学科目、使用教科書は「教則第九条」に細かく記載されている。学科ごとの授業科目と使用教科書は次の通りである[42]。

普通文学科
第三級第一期　歴史（皇朝史略・日本外史）文章（文章軌範・作文・叙事）
第二級第二期　歴史（綱鑑易知録）文章（八大家文格・作文・叙事）
第一級第三期　歴史（綱鑑易知録・日本政記）文章（八大家文格・作文・論説）

普通英学科
第三級第一期　ウエグストモ綴字書　ウィルソン読本（第一・第二）習字　通話書　ヒートルバァーレー万国史
第二級第二期　ヒートルバァーレー万国史　前期ノ続　ヒネオ氏文法書　クエツケンボス氏窮理書　モルレー氏格物地理書　文法誤正　レンニー氏文典ニ拠ル
第一級第三期　マルカム英国史　クエツケンボス米国史　ホワイト仏国史

普通数学科
第三級第一期　温習　代数加減乗除　精除法　素乗法　置換　最大通除法　最小通乗積　分数化法　分数加減乗除
第二級第二期　一元一次方程式　一元一次方程問題　多元一次方程式　多元一次方程問題　不定方程問題　乗方開方
第一級第三期　一元二次方程式　一元二次方程問題　多元二次方程式　多元二次方程問題

普通画学科

第三級第一期　器物家屋草花

第二級第二期　人動物類

第一級第三期　景色並着色

専門文学科

第六級第一期　皇朝史略　外史　十八史略　文章軌範　正編　(作文)　叙事体

第五級第二期　続外史　続十八史略　史記　八大家文格　(作文)　叙事体

第四級第三期　温史　政記　清文　(作文)　叙事体

第三級第四期　温史　大日本史　明文　(作文)　論説体

第二級第五期　温史　宋元通鑑　唐宋八家文　(作文)　論説体

第一級第六期　左伝　明鑑易知録　清三朝家録　唐宋八家文　(作文)　論説体

専門英語科

第六級第一期　ウエブストル綴字書　ウエルソン氏読本　第一ヨリ第三迄　ピオネ氏文法書　ビートルハアレー氏万国史　習字　レンニー氏文法誤正　レンニー氏文典ニ因ル

第五級第二期　ヒートルバレアー氏万国史　前記続　地理学　マルカム氏英国史　文法誤正前期ノ続　クエツケンホス氏窮理書

第四級第三期　クエッチンホス氏窮理書　前記ノ続　クエッチンホス氏米国史　モルレー氏　フイジカル氏　セオグラフィー格物地理書　ホワイト氏仏国史　スウエル氏羅馬史　スウエル氏希臘史　翻訳英文ヲ和訳ス

第三級第四期　ダルトン氏生理書　ウィルソン氏万国史　ウエーラント氏経済論　グートリッチ氏博物学　翻訳英文ヲ和訳ス

第二級第五期　チャプルス氏近世史　ウエーラント氏経済論　前期ノ続　クードリッチ氏博物学　前期ノ続　アルデン氏政体学　ウエーラント氏修身学　ロスコー氏化学　翻訳英文ヲ和訳ス

第一級第六期　ギソー氏文明史　ウエーラント氏修身論　前期ノ続　リチャルドソン氏地質学　スチール氏天文学　スヘンセル氏教育論　翻訳英文ヲ和訳ス

技芸専門之部

第三級第四期　ラート氏物理学　ウエーラント氏経済論「或ハベエーレー氏」　ファウン氏化学　ウード氏植物学

第二級第五期　ファウン氏化学　前期ノ続　ウート氏植物学　前期ノ級《ママ》　リチヤルドソン氏地質学或ハ「コスムトツク氏」　ジョンソン氏養植学　ウード氏動物学　アルレン氏農業全書

第一級第六期　モルレー氏格物地理書及気中現象学　ウード氏動物学（前期ノ続）　オクリタチーウエチリンス形質分析　ユールドウエル氏土性弁　ダナー氏金石学　スチール氏天文学

専門数学科

第六級第一期　温習　代数加除乗除　精除法　素乗数　置換　最大通除法　最小通乗績　分数化法　分数加減乗除　一元一次方程式　一元一次方程問題

第五級第二期　多元一次方程式　多元一次方程問題　不定方程問題　根数化法　根数加減乗除　根数方程式　二節語開方　一元二次方程式　一元二次方程問題　多元二次方程式　多元二次方程問題　乗方　開方

第四級第三期　比例　変数　平面幾何学　体積幾何学

第三級第四期　体積幾何学　連数　対数表起原

第二級第五期　平面三角術　弧三角術　測積術

第一級第六期　測量術　微分術　積分術

専門画学科

第六級第一期　器物花草

第五級第二期　山水鳥獣

第四級第三期　人物万象並彩色

第三級第四期　照景法

第二級第五期　器械家屋実見

第一級第六期　万物実見　水画　油画

明新中学校の教則、教育課程は極めて異色である。普通学と専門学を合わせた中学教則、学科を大きく文学、英学、数学、画学に分け、各学科を細かい学科目でなりたたせる。洋学研究の長い蓄積がなければできないカリキュラムである。前述したように一八七七年から一八七八年にかけて全国的に府県立中学校が設置され、府県の中学校教則は「文部省雑誌」「文部省日誌」に掲載され、全国の府県学事担当者が目にしたと思われるが、福井の中学教則は先駆的な内容である。しかし、この教則が実際に実施できたかはさらなる検証が必要である。これらの使用教科書が実在したことは、幕末以来の福井藩の学制改革を見れば理解できる。しかし、教科書は生徒が各々持つことが理想であり、また、英学、数学、画学は専門の教師がいなければならない。明新中学校の記録からは、英学、数学、画学を教授できる教師が十分に確保できていたか、外国人教師がいたのかなど詳細は不明である。沼津兵学校で修行した佐久間正、赤石力ら英学・数学の専門教師が東京から戻ってくるのは福井県設置以降であり、公立明新中学校設置当初の二年間は実態の伴わない幻のカリキュラムであったと考えられる。

三、福井県の県立中学校

県立福井中学校

県立小浜中学校の設置

一八八一年二月七日、石川県に属していた越前七郡と滋賀県に属していた若狭四郡を合併して現在に至る福井県が成立した。(43) この県域の決定は、石川県令・千阪高雅の建言(44)ならびに内務卿・松方正義の建白(45)によるものだが、石川県における旧加賀藩と旧福井藩の対立、長年に亘る嶺北・嶺南の対立と嶺南地方の滋賀県への復権運動(46)など、地域の事情も大きい。

県庁は福井に置かれ、彦根藩出身の石黒務が県令に就任した。石黒は戊辰戦争で藩兵参謀、明治二年、彦根藩権小参事、次いで権大参事、以後、額田県、浜松県、静岡県の参事をへて福井県令に就任した。(47) 石黒県令は「県内学事ノ状況」につき次のように述べた。

滋賀県、石川県の両県に属した若越二州の県民は恰も人情風土や国を別にするようだ。両県の教育施設が違ったため「霄壌（天地）の懸絶」がある。しかしこれを急に一つにしようとしても無理だから着々歩みを進めて漸次改正をおこなう。小学校教育は駸駸と進み適切な方向へ向かっている。俊秀の生徒は頭角を露わし、いまや高尚専門即ち中学校を開設すべきときに達した。(48)

石黒県令は就任早々、中学校開設の時期が来たと認識した。すなわち、

教育上今日急務トスル所ノ者ハ中学設立ノ議ヲ措テ其レ何ニアルヤ、当時幸ニ福井ニ明治十年以来小浜ニ十三年以来中学ヲ開クト雖モ、完全ナル資格ヲ具ヘントスルニ於テハ到底町村費ノ保続シ得ル所ニアラスシテ、生徒教養ノ整理セサル校舎器具ノ充分ナラサルヨリ各地方ニ於テ小学科ヲ卒業セシモノ或ハ年歯稍長シタルモノ、志望ニ適セスシテ、徒ニ有為ノ志ヲ抱テ巷閭ニ彷徨セシムルコト恰モ蛟龍ノ池潢ニ苦ムト一般況ンヤ、若シ本年度ニ於テ依然町村協議ニ委セハ遂ニ廃絶ニ帰スルモ亦タ知ルヘカラス(49)

福井県では、七月から始まった県会において県立中学校の設置が建議され、福井中学校と小浜中学校の設置が決定した。(50)

福井県立小浜中学校

一八八一年の福井県会の決議により県立小浜中学校が発足した。若狭四郡が滋賀県に属することになった一八八〇年、小浜には初等師範学校があったが、滋賀県は一八八〇年四月、

これを廃止し、中学校にすると布達した。これは同年五月の滋賀県会が中学校予算を否定したためである（本書「滋賀県の中学校形成史」参照）。そこで当局はこれを若狭大飯郡、遠敷郡、三方郡三郡の連合郡立中学校として開校し、地方税五〇〇円を補助することにした。[51]

一八八一年、福井県は県立小浜中学校を設置するに当り、この若狭三郡共立の中学校を引き継ぎ、小浜竹原村にある校舎を仮用し、同年十二月に開校した。

福井県はまた小学校振興のために、師範学校の充実に迫られていた。県庁のある嶺北の福井だけに師範学校を置くわけにはゆかない。「若狭ノ福井ニ遠隔シ近キハ二十里、遠キハ三十里且山河ノ嶮アリテ生徒ノ来学ニ不便」なため、若狭にも師範学校を置かねばならない、と一八八一年の「福井県年報」[52]は述べている。このような経緯もあり、すでに小浜中学校が同居している旧若狭三郡共立中学校に県立小浜師範学校を併設し、開校した。「本校（小浜師範学校）ハ小浜中学校ヲ合シテ設置シタルモノニシテ校長以下ノ職員ハ総テ中学校ト連帯スルモノナリ」[53]と一八八二年の「福井県年報」は記している。

中学校師範学校兼務の校長兼二等教諭には月棒三〇円で、青森県士族・小松利済を任じた。一八八二年の教員は二等教諭一名、三等教諭一名、一等助教諭一名、二等助教諭二名、三等助教諭三名ですべて福井県出身者を採用した。「其学力ノ如キハ公立師範学校ノ卒業証書ヲ所持セルモノ二名、其他ハ一科若クハ数科ノ専門学ヲ修メ各従来高尚ノ普通学校ニ職ヲ奉セシモノニシテ小学師範生及中学生ヲ教授スルニ毫モ差支ヘナシ」[54]と同年報は述べている。

県立小浜中学校開校後間もない一八八二年一月二十一日付の『福井新聞』に次のような記事が掲載された。

小浜中学校も福井中学校と同時に県立と為り、則ち客年末それ〳〵役員教員等も増置と為り生徒も五十名を募り頗る盛大にせらる、都合なるは既に世人の知るところなるが、その位置は竹原村にて東方郡役所に隣りこの大さは福井の桜小学校程なれとも建築法甚だ拙劣にして教場の配置方等頗る不都合を極め、諸事創業と一般英書は高尚のもの申すに及ばず綴字書一冊も無き位なればこの他は推して知らる、とす、扨授業は午前八時に始まり午後一時半の終業にて会食は無く本年は去る十六日より業を始めしと云ふ、県立の効空しからず、何れ近々校務整頓し都会に恥ぢぬ様為るべしと土地の人は甚だ望を嘱して居るとは何よりの報道なり

福井県はこの県立二学校を県費で維持した。小浜竹原村の旧若狭三郡の共立学校に同居した二校であり、校長以下教員全員が両校かけ持ちであるため、県は二校の維持費を小浜小学師範学校費として一括している。「福井県統計書」によると一八八二年から一八八四年までの「小浜小学師範学校収入」は**表2**の通りである。一八八二年は発足の年であるから、別途に小浜中学校費として

表2　一八八二—八四年小浜小学師範学校収入表

年次	収入	備考
一八八二年	二六円六〇銭	小浜中学校収入一三円
一八八三年	二、五五五円六八銭	小浜中学校記載なし
一八八四年	三、〇四〇円七銭三厘	小浜中学校記載なし

『福井県教育史百年史第一巻通史編（一）』三六六頁表より抽出作成

表3　一八八二—八四年小浜中学校・小学師範学校生徒数

年次	中学校	師範学校
一八八二年	三二	二五
一八八三年	四一	三一
一八八四年	四三	四一

『文部省第十年報—第十二年報』より作成

表4　一八八四年小浜中学校学年学期別生徒数

学年学期	生徒
一年前期	一二
一年後期	五
二年前期	九
二年後期	一三
三年前期	一
三年後期	三

『文部省第十二年報』二一七頁より作成

一三円が計上されているが、一八八三年、一八八四年の中学校費は師範学校費に含まれている。校費の大半は校長・教員その他の給料であるが、ほぼ同額の生徒費がある。一八八二年の「年報」に私費生が多少いたことが記されているが、授業料についての記述がないことから、生徒の学習費も県が持っていたことが予想できる。ちなみに、公立明新中学校校長・富田厚積の月俸は一五円であった。(55)

一八八二年から八四年にいたる三年間の小浜中学校及び小浜小学師範学校の生徒数を「福井県年報」の統計からまとめた（表3）。小浜中学校は、小学師範学校と同居した形の中学校であったが、生徒数は中学校の方が常に若干多かった。一八八四年の「福井県年報」にある小浜中学生の学年学期別（等級別）生徒数は**表4**の通りである。進級試験に落第または退学などもあり、各学年各学期の生徒数はアンバランスである。しかし、在学期間三年で三年後期まで登級した生徒が三名いたことは、一定の学習効果が上がったことを示すものである。細々と存続していた小浜中学校であったが、一八八六年、「中学校令」が公布されると、同令第六条の地方税の支弁または補助の中学校は府県一校と制限されたため、小浜中学校は師範学校ともども廃止になった。

告第七十九号
勅令第十三号師範学校令第三条同第十五号中学校令第六条ニ基キ、本月十五日限リ小浜師範学中学校ヲ廃止ス
右告示ス
明治十九年七月五日　　　福井県令　石黒　務(56)

福井県立福井中学校開校

一八八一年の福井県会の決議により県立福井中学校が開設された。一八八二年の「福井県年報」は次のように述べている。

県立福井中学校ハ福井佐佳枝上町明新中学校ヲ仮用シ、書籍器具モ亦タ大概明新中学ヨリ借受ケ、寄宿生徒ハ福井師範学校寄宿舎ノ内一宇ヲ以テ之レニ充テ、校長ハ熊本県士族林正弘ヲ之レニ任シ月俸四拾円ヲ給シ、教師都合四名ナリ(57)

一八八二年一月十六日、福井中学校開業式が挙行された。開校にあたり、一月十三日付『福井新聞』では、門前には花門を造り、上に国旗を交叉して掛け、校舎の入口には紫の幕を張り、式場正面には松平慶永自筆の「晩成」の二字を書した扁額を掲げたと報じている。一月十七日付の同紙は開業式の様子を次のように伝えている。

正面中央に紫布をかけ大卓を据へ、緑布をかけし卓の上へ香炉に芝柿などを盛りたる雅籠を並へその側へ大瓶に古松椿および宝珊瑚を生け、正面東の第一席に松平正四位公の椅子を並べ、それより次第に師範学校監事医学教頭ならひ中学校長諸教員の席を設け、西の第一席に県令書記官の椅子を並べ、それより次第に郡長学務課員郡書記県会議長新聞記者の席を設け、南一面を生徒の席と定めまづ生徒を以て席に着かしめ、午前十一時を相図に来賓を式場に案内し（た）

松平茂昭は在東京であったが、北陸鉄道開通祝典のため来福しており、中学校開業式への出席となった。会場は、旧明新中学校の広間である。席順は東に元藩主を頂点とした旧藩勢力と、西に県令を頂点とした県職員が整然と並んだ。県令ならびに書記官からは祝酒料として金一五円が贈られ、彦根藩出身の県令・石黒務からの祝辞が呈された。祝辞ではこの中学校が「地方税即チ管内人民ノ膏血」で設置されたことが再三強調された。次の県議会議長の祝辞では、三つの喜びが表された。第一はこれまでの十里二十里隔てた敦賀県庁、石川県庁に支配されたこの学校が、「並軒の地にある福井県庁」の管轄になった喜び、第二は福井県の地方税による県立中学校になった喜び、第三は校長・教員に「この人を得たる」喜びである。最後に、松平茂昭の祝辞が松平家家扶・武田正規によって朗読された。

維明治十五年本月本日福井県立中学開校式ニ付校長林正弘氏ヨリ~~不佞~~《茂昭》此地ニ滞在スルヲ以テ其式場ニ臨~~ム~~《列スル》事ヲ懇招セラル、元ト此校舎ハ明治十一年ノ経営ニシテ~~不佞~~《茂昭》父慶永ト倶ニ此地ニ来リシ際其挙ヲ賛成協力セ~~シ~~《シ》事~~ニテ~~福井共同ノ中学ニテ高等小学ヲ兼シ処、昨十四年福井県新置ニ付県~~会ノ議ヲ以テ福井人民ニ図リ~~県立ノ中学ト為~~シ~~《ナリ》~~シ漢学洋学兼備ノ~~林正弘氏ヲ聘シテ高等トセラレ百時完整シテ今日開校ノ式ヲ行ハル、~~不佞其席ニ列シ~~《茂昭其席ニ臨ミ》其盛典ヲ祝シ石黒~~明府~~《県令》ノ学事ヲ奨励セラル丶ノ厚キト林校長ノ職務ニ尽力アルノ至レルヲ感シ、自今此校ノ益々振起シテ生徒ノ学業駸々乎トシテ進歩セン事ヲ信シ実ニ欣喜ニ不堪ナリ、冀クハ旧封内ノ士民父兄ハ其資産ヲ失ハスシテ子弟ヲシテ学ニ従事スルヲ得セシメ子弟ノ能ク其教導ニ従ヒ勤学励情シテ其業ヲ修メ他日此県ヨリ国家ノ為メ大ニ有為ノ材ヲ出スノ美果ヲ得ン事ヲ欲スルナリ、因テ祝意ヲ陳ヘ併セテ喜ヲ表スト云尓

明治十五年第一月十六日　　正四位松平茂昭

右は松平文庫所蔵の「開校式祝辞」である。『福井新聞』掲載の実際に朗読された「祝辞」には、語句に若干の相

違がある。[58] 茂昭は、校舎に仮託して、この学校が旧藩主松平家が興した明新中学校の流れにあることを明記せよと参列の生徒に語りかけた。

県令、県会議長、松平茂昭という三者の祝辞では、福井県立中学校にかける思いが三者三様に微妙に異なっている。石黒県令が「人民の膏血」とまで地方税支出を強調したのは、この学校が福井県民のもので旧福井藩士族だけのものではないことを参列者並びに生徒達へ伝えたかったからではないか。これに対して松平茂昭の祝辞は藩校明新館の伝統を忘れないようにと述べたように聞こえる。県会議長は敦賀、石川両県の支配から脱した喜びと福井の地に新しい県立中学校ができた喜び、すなわち、過去の栄光と苦難を超え、再び福井の地が県の学府になった喜びを述べている。

福井県中学校規則の制定

開業式が行われた六ヶ月後の一八八二年八月二日、「福井県中学校規則」が制定された。設立ノ趣旨・学科課程・修業年限・学期・授業時間・休業定日・試験・書籍器械・生徒入学在学退学・罰則の一〇項目全五十七条に「学科授業ノ要旨」「中学教科用図書表」「学科課程表」を附したものである。[59] この学校の基本方針を示す「設立ノ趣旨・学科課程・修業年限」を次にあげる。

設立ノ主旨

第一条　本校ハ高等ノ普通学科ヲ授クル所ニシテ中人以上ノ業務ニ就キ、又ハ高等ノ学校ニ入ルカ為メ必須ノ学科ヲ授クルモノトス

学科課程

第二条　課程ヲ分チ初等高等ノ二科トス

第三条　初等科ハ修身和漢文英語算術代数幾何地理歴史生理動物植物物理化学経済記簿習字図画及唱歌体操トス

但、唱歌ハ教授法ヲ整ヲ待チテ之ヲ授ク

第四条　高等科ニ於ハ初等科ノ修身和漢文英語幾何記簿図画及唱歌体操ノ続ニ三角法金石本邦法令ヲ加ヘ、又物理化学ヲ授ク

第五条　初等科卒業ノ者ハ高等科ハ勿論師範学科専門学科ヲ修ムルヲ得ヘク高等科卒業ノ者ハ大学科高等専門学科ヲ修ムルヲ得ヘシ

但、大学科ヲ修メント欲スル者ハ当分ノ内尚必須ノ外国語ヲ修ムルヲ要ス

修業年限

第六条　修業年限ハ初等科ヲ三ケ年トシ高等科ヲ二ヶ年トシ通シテ五ケ年トス

文言の違いはあるが、第一条から第四条までは一八八一年の文部省達二十八号「中学校教則大綱」に準拠したものである。中学校を高等普通教育を学ぶところとし、藩校以来の専門学と普通学の合体という明新中学校の教育観はそこにはもうない。

第五条は「教則大綱」にはない独自のものである。すなわち、中学校初等科卒業者は中学校高等科や師範学科、各種専門学科へ進学できる。高等科卒業者は東京の大学や高等専門学校に進学できると、進学経路を具体的に示している。東京大学や予備門、漸く全国に設置されつつある専門学校の状況に鑑み、学校間接続（アーティキュレーション）を考慮したものであろう。進学者は外国語が必修とされた。第一条で「中人以上ノ業務ニ就キ又ハ高等ノ学校ニ入ルカ為メ」という平行目的を掲げてはいるが、福井県中学校は進学志向であった。

第六条は修業年限を初等科三年、高等科二年の計五年としている。「教則大綱」の初等科四年を但し書き（第十一

条）を用いて三年に短縮しているのである。学科課程表は**表5**の通りである。

福井県立福井中学校の実態

一八八一年十一月、校長に熊本県士族・林正弘が任ぜられた。旧熊本藩士・竹添井々門人で中村正直の同人社を卒業した人物である。しかし、一八八三年十一月、三十歳の若さで在職期間中に病没した。後任には山口県出身・横山幾太が任ぜられたが、在職わずか八ヶ月で退職したので同校教諭（物理化学動物担当）・大岩貫一郎が一八八四年六月まで校長心得を務めた。また、その後任として鹿児島県出身・松田為常が着任した。米国で学位を取得した松田は一八八六年七月の卒業式では日本語と英語で演説を行い、校長としての威厳を見せつけた。(60)

教員の多くは福井県出身者から採用されている。一八八二年の「福井県年報」は次のように述べている。

教員九名ヲ置ク、内七名ハ本校専任ニシテ三等教諭一名ヲ除クノ外総テ之ヲ本県下ニ採レリ、今二名ハ福井小学師範校ヨリ兼任ス、則一等教諭二名三等教諭二名一等助教諭三名（内一名福井師範校ヨリ兼任）二等助教諭二名（内一名福井師範校ヨリ兼任）三等助教諭一名ナリ、而シテ其学力ノ如キハ各従来高尚ノ普通学校ニ職ヲ奉セシモノニシテ、別ニ卒業証書等ヲ所持セスト雖トモ中学生徒ヲ養成スルモ毫モ差支ナシ、唯三等教諭一名官立師範学校ノ卒業証書ヲ所持セリ(61)

授業は九月一日にはじまり、翌年七月二十日に終る。九月から翌年二月二十日までが前期、二月二十一日から七月二十日までが後期の二期制である（中学校規則第七条）。夏期休業は七月廿一日から八月三十一日まで、冬期休業は十二月二十六日から一月十日まで、他に休日は日曜と祭日がある（同規則第十条）。授業時間は一日五時間、土曜三時間

表5―1　一八八二年福井県立中学校規則・学科課程表（其の一）

学科				修身	和漢文	英語	算術	代数	幾何	三角法
初等中学科	第一年	前期	毎週時数	二	六	六	五			
				嘉言 善行	読書 和文 漢文 作文 仮名交文 書牘文	綴字 音読 訳読附書取 習字	加減乗除 分数 小数 比例			
		後期		二	六	六	五			
				前期ノ続	前期ノ続	綴字 音読 訳読附書取 習字 文法概畧 口授	比例 百分算 開平開立			
	第二年	前期		二	五	五	二	三		
				前期ノ続	読書 漢文 作文 仮名交文 書牘文	読書 文法附書取 習字	級数 求積	用字記号 整数四則 分数四則 一次方程式		
		後期		二	五	六		三	二	
				人倫 大道	前期ノ続	前期ノ続		一次方程式 乗法 方根数 方根方程式	平面幾何 総論直線 角多角形	
	第三年	前期		二	六	六		三	二	
				前期ノ続	読書 漢文 作文 仮名交文 漢文	読書 作文 附書取		二次方程式 比例 順列 錯列	平面幾何 比例 円	
		後期		二	六	六		三	二	
				前期ノ続	前期ノ続	前期ノ続		級数 冪標方程式	平面幾何 円ノ続 応用	
高等中学科	第四年	前期		二	七	七			二	
				前期ノ続	読書 漢文 作文 漢文	読書 修辞 作文			立体幾何 面ノ交接 立体	
		後期		二	七	七			二	
				前期ノ続	前期ノ続	前期ノ続			立体幾何 立体続幾何ノ応用 常用曲線	
	第五年	前期		二	六	七				二
				前期ノ続	読書 漢文 作文 漢文 詩歌	読書 名家詩文 作文				八線変化 対数用法
		後期		二	七	七				二
				前期ノ続	前期ノ続	前期ノ続				三角実算
各科授業時間比較				二〇	六一	六三	一二	一二	一〇	四

地理	歴史	生理	動物	植物	金石	物理	化学	経済	記簿	本邦法令	習字	図画	体操	通計
二	二		二								一	二	三	八二
総論日本地理万国地理中亜細亜州	日本史		動物ノ大意								楷書	自在画法	徒手演習啞鈴球竿提棒	九
二	二			二							一	二	三	八二
万国地誌前期ノ続	日本史			植物ノ大意							楷書	自在画法	同上	九
二	二					二	二				一	二	三	八二
地文地球地史陸水	日本史					物理ノ大意	化学ノ大意				行書草書	自在画法	同上	一一
二	二					二	二					二	三	八二
地文大気生物物産	支那史上古ヨリ					物理ノ大意	化学ノ大意					自在画法	同上	一〇
	三	二						二				二	三	八二
	支那史万国史上古ノ部	生理ノ大意						理財ノ大意				自在画法	同上	九
	三	二							二			二	三	八二
	万国史中古ヨリ近世迄	生理ノ大意							単式			自在画法用器画法	同上	九
					二	二			二			二	三	六二
					総論分科法硬性形状其他ノ性質効用等	総論重学			複式			前期ノ続	同上	八
					三	二						二	三	六二
					前期ノ続地質ノ大意	熱学聴学視学						前期ノ続	同上	七
						三	四					二	三	六二
						視学電気磁器及気象ノ大意	総論非金属金属					前期ノ続	同上	七
							四			二		二	三	六二
							金属及有機化学ノ大意			現在法令		前期ノ続	同上	七
八	一四	四	二	二	五	一二	一二	二	四	二	三	二〇	三〇	二七二

『福井県教育百年史第三巻史料編（一）』七〇六—七頁から作成

表5―2　学科課程表（科目・教科書）

初等科（第一学年）

課目	前期	後期
修身	小学	小学外篇
和漢文	読書　本朝文範　日本外史　作文　仮名交リ文　書牘文	読書　本朝文範　日本外史　作文　仮名交リ文　書牘文
英語	ウヰルソン氏プライマール　同氏　第一読本　附書取　習字文法口授	ウヰルソン氏第二読本　パーレー　万国史　附書取　習字ピオネ氏文典
算術	加減乗除分数　小数比例	比例百分等　開平開立
地理	日本中地理書　万国地誌要略	前期ノ続
歴史	国史略初篇	国史略二篇
動物	口授	
植物		口授
習字	楷書	楷書
図画	自在画法	前期ノ続

初等科（第二学年）

課目	前期	後期
修身	小学外篇	論語
和漢文	読書　日本外史　作文　仮名交リ文　書牘文	読書　前期ノ続　作文　仮名交リ文　書牘文
英語	ピネオ氏文典　パレー氏万国史　習字附書取	クヱッケンボス氏作文階梯　同氏大米国史　習字附書取
算術	級数求積	
代数	用事記号、整数四則分数　四則一次方程式	一次方程式、乗法方程式　方根方程式
幾何		平面幾何
地理	コロネル氏格物地誌	前期ノ続
歴史	国史略三篇	十八史略
物理	物理全誌	前期ノ続
化学	新式化学	前期ノ続
習字	楷書・草書	
図画	自在画法	用器書法

初等科（第三学年）

課目	前期	後期
修身	論語	前期ノ続
和漢文	読書　文章規範　作文　仮名交リ文　漢文	読書　前期ノ続　作文　仮名交リ文　漢文
英語	クヱッケンボス氏作文階梯　同氏大米国史作文　スチュデント氏英国史	クヱッケンボス氏修辞書　スチュデント氏英国史　作文
代数	二次方程式　比例順列錯列	級数　冪標方程式
幾何	平面幾何	平面幾何
歴史	元明史略	清史攬要
生理	ホッチソン氏生理書	前期ノ続
経済	フヲセフト氏小経済書	
記簿		単式
図画	用器画法	前期ノ続

高等科（第四学年）

課目	前期	後期
修身	大学	中庸
和漢文	読書左伝　作文漢文	読書前期続　作文漢文
英語	クヱッケンボス氏修辞書　ベイン氏推理書　作文	前期ノ続　作文
幾何	立体幾何	立体幾何・常用曲線
金石	金石学必携	前期ノ続
物理	スチュアート氏物理書	前期ノ続
記簿	複式	
図画	自在画法・用器画法	前期ノ続

高等科（第五学年）

課目	前期	後期
修身	フレミング氏修身書	前期ノ続
和漢文	読書八大家文　作文三体詩詩文	読書前期ノ続　作文詩文
英語	アンダルウード氏掌中英文学書　ウヰルソン氏第五読本　作文	前期ノ続　作文
三角法	八線変化・対数用法	三角実算
物理	スチュアート氏物理書	
化学	ロスコー氏化学書	前期ノ続
法令 本邦		現行法令
図画	自在画法・用器画法	前期ノ続

『福井県教育百年史第一巻通史編（一）』三四九―三五一頁所収課程表から作成

表6　一八八二～八五年　福井中学校歳費

年次	歳費	出典
一八八二年	二、五七二円一九銭四厘	文部省第十年報五三三頁
一八八三年	二、八二四円九銭七厘	文部省第十一年報四九一頁
一八八四年	三、九一七円九三銭八厘	文部省第十二年報二七七頁
一八八五年	四、五三七円四二銭五厘	文部省第十三年報三六八頁

表7　一八八二～一八八五年　福井中学校学年前後期別生徒数

学年	一年		二年		三年		合計	卒業	出典
前後期	前	後	前	後	前	後			
一八八二年	六八	三五	一四	四	八	―	一二九		文部省第十年報五三三頁
一八八三年	三〇	三二	二六	一二	一六	四	一二〇		文部省第十一年報四九一頁
一八八四年	三四	五〇	三五	一五	一五	八	一五七	五	文部省第十二年報二七七頁
一八八五年	二四	二七	四〇	四二	一〇	二二	一六五	八	文部省第十三年報三六八頁

（同規則第八条）月末と学期末に試験がある（同規則第十一条）。

学校の経費はすべて地方税で支弁した。「本校経費ハ総テ地方税ヨリ支弁シ毫モ他ノ金種ヲ要ムル事ナシ」[62]と一八八二年の「福井県年報」は述べている。一八八二年から八五年に至る福井中学校の歳費は**表6**の通りである。一八八四年から一、〇〇〇円余の増額が施設設備、教具、教材の充実にあてられた。

一八八二年一月、開校時の生徒は七〇名であった。募集に応じて入学した生徒もいるが、旧明新中学校から移ってきた生徒もおり、中には優秀な生徒もいたので、「学力ヲ量リテ相当級ニ編入」[63]した。一八八二年から一八八五年に至る学年別前後期別の生徒数が**表7**である。**表7**は学年学期別になっているが、等級制に他ならない。進級試験の結果により、進級・落第が決定された。前述の「中学校規則」試験の項、第十一条から第三十条に月末試験と学期試験の方法及び評点の仕方が詳細に記されている。毎月末に行われる試験の成績は平均点数を付して掲示され、教室の席順が決まる（通常は成績順に後部座席から前部に至る）。学期末試験も生徒全員の成績が平均点を付して掲示され、全科目の評点が平均数の五分の三以上でなければ落第となる（試験第三十四～三十七条）。当時としてはかなりゆるい及第制度である。開校三年目の一八八三年には、三年生後期まで進級する生徒が現れた。卒業生が出たことは一定程度の教育実績をあげたことになる。教育課程は初等科三年、高等科二年の五年制であるが、実際は三年制の初等科中学校であった。卒業後の進路についての記録は極めて少ない。一八八五年の「福井県年報」に、

本年中初等科ヲ卒業セシ者八名アリ、其卒業後ノ状況ヲ述レハ概ネ官立其他ノ学校ニ入リ更ニ高等ノ学芸ヲ修メントスル志望ヲ抱クモノ、如シ、生徒ノ学業ハ漸ヲ追テ進歩シ卒業生ヲ出ス、亦年一年ヨリ多キヲ加フ(64)

とあるだけである。

生徒の授業料は一人一ケ月一五銭、家貧なる場合は減額または無料（規則第四十二条）、教科書、教材は原則自弁、貸し出す場合もある（規則第三十一、三十二条）。寄宿舎の賄料は毎月三円（規則第四十一条）と決められていた。生徒は全員、袴を着用しなければならなかった（規則第四十七条）。

福井中学校農業科　一八八四年六月、福井中学校に農業科が設けられた。農業科の前身は福井県農業講習所である。農業講習所は、一八八二年通常県会で勧業施設として設置が決定し、翌年三月に足羽郡明里村に開設した。(65)同年一月に制定された「規則」によれば「農事上ノ学理実業ヲ講習シ其ノ振作改良ヲ以テ本旨」と

され、給費生と自費生の二種を設け（第一条）当分は給費生のみとして、生徒を募集した。(66)しかし応募者が少なかったため、一八八四年六月二十五日、石黒務県令は「本県農業講習所本月三十日限相廃止、該生徒ノ義ハ県立福井中学校ニ於テ教授セシメ候」と布達した。(67)これにより、農業講習所は中学校農業科に移行したのである。(68)

福井中学校農業科の生徒一二名は、中学校の学年学期の基準で一年後期六名、二年後期六名に振り分けられた。(69)翌年の一八八五年には一年後期三名、二年前期二名、二年後期一名の計六名に減少している。(70)半数に当る六名が退学したのである。その後も農業科生徒数は増えず、志願者もほとんどいないため、一八八六年三月をもって廃止された。農業科生徒は中学校の相当学年学期に編入したが、うち三名は退学している。(71)

実業教育振興は福井県においてはその気運に到らなかった。一八九三年、福井県会は再び農事講習所の設置を建議し、翌年四月福井市内に開校した。しかし、一八九五年三月にはこれを廃止し、新たに福井県簡易農業学校を設置し、これを引き継がせた。(72)一八九九年二月には福井県農学校と改称、一九〇八年三月には福井県立福井農林学校となって後年に続く。福井県農業講習所、福井中学校農業科は県立農林学校の前哨といえよう。

育英団体・輔仁会の設立

一八八一年二月三日、村田氏寿、瓜生寅、関義臣ら旧福井藩士一七名が発起人となり、輔仁会が設立された。福井出身者で組織された育英団体である。翌年五月には東京在住で官職などに従事する福井県関係者ら三、〇〇〇名により東京輔仁会が創立された。会発足に際して、松平慶永と茂昭が株主となり支援を行った。松平家の「家譜」(73)には、

五月十六日輔仁会え百株の株主となり、別に、金五百円寄付すべき旨申入れたる、此会ハ旧福井藩の有志者相謀候て越前人中俊秀にして修学の志あるも家計窮貧其志を達する事能ハさる輩に其学資を扶助する為め、東京及

ひ福井に於て広く株主（一株金二拾五円）を募り該募集金の利子を以て本年七月より来る廿五年六月までを一期とし満期後株金を各株主に返戻たる定めなりこれら資本に宛る旨趣にて頗る美挙なりし故、賛成加入せられしなり、該会幹事え申入れられし書面左の如し

今般輔仁会被取立候趣致承知候ニ付百株加入申談、且金五百円該会え寄附候事

同年四月八日付幹事宛慶永、茂昭書簡(74)にも次のように記載されている。

今般在東京旧臣村田氏寿其他数名発起ニテ輔仁会ヲ開設シ、旧藩士ノ俊秀篤厚ノ子弟ヲシテ学業ノ為メニ全員ヲ資給スル旨伝聞スルニ付、左ノ通リ賞賛ス

今般在東京旧臣等本貫衆ノ為輔仁会ヲ開設スルノ美挙アルヲキク、即国家ノ栄幸至感何ソ巳ン、仍夫ヲ喜賛スルノ証ヲ表シ金一千円ヲ該会ニ寄附ス、請フ収受アラン事ヲ

松平家は一、五〇〇円を寄付し、百株の株主になったのである。輔仁会は慶永、茂昭にとってはあくまでも旧家臣子弟の育英団体であった。しかも、旧藩士の俊秀なる子弟は皆福井中学校の生徒である。育英の対象を福井中学生とした方が分かり易いし現実的である。

福井教育会にては先頃より彼の輔仁会規則の議に付屢会議を開かれしが、終に福井中学校の生徒中にても等しく之を扶助すべきに修正して東京輔仁会委員長の許へ照会されたる由、果して然するに至らば教育上の進捗に多少の効益を現はず《ママ》なるべし

と一八八二年八月二十五付の『福井新聞』は述べている。早速選考がはじまった。九月六日付『福井新聞』には、

曾て本紙上に掲載せし彼の輔仁会募集の生徒を目下中学校内に於て試験中のよし、その試験役員は理学士石田二男雄、中学校長林正弘、師範学校長田口寅之介氏を始め、大岩、松原、日置、山本、高橋等の諸教諭にして、尤も県庁学務課員、郡役所学務掛、輔仁会委員等も之に出席さる、と云う

と選考の様子が掲載された。

福井では廃藩以後、敦賀県、石川県に編入されて県独自の中学校を持てなかった。一八七九年、藩校明新館の伝統をひく明新館中学校を開設するにあたり、旧藩主・松平家は建物一宇と金一、〇〇〇円を寄附して旧藩士族子弟の育英に力を貸した。また、旧藩士が発起人となり旧藩士子弟の育英団体ができると松平家は早速、これに応じ、多額の寄付を行うと共にその大株主になった。輔仁会の対象は在福井の中学生だけではなく、中学校を卒業し、東京その他の高等教育へ進学する優秀な男子も対象とした。一八八二年六月に定められた「輔仁会規則」(75)第一章第一条には次のようにある。

本会ノ主義ハ同郷ノ俊秀篤厚ノ子弟ニシテ福井中学校ニ入リタル者ヲ扶助シ之ヲ成業セシメ、並ニ満十八歳以下ニシテ福井中学ヲ卒ヘタル者又ハ之ト同等ノ学力アル者ヲ扶助シ、東京ニ於テ諸専門学科ヲ修メシムルニアリ

輔仁会の育英組織と奨学生範囲の拡大

一八八二年十一月、「輔仁会規則」に基づき、輔仁会は本部事務所を東京神田区三崎町二丁目三番地に、出張所を福井に置いた（輔仁会規則第二条）。金三万円を資本としてその利子を以て生徒を扶助するのを方針とするが、三万円の五分の一、即ち資本が六、〇〇〇円に達した時から育英扶助を開始する（同第三条）。資本金は一、二〇〇株に分けて募集し、一株（二五円）以上所有する者を会員とする（同第四条）。満一〇年を一期とし、以後の継続は一八九二年二月の総会で議題する（同第八条）。以上を総則として、育英扶助の方法が細かく決められている(76)。

東京での扶助人数は初年三名、二年六名三年五名、四年五名、五年二名を募集し、六年・七年は一五名を養成する（同第十二条）。福井では初年二名、二年三名、三年三名、四年五名、五年二名を募集し、六年・七年は一五名を養成する（同第十三条）。募集の時期、金額等については毎年、『福井新聞』に広告する（同第十二条）。育英扶助の希望者が出願する際に提出しなければならない「学術優等」、「平素の品行」、「身体健康等の保証」、「家産余裕なき報告」、「戸主の依頼書類等」の記載についても細かく規定されている（同第十六条）。一八八三年八月には、育英扶助生（奨学生のこと）の募集が始まった。

東京輔仁会規則ニ拠リ福井中学校扶助生三名募集相成段通知有之候条、志願ノ者ハ本月限中学校ニ於テ規則一覧ノ上同校マテ申出ツヘシ、此旨福井中学校生徒エ広告候事　明治十六年八月　日　福井中学校

一八八三年八月二十一日付『福井新聞』に募集広告が掲載された。

一八八四年七月十九日付『福井新聞』には、東京輔仁会において東京留学生補助生七名が募集され、前年度比二・五倍の扶助生募集が紹介されている。合格者は「その扶助に浴して東京へ留学し志すところの学科を大成するを得る

なり」と大いに期待された。また、「輔仁会の精神は勤めて均一に越前全地方の学生を扶助するに在とて単に福井一市街の学生を扶助するにあらざれば必らずや大野、勝山、武生、鯖江、丸岡、金津、坂井、敦賀諸市の志願者は申すに論無く八郡の志願者福井中学校へ詣りて規則を一覧しそれ〳〵本委員へ申出でられん事を記者は偏に冀望するなり」と、輔仁会会員であると思われる記者が紙上で呼びかけた。この『福井新聞』の呼びかけは、扶助生が福井市在住の旧福井藩士子弟ばかりではないか。育英事業は福井県全域せめて越前全部の子弟に及ぼすべきではないかという主張である。当時、県立小浜中学校が細々ながら続いており、若狭の子弟は小浜中学校に就学し、越前の子弟が福井中学校に就学する構図になっていた。しかし、越前と言っても福井中学生は足羽郡の福井市街に住む旧福井藩士子弟が多かった。一八八五年三月の県会で、中学校費の正当性が生徒の出身地が議論され、生徒の出身地が問われた際に、「現在ノ生員百八十三名ニハ符合セサルベキナリ」としながらも、一八八四年十二月の調査として次のように報告された。

吉田郡ニテ七名、足羽郡村落ニテ八名、大野郡ニテ六名、坂井郡ニテ六名、南条郡ニテ九名、今立郡ニテ一四名、丹生郡ニテ十名、他府県ニテ一名、足羽郡市街ニテ九八名也。(77)

すなわち、越前七郡六〇名に対し福井城下の生徒は九八名で、いまだ大半を占めていたのである。

輔仁会創設時の一番の目的は旧福井藩士族子弟の育英であった。それが「輔仁会規則」では福井中学生中の優秀性への奨学になった。しかし、後述するように県会で中学校新築への反対論ならびに中学校廃止論が取りざたされるなか、(78)福井藩士族に限定された輔仁会の育英方針は福井県民全員に開放されなければならないものであるという意識変革、発想の転換を新聞紙上で呼びかけたのである。『福井新聞』[79]の主張が採用されてか、その後、育英制度は県民全子弟に開かれてゆくのである。

町村立公立明倫中学校の興廃

一八八四年二月、越前大野清水町に明倫中学校が設置された。[80]

奥越の大野郡は譜代大名土井家四万石大野藩の領地であった。幕末の大野藩は生糸・絹織物・綿糸綿布・漆・たばこ等の生産を高め、これを全国へ売りさばくことにより経済を活発にした。江戸、大阪、横浜、神戸等に大野屋という藩の商店を開き、大野丸という商船を多数つくり各地と取引を行い、さらに蝦夷地の開拓にも携わった。大野藩では早くから洋学を振興し、軍制を洋式に転換した。他方、弘化元（一八四四）年には儒学に基づく藩校明倫館を創設した。明倫中学校の名称は藩校に由来している。

このように藩、民ともに活発な気風を持った土地柄は、廃藩後の越前大一揆の震源地となった。一八七三年三月、一揆が大野町を中心に勃発し、これが今立郡、坂井郡に拡大した。一揆の発端は浄土真宗が盛んなこの地にキリスト教が入ってくるという風評にあった。しかし、これが越前全土に広まったのは明治初年の性急な文明開化政策が地方官僚の手でこの地に広がったことに対する民衆の反発であった。[81]

明治初期の急激な文明開化には反発があったが、一八八〇年代になると、開化政策も浸透し始めた。その顕著な一つが、中学校の開設である。大野郡大野亀山町外一九町村が費用を出し合い、大野の中心である大野清水町の有終小学校の一部を区画して明倫中学校を開設した。

本校一ケ年費ス所ノ経費ハ総計五百十円六十二銭七厘ニシテ、凡テ該町村ノ公費ニ属シ毫モ他ノ金種ヲ仰ク事ナシ、夫レ如斯ノ景況ヲ以テ一ノ中学校ヲ維持シ生徒ヲ養成セントスルハ難シト雖ドモ、自今区内人民ヲ誘導シ漸

次相当ノ地位ニ達セシメン事ヲ勉メテ怠ラザルナリ(82)

と一八八四年の「福井県年報」は述べている。

校長は福井県士族・横田莠で、二等教諭を兼任した。教員は他に一等助教諭一名、三等助教諭一名の三名、生徒は五二名であった。この五二名を入学試験の成績で級分けし、一年前期生一七名、同後期生一四名、二年前期生八名、同後期生一〇名、三年前期生三名とした。学科課程は不明。三名の教員でこの五学級の授業をどうこなしたかは想像の域を出ない。

一八八五年になると、生徒は一年級二四名、二年級八名、三年級七名の計五七名になり、早くも初等科二名の卒業生を出した。一八八五年の「福井県年報」には、次のように記載されている。

本校ノ経費ハ五百八十一円二十四銭四厘ニシテ、前年ニ比シ七十円六十二銭四厘ヲ増加ス、其金種ハ町村費及寄附金授業料ノ三種ナレドモ、ソノ基礎ハ則チ町村費ナリ(83)

一八八六年四月、「中学校令」が公布され、町村立の中学校は認められなくなったため、明倫中学校は廃止となった。

四、県立一校の尋常中学校体制へ

福井中学校校舎の新築

一八八〇年の「改正教育令」が「土地ノ状況ニ従ヒ」という条件づきながら府県に中学校の設置を命じて以降、府県立中学校が次第に増加し、一八八四年には七六校になった。その中には静岡、山口、高知、福岡県のように県内に五、六校と多くの中学校を設置した県もある。他方、一校も県立中学校をつくらなかったのは神奈川、兵庫、埼玉、滋賀、大分、宮崎の六県のみである。ただし、この六県はいずれも町村立中学校があって、県立の代替をしている。(84) 一八八〇年代前半は公立中学校興隆期といえよう。しかし文部省は中学校に対し、量から質への転換を図っていた。一八八一年の「中学校教則大綱」により全国の中学校は、授業に一定の水準が求められるようになった。一定水準の授業を保つには、学力ある教師を揃えなければならないし、中学教師の身分を保証しなければならない。そのために一八八一年、「府県立町村立学校職員名称準官等」が定められた。教員が揃ったとしても、中学校の授業には各教科の教科書を揃えなければならない。特に物理化学には実験器械、博物では標本を備える必要がある。実験室や教職員室、生徒控室等を備えた校舎等新しい時代の学校教育の条件整備を示したのが、一八八四年一月の「中学校通則」である（本書序説参照）。

文部省はこの新しい方針を周知させるため、一八八二年十一月から十二月にかけて、全国各府県の学務課長、師範学校長、中学校長らを東京に集めて学事諮問会をおこなった。この諮問会は府県の学事全般にわたるが、中学校に関して言えば、中学教育の目的を完遂するためによき教員を揃え施設設備を整え、「府県ノ全力ヲ以テ」「一箇ノ府県立中学校ニ尽クス」ことを切言している。(85) 一八八二年の学事諮問会には福井県からは学務課長・横山幾太、師範学校長・田口虎之助、小浜中学校長・小松利済、福井中学校長・林正弘の四名が出席した。四名もの県幹部が出席した県は他ほかにはない。(86) 四名の報告によって福井県上層部は文部省の意向を熟知していた。後述する福井県会における中学校に関する論争も、このような状況下で生じたのである。一八八四年の県会における中学校教員給与増額に対する反対意見に対しても、一八八五年の中学校廃止論に対しても議長等が中学校の意義を主張して反対派を圧倒したのは、文部省の意向を体して福井中学校一校の隆盛を図ろうとしたからである。

県一校の福井中学校を隆盛に導くには施設設備を整えねばならない。一八八四年の「中学校通則」で物理化学の実験室や職員控室の設置が迫られている。明新館に建設されたグリフィスの化学実験室は師範学校が使用していた。一八七八年、松平茂昭から寄附された家屋を修理した校舎は手狭である。県会での予算縮小のなか、嶺南議員の反対を覆し校舎を建て直さなければならない。嶺北の県民の意見を代弁したのが、当時唯一のメディアである『福井新聞』であった。一八八五年三月七日付『福井新聞』は、その第一面で「我代議士諸君」と呼びかけ、福井中学校の新築を訴えた。

教育ハ実ニ国家ノ元気ヲ養フノ本根ニシテ国家ノ開進ヲ促ガスノ原素タルハ、苟モ人タルノ脳漿ヲ備フルノ以上ハ何人ヲ問ハス、蓋シ之ヲ尽シテ十分ナル可クマタ吾儕ノ言ヲ俟タサル可シ、サレハ之ヲ小ニシテ我一地方ニ縮説センニハ我地方ノ元気ヲ養ヒ我地方ノ開進ヲ促スノ本根原素タルモノハ教育ニアラズシテ何ソヤ、是ニ於テ乎教育ノ勢力ハ益社会ニ著明ニシテ今ヤ各地方特ニ鹿児島山口熊本佐賀高知三重等諸県ニ於テハ有志義捐シテソノ資本ヲ集メ宏大ナル大中学校ヲ例外ニ建設シ、ソノ地方ヲシテ他地方ニ卓絶シタル元気開進ヲ占メシメントスルノ企テサヘアルニ至レリ（中略）我地方ノ教育ニシテ最高等ナルモノハ医学ヲ除キテハ単ニ中学校アルノミニシテ、之ヲ外ニシテハ笈ヲ負フテ三府ソノ他ノ地方ニ遊学スルニアラサレハ、高等ナル教育ヲ受クル能ハサル事ナレハ、何ハ偖置中学校ハ諸ロノ教育ノ中特ニソノ資本ヲ与ヘソノ規模ヲ大ニシコ、ニ高等ノ教育ヲ受クルノ自由ヲ我地方ノ子弟ニ得セシメン事ハ、今日ノ最必須事タリト謂ハサルヲ得サルナリ

続けて現在の福井中学校校舎は狭隘で、小学校から進学する生徒を「謝絶スルガ如キ」状態であるとして校舎新築を説き、

明治十八年度通常県会へ附セラレタル議案ニハコノ年度内ニ於テ中学校ノ一棟ヲ建築シ以テ普ネク中学志願ノ子弟ニ満足ヲ与ヘ、且ツハ福井小学校へ現仮校ヲ返附シテ福井小学校ニモソノ規模ヲ大ニシ得ルノ便利ヲ与ヘン事ヲ記シテ之ヲ議会ニ謀ラレタリト云ヘリ（中略）我勇猛ナル代議士諸君ハ必ラスヤ大賛成ヲコノ項ニ表シ、満場ノ喝采ニコノ議案ヲ通過セラル丶ハ予シメ信シテ疑ハサルトコロナリ

と述べた。

通常県会でも新校舎建築について言及されているが、実際の費用は明らかではない。(87) 旧城内の一角に建設した。理化教場、機械室、教員室が備わっている（図２）。(88) 一八八五年十一月二十五日付『福井新聞』によると、二十七日の開校式では中学校所有の諸器械を陳列し衆庶の縦覧が許可されたという。

図2　福井中学校校舎平面図

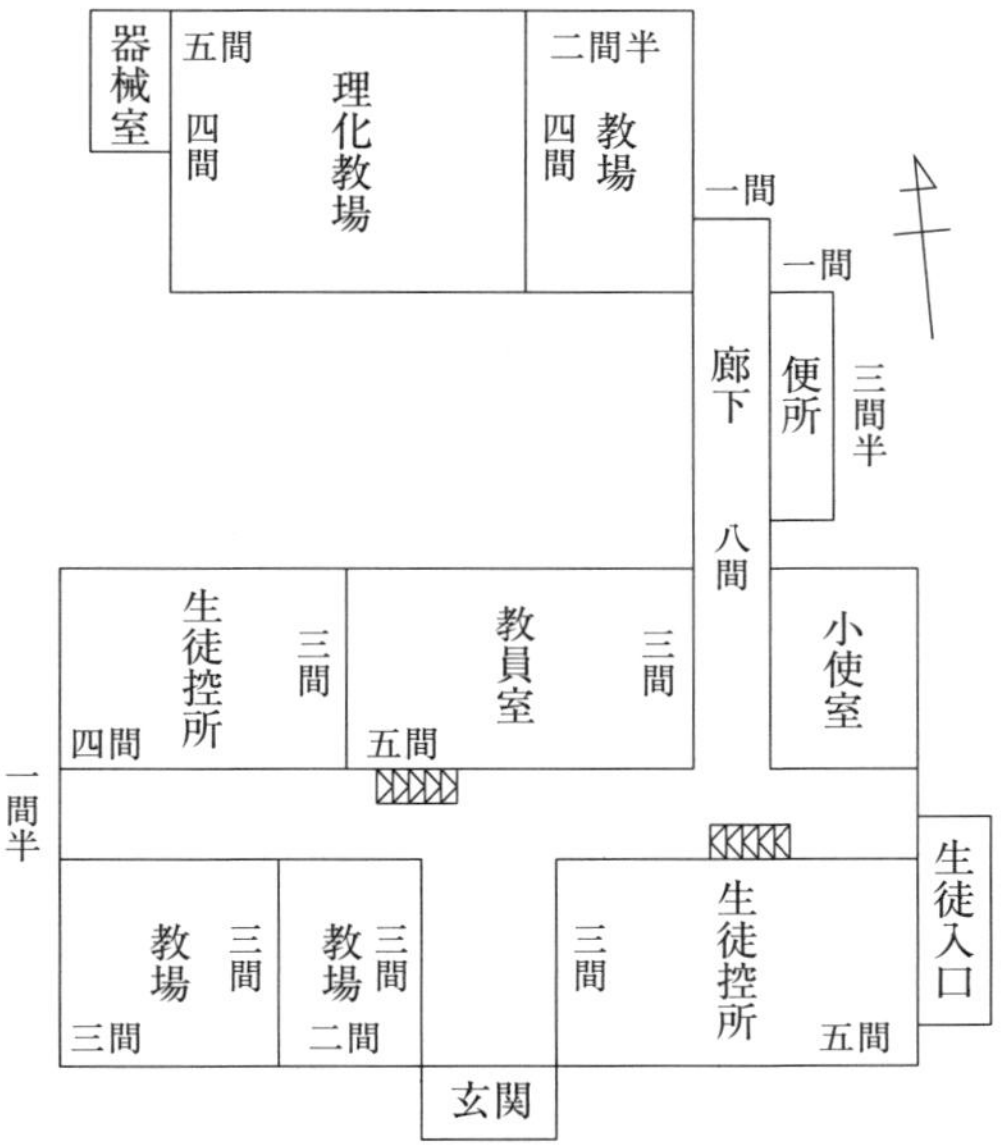

「創立当時ニ於ケル校舎平面図」『福井県立福井中学校創立五十周年記念録』（一九三一年）の平面図をもとに作成。寸法記載の箇所はその割合で書き改めた。年代は『福井県教育百年史1通史編（1）』（三四六頁）には「明治十五年」、『百三十年史』（五二頁）には「明治十八、九年頃」とある。城内に校舎が新築された。一八八五（明治一八）年末の平図面か。

県会における中学校廃止論・必要論

一八八五年三月十一日開催の県会における教育費第一次会ではまず教育費原案が示された。当時の県会選出議員を表8にまとめた[89]。当日提示された教育費案は表9の通りである。福井中学校教育費案に対し、三十一番議員・高橋毛一（農・南条郡選出）から次のような反対意見が出された。

福井中学校ノ項中ニ五千九百二拾一円ノ営繕費アリ、元来中学校ハ旧明新中学ノ校舎ヲ借受ケ居ルニ付テモ、別段ノ約束テモアリテ長ク貸スト云フ都合ニナリ居ル訳ナラスヤ、或ハ聯合会ノ決議ヨリ返済ヲ促スコトニヤ

福井中学校の予算は例年三、〇〇〇円程で、福井小学師範学校、小浜中学・小学師範学校、福井中学校、福井医学校の四校のうち最小額となっていた。ちなみに、一八八二年度の福井中学校費は二、八八八円一五銭、その

表8　1885年度（明治18）福井県会議員名簿

番号	氏名	出身	族籍家職	備考
1	永田定右衛門	丹生郡	農	副議長、議長、後に衆議院議員
2	片山政次(治)郎	敦賀郡	商	敦賀町長
3	河端彦造	敦賀郡	新職	敦賀曙町、気比神宮宮司、副議長
4	永谷刀彌	大飯郡	医	本郷村、戸長
5	富田彌五平	坂井郡	農	兵庫村、庄屋
6	島　勝応	丹生郡	医	志津村、大区区長、元石川県議
7	山口謙之助	今立郡	農	味真野村、元石川県議
8	千田千太郎	敦賀郡	記載なし	八村、立憲政党
9	竹尾　茂	大野郡	商業	上庄村、村長、議長、福井農工銀行頭取、後に衆議院議員
10	上阪(坂)忠七郎	今立郡	農	服間村、村長、郡会議員
11	尾野八兵衛	足羽郡	記載なし	木田村
12	本多鼎介	足羽郡	士族	議長
13	尾崎弥右衛門	大野郡	農	戸長・元石川県議
14	林　泰介	大野郡	酒造	勝山
15	豊島勘太郎	吉田郡	記載なし	村岡村、村長　＊新太郎カ
16	池端謙蔵	南条郡	記載なし	王子保村、元石川県議
17	加藤与次兵衛	足羽郡	農	六条村、大庄屋・村長・後に衆議院議員
18	佐藤孫兵衛	坂井郡	農	東十郷村、副戸長
19	松井文吉	大野郡	記載なし	勝山町長
20	久保庄太郎	坂井郡	農	春江村、村長
21	—	—	—	欠員
22	須田安崇	敦賀郡	記載なし	耳村、三方郡長、遠敷郡長、宇波西神社宮司
23	竹澤清右衛門	吉田郡	農	志比谷村
24	川村藤五郎	遠敷郡	商	小浜住吉町
25	青木春平	足羽郡	農	東郷村・大庄屋・大区長・元石川県議
26	柳田半助	坂井郡	農	棗村、大庄屋、郡会議員
27	青山庄平	足羽郡	農	東郷村・元石川県議、福井農工銀行取締・衆議議員
28	安田十兵衛	大野郡	酒造	戸長、元石川県議
29	八杉良重	坂井郡	農	春江村
30	山村貞輔	今立郡	農	南中山村、村長
31	高橋毛一	南条郡	農	戸長、副議長、元石川県議
32	山本喜平	丹生郡	農	朝日村、村長
33	齊藤真二郎	今立郡	農	舟津村、村長、郡会議員　＊与二郎カ
34	松木庄左衛門	遠敷郡	農	熊川村、元滋賀県議
35	野尻東内	丹生郡	農	天津村、郡会議員、元石川県議
36	三久保耕作	遠敷郡		

『明治十八年度福井県通常会議議事日誌第壹号』（福井県文書館蔵）、『福井県議会史第1巻』466～483頁より作成

表9　明治一八年度福井県教育費案

学校名	教育費内訳（円）
福井小学師範学校	六四四四・二〇
小浜小学師範・中学校費	三五三三六・七九
福井中学校費	九八七三・六九
福井医学校費	五四六九・二一
女教員費	二一一・六〇
東京師範学校派遣生徒費	一〇八
小学教員講習会費	四五〇
合計	二六〇九三・四九

『明治十八年福井県通常会議事日誌第四号』より作成

うち営繕費は四〇円である。営繕費は地方税で賄われており、嶺北嶺南議員の議論は並行線を辿った。

さらに三月十六日に開かれた教育費二次会は冒頭から大荒れとなった(90)。遠敷郡出身の旧小浜藩士族・須田安崇が「福井中学校費ニ付テ一大意見」、すなわち、福井中学校の廃止ならびに師範学校の拡大を提案したのである。この決議如何によっては、師範学校費ノ増減が生じるというのである。予期しなかった展開に他議員も驚きその真意を問い質すが、須田は福井中学校を全廃し、中学校生徒は希望により師範学校へ入れるという。この提案に対して、小浜小学校・中学校・師範学校の廃止をまず断行し、浮いた費用を福井中学校・師範学校に当ててはいかがか、須田議員は福井中学校だけでなく小浜中学校も廃止するのか、その廃止の根拠はどこにあるのかなど、いくつかの意見や質問が出された。

そこで、副議長（永田定右衛門・農・丹生郡選出）はそもそも「小学ヲ盛ニスルハ中学ニ入校セシムル為」であると、小学校と中学校の相乗効果を指摘した。また、中学校に地方税補助を与えるのは良くないという考え方も論外であると述べた。また、東京及び他数県で中学校がないところがあるというが、そこには中学校に替わる「府立大学校或ハ私塾」がある。福井県にはいまだに「大学」がないため、せめて中学校だけでも益々盛大にすべきであると説いた。しかし、須田は「物ニハ順序ナルモノアリ」とし、小学校が整った後に中学校、中学校が整った後に「専門ナルモノ」を置くべきで、すべて「進歩ノ容体」、つまり進展状況により決定がなされるべきものであると反論した。丸半日費やしたこの須田の提案は、最後多数決により否決された。

三月十八日に教育費第二次会の継続審議が行われ、福井中学校費九、八七三円六九銭は原案通り可決された。最終的には、三月三十一日に開催された教育費第三次会で、福井中学校費は八、四一八円八三銭で決定している。[91] そして、これまでの県会における福井中学校廃止論を受けたかたちで、同日足羽県選出議員で県会議長の本多鼎介が壇上に立った。本多は、「中学ナルモノハ、県下設立ノ諸学校中、尤モ高尚ナル学科ヲ授クルノ場所ニシテ、尤モ有為ナル子弟ノ入ルベキ所ナリ」と中学校教育の意義を主張し、福井小学師範学校、小浜小学師範学校、福井中学校、福井医学校の四校の予算を比較すると、生徒数が他校より多いにもかかわらず、予算が三、〇〇〇円にすぎない福井中学校の待遇がいかに不平等であるかを述べ、増額を要求した。さらに続けて、

師範校ハ唯小学子弟ヲ教授スヘキ教員ノ養生《ママ》所ニ止マルナレトモ中学ニ至ツテハ中々然ラズ、将来為ス有ルノ子弟ニシテ殖産ニ興業ニ政事ニ法律ニ商売ニ農業ニ種々百般ノ人物ヲ養生《ママ》スル所ナリ、此ヲ以テカ泰西ニ於テモ師範ハ只一ノ教員養成所ト見做シ置クモ、中学或ハ太《ママ》学ニ至ツテハ大ニ之ヲ尊重シ専ラ衆人ノ注目スル所トナルモノ豈謂レナカランヤ、故ニ本員ハ当時節柄ニ増額説ヲ立ツルハ甚以心ナラサル事ナレドモ本項ニ限リ之ヲ二千百六十円トセントス、之レ平均五十円ノ月給ノ者二人程聘用セント欲スルナリ、之ヲシテモ猶師範校或ハ医学校費トハ衡ヲ得サルモノト考フルナリ、各員幸ニ之ヲ賛同セル。

と増額を主張した。師範学校は小学校教員をのみ目的としているが、中学校は将来様々な分野を担う人材を養成するところであり、その経費は師範学校あるいは医学校と同等にまで増額すべきだというのである。

福井県尋常中学校の成立

一八八九年二月、文部省令十四号「尋常中学校ノ学科及其程度」に基づき、福井県中学校はその実施方法を定めた（県令第十七号）[92]。

学科課程は文部省が定めたものに沿っている（表10）[93]。学科は倫理以下一五科目、「第二外国語若クハ農業」は農業で第四年週四時間、第五年三時間、各学科の週授業時間は規準と若干違うところもあるが総体的にみて各学科の週当たり二八授業時間は文部省の規準と変らない。一八八九年三月、学科学年配当授業時間を改正して「国語漢文」「英語」「数学」の時間を増加し、第五級一年生を週三三時間、第二級四年生を週三一時間、他を三二時間とした。学年は四月一日にはじまり翌年三月三十一日に終る（実施方法第二条）。試験は「一学年内ニ四回乃至六回臨時試験ヲ施行シ生徒ノ坐次ヲ進退シ、学年末ニ学級試験ヲ施行シ及第落第ヲ判シ学級ヲ定ムルモノトス」（同第五条）とし、評点の方法を詳細に記している。

一八八六年から八九年の福井尋常中学校の歳費及び同校の教員数・生徒数は**表11**、**表12**の通りである。

一八八八年四月、林正弘校長に替わって佐久間正が校長心得となり、一八八九年四月には久田督が校長に就任した。一八八八年四月には米国人教師N・W・ハルコムを月棒一三〇円で雇い、英語、文学の授業担当とした。ハルコムの招聘は福井県出身の帝国大学総長・渡辺洪基の推せんによるものである。以後、米国人ドルケルキルチュウス、米国人C・エル・ブラウネル等の福井招聘が続いた。一八八九年の英語の時間数増加は、米国人教師の招聘によるものであろう。

一八八九年一月、正式に福井県尋常中学校と改称した。それまでは「中学校令」公布以来、福井県中学校と仮称していた。一八八七年十月、文部大臣・森有礼が来校、一八八九年九月には榎本武揚文相が来校した[94]。

表10　一八八七年福井尋常中学校学科課程「学科及其程度」

学級／学科	第五級 第一年 時数	第五級 第一年	第四級 第二年 時数	第四級 第二年	第三級 第三年 時数	第三級 第三年	第二級 第四年 時数	第二級 第四年	第一級 第五年 時数	第一級 第五年
倫理	一	人徳道徳ノ要旨	一	同	一	同	一	同	一	同
国語漢文	四	講読　漢字交リ文 書取　漢字交リ文及書牘文 作文　漢字交リ文及書牘文	五	講読　漢字交リ文及漢文 作文　漢字交リ文及書牘文	五	前級ニ同シ	三	講読　前級ニ同シ 作文　漢字交リ文	二	講読　漢文 作文　前級ニ同シ
英語	八	読方訳解 書取 会話 綴文 習字	八	読方訳解 書取 会話 作文	八	講読 会話 作文 文法	五	講読 会話 作文 飜訳	五	同
農業							四	耕種園芸 樹木栽培及肥料製造	三	養畜農器用法 農業理財及実業
地理	一	日本地理	二	万国地理	二	地文	一	日本地文及政治地理		
歴史	二	日本歴史	一	支那歴史	一	支那歴史	一	日本歴史	二	万国歴史
数学	四	算術 幾何初歩	四	算術復習 代数 幾何	四	代数 幾何	四	同	三	代数 三角法
博物	一	博物示教			二	人体ノ生理及衛生			三	植物学 動物学
物理			一	物理及化学示教					三	物理学
化学							三	化学		
習字	二	楷行草三体ノ書写	一	三体ノ書写及各種写法						
図画	二	自在画法	二	自在画法	二	自在画法 用器画法	一	同	一	用器画法
唱歌										
体操	三	普通体操	三	同	三	同	五	兵式体操	五	同
計	八二		八二		八二		八二		八二	

『福井県教育百年史第三巻史料編（一）』七一五—七一六頁

表11　一八八六―八九年　福井尋常中学校歳費（歳入）

年次	歳費	出典
一八八六年	四五〇四円七銭五厘	文部省第十四年報八三頁
一八八七年	四一二三円二九銭三厘	文部省第十五年報一二一頁
一八八八年	四六九八円二五銭六厘	文部省第十六年報一一五頁
一八八九年	八二六〇円四六銭二厘	文部省第十七年報一三五頁

『明治十八年福井県通常会議事日誌第四号』から作成

表12　一八八六―八九年　福井尋常中学校教員数・生徒数

	教員数	生徒数	出典
一八八六年	一二	一九五	文部省第十四年報七一頁
一八八七年	九	一三七	文部省第十五年報一〇九頁
一八八八年	一一	一七八	文部省第十六年報一〇三頁
一八八九年	一四	二〇一	文部省第十七年報四〇頁

一八八九年の教員数に外国人一名は含まれない。

福井県福井尋常中学校生徒の修学旅行

福井県における「修学旅行」の初めは、福井県立尋常中学校である。

一八九〇年五月下旬から六月上旬の『福井新聞』に連載された「福井県尋常中学校修学旅行日記」では、十日余りの修学旅行が克明に記録されている。修学旅行の第一の目的は東京の内国博覧会縦覧であるが、帝国大学、陸軍士官学校、植物園、博物館などの教育施設も見学し、在京福井県人との宴席も設けられた。行程の最後には、旧藩主松平慶永邸、茂昭邸訪問が組まれていた。

四月十日午後三時半に汽船で横浜に到着した一行七〇余名は、汽車で新橋へ。新橋では在京の福井県学生十数名が一行を出迎え、共に鉄道馬車に乗り谷中初音町の旅館へ向かう。翌日は自由散歩で義士参りに泉岳寺へ行く者もいた。二日目は博覧会、動物園。三日目は博物館、四日目は陸軍士官学校を見学し、諸器械の説明を受ける。帰路植物園へ行き、福井県出身の帝国大学総長・渡辺洪基らと午餐を共にした。総長の他、矢田部博士、中沢学士も親身に学業上の演説を行った。渡辺総長は中学生を前に、諸君ハ福井県人ノ将来ヲ代表スルモノナリ、而シテ学問的訓練ヲ受ケテ進達スル士ナリ、宜シク其県内ノ実況ヲ知リ又帝国内各地ノ情態ヲ詳カニシテ併セテ海外各国ノ状況ヲ詳カニシ、其長所ヲ助ケ短所ヲ補ヒ、県内ニ於テ身ヲ致スノ他ナクンバ他府県ニ行クヘク（中略）宜シク県下ノ諸学校ハ広ク有為ノ人物ヲ養成スルヲ務ムヘシ、県下ノ公衆及同郷人ハ此挙ヲ賛助スヘシ（中略）余ハ郷国人士ノ事業ヲ援助センコトヲ企図スルナリ、希クハ諸君カ学業益進ミ或ハ学業ニ実業ニ多ク他郷ニ興リ、又余カ栄誉トシテ奉職スル帝国大学各分科ノ学生中ニ多ク福井県人ノ名ヲ見ンコトヲ翹望シテ止マサルナリ、勉哉諸君(95)

と激励した。総長は勉学により自身の可能性を福井県に留まらず、他府県、さらには世界で役立てることを生徒に伝えた。五日目は工科大学へ行き器械の運用法や実験等を体験し、夕方から在京の福井中学校出身の学生との談話会。六日目は高等商業学校に行き、商業の実習科等を縦覧、その後、列を正して旧藩主松平慶永邸を訪問した。慶永は病床にあったが、一行を庭へ招き入れ、病を押して告諭を授けた。全文をここに掲げる。

今般内国第三勧業博覧会観覧ノ為、越前福井県福井尋常中学校々長幹事教員ハ生徒数十名ヲ引連シテ上京セリ、今日ハ関口邸寓居ヲ訪問ス、余ノ欣喜雀踊何ソコレニシカン直ニ面接シテ其敬礼ヲ受ク、慶永思フ所アリ、校長幹事教員上等ノ義ニ付注意有之度希望ス、生徒ハ怠惰ナク日ニ勉励学事研究他県ニ勝ル名誉ヲ輝ヤカセン事ヲ冀望ス

明治二十三年四月十六日

従一位　松平慶永(96)

上京した中学生を歓待した慶永が生徒に望んだのは、勉学研究で名を上げ福井県人として他県に勝る名誉を輝かせることであった。慶永は同年六月二日に亡くなっており、修学旅行生にとってもこれが慶永からの最初で最後の言葉であったであろう。慶永と中学生との面会は、新旧交代を象徴するような光景であった。

おわりに

福井県は現在の県域に決定するまでに数度に亘る県域の変更と厳しい財政難、小学校教育の普及を優先する県の方針等により中学校教育の整備が大幅に遅れた。この困難期に嶺北の中学校を支えたのが旧福井藩の学校である。当初は旧福井藩主に財政的に依存した中学校であったが、県域が変わる度に藩校明新館で養成された人材は中央や他府県に登用され、福井県が設置された頃には旧福井藩士族の意識は少しずつ福井県民あるいは福井人として変化せざるをえなかった。

一八八一年の福井県設置の際に、県内に存続していた中学校は福井と小浜の二校であった。その前身は旧福井藩校明新館と旧小浜藩校順造館であるため、むしろ生き残ったと言ってよい。しかし、廃藩からわずか十年の間に生じた両校の差異には大きな隔たりがある。福井県令石黒務は、中学校教育の普及に意欲的で両校の運営に地方税を当て断固とした姿勢で支援を行ったが、開設後まもなく、福井中学校は生徒数が増加したのに対し、小浜中学校は期待されたほどの増加はなく減少もしくは横ばいの状態が続いた。小浜中学校は地方税の投入により書籍・器械などの教材・教具はある程度は整えることはできたが、小浜小学師範学校との校舎・寄宿舎の共有及び校長・教員の兼務という状態を解消することができず、学校としての重要な条件整備が伴わなかった。さらに、中学校が敦賀ではなく小浜に置かれたという地理的条件も災いした。嶺南地方の中でも小浜のある遠敷郡は滋賀県への復県運動にも見られるように近畿地方への属性意識が高かった。また、県会でも嶺北の議員が中学校費の確保や校舎新築を熱心に指示するのに対して、嶺南の士族議員は未だ小学校教育が不十分・不完全なか、中学校に地方税を費やすのは時期尚早であると中学校廃止論を唱えた。県会議員には副議長をはじめとして自由民権運動にかかわっていた者も多いが、同じ自由民権論者でも、中学校の存続か廃止かで意見が分かれた。

県令石黒は、福井県設置までの約十年間に亘る小学校教育の推進の成果を「功験」と表現し高い評価を与えた。小学校の次は、小学卒業生の進学先となる中学校の設置である。福井中学校費はすべて地方税で賄われた。石黒は地域性に配慮した県政に努め、旧大野藩校明倫館を基盤とした公立明倫中学校の設置を許可した。まずは小学校設置を最優先するという方針は、藤井勉三をはじめ歴代の県令・権令が徹底して実行し、結果的に中学校への地方税投入を許さず自己責任による運営を余儀なくした。加えて政府は、旧藩勢力および反政府勢力を弱体化するために、度重なる県域の変更を実施した。

このような、ともすれば自立心を喪失しそうな政治的・社会的変化と財政的困難の中、福井中学校を存続させ、発展させた要因はどこにあったのか。大きく三つの要因が考えられる。一つ目は、福井藩校明新館中学校の「普通ノ学」の伝統である。橋本左内に始まる和漢を基礎に洋学を学ぶ学習方法は維新後の沼津兵学校の文武の一般教育である普通学学習の導入に繋がった。明新館で必修化された「普通ノ学」はその後校名や管轄が変わっても維持された。すでに士庶同学を想定した「普通ノ学」はさらに精査され「高尚ナル学問」となり、中学校令にも十分対応できる内容であった。二つ目は、外国人教師による教授と理化学実験室の存在である。グリフィスが製作した実験室は世界的に見ても最先端の実験科学の修得を可能にし、実物教授は生徒の興味・関心を高めた。福井県の理数系に強い系譜の原点はここにある。三つ目は、中学校設置を望む学校と県民の熱意である。廃藩当初より松平家、旧福井藩士族、教員らによる寄付が相次いだが、安定的な運営は地方税で賄えない限り実現できない。県民の理解を得るために、『福井新聞』『北陸自由新聞』などのメディアも頻繁に「中学校」を取り上げ、つぶさに情報を公開することで「県民の中学校」を定着させることに一役買った。

地方税による中学校は一県一校という規定により県立福井尋常中学校が誕生した。福井中学校の原点は明新館中学校にあり、その核である「普通ノ学」は人生の基本となる教養課程である。公立明新中学校の専門文学科英学科数学科画学科は専門といいながら普通学の高度なもの、高度な普通学というものである。現在の言葉で言うならば、高度な教養、一般教育である。福井の中学校は、「普通ノ学」を時代に合わせて進化させ続けたことで、県立中学校として存続できたのである。

注

（1）「足羽県ヲ廃シ敦賀県へ合併」（『太政類典第二編』明治六年一月十四日条、国立公文書館所蔵）。

（2）『図説　福井県史』一九九八年、一八八、一九四―一九五頁。『福井市史資料編一〇近現代』解説Ⅱ、一九九一年、九〇五～九〇七頁。吉田健「明治初期福井県の職員関係資料」『県史資料第二号』一九九二年、八四―八六頁。

（3）神辺靖光『日本における中学校形成史の研究〔明治初期編〕』多賀出版、一九九三年、八二―八六頁。

（4）同前、九三―九八頁。

（5）熊澤恵里子『幕末維新期における教育の近代化に関する研究――近代学校教育の生成過程』風間書房、二〇〇八年（第二版）、三四六―三五八頁。福井藩明新館中学校の「普通ノ学」は明治元年十二月に沼津に創設された徳川家兵学校（通称、沼津兵学校）の教育内容を斟酌している。沼津では附属小学校修了後、兵学校資業生、兵学校本業生へと進学する体系となっており、「資業生学課」には「書史講論、英仏語ノ内一科、数学、器械学、図画、乗馬、鉄砲打方、操練」があり、その中で窮理、天文、地理、歴史、化学、水理等、専門基礎となる幅広い学問を学んでいた。沼津では「普通学」という名称は用いられてはいないが、福井藩では「資業生学課」に倣った「普通ノ学」「普通之学」を設置し、近代的な文武学校としての役割を担った。幅広い学問を学ぶ課程は、後に西周が家塾育英舎で講じた「百学連環」の思想に連続する。これは西が幕末のオランダ留学で学んだ西洋の学問体系を再構築したもので、西の学問研究の集大成というべきものである。西は西洋学問の在り方を基本とした自身の「普通学」と「殊別学」を展開している。前者は歴史、地理学、文章学、数学の四学で、後者は心理上学、物理上学である。心理上額は神理学、哲学、政事・法律等で、物理上学は格物学、星学、化学、造化史等で、今日でいう人文科学と自然科学を網羅している。西の「普通学」は学問すべてに関わる基礎となる点で、ヨーロッパにおける教養教育を彷彿とさせる。common science の訳語である「普通学」には、西の社会的志向が読みとれる。西は英国政体をモデルとした市民社会を支える人々 commoner に必要な教養教育を普通学 common science と称した。西の「百学連環」は政事学修行のために育英舎に入門した福井藩士を通じて慶永へ回覧され、賞賛されている。

(6) 前掲『日本における中学校形成史の研究』九三―九八頁。

(7) 『日本教育史資料二』五〇頁。

(8) 連篤編輯『グリフィス博士の見たる維新時代の福井』明新会、一九二七年、七二頁。グリフィスの回顧は、山下英一訳『明治日本体験記』などにまとめられている。

(9) 前掲『グリフィス博士の見たる維新時代の福井』七五―七八頁。「足羽県学校米人キリフヒス南校へ転用代員エヌエーコツフ雇入」(『太政類典第二編』明治五年六月二十三日条)。

(10) 村田氏寿は学校幹事橋本左内江戸出府後、その後任に任命された。安政二年四月に学問所明道館詰となっている(「村田氏寿履歴書」永井環編『関西巡回記』非売品、一九三八年、七頁)。

(11) 修史局編纂『明治史要』(明治九年三月)一八七六年、七頁。

(12) 『文部省第二年報』四八頁。

(13) 「明治六年一月七日付足羽県布達別紙学校表」(『府県史料・福井県資料三十五』国立公文書館蔵)。

(14) 内閣官報局『法令全書』(明治五年)一一三二頁。

(15) 同前、一一五九―一一六〇頁。

(16)『撮要新聞第五号』（明治五年十月）東京大学院法学政治学研究附属近代日本法政資料センター蔵、四丁ウ―五丁オ。『撮要新聞』の主幹は冨田厚積で、定価銅銭三十枚。第五号には「足羽県中学校内活版局」と記されている。
(17)『撮要新聞第九号附録』（明治六年一月）六丁オ―七丁オ。
(18)『文部省第一年報』四一丁ウ―四四丁オ。
(19)『文部省第二年報』一四一―一四七頁。
(20)(21)「府県資料・敦賀県歴史・政治部十一」。
(22)「敦賀県学事年報」（『文部省第二年報』一四四―一四五頁）。
(23)『文部省第一年報』四二丁ウ。
(24)「督学局年報」（『文部省第二年報』四八頁）。
(25)「府県史料」三五。
(26)『文部省第二年報』一四六頁。
(27)『文部省第二年報』四八頁。
(28)『福井県教育百年史第一巻通史編（一）』三三四―三三五頁。
(29)「敦賀県学事年報」（『文部省第二年報』一四五頁）。
(30)『福井県教育百年史第一巻通史編（一）』三三四頁。
(31)藤井勉三は一八七五年一月に広島県へ転任し、一八八一年四〇歳の若さで亡くなった。
(32)花立三郎「山田武甫――熊本実学派の人々」（日本思想史懇話会編『季刊日本思想史』第三七号、一九九一年、二六―四五頁）。山田は熊本藩出身で、二〇歳で横井小楠へ入門した。熊本藩の会計権参事、同小参事、熊本県参事を経て、一八七二年内務省に出仕し、一八七五年二月に藤井の後任として敦賀県権令（県令欠員）となり、敦賀県が廃止となる一八七四年八月迄その職を務めた。統一敦賀県廃止により熊本へ帰郷後は蚕業会社社長共立学舎を発起して後進の指導に当たり、熊本師範学校長も務めた。また立憲自由党を結成し自由民権運動にも関わり、一八九〇年衆議院議員に当選し、弥生倶楽部に所属したという異色の経歴の持ち主である。統一敦賀県権令在任中には衆議を重んじ、「公学規則」や「議員規則」など、人民の利益に供するための県法制度を整備し、学校教育や地方議会の近代化に努めた。これら改革の基本には、横井小楠から受け継いだ「公共」の思想があった。
(33) 福応会編『福井県師範学校史』一九六四年、二四頁。
(34)「公学規則」『福井県教育百年史第三巻史料編(一)』、一一二四—一一二六頁。公学の義務を怠れば、公学の権利を失うとされた。
(35)「敦賀県年報」(『文部省第三年報』(明治八年) 二五七頁。
(36) 前掲「山田武甫——熊本実学派の人々」三八頁。
(37)『福井県史通史編5近現代1』二六三頁。廃止となった時期には諸説ある。
(38)『文部省第四年報』五頁。『文部省第五年報』一七頁。『文部省第六年報』一〇頁。
(39)「祝福井公立明新中学校開校序並詩」(福井県立藤島高等学校創立百三十周年記念事業実行委員会編『百三十年史』明新会・福井県立藤島高等学校、一九八八年、四二—四三頁)。
(40) 同前、四〇頁。
(41)『福井県教育百年史第三巻史料編(一)』六八六頁。
(42) 同前、六八六—六九一頁。
(43)『福井県史通史編5近現代1』二五—二八、三四—三六頁。
(44)『太政類典』。石川県会は医学所設置を巡り、金沢と福井出身の議員が熾烈な論争を展開した。
(45)「府県分合之儀」『公文録』国立公文書館蔵。
(46)『福井県史通史編5近現代1』三八—三七頁。
(47)「叙位裁可書、明治三十九年叙位巻五」(『公文録』)。
(48)「福井県年報・管内学事ノ状況」(『文部省第九年報』四四五頁)。
(49)(50) 同前「中学校」(同前、四四七頁)。
(51)「滋賀県年報」(『文部省第八年報』二〇七頁)。
(52)「福井県年報」(『文部省第九年報』四四八—四四九頁)。
(53)(54)「福井県年報」(『文部省第十年報』五三四頁)。
(55)『福井県教育百年史第一巻通史編(一)』三六六頁。

(56) 同前、三六七頁。
(57)「福井県年報」（『文部省第九年報』四四七—四四八頁）。
(58)「明治十五年一月十六日・県立中学校開校式祝辞」松平文庫（福井県文書館蔵）。『福井新聞』に掲載された祝辞（朗読文）と原稿を比べると、実際に朗読された祝辞からは「県会ノ議ヲ以テ福井人民ニ図リ」の箇所と、「漢学洋学兼備ノ」の箇所が削除されている。政治に関すること、近代学校教育にふさわしくない言葉遣いなどは、敢えて茂昭の祝辞から外したものと考えられる。祝辞では「黽勉刻苦」が「勤学励精」に修正され、新たな時代にふさわしく、庶民にもわかりやすい表現に改められている。これらの変更は、おそらく家扶・武田正規の配慮によるものであろう。茂昭は開校に際し「土産」として金若干を寄贈した。始業日にはその金子を使い、生徒へ饅頭が五個ずつ配布されている。
(59)「明治十五年福井県中学校規則」（『百三十年史』、三〇四頁）。
(60)『福井新聞』一八八六年七月二十七日付。
(61)(62)(63)「福井県年報」（『文部省第十年報』五三三頁）。
(64)『福井県年報』（『文部省十三年報』三六八頁）。
(65)『福井県教育百年史第一巻通史編（一）』七一四頁。
(66)「福井県農業講習所規則」（『福井県教育百年史第三巻史料編（一）』七七九—七八一頁）。
(67)「県甲第四十八号」（『福井県教育百年史第三巻史料編（一）』七八一頁）。
(68)『福井県教育百年史第一巻通史編（一）』三五五頁。
(69)「福井県年報」（『文部省第十二年報』二七七頁）。
(70)「福井県年報」（『文部省第十三年報』三六八頁）。
(71)『福井県教育百年史第一巻通史編（一）』三五五頁。
(72) 同前、七一九—七二三頁。
(73)「家譜」一八八二年五月十六日条、松平文庫、福井県立図書館蔵。
(74)「礫川文藻」一八八二年四月八日条、春嶽公記念文庫、福井市立郷土歴史博物館蔵。
(75)『福井新聞』一八八二年十一月二十二日付。

(76)「輔仁会規則」「輔仁会改正規則」は一八八二年十一月の『福井新聞』に五日間にわたり掲載されている。
(77)(78)『明治十八年度福井県通常会議事日誌』(福井県文書館蔵)。
(79)『福井新聞』は一八八一年十月十六日、福井の有志により創刊された。社主は旧福井藩士で県会議員の伊藤真、主筆は同じく福井藩士の山本鏘二。自由民権運動に批判的だった改進党系の旧福井藩士が中心となり創刊した。創刊当初は隔日発行であったが、一八八一年末から日刊となり、一八八二、三年には年間発行部数二十数万部に達した(福井県議会史編さん委員会編『福井県議会史第一巻』福井県議会、一九七一年、五〇三頁)。旧福井藩重臣らはたびたび国会開設建白を元老院に提出していたが、建白の真意は廃藩により常職を失った士族に公平な就職救済を求めるものであったという。福井県士族の官途就職は高知県に次ぐ高率であった。旧藩重臣らは坂井出身の自由民権運動家杉田定一の父親からの国会開設署名の依頼に対し、「自生計目途ヲ立、自主独立ノ身分ニ至ラザル際ハ、強テ国会開設ヲ切願スルニ暇ナシ」と断っている(同前、四三二―四三三頁)。
(80)「明治十七年町村立及私立中学校一覧表」(『文部省第十二年報』七一〇頁)。
(81)三上一夫「大野藩」(『新編物語藩史第六巻』新人物往来社、一六四―一七九頁)、『大野市史通史編下近代・現代』(二〇一三年、三一五―三一八頁)。
(82)「福井県年報」〈『文部省第十二年報』二七七―二七八頁〉。
(83)「福井県年報」(『文部省第十三年報』三六八頁)。
(84)「官立府県立中学校一覧表」(『文部省第十二年報』二〇―二二頁)。
(85)『学事諮問会と文部省示論』国立教育研究所、六一頁。
(86)同前、四二―四三頁。
(87)新校舎建築費は営繕費予算原案では五、九二一円。教育費第三次会では、二年間で合わせて一〇万円余を予定していたようで、予算は見送りが提案されている。万単位の建築費用は到底地方税で賄えるものではなく、越前松平家からの寄付金が大部分を占めたのではないだろうか。『福井新聞』によると、新築校舎は一八八五年十二月に完成した。
(88)「福井県年報」(『文部省第十三年報』三六七頁)。前掲『百三十年史』五二頁。
(89)(90)(91)『明治十八年度福井県通常会議事日誌』福井県文書館蔵。

(92)『福井県教育百年史第三巻史料編（一）』七一四―七一五頁。
(93)『福井県教育百年史第三巻史料編（一）』七一五―七一六頁。
(94)前掲『百三十年史』五三、五六頁。同「年表」九四二―九四三頁。
(95)『福井新聞』一八九〇年六月三日付。
(96)同前、一八九〇年六月四日付。

第四章　滋賀県の中学校形成史

杉浦由香里

はじめに
一、彦根藩校と幕末維新
二、滋賀県の成立と中学校教育の胎動
三、彦根学校の設立
四、彦根中学校の設立
五、県立中学校への模索
六、滋賀県尋常中学校の成立
おわりに

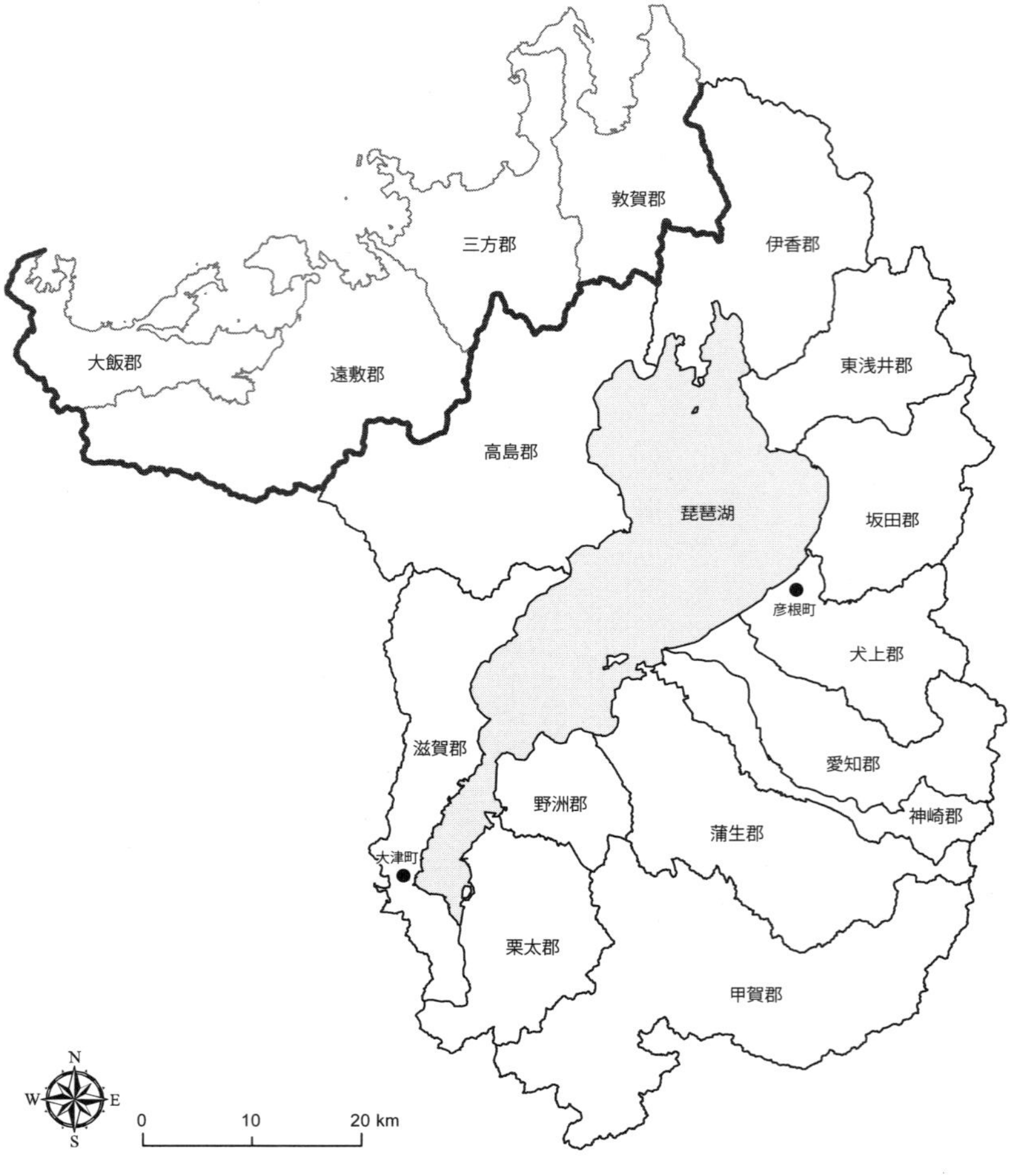
敦賀郡
三方郡
伊香郡
大飯郡
遠敷郡
東浅井郡
高島郡
琵琶湖
坂田郡
彦根町
犬上郡
愛知郡
滋賀郡
野洲郡
神崎郡
蒲生郡
大津町
栗太郡
甲賀郡
N
W
E
S
0
10
20 km

滋賀県の図

はじめに

滋賀県における中学校の形成は、彦根藩校の系譜をひく彦根中学校を中心に展開された。彦根中学校の設立および維持においては、井伊家をはじめ旧彦根藩士が大きな役割を果たしてきた点に特徴がある。他方で、滋賀県は近江商人を輩出した土地柄ゆえ、滋賀県会が開催されると中学校の県立移管をめぐって地域利害の対立が顕在化し、県立中学校に先行して県立商業学校が成立するという事態が生じた。本章では、幕末維新期から滋賀県尋常中学校の設立に至るまでの滋賀県下の中学校形成過程を叙述する。

滋賀県域には、彦根藩を筆頭に山形・宮川・大溝・山上・膳所・水口・西大路の七藩と幕府直轄領や旗本領、他国藩などの飛び地が点在していた。明治二（一八六九）年、幕府直轄領に大津県が成立すると、旧鳥取藩士の松田道之[1]が県令に就任した。明治四年の廃藩置県以降、**図1**のように合併が進められ、明治五（一八七二）年九月に滋賀県が誕生した。滋賀県の初代県令に任命されたのは、すでに大津県令を務めていた松田であった。松田は、開明派官僚として滋賀県下の勧業政策や教育政策に手腕を発揮した。

一八七六年、敦賀県の廃止に伴い、若狭国（三方郡・遠敷郡・大飯郡）と越前国敦賀郡の四郡が滋賀県に編入された。しかし、一八八一年に福井県が設置されるに及び若越四郡は福井県へと移管され、現在の滋賀県が成立した。

滋賀県では、戦前・戦後を通じて県教育史が一度も編纂されていないが、滋賀県の中学校史については『彦中五十年史』[2]をはじめ『彦根東高百二十年史』[3]や『新修彦根市史』[4]などが彦根中学校を中心にその歴史的歩みを詳述している。また、近年では、木全清博[5]や久保田重幸[6]らが滋賀県の学校史や教育史の掘り起こしを行なっている。

図1　滋賀県の変遷

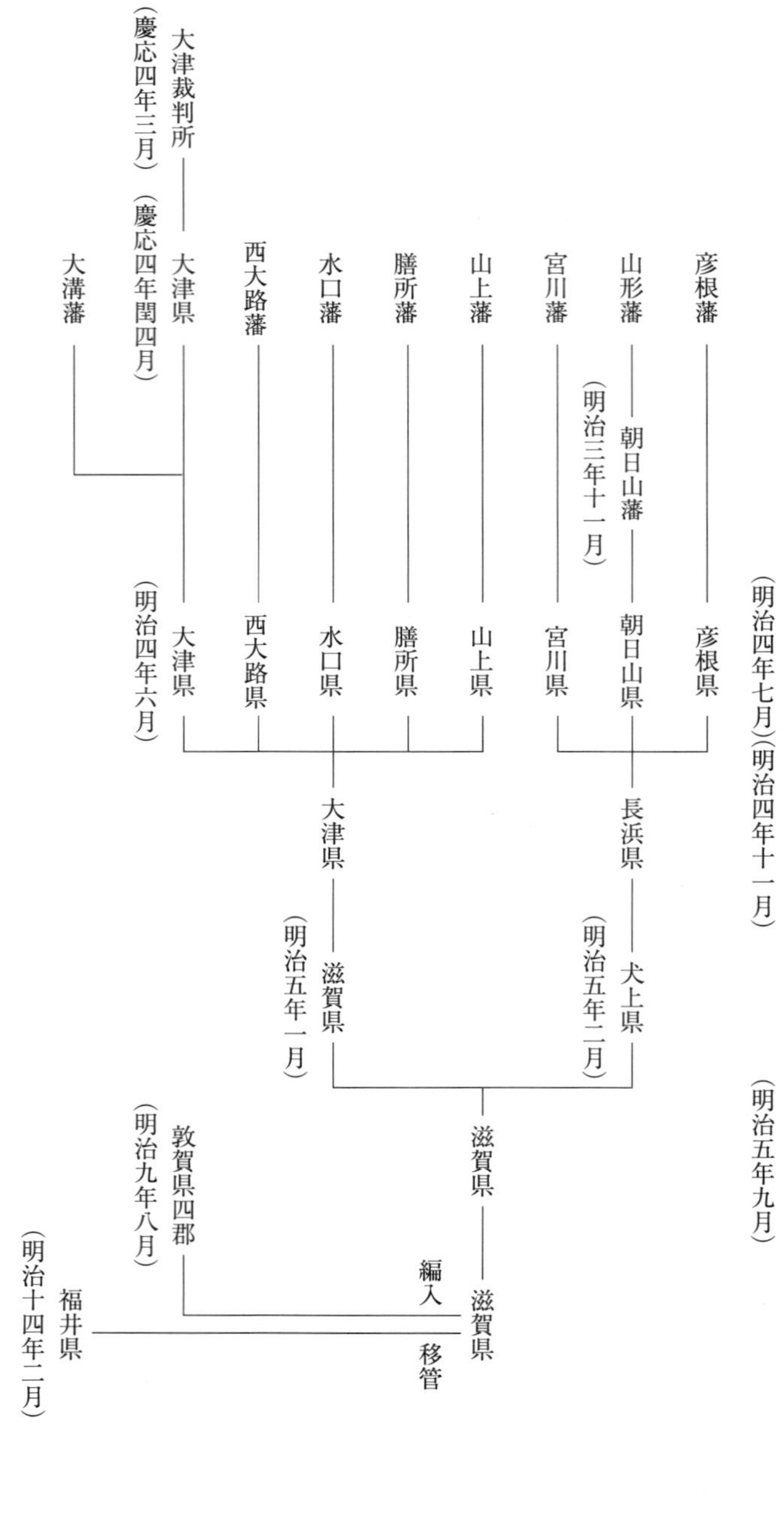

彦根藩
彦根県
山形藩
朝日山藩
（明治三年十一月）
朝日山県
宮川藩
宮川県
山上藩
山上県
膳所藩
膳所県
水口藩
水口県
西大路藩
西大路県
大津裁判所
（慶応四年三月）
大津県
（慶応四年閏四月）
大溝藩
大津県
（明治四年六月）
（明治四年七月）
（明治四年十一月）
長浜県
大津県
犬上県
（明治五年二月）
滋賀県
（明治五年一月）
（明治五年九月）
滋賀県
敦賀県四郡
（明治九年八月）
編入
滋賀県
移管
福井県
（明治十四年二月）

本章では、これらの成果に依拠しつつ、滋賀県における中学校の形成過程を明らかにしたい。

一、彦根藩校と幕末維新

藩校の創立

徳川幕府の下で北陸・東海・近畿を結ぶ軍事・政治上の要地である湖東を治めたのが彦根藩であり、井伊家が歴代藩主を務めた。井伊家の祖先は遠江国井伊谷の豪族であったが、初代藩主井伊直政が徳川家康の片腕として幕府開設の功労をおさめて以来、譜代大名筆頭として幕政に参与した。

彦根藩において藩校が創設されたのは寛政十一（一七九九）年のことである。第十一代藩主井伊直中は、藩校建設に際し、萩藩の明倫館、熊本藩の時習館など諸藩の藩校を参考にしたが、最終的に熊本藩の時習館を模擬して藩校を設立し、稽古館と名付けた(7)。同年十一月十八日の開校式で披露された「掟」には、文武両道を重んじて藩士の風紀を正すことが藩校創立の趣旨であると説かれている。

藩校の入学資格は、「家中一統家督并ニ部屋住無息之者共三十歳以下十五歳以上日々無懈怠罷出可致文武稽古事、但右年輩ニテモ在役当分用掛リ且家芸有之分并ニ扶持切米取出講勝手タルヘシ(8)」とあるように、入学年齢は原則十五歳から三十歳とされ、上・中級の藩士・子弟は出席を義務づけられた。他方で、下級武士や庶民は藩校への入学が許されなかったようである。開校にあたり藩士の階級に応じて学費が賦課されたが、束脩謝儀などは徴収されなかった(9)。藩校の学風は、幕府が正学とした朱子学ではなく、荻生徂徠の古文辞学派（徂徠学派）を主流としたが(10)、開学当初から和学を置くなど、国学の影響もみられる。藩校の課程は四つの寮から構成されており、生徒は各寮の段階を追って進級することになっていた。習字生と読書生が一之寮と二之寮に分置され、「笹之間席以上ノ子弟及ヒ物頭母衣役ノ嗣子」は必ず二之寮に入ることになっていた。[11] 習字生は各寮とも六之席から一之席までの六段階からなり、読書生は孝経・大学・中庸・論語・孟子の五段階であった。三之寮は春秋左氏伝・国語・史記・漢書を教科書とし、五之席から一之席までの五段階で、二之席から会読生となった。四之寮は群書を学ぶものとされ、入徳舎から順に敬業舎・博習舎・進学舎・日新舎へと進んだ。その他、和学・兵学・礼節・算学・天学の寮があり、医学は業とする者だけを対象に教授した。なお、講堂や各寮における席順は、階級ごとに細かく規定されており、世襲の身分制秩序が前提とされていた。

稽古館は、天保元（一八三〇）年六月に、第十二代藩主直亮によって弘道館と改称された。[12] 直亮は蘭学者を招聘して積極的に洋学の導入を図ったとされる。[13]

幕末維新期における藩校改革

幕末維新期になると、彦根藩でも藩校の改革が進められた。第十三代藩主直弼は、安政四（一八五七）年八月に「学風之儀ハ以来公辺御同様ニ相成朱熹学被仰付候間講釈会読等都テ朱註相用致教導候様儒者素読方ヘモ相違候間各ニモ厚ク相心得可被申候様被仰出候」と、学風を従来の古学から朱子学へと改めるよう命じた。[14] これを受けて、三之寮の教科書に五経が加えられた。[15] しかし、依然として古学が支配的な風潮は変わらなかったとみられる。[16] また、直弼は、蘭式兵術を導入して蘭式軍隊を編成、後に英式に改め、最終的に仏式を採用した。[17]

安政七（一八六〇）年三月に桜田門外の変で直弼が暗殺されて以後、幕末の動乱の中で第十四代藩主となったのが直憲であった。慶応三（一八六七）年十月の大政奉還、同年十二月の王政復古の大号令によって新政府が樹立すると、彦根藩は従来の幕閣主流派から倒幕派へと方針を転換し、戊辰戦争では新政府側について活躍してみせた。このとき、藩内で倒幕派につくよう進言した下級武士たちが、後に彦根中学校設立の立役者となる。[18]

明治元（一八六八）年三月八日、彦根藩は「此度人材教育之折柄ニ付御扶持人ハ勿論郷町ニ至ル迄四九日弘道館会読席へ致出講度向ハ相願候ハ、可被仰付候事」と藩校への入学制限を緩和し、下級武士や庶民にも部分的に開放した。さらに、明治二（一八六九）年一月、彦根藩は例年通り弘道館を開講したが、三月には「十五歳ヨリ三十歳迄常出講ニ被仰付置候処此度勝手ニ被仰出候事」と藩士・子弟への常出講の義務を緩和している。(19)

明治二年六月の版籍奉還後、直憲は彦根藩の知藩事に就任した。また、同年十月には弘道館の名称を文武館と改めた。

明治三（一八七〇）年二月、新政府によって「大学規則」「中小学規則」が制定された。(20)これを受けて、彦根藩は四月に文武館を学館に改称すると、七月には学則を改正して「文館規則」を定めた。「文館規則」によれば、士族子弟は「八歳ヨリ小学入寮随意之事」とされ、「十三歳ヨリ十六歳迄二十二石取已上之者ハ定出講、十六石取以下之者ハ勝手可為出講事」とする一方、「卒族并僧徒庶人共入寮可為随意事」と下級武士や庶民の入学をも認めている。このように、「中小学規則」をふまえて入学年齢が八歳に引き下げられ、庶民にも門戸が開放されたのだった。士族子弟については階級に応じて出席を義務づけているものの、四之寮の席順は「士卒相混シ長幼ノ順ヲ以テ席順相定候事」とあり、身分制秩序が緩和されている。また、「中学寮課業相済候者ハ所長ニ従ヒ文武諸官ニ被任或ハ大学江指出ニ相成候事」、「小学課業相済不申者ハ政官ニ任用無之事」とあるように、人材登庸や大学への派遣において学業の進度が重視されるようになった。

さらに、同年十一月、学館は学校に改称され、翌月に規則も改正された。これより一般に「彦根藩中学校」と呼ばれるようになったとされる。(21)「学校規則」(22)では、士族子弟は「十歳ヨリ小学寮入勝手之事」とされ、「十三歳ヨリ廿五歳迄廿二石以上之者ハ定出校、十六石取以下之者ハ可為勝手事」というように入学年齢が改定されたほかは、さほど大きな変化はみられない。ただ「中小寮中略規則」には「士庶入学中長幼之順ヲ以席次相定可申事」とあり、藩校の門戸開放が進んでいたことが窺える。

同年七月、廃藩置県が実施され、彦根藩は彦根県となり、直憲も知藩事を免職されて東京へ移居した。しかし、学校は、彦根藩が消滅した後も彦根県学校として継続したとみられ、「規則」が改定されている。(23)

規則

第一条　当校ハ即今中小ノ二校ヲ兼并ス
第二条　生徒八歳ヨリ随意小学ニ入ヲ許ス
第三条　入学ヲ願モノハ張出シ雛形ノ如ク記シ指出スヘシ
第四条　小学生徒百八十人ヲ限トス、員満レハ入ヲ許サス
第五条　従来他所ニテ学ヒシ者入学ノ時ハ試検シテ等級ヲ定ム
第六条　生徒学ニ在ル学業ノ優劣以テ等級ヲナシ長幼以テ序次ヲナスヘシ
第七条　生徒毎朝寮ニ登ラハ各自氏名ヲ簿ニ記ヘシ
第八条　外来生午前第九時ヨリ午後第二時マテヲ正課ノ時トス、皆正課席ニ列シ専ラ其業ヲ勉ヘシ
第九条　輪講ハ講堂ニ其席ヲ分占シ教官莅テ教授スヘシ
第十条　学業臨時試検有テ等級ヲ定ム、生徒怠ル勿レ
第十一条　生徒修業席ハ標札ノ如ク坐次ヲ乱ルヘカラス
第十二条　算術習字ノ二ツハ講日規則ヲ守リ出席スヘシ

第十三条　洋学ハ和漢ノ書籍ニ略渉リ根本既ニ立チ年歯十六ニ至ニ非レハ入学ヲ許サス、幼年ニテモ非凡俊秀ノモノハ此限ニ非ス
第十四条　中学課業略成テ後来成立スヘキモノハ游学セシム
第十五条　中学課業全ク卒リ人ト為リ誠実敏達ノモノハ所長ニ従ヒ諸官ヘ試用或ハ大学ヘ貢進スヘシ
第十六条　官籍拝借ハ出納定則ヲ遵守スヘシ、若シ紛失スルトキハ之ヲ償ハシム
第十七条　疾病事故アリ休業ヲ欲スルモノハ寮長ノ許可ヲ乞ヘシ
第十八条　校内博奕飲酒ヲ禁ス
第十九条　生徒万事寮長ノ教令ヲ奉スヘシ
第二十条　生徒罰アリ退学ノモノハ再入ヲ許サス
第二十一条　年中休日左ノ如シ
天長節　　節句
毎月一六　　多賀祭当日

このように、基本的には藩校の慣習を踏襲するものであったが、身分による区別なく入学年齢を八歳に引き下げるとともに、学業の優劣によって等級を設定するなど、従来の身分制秩序の解体が進んでいる。さらに、洋学については十六歳以上でなければ学ぶことができなかった。加えて、中学課業の修了が遊学や官吏登用、大学貢進の条件とされている点が注目される。

明治四（一八七一）年になると、彦根藩では大参事谷鉄臣の発案によって洋学校の設立が進められたという。[25] 谷は庁議決定後、知藩事の許可を得て鈴木貫一を神戸へ派遣し、アメリカ領事のビー・フランクから英学教師としてアメリカ人商人であったウイリアム・グードメンを紹介された。[24] そこで同年三月、彦根藩は「当藩学校ニ於テ洋学相開生徒教育仕度、神戸在留ノ亜国人ウイリユムグートメンハ学術相応ノ者ニ付藩内へ相雇教授為仕度」[26] と弁官宛に伺い出て許可を得た。[27] 翌月十九日には、鈴木を介して彦根藩洋学校とアメリカ領事館との間でグードメンの雇用契約が交わされている。[28] 雇用条件は、月給六〇ドルの一年契約であった。こうして、鈴木貫一邸にて洋学校が開設された。洋学校では、英語学・文法・習字・地理・数学・究理学などが教授されることになっていた。同校の学生であった上原芳太郎によると、実際には「スペルリング」「ウヰルソンのリードル」「カッケンボスの米国史」「パーレーの万国史」「カッケンボスのグランマー」が教授された。[29]

彦根藩洋学校

同年十一月、第一次府県統合により、彦根県は、宮川県、朝日山県と合併されて長浜県となった。彦根藩洋学校は、廃藩置県、府県統合を経た後も存続しており、長浜県下でも延命が図られようとしていた。すなわち、明治五（一八七二）年二月、長浜県は、グードメンとの契約期間満了を控えてさらに六ヶ月間の雇用延長を文部省に伺い出ている。[30] 文部省は、同月九日、グードメンの雇用継続に関する長浜県伺を正院に提出した。同月十四日、央官はグードメンの雇用継続に関する文部省伺について大蔵省に問い合わせ、同月二十三日には大蔵大輔井上馨から「元彦根ノ方ハ期限済ノ上雇継相願候儀ニ付有志ノ者相募リ官費ヲ不仰儀ニ候ヘハ格別ノ事ニ候ヘ共此上官給イタシ候儀ハ御聞届難相成筋ト被存候」との回答を得ている。しかし、三月十八日に文部省から正院へ返答を催促する伺いが再提出されており、返答は保留されていたようである。返答遅延の理由は、同月二十三日の井上の回答によると「諸県下一般学校費用支給ノ方法此程中ヨリ文部省へ及打合置候処否共不申越、尚度々及催促置候へ共未タ何等答モ無之右ノ次第ニ付、元彦根県教師雇入等ノ儀モ即今御確答申進兼文部省返報ニ寄見込相立可申進候ニ付、先此段一応申進置候也」とあるように、府県立学校費用をめぐる扱いが確定していなかったことにあった。ところが、三月に犬上県（二月二十七日に長浜県を改称）より「此度条約書ニ相反シ忽失望ノ事件生シ候間兼テ相伺候儀ハ御取消被成下」との報告があり、グードメンとの契約更新を断念したことがわかる。同年四月にグードメンとの契約が切れた後は、旧彦根県学校に洋学の寮を設けて本県士族に教授させたとある。(31)

明治五年八月三日、文部省は「学制」発布と同時に、「従来府県ニ於テ取設候学校一途ナラス、加之其内不都合ノ儀モ不少、依テ一旦悉令廃止」を命じた。ところが、犬上県ではその翌日、女洋学校が新たに設立されたとされる。(32)だが結局、同年十月、旧彦根県学校ならびに女学校は廃校となった。ただし、同年十一月二十四日の滋賀県管内布達には「従前彦根金亀町へ取設有之候中学女学両校之儀、今般大蔵省指令ニ依テ廃校申付候得共、元来彦根町之儀者人家稠密之場所ニシテ学校之設ケ無之テハ不相成次第ニ付追而相達スル義有之候条為心得此段相達候事」とあり、(33)彦根町に学校設置の必要性が強く認識されていた点に着目しておきたい。

二、滋賀県の成立と中学校教育の胎動

大津欧学校の設立

明治五（一八七二）年九月、犬上県と大津県が合併し、新たに滋賀県が成立した。(34)初代滋賀県令に就任した松田道之は、小学校の普及に先行して洋学校の設立に尽力し、翌月、滋賀郡大津坂本町に欧学校を開設している。

洋学校の設立は、松田が大津県令時代から企図していたものであった。松田は、同年四月に大蔵省へ宛てて「外国

人雇入洋学所取設に付伺書」を提出する一方、[35]京都の独乙学校の教師カルルレーマンに洋学教師の紹介を依頼し、七月にレーウエンスタイン夫妻を推薦されている。[36]夫のエミルレーウエンスタインはドイツ人、妻のメリー夫人はイギリス人であった。松田はこの夫妻を雇うことに決し、八月二十日の布告にて「今般当県へ洋学校相設、教師トシテ独乙国人エロウンスタイン氏夫婦相雇九月中旬入県之筈ニ付、開校後ハ英仏独三国之学事並女之手業等モ教授為致候間、修業致度者ハ男女之無差別差許候条来月十日迄ニ可願出候事」[37]と、洋学校の開設と生徒募集を県下に周知した。

さらに翌月の布達にて、欧学校の設立趣意を次のように説いている。

凡ソ子弟有之者眼前之愛ニ溺レ遊惰ニ日ヲ暮ラサセ仮令職業ヲ教ヘ候トモ旧来不開之業ニ従事イタサセ就中女ノ子ヘハ専ラ遊芸等而巳ヲ教エ無用ノ事ニ日月ヲ費ヤサセ候等ノ習弊有之、前途開明之時節ニ難適而巳ナラス詰リ終身之損害ト相成候事ニ付、其父兄タル者此ニ注意イタシ前日之旧習ヲ去リ日新之事業ニ就カシメ候様目的ヲ立専ラ学文ニ従事可為致候、尤モ学文ト申候テモ従前世ニ唱フル所ノ徒ニ書ヲ読ミ詩文ヲ弄ヒ高尚空理ヲ研究スル等之如キ無用之事ニハ無之、則農商工共各其業ニ就テ実用之学科アリ人間必用タル衣食住ヲ不離者ニ付右主意取違エ間敷、依而追々諸学校ヲ設ケ管下之子弟タル者ヘ教育行届候様可致筈ニ候、然ル処先差当リ今般取立候欧学校之義教師之授業凡ソ左之通ニ候間子弟有之向ハ可成入学可為致、右学校ヘハ通学留舎トモ望ニ任セ差許候義ニ付仮令遠方之者タリトモ差支エ無之筋ト可相心得事

欧学校

教師独乙国人

エミルレーウエンスタイン氏

右欧州普通学科ヲ教エ就中英仏独蘭四国之語ニ熟シ且兼而商業学ヲモ教授ス
同人妻英吉利国人
メリーレーウエンスタイン氏
右女生徒ヲ教育シ就中英語ニ熟シ女之手業ヲ教授ス
右之通管内へ無漏相達スル者也

ここから、松田が実学を重視し、欧学校の設立を優先して実施したことがわかる。欧学校は十月六日に開校式を挙行し、開校に至った。欧学校の学科は「普通学、英仏独蘭語学、商業、縫工」であった。校則によれば、入学年齢は「八歳ヨリ二十五歳迄ノ者ニシテ凡ソ日本平仮名片仮名ノ書字領得シ得ル以上ノ者」が原則とされたが、既に外国語に精通している場合は二十六歳以上でも入学が許された。修業年限は三年で、「生徒学ニ在ル長幼尊卑ヲ不論各学業ノ等級ヲ以テ序トス」とあるように等級制であった。欧学校は男女別学であったが、女子の入学を積極的に奨励しており、「女生徒ハ人ノ妻一家ノ主仮令処女ニテモ都テ一家ノ事ニ当リ或ハ父母ノ奉養ヲ任シ家事ヲ助クル等ノ責アル者等専ラ学問ニ従事スルヲ得サル者又ハ病身ニシテ深密ノ学問ヲ為ス能ハサル者等ハ其願ニ依リ事実取糺シ相違ナキニ於テハ之ヲ変則生ト為シ学科中手業ノ一科ノミヲ学フコトヲ許ス」と学問に従事することが困難な場合は変則生として手業のみを学ぶことを認めていた。授業料は、**表1**のように禄高もしくは雇人数に応じて年間二朱から四両まで と細かく設定されており、士族や商人層が主な対象とみなされていたと考えられる。

『文部省第一年報』には、欧学校について「外国語学一校ヲ設ケ独乙人エミルレーウエンスタイン及同氏ノ妻ヲ延テ教師トシ通弁教員三名ヲ附シテ普通学科商業及裁縫等ノ学術ヲ教授セシム、当時本校ノ生徒男百四十九人、女二十

表1　欧学校授業料割

雇人無之者ハ	一ヶ年　金二朱
雇人一人ハ	同　金一分
三石以下	同　金二分
四石以上	同　金三分
雇人二人以上五人迄 但赤貧ニテ不能納モノハ戸長之ヲ證スルトキハ免之	同　同断
十一石以上二十五石迄	同　金一両
雇人六人以上十人迄	同　同断
二十六石以上四拾石迄	同　金一両二分
雇人十一人以上二十五人迄	同　同断
四十一石以上六十五石迄	同　金二両
雇人二十六人以上四十人迄	同　同断
六十六石以上百石迄	同　金二両二分
雇人四十一人以上七十人迄	同　同断
百石以上二百石迄	同　金三両
雇人七十人以上百人迄	同　同断
二百石以上	同　金四両
雇人百人以上	同　同断
管外ヨリ入学者ハ	同　金四両

（出典：『滋賀県史料十九』より作成）

七人共二百七十六人ナリ」[38]と記されており、盛況であった様子がうかがえる。しかし、翌年の『文部省第二年報』[39]には男一〇二人、女八人とあり、生徒数は減少している。

大津欧学校は、一八七四年八月に廃校となった。その理由は定かではないが、財政難が原因の一つであったと指摘されている[40]。欧学校の設立運営資金は、篤志家ならびに篤志寺院の献金および授業料によって賄われていたが、開校以来三年間にかかった費用は総額一万三七五円九二銭に及んでおり、学校を維持するのは容易ではなかったと思われる。

「学制」発布と中学区の設置

「学制」発布の翌年から松田は小学校の普及に着手し、二月八日に「告諭書」を頒布するとともに、小学校設立のための「立校方法概略」[41]を布告した。また、同年十一月五日の布達にて次のように学区を定めた。

第九番中学区　　高島郡・滋賀郡・栗太郡
第十番中学区　　甲賀郡・野洲郡・蒲生郡
第十一番中学区　神崎郡・愛知郡・犬上郡
第十二番中学区　坂田郡・浅井郡・伊香郡

滋賀県は第三大学区に属し、県下は第九番から第十二番までの四中学区とされた。注目したいのは、中学区の区域に加えて各中学区における中学位置まで定めている点である。すなわち、第九番中学区は滋賀郡大津町（現大津市）、第十番中学区は蒲生郡八幡町（現近江八幡市）、第十一番中学区は犬上郡彦根町（現彦根市）、第十二番中学区は、坂田郡長浜町（現長浜市）がそれぞれ中学位置に指定された。城下町であった彦根町に対し、大津町、八幡町、長浜町は、いずれも商業と交通の要所として発展してきた地域であった。このように、滋賀県では「学制」に則って中学区ごとに中学校の設立を企図していたと推察されるが、実際には小学校の設立で手一杯で中学校設立に着手する余力はなかったとみられる。

一八七五年三月二十三日、松田が内務大丞に転出し、翌月二十七日に滋賀県参事であった籠手田安定が滋賀県権令に就任した。[42] 籠手田は、教員養成機関の拡充を図り、同年五月に大津堅田町に大津小学伝習学校を設立、同年十月に滋賀県師範学校と改称した。[43] また、籠手田は、同年五月四日に学区取締を任命し、さらに翌年三月二十三日に中学区ごとに中学区取締頭取を任命している。[44] 第九番中学区は加藤嘉左衛門、第十番中学区は多羅尾光弼、第十一番中学区は外村省吾、[45] 第十二番中学区は東野弥九郎であった。後述するように、第十一番中学区取締頭取に任命された外村は、初代彦根学校校長となる。

三、彦根学校の設立

共立学校設立計画

彦根町では人民共立による学校設立の動きが生じつつあった。共立学校設立の端緒は、旧彦根藩士らによって組織された政治結社、すなわち集義社にあると指摘されてきた。[46] 集義社の母体は、彦根議社である。一八七三年の政変の際、東京から彦根へ下野した大東義徹、大海原尚義らが旧彦根藩士に呼びかけ、一八七五年一月に彦根議社が結成された。(47) 彦根議社発起人の八名、すなわち田部密、石黒務、大音竜太郎、西村捨三、(48) 大東義徹、(49) 橋本正人、大海原尚義、外村省吾は、いずれも旧彦根藩士であり、明治維新後には彦根藩の要職を務めた人物である。彦根議社は民権結社の一つとされ、「自主自立」の精神にもとづき彦根地域の振興を目指して活動を開始した。彦根議社はほどなく集義社に改称し、法学教育を活動の柱に据えた。

彦根市立図書館に所蔵されている「外村文書」所収の資料(50)には「当新立学校建設ノ順次タル一昨冬議社設立ノ際該所ニ於テ師範学校建設ノ発論アリシヲ嚆矢トシ、遂ニ昨夏中ニ至リ新立学校建設ノ挙ニ決シ」というように、集義社と共立学校との関連を窺わせる記載がある。同資料によれば、当初の計画は「上等小学級生徒ノ教場トスベキ見積リヲ以テ着手ニ及」んだが、実際には「即今上等小学生徒ノ如キハ満天下屈指スベクシテ吾郷里ノ如キ未タ一人ノ有在ナシ、況ンヤ新立教場ノ満員ヲ要スヘケンヤ」という状況にあったため、当面「滋賀管内師範学校ノ分校トセラレ（中略）則湖東北五郡ノ仮師範学校ト変成シ傍ラ予科学場ヲ開設セン事ヲ乞」うことになったとある。さらに、「上等小学級生徒ノ教場ノミナラス中学校設立等ノ時機ニ至ラバ近傍買入ノ地所合併何々坪結局中学校ニ変スヘキ等漸次盛大ノ地位ヲ占ムルヲ要ス」とあり、将来的には中学校へと発展させる目論見であったことがわかる。

また、後述の「彦根中学校要録」にも、「彦根中学校起源並縁由記」として「八年大東義徹大海原尚義ノ二氏彦根ニ帰リ集義社ヲ興シ又人民ヲ鼓舞作興シテ学校建築ノ議ヲ起ス、時西村捨三氏公家ノ家令タリ、乃チ公ノ嘱托ヲ奉シ帰テ相会ス、衆議大ニ張ル、大東氏東上之ヲ在京諸有志ニ謀ル、衆皆賛ス、是ニ於テ乎建築ノ議結了ス、（中略）此ニシテ一大黌ヲ興シテ以テ他ノ標準トナルヘキノ概アリ、而シテ公又寵言アリ曰金二千五百円ヲ以テ其費ヲ助クト、諸有志モ亦奮テ財ヲ捐シ以テ其挙ヲ補フ」と記されており、(51) 集義社ならびに旧彦根藩士らおよび井伊家によって共立学校の設立が先導されたとみて間違いない。

一八七六年三月十日には、第十一番中学区取締外村省吾より「共立学校建築ニ付伺書」(52)が籠手田安定宛に提出された。伺書の冒頭には「共立学校建築之儀、昨年来井伊従四位殿発起人ニテ木俣幹ヲ初メ追々有志之者相携リ大積リ五千円之資金ヲ以建築ニ取掛リ、来四月中落成之目算ニ御座候」と井伊直憲を発起人として共立学校の建設が進んでいることが報告されている。その上で、「学校落成候ハ、校内半部ヲ以テ当師範学校ノ分局ト御見做被下置、仮師範学校ノ名称ニテ神崎愛知巳北之教員伝習所ニ相備申度、残リ半部ハ該地上等小学科并予科生徒等之教場ニ相備申度ト之事ニ候」と、校内の半分を仮師範学校という名称で滋賀県師範学校の分局とする教員伝習所とし、残りの半分を上等小学科および予科生の教場に充てることの許可を請うとともに、県からの補助を依頼したのであった。

また、伺書には、共立学校の新築費および運営資金は、井伊家と旧彦根藩士ら有志が負担すると記されている。すなわち、新築費五、〇〇〇円のうち半額を井伊家が負担し、残り二、五〇〇円は士民から寄附を募る見込みであった。他方、運営資金は年額一、八〇〇円と試算され、そのうち一、〇〇〇円を井伊家が毎年負担し、残り八〇〇円は士族から寄附を募るという計画になっていた。(53)

滋賀県政資料室所蔵の「彦根共立学校寄附金名簿」には、井伊家筆頭家老であった木俣畏三を筆頭に総勢一〇〇名を超える有志が寄附者として名を連ねているのを確認することができる。(54)後年まとめられた「彦根学校建築寄附金姓名録」(**表2**)によれば、一一八名より総額五、二九二円余の寄附金が集まったことがわかる。(55)旧藩主井伊直憲はもちろん、集義社発起人や彦根藩時代に要職を務めた者は多額の寄附をなした。加えて、井伊家は、実際の新築経費五、一八八円七六銭二厘五毛のうち四、五〇〇円五六銭四厘を一時立て替えている。井伊家は、戊辰戦争における功績に対して明治政府より「賞典禄」を授かっており、その一部を旧藩士らの教育等に使用するため「義務金」として積み

表2　彦根学校建築寄附金姓名録

	氏名	寄附金額	備考
1	井伊直憲	二五〇〇円	旧彦根藩主
2	井伊家保存寄附金五千円中ヨリ引分ケ寄附	七〇七円八四銭二厘五毛	
3	木俣畏三	二〇〇円	旧彦根藩筆頭家老
4	堀部久勝	一〇〇円	旧彦根藩士・井伊家家令
5	石黒務	一〇〇円	旧彦根藩権大参事・集義社発起人
6	北川泰明	五〇円	旧彦根藩士
7	外村省吾	五〇円	旧彦根藩権少参事・集義社発起人・彦根学校校長
8	西村捨三	五〇円	旧彦根藩大参事・井伊家家令・集義社発起人
9	大音龍太郎	五〇円	旧彦根藩大参事・集義社発起人
10	西郷肇	四〇円	
11	武節貫治	三〇円	旧彦根藩家老
12	新野哲五郎	三〇円	
13	三浦泉	三〇円	
14	増田匡	三〇円	
15	渋谷啓蔵	三〇円	
16	大東義徹	三〇円	旧彦根藩士・集義社発起人
17	河上房申	三〇円	旧彦根藩士
18	数江駿夫	二五円	
19	椋原義彦	二二円	旧郡上藩士
20	犬塚求	二二円	
21	井伊智二郎	二〇円	井伊直憲の弟
22	広原鋭一吉	二〇円	
23	横川源蔵	二〇円	
24	武藤本全	二〇円	
25	樋口一成	二〇円	
26	吉田六郎	一六円	
27	澤村工	一六円	
28	大海原尚義	一五円	旧彦根藩士・集義社発起人
29	今村源吾	一四円	旧彦根藩士
30	西尾英三	一四円	
31	三浦五郎次	一四円	
32	中野茂登	一四円	
33	草刈均	一〇円	彦根学校訓導
34	木俣元造	一〇円	旧彦根藩士
35	勝弁三	一〇円	旧彦根藩士
36	印具円	一〇円	
37	林田勘次	一〇円	
38	金田師行	一〇円	
39	更田荘蔵	一〇円	集義社副幹事
40	浅井明瞭	一〇円	旧彦根藩士・集義社副幹事
41	薬袋重郎	一〇円	旧彦根藩士
42	武笠資節	一〇円	旧彦根藩権少参事
43	渡邊弘人	一〇円	旧彦根藩士・彦根学校訓導
44	松浦果	一〇円	旧彦根藩士
45	青木次郎	一〇円	
46	佐藤元	一〇円	彦根学校訓導
47	藤田門次	八円	
48	内保五郎	六円二五銭	旧彦根藩士
49	中野登	六円	
50	西山乾三郎	六円	
51	中川昌訓	五円	旧彦根藩士
52	花木伝	四円	旧彦根藩権少参事・集義社発起人
53	中居忠蔵	三円五〇銭	旧彦根藩士・区長・集義社副幹事
54	前川正次郎	三円五〇銭	
55	中村正宰	三円五〇銭	集義社社員
56	青木道太郎	三円	旧彦根藩士・青年小学首座教員
57	中村文次	三円	階梯小学首座教員
58	天野康文	三円	旧彦根藩士・富尾小学首座教員
59	田中央	二円五〇銭	
60	横内扶	二円五〇銭	集義社書記
61	林六殖門	二円五〇銭	集義社書記
62	中村本明	二円五〇銭	

63	宇津木甲次郎	二円五〇銭	旧彦根藩士・博文小学首座教員
64	西堀才吉	二円五〇銭	
65	大久保誠一郎	二円三四銭	
66	本上太郎	二円三三銭	教蒙小学首座教員
67	磯崎芳樹	二円	旧彦根藩士
68	藤山秀次	二円	彦根中学校校長
69	一瀬弥惣次	二円	
70	勝新吾	二円	旧彦根藩士
71	湯本源蔵	二円	集義社社員
72	高橋建五郎	二円	旧彦根藩士・集義社副幹事
73	三井助四郎	二円	
74	安東貞	二円	旧彦根藩士
75	勝間田茂太	二円	旧彦根藩士
76	木俣友造	二円	
77	柴田信人	二円	学務委員
78	光田進業	二円	入篤小学首座教員
79	朽見五郎	二円	
80	榎並鈊太郎	一円五〇銭	
81	市川外弥	一円	旧彦根藩士
82	浅山庄次郎	一円	
83	信澤甚内	一円	旧彦根藩士
84	崎山孫三	一円	
85	轟久五郎	一円	明道小学首座教員・彦根中学校上等小学教員
86	丸山豊太	一円	
87	小西壽太郎	一円	
88	川崎和吉	一円	旧彦根藩士
89	園川常三郎	一円	
90	北川源蔵	一円	
91	川俣幸太郎	一円	
92	村田佐太郎	一円	
93	澤八郎	一円	
94	加田九郎太	一円	
95	山口豊吉	一円	旧彦根藩士
96	林釟蔵	一円	
97	鹿取春平太	一円	
98	森鎮一郎	一円	
99	富永捨吉	一円	
100	中島友三	一円	
101	上谷彦五郎	一円	
102	水上長二郎	一円	旧彦根藩士
103	藤嶋作	一円	
104	仙波貞信	一円	旧彦根藩士・集義社書記
105	高野好	一円	旧彦根藩士・集義社社員
106	野塚惣治	一円	
107	三浦鎌吉	七五銭	
108	吉川新太郎	五〇銭	
109	川原崎与市	五〇銭	
110	中野可然	五〇銭	
111	木村忠次	五〇銭	
112	横田香苗	一三〇円内未納金七二円向五ヶ年賦出金	旧彦根藩士
113	広瀬進一	七〇円内未納金六三円向五ヶ年賦出金	法制局一等書記・太政官権少書記官
114	大塚武	二〇円内未納金一五円本年ヨリ向五ヶ年賦出金	
115	日下部東作	二五〇円内金一〇〇円未納	旧彦根藩士・書家
116	橋本正人	一〇〇円内金五〇円未納	旧彦根藩少参事・集義社発起人
117	安居修蔵	七〇円内金五〇円未納	旧彦根藩士
118	豊原基臣	三〇円全額未納	旧彦根藩士
119	石上省巳	二〇円全額未納	
	総計	五二九二円五一銭二厘五毛	

(出典：「彦根中学校要録」をもとに作成)

立てていた。[56] 共立学校設立に際しても、これらの資金が活用されたとみられる。

このように、共立学校の設立基盤は、井伊家ならびに旧彦根藩士らにあった。とりわけ、井伊家は積極的に財産を投じて、その設立と運営を支えたのである。

彦根学校の開校　前述の「共立学校建築ニ付伺書」に対し、三月十七日に滋賀県から「仮師範学校之名義ハ許可難相成」との回答があった。[57] このため、教員伝習所の設置は見送られ、上等小学校として開設することになったと推察される。一八七六年六月、新築校舎が落成し、校名は彦根学校と称することになった。[58] 同年八月十九日、彦根学校の開業式が挙行された。

初代校長には、外村省吾が就任した。「彦根学校事務分任書」[59] によれば、「該校之教育ニ関スル事件ハ校長之ヲ専任決定スヘシ」と彦根学校の教育に関しては校長が決定権を有し、「井伊公ヨリ年ニ一千円ノ寄附金及ヒ有志ノ篤志金出納等ハ幹事専任スヘシ」[60] と学校維持費の出納等は幹事の高橋建五郎が扱うことが彦根十区の区長と協議の上、確認されている。

また、彦根学校の開校に合わせて「彦根学校概則」ならびに「教則」が定められた。[61]「彦根学校概則」と「教則」は次のとおりである。

特種彦根学校概則

第一条

一、此特種学校ハ該地十区ノ上等小学々科生徒ヲ教育スル為メニ設ケシナリ、然トモ未タ上等生徒ノ少ク且学齢外ノ者小学々科ノ何物タルヲ知ラス、故ニ当分上下小学々科ヲ本科トシ、和漢西洋ノ書籍ヲ予科トシ、毎日両

科ヲ並ヘ立テ並ヘ授クヘシ

第二条

一、学齢外十五歳以上ニシテ普通ノ読物算術習字等ヲ略解スル者ハ入校修行ヲ許スヘシ、若シ学齢年内タリトモ俊秀ノ者ハ此限ニアラス

但入校ノ節其町村戸長及父兄親族ノ保証状ヲ出スヘシ

最月謝五銭毎月廿五日収入スヘシ

第三条

一、家事職業アリテ日々出校スルヲ得ス、然トモ予科某々ノ輪講ニ陪講且聴聞ヲ請望スル者ハ之ヲ変則生徒ト見做シ入校ヲ許スヘシ

但書前同断月謝ハ五銭ヲ収入スヘシ

第四条

一、貧窮ニシテ書籍ナキ者ハ其品ニヨリ損料ヲ以テ貸与スヘシ

第五条

一、本科ハ上下小学々科ヲ授ケ、予科ハ概略左ノ和漢洋書籍ヲ授クヘシ

大日本史、日本書紀、王代一覧、日本政記、日本外史、国史略、日本文典、近事紀略、十八史略、史記、左伝、綱鑑易知録、論語、唐宋八大家、文章軌範、作文（和漢）、万国公法、格物入門、泰西史鑑、化学益、博物新編、西国立志篇、輿地誌略、万国新史、物理階梯、初学須知

第六条

一、参観ヲ請フ者ハ名刺ヲ教師ニ指出シ指揮ヲ受ヘシ、最生徒ノ授業ノ妨トナル坐作進退喫煙談話等一切之ヲ慎ムヘシ

教則

第一条

一、教場ニ於テハ渾テ教師ノ指揮ヲ受ヘシ

第二条

一、毎日授業時間十分前ニ上校シ、教師ニ届ケヘシ

第三条

一、授業中質問及議論ヲ起ストキ傍ヨリ問議シ且喧囂ニ渉ルヘカラス

第四条

一、予科ノ輪講ハ一講席ヲ二時間トシ此間ニ十分ノ休憩与ヘリ、故ニ午前ニ二講席午後ニ四講席アリ

第五条

一、毎月ニ本科予科ノ試験ヲ行ヒ学術ノ優劣行状ノ良否ヲ判シ坐席ノ昇降ヲナス

第六条

一、教令ヲ重セス規則ヲ顧ミス及疎暴懶惰等ノ所業アルトキ再三之ヲ督責シ猶其改メサルトキハ退校セシムヘシ

第七条

一、年中休業ハ本庁師範学校及該地小学校ノ定規ニ照準スヘシ

右ハ今般開校ニ付前書条件ニ治定ス、然レトモ都合ニ寄リ加除変改スルコトアルヘシ、最モ不分明且疑問ノ廉アラハ左ノ人員ノ中校内ニ当直スレハ直ニ来質セシコトヲ要ス

校長　外村省吾
訓導師　中川昌訓
同　佐藤元
同　草刈均
予科師　渡辺弘人
同　結城顕

このように、彦根学校は上等下等小学科からなる本科と予科を設け、原則学齢外十五歳以上を対象としていた。本科が上等下等小学教則にならって教授されたのに対し、予科は和漢洋書籍の輪講を中心としており、本科より上位の課程として位置づけられている。なお、洋書籍として挙げられているのはいずれも翻訳書で洋書の教授はなされなかったと推察しうる。校長の外村および渡辺弘人は弘道館教授であり、訓導三名は大阪師範学校卒業生であった。

一八七七年一月、外村が没したため、武笠資節が第二代校長に就任した。同年二月に犬上郡彦根池州町にあった芹水学校が県下初の下等小学卒業者を輩出し、同年三月に彦根西馬場町の初薬学校からも下等小学卒業者が出た。こうして同年四月、彦根学校に両校卒業生が収容され、上等小学八級の教授が開始されたという(62)。

ところで、一八七六年八月、敦賀県の廃止によって、若狭国（三方郡・遠敷郡・大飯郡）と越前国敦賀郡の四郡が滋賀県に編入された。それゆえ、遠敷郡小浜竹原村に設置されていた小学授業法伝習所も滋賀県の管轄となり、翌年五月に小浜伝習学校に改称している。

彦根伝習学校への転換

翌年三月二十六日、滋賀県師範学校は滋賀県大津師範学校に改称し、同年六月七日に規則を改正した。(63)これに伴い、同年四月に坂田郡長浜町に開設された長浜講習学校(64)と小浜伝習学校は、大津師範学校の分校に位置づけられることとなった。本校である大津師範学校には、小学校教員を養成する師範学科（二年）、現職教員を対象とする伝習学科（六ヶ月）、「師範生徒ノ補欠ニ供スルモノ」を対象とする予備学科（一年）に加え、小学科が附属として設けられた。師範学科は十七から三十五歳、伝習学科と予備学科は十四から四十歳を対象とした。他方、長浜講習学校には授業講習と予備学科が、小浜伝習学校には伝習学科と予備学科が設けられた。両校とも、基本的に大津師範学校規則を準用した。伝習学科は四級に区分され、四・三・二級が予科、一級を本科とした。予備学科は、伝習学科の第二級までを二期に分け、一年間の修業とした。伝習学科の教則は**表3**のとおりである。

一八七七年七月十日、彦根学校に伝習所開設を願う「彦根学校ノ儀ニ付願書」(65)が篤志者惣代木俣畏三ならびに井伊智二郎、彦根拾区々長惣代武節貫治外五名、彦根学校々長武笠資節の連名にて籠手田県令宛に提出された。願書の趣旨は、「往々当地小学生徒ノ上等科ニ進ミ候者及ヒ学齢外変則学科志願ノ者等修業為致候見込ニ候処、即今右生徒ノ員充実不仕候ニ付、昨九年亡外村省吾学区取締在勤中懇願仕置候通リ本校ニ於テ伝習所御開設相成度ト希望罷在候」と、上等小学生徒だけでは定員充足ならず、学校を永続的に維持する費用を確保することが困難であることを理由に、昨年から要望してきた伝習所開設を認めてほしいと願い出るものであった。さらに、伝習所開設が認められるならば、「建家地所共献納可仕」と、校舎はじめ書籍器械を県に献上すると申し出ている。ただし、「万々一御都合ヲ以廃校歟

表3　滋賀県師範学校伝習教則一覧表

	第四級	第三級	第二級	第一級
地学	日本地誌要略　全	輿地誌略　自一巻至三巻	同　自四巻至尾巻	
史学	鼇頭日本史略	同		
文学	作文階梯ニ因ル	記事	論説	
理学		改正物理階梯一二ノ巻	同　三ノ巻	
数学	算学教授書　加減乗除	同　分数小数諸等	同　比例	
画学			画学本　巻五	
化学			小学化学　全書	
博物学		具氏博物学　全		
性理学	初学人身究理　全			
修身学		修身論		
珠算	異乗同除			
自勉書				下等小学教科書
授業法			教導説　全	授業法伝習
体操				
習字	楷書	同	行書	同

（出典：『滋賀県布達全書　乙号中』）

或ハ他ニ御採用等ニモ可相成儀ニ候ハ、其節資金并地屋ト倶ニ御還附被成下度」と、廃校の節は資金ならびに土地家屋を返還することが条件であった。

滋賀県は、この願いを聞き入れ、七月十八日に「第十一番中学区内犬上郡彦根元川町ニ設立有之候彦根学校ノ儀自今彦根伝習学校ト改称シ小学教員伝習学科授業開設候」(66)と布達している。こうして、彦根学校も大津師範学校の分校となり、彦根伝習学校と改称された。彦根伝習学校には伝習学科と予備学科が設置され(67)、従来の上等小学科は附属小学科として位置づけられた。

「彦根伝習学校第一年報」(68)によれば、彦根伝習学校の生徒数は、伝習学科五六名、予備学科一八名であり、附属小学科は四九名であった。彦根伝習学校は、同年十月に生徒を募集し、一次募集生徒四〇名が十一月五日に、二次募集生徒一六名が十二月五日に伝習学科へ入学した。また、予備生は「元彦根学校ノ時ヨリ教養セシ上等小学生徒ノ優超ナルモノ」であり、附属生は「元彦根学校ノ時或ハ下等学科ヨリ或ハ下等学科ヲ卒業シテ入校セシモノ」と説明されていることから、旧彦根学校の生徒の一部が予備学科へ編入し、残りは附属上等小学科に留まったものと推察される。彦根伝習学校の諸規則には大津師範学校規則が用いられた。彦根伝習学校の教員は六名で、彦根学校一等訓導であった渡辺弘人が幹事に就任し、佐藤元、草刈均が三等訓導として留任する一方で、林信之、松宮太吉、北川源三が新たに着任した。北村寿太郎によれば、「予備生も附属生も共に上等小学科の教科をはなれ中等程度の教科によつたもので殊に予備生は全校中最高位の教科を修めた」とある。(69)

四、彦根中学校の設立

彦根初等師範学校

一八七九年二月六日、滋賀県は「今般詮議ノ次第有之、師範学科ヲ高等師範学科トシ伝習学科ヲ初等師範学科ト改正候」と達し、彦根伝習学校ならびに小浜伝習学校をそれぞれ彦根初等師範学校、小浜初等師範学校に改称した。(70)また、同年四月に開催された県会にて、滋賀県当局は、彦根小浜両初等師範学校の予算を計上し、その必要性について「小学生徒往々該科ヲ卒業シテ高等学科ヲ修メントスルモ未タ中学ノ設ナシ、(71)往テ大津師範学校ニ入学センカ学力尚微弱ニシテ他生ト伍スヘカラス、此二因アルヲ以テ両校ニ予備科ヲ置キ、一ハ大津師範学校ノ予備ヲナシ、一ハ有志者ヲシテ修学ノ目的ヲ達セシム」(72)と説明している。つまり、両校には、中学校の代替と大津師範学校へ進学するための準備教育という二つの役割が期待されていた。実際、同年における彦根初等師範学校の生徒数は、本校五五人、附属小学生徒一〇二人であり、(73) 上等小学科の生徒数は順調に増加している。こうしたなかで、上等小学卒業者の進路が問題になりつつあったといえる。

県当局は、県会での質疑において「師範学校ニテハ中学科ノ教授ハセヌモノカ」との問いに「小学卒業ノ者入校スレハ教育スルナリ」と答弁していたが、師範学校がやむなく中学校の代替として機能していることを問題視していたとみられ、「当今中学校ノ設ケナキ故ニ前途中学ノ教授ヲモナシ又専修学ヲモ教へ後ノ貸費生ヲ受持教授スルナリ」と現状を説明している。(74) 他方で、「師範学校ニテ中学校ヲ帯フル様ニ番外一番ノ説明アリ、然レハ中学校ナキ間ハ師範校アリ、既ニ中学校ヲ立レハ師範校ハ不用トナルヤ」という質問に対しては、「中学校ト師範校トハ異ナルモノナリ、中学校ハ小学卒業ノ者ノ教授ヲ受ル所ニシテ師範校ハ教員ヲ養成スル所ナリ」と中学校と師範学校の違いを強調しており、両者の役割の違いには自覚的であった。また、一八八〇年三月に文部卿宛に提出した「滋賀県年報」では、「学事上須要ノ件」として「此ニ按スルモノ三アリ、曰女子師範学科ヲ設クルナリ、曰中学校ヲ興スナリ、曰職業学校ヲ置クナリ、此機已ニ迫ルヲ以テ近ク開設ノ期ニ至ラシメントシ、専ラ計画ニ従事セリ」(75) と記されており、中学校設立は喫緊の課題の一つとして認識されていたといえる。

公立中学校の設置と廃止

一八八〇年四月二十六日、滋賀県は「今般小浜彦根両初等師範学校相廃シ、更ニ公立中学校トナシ、小浜中学校彦根中学校ト相称候」(76) と布達し、彦根小浜両初等師範学校を廃止して公立中学校に再編する一方で、翌日、大津師範学校を再び滋賀県師範学校に改めた。同年五月に開催された通常県会にて、県当局は彦根小浜両初等師範学校を公立中学校に再編した理由を「小学生徒既ニ高等ノ科ヲ卒等《ママ》シ尚進ンテ高尚ノ学科ヲ研究セント欲スルモノ往々之レアリ（中略）今ヤ小学卒業ノ生徒ヲシテ進ンテ適応ノ学科ヲ研究セシムルノ学校ナカル可カラス、乃チ今般彦根小浜ノ両師範学校ヲ廃シ更ニ同所ニ於テ中学校ヲ設ケ以テ其志業ヲ達セシメントス、是レ時運ノ然ラシムル所ニシテ即チ予算額ノ地方税ヲ要スル所以ナリ」[77]と述べている。すなわち、年々増加する上等小学卒業者に対応するため、その進学先として中学校設立が進められたのである。

県当局は、県立学校予算として、彦根中学校一、七四八円五四銭、小浜中学校一、一八〇円五六銭の予算を計上していた。しかし、岡田逸治郎（野洲郡）、野村単五郎（神崎郡）がそれぞれ「削除スル説」を提案し、これが過半数以上の賛同を得たため、中学校予算案は否決されてしまった。ところが、その後、川毛敏雄（浅井郡）から「金二千五百円中学補助費ノ項ヲ起ス」建議が提出され、賛成多数にて可決をみた。中学校予算否決から一転、中学補助費承認へと至る過程に関しては議事の詳細が記されておらず、その理由は不明である。

県会で中学校予算が否決されたことにより県立の中学校を維持することができなくなったため、滋賀県は同年九月二十九日に「公立小浜彦根両中学校詮議ノ次第有之相廃止候」[78]と布達し、彦根小浜両中学校を廃止した。しかし、後述するように、彦根中学校は町立中学校として設立維持されることになる。他方、小浜中学校は若狭国大飯遠敷三郡の聯合によって設立維持されることになった。両校には地方税による中学補助費がそれぞれ五〇〇円ずつ支給された[79]。さらに、両校とともに大津中学校も設置を認可されたが、「種々ノ事情アリテ町議未タ不整ニ属シ本年開業ノ場合ニ至ラ」なかった。

彦根中学校の町立移管

滋賀県会における中学校予算の否決を受けて、在京の旧彦根藩士らを中心に彦根中学校を人民共立によって維持しようとする動きが現れてくる。その経緯について、『彦中五十年史』[80]が「熾烈なる町立移管運動」と称して積極的に評価したのに対し、『彦根東高百二十年史』は廃校の危機から「継承再生させていく運動」であったと評価している[81]。滋賀県立彦根東高等学校所蔵の大東義徹ら在京有志が在郷の旧彦根藩士らに宛てて認めた書簡類から事の真相を整理してみたい。[82]

一八八〇年六月二十七日に大東義徹が東京より帰郷、在郷の有志らと会談した。その後、同月三十日の早朝に、大東は籠手田県令を訪問し「彦根学校還付の義」を申し入れた。(83) 大東によれば、籠手田県令は「諸有志奮励之美挙ヲ称シ願望ノ要領ハ至極好都合ニ御座候」と歓迎し、「彦根中学校ヲ公立或ハ共立ノ性質ニシテ土地人民ノ負担トナスナラハ」前述の中学補助費を用いて「格別人力ヲ労セスシテ立派ノ中学校ヲ設立スルニ至ル可ク」との考えを示したという。その後、大東は在郷の堀部久勝とともに籠手田を再度訪問している。

東京に戻った大東は、七月八日、井伊家にて在京の同志らと会合し、旧彦根藩主であった井伊直憲に補助金を請願することを決定した。同月十八日には、直憲より「彦根ノ為メ奮励アルニ於テ元ヨリ賛成スヘキ美事ニ付、即チ彼義務金中ヨリ一部分ノ補助可致旨御決答有之」(84)と、「義務金」の支出が了承された。また、在京の有志らは、堀部に宛てて、学校の教則は「貴地ニ於テ御議定ノ上、当初有志モ披見申度」と指示し、「一日モ速ニ御廻送有之候」と策定を急かしている。しかし、在郷の有志が作成した学則および教則は「小学ノ範囲ヲ脱セサルモノ、如シ」という期待外れの内容で、「迚モ人材ヲ育スルニ足ラス、仮令ハ東京ニ来リ専門学ニ入ラントスルモ其試験ダモ受クル能ハズ」と苦言を呈している。(85) なぜなら、「元来東京有志ノ企画スル所ハ予テ御了知ノ通リ小学科部分ノミナラズ将来人材ノ養成ヲ期スルノ精神ニ有之」と、彦根の地より有用な人材輩出を目指すものであり、東京の上級学校への進学を視野に入れていたからであった。それゆえ、在郷の有志らが示した学則は、東京で学事の進展を目の当たりにしてきた者たちからすれば、「当時識者無用無効トシテ続々廃校ニ至ル中学校ノ旧物ニ過キス」(86)という代物で到底受入れられないものであった。こうして、東京主導にて、彦根中学校の具体化が進められることとなった。九月二十八日には、東京の会合にて、蒲生弘を雇用することや、校長および学校世話掛の人選、学校設立費用の工面などが協議、決定された。(87)

同月二十九日、彦根小浜両中学校の廃止が布達された同日に、有志者総代および学務委員総代ならびに彦根各町村戸長の連名にて籠手田県令宛に「学校御下戻願書」(88)が提出された。

当彦根中学校之義ハ曩年井伊直憲始メ有志協力各自若干醵金ヲ以テ建設仕、当地上等小学及学齢外変則学科等授業致来候処、一時不得上《ママ》都合筋ヨリ去ル明治十年七月三十《ママ》日該校及附属之器械并ニ保続金共御庁へ差上、更ニ該校ヲシテ彦根伝習所トシ傍上等小学生徒就業等官費ヲ以テ御教授被成下度旨懇願仕候処、特典ヲ以テ御聞届被下爾来種々御保護ヲ蒙リ候段一同奉感戴候、然ルニ方今該地小学生徒ノ実況タル既ニ下等卒業生日々月々増加シ目下上等へ可組入輩数多アリト雖トモ教授スルノ校場無之、是ヲ以テ新設スルニハ経費ニ不堪、於茲今般士民等深ク協議ヲ尽セシ処、右中学校ノ儀ハ最前彦根地方ノ為メ建設致候校場ノ義ニ付、御下戻ノ義ヲ請願シ、允可ヲ得シ已上ハ該校ニ於テ民有彦根中学校トシ、傍余地ヲ以テ上等小学科教授ノ道相開申度、尤モ中学校ハ若干ノ補助金ヲ仰クヲ以テ専ラ彦根及滋賀全県ノ子弟ヲ教育スル目的ニ協議仕候間、是迄御庁ニ於テ特別御保護ヲ奉蒙候秋ニ際シ何共奉恐怖候へ共、前陳無拠至情御明察被成下該校及器械保続等併セテ御下戻御許容被成下度、依之別紙学則及学資方法相添奉懇願候、右中学校設置候ニ就テハ莫大ノ経費ヲ要シ候義ニ付、是迄御庁ヨリ該校費ニ宛置カレ候補助費御附与及ヒ書籍器械其侭御貸与被成下候様仕度此段併セテ奉願候也

明治十三年九月二十九日

有志者総代　堀部久勝

学務委員総代　武節貫治

澤田慶稔

柴田信人

彦根各町村戸長総代　熊谷太郎平
大林羊三
辻兼三
小森量平

滋賀県令籠手田安定殿

このように、彦根中学校の校舎敷地等の下げ戻しを請願し、人民共立の彦根中学校として設立するとともに、従来どおり附属上等小学科の教場としても使用することを願い出たのだった。同年十月六日、滋賀県は「公立中学校設立ノ義聴届、最前献納ニ係ル校舎并保続金等ハ下戻シ補助金ノ義ハ可及詮議候」と回答し、校舎ならびに保続金の還付を承認した。十一月五日には「彦根公立中学校設立ニ付学則及ヒ校則学資方法等」が上申され、翌月四日に認可を得た。(89)

彦根中学校の開校

一八八〇年十二月五日、彦根中学校の開校式が挙行された。開校に際して、旧彦根藩主井伊直憲より奨励文が寄せられている。(90)

国家ハ活動物也、人我亦国家ト共ニ活動シテ休マサル者也、而シテ其之ヲ活動セシムル者ハ有為ノ精神ノ如何ニアル耳、夫レ然リ国家ノ独立シテ確乎抜クヘカラサル者ハ乃チ人我自立有為ノ精神ヲ養盛スルニアリ、智識ヲ開進スルニアリ、人智ヲ開進シ精神ヲ養盛スルノ道学問ニアラスシテ将タ何ニ由ランヤ、然レハ則チ国家ト人我ト盛進スルノ大本ニシテ蓋シ一日モ欠ク可ラサル者也、諸君、夙ニ此ニ見ル所アリ、士民ニ率先シ鼓舞誘掖以テ彦

表4　彦根中学校役員及教員名前書

校長	藤山秀次	同	阿知波勘二郎
学事総監	蒲生弘	同	前川善平
学務委員	澤田慶稔	同	福山源四郎
同	川崎和吉	同	西川庄五郎
学事議員	堀部久勝	東京学務諮問	西村捨三
同	武節貫治	同	大東義徹
同	浅居明諒	同	相馬永胤
同	伊関寛二	同	大海原尚義
同	髙橋建五郎	中学教員	渡辺弘人
同	弘世助三郎	同	野津毅
同	遠藤猪平	上等小学教員	松居徳三郎
同	長崎卯八	同	信澤一郎
同	柴田信人	同	竹村鍋太郎
同	武村吉平	同	轟久五郎
同	安居喜八		

（出典：「彦根中学校要録」）

根中学校設立ノ美挙アリ、是ニ於テ或ハ財ヲ納ル、者アリ、或ハ力ヲ致ス者アリ、経営日ナラスシテ其功全ク竣ス、今復大ニ其校則ヲ変撰シ教師ヲ東京ヨリ聘シ、盛ニ子弟ヲ教育シ其智識ヲ開進シ其精神ヲ養盛シ、以テ国家ト人我ト独立自行スル者一ニ此校ニ由ラントス、余豈此挙ヲ欣喜賛美セサル可ンヤ、況ンヤ余祖宗以来綏撫スル旧地ニ於テヤ、因テ今復金八百円ヲ年々寄贈シ、以テ本校維持ノ一端ニ供シ併セテ此書ヲ贈ル

明治十三年十二月　　井伊直憲

同校の校長には藤山秀次が就任し、学事総監として蒲生弘が招かれた。同校の役員および教員は**表4**のとおりである。学事議員は彦根在住者のなかから公選で選出され「専ラ本校ノ保護ニ注意シ規則ニ従ヒ校務ヲ議定ス」[91]ることとされた。また、東京学務諮問である西村捨三、大東義徹、相馬永胤、大海原尚義は、同校の「大綱領」の諮問者に位置づけられ「本校非常事件

ノ協議ヲ請クルコト」とされた。このように、同校の運営にも在京および在郷の旧彦根藩士らが深く関与した。

「彦根中学校規則」(92)によると、「本校ハ彦根中学校ト称ス」（第一条）とある。この時期の彦根中学校の名称について、『彦根東高百二十年史』は、各種資料に散見される名称を整理した上で、滋賀県立彦根東高等学校に現存する蔵書の多数に「彦根公立中学校」の印が用いられていることなどから、「一八八〇年（明治一三）の四月から十月までの、「公立」の「彦根中学校」に対して、その設立主体が地元に継承再生された同年一〇月以後の「彦根中学校」を「彦根公立中学校」」と呼称してきたが、本稿では「彦根中学校規則」に則り、彦根中学校を用いる。(93)

同校の目的は「和漢洋ノ書籍ヲ以テ高等ノ普通学ヲ教授スルニ在リ」（第二条）とされた。また、「小学科ヲ卒業セシ者及其他教課ニ堪ユル者ハ何人ニ限ラス入学ヲ許ス」とされた。同校の修業年限は四年で、学科は上等と下等に分けられていた。同校の学科課程は**表5**のとおりである。

学科課程から漢学の教授に比重が置かれていたことがわかる。他方で、驚くべきことに同規則には「但シ英学科ハ当分之ヲ欠ク」とあり、英学は教授されなかった。(94)教科書はすべて翻訳書であったとみられ（**表6**）(95)、学科課程の水準は全体としてみれば低度であったといわざるをえない。彦根中学校の程度が低水準にとどまったことは、東京の有志らが懸念したとおり、後に桎梏となる。

試験は、毎月末に実施される月次試験と学期の終わりに行なわれる定期試験があり、前者は席順を決定するもので、後者は進級試験であった。また、「卒業生徒ノ内学力抜群ニシテ英才ナル者ニハ貸費ヲ以テ東京ニ遊学セシムルコトアル可シ」（第二十五条）とあり、成績優秀者には貸費によって東京の上級学校への進学が奨励されていた。

同校の授業料は月五銭だったが、他府県出身者は金五〇銭とされた。同校の生徒数は、四五名であり、その内訳は中学甲生四名、乙生二二名、予備生一九名であった。(96)他方、附属上等小学の生徒数は、上等小学甲生二三人、乙生二

表5　彦根公立中学校学科表

等	期	級		経学	史学	修身学	文章学	経済学	記簿学
下等中学	第一期六ヶ月	第四級	書目		皇朝史略正 編 十略八史 巻之一ヨリ 三迄	孝経全	日本文法講 授 作文		
			時間		十二時	二時	二時		
	第二期六ヶ月	第三級	書目		同上続編 同上 巻之四ヨリ 七迄	小学内篇	同上 同上		
			時間		同	同	同		
	第三期六ヶ月	第二級	書目	孟子 巻之一二	日本外史 巻之一ヨリ 十一迄 泰西史鑑上 編	同上外篇	文章軌範正 編 同上		単記法
			時間	三時	十時	同	三時		一時
	第四期六ヶ月	第一級	書目	同上 巻之三四	同上 巻之十二ヨ リ廿二迄 同上中下編	論語巻之一	同上続編 同上		複記法
			時間	同	同	同	同		同
上等中学	第一期六ヶ月	第四級	書目	左伝 巻之一ヨリ五 迄	日本政記 巻之一ヨリ八 迄 綱鑑易知録 巻之一ヨリ十 二迄	同上巻之二	唐宋八大家文 巻之一ヨリ六 迄 同上		
			時間	六時	十二時	同	四時		
	第二期六ヶ月	第三級	書目	同上 巻之六ヨリ 十迄	同上 巻之九ヨリ 十六迄 同上 巻之十三ヨ リ廿五迄	同上巻之三	同上 巻之七ヨリ 十四迄 同上		
			時間	同	同	同	同		
	第三期六ヶ月	第二級	書目	同上 巻之十一ヨ リ十五迄	史記 巻之一ヨリ 十二迄 同上 巻之廿六ヨ リ卅七迄	同上巻之四	同上 巻之十五ヨ リ廿四迄 同上	賓氏経済学 巻之一ヨリ 二迄	
			時間	同	同	同	三時	二時	
	第四期六ヶ月	第一級	書目	大学全 中庸全	同上 巻之□《ママ》三ヨ リ廿四迄 同上 巻之卅八ヨ リ四十八迄		同上 巻之廿五ヨ リ卅迄 同上	同上 巻之三ヨリ 五迄	
			時間	同	同		五時	同	

生理学	物理学	化学	地理学	地文学	地質学	博物学	数学	画学	体操
			日本地誌要略全			具氏博物学巻之一ヨリ三迄	代数	自在法	器械演習
			三時			三時	六時	二時	
			万国地誌要略全			同上巻之四ヨリ八迄	同上	同上	同上
			同			同	同	同	
弗氏生理学巻之一ヨリ四迄	物理全誌巻之一ヨリ五迄						同上	同上	同上
三時	三時						三時	同	
同上巻之五ヨリ七迄	同上巻之六ヨリ十迄						幾何	同上	同上
同	同						同	同	
		新式化学書無機化学ノ部巻之一ヨリ八迄					同上		同上
		三時					同		
		同上有機化学ノ部巻之九十					三角法		同上
		二時					四時		
				百科全書地文学全			同上		同上
				二時			三時		
					百科全書地質学全		測量		同上
					二時		同		

但授業時間一週ニ三十時間也

（出典：「彦根中学校要録」）

表6　学校所有書籍および器具目録

一倭漢三才図会	全部	八十一冊	一校正王代一覧	全部	十四冊
一輿地誌略	全	十一冊	一玉篇	全部	十二冊
一兵要日本地理小誌		三冊	一博物新編訳解		五冊
一物理全誌		五冊	一初学人身究理		二冊
一万国地誌略問答 外ニ一冊端シテ三冊		二冊	一日本史略		
一気海観瀾広義		二冊	一植物生理学		
一化学訓蒙	全部	四冊	一地理問答		二冊
一単語篇	壱組	十五枚	一教授法		一冊
一小学算術書		四冊	一史略		四冊
一大日本史略綱目		五冊	一万国暗射地図		一冊
一日本暗射図		一冊	一地誌略字引		一冊
一日本地名字類	一部	五冊	一日本暗射図	軸物	四本
一作文階梯		二冊	一日本地誌略図用法	一部	
一日本地誌略図問答		二冊	一日本暗射図解		三冊
一初学須知	一部	十冊	一万国地誌略	一部	三冊
一画学書		十六冊	一算学教授書		一冊
一童蒙をしゑ草		五冊	一日本地図		一冊
一日本略史 但陸軍省出版	二部	八冊	一日本略史訳語		一冊
一日本地誌要略		五冊	一日本地誌略訳図		一冊
一日本地図用法		一冊	一滋賀県管内地理問答		一冊
一養生法		一冊	一小学読本	二部	十冊
一日本地誌略	二部	八冊	一日本略史	二部	四冊
一万国史略	二部	四冊	一地理初歩		二冊
一綴字書		十六冊	一師範学校小学読本	巻ノ四	二冊
一農事図解		二十七軸 外四枚	一小学用博物図	二具	十六本

右ノ外卓机椅子時計等悉皆所有物六十三品アリ

（出典：「彦根中学校要録」）

四名、丙生二四名、丁生二一名であり、中学生徒数を上回っていた。

さらに、同校経費は、地方税による中学補助費に加え、井伊家から年八〇〇円の補助を受ける運びとなっていた（**表7**）。すでに、彦根中学校創業に際する費用が「義務金」より捻出されていたが[97]、同校の経常費においても井伊家が財政的基盤となった。また、彦根中学校存続のために、在京の有志を中心に改めて多額の寄附金が拠出され[98]（**表8**）、その利子も運営費として運用された。

先の開校式に先立って十一月二十八日に開催された彦根中学校会議では、同校の運営費について「十四年予算不足金及其旅費臨時費等ハ暫ク県会議決ノ中学校補助金ヲ以テ之レニ充ツルモ

表 7　彦根中学校 1881 年度出納予算表

入金部		出金部		
県庁中学補助金	600 円	中学校学事総監	1 名	600 円
井伊家ヨリ補助金	800 円	同　教員	1 名	156 円
彦根人民賦課金	610 円	同　理化教員	1 名	144 円
保存寄付金ノ利足	270 円	同　予備教員	1 名	120 円
生徒授業料	61 円 20 銭	上等小学生徒教員	4 名	336 円
		校長		180 円
		学務委員	2 名	192 円
		小使	2 名	72 円
		諸雑費		180 円
集金高	総計 2,341 円 20 銭	入用高		総計 1,980 円
		剰金高		361 円 20 銭

（出典：彦根中学校要録」より作成）

表 8　彦根中学校保存寄附金姓名録

一金百五拾円	但五ヶ年賦出金	西村捨三
一金百五拾円	同	石黒務
一金百円	同	相馬永胤
一金百円	同	大東義徹
一金六拾円	同	大海原尚義
一金五拾円	同	河上左右
一金三拾円	同	藤山秀次
一金三拾円	同	樋口一成
一金拾円	同	大塚武
一金拾円	同	武笠資節
一金拾円	同	辻平内
一金弐拾五円	同	三須宗太郎
一金弐拾五円	同	吉田貞一

（出典：「彦根中学校要録」）

該補助廃止ノ節ハ更ニ人民ニ計リ其出金ヲ得ルコト、且本校ノ保存篤志金ノ廉ハ彦根ヲ二十組或ハ十五組ニ区画シ毎組ニ百円取ノ講ヲ結ヒ初会ノ集金ヲ以テ之レニ充ツルコト」[99]が議決されており、補助金廃止の事態を想定した運営がなされていた。

公立中学校補助費をめぐる議論

一八八一年の通常県会に向けて、県当局は、当初公立中学校補助費予算として総額二、三四一円五九銭を計上していた[100]。その内訳は、彦根中学校一、五一八円七八銭七厘、小浜中学校八二二円八銭三厘であった。しかし、同年二月の福井県成立に伴い、若越四郡は滋賀県から分離され、福井県へ移管されることとなった。それゆえ、小浜中学校予算は廃されたものとみられる。さらに、通常県会に先立って開かれた常置委員会にて[101]「公立中学校ハ地方税ヲ以テ支弁スルノ性質ニアラサルモノニシテ、就中大津ニ中学校ヲ創設スルカ如キハ最モ必用ナラスト思考スルニ付、中学補助費ヲ削除シ之ヲ原案総額ヨリ減シ」ることに決し、公立中学校補助費予算は、彦根中学校一、〇〇四円、大津中学校六七六円の計一、六八〇円に修正された。

通常県会では常置委員会で修正された中学校補助費予算案について県当局（瀬戸六等属）から説明が行なわれた。

小学ノ漸ク進歩スルニ随ヒ卒業ノ生徒年ニ月ニ其数ヲ加フルニ及ンテヤ宜ク此等ノ輩ヲシテ尚進ンテ高等ノ学業ヲ修メシムルノ道ナカル可ラス、是レ中学ノ設置ヲ要スル所以ナリ、故ニ本県曩ニ彦根小浜ノ両初等師範学校ヲ廃シ更ニ同所ニ県立中学校ヲ設ケ出テ以テ小学卒業生徒等ノ尚進ンテ高尚ナル学科ヲ研究セント欲スルモノヲシテ其志望ヲ達セシメント欲シ、之レカ経費ヲ予定シ客年之ヲ通常県会ニ付セシカ議終ニ原案ヲ廃シ、更ニ明治十三年度ハ公立中学補助費二千五百円ヲ課徴スルノ議決ニヨリ到底之ヲ県立ニ維持シ難キヲ以テ已ムヲ得ス客年九月之ヲ廃止シ、引続キ彦根人民協同ニ一ノ公立中学校ヲ開設シ、尚大津市街ニモ将ニ一中学校ヲ設置セントスルノ計画アルハ寔ニ本県ノ美挙ニシテ又時運ノ漸ニ進歩スルヲ観ルニ足ル、民心業已ニ此度ニ達シ現ニ此美挙アルヲ視ルハ是レ本県ノ学事前途ニ愈隆盛ヲ徴スベキ端緒ナレハ宜ク此始ニ当リ之レカ保護ヲ加ヘ之レカ維持ヲ助ケ以テ彼ノ小学卒業ノ生徒等ヲシテ尚進ンテ修学スルノ便ヲ与ヘサル可ラス、況ンヤ本県ノ如キハ彼ノ三府ノ如ク各種ノ私学校専門学校等アリテ随意修学ノ便アルニ非サルヲ以テ須ラク中学ヲ設置スルニ非サレハ将タ何ニ依テ修学ノ道ヲ得何ニ依テ教育ノ度ヲ高尚ニスルヲ得ベケンヤ、是レ本案中学ノ扶助ヲ今日ニ切要ナリトスル所以ナリ、今彦根大津二中学校ノ経費補助ハ各総額ノ三分一ト予定シ、而シテ之ヲ客年ノ補助総高ニ比スレハ金八百拾九円九拾八銭九厘ヲ減省セリ

　但大津ノ如キハ未タ開設ノ場合ニ至ラス、依テ今其費額ヲ予定スルニ由ナキヲ以テ姑ク彦根中学校ト旧小浜中学校ノ経費予算ヲ仮リ之ヲ折衷仮定スルモノトス

　このように、県当局は、上等小学卒業者の進路を保障する上でも中学校を維持する必要があるとの認識から、彦根・大津中学校への補助費を計上している。しかし、公立中学校補助費をめぐる審議では、その意義を認める者と全廃を主張する者との間で議論が紛糾した。

　彦根中学校予算の全廃を主張したのは、川島宇一郎（高島郡）であった。川島は、「本項補助費ハ請フ、之ヲ全廃セム、要スルニ無用ノモノト信スレハナリ」と強調し、「人民学事ノ重ンスヘキヲ知テ公立中学校ヲ設立スル位ナラハ地方税ノ補助ヲ仰カスシテ可ナリ」と述べている。一方、高原一義（東浅井郡）は、「公立中学補助費ヲ廃シ、之レニ代フルニ純然タル県立中学校ヲ起シ、其費額ヲ凡ソ二千円ト見積リ一ヶ所ヲ設立セントト存ス」と、大津に県立中学校を設置すべきだという趣旨から中学校補助費の全廃を主張した。

他方、野口忠蔵（蒲生郡）は「中学校ハ小学ノ上層ニ位スルモノニシテ小学全科ヲ卒業スルモノ、高等学科ニ入ル階梯ナリ、夫レ学術ノ進歩ヲ誘導シ善良ノ生徒ヲ鑄冶スル中学ニ於テセスシテ何ノ校アランヤ」と原案を支持した。同様に河村専治（滋賀郡）も「中学校ハ小学全科ヲ卒業スル者ノ為メ若クハ中学々科ニ応スル学業ヲ修ムルモノ、為メニ設クル所ニシテ小学校ノ設立アル限リハ是亦備ヘザルベカラス」と中学校の必要性を訴えた。また、常置委員でもあった上田喜陸（坂田郡）も、「殊ニ彦根ハ現在校舎器械モ備具シタレハ補助サヘスレハ維持ノ出来ル見込ニテ現ニ今日ニ行ハレタリ、単ニ之ヲ彦根ノ中学校ト見レハ不公平ナレトモ全管ノ為メニ彦根ニ設ケタルモノト見レハ決シテ不公平ノ理ナシ」と彦根中学校存立の意義を説いている。

しかし、「地方税ヲ以テ支弁スヘキモノハ公利公益ノ事業ニ属スルモノタリ、中学校ニ至テハ智識ヲ鑄冶シ才良ヲ養成スル所ニシテ其利ハ間接中ノ尤モ間接タルモノナリ」とする林田騰九郎（甲賀郡）や、「小学全科ヲ卒業シ中学校ヘデモ入ラントスルモノハ皆富家ノ子弟ナリ、富家ノ子弟ナラハ補助セズトモ篤志金ヲ出シテ随意中学ニ入ルベキナリ」と主張する和田謙次郎（野洲郡）のように、中学校は特定階層の利益にすぎないとみる反対論も噴出し、全体的には中学校に社会的意義を見出せないとする否定的意見が優勢であった。

かくして、川島の全廃案が過半数を得て可決され、彦根中学校予算は削除されるに至った。これに伴い、大津中学校予算も同様に削除された。三次会にて、河村が彦根中学校補助費を復興するよう動議を提出したが否決され、公立中学校補助費は全廃で確定した。(102)

一八八二年四月の通常県会では、教育費予算中に中学校補助費は計上されておらず、策定自体が断念されたとみられる。しかし、「滋賀県年報」中の「将来施設ノ条件」には、「教育ノ漸次普及スルニ随ヒ小学生徒ノ卒業シ尚進ンテ高等ノ学科ヲ修メンント欲スルモノ日一日其数ヲ加フルニ至ルヤ必セリ、是レ中学ヲ設置セサル可ラサル気運ニ至レリト云フヘシ、然ルニ幸ニ湖東彦根ニ於テ同地人民ノ共立ニ係ル中学校アリ、因テ別ニ県立中学校ヲ設置シ巨額ノ費用ヲ要スルヨリ寧ロ該校ニ幾何ノ補助ヲ地方税ニ資リ同校ヲシテ完全ノ中学ナラシメ以テ他日社会ニ益スル所アラント欲ス」と記されており、[103]県当局としては彦根中学校に対する補助の必要性を認識していたといえる。

五、県立中学校への模索

彦根中学校の拡充

一八八三年四月の通常県会において、県当局は町村教育補助費予算中に彦根中学校補助費として三、五〇〇円を計上した。その理由は次のように説明されている。

教育ノ歳月ト共ニ其歩ヲ進ムヤ、小学卒業ノ生徒（小学中等科卒業ノ生徒ハ中学ノ初等科ニ入ルヲ得）亦随テ其数ヲ増加ス、此時ニ当リ尚進ンテ高等ノ学科ヲ修メシムルノ端緒ヲ開カサレハ彼ノ卒業生徒等修学ノ便ナク随テ教育ノ度ヲ高尚ニスルノ道ナシトス、是レ今日ニ於テ中学ヲ開設セサル可ラサルノ機運ニ達セリト云ヘシ、然リ而シテ今新ニ完全ナル中学ヲ開設セント欲セハ校舎建築書籍器械等ノ費用ハ暫ク措キ一歳万円ニ達スルノ経費ヲ要スルニ非サレハ其効ヲ見ル能ハサルナリ、爰ニ彦根公立中学校ハ去ル明治十三年九月ヲ以テ該地人民ノ協同ニ由リ本校ヲ設置セシモノニテ、当時地方税ヨリ若干ノ補助アリシカ翌十四年度ニ至リ之カ補助ヲ廃セリト雖モ爾来同心協力ヲ以テ今日ニ維持セシノミナラス、去ル十四年七月文部省第弐拾八号達中学校教則大綱ニ基キ大ニ規模ヲ拡張セサル可ラス、随テ多分ノ経費ヲ要スルニ際シ該地有志者奮テ其計画ニ従事セルハ即本県ノ教育ニ熱心シ隆盛ヲ前途ニ期スルノ美事ニシテ此際之カ保護ヲ加ヘ之カ経費ノ幾分ヲ抉ケ以テ其目的ヲ達セシメハ管内小学卒業生徒等ノ尚進ンテ高等ノ学

表 9　1883 年彦根公立中学校収入支出予算

収入ノ部		支出ノ部	
彦根人民協議集金	1,000 円	校長月給	600 円
保存寄附金利子	550 円	教員月給	2,760 円
地方税補助	3,500 円	書記月給	432 円
井伊家補助	1,200 円	諸雇給	360 円
生徒授業料	360 円	勉励者給与	75 円
諸入金	30 円	宿直弁当料	62 円 5 銭
		校員旅費	314 円 60 銭
		備品	803 円 63 銭
		消耗品	314 円 56 銭
		運送費	36 円
		郵便電信	24 円
		雑費	1 円 20 銭
		営繕費	97 円 50 銭
		寄宿舎新築費	750 円
計	6,640 円	計	6,630 円 54 銭

（出典：「明治十六年滋賀県通常会決議録下編原案之部」より作成）

　科ヲ修メント欲スルモノ始メテ入学ノ便ヲ得ヘキナリ、是レ左額ノ補助ヲ要スル所以ナリ(104)

　すなわち、第一に増加する小学卒業者に対応するため中学校を保持すること、第二に「中学校教則大綱」に基づき彦根中学校を拡充することであった。審議過程においても、県当局（斎藤一等属）は「本校ノ如キハ其資本ノ微ナルヲ以テ其教育ヲ拡張スルニ至ラス、未タ中学ノ資格ヲ全フセサル者ナリ」と述べており(105)、彦根中学校が「中学校教則大綱」の水準を満たしていないことを問題視していた。予算説明とともに示された彦根中学校の収入支出予算（**表9**）をみると「中学校教則大綱」に応じて教員を大幅に拡充する見込みであったことが窺える。

　だが、二次会では、中小路与平治（蒲生郡）の提案で、彦根中学校補助費は一、〇〇〇円に減額されてしまった。さらに、三次会では、吉川速水（野洲郡）が補助費の全廃を主張し、高井作右衛門（蒲生郡）が「彦根中学校ニ入ルモノハ士族及ヒ豪農ノ子弟ノミナレハ地方税ヲ以テ補助スルコトハ本員ノ好マサル所ナリ」とこれに賛同した。こうした意見に対して、馬場新三（犬上郡）が「士族ト雖トモ悉ク富ミタルモノニアラス、固ヨリ士族ノ子弟ヲ地方税ニテ養成スルコト能ハサルノ理由モナカルヘシ、要スルニ熱心ナルモノヲ養成セハ可ナリ、蓋シ士族子弟ノ中学校ニ就学スルモノ、多キ所以ハ畢竟智識ノ優リタルニ因ルナラン」と反論している。他方、林田騰九郎（甲賀郡）は、補助費増額を提案したが、賛同者一二名で否決され、彦根中学校補助費一、〇〇〇円の修正案に決着した。

ところが、その後の教育費予算三次会にて、馬場が突如県立中学校を新設する建議を提出した。馬場は、中学校費予算として前述の彦根中学校収入支出予算を上回る八、八二三円を提示し、中学校の重要性を訴えた。馬場は「夫レ本県ノ如キハ小学ハ他県ニ比スレハ甚タ優劣ナキモ小学以上ノ教育ハ絶テ之ナシト謂フモ可ナリ、僅ニ彦根中学アレトモ是未タ中学ト称スルニ足ラス、（中略）東京大学卒業生ニ在テ滋賀人頗ル少シ、大学医学部ノ如キモ他府県ト比準セハ凡ソ卅人ナラサル可カラサルニ僅ニ六七人ニ過キス、然ル所以ノ者ハ何ソヤ、他ナシ一ニ中学ノ設ナキニ由ラスンハアラス」と主張し、「将来ニハ欧米ノ書ヲ読ム能ハサルモノハ現時漢字ヲ知ラサル者ト一般ニシテ実ニ不便ヲ感スルニ至ルヘケレハ商買ニ在テモ固ヨリ要用ナルヘシ、（中略）今ヤ官吏社会ニ在テモ英語ヲ解セサルモノハ与ニ交ハルニ於テ言フ可カラサル不都合アリ」と強調した。このように、馬場は上級学校への進学ならびに英語教授の重要性から、これらを可能とする水準の県立中学校の設立を求めていたといえる。馬場の建議に対する賛同者は一〇名で否決に終わり、依然として中学校に対する反発が根強いことがあらわとなった。

県立移管の挫折

とはいえ、県当局にとって中学校の拡充は課題であった。一八八四年四月の通常県会にて、県当局は「夫ノ中学校ノ如キハ県下必置ノモノナルモ、今ヤ彦根中学ハ経費ノ足ラサルヨリ半途ニ在テ未タ中学ト称スルニ足ラサルカ如シ、故ニ之レカ経費ヲ地方税ニ負担シ且ツ同地ヨリ寄附スル金モアルコトナレハ之ヲ加ヘテ完全ノ県立ト為サント欲スルニ在リ」[106]と述べて、彦根中学校の県立移管を提案した。予算説明では「本年度以后県立中学校ヲ興シ、則明治十四年文部省第二十八号達中学校教則大綱及ヒ本年同省第二号達中学校通則ニ基キ漸次規模ヲ張リ、以テ中学ノ資格ヲ全フセントスルハ時勢ノ然ラサルヲ得サルニ出ルナリ」[107]と説かれ、中学校費として二、〇〇〇円を計上している。このように、「中学校教則大綱」ならびに「中学校通則」に見合った中学校を確保するため、彦根中学校を県立移管することによって、その目的を果たそうとしたのである。

県立移管に際し、「之ヲ彦根ニ設置スルトキハ彦根人民ハ従来ノ中学校ヲ廃シ其校舎及ヒ付属品等ハ悉皆之ヲ其需用ニ貸渡シ、且ツ本年度ニ於テ凡千九百円ヲ寄付セントス」と説明していることから、すでに彦根中学校側の了解を得ていたものとみられる。さらに、彦根中学校内に新たに寄宿舎を設ける計画が示され、予算とともに図面が添付されている。加えて、県当局は「通則ニヨリ兼テ商業学科ヲモ兼置スルノ目的アリ」[108]と述べており、「中学校教則大綱」をふまえて高等中学科の代わりに、商業の専修科を設置する構想であったことがわかる。

審議では、昨年度県立中学校設立を主張した馬場が「府県立トスルト従前ノ如ク町村立トスルトハ資格上大ニ高下ノ差アレハ随テ生徒ノ進否ニ関スルモノナシトセズ」と述べて彦根中学校の県立移管を支持した。しかし、未だ県立移管は時期尚早との意見が優勢で、彦根中学校の県立移管は否決されるに至った。代わりに、昨年同様、町村教育補助費から中学補助費一、〇〇〇円を充てる案が可決された。[109]

三次会でも彦根中学校の県立移管をめぐって議論が再燃した。[110]だが、多谷重一（高島郡）の「伊井《ママ》家寄附金ナリ他ノ寄附金ナリ結局士族ノ為メニシタルモノナレバ此辺ヲ察セザル可ラス、之ヲ県立トシ地方税ノ負担タラシムルハ疾速ニ過ク」という意見や、河村専治（滋賀郡）の「殊ニ彦根中学ノ如キハ多クハ彦藩士ノ為ニシテ管内一般人民ノ為メニハ其効益薄シ」という主張に象徴されるように、彦根中学校は特定階層の利益に供するものとの見方が根強く、結局、県立移管は退けられた。

農商学校設置構想

ところで、注目すべきは、一八八四年四月の通常県会において中学校の県立移管が挫折する一方で、県立農商学校を設置する建議が林田騰九郎（甲賀郡）より提出され、これが可決をみたことである。林田は「農商学校ノ最モ必要ナルヲ見ル」とその重要性を訴え、「農商学校ノ要用ナルハ固ヨリ論ヲ俟タス、我管下ノ如キハ農商ヲ以テ組織スルモノナレハ今ニシテ之ヲ建設セサレハ社会日進ノ気運ニ後レ全国ニ殷富第一ヲ以テ称セラレタル我近江国或ハ異日其名聲ヲ失墜センモ未タ知ル可ラス、（中略）中学校ノ如キハ高等ノ普通学タルニ過ギズ、之ヲ農商学校ニ比スレバ其実業ニ親疏アルハ弁セズシテ明ナリ、故ニ中等以上ノ子弟ハ中学ヨリ漸次課程ヲ践ムモ可ナランナレト中等以下ノ者ハ直チニ農商学校ニ入学セシメ速ニ実業ヲ取ラシメンコトヲ望ム、其方法ハ小学中等科卒業以上ノ者ヲ召募シ其学科ハ殖産興業ヲ先ンラルノ目的ヲ以テセン」と熱弁を振るった。また、林田は「徴兵令改正ニ付之ヲ避クルノ目的ヲ以テ中学校師範学校等ニ入学スルモノモ多シト聞ク、若シ然レハ実業ニ切近ナル農商学校ニ入学セシメバ無意ノ学ヲ為ス無ルヘシ」とも述べている。林田の提案に対し、一年猶予すべきという慎重論もあったが、賛同者二一名で可決された。

そこで、県当局は、急遽教育費追加議案として農商学校費予算六、六二九円五五銭を立案した。県当局が想定するところによれば、学校位置の候補地は大津近傍または坂本とし、「農学校通則」および「商業学校通則」に基づき小学校中等学科卒業者を対象とする第一種を設置するとして「一種ノ農学科ハ修身養畜へ算術動植物農業経済農業記簿麻綿茶等ノ培養等ナリ、商学科ハ修身算術商業経済商業記簿商業実修《ママ》、土地ニヨリ英仏ノ語学ヲ置ク」とした。また、生徒募集は農学科五〇名、商学科五〇名の計一〇〇名とする計画であった。[三]

しかしながら、県当局の提案に賛同する者はごく少数で否決されてしまった。林田は、三次会でも「中学ハ高尚ナリ、中等以下農商ノ子弟ハ迚モ此悠久ナル課程ヲ践ムニ遑アラス、如此子弟ニ必要ナルハ即農商学校是ナリ(112)」と主張して、原案より予算を減額して農商学校を設立すべしと再び訴えたが、賛同者一八名で過半数に至らず、不成立に終わった。

県立商業学校の設立

一八八四年七月、籠手田県令に代わり、中井弘(113)が滋賀県令に就任した。工部省官僚であった中井が滋賀県令に任命されたのは、富豪であった近江商人等の「資本を総動員して、邦家のため工業王国を築くべく予め期するところあった」からであると指摘されている(114)。事実、滋賀県令となった中井は、籠手田が難色を示していた琵琶湖疎水事業を推進し、関西鉄道建設を支援した。後述するように、県立商業学校が滋賀県に誕生したことは、中井の着任と無関係ではないだろう。

翌年十二月、一八八六年度予算を審議する通常県会(115)にて、県当局は農商学校を商業学校に改めた予算案を提出し、これが可決に至った。つまり、滋賀県では、県立中学校に先んじて県立商業学校が発足することとなったのである。

商業学校新設予算は、三、八八七円二〇銭であり、予算説明は次のようであった。

商業学校ハ該通則第一種ニ基キ設置スルヲ目的トス、其学科ハ学理ト実務トヲ併セ授ケ極メテ実地ニ適セシムルヲ主トシ、而シテ修業年限ハ凡ソ三ヶ年トス、抑該校設置ノ必用ヲ感スルコトハ既ニ管下ノ与論ニシテ県会モ亦嘗テ該議案下附ヲ申請シタルヲ以テ今更ニ其効用ヲ弁スルヲ要セスト雖トモ聊カ茲ニ一言センニ其設立ヲ延期シタルハ当時ノ景況不得已ニヨリ忍ンテ今日ニ及ヒタルナリ、然レトモ若シ今ニシテ設立セサレハ年一年ヨリ後レ遂ニ時機ヲ失フヘシ、況ヤ斯ノ商業一変ノ時ニ際シ尚子弟ヲシテ旧慣ニ依リ迂闊ノ手段ヲ以テ商業ヲ習ハシメバ向後ノ得失如何ソヤ、特ニ我ガ地方ハ商業ヲ主トスルヲ以テ最モ注意セサルベカラズ、之レ此ノ設立ヲ要スル所

以トス[116]

すなわち、県当局が提案したのは第一種商業学校の設置であった。「商業学校通則」によれば、第一種は「主トシテ躬ヲ善ク商業ヲ営ムヘキ者ヲ養成スル」とされ、修業年限は二年（「但此年限ヲ一年以内増加スルコトヲ得」）であったが、修業年限三年の課程が構想されている。教員の陣容は「四十五円一人、四十円一人、三十円二人、二十五円一人、十五円一人」の計六名とされ、東京商業学校の卒業生等を招聘する見込みと説明されており[117]、商業学校設立計画は県当局の下で具体的に進展していたことが窺える。

審議では、東浅井郡の西村藤太郎が「民力困弊」を理由に全廃を主張したほかは、概ね原案に肯定的意見が多かった。野洲郡の石田重左衛門が「古来江州商人ノ名ヲ全国ニ嘖々タリシガ今ヤ衰退シテ将ニ他ニ圧倒セラレントスルノ傾向アリ、故ニ本校ヲ起シテ商勢ヲ挽回セントス」と発言しているように、商業を中心に発展してきた土地柄ゆえ、商業学校の設立は地域利害に合致していたといえる。商業学校費予算は三六名の賛同を得て成立した。かくして、県立中学校に先行して県立商業学校が誕生することになった。

一八八六年三月九日、「今般本県県立商業学校ヲ設置シ規則別冊ノ通相定ム」ことが布達された[118]。「滋賀県商業学校規則[119]」によれば、生徒定員は一五〇名、修業年限は三年で、入学年齢は一三歳以上二五歳以下とされた。授業料は、月三〇銭、県外者は五〇銭であった。同校の学科課程は**表10**のとおりである[120]。

学科課程のうち、第一種では任意科目になっていた英語に最も時数が割かれており、第二種の必須科目であった商業法規も扱うことになっている。第一種の通常の課程より高水準の課程編成になっている点が注目される。

滋賀県立商業学校は、大津町字船頭町にあった第九小学区聯合町村共有家屋を校舎とし、一八八六年五月一日に開

表10　滋賀県立商業学校学科課程表

学科＼学期	第一年 毎週時間	第六級	同上	第五級	第二年 同上	第四級	同上	第三級	第三年 同上	第二級	同上	第一級	各科時間比較
修身	一	嘉言善行	一	嘉言善行	一	嘉言善行	一	嘉言善行	一	嘉言善行 国民心得	一	嘉言善行 国民心得	六
読書	三	平易の漢文	三	平易の漢文	三	漢文	二	漢文	二	漢文			一三
英語	六	読方及訳読 習字	六	読方及訳読 習字 会話	六	読方及訳読 習字 作文 会話	六	読方及訳読 作文 会話	六	読方及訳読 商用作文 商用対話 翻訳	六	同上	三六
習字	二	楷書 行書	二	行書 草書	一	細字書写							五
算術	四	珠算 四則応用 筆算 諸等分数 小数	四	珠算 四則応用 筆算 比例乗法 百分算	四	珠算 四則速算 筆算 開方級数 求積	三	珠算 速算 筆算 貨幣法 分散法 利息法	三	筆算 株式法 放銀法 年賦法	三	筆算 保険法 諸表用法	二一
簿記	六	単式簿記法	六	複式簿記法	五	小売商及卸売商簿記法 商社簿記	五	輸出入仲買商簿記法 遺産処分法簿記 倉庫簿記	五	口銭商簿記 運輸会社簿記 株式取引簿記	五	銀行簿記 諸製造所簿記	三二
商業書信	二	商用尺牘文	二	商用書牘 報告文	二	公用文 平易記事	二	訴訟文 記事	二	記事	一	論説	一一
商業地理	二	日本地理	二	日本地理 万国地理	二	万国地理							六
商品	二	内国物産	二	内国物産	二	外国物産	二	外国物産					八
商業経済					二	生財 配財 貿易	二	信用 租税 貨幣	三	銀行為替運輸保険等ノ大意	三	同上	一〇
商業法規							二	商業上緊要ノ諸規則	二	同上	二	同上	六
商業実習							三	商業実習	四	同上	七	同上	一四
体操	二	軽体操	二	同上	二	同上	三	兵式体操	二	同上	二	同上	一二
通計	三〇	一〇	三〇	一〇	三〇	・一一	三〇	一一	三〇	一〇	三〇	九	一八〇

（出典：『八幡商業五十五年史』）

校式を挙行し、同月九日に授業を開始した。初年度の入学生は一二三名だったが、その六割が他府県出身者であったと回想されている。(121)

彦根中学校の廃校危機と県立改組

他方、彦根中学校は存立の危機に瀕していた。中井県令より一八八六年度予算から中学補助費を全廃するとの内諭があったためである。(122)中学補助費廃止の内諭を、彦根中学校関係者は衝撃をもって受け止めた。中学補助費なくして彦根中学校を維持することは到底困難であったからである。(123)ここにおいて、再び旧彦根藩士らは彦根中学校存続のために奔走した。以下、彦根市立図書館所蔵の関連資料から、事の経緯を整理していきたい。

中井県政の下で県立商業学校の設立が具体性を帯びていったのとは対照的に、彦根中学校の位置づけは明らかに後退していた。すなわち、一八八五年七月三十一日付で中井が文部卿に上申した「滋賀県年報」では、彦根中学校について「規模完全ナラス教員亦常ニ乏キヲ視ル実ニ遺憾ノ至リナリ」と述べられており、「彦根地方ニシテ高等科ノ設置ハ畢竟其名ヲ飾ルニ過キサレハ寧ロ其名ノ完備ヲ求ンヨリ断然高等科ヲ廃シ初等中学校トナシ該資格ヲ十分完備ニ為スノ勝レルニ如カサルモノトス」と報告されている。(124)つまり、「中学校教則大綱」や「中学校通則」に沿って彦根中学校を拡充する方針を転換し、初等中学校にまで水準を下げると明言したのである。そして、この「学校ノ体裁不適当ナル」ことが中学補助費打ち切りの大きな理由であった。(125)

中学補助費廃止の内諭を受けて、大東義徹が東京より駆け付け、谷鉄臣、武笠資節らとともに、大津にて県当局および常置委員に直談判し、(126)彦根中学校を「県立中学校ニ改設アランコトヲ懇請」した。(127)大東等の説得の甲斐あって、県当局は、一八八六年度の中学補助費継続、一八八七年度に彦根中学校の県立改組を了承したが、「中学ヲ彦根ノ地ニ要スル事ニ候ヘハ土地ニ於テ応分ノ費用ヲ資出」することが条件とされた。つまり、彦根中学校の県立改組にかかる費用は、彦根町協議費ならびに井伊家寄附金をそれぞれ増額することによって賄うことが求められた。協議の際に一八八七年度県立中学校予算として試算された金額は次のとおりである。[128]

二十年度県立中学校予算表

一金六千四百円

内訳

金三千円　地方税

金千二百円　井伊家

金四百円　保続利子

金八百円　全市街負担　但小学高等生代用ニ充ツル分

金千円　有志義捐金　但彦根富有家ヨリ特別出金ノ分

こうして同年十一月、彦根町負担分についての承諾を得るとともに、[129]花木伝等より井伊家に対して寄附金増額を乞う請願書が提出された。再び井伊家の財力を頼みに、彦根中学校の存続が図られたのである。

翌月に開催された通常県会では、一八八六年度予算として例年通り彦根中学補助費一、〇〇〇円が計上された。[130]審議のなかで彦根中学校の県立改組の見通しを尋ねられた際、県当局（坂本二等属）は、「本校ノ事ニ就テハ主務者モ余程苦心セリ、元来今日ノ組織ニテハ充分ナル中学校ノ資格ナキガ故ニ該校管理者ニ於テモ改良ノ計画アリテ、稍々其緒ニ就カントス、蓋シ其改良ト云フハ明年度ヨリ該地方篤志者ニ於テ先ツ五ヶ年間年々壱千円ヲ寄附シ、又彦根聯合町会ヨリ協議費ニテ是迄八百円ヲ支出シ来リシヲ以来ハ壱千円ヲ支出スルコトニナリ、又井伊家ヨリノ出金ハ八百円ナリシモ壱千弐百円トナリ、尚保存金ノ利子四百円程ニ是迄ノ授業料一人拾五銭ヲ三拾銭トスル見込ナレバ総計年ニ四千三百円程トナル、之レニ地方税ヨリ補助費金壱千円ヲ加フレバ先ヅ充分ノ経費タル故県立ノ資格ニ改ムルニ足レリ」と試算していることを明かし、「彦根地方ノ人々モ希望スル所ナルベケレハ或ハ県立トモナルノ場合アラン、併シ確乎タルコトハ未タ知ル能ハズ、唯タ目下改良ノ計画ト云フハ斯ノ如シ」と答弁している。県立改組に関する明言は避けつつも、彦根中学校関係者らとの協議をふまえた内容であることから、水面下では彦根中学校の県立改組は既定路線になっていたとみてよいだろう。

六、滋賀県尋常中学校の成立

県立尋常中学校予算をめぐる議論

一八八六年十一月の通常県会に、県当局は彦根中学校を県立尋常中学校とする予算案を提出した。すなわち、尋常中学校費七、〇〇〇円、その内訳は地方税三、五〇〇円、寄附金三、五〇〇円であった。同年四月に公布された「中学校令」が各府県に一校の尋常中学校を設置すると定めたことも追い風となった。県当局は、「全国ニ冠タル我江州ニシテ県立中学ノ設ナキハ実ニ一大欠典ト云フヘシ」と主張して、県立中学校が未だ設立に至っていないことを問題視し、彦根中学校を県立尋常中学校に再編する考えを示した。[131]

しかし、彦根中学校に地方税を投入して県立尋常中学校とすることへの拒否感は相変わらず強く、激しい応酬が繰り広げられることとなった。とくに痛烈な批判を展開したのが、河村専治（滋賀郡）であった。河村は、彦根中学校の性質は「井伊藩士ヲ陶冶シ同藩士ノ幸福ヲ図リタルニ外ナラス」と主張し、公の性質を有しないとみなして県立改組に反対の論陣を張った[132]。既述したように、井伊家はじめ旧彦根藩士らが彦根中学校に強力に関与してきたことは周知の事実であった。加えて、彦根中学校生徒の出身郡も「彦根市街百十九名、犬上郡六十五名、坂田郡六名、伊香郡一名、浅井郡四名、神崎郡二名、愛知郡五名、甲賀郡二名、他国ノ者三名」という状況で、地域的偏在が顕著であったことは否めない。

河村の主張に、馬場太兵衛（滋賀郡）、滝川昇（甲賀郡）、伏木八郎兵衛（甲賀郡）、和田謙次郎（野洲郡）、野村閑（神崎郡）が同調し、林田騰九郎（甲賀郡）も「地方税ハ公費ナリ、公費ノ欲スル所ハ局部ノ利益ニアラスシテ一般ノ利益ナリ」と彦根中学校の県立改組を批判した。他方、県当局（坂本属）は「創立ヲ主唱セシハ井伊家及ヒ其関係ノ人ナリシモ其目的ハ独リ井伊家ノ為メニ私スルニアラス、乃チ県下公衆ノ利益ヲ謀リタルヤ知ルヘク」と強く反論した。加えて、「商業学校アルモ是レ専門学校ノミ、小学高等科ヲ卒業シ普通高尚ノ学問ヲシテ修ントセハ中学校ノ外ニ其所ナク、中学校中ニハ農業科モアレハ今農業ヲ盛ンニセントセハ知事ニ請求シテ同校ノ農業ヲ拡張セシメタランニハ農学校ノ代用ヲモ為スヘキナリ」と中学校に農業科を設け、県下の地域的要請に広く応える用意があることを示した。

また、地域的偏在への批判に対し、塚本粂右衛門（神崎郡）は「位置ノ彦根ニ在ルヲ以テ其入学者モ彦根人士ニ多キハ猶ホ商業学校ノ大津ニ在リテ大津商家ノ子弟ノ入学多キカ如シ、是レ自然ノ理ナリ」と諌める発言をしている。さらに、中小路与平治（蒲生郡）も「已ニ商業学校ハ拡張ノ運ニ達セリ、去レハ今中学校ヲ勃興スルハ無論順序ヲ得タルモノ」だと述べ、「蓋中学校中ニハ農業学モアレハ一方商業学校ヲ振作スルト共ニ此農学ヲモ鼓舞スルアラハ県下ノ教育完全ニ至ルヘク」と評価し、県立商業学校の存在を考慮し、地域的均衡に配慮する上でも県立中学校の設立を支持した。

結局、河村の主張は賛同者少数で退けられ、県立尋常中学校費予算は県会を通過した。こうして、いよいよ県立尋常中学校が成立をみたのである。

滋賀県尋常中学校の設立

一八八七年三月十日、滋賀県は尋常中学校の設置を告示し、翌月二十五日に「滋賀県尋常中学校規則」を定めた。同規則によれば、同校の教育課程は、前年六月に公布された「尋常中学校ノ学科及其程度」に準拠するとされた。「滋賀県尋常中学校第一年報」に掲載の学科課程および教科用書（**表11**）をみると、農業があり、第二外国語がない。[133] 第二外国語と農業は選択科目とされていたが、県当局は、県立尋常中学校設立の際、農場試作場に充てるため新たに地所を買い上げており、県下の地域的要請に応えるために農業を教授したものとみられる。また予科が設けられており、その学科課程および教科用書は**表12**のとおりであった。

教員の陣容は、校長一名、教諭一名、書記一名、雇教員九名、外国人教員一名の計一四名となり、大幅に拡充された。初代校長には、すでに彦根中学校校長であった田部全次郎が就任した。また彦根中学校教員であった梅本龍太郎、外村一郎、光田進業も留任している。

同年五月一日、滋賀県尋常中学校が開校、同月十五日に開校式が挙行された。開校式には中井県令をはじめ多数の来賓が招待され、総勢五三〇名が列席する盛大なものであった。[134]

開校当時の入学者は、彦根中学校からの転入生を含めて二五二名にのぼった。[135] 既存の校舎では早晩手狭になるため、校舎の新築は免れなかった。旧彦根藩士らは校舎新築費の工面にあたっても刻苦精励した。[136] 秩禄処分により疲弊する旧藩士のために、井伊家は士族授産の一環として産業補助金五、〇〇〇円を下賜していた。一八八七年五月、旧藩士

表11　滋賀県尋常中学校教科用書

学科＼学級	第五級　第一年	第四級　第二年	第三級　第三年	第二級　第四年	第一級　第五年
倫理	修身原論、論語	同上	同上	修身原論、大学	修身原論、中庸
国語及漢文	和文軌範、和文読本	日本外史、徒然草	日本外史、文章軌範、詞の玉緒	史記、詞の玉緒	史記、孟子
第一外国語	ナショナル第三読本、ローヤル第四読本	ナショナル第四読本、ローヤル第四読本	ローヤル第四読本、サンダー第四読本、ブラーウン文法	マコレイクライブ伝、クエッケンボス修辞書	クエッケンボス修辞書、マコーレイヘステング伝
農業				農理学初歩、植物生育論、農用家畜論	同上
地理	新撰中地理書	コーネル中地理書	新撰中地理書、コーネル地文学	未定	
歴史	日本歴史	万国史略	十八史略、元明清史略	日本文明史略、日本開化小史	スウキントン万国史
数学	筆算摘要、幾何教科書	筆算摘要、幾何代数教科書	幾何教科書、代数教科書	同上	代数教科書、測角便蒙
博物			カットル生理養生論		モレイ動物学、グレイ植物学
物理		小学物理書			スチュアート物理学
化学		小学化学書、理化小試		ロスユー化学	
図画	小学習画帖	同上	小学習画帖、用器画方	用器画法	同上
唱歌	小学唱歌集、唱歌掛画	同上			
体操	新撰体操法、体操書	同上	同上	歩兵操典	同上

（出典：「滋賀県尋常中学校第一年報」）

表12　滋賀県尋常中学校予科教科用書

学科＼学級	第一年級	第二年級
倫理	口授	同上
国語漢文	日本外史　和文読本	同上
第一外国語	ヱヘブスタルスヘルリング　ナショナルリーダ第一第二	ナショナルリーダ第三　ローヤルリーダ第三
算術	分数　少数	諸等　比例
習字	日下部東作書　千字文	同上
図画	小学習画帖	同上
体操	普通体操	同上

（出典：「滋賀県尋常中学校第一年報」）

の中から選出された下賜金の委託人らは、産業補助金の配当を尋常中学校の新築費として寄附するよう旧藩士らに呼びかけたのだった。その理由は、「今一層奮発新築セザルトキハ県会ニ議案ヲ附セラレ、新築ノ議ヲ起サ、ルベカラズ、然ルトキハ県会ハ地方税ヲ以テ新築ヲ要スル場合ニ至ラバ、県庁ノ下大津ヲ位置適当ナリト言フノ議論起ラザルトモ言ヒ難シ(137)」という危機感からであった。同年七月、彦根士族篤志者三二名から県立中学校新築費三、〇〇〇円が献金された。彦根中学校へ向けられた誇りを払拭し、彦根の地に県立尋常中学校を確立するため、旧藩士らは無理を押してでも寄附を行なったのである。

尋常中学校は、旧彦根城二の丸の金亀町に新築移転されることとなり、一八八八年八月に起工、翌年四月に落成した。新築校舎は西洋風の二階建て木造建築であった。総工費は一万七、七一〇円五銭で、そのうち一万七一〇円五銭は地方税、残り七、〇〇〇円は寄附金によって賄われた。こうした井伊家と旧彦根藩士らの尽力の上に、滋賀県尋常中学校は幕を開けたのである。

おわりに

以上、滋賀県における中学校の形成過程を描出してきた。滋賀県下の中学校の展開を辿ると、彦根藩校から彦根学校、そして彦根中学校から滋賀県尋常中学校へと至る過程において、常に井伊家および旧彦根藩士らが深く関与していたことが明らかとなった。

彦根藩の藩校は長らく士族子弟のみを対象とし、幕末維新期になっても庶民への門戸開放については消極的であった。明治維新後、旧彦根藩士らは、井伊家の下で旧来のネットワークを駆使して彦根学校の設立を主導し、その後ろ盾として、井伊家の「義務金」が使われた。彦根学校から彦根中学校、さらに滋賀県尋常中学校に至るまでの間、同校は何度も廃校の危機に直面したが、その度に在京および在郷の旧彦根藩士らが学校維持のために奔走し、井伊家の財力がそれを支え続けた。

ところで、在京の旧彦根藩士らは上級学校への進学を視野に当初から中学校の必要性を認識し、中学校設立を展望していた。しかし、実際のところ中学校設立を実現するためには、上等小学卒業者の出現または増加を俟たなくてはならなかった。すなわち、次第に増加する上等小学卒業者の進学先の確保が問題となって漸く中学校設立が滋賀県の政策課題として浮上するようになったのである。それゆえ、彦根学校では、その間の弥縫策として上等小学および教員伝習所という体裁を取らざるを得なかった。このように、滋賀県における中学校の設立は、上等小学卒業者の増加と並行して進んでいくことになった。

また、彦根中学校は、井伊家ならびに旧彦根藩士ら士族層が支持基盤となって設立されたがために、滋賀県会において支持を得るのには困難が伴った。すなわち、彦根中学校は、「井伊藩士ヲ陶冶シ同藩士ノ幸福ヲ図リタル」ものにすぎないとみなされ、地方税を投じることに根強い反発を招いた。このため、彦根中学校の県立移管の試みは数年に渡って阻まれ続けた。とりわけ、県立中学校に先んじて県立商業学校が設立されたことは、滋賀県内における地域利害の対立の一つの表われといえよう。しかし、こうした逆境が、かえって旧彦根藩士らの結束を一層強めることに作用した。滋賀県尋常中学校の新築校舎完成に至るまで、旧彦根藩士らは惜しみない努力を注ぎ続けたのである。

注

(1) 松田道之は、鳥取藩士久保居明の次男として誕生、後に松田市太夫の嗣子となる。幕末に京都で尊王攘夷運動の志士となり、明治維新後は政府官僚として京都大参事に就任した。明治八年には、滋賀県令から内務大丞に転任、「琉球処分」に尽力した。一八八二年、享年四三歳で死去。
(2) 滋賀県立彦根中学校同窓会編『彦中五十年史』一九三七年。
(3) 彦根東高等学校校史編纂委員会編『彦根東高百二十年史』一九九六年。
(4) 彦根市史編集委員会編『新修彦根市史　第三巻通史編近代』二〇〇九年。
(5) 木全清博は滋賀県下の教育資料の発掘に尽力し、その成果を『滋賀の学校史――地域が育む子どもと教育』(文理閣、二〇〇四年)や『滋賀の教育史　寺子屋・藩校から小学校へ』(文理閣、二〇一五年)にまとめている。
(6) 久保田重幸「明治前期の地域社会における中等教育機関の設立過程の研究――滋賀県商業学校および滋賀県尋常中学校の設立を事例として」(『関西教育学会研究紀要』一三号、二〇一三年、一八―三三頁)、「近代日本における地方官員の学校設立に関する研究――明治初期滋賀県における外村省吾の教育活動を手がかりとして」(『教育史フォーラム』三号、二〇〇八年三月、七九―九六頁)など。
(7) 『日本教育史資料 二』三七五―三七六頁。
(8) 同右、三八八―三八九頁。
(9) 同右、四二〇―四二一頁。

(10) 前掲『彦中五十年史』四八―五〇頁。
(11)『日本教育史資料 二』三七七―三七八頁。
(12) 同右、三九七頁。
(13) 前掲『彦根東高百二十年史』二五頁。
(14)『日本教育史資料 二』三九八―三九九頁。
(15) 同右、三七七―三七九頁。
(16) 前掲『彦根東高百二十年史』二六―二七頁。
(17)「彦根に於ける明治二十年頃までの中等教育」「北村寿四郎文書」第一巻所収(彦根市立図書館所蔵)。
(18) 前掲『彦根東高百二十年史』三二―三七頁。
(19)『日本教育史資料 二』四〇〇―四〇一頁。
(20)「学館録」(彦根市立図書館所蔵)。
(21) 中村直勝監修『彦根市史下冊』一九六四年、九七頁。
(22) 前掲「学館録」。以下、引用は同資料による。
(23)「規則」(彦根市立図書館所蔵)。彦根県学校と記載された用紙に清書されていることから、彦根県時代の明治四年七月から十一月までの間のものと推定できる。
(24) 谷鉄臣(旧名渋谷騮太郎)は、彦根の町医者であったが、文久三年に彦根藩士として取り立てられた。
(25) 前掲「彦根に於ける明治二十年頃までの中等教育」。
(26)『太政類典』第一編、慶応三年~明治四年、第五十七巻、外国交際・外人雇入(国立公文書館所蔵)。
(27)「亜国人WilLiam Goodman彦藩へ雇入条定ノ訳文」(彦根市立図書館所蔵)。
(28) 後に岡本省己邸に移転。
(29) 前掲「彦根に於ける明治二十年頃までの中等教育」。
(30)『公文録』明治五年、第四十七巻、壬申四~五月、文部省伺(四月・五月)。以下、引用は同資料による。
(31)『日本教育史資料 一』三八三頁。

(32) 前掲『彦根市史下冊』九九頁。典拠および詳細は不明である。
(33) 『滋賀県史料十九』滋賀県史、政治部、学校、明治五～七年（国立公文書館所蔵）。
(34) 前掲『滋賀の教育史　寺子屋・藩校から小学校へ』八八頁。
(35) 「大蔵省宛滋賀県伺」滋賀県議会史編さん委員会編『滋賀県議会史　第一巻』九六八―九六九頁。
(36) 前掲『滋賀の教育史　寺子屋・藩校から小学校へ』八九頁。
(37) 前掲『滋賀県史料十九』。以下、引用は同資料による。
(38) 「明治六年滋賀県」『文部省第一年報』五六頁。
(39) 「明治七年外国語学校統計表」『文部省第二年報』一二頁。
(40) 前掲『滋賀の教育史　寺子屋・藩校から小学校へ』一〇六―一〇八頁。
(41) 前掲『滋賀県史料十九』。
(42) 籠手田安定は平戸藩家臣桑田安親の長男として誕生。旧名は桑田源之丞。一八七八年には滋賀県令となり、一八八四年に元老院議官となる。その後、島根県知事、新潟県知事を歴任し、一八九六年に再度滋賀県知事に就任した。
(43) 『滋賀県史料八十八』滋賀県史（二編）、政治部、学校四、明治八～一〇年（国立公文書館所蔵）。
(44) 『滋賀県史料八十七』滋賀県史（二編）、政治部、学校三、明治八～一〇年（国立公文書館所蔵）。
(45) 外村省吾は、彦根藩銃卒外村一郎の養子となり、養父の死後は足軽となったが、四〇歳にして士籍に登庸された。陽明学を修めて家塾を開き、弘道館教授も務めた。桜田門外の変では彦根藩の藩論転換に尽力し、明治維新後は彦根藩大属から権少参事を務め、廃藩置県後は犬上郡の学区取締として小学校普及に尽力した。
(46) 前掲『彦根東高百二十年史』二六―二七頁。
(47) 「彦根議社旨趣綱領」彦根市史編集委員会編『新修彦根市史　第八巻資料編近代一』七二九―七三二頁。
(48) 西村捨三は、井伊家の家令を務め、井伊直憲の外遊に随行して欧米を視察、明治十年以降は内務省御用掛をはじめ、沖縄県令、内務省土木局長、大阪府知事を歴任した。
(49) 大東義徹は、彦根藩少参事を務め、官費留学生として米国留学の経験があった。また、井伊家の「義務金」の管理を西村捨三、石黒務とともに務めていた。

(50)「外村文書」(彦根市立図書館所蔵)。以下、引用は同資料による。なお『彦中五十年史』は同資料に「新立学校設立の順位」という題を付して引用している。
(51)「彦根中学校起源並縁由記」「彦根中学校要録」所収(「彦根藩大久保家文書」大久保治男氏所蔵)。
(52)「共立学校建築ニ付伺書」「彦根学校建築并篤志金一件」所収(滋賀県政資料室所蔵)。なお、同資料が「外村文書」にも所収されている。
(53)「彦根共立学校新立諸費」「外村文書」所収。
(54)「彦根共立学校寄附金名簿」「彦根学校建築并篤志一件」所収。
(55)「彦根学校建築寄附金姓名録」「彦根中学校要録」所収。寄附者は、大半が「彦根共立学校寄附金名簿」と重複するが、どちらか一方にしか記載がない者も数名ずつ存在する。
(56)瀬戸口龍一「明治期における井伊家と士族たち――「相馬永胤日記」から見る彦根藩士族たちの動向」専修大学大学史資料課『専修大学史紀要』二〇一五年、七二頁。
(57)前掲「彦根学校建築并篤志一件」。
(58)「新築学校落成ノ義ニ付御届」「彦根学校建築并篤志一件」所収。
(59)「彦根学校事務分任書」(彦根市立図書館所蔵)。
(60)彦根市街は、第一区から第十区に区分されていた。すなわち、第一区(彦根下片原町)、第二区(彦根西馬場町)、第三区(彦根四番町)、第四区(彦根小道具町)、第五区(彦根上藪下町)、第六区(彦根百石町)、第七区(彦根中藪上片原町)、第八区(彦根池州町)、第九区(彦根上川原町)、第十区(彦根大橋町)であった。
(61)「彦根学校概則」(彦根市立図書館所蔵)。本資料には朱字等による加筆修正が加えられている。本稿では修正を反映したものを引用した。以下、引用は同資料による。
(62)前掲「彦根に於ける明治二十年頃までの中等教育」。
(63)『滋賀県布達全書乙号中』(滋賀県政資料室所蔵)。
(64)『滋賀県史料八十九』滋賀県史(二編)、政治部、学校五、明治八~一〇年(国立公文書館所蔵)。長浜講習学校は、坂田・浅井・伊香三郡の小学校教員養成のために人民共立によって設立された。

(65)「彦根学校ノ儀ニ付願書」「彦根学校建築并篤志金一件」所収。
(66)『滋賀県布達全書 甲号上』(滋賀県政資料室所蔵)。
(67)前掲『滋賀県史料八十九』。
(68)『彦根伝習学校第一年報』一八七八年(国立国会図書館所蔵)。以下、引用は同資料による。
(69)前掲「彦根に於ける明治二十年頃までの中等教育」。
(70)『滋賀県史料百五十五』滋賀県史(三編)、政治部、学校五、明治一一・一二年(国立公文書館所蔵)。
(71)ただし「明治十二年滋賀県年報」『文部省第七年報』によれば、私立中学校が大津に三校、高島郡に一校存在していたとみられる。
(72)『明治十二年通常臨時滋賀県会日誌』(滋賀県議会事務局所蔵)。
(73)『滋賀県史料百五十三』滋賀県史(三編)、政治部、学校三、明治一一・一二年(国立公文書館所蔵)。
(74)前掲『明治十二年通常臨時滋賀県会日誌』。以下、引用は同資料による。
(75)「明治十二年滋賀県年報」『文部省第七年報』一七四頁。
(76)『滋賀県史料百九十六』滋賀県史(四編)、政治部、学校一、明治一三〜一五年(国立公文書館所蔵)。
(77)『明治十三年滋賀県会日誌』(滋賀県議会事務局所蔵)。
(78)前掲『滋賀県史料百九十六』。
(79)「明治十三年滋賀県年報」『文部省第八年報』二〇七頁。以下、引用は同資料による。
(80)前掲『彦中五十年史』一二一―一二七頁。
(81)前掲『彦根東高百二十年史』一三二頁。
(82)滋賀県立彦根東高等学校には、大東義徹・大海原尚義から堀部久勝らに宛てた書簡類一五通が保存されている。書簡の大半は堀部宛だが、武節貫治・光田進業・沢田慶稔ら宛のものもある。
(83)六月三十日付堀部久勝宛大東義徹「書簡」(滋賀県立彦根東高等学校所蔵)。以下、引用は同資料による。
(84)七月二十日付堀部久勝宛大東義徹・大海原尚義「書簡」(滋賀県立彦根東高等学校所蔵)。以下、引用は同資料による。
(85)八月九日付堀部久勝・武節貫治・澤田稔宛大東義徹・大海原尚義「書簡」(滋賀県立彦根東高等学校所蔵)。以下、引用は同資料による。

(86) 八月十九日付武節貫治・澤田慶稔・堀部久勝宛大東義徹「書簡」(滋賀県立彦根東高等学校所蔵)。

(87) 九月三十一日付堀部久勝・武節貫治・澤田慶稔宛大東義徹「書簡」(滋賀県立彦根東高等学校所蔵)。

(88)「滋賀県へ請願書并許可指令」「彦根中学校要録」所収。

(89) 同右。

(90)「井伊公奨励文」「彦根中学校要録」所収。

(91)「彦根中学校会議規則及議決録」「彦根中学校要録」所収。以下、引用は同資料による。

(92)「彦根中学校規則」「彦根中学校要録」所収。

(93) 前掲『彦根東高百二十年史』一三六―一三八頁。「彦根中学校規則」から学校の名称は「彦根中学校」とされたことがわかるが、一般には「彦根公立中学校」と呼称されていた可能性も否定できない。なお、明治二十六年の「滋賀県尋常中学校第七年報」には、「本校設置ノ縁由」として「十三年廃校ノ議起ル、是ニ於テ嚮ノ有志者大ニ之ヲ憂ヘ官ニ請フテ再ヒ人民ノ共有トナシ彦根公立中学校ト称シ」とあり、これ以後の学校沿革では「彦根公立中学校」と伝承されたものと推察される。

(94) なお、一八八二年に変則英語科が加わり、一八八四年に「漢学偏重ノ弊ヲ除キ英語科ヲ正則ニ改」められた(「滋賀県尋常中学校第七年報」明治二十六年、滋賀県立彦根東高等学校所蔵)。

(95)「学校所有書籍及器具目録」「彦根中学校要録」所収。

(96) 中学甲生・乙生が上等・下等を意味するのか、等級を意味するのかは現在のところ不明である。

(97)「彦根中学校創業諸費出納」「彦根中学校要録」所収。

(98)「彦根中学校保存寄附金姓名録」「彦根中学校要録」所収。

(99) 前掲「彦根中学校会議規則及議決録」。

(100)『明治十四年滋賀県会日誌』(滋賀県議会事務局所蔵)。以下、引用は同資料による。

(101) 常置委員会は一八八〇年より設置されるようになり、一般議員より前に県令から議案を提示され、その審議を行なった(前掲『滋賀県議会史　第一巻』一三六頁)。

(102)「明治十四年滋賀県通常会決議録上」『自明治十四年度至明治十五年度滋賀県会決議録』(滋賀県議会事務局所蔵)。

(103)「明治十五年滋賀県年報」『文部省第十年報二』三九二頁。

(104)「明治十六年滋賀県通常会決議録下編原案之部」『自明治十六年度至明治十七年度滋賀県会決議録』（滋賀県議会事務局所蔵）。

(105)『明治十六年滋賀県会日誌』（滋賀県議会事務局所蔵）。以下、引用は同資料による。

(106)『明治十七年滋賀県会日誌』（滋賀県議会事務局所蔵）。

(107)「明治十七年滋賀通常県会決議録下編原按之部」『自明治十六年度至明治十七年度滋賀県会決議録』（滋賀県議会事務局所蔵）。以下、引用は同資料による。

(108)『明治十七年滋賀県会日誌』。以下、引用は同資料による。

(109)「明治十七年滋賀通常県会決議録上編決議之部」『自明治十六年度至明治十七年度滋賀県会決議録』（滋賀県議会事務局所蔵）。

(110)『明治十七年滋賀県会日誌』。以下、引用は同資料による。

(111)前掲「明治十七年滋賀通常県会決議録下編原按之部」。

(112)『明治十七年滋賀県会日誌』。

(113)中井弘は、薩摩藩士横山詠助の長男として誕生、造士館で学んだが、一八歳で脱藩、イギリスへ密航留学の経験をもつ。維新後は外国事務御用掛に任命される。アメリカ視察に派遣され、英国公使館にも勤務した。明治九年から工部省に務め、工部省大書記官を経て滋賀県令として赴任した（「職務進退・元老院　勅奏任官履歴原書」国立公文書館所蔵）。

(114)滋賀県立八幡商業学校創立五十周年記念会篇『八幡商業五十五年史』一九四一年、一一五―一一七頁。

(115)一八八五年の太政官布告第二十九号によって、会計年度が四月一日から三月三十一日と定められたため、一八八五年十一月より一八八六年度予算を審議する通常県会が開催された。

(116)「明治十九年度滋賀県通常会決議録完」『自明治十八年度至明治十九年度滋賀県会決議録』（滋賀県議会事務局所蔵）。

(117)『明治十九年滋賀県会日誌』（滋賀県議会事務局所蔵）。以下、引用は同資料による。

(118)前掲『八幡商業五十五年史』一三二頁。

(119)「本校諸規則及び統計並に図表附現旧職員要録」『八幡商業五十五年史別冊』一九四一年。

(120) 前掲『八幡商業五十五年史』一四九―一五〇頁。
(121) 同右、一四二頁。
(122)「県立彦根中学校に関し井伊家へ請願書」（彦根市立図書館所蔵）。
(123) 彦根市立図書館所蔵の「県立彦根中学校に関し井伊家へ請願書」および「外村文書」所収の「県立彦根中学校教育費彦根町負担ノ協議」ならびに「県立彦根中学校教育費彦根町負担ノ承諾証」の三つの文書は、いずれも谷鉄臣のもとにあった資料を大正七年に渥美四郎が謄写したものである。
(124)「明治十八年滋賀県年報」『文部省第十三年報』一八九頁。
(125) 前掲「県立彦根中学校に関し井伊家へ請願書」。
(126)「県立彦根中学校教育費彦根町負担ノ協議」「外村文書」所収。
(127) 前掲「県立彦根中学校に関し井伊家へ請願書」。以下、引用は同資料による。
(128) 前掲「県立彦根中学校教育費彦根町負担ノ協議」。
(129) 前掲「県立彦根中学校教育費彦根町負担ノ承諾証」。
(130)『明治十九年度滋賀県会日誌』（滋賀県議会事務局所蔵）。以下、引用は同資料による。
(131)「明治二十年度滋賀県通常会決議録完」『自明治二十年度至明治二十一年度滋賀県会決議録・明治二十年常置委員会決議録』（滋賀県議会事務局所蔵）。
(132)『明治二十年滋賀県会日誌』（滋賀県議会事務局所蔵）。以下、引用は同資料による。
(133)「滋賀県尋常中学校第一年報」明治二十年（滋賀県立彦根東高等学校所蔵）。
(134) 前掲『彦中五十年史』一五五―一五六頁。
(135) 前掲「滋賀県尋常中学校第一年報」。
(136) 前掲『彦根東高百二十年史』一九三―一九五頁。
(137) 同右。

【本研究は、ＪＳＰＳ科研費ＪＰ１６Ｋ１７３９３の助成を受けたものです。】

第五章　静岡県の中学校形成史

池田雅則

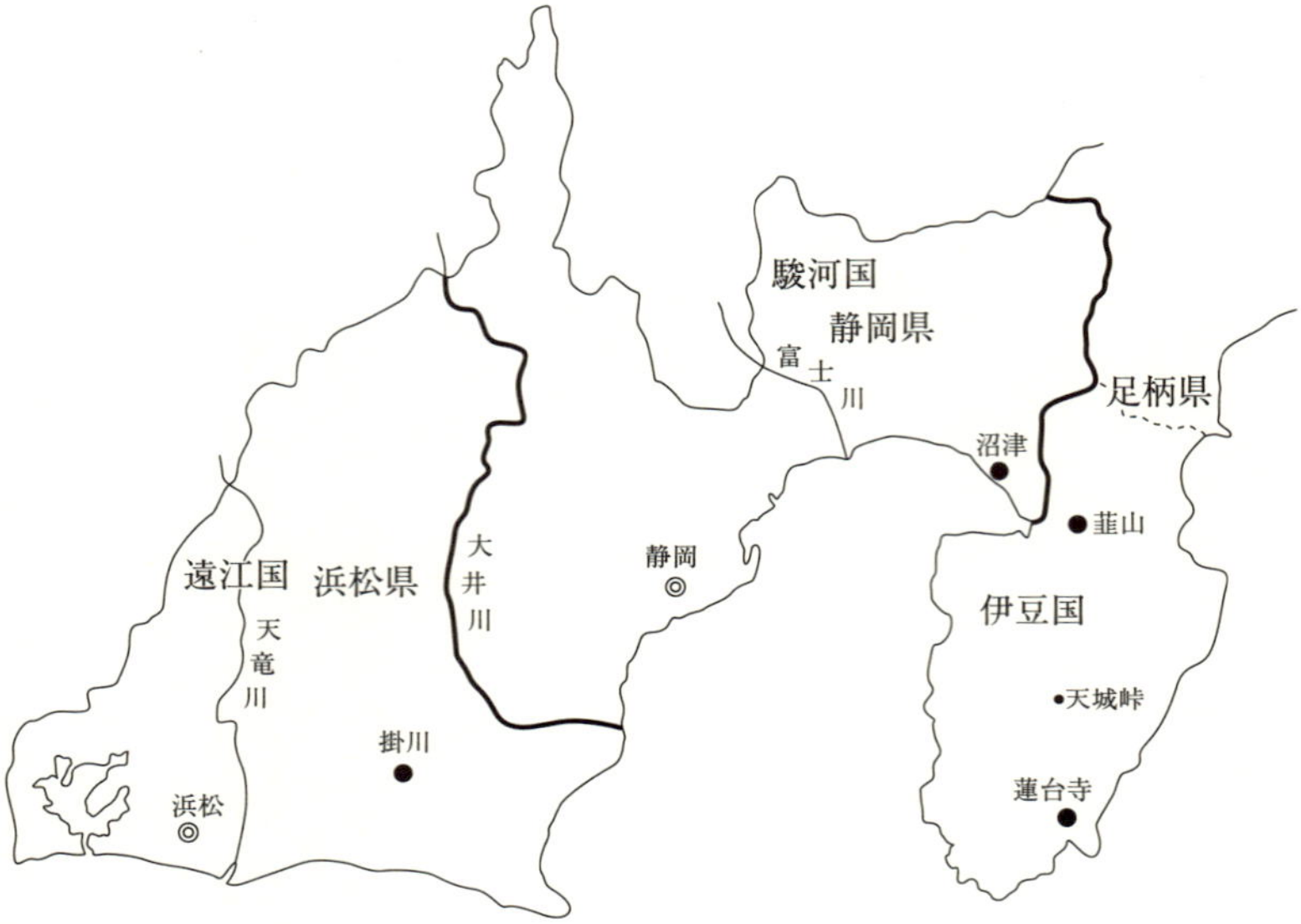

静岡県の図

・太線は県境、破線は旧国境を示す。なお、浜松県と遠江国、静岡県と駿河国は領域がほぼ一致する。
・二重丸は県庁および中学校所在地、黒丸は中学校所在地を示す。

はじめに

慶応四＝明治元（一八六八）年八月、徳川宗家一六代を継いだ徳川家達（幼名亀之助）が駿府に入城した。家達は戊辰戦争における江戸無血開城（慶応四年四月十一日）を受け、閏四月二十九日に新政府より徳川慶喜からの家名相続を認められたが、五月二十四日、駿府七〇万石に大きく減封のうえで移封されたのであった。(1)

徳川家の駿府移封は、単に徳川宗家の移動にとどまらない大がかりな事業であった。一方ではもともと同地に所在していた各藩の移封である。駿河や遠江に七〇万石の所領を確保するには駿府周辺の天領だけでは足りなかった。駿河や遠江には、中小の譜代大名家が存在していたが、徳川家入封と替わってこれらはことごとく移封となった。沼津藩水野家（六万石）、小島藩松平家（一万石）、田中藩本多家（四万石）、相良藩田沼家（一万石）、掛川藩太田家（五万石）、横須賀藩西尾家（三万五、〇〇〇石）、浜松藩井上家（六万石）の七つの藩は、いずれも縁もゆかりもない上総や安房に移されていった。(2)もう一方では膨大な徳川家臣団の移動である。当時の旧旗本および御家人の数は三万二、〇〇〇人に及んだ。大幅な減封の上での移封は、家臣団の整理を迫らざるを得ない。禄を有したままの移住が認められたのは、勘定奉行方役人と旧幕府陸軍を中心とするわずか五、〇〇〇人に過ぎなかった。それ以外の者は「御暇」となるか、無禄でも移住するかという選択を迫られた。現在の静岡県域を構成する旧駿河国と旧遠江国のほぼすべては城代支配であった駿府を含めて、戊辰戦争を前後して直接支配者の顔ぶれがまったく交代する事態が生じたわけである。ここに駿河国と遠江国は府中藩として再出発したわけであるが、明治二年六月に府中（駿府）という呼び方が「不忠」に当たることを恐れたことから町名が静岡に改められるとともに静岡藩となり、廃藩置県を迎えた。

そして現在の静岡県域を構成しているもう一つの国であった旧伊豆国は、維新期に別の経過をたどった。伊豆国は韮山に官衙を設け、伊豆国だけでなく東国の広範な領域を管轄した韮山代官所の支配地であった。この領域は慶応四年六月に新政府によって韮山県に改められた。韮山の代官は中世以来この地を治めてきた江川家の当主、通称、江川太郎左衛門が務めてきた。戊辰戦争時の代官は、江川家第三八代の江川英武であったが、廃藩置県で韮山県が廃されるまで継続して彼が知事を務めた。

明治四年七月の廃藩置県により静岡藩は静岡県と改められたが、同年十一月の第一次府県統合において静岡藩は、静岡県（旧駿河国）と浜松県（旧遠江国）に分割となった。他方で韮山県のうち旧伊豆国は、廃藩置県によって旧相模国西部とともに足柄県として編成された。その後、一八七六（明治九）年の第二次府県統合において三つの県は分割統合され、旧駿河国、旧遠江国、旧伊豆国にて構成される現在に続く静岡県が誕生した。

このような稀有な維新期を経験した静岡県の中学校形成史は、当然に稀有な特徴を帯びることとなった。本章で論ずることは、第一に徳川時代の遺産と幕末の最先端の知識技能を引き継いだ静岡藩における教育のあり方を、中学校形成史の観点から位置づけなおすことである。第二に、広範な領域にわたる県の各地域で起こった自律的な中学校設立の動向をたどることである。そして第三に、それゆえ三新法による県会設置、「中学校教則大綱」や「中学校通則」を経るなかでそれぞれの中学校が統廃合されていく過程について描き出すことである。以上の論点は、学校設置維持の過程および教育課程の変容を整理することを通して明らかになることが期待される。

全国に稀にみる過程を辿った静岡県域の近代教育史研究は、中等教育にも配慮が行き届いた県教育百年史、熱のこもった学校沿革史や近年目覚ましい成果が生み出されている沼津兵学校に関わる研究など、相当に充実している。本章では、これらの成果に学びながらもこれまで十分活用されてこなかった新聞記事等も使用しつつ、中学校形成史の

道程をたどりなおしたい。(3)

一、「学制」までの動向

旧幕臣への支配方

徳川家は駿府転封に際し、駿府移住の幕臣について主に勘定奉行所役人と幕府旧陸軍から選抜した。性質の異なる二つを支配するにあたって、徳川家は当初それぞれ別個の支配体制を組織した。その支配のあり方がそのまま立藩当初の学校設置に反映された。簡単にその支配体制について紹介しておこう。

立藩当初の支配体制は旧陸軍とそれ以外に分けることができる。旧陸軍には「生育方」が設置された。沼津に入った旧陸軍の幕臣には「生育方」が生活全般の責任をもつこととなった。それ以外の旧幕臣については全体を総括する奉行所体制が敷かれることとなり、役のない「御暇」や無禄の者は奉行所の下部組織である「勤番組」の支配に組み込まれることとなった（明治二（一八六九）年二月）。「勤番組」に組み込まれた旧幕臣は、原則くじ引きによって移住地が決定された。移住地は、徳川家入封以前の諸藩の藩衙が存在した地であった。

この当初の支配体制が変更されたのが明治二年八月下旬である。静岡藩は、二つの体制を統一し、これまで「勤番組」体制が採られてこなかった沼津側にも「勤番組」体制を採ることにした。このことで個別に展開していた教育体制において統一性と相互の連絡関係が生じることになった。明治三（一八七〇）年三月の勤番組の編制単位は、静岡以外に、浜松、沼津、掛川、横須賀、新居、田中、相良、小島の地であった。

沼津兵学校の沿革

右に記した立藩当初の支配体制において、旧陸軍という特定の職掌を担った沼津ではその特質に基づいた新たな学校体制を早々に作り上げた。日本における近代的学校体系制度化の先駆けとして名高い沼津兵学校の設置である。

幕府陸軍はその解兵にあたる「仕方書」（慶応四＝明治元（一八六八）年八月）において子弟教育を分担する組織として「生育方」とは独立した「学校方」を置いた。(4) これと前後して、首脳たちは早速に「陸軍学校」の設置に動き出した。慶応四年八月二十五日にはまず「陸軍学校」の役職を決定した。(5) そして月末に沼津城が明け渡されると、九月には簡略な教育施設である「代戯館」を場内に設置し、十月には子弟に対して洋算、漢学、素読の修業を命じた。(6) さらに十一月には部内の士官に対して予備教育を実施する旨を達し、(7) 十二月には「徳川家兵学校掟書」および「兵学校附属小学校掟書」を作成した。(8) この二つの掟書の原案者は西周であった。中学校形成史の観点からいえば、兵学校の本科課程（専門課程）としておかれた「本業生」に接続する予備教育を施す「資業生」が重要である。さらに明治二年三月には、軍医局と医学教育部門を含む「陸軍医学所」も設置され「徳川家陸軍医学所規則」が定められた。(9) 「資業生」の選抜は「徳川家兵学校掟書」が起草され次第実施され、明治二年までの一年間に四回の試験が実施された。(10) 沼津兵学校の学校体系の構想は、同時期のいずれの教育機関にもみられない独自かつ完備されたものであった。

明治三（一八七〇）年の段階になると、静岡藩の支配体制の変更で沼津側も「勤番組」支配に統一された。これを受けて静岡に病院が移転し、医学修業生も従来の垣根を超えて静岡に移動した（明治三年閏十月）。(11) また一つの藩で「兵学校」を持つ意義が低下していった。明治三年九月には藩より政府へ兵学校の献納が願い出された。(12) 明治四年七月の廃藩置県を経ると、九月二十七日に県が改めて兵学校の移管を兵部省に願い出た。そして九月三十日に移管された。これを機として附属小学校は兵学校の管理から外れ、十一月に沼津小学校と名が改められた。静岡県内の各学校の支配は静岡方にすべて移ることになった。[13] 沼津兵学校は、十二月に沼津兵学寮と改称され、さらに明治五年五月には引き払われることが決定され、在籍した資業生と備品等は東京の陸軍教導団に編入された。[14]

静岡学問所の沿革　静岡学問所（静岡学校）については、関連する学校も含めて沼津兵学校とは異なり残念ながら詳しい沿革も史料も残されていない。

天領の城代が所在した駿府には安政五（一八五八）年に開かれた明新館が存在した。これは戊辰戦争時の混乱の中で慶応四年二月に資金不足で廃校となった。[15] しかしながら駿府に入った徳川家は、入城後早速、慶応四年八月十二日に旧明新館に国学、漢学、洋学を併せた学校の設置を達し、改元した翌月の明治元（一八六八）年九月八日に学問所を開く布告を行い、十月十五日からの漢学の開講を触れ出した。十一月五日には、旧蕃書調所の蔵書を引き継ぎ英仏蘭独の洋学を開講することを触れ出した。[16] 明治二年八月には国学も開講されていた。[17]

明治四（一八七一）年七月には勝海舟の発案により、福井にいたグリフィス（W.E. Griffis）を通じて米国人の雇い入れが依頼された。[18] 廃藩置県を挟んで、十二月よりエドワード・ワーレン・クラーク（E.W. Clark：一八四九〜一九〇七）が着任して授業を開始した。[19] クラークは学校内部に「伝習所」を設置した。静岡学校と内部の伝習所が並列するという体制で「学制」公布を迎えた。

ところで、沼津兵学校には接続する小学校の規則が置かれたが、それ以外の勤番組支配の地ではそうした規則は見受けられない。前島密が明治二年五月ごろに中泉の地で教授したという記録が残る程度である。[20] しかし沼津の旧陸軍をも含めて藩内すべてが勤番組に編制された明治二年八月以降になると、[21] 沼津で構築された制度が修正を加えられた上で藩内全域に適用された。沼津において定められた「兵学校附属小学校掟書」（明治元（一八六九）年十二月）は修正が加えられ、全藩に適用された（明治三年一月頃「静岡藩小学校掟書」）。[22] そして小学校について、富士川を挟んで東が沼津兵学校の支配、西が静岡学校の支配となった。静岡側では明治三年五月から七月にかけて各所に小学校を設置せよと布告した。[23]また沼津兵学校が兵部省に移管された後にはすべての小学校が静岡学問所の支配に移された。

明治四年十一月の第一次府県統合を経て、廃藩置県後の静岡県は駿河の静岡県と遠江の浜松県に分割された。[24]その後、浜松県の学校は明治五年二月に改革のために一時閉鎖となり、そのまま「学制」公布を迎えた。静岡県の学校は変動なく「学制」公布を迎えたが、明治五年八月に静岡学問所と小学校は廃止とされた。[25]しかし伝習所はクラークが契約途中であったために存続が認められた。とはいえ官費による伝習所の維持は難しく、まもなく私立として再設置された。[26]その後クラークは一八七三（明治六）年十一月に政府に招聘されて上京した。[27]これにより伝習所は閉鎖となり、明治初年以来の学校の系譜が一旦閉じられることとなった。

沼津兵学校と静岡学問所は徳川家の遺産を引き継ぎながら早々に教育組織を築きあげた。しかしながら両者は相反する特徴をみせた。すなわち、士官養成を目的とする教育機関であった沼津兵学校では、士官たる資質と能力を身につけさせることを到達点とする体系的な教育課程が編成された。他方で、養成すべき人物像が明らかではなかった静岡学問所では体系だった教育課程は編成されなかった。

「中学校」としての沼津兵学校と静岡学問所

域内の小学校とは異なる高度な学問を教授する場として設置された沼津兵学校と静岡学問所はともに、セカンダリーな教育の場としての「中学校」であった。沼津兵学校についてはさらに、専門課程（高等教育）である本業生課程につながる予備的な基礎教育を実施するという下構型の「中学校」としても位置づけられる。なお資業生課程の卒業を待たずに廃止されたため、沼津兵学校の本業生課程は制度上の存在に留まり実態としては存在しなかった。同じ藩内に性格を異にする二つの「中学校」が存在したというべきであろう。実際に静岡学問所に在籍した者は、後に作成

した履歴書において学問所のことを「中学校」として記している。(28)

資業生課程の教則

沼津兵学校資業生課程の教則は、明治元（一八六九）年十二月に作成された「徳川家兵学校掟書」の一部を成している。(29) 資業生課程は、修業年限三年である本業生課程（第十三条）につながる下構型、すなわち上級学校に接続することを目的とした課程として、修業年限四年にて設置された（第十一条）。資業生課程への入学にあたっては、①父が徳川家家臣であること、②一四歳以上一八歳以下であること、③陸軍医師頭取より「身体全健」であるという証明を得たこと、(30) という要件を満たした上で、入学試験である「第一試」を滞りなく済んだ「甲科」の証明を得ることが求められた（第四条、第五十七条）。なお戊辰戦争までで父が戦死した者に限っては、入学要件に関係なく学校頭取の選考である「熟議」によって入学が許可された（第二十二条）。「第一試」の受験には「小学修業」が「上達」したことが求められた（第四条）。すなわち、資業生課程は「小学」からの進学先として接続する上構型の学校としても明確に位置づけられていた。

「第一試」は「小学之吟味」（第七条）であり、その内容は「素読」「手跡」「算術」「地理」であった（第五十六条）。「素読」については、句読音訓の間違いがなく、気息を調え遅滞なく朗誦できるかどうかが評価基準とされた。「手跡」については、公私文章を速やかに作ることができるか、また文意貫徹した文章が作成できるかどうかが評価基準とされた。書き方の良し悪しよりも文章の構成力の方に重点を置かれて評価されたということで、「手跡」とはいったものの、作文の能力をみる項目だったといえる。「算術」については、出された問題を間違いなく、かつ速やかに解けたかどうかが評価基準とされた。そして「地理」については、「小学」で学んだ内容が尋ねられ、質問に対して遅滞なく返答できるかどうかが評価基準とされた。以上の内容を滞りなく済んだものが「甲科」とされ、「甲科」とされた者のうちの順位は、『十八史略』と『国史略』より試験官（吟味方）が選んだ箇所の講釈の手際の良さにより決せられた。それでも順位をつけがたいときは、算術より出題することで順位を決したという（第五十八条、第五十九条）。ちなみに順位決定の際に使用された『十八史略』と『国史略』は「徳川家兵学校掟書」とセットで出された「徳川家兵学校小学校掟書」（明治元年十二月）において、最上級生である「童生」三級生に素読として課されていたもので（小学校掟書・童生課業表）、三級修了生が望みに応じて「講解」してきたものであった（小学校掟書・第十条）。また小学での「地理」の内容は「皇国地理」であった（小学校掟書・童生課業表）。

そして合格者は資業生入学の時点で本業生課程として設置された「歩兵」「砲兵」「築造」のうちから志願する科を選ぶことを求められた（第八条、中途転科も可能（第十五条））。入学生は原則として士官になるための予備的な基礎教育を受けるという前提で入学したわけである。

ただし、右に述べた入学に関してはもちろん例外はある。たとえば、接続する「小学」での修業がなくても欠員があり首脳部が認めれば「第一試」を受験も可能であった（第十六条）。また、もとより本業生になる志望がない者については仔細を申し立てることで「兵学校員外生」の名称にて資業生になることもできた（第十八条）。「兵学校員外生」になるためには、「第一試」合格以外の三つの要件は不要とされた（第十九条）。

第四条や第二十二条の要件をみると、徳川家の士官候補生の養成や救済という目的が明確にうかがえるが、そこに閉ざされずに、それ以外の者をも受け入れる余地があったことがわかる。資業生課程には最先端の学問を求めて諸藩からの留学生も入学していた(32)。またわずかだが沼津の庶民にも入学生がいた。そして、「兵学校員外生」の存在をみると、沼津兵学校が必ずしも士官養成を目的とした下構型の教育課程のみにこだわったわけでなく、セカンダリーな上構型の学習のあり方をも容認していたことがわかる。

さて、資業生の教育課程について目を向けたい。「徳川家兵学校掟書」の第四十六条には「学課」として**表1**にま

表1　「徳川家兵学校掟書」（明治元十二月）における資業生の教育課程

書史講論	博物新論　地理全誌 瀛環志略　孫子	皇朝史略 日本外史	綱鑑易知録
英仏語之内一科	会話　文典	万国地理 窮理　大略 天文	万国史　大略 経済説
数学	点竄　開平開立マデ	二次方程式マデ	連数対数の理
	幾何　平面式	八線正斜三角	立体
	実地測量　ブランセット　セキスタント　ブースソル等ノ理並ニ用法又此測器ナクシテ目ニテ遠近を測リ図ニ写ス事又水平術の大略		
	フロゼクシオンノ学		
器械学	本源ノミ		
図画			
乗馬			
銃砲打方	銃ノ組立的打等打交セ		
操練	生兵小隊并ニ大砲ハセキチー運転位マデ		

『西周全集　第二巻』四四五―四六一頁より作成

とめられる課程が設定された。

一見して明らかなように、資業生の教育課程は士官養成を意識した基礎教育といえるもので、同時期に存在した他のどの教育機関にもない独特なものであった。三角法や対数、測量、投影法（Projection）といった高度な数学に重点が置かれていること、物理学（器械学）の教授、乗馬や銃の打ち方や操練が導入されていることが目につく。ちなみに資業生課程に下構的に接続する「小学」においても、体操の合間の「剣術乗馬」が、また夏の土用に「水練」が課されていた（小学校掟書・第八条および童生課業表）。

表1の課程は三段階であるが、資業生は四年課程であった。資業生課程の修了試験かつ本業生課程への入学試験として「第二試」が課された（第十二条）。そして、本業生になった者は三年間、「歩兵」「砲兵」「築造」のいずれかの兵科を専攻して、卒業試験としての「第三試」を受験し合格すれば「得業生」となり（第十三条）、欠員に応じて士官

表2　医学資業生の教育課程（明治二年三月）

書史講論	博物新論　地理全誌 瀛環志略　孫子	皇朝史略 日本外史	綱鑑易知録
英仏語之内一科	会話　文典	万国地理 窮理　大略 天文	万国史　大略 経済説
数学	点竄　開平開立マデ	二次方程式マデ	
図画			
乗馬			

『沼津市史史料編　近代一』五四―五六頁より作成

に任用されることになっていた（第十四条）。

さて、先の沿革でも取り上げたように明治二（一八六九）年三月になると「陸軍医学所」が設置された。医学所は医学修業の機関をも内包した。そして医学所には「医学資業生」が置かれ、「兵学校員外生」となった者が「医学資業生」としての教育課程を余課として履修できることになった(33)。

表2をみると、兵学校が士官たるべき資業生に求めた教育内容であった数学の内容が大幅に削除された上で水準も引き下げられ、また軍事操練の内容も乗馬を除いて削除されていることがわかる。その分、左に示すような医学にまつわる内容が課された。

日曜日　九時ヨリ一〇時マデ　人身窮理講義
月曜日　午後一時ヨリ四時マデ　究理書　会読
火曜日　同　解剖書　会読
水曜日　同　繃帯術　修行　（包帯術―筆者注）
木曜日　同　内科書　会読
金曜日　同　外科書　会読
土曜日　同　舎密書　会読　（現在の「化学」―筆者注）

また、冬になると獣の死体解剖、場合によっては静岡で刑死者の解剖見学ができた。試験で「薬剤性効」「化学之離合」「用法服量」などの理解が進んだ者は「調合手伝」を命ぜられた。「人身之結構諸病之状態」を心得た者には診察稽古も許された。そして、「人身平素之機関並病理」に通じ「投薬之法則」や「手術之行法」を一通り修めた者は三等医師に命ぜられた。医学資業生の場合は「第二試」「第三試」を課す兵科と異なり、実践、専門教育、そして中等教育との間の線引きが曖昧であった。

こうして沼津には兵学校の資業生課程と医学所の資業生課程が設置された。さらにこれは実現しなかったが、明治二年四月ころの徳川家は沼津兵学校に「文官仕進」のための「文学」諸学科を設ける方針を指示していたとみられる。(34) 西周は、すでに設置されていた「医科」に加えて「政律」(「治術之基」「政令」「収納運上公事訴訟等」)、「史道」(「教化之源」)、「利用」(「土木之功器械之製より水利礦山樹芸農耕」)という学科も設置しそれぞれの専攻の基礎教育を一手に担う教育課程の構想を立てた(「徳川家沼津兵学校掟書」案)。詳しい紹介は省くが、兵科への資業生の学課を斟酌して各専攻に応じた教育課程を構想していた。なお医学生については、先に触れたように、明治三年閏十月に病院が静岡に移転するとともに移動することになった。

静岡学問所の教育　詳細にして体系だてられた教則が設けられた沼津兵学校に対して、静岡学問所にはついに教則さえ制定されなかった。(35) ゆえに学校体系、教育内容および教育水準のいずれをとっても詳しくは明らかにできない。しかしだからといって、元の蕃書調所、開成所をはじめとする洋学校、海外留学生や昌平黌出身のエリート教官を擁し、現在「葵文庫」として引き継がれた膨大な洋書を蔵する学問所の教育水準が低度であったはずはない。(36) 遠く弘前藩より留学生を受け入れたという記録もあり、他藩にも名が響くような教育の場であった。断片的な史料からは、洋学として英・仏・蘭・独の各言語と学問、漢学、和学、数学が教授されたことがわかる。

漢学には「素読科」と「歴史科」が存在していたこと、「幼年組」と「成年組」という階梯が存在していたこと、仏学科教官だった大森鐘一による仏学は、地理も歴史も数学もみなフランス語で教授したことなどである。(37)

これに対して、E・W・クラークが「伝習所」で教授した内容については詳しく知ることができる。クラークは「理化語学等」の教師として招かれた。(38) クラークは一八六五年に実践的な科学教育を推進し始めていたラトガース大学に入学し、幅広い自然科学の教授を受けた。(39)「学制」公布により静岡学問所本体が廃止された後、明治五年十月に文部省に伺い出て許可を得て実施された、伝習所の教育内容が次のように判明する。(40)

学課
一　綴　一　文法　一　地理
一　人体論　一　作文　一　修身学
一　経済書　一　窮理　一　化学
一　科学窮理実験　一　歴史　一　幾何学

教則
一　初級ノ生徒ヱ朝八時ヨリ九時迄左ノ通教授手伝ヨリ訳語ヲ授ケ御雇教師ヨリ語音授之此授業生徒凡七拾人
一　音学　一　階梯
一　中級ノ生徒ヱ朝八時ヨリ九時迄左ノ通教師手伝ヨリ訳語ヲ授ケ御雇教師ヨリ語音授之此授業生徒凡弐百弐拾人

一　文法　一　ウイルソン

一　地学　一　筆算

一　上級ノ生徒エ御雇教師ヨリ朝第九時ヨリ午後三時半迄左ノ通学科授之此授業上級生徒凡弐拾五人

月曜日

一　文典　第九時ヨリ十時迄

一　万国史　第十時ヨリ十一時迄

一　地理書　第十一時ヨリ十二時迄

一　化学　午後二時ヨリ三時半迄

火曜日

一　窮理書　第十時ヨリ十一時迄

一　人体論　第十一時ヨリ十二時迄

一　化学　午後二時ヨリ三時半迄

水曜日

一　文典　第九時ヨリ十時迄

一　作文　第十時ヨリ十二時迄

一　窮理光線学　教師館ニテ第七時ヨリ九時迄

木曜日

一　経済書　第十時ヨリ十一時迄

一　人体論　第十一時ヨリ十二時迄
一　窮理学　午後第二時ヨリ三時半迄
金曜日
一　算術　第九時ヨリ十時迄
一　幾何学　第十一時ヨリ十二時迄
一　窮理　午後第二時ヨリ三時半迄

以上より、初級の生徒が約七〇人、中級の生徒が約二二〇人、上級の生徒が約二五人いることがわかる。初級および中級の生徒には「教師手伝」である助手が「訳語」を授け、クラーク本人が「語音」を授けていた。そして上級の生徒はクラークより学科を直接に授けられた(41)。クラークは来日前より準備して、化学の基本書（*Barker's Chemistry* や *Hofmann's Chemistry*）に基づいた教育や実験を実施したという(42)。本体の静岡学問所に教則がなかったからといってその教育水準が決して低かったわけではなく、むしろ直接外国人教師の講義を受講できる水準の生徒を実際に生み出すことができる水準の高い教育を実施できていたことが確認できる。

伊豆の動向

「学制」公布に至るまで、韮山県が管轄した伊豆において「中学校」とみなせる学校が設置されたという記録はない。韮山の地には幕末に置かれた「陣屋警備農兵」の「教化」のために「文武学校様ノもの《ママ》」が設けられたというが、戊辰戦争後に廃止になった(43)。だが明治二（一八七〇）年十二月には知事の江川英武より「漢学相嗜候もの」に対して「官内奉職ノもの子弟厄介等」への教授が申し付けられた。そして支配地有志の共有金の貸し付け利子をもって維持することを構想し、民部省へ伺い出た。学校の設立予定地は、天城峠の南北に一箇所ずつとされ、うち一ヶ所は韮山の役所を借り受けることとし、もう一ヶ所は新設することとした。(44) しかし、この計画が実行されたという記録はない。

廃藩置県後の第一次府県統合を経て誕生した足柄県は、明治五年（一八七二）四月に次の「中小建学ノ儀」を管下に告諭した。(45) この告諭では、まず維新による国勢に応えて新たな学問を得ることで「実ニ世界万国ニ超乗スルコト」ができるとしたうえで、次のように庶民に学問の必要性を説いている。

朝廷外国ノ交際講セラル、ノ時ニ当リ各朝旨ノ在所ヲ亮察シ固陋沿襲ノ風ヲ洗除シ広ク海外諸洲開化進歩ノ学ニ従事シ大ニ知識ヲ開クノ道ヲ志サスンハアルヘカラス、是学校ノ制宜シク更張スヘキ所以也雖然新県剏置以来裁減ノ政ヲ布カレ内外債支消ノ方ヲ立ラレ亦学校ノ設官費ヲ仰カサラシム、是ニ於テ建学ノ費有力者ニ頒タサルヲ得ス、然ルニ前知事大久保従五位元管下士民ノ旧誼ヲ忘レス私館及若干ノ金ヲ附与シ首ニ其挙ヲ賛成アリ、庁内諸員モ亦月俸ヲ割テ以其資ニ充ムトハ管下ノ士民モ又其意ヲ承ケ家産ノ有無ヲ計リ賛助ノ挙アランヲ望ム、父兄タルモノ厚此旨ヲ体任シテ子弟ヲ教督シ子弟タルモノハ益勉励シテ大ニ建学ノ意ヲ対揚シ遂ニ天下有用ノ器トナリ万国鼎立ノ国勢ヲ補フニ至ラム事ヲ請フ

すなわち、県は新設以来債務解消のために経費の節減に取り組んでおり、旧小田原藩主の大久保忠良も私邸と若干の資金を供出し、官吏も月俸の一部を寄付したことが触れられている。その上で、管下の人民も自ら資金を家産から供出して学校設立をして子弟の学問を進めるようにと告げ諭している。大久保忠良の私邸とは、廃止となった旧小田原県学校文武館に代わって、柏木忠俊足柄県参事の尽力で設置された「共同学校」（現小田原市南町三丁目）のことを

指している。(46)

足柄県の中学教則

右に示した告諭に続いて、「中学掲示」と「中学入校心得」で構成される中学教則が掲げられている。その内容は詳しく、恐らく共同学校（中学校）に適用されたものとみられる。足柄県が伊豆にも共同学校のような学校の設置を想定したかは分からないが、右記の告諭は中学の設立地を小田原に限定するともいっていない。人民の「賛助」によっては伊豆にも「中学」が設立されることを妨げるものではなかった。

「中学」での「学問」とは「成才達徳ノ根基」であって「知識ヲ弘メ天下有用ノ器トナルカ為」に取り組むものとしている。「中学」へは「小学科」を成業して入学すべきだが、「小学生ニテモ洋籍ヲ学ヒタキモノハ」希望があれば通学を許した。また小学科を経ていない「壮年」の者で「新ニ入学ヲ願フモノ」の通学もまた許可した。これらの生徒は「等外生」と位置づけられた。なお生徒の就学年齢は定められていない。しかし「中学掲示」と同時に触れ出された「小学掲示」には、「凡七歳ヨリ十四歳マテヲ小学生トス（中略）中学校ニ入ル十五歳ニ至リ定科成業セサルモノハ員外生トシ」とある。すなわち、入学年齢は一五歳であったと考えられる。以上のような特に進路を想定しない目的や「等外生」規定からは、足柄県の「中学」が小学校の上に接続する上構型の教育課程であり、また意志ある年長者向けの生涯学習機関としての役割も期待されたことがわかる。

そして中学の課業表は**表3**の通りである。窮理書、地理書や米国史、文典やリーダーの講義のうえに理学書を学ぶという形であった。内容からして訳読による変則の方法が用いられたと考えられる。教育水準については近隣の沼津兵学校と比べると格段に落ちるものであったが、教育内容に特徴がみられる。教則には数学が含まれないが、それだけでなく和漢学をも内容に含まなかった。洋学に絞ったところは告諭の趣旨を踏まえた故だろう。なお和漢学については「小学」の「等外生」として課されており、その水準は四書五経や万国公法を含むものであった。この小学等外

表3　足柄県における「中学」の課業表（明治五年四月）

中学校課業表	
第一級	格氏窮理書、格氏合衆国史　講義
第二級	格氏合衆国史、文典　講義
第三級	ミッチェル氏地理書、文典、第二リードル　講義
第四級	理学初歩坤　素読
第五級	理学初歩、同乾、文典　講義
文典地理史類窮理経済修身ノ課業生徒ノ進歩ニ応シ之ヲ授ク	

『静岡県教育史資料篇　上巻』より作成

生に課される内容は、他の県では中学校の教育内容として課されることも多かった。足柄県の場合は、和漢学を中学に含めず、また小学校に付設した等外に外した。

二、三県分立時代の動向

江原素六と沼津集成舎

沼津兵学校は明治五（一八七二）年五月に引き払われ、兵学校附属小学校は沼津小学校と改められていた。そして明治五年八月の「学制」公布により沼津小学校を含む教育機関はすべて一旦廃止となった。静岡藩の廃藩や兵学校閉鎖で多くの旧幕臣は静岡県を離れたが、兵学校関係者や教師のなかにはそのまま留まり続ける者もいた。その代表的な人物として江原素六がいた。江原は、鳥羽・伏見の戦いで指揮官として働き、静岡藩少参事や軍事掛を務めた、兵学校の運営にも尽力した人物であった。後に彼は、一八七七年に製茶の輸出会社である積信社を設立して豪商農とともに殖産興業に尽力した。一八七九年には初代の駿東郡長に就

任し、一八九〇年の第一回衆議院選挙で当選を果たした。多方面において地域に根差した活動をした。(47)

沼津小学校が廃止となると私立による学校維持の提案がおこり、江原が監督を引き受けることになった。一八七三年一月八日には小学第一校集成舎と称し、三月には文部省の認可を受けて県内初の「学制」による小学校となった。(48)集成舎は「小学」と「変則学」の二つの課程が設けられた(「城内町々立小学集成舎定則」)。「小学」は六歳から一三歳まで、「変則学」は一四歳以上を対象とした。

「変則学」の課程は次のようであった。

変則学科目
漢学　四書　三史略　日本外史　左氏伝　資治通鑑　文選
英学　英語階梯　単語篇　会話篇　地学初歩　理学初歩　文典　地理書　天文学　窮理書　歴史
数学　加減乗除　開平開立　代数学　幾何学　三角術　実地測量　高等点ザン
習字　楷行草三体

一、変則学ハ一科ニテモ授業差許ス、尤モ十四才以上ノ者ト雖モ正則小学望ミノ者ハ其意ニ任スベシ
但総テ正則科目ヲ践ムベキ事、日曜日ト水曜日午後トハ休業トス
正則変則共月々修業料五銭宛トス
近日中外国語学教師雇入ル直伝ノ者ハ月謝五〇銭トス

兵学校資業生課程と比較すると兵学関係の内容は無くなり、和漢学の内容に重みが増している。数学については測量に関わる内容も含まれ、兵学校時代の色彩も残されている。士官養成という目的が失われた教則は上構型の教則となったといえる。「兵学校員外生」の制度を引き継ぐ教則と考えることもできる。生徒は一科より選択受講できた。「小学」の履修も認められるが、その際は正則科目の全てを履修することが求められた。「定則」には「近日中外国語学教師雇入ル」とあるが、江原は県に申立て年あたり一、〇〇〇円の支援を受け、英国人の教師を雇い入れることができた。

沼津中学校の設立

その後「変則学」は一八七五年八月に「沼津中学校」と改められ「下等中学規則」が定められた。その内容は「中学」として整備された。第二次府県統合により現静岡県が成立するまでに「中学」を自称する場は沼津のみであった。以下に規則と課程表**表4**を掲げたい。(49)

○今般於当校小学科目卒業之生徒及年齢十四歳以上ニシテ略普通ノ学科ニ渉リシ者ノ為メ下等中学ヲ設クルニ於テハ有志ノ徒ハ左ノ規則ニ照準シ入校可有之事
○生徒上校ハ午前七時四十分退校ハ午後三時タルベキ事
○各生徒科業一日五時間ニシテ英学ハ外国教師直伝及訳読ヲ合セテ二時間漢学及数学ハ各一時間ニシテ余ノ一時ハ数学漢学ノ中劣レル者ヲ補フベシ又当人志願ニヨリ直伝ヲ受ザル者ハ其時間ヲ以テ英書訳読ヲ授クベシ
○入門ノ節金二十五銭月謝二十銭営繕料一ヶ年二十銭尤寄宿所入寮ノ生徒ハ別ニ賄料一ヶ月金二円可相納事

沼津中学校には「中学科」とそれに下構的に附属する「予科」が置かれた。それまでの「変則学」とは異なり等級

表4 「沼津中学校下等中学規則」における課程表（一八七五年八月）

	予科 三級	予科 二級	予科 一級	中学科 六級	中学科 五級	中学科 四級	中学科 三級	中学科 二級	中学科 一級
漢書	十八史略 五迄 授業	十八史略 終迄 同 元明史略 全部 同	国史略 全部 同	日本外史 毛利氏迄 会読	日本外史 終迄 同 博物新論 全部 同	瀛環志略 全部 同	文章規範 全部輪講	春秋左氏伝 宣公迄 同	春秋左氏伝 終迄 同
独見書	兵要日本地理小誌 全部	輿地誌略 四迄	輿地誌略 終迄	西洋事情初篇全部 同外篇 二迄	西洋事情二編 全部	物理階梯 同	仏国政体 同	聯邦志略 同	全体新論 同 婦嬰新説 同
数学	加減、乗除 分数 小数 諸等 正転 比例	合率 利息 損益 按分 比例 比例雑題 和較	乗方 開平方 開立方 級数	代数加減乗除	一元二元方程式 多元	乗方ヨリ二次方程式迄	不定方程式 比例式 級数 幾何	幾何問題、利息消却、八線学	三角術 実地測量
英書	ウエブストル氏 スペリングブック ウキルソン氏第一リーダー	同 スペリングブック 同 第二リーダー	同 第三リーダー 英和通信	ピ子オ氏文典 ガヨット氏地理書	同 同	ゴールドスミツス氏地理書 パーレー万国史	同 同	クエッケンボス氏窮理書 グードリッチ氏英国史	ウエイランド氏修身学 ウエルス氏化学
当今小学科目卒業ノ生徒稀ナルガ故ニ右ニ掲グル予科教則ヲ設クト雖モ若シ漢算二科卒業ノ生徒エハ主トシテ英書ヲ授ケ余ノ二科ハ兼テ本科ヲ学バシムベシ									

『沼津市史史料編　近代一』二一八―二一九頁より作成

制が敷かれ、教育階梯の整理が図られていることがわかる。中学校への進路については一四歳以上の「略普通ノ学科ニ渉リシ者」に対して「下等中学」を教授することが原則とされた。「予科」からの入学は例外な扱いであった。しかし「当今小学科目卒業ノ生徒稀ナルガ故ニ」予科が置かれた。学習階梯はすべての内容を習得しなければ進級できないというものではなかった。「漢算二科卒業ノ生徒エハ主トシテ英書ヲ授ケ余ノ二科ハ兼テ本科ヲ学バシムベシ」とある。生徒の進路によって「英書」以外の学科については本科履修を先行して履修する学習経路も認められた。学校制度や階梯が構築されていく時代の教則の特徴が示されている。教育水準については、従前と同様に数学については三角法や測量に至る水準まで求めた。和漢学については、大著である『資治通鑑』が無くなり内容はやや簡略化されるとともに、文例集として用いられた『文選』は『文章軌範』に変更された。そして『博物新論』『輿地誌略』などの日本人があらわした科学書も使用されることになったことは時代の変化を反映している。英書は、使用書名が明らかになったが水準については大きな変化はないとみられる。そして英書については従前どおり外国人教師からの教授が受けられた。一八七六年の時点ではカナダ人宣教師が教師を勤めていた。(50)

なお沼津中学校には兵学校由来の教科書が使用された形跡がある。(51) 独見書に『全体新論』や『婦嬰新説』といった医学関係の書目がみられる。これらは沼津兵学校における医学教育との関係が想像される。また、学校の運営資金は「省略に猶省略ヲ加へ」た一、二〇〇円とされた。うち一〇〇円は中学区内の士族から供出され、残りは駿東郡および富士郡の全戸より年五銭ずつ徴収することとされた。(52) 他の住民と区別して士族が費用を出していたことから、江原をはじめとする旧幕臣がその設置を積極的に支えていたことがわかる。沼津の地にいち早く中学校が設立されたのも、沼津兵学校の人的物的な遺産があってこそだといえよう。だがその物的な遺産は、一八七七年の校舎火災により失われてしまった。

沼津以外の静岡県域では「中学」と称される独立の教育機関は設置されなかった。しかしながら第二次府県統合までの静岡県、浜松県および足柄県では、師範教育を主たるねらいとした場において実質上はセカンダリーな教育を実施していた。

静岡県の研習所と師範学校予科

静岡県には、一八七五年一月に師範学校が設置されるまで、小学校教員の養成を目的とした「研習所」の制度があった。(53)「研習所」は中学区ごとに県内三か所に設置され、それぞれの中学区の小学校教員を集めて「教方ノ得失ヲ商議」するとともに、教則の「研習」を実施していた。

「研習所」は「現今各所ノ学校ヲシテ教則及授業法等一定ナラシムル」ために設置された。ここにいう「教則」とは規則全体をみると、教育課程のことではなく教師の教育実践に必要な学力の水準を指す。この「教則」は「暫ク師範学校ノ教則ニ準拠」したという（第九条）。第四級を卒業すれば授業生となり、第一級を卒業して試験を経れば「小学訓導」に選挙された。

第四級　地学　数学　史学　習字　理学
第三級　地学　数学　史学　習字　文章学
第二級　史学　数学　博物学　授業法　文章学
第一級　修身学　記簿法　経済学　諸科復習　生理学　授業法　数学

以上の「教則」を、一八七四年四月の「東京師範学校教則」の設置学科目と比較すると、「教則」の第四級および第三級では「画学」が欠けている以外は同じであった。目的は教員養成であったとしても、生徒たちは実質的にはセカンダリーな教育内容を修めることとなっていた。

そして開校した静岡師範学校には、二年課程の本科に接続する一年課程の予科が設置されていた。開校当初の課程は明らかではないが、県統一直後の一八八六年九月の「静岡師範学校学則」により予科の内容が次のように判明する。(54)

予科第二級

史　学	国史覧要	文部万国史略
地　学	日本地誌略	文部万国地誌略
修身学	勧善訓蒙	
数　学	加減ヨリ諸比例迄	
習　字	楷書	

予科第一級

史　学	皇朝史略	十八史略
地　学	兵要日本地理小誌	輿地誌略四迄
数　学	利足ヨリ対数用法迄	
理　学	物理全誌五迄	
習　字	行書	

静岡師範学校は「専ラ他日小学ノ師範タルヘキ学術及ヒ授業ノ方法ヲ治メシム」学校であって、予科の学科はあく

まで本科の学課を受けるに「方今学力未満ノ者」に課せられたが、史学の『十八史略』や数学の対数用法などは中学校の水準の教育内容にも位置づけられうる。

『文部省第三年報』によれば、東京師範学校の卒業生を招いて師範教育を本格化するまでのつなぎとして、学齢を超えた一四歳以上の子弟を「変則生徒」とする「小学教員陶成ノ科」を設けた[55]。しかしその学科は「和学文学歴史理学地理書算術等」というものであった。学科には教授法がみられず、教員養成を目的としつつも実質的には学齢を超えた青少年に対するセカンダリーな教育の場にもなりえた。

浜松県の「変則生徒」と師範学校「予科」

浜松県では一八七五年五月に東京師範学校卒業生の渋江保を招聘して師範学校「瞬養学校」を創設した。その規則（七五年三月制定）によれば、授業法を含むとはいうものの修学年限はわずかに四か月でまさに「瞬養」という名の通りの簡素速成な教員養成機関であった。当初の規則は七六年一月七日に改定された[56]。本章が注目したいのはこの教則である。新たな教則では八か月の「本科」に付属して二年間の「予科」が設置されたのである。本科が「速成ヲ期シ（中略）専ラ授業法ノ概略ヲ修メシメ」るものとされた一方で、予科は本科に進学する前に「他日ノ成器ヲ要スルカ故専ラ諸学科ヲ経歴セシメ」ることを趣旨としていた（第一款第二条）。入学は本科予科ともに一五歳以上とされ、予科に関しては「才学品行特秀ノ者」は一五歳未満でも入学可能とした（第一款第四条）。定員は本科六〇名に対して予科四〇名であった。予科生徒は卒業後には官費および区費による生徒の場合は五か年、自費の場合でも二か年の小学校教員としての就業義務が課されていた（第二款第七条）。

このように「他日ノ成器」を期して「諸学科」を修めることとされた予科については、**表5**にみるように授業法に関する科目および時間は一切なかった。予科は毎期六か月計二年の課程が置かれた。教則からは時間数のみしか判明

表5　瞬養学校予科における学科と時数（一八七五年三月）

	第一年 第一期	第一年 第二期	第二年 第一期	第二年 第二期	総時数
修身学	三	三	三	三	一二
物理学	三	五	六	六	二〇
史学	六	六	六	六	二四
地理学	三	三	四	四	一四
生理学	三	二			五
文学	六	六	六	六	二四
数学	六	六			一二

「浜松瞬養学校規則」（静岡県史編さん収集資料検索システム）より作成

せず、使用書目が判明しないためその内容の傾向および水準については論じられないが、科目をみる限りでは修業年限の短さはあるものの、実質はセカンダリーな教育内容を修める「中学」となっていた。

なお浜松県は一八七六年三月に「浜松県学規」を達した(57)。第一条には「一中学区中二百十区ニ分チ浜松見附懸川ノ三箇所ヲ以テ中学校ノ地位ト定ム」とあり、後に中学校が設置される掛川が浜松県時代より中学校設置の候補地であったことがわかる。

足柄県の師範学校と「予科」「中学科」

足柄県には、一八七三年三月に県参事の柏木忠俊の告諭に基づき、韮山支庁に小学校教員を招集して授業法を伝習する「仮研究所」が設置された。そして七四年三月より県は「官立学校講習所設立」を文部省に伺いを立て、十月に設立が認められた。先に紹介した小田原の「共同学校」に連なり、当時は「義塾」と称した学校を「講習所」と改め、小学校教員の養成を実施したいと申し出た(58)。従来の「義塾」については「予科」とし、また在学の「英学生」を「予科生」（もしくは「変則生」）と改めて継続することにした。予科生には「小学緊要ノ三科」も兼修させ、師範専修の科の者に加えて小学校教員の補充に充てたいと目論んだ。小田原の講習所は七四年十月に設置が認可された（第四番小学花園学校）。

足柄県は、七四年三月の当初の伺いの時点で、人民の請願によって韮山支庁にも「追テ更ニ講習所ヲ開設」したいと考えていた。この計画に呼応したのか、同年七月には大区会議において講習所設置が議論された。そして十一月には生徒が召募され、十二月には韮山講習所の開業の告示と規則が定められた。(59) 十二月の告示をみると、師範専修生に加えて「変則生」という文言が出てくる。「変則生ハ学術ヲ研究スル」ものとされ師範生とは「志ス所同シカラス」とされた。また七六年三月の韮山県の達では「韮山講習所ニ中学科ヲオキ予科廃止」とされており、中学科に代替されたものとして韮山の地にも「予科」が存在したことがわかる。(60) 七五年九月の「公立学校講習所設立伺」は、韮山講習所の教則を「都而小田原講習所花園学校ノ方法ニ準」じるものとしているので、「予科」の教則もすでに紹介した「共同学校」や「義塾」の英学に倣ったものであったと考えられる。韮山講習所については、静岡県への統合後も、七六年四月二十七日に「追テ相達スマデ諸規則等従前通リ心得授業スベキ」と命ぜられているので、文字通りに取ることが許されるのであれば、「予科（中学科）」もまた存続したということになる。

三、統一静岡県における中学校の設置

静岡、浜松、足柄の三県は、一八七六年に静岡県として統一された。七六年四月十八日には足柄県の伊豆国部分が、九月十二日には浜松県が静岡県に統合編入された。これによって一つの県に三つの師範学校が存在することになったが、静岡県はこれらの整理に乗り出した。まずは両県の統合直後にそれぞれの師範学校を静岡師範学校の支校と改称した。その上で、七七年六月に浜松および韮山の師範学校支校の名称をさらに「浜松変則中学校」および「韮山変則中学校」に改称した。そして各中学校に師範科を置くという形に改めた。すなわち、師範教育主体であったこれまでの体制を中学校主体に逆転させたといえる。七七年末の段階で沼津、浜松、韮山の中学校が存在することになった。ちなみに韮山に置かれた師範科はその後も置かれ続けたが、(61) 浜松の師範科は七九年十二月に師範科生徒が卒業した時

図1　統一静岡県における中学校

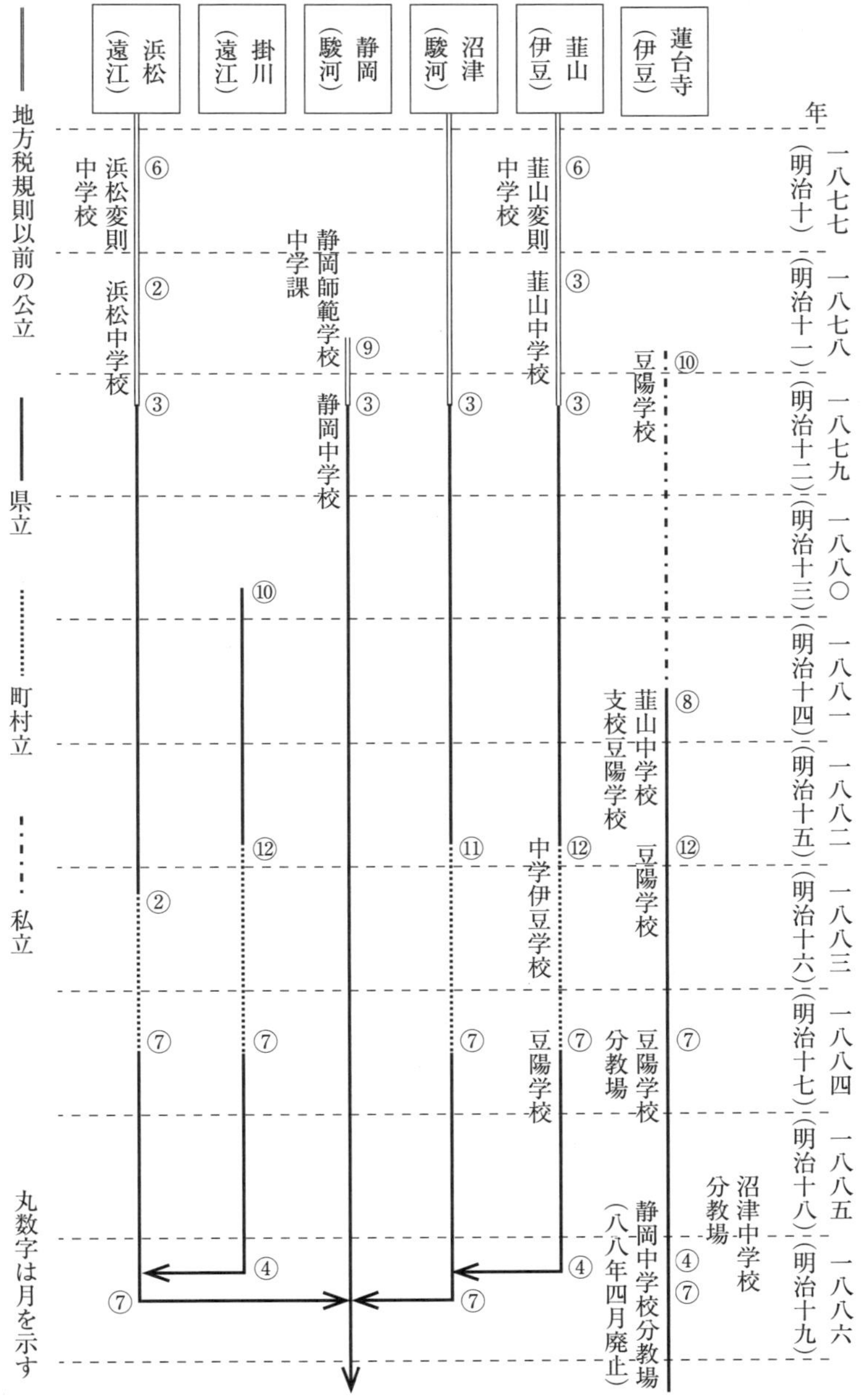

蓮台寺（伊豆）
韮山（伊豆）
沼津（駿河）
静岡（駿河）
掛川（遠江）
浜松（遠江）
年
一八七七（明治十）
一八七八（明治十一）
一八七九（明治十二）
一八八〇（明治十三）
一八八一（明治十四）
一八八二（明治十五）
一八八三（明治十六）
一八八四（明治十七）
一八八五（明治十八）
一八八六（明治十九）
⑥ 韮山変則中学校
③ 韮山中学校
⑩ 豆陽学校
⑧ 韮山中学校支校豆陽学校
⑫ 豆陽学校
⑫ 中学伊豆学校
⑦ 豆陽学校
⑦ 豆陽学校分教場
④ ⑦ 静岡中学校分教場（八八年四月廃止）
沼津中学校分教場
静岡師範学校中学課
⑨ ③ 静岡中学校
⑥ 浜松変則中学校
② 浜松中学校
⑩
⑪
地方税規則以前の公立
県立
町村立
私立
丸数字は月を示す

点で消滅した。(62)

その後、**図1**にみるように、静岡、掛川および南伊豆（蓮台寺）に中学校が設置されて最大六校にまで中学校の設置が拡大した。しかし図に示されるように、各校の組織は不安定なものであり、一八八六年「中学校令」を経て、最終的に静岡尋常中学校のみとなった。八二年の静岡中学校以外の町村立学校化、翻って八四年の再県立学校化、八六年の韮山および掛川の学校閉鎖、これらの変転は毎年の県会決議がもたらしたものであり、ゆえに静岡県の中学校をみる上では、各校それぞれの沿革とともに県を横断する動向として静岡県会の動向も同時に捉えていく必要がある。

静岡県は一八七八年六月に「管内中学校番号」を改めて設定した（甲六一号）。第一番中学区が伊豆国全部、第二番中学区が駿東郡および富士郡。第三番中学区が庵原、有渡、安倍の各郡、第四番中学区が志太郡および益津郡、第五番中学区が榛原、佐野、城東の各郡、第六番中学区が周智、山名、磐田の各郡、第七番中学区が鹿玉、長上、敷知、引佐、浜名の各郡とされた。このうち、すでに第一番（韮山）、第二番（沼津）、第七番（浜松）の各中学区には中学校が設置されていた。

静岡中学校

静岡中学校は第三番中学区にあたる。もともとの静岡県としては一八七五年発刊の『文部省第二年報』において「目今ノ形況一般人民於テ追々童生ノ勉焉進ムヲ見ルヨリ到底小学卒業ノ後中学ニ入ラシメンヲ希望ス」るので、急務のこととして変則中学を設けるべきことに触れていた。(63) しかし県統一までには師範学校とその予科のみしか設置されていなかった。しかし県統一後「富士川以東大井川以西ニアリテ独リ中央ノ地ニ其設ヲ欠」いていたことで「生徒其志アリテ果サス」ことを問題視した県は、「地方ノ区戸長ニ謀リ」中学校の設置を進めた。しかしながら地域住民が「民費多端ニ苦ミ」地租改正や三新法による郡区の改革に直面しているため「校堂新築着手シ〔カ〕タキモノ」があるために師範学校内に「中学課」を設けることになった。「中学課」は八七年九月に開設され、師範学校訓導に教諭を兼務させた。(64)設置直後は中学区の区割りより、第三番中学校とも称された。「中学課」が静岡中学校と称されるのは、七九年三月に「静岡師範学校同中学校外三中学校」が県立と定められ、組織上は独立した以降とみられる。

掛川中学校と岡田良一郎

第五番中学区に属する掛川中学校の設置を先導したのは一八七九年三月に郡長に就任した岡田良一郎であった。掛川は先に触れたように浜松県時代より中学校設置の候補地となっていた。岡田は父の岡田佐平治とともにこの地の報徳運動を主導した。大日本報徳社の礎を築いた存在としても、文部大臣を務めた岡田良平および一木喜徳郎の父としても知られる。

遠江の報徳運動は、嘉永元年（一八四八）年に長上郡下石田村にて初めて結社されたことをきっかけに、七六年には八七ヶ村の一、四四九名に及ぶ会員を数えたという。浜松県も報徳運動の高まりを勧農政策と結びつけ、七五年十一月には組織化された遠江国報徳社を県として認可し、公認の農談会としての役割を付した。(65)掛川においては、岡田の呼びかけで掛川農学社が七八年二月に創設され、遠江国報徳社と表裏一体の活動を実施していた。農学社では、毎月第一日曜日に「集談会」を開催し「小学校ヲ終へ、上大学ニ入ラズ、中各種ノ学校ニ入ラズ、家ニ在テ直ニ父母ノ課業ニ従ヒ、中年ヨリ老年ニ至ルマデ他ノ学ブベキ道ヲ得ザル人ヲシテ、毎月一回此学館ニ会シ農工商ノ道理ヲ講ジ」たという。(66)報徳運動を通した教育活動にも熱心であった岡田は、中学校の設置に先立って自ら私塾も起こしていた。岡田は七六年ごろより自宅で漢学と和算を数人の弟子をとって教え始めたという。七七年になり、友人であり元浜松県学務課長でもあった大江孝文より、東京大学を病で退学し帰郷していた息子の大江孝之を預けられたことを契機として英学校を開設することを決断した。七七年十月に私塾「冀北学舎」を開設している。(67)

中学校設置は岡田が郡長に就任した直後の一八七九年五月に開催された第一回通常県会に諮られたが、この回の議会では予算措置が認められなかった。しかし七九年八月に県より設置が達せられている。[68] そして翌八〇年四月の第二回通常県会では新設費が可決され、十月に開校された。[69]

南伊豆の中学校（蓮台寺豆陽学校）

伊豆国にはすでに韮山中学校が設立されていたが、韮山の地は伊豆半島の北端の付け根部分にあたり、南部からの通学に困難があった。伊豆国は「三面ハ海ニ瀕シ佐名木天城ノ両山脈ハ東西ニ連亘シテ本州ノ内部ヲ包括シ地勢極テ嶮悪ナリ」とされ、なかでも天城山の「山南ハ人民大率群山重嶺ノ間ニ栖息シ或ハ大洋絶海ノ瀬ニ住シ微々タル村落ヲ相為ス」ような地であった。[70] 天城山の南は賀茂郡および那賀郡で構成され、大区小区制時代は第九大区であった。輻輳地といえるのは唯一、賀茂郡下田町のみであった。大区長などの地域の有志は、一八七七年から七八年にかけて第九大区にも「中学支校」を設けることを訴えた。[71]

明治六年《ママ》学制ヲ頒布セラレシヨリ韮山ニ講習所ヲ開キ、同九年静岡県トナリ、師範支校トナリ、又タ変則中校トナル。其費用タル（中略）多ク文部ノ御委托金、出ルト雖モ是レ皆伊豆国ヨリ支出スル者ナリ現今八大区ニ中学校在テ九大区ニ無キワ他人ノ子弟ヲ学ハシムル為ニ設タルニ似タリ。夫レ学校ノ位置タル中央ノ地ヲ以テ至当トス、然レドモ天城山中ニ設ク可ニ非ス。国ニ自然ノ形勢アリ。大区分シテ二トナル。中学モ又シカラザルヲ得ス。今ヤ大区議事堂落成ス。宜シク是ヲ中学支校トナス可シ。現今韮山校ニ教員四名アリ。其内ヨリ要求シテ派出セシメハ更ニ費用ヲ要セスシ足ラン。且有志ノ徒既ニ醵金ヲ成シ中学ノ教ヲ開カントス。併ニ《ママ》以テ教育ヲ起サバ教育将ニ是ヨリ起ンカ。

第九大区　区長　木村恒次郎《ママ》　稿

その後、学校位置を下田近隣の蓮台寺村の大区議事堂に定めて一八七八年十月に私立豆陽学校として設立し、七九年一月に開校した。(72)開校当初は未認可であったが、七九年六月に一一二名の有志寄付者の名前を添えて県に学校設置願を提出し、八月に認可を得た。(73)つづいて県立としての中学校設置を目指す動きが活発になった。八〇年十一月には「今般協議費一千円ヲ募集シ、県立中学校支校トナサントス」請願書を提出し、(74)翌八一年二月には次の上申書を県に提出した。(75)

一　客年十一月中出願致候賀茂郡蓮台寺村に設置の私立中学校を以て県立韮山中学校の支校と成し候儀、尚熟考仕候処、実際不止得都合も有之候間、本年度の通常県会迄は附属中学の名称に御改め被下成度、右県会後更に県立韮山中学の支校に御引直し相成度候。

一　前条附属中学校費并兼て出願致し置き候学事係に属する資金協議費より徴集支出之儀は、人民物代より賀茂那賀君沢田方両郡長へ特に依頼致し候間、御許容相成度候。

右両件共御許可相成度候此段上申仕候也

十四年二月

上申書は三月に県令に聞届けられた。同年五月の第三回通常県会で韮山中学校の支校とする決議がなされ、(76)八月に県立学校とする達が発せられた。(77)この支校の運営は、郡を通して協議費として徴収された資金によって賄われた。この点は、後に述べる学校の設置主体の変転に大いにかかわってくることになる。

なお豆陽学校には、当初より師範科も置く計画がなされ、(78)一八八〇年四月に認可を得て設置に至っている。師範科設置の背景には、交通困難の地にあって外から教師を招きがたいことがあった。(79)

四、県会と中学校の存廃

中学校費の議論

以上のように静岡県には合計六つの中学校および支校が設置されることになったが、その組織は年ごとに変転していた。この変転に直接的な影響を及ぼしたのが県会での予算をめぐる議論であった。一八七八年七月の地方三新法の制定により、県立学校費は地方税より支出されることとなり、その予算は原則として県会での議決を経るものとされた。県会での議論は三読会制が採られており、一読会では議案の全体を討議し、二読会では逐条審議を行い、そして三読会で議案全体を改めて審議して可否を決定するという手続きが採られた。

静岡県は政党を通しての自由民権運動は必ずしも活発とはいえなかった。一八八一年末に英国流の立憲君主制を理想とした名望家資産家を中心とする静岡県改進党が結成されるものの、目立った活動のないままに八四年に解散した。また自由党支部としては、八二年初めに士族知識人や豪農商、中農や教員など幅広い層が参加した岳南自由党が結成されたが、間もなく集会条例改定による地方支部禁止条項を受けて解党している。県会議員の出自は、そのほとんどが農業で生計を立てる名望家層であり、彼らの利害が議事に大きく反映した(80)。

他府県と同様に静岡県会での議論も県令が提案する予算額をいかに削減するかが焦点となっている(81)。特に地租の付加税制限が五分の一から三分の一に高められ、土木費や教育費の官費下渡金が廃止となり地方税が増徴の傾向をみせた一八八一年以降の県会では、全国的に予算をめぐって厳しい応酬が交わされた。静岡県会も同様で、**表6**および**表7**にみるように中学校費が予算削減の俎上に上がる場合もあった。そして時には、議会の決議を覆す原案執行の判断が県令により下される場合もあった。

表6　中学校費の原案額（単位　円）

	一八七九	一八八〇	一八八一	一八八二	一八八三	一八八四	一八八五	一八八六	一八八七
静岡		七、七三〇	六、六〇五・五	五、七四七・七三	八、一六六・九六五	一二、六二五・六五	六、五三二・三七二	一四、五四九	
韮山		一、九五〇	一、八六二・九六	一、九〇〇		一、七〇〇	二、二五〇	—	一四、八〇九
沼津		二、五五〇	一、九七五・三三	二、五三三		二、二〇〇	二、二五〇	—	—
浜松		三、三五二	二、四九五・四五	二、四二五		二、二〇〇	二、二五〇	—	—
掛川	—	二、八〇〇	一、六九九・一	二、三九一		二、二〇〇	二、二五〇	—	—

※下線は町村学校補助費として支出、静岡は八五年まで師範学校費と合同
『静岡県議会史　第一巻』、各年「静岡県年報」『文部省年報』より作成

表7　県立・町村立中学校費の決議額（単位　円）

	一八七九	一八八〇	一八八一	一八八二	一八八三	一八八四	一八八五	一八八六	一八八七
静岡	七、〇〇〇	七、七三〇	七、〇六七・五	五、八五一・七三	七、四一九・四五	八、四六四・五二一	六、五三二・三七二	一四、五四九	一四、八〇六
韮山	一、八〇〇	一、九五〇	一、八六二・九六	一、七〇〇	一、七〇〇	二、二〇〇	二、二五〇	—	—
沼津	二、四〇〇	二、五五〇	一、九七五・三三	二、二〇〇	二、二〇〇	二、二〇〇	二、二五〇	—	—
浜松	三、五〇〇	三、三五二	二、四九五・四五	二、二〇〇	二、二〇〇	二、二〇〇	二、二五〇	—	—
掛川	—	二、八〇〇	一、六九九・一	二、二〇〇	二、二〇〇	二、二〇〇	二、二五〇	—	—
蓮台寺	私立	私立	八九二・五	一、四六〇	一、七三一・八	三、二〇〇	不詳	一、九三〇	

※下線は町村学校補助費として支出されている。静岡中学校費は八五年まで師範学校費と合同となっている。八四年の静岡学校費は県令による原案執行となった。蓮台寺の学校費は県への寄付金額を記載した。
『静岡県議会史　第一巻』、各年「静岡県年報」『文部省年報』、『静中静高百年史　上巻』、『百年のあゆみ――豆陽中下田北高』より作成

広範な県内に複数の中学校が存在した静岡県の場合は、予算審議のなかでどこの中学校を維持すべきかという地域利害に深くかかわる議論が交わされた。また中学校としてのあるべき姿を大学等に接続する教則が完全なものに求めるか、もしくは地域の教育水準に即したものに求めるかという対立もみられた。学校の存廃が議論されるにあたっては、静岡中学校以外の学校が議論の俎上にあがった。静岡中学校が議論から除外された理由としては、師範学校本校の併置であり、予算、設備や教師の質が整っていること、他の学校所在地より人口が抜きんでている県庁所在地であること、県の中央に位置していることなどが考えられる。今でこそ静岡市より浜松市の人口の方が多いが、明治前期では静岡が人口三万を数えたのに対して、浜松は沼津と並んで一万を超える程度の規模であった(82)。以下、年次ごとに中学校費をめぐる議論について論じていきたい。**表8**には、以下取り上げる県会の議論で主要な発言をした人物についての略歴を掲げておきたい。彼らの多くは、農業に基盤をおく資産家や名望家であった。

他方で、県側の人物として統一後の静岡県の学務に大きな発言力と影響力をもったのは、県立尋常師範学校の校長(静岡中学校長兼務)や学務課長を長く務め(83)、県会でも番外として出席し県の意図を議員に示し、時には議論を方向づける重要な発言を行った蜂屋定憲である。

蜂屋定憲について

蜂屋は天保一四(一八四三)年に幕臣の長子として江戸で生まれた。一六歳で昌平黌に学び、元治元(一八六四)年に幕府に仕え、徳川家達の駿府入城とともに静岡の地に移住してきた。静岡学問所で漢籍や仏学を学び、明治五(一八七二)年に静岡県に出仕した。七四年以降、一貫して学務に携わり、三五歳となった七八年に学務課長のまま県立師範学校長となった。静岡中学校が設置されると中学校長も兼務し一八八二年まで務めた。その後も八三年までは静岡師範学校および中学校の「監理」を務めた。学務課長はそのまま継続して八六年にふたたび県立静岡尋常師範学校長に任じられた。一八九一年には賀茂郡長を務め、九三年に五〇歳で死去している。

表8　静岡県会で中学校費に関して発言した主な議員

名前	生没年	出身地	業績
板倉甫十郎	嘉永五−昭和八（一八五二−一九三三）	榛原郡坂部村	酒造業、近藤準平に漢学を学ぶ　一八七四年戸長、小区長、大区副区長、七六年浜松県民会議員、七八年第三十五国立銀行創立・頭取、七九年県会議員、丸尾文六らと国会開設運動、遠州地価修正運動に関係し、立憲改進党に属する、県会議長、九七年静岡農工銀行創立・取締役
岡田良一郎	天保十−大正四（一八三九−一九一五）	佐野郡倉真村	大地主、政治家、報徳運動家、一四歳から四年あまり日光の二宮尊徳に学ぶ。一八七五年遠江国報徳社社長（〜一九一二年）、七三年〜七五年浜松県出仕、浜松県民会、遠州州会議長、七六年静岡県民会議長、七九年佐野城東郡長、八六年県会議員、九〇年衆院議員・大成会（〜九七年）、七八年資産金貸付所総括、八二年二俣紡績会社設立事務取扱、八五年掛川銀行頭取、八九年資産銀行取締役、九二年掛川信用組合組合長
小川宗助	天保元−明治十九（一八三〇−一八八六）	田方郡函南村	三島宿宿役人の家で駅伝に従事、入会地民有地編入活動、一八七九年第一回県会議員、西浦方面の漁民網元紛争の解決で県令より褒賞
近藤準平	天保十二−明治三十三（一八四一−一九〇〇）	長上郡有玉村	父大三郎は浜松藩主水野忠邦に仕えた儒者、本人も維新後岡崎藩で文学を教え、帰郷後小学校教育に従事、一八七四年内務省出仕千葉県少属、七七年帰郷・副区長、区長、大区会議員、七九年県会議員・副議長、一時民権思想普及（己卯社）に努めるが七九年末に静岡県官吏、八一年志太益津郡長、八六年引佐麁玉郡長、九〇年衆院議員・大成会、後に周知郡長、小笠郡長
竹村太郎	弘化四−大正七（一八四七−一九一八）	敷智郡入野村	一八七八年第十二大区会副議長、七九年県会議員、その後一時任官、また県会議員、民権結社己卯社結成に関わる、八三年浜松県再置運動で建白書、入野村長、郡会議員や議長
田中鳥雄	嘉永元−明治四十一（一八四八−一九〇八）	田方郡大竹村	小川らと入会地民有地編入活動、産馬会社、天蚕飼育、製茶技術指導、養蚕指導などの地域振興に尽くす、一八七七年内国勧業博覧会製茶部門花紋賞牌、九〇年椎茸部門有効賞牌

蜂屋定憲	天保十四–明治二十六（一八四二–一八九三）	東京四谷	一六歳昌平黌入学、元治元年幕府出仕、静岡学問所で漢籍仏学学ぶ・漢籍教授助手、明治五年静岡県出仕で学務掛、一八七五年学務課長、七八年一月–八二年一月静岡師範学校長兼任、八六年七月再度校長就任（九一年七月まで）、賀茂那賀郡長
松島吉平（十湖）	嘉永二–大正十五（一八四九–一九二六）	豊田郡中善地村	諸学を学び俳人として地方俳壇の中核となり全国に門人あり、二宮尊徳を崇拝して道徳・経済を実践、報徳学社福山滝助（小田原）に学ぶ、中善地村報徳社組織、明治五年報徳遠譲社社長、一八七三年戸長、七九年県会議員、八二年引佐麁玉郡長、八五年西遠農書館創設、八九年遠陽大同倶楽部組織・東京大同倶楽部加盟、再び県会議員
丸尾文六	天保三–明治二十九（一八三三–九三）	城東郡池新田村	国学学ぶ、明治二年金谷宿世話人、牧之原入植開墾で茶業の基礎築く、一八七六年有信社で直輸出、八〇年汽船会社社長、八四年県茶業組合取締所総括、八四年静岡県製茶直輸会社取締役、八八年サンフランシスコに富士商会開設、七六年浜松県民会議員、七九年県会議員・副議長・常置委員、八四年県会議員・立憲改進党、九二年衆院議員
三橋四郎次	天保十三–大正十（一八四二–一九二一）	城東郡丹野村	一八七八年見付第百二十四国立銀行創立・頭取、九〇年内国勧業博覧会緑茶出品し有功三等賞、第四代県会議長
湯山寿介	安政五–大正十二（一八五八–一九二三）	駿東郡菅沼村	豪農出身、一八八〇年学務委員、駿東富士両郡聯合町村会議員、沼津中学区学務委員、八四県会議員、一九一二年小山町長、御厨銀行や富士瓦斯紡績株式会社に出仕援助
依田佐平治	弘化三–大正十三（一八四八–一九二四）	那賀郡大沢村	名主家、明治五年足柄県第九区長、一八七七年県会議員、七九年賀茂那賀郡長、九〇年衆院議員、七四年製糸工場設立、自宅で養蚕業、八二年松崎汽船会社創設
和田伝太郎	弘化四–大正五（一八四七–一九一六）	駿東郡沼津宿	米穀商、沼津町戸長・区長・町会議員、県会議員・議長に選ばれる、一八九七年静岡農工銀行取締役

『静岡県歴史人物事典』より作成

県会の議論において原案の提起や番外としての発言を通して県側の意図を県会に示す役目を担ったのが蜂屋であった。蜂屋の発言からは、「正格化」していく中学校制度と県会の意見との間で調整を図り、苦心する姿をみることができる。

第一回通常県会

地方三新法を受け、県は第一回通常県会を前にした一八七九年三月に静岡師範学校および静岡中学校、沼津中学校、浜松中学校、韮山中学校を県立学校と定めた。県立学校は地方税支出の対象となるため、第一回通常県会より中学校費をめぐる議論が交わされることになった。(84) 県からは県立学校と定めた五校（静岡師範学校および中学校は合併費）の予算が提示された。

具体的に提案された予算を議論する二読会において、遠江国長上郡選出の近藤準平より、大学接続のための完全な中学校を作るために静岡以外の中学校を廃止してその経費を静岡中学校の充実に充てるべきだという提起がなされた。これに対して、遠江国敷知郡選出の竹村太郎や遠江国城東郡選出の丸尾文六が賛同の意を示した。もう一人の城東郡選出の三橋四郎次は当時アメリカ人教師がいた静岡中学校で語学を学べる静岡中学校を充実させることが適当であると論じて近藤の発案を支持した。

以上の議論に対して、もちろん反対する者もいた。伊豆国田方郡選出の小川宗助は、風俗が同一ではない県内の生徒がみな静岡に集うとは思われないと統一による効果に疑問を呈するとともに、寄付金を募れば現状のままであっても各学校の充実に充てることができると論じた。これには駿河国富士郡選出の井出源五郎や駿河国駿東郡選出の和田伝太郎も賛意を示している。決議を採ったところ、参加二六人中一四人の賛成を以って近藤が提起した静岡中学校への統一案が決議された。

二読会での決議を経て、修正案が三読会で示された。近藤は従来の主張を繰り返したのに対して、和田はわずかなエリートを得るよりも一般多数の「普通人」を養成するためには各校存置が望ましいと反対の意を唱えた。また、番外として参加していた蜂屋定憲は「総て物事に順序あり一躍以て屋上に登る能はず、県令も亦念慮此点に注ぐと雖も実際行ふべからざる事情に在れば原案の如き予算を提出したもので十二番（小川のこと――引用者注）の説も出でたれども充分の思想を尽されんことを望む」と、小川の意見に理解を示しつつも原案維持の穏当な結論が導かれることを望む発言をした。そして決議では出席三四名中二〇名の賛成を以って原案維持の修正案が可決され、静岡以外の中学校の廃止は免れた。

ところで、今回の議論で注目すべきは、学校の削減を強く主張した者たちが、廃止対象になった浜松中学校のある遠江国の者であったことである。統一を主張した近藤、竹村、丸尾や三橋は議会の要職を務めた有力者であり、一見すると近隣の学校を放棄する発言は、地域利害を超えた教育理念の面からの廃止論のように聞こえる。ただ、必ずしもそうとも言い切れない面もある。三読会で同じく遠江国豊田郡選出の松島吉平は浜松中学校が中学としての質が低く「効能」がないため地方税を支出するのは無益であると論じていた。他方で反対論者の中心は中学校の実績が高い沼津周辺の議員（和田）や韮山周辺の議員（小川）であった。これらの発言からは、地域利害というものは通常みられる学校の維持や招致の局面で現れるだけでなく、時には学校を放棄しようという局面でも現れうることがわかる。

四　中学校の町村立移管

ところで一八八〇年の第二回通常県会、および八一年の第三回通常県会においては、中学校費をめぐって対立が先鋭化することはなかった。先に触れたように第二回県会では、新設の掛川中学校費が可決された上に削減額なしで予算議決に至った。また第三回県会でも「教育費ハ毎歳甚シキ影響ヲ有セス是レ畢竟議員心ヲ教育ニ留メ議事着実ノ致ス所ナリト謂ハサルヲ得ス」(85)と記述されたように、さしたる減額もなく可決に至っている。第三回通常県会の際に番外参加の蜂屋定憲は「五中学を概して云はば、此の中学校は年に二度の入学を許すを待兼ねる如く就学を乞うもの多く、生徒の学術は開校未た経ざれば、沼津を第一とし、韮山は生徒学術薄しと雖も、就学を乞ふ者多く、浜松は今日を以て大いに進みたり」と述べ、二年前は「効能」なしと断じられた浜松中学校も整備が図られつつある様子がうかがえる。実際に生徒が集う様子を踏まえて、中学校費が議論の対象となりにくかったとみられる。[86]

さて、県立学校としてのひと時の安定を迎えた各中学校であるが、一八八二年の第四回通常県会において、県立病院および静岡中学校以外の中学校が県立から「地方ニ放任」され町村立に移された。その趣旨は「地方税多端」になったためとされる。[87]敷知・長上・浜名の遠江三郡の聯合町村会によれば、「蓋シ地方税ノ年一年ヨリ増加スルヲ患ヒ、地方税ノ支弁費目中其利害ノ一地方ニ限ルモノハ該地方ノ自治ニ放任シ、以テ成ルヘク地方税ヲ軽減セントスルノ意ニ外ナラス」というものであった。[88]恩恵が一部の地域に限られるとみなされた施設は町村立に移管されたことがわかる。県会の決議書によれば、各中学校を「地方ニ負担セシメ公立中学校トナスノ精神ニ付、万一地方ニ於テ負担者無之時ハ不得止廃校ノ外無之ト被存候」という方向性であった。[89]八二年度については、**表7**にみるように「其補助費ハ前年度ト大差ナシ」ということになったが、補助金外の新たな出金はなされないものとされ、次年度以降は「県会決議ノ精神ヲ察スルニ年々補助費ヲ軽減シ、遂ニ地方自治ニ放任セントスル見込」とされた。[90]敷知・長上・浜名の遠江三郡の聯合町村会は「他年補助ヲ全廃スルトキノ維持方法ヲ今日予メ計画セサルヘカラス」として、「地租百円ニ付金壱円以内、戸数壱戸ニ付金拾銭以内」を協議費として徴収する計画を立てている。[91]すでに触れたような地方税の増大傾向を背景として、すべての学校を今後も県立学校として維持する見通しが立たない中で妥協の末に導き出された、静岡中学校以外の中学校の町村立移管という結論だといえる。

そして、今回の議会の結論から理解できるもう一つのことは、静岡中学校が地方税が支弁される唯一の県立学校として維持されたことである。もちろん静岡中学校が、県立を変えがたい師範学校と施設や教員を共有しているという事実も大きい。これに加えて、県は「完備ノ校ヲ永存セシムルハ不完全ノ数校ヲ要セサルノ目的」もあって静岡中学校を県立として維持したとも述べている。(92)「中学校教則大綱」が出され、「完全」な中学校の基準が定まるなかにあって、この時点において県としては静岡中学校を「完全」にしていこうという判断を下していたことがうかがえる。なお、明治十五年「静岡県年報」が文部省に提出されたのは一八八三年七月であって、第四回通常県会から一年以上後になってからであるが、この間、第四回通常県会の直後の八二年四月に文部省大書記官であった辻新次が静岡県に学事巡視に来訪している。辻からは「県立師範学校中学校等ハ即今改正ノ際ナレハ特リ学科課程授業法管理法等ノミナラス其他ノ事項モ猶完備セサルモノ多シ」と指摘され、「教則大綱ノ趣旨ニ基キ速ニ改正ヲ要セサルヘカラス」と強く求められた。(93)また同年十一月には文部省で学事諮問会が開催され、その場で『文部省示諭』が示され、中学校の正格化の方向性が明らかになった。学務課長の蜂屋もまた、諮問会に出席していた。静岡県の年報にはこうした事情も大きく反映された記述になったものとみられ、静岡中学校の存在を別格なものとして扱う方向性が確立していったといえる。

韮山中学校支校（蓮台寺）の県立維持をめぐって

さて、ここまで取り上げてきた県会での議論は、地方税が支出されてきた県立中学校にまつわる議論である。ここで留意しておかなければならないことは、県に寄付された町村協議費によって維持されていた韮山中学校支校（蓮台寺）の存在である。蓮台寺支校の管理維持には地方税が入っていなかったため県会では議論の対象から外れていた。そして蓮台寺支校については、県立が維持されつづけた。

豆陽学校は先に触れたように、一八八一年八月に県立になったが、県に寄付された協議費をもって県立とみなす考

え方の適正さについて、県は八二年一月に文部省に次のように問い合わせ、回答を得ている。(94)

静岡県伺　一月十八日

諸専門普通ノ学校ヲ論セス新設希望ノ者其経費トシテ年々金若干ノ寄附ヲ願モノ有之候際聞届候上単ニ該寄附金ヲ以県庁ニ於テ設立保護セル学校ハ県立学校ト相心得可然哉此段相伺候也

指令　二月十三日

書面伺之通

ここに「単ニ」寄附金のみで経営されていた豆陽学校は県立たりうる根拠を得た。そして、韮山中学校が図1にみるように町村立に移管されたことをもって支校としての地位から、独立の県立学校に変更された。なお韮山中学校はこの時、町村立中学伊豆学校と改称している。

ところで、中学校の町村立移管は、予算負担や正格化への対応をめぐる議論を引き起こすだけではなかった。生徒の徴兵猶予という問題である。先に触れたように韮山中学校には師範科が付設されていた。韮山中学校が町村立になることに伴い、師範科も同時に町村立となる。この事態に対して、伊豆国の各郡長は住民代表として、韮山の師範科生徒の学術成績を県立豆陽学校にて調査し初等中等師範科卒業免状を授与してほしいと要望した。もしそれが不都合であるならば、韮山での試験の際に県立豆陽学校の教員が立ち会って豆陽学校より卒業免状を授与してほしいと願い出た。(95)「徴兵免否之儀ニ関係モ」大いにあるので「至急何分之御示命」を受けたいという。一八八二年段階での「徴兵令」における卒業後の猶予規定では、小学校を除く県立学校の卒業が要件とされていた。県立を維持した豆陽学校によって卒業が認められることが重要であったわけである。県の回答は師範学校もしくは豆陽学校で卒業試験を受けなければならないというもので、郡長らの希望どおりにはならなかった。本件は県立学校であることのメリットが、予算とは別の所にもあることが如実に主張された好例といえる。この徴兵猶予という特典は、以後の中学校の変転にも大きく関わってくることになった。

「徴兵令」と四中学校の県立再移管

第四回通常県会での議決を受けて、韮山中学校、沼津中学校、掛川中学校、浜松中学校の四中学校は一八八二年十一月から八三年二月にかけて、町村立に移管された。しかし八三年三月の第五回の通常県会では、浜松中学校を維持する町村が予想したような補助費の減額はなされなかった。原案において前年度維持の予算額が提示され、一部に削減を求める意見は出たものの少数否決されて原案のまま可決された。さらに翌年度には、二年前に決議した中学校の町村または郡への放任という原則自体が覆され、四中学校の再県立化という事態を迎えたのである。この背景には、八三年十二月に改正された「徴兵令」の影響が垣間見える。

第六回通常県会は一八八四年三月に開催されたが、それに先だって、沼津、韮山および掛川の住民や郡長より、各校を再び県立に戻すよう請願、上申がなされた[96]。県はこれを受け入れる形で、「管下町村立各中学校ノ内監理不便ノ趣キヲ以テ、更ニ県立ニ換度旨出願之学区有之、該講堂ハ勿論書籍、器機並経費不足金等、寄附於有之者出願ヲ許可セントス」と議会に諮った（臨第二号）。結果として、第一読会および第二読会においても可決に至った[97]。第三読会ではこの議案が一旦取り下げられた上で、四中学校の予算を県立中学校費に含める形で再提案されて可決に至った。通常県会の時点でいまだ明らかな請願の動きが見られなかった浜松中学校についても、先に予算化されるに至っている[98]。

なお**図1**にみるように、韮山の中学校（町村立伊豆学校と改称）は県立化に際して豆陽中学校と改称された。そして南伊豆の豆陽学校は豆陽中学校の分教場と改められている。

前段の県の議案によれば「監理不便」が請願の主たる要因のように読める。また、明治十七年「静岡県年報」も、「管理等不充分ニシテ到底完備永存ノ目途ナキヲ以テ」県立化を認めたと記述している。県会においても、一八八二年の地方への「放任」の年とは「社会の進歩」が変わってしまい管理上不便になったという意見がみられる。(99)まさに八三年から八四年は松方デフレが中小の名望家を疲弊させた時期である。議員の発言も切実な訴えだといえ、費用不足の面が県立化を促した有力な背景であることは間違いないであろう。

しかしながら、議会の場はあくまで、〈臣民〉としての節度を有した者が集う〈公論〉の場である。そこでは表明しえない隠された背景がある。それが「徴兵令」改正の影響であった。一八八三年十二月の「徴兵令」改正では、代人料納入による徴兵猶予の制度が撤廃された。これにより資産を有する家の子弟が容易に徴兵を逃れることができなくなった。また学校在籍による徴兵猶予は、従前と同様に町村立学校には認められなかった。この時の「徴兵令」改正が、在京の私立学校を経営危機にさらしたことはよく知られているが、沼津中学校を維持していた駿東郡富士郡の両郡においては、県立化の請願に先だって次の文書が各小学区の学務委員惣代に回送されている。(100)

以回章申上候昨暮徴兵令改正ニ相成候ニ付当沼津中学校ヲ依然町村立ニ致候テハ追々生徒減少シ自然学事退歩ニ至リ可申右ニ付左ノ手続ヲ以テ県立ニ引戻之儀請願仕度候ニ付各位御意見御伺候　草々

一　沼津中学校県立ヲ旧小区学務委員総代より県令へ請願書差出し候事

一　来三月初日県会開設ニあたり学務委員総代中一両人出岡之上県立之儀議員江申入候事

中学区旧何小区
学務委員総代　何　某

明治十七年二月
旧何小区郡会議員　何　某　殿
何　某　殿

尚々余之各小区郡会議員諸氏へハ各小区学務委員総代より御照会申上候手続御座候、且右願書ハ両郡聯合会ノ決ヲ取ルニアラサレハ不都合ニ付本郡議員ノ諾否相□候上富士郡へ照会致候積リ

「徴兵令」改正によって町村立学校が衰退することが見込まれるために、学校を維持するためには県立化をしなければならないと、あからさまに訴えている。

また県立化が決定された後の伊豆学校（韮山）の周辺からは、次のような記事が『静岡大務新聞』に寄せられている。(101)

豆州田方郡韮山町に設立せる伊豆学校ハ此迄町村立に属し生徒も僅に二三十人位なりしも這回各町村申合せ県立学校たらむを出願せしより生徒も増加し已に目下は満員となりたるも尚続々入学せんと出願するものあり、中にハ昨日まで耕耘馬丁に従事せし者も親類縁者に謀り学資金を得て同校に入り小学教員たらんと欲する者往々ある由なるが皆徴兵令の影響するところなるべしと土地の通信者より報道ありたり

加えて、県会決議の時点ではいまだ態度を明確にしていなかった浜松中学校を維持する遠江三郡では、一八八四年五月にかけての三郡戸長会で県立化の請願が決定されたとみられる。これに対して改進党系であった『静岡大務新聞』の記者は批判的であった(102)。記者は浜松中学校が町村立でも実績が出ているのになぜ県立にするのかと疑問を投げかける。すでに三郡戸長会で県立化で決着した背景について、「之レ道路ノ風説ニシテ素ヨリ信スルニ足ラザルナリ」としながら、次のように推測する。

顧フニ風説ノ如クンハ改正徴兵令ノ発布セラレタルニ起因セルモノニテ、彼ノ徴兵令中其徴集猶予条項中ニ小学校ヲ除クノ官立諸学校生徒ハ其適齢ヨリ六ヶ年ノ猶予ヲ与フルガ故ニ、我静岡県下ノ有志者ハ茲ニ見ルアリテ各中学ヲシテ県立ニ改メントスルナリ、而シテ之レカ経費ハ名義ニ従ヒ県ノ負担トスルモ県会ハ先ツ之レカ定額ヲ定メテ其ノ不足ヲ補フニ寄附金ト唱ヘ各町村ノ協議費ヲ以テ支弁スルノ見込ニシテ、即チ従来ノ町村立ニ敢テ異ナラザルナリト

県立化したとしても維持には寄附金名称の協議費で不足を補うことになることを指して、従前の町村立と全く同じであると指摘している。そして、次のように嘆いた。

嘗テ明治十六年三月該校継続確定ノ際ニ地方町村ノ代理ヲ表シテ差出シタルノ請書ニ地方町村ハ益々奮テ之ノ維持ヲ鞏固ニシ益々教育ヲ隆盛ニスベシトノ文言ヲ当局者ハ嘉納シタレバナリ、又嘗時地方町村会ノ精神ヲ問フモ素ヨリ地方税補助ノ永遠ニ之レ有ルベシト予定セシニモ非ラサルヘク必ス早晩之レヲ失フハ已ニ自ラ許シタルモ

ノナリ、唯其ノ今日ニシテ猶早キヲ感セシノミナリ

学校が地方に放任された際の気概を確かめているのである。真偽は定かではないが、第七回通常県会のある議員の発言によれば、掛川や浜松では県立に戻すことに同意しない者も少なくなく、掛川中学校に至っては町村聯合会の決議はわずか一両名の多数にて県立化が決議されたという。(103)

こうした批判的な目はあるにせよ、現実には県立化が決議された。徴兵猶予の特典は各地域の利害を超えた中小の資産家や名望家層に共通する利害であった。しかしそれを公論の場としての県会の場では表明することが憚れた。ゆえに、経費不足を前面に出しての県立化が主張されて可決されたと理解できる。(104)

「中学校通則」への対応

さて、四中学校を再び県立化するということは、経費を各々で扱いやすくするために「放任」したという原則が覆されることになる。補助金とは異なり県費となると細かい費目が明らかにされ県会で利害を異にする議員から批判に晒される可能性が高まる。ゆえに自由がきく経費とはなりがたい。各中学校が県立化の表向きの論拠とした経費の問題は、再び論争の火種となってしまう。

実際に県会では、これまで紹介してきた議論と並行して経費削減の議論もなされていた。教育費においてやり玉にあがったのが、県立を維持していた静岡師範学校および中学校をめぐる経費である。「徴兵令」とは別に一八八四年三月の第六回通常県会に影響を及ぼした議論として、その前月に発せられた「中学校通則」への対応があった。県は、教員給与や設備の充実を見込んで、前年から四、〇〇〇円以上増額した一万二、六二五円の予算を議会に提案した。これに対する議会の反応は、既存の補助金が経費に代わるだけで対応可能な四中学校費の議論とは異なり厳しいものがあった。第二読会では議員の委員会から六、五二九円への減額を求められている。これに対して、学務課長の蜂屋は

次のように述べて、原案通りの可決を求めた[105]。

本年度の支出の困難は固よりなるも、是迄に本県には中学校は一つあるのみ、而して通則に叶ふもの一つもなし。故に十七年度に至っては必ず通則の如くせん事を県庁より上申せり。故に本年は必ず之を行はざるべからず。行ふには中学師範校卒業生又は大学卒業生を三人以上要すれば、本案は之より漸く通則に従はん為めの人員なり、且又本年一度生徒募集に於ても入学願人非常に多く、今日既に現在の人員を以て現在の生徒を教ふるすら難し、之復本案を減すべからざる所なり。

「中学校通則」への対応のために必要な予算であると理解を求めている。しかし、予算は委員会案に沿った形で、三〇人中一六人の賛成で可決された。

これを受けた第三読会で蜂屋は、四中学校を県立化することで経費化することと静岡師範学校および中学校費を減額することは矛盾しているものと批判した。また、静岡中学校だけは「中学校通則」に則ることとして、四中学校は「中学校通則」の原則が斟酌される初等科のみの中学校として、県立化による経費の増大を防ぎたいと述べ、改めて予算の原案執行に理解を求めた[106]。しかし、再議案においても県の原案は否決されるに至った（三月二十九日）。結果として、七月三日に文部大臣による原案執行となった。

以上の経過より、県会の大勢は四中学校の県立化は「県立」という名を何としても欲しており、教則や設備の充実は二の次に考えていたことがうかがえる。対して県としては、県会の空気と正格化や予算化の圧力の両立を図るために、静岡中学校のみを「完全」なものとするという方針を打ち出したことがわかる。すでに静岡中学校を別格に考えていたことはすでにうかがえるが、そうした方針は県会（住民）とのやり取りの中でも醸成され、固められていったものと考えられる。

再び起こる存廃論議

一八八五年三月の第七回通常県会では、経費削減の観点から、早速に前年度県立化した各校の経費や設置をめぐって混沌とした議論が繰り広げられた(107)。昨年度は県立化という共通利益を有していた各地域代表が、今度は限られた予算の中での維持を巡って意見を対立させることになった。

県は四校維持の原案を提起したが、第二読会では豆陽中学校（韮山）を廃止して沼津中学校に合併し、掛川中学校を廃止して浜松中学校に合併し、さらに合併する二校の合計未満に経費を抑える案が常置委員会より示された。この案に対して賛成する者、浜松と豆陽の維持を主張する者、全校維持を主張する者、逆に静岡中学校に全て合併して「一大完全」な中学校を設けるべきだと主張する者、混沌した意見が入り交じった。決議では全校維持派が三〇名中一一名の賛成を得たのが最大であって、結局どの意見も多数を占めるに至らずに少数否決となった。この結果を受けて選任された修正委員は、今度は沼津と掛川を廃止する修正案を提起した。この案は大同小異であるという批判を受け、先ほどと同様の議論が繰り返された。しかし今回は県の蜂屋学務課長から「仮令中学校の数は減ずるも、二十一科目を教授し得らるるの学校を置きて充分生徒を陶冶するを深切と云ふなり」という意見が呈されたこともあってか(108)、修正案がわずかに過半数を占めて可決された。しかし二読会の決議は三四名の出席を得た三読会で覆された。三読会では二読会を欠席したり発言の記録がない議員が全校維持を支持し、結果として一八名の多数を占めて全校維持が議決された。

会計年度の区切り方が変わった初めての通常県会である八五年十一月の第八回通常県会では、県からの原案においてすでに、豆陽中学校を廃止して沼津中学校に合併し、掛川中学校を廃止して浜松中学校に合併する案が提示されていた。この案を否定する全校維持の意見は前回とは異なり勢いがみられず、合併については開会前に大勢の了解を得ていたものとみられる。その背景は必ずしも明らかではないが、この時すでに文部省による規則改正[109]――「校則規則ノ改正」とか「中学条例発布」と理解されている――が近いことが議員内でも知られていたとみられ、合併やむなしという空気が広がっていたものとみられる。

中学校費は一八八五年十一月三十日の二読会で議論された[110]。第八回県会で議論となったのは原案通りの静岡、沼津、浜松の三中学校案か、静岡中学校に統一し師範学校から独立させるという案のいずれかを採るかにあった。原案を支持する意見としては、完全な中学校のみだと小学校との懸隔が大きくなりその間を埋める学校がないとか、合併によって遠方まで生徒が通学せずに生徒が減少するとか、時期尚早であるというものがあった。一方で統一案の意見は、予備門や大学への準備として「完全」を求めるというもの、三校にするのであれば一校にするのと大差がないというものであった。県会の有力者であった城東郡選出の三橋四郎次は、県の方針を事前に知っていたかのような具体的な金額や移転先の案まで準備して会議に臨み、独立新設の案を説明している。後日の新聞記事には「県令ノ原案ニハ三中学トアリタレトモ其実、学務当局ノ方々ニハ一中学ノ底意ナリトモ云ヒ」[111]ともあり、三橋の具体的すぎる説明の背景には県当局の影もちらつく。「中学条例発布等ノ為ニハ一中学校ト為ス事却テ利益ナラン」（板倉）という意見も出て勢いを増した。三橋の独立新設の案は支持を得なかったものの静岡中学校への合併は支持され、結果、出席二六名中一四名の賛成を得て可決された。この結果に対して、三橋を含む議員が修正委員に選出され、翌十二月一日に修正案として三橋の意見に沿った中学校統一・独立新設の案が提起された。昨日議会に欠席した者から異論も出たが、ここでも多数の賛同を得て、修正案は可決された。しかし、統一案は三読会で覆り、結局原案の三校案が可決された。ここでの議論の具体的内容は、三読会が「秘密会」とされ傍聴禁止になったために明らかではない。後日の新聞記事

には「僅かに一校論者中一人の変説とか狂説とかありしにより漸く三校存立に決したり」とある。(112)

存廃議論への発言者の特徴

以上の第七回および第八回の通常県会の議論を追っていくと、大きく分けて、中学校の「完全」を目指して経費と設備を集中していこうという意見と、たとえ不完全であっても各地に中学校が存在することの意義を強調する意見とがみられる。府県によっては、地域利害が顕在化して中学校が維持される可能性が高い地域の議員が前者の意見を主張し、廃止される可能性が高い地域の議員が後者の意見を主張することがみられる。しかしながら、静岡県の場合は、必ずしもそのような明確な色分けができるわけではない。改めて**表8**を参照してほしい。意見を呈した議員の選出地域をみると、後者の意見を呈した議員については、廃止対象となった中学校が所在する地域の選出であることがほとんどであった。時には、第七回通常県会の田中鳥雄（田方郡選出）のように、自らの選出地域である伊豆国の豆陽中学校と同じく廃止対象となった掛川中学校の予算を再動議するような場合もあり、利害が共通すれば地域を越えて連携する動きもみられる。対して前者の意見を呈した議員には、廃止対象となった中学校のある地域の選出である議員もみられる。掛川中学校があった城東郡選出の三橋四郎次は、第一回通常県会の時にも静岡中学校への統一を主張していたが、その立場は一貫していたようで第七回通常県会でも掛川中学校廃止の案を推進する側に立ち、第八回通常県会ではさらに静岡中学校一校への集中を熱心に説いた。沼津中学校のあった駿東郡選出の和田伝太郎は、第七回通常県会の修正案で出てきた沼津中学校廃止の案に賛同している（第一回通常県会では統一案に反対）。さらに同郡選出の湯山壽介に至っては、第七回通常県会の時点から静岡中学校に統一して「一大完全」な中学校を設けるべきだと主張していた。これらの議員は地域を超えた観点から物事をとらえる開明的、啓蒙的な名望家としての立場を重んじたものとみられる。

豆陽学校の存続と掛川中学校の廃止

さて、第八回通常県会の決議を受け、一八八六年四月に掛川と豆陽（韮山）の中学校は廃止され、それぞれ浜松と沼津の中学校に合併された。豆陽中学校については、当初は蓮台寺の分教場とともに沼津中学校の分教場にしてほしいという請願もしていたが容れられなかったようだ。[113] 県より建物の無償下付を受けた後に、初等中学科程度の学科を有する町村立各種学校の伊豆学校として新たなスタートを切った。[114]

他方で蓮台寺の分教場の方は次に挙げる請願書を再度提出した。

県立学校分教場設置上申書

（中略）去る二月二十七日より三月四日に至るまで、伊豆全国連合町村会を開き、中学校教育上に関し今後の計画を評議致候処、蓮台寺学校十九年度の経費予算壱千九百参拾円に議決致し候。（中略）抑も賀茂那賀二郡は県下の東隅に僻在して交通の不便は既に閣下の熟知相成地方に候得舎、教育普及進歩の度甚だ緩慢にして、常に他方と駢馳する能はざるを恐れ候得者、厳正なる教育法を茲に設けて以て其進歩を催促せざるべからず。此趣意を達せんには、県立学校の分校を此地に設置する必要を感じ候。若し夫れ此地にして県立分校なき時は、子弟にして厳正なる中学の教育を受けんと欲する者、他の県立学校に入学せざるを得ず。（中略）当校維持の費用に付ては、今般十九年度決議額の外、別に当二郡人民協有金の利子、其他当校十七年度及び十八年度の費額残余あり合せて、参四百円を得べし。而して、尚別に当校維持上の計画有之候得者又以て幾分の補助を得る事と存候。右事情を略叙して、以て之を奉呈す。願くば高覧を賜はり、県立中学校の分校を蓮台寺に設置する恩命を下賜あらん事を悃誠の至りに堪へず。

明治十九年三月八日
県立豆陽学校一等教諭　潮田辰一
賀茂那賀郡長　大野恒哉
静岡県令関口隆吉殿

この請願は容れられ、三月二十四日に分教場が沼津中学校の分教場として存続されることになった。掛川中学校をめぐっては、佐野郡城東郡の聯合町村会においては「豆州人」に負けずに町村立での維持をしようという議論も一部から出てきたが、賛同する者は少なく、そのまま廃止となった。(115)

「中学校令」の発令と中学校の静岡への収斂

さて、四月になると県会でも取りざたされていた「中学校令」が発令され、地方税維持の中学校は一校のみに限定されることになった。これを受けて、七月に臨時県会が開催され、浜松と沼津の中学校を静岡に合併すること、寄附金で維持されていた蓮台寺の沼津中学校分教場を静岡中学校の分教場とすることが決議された。(116) 制度上で地方税維持の中学校が一校に限定されてしまったことから、この時には浜松および沼津の中学校を廃止することに対して反対する者は少数にとどまった。ただし、掛川中学校の生みの親であった佐野郡選出の岡田良一郎や、浜松中学校の所在する敷知郡選出の議員からは「中学校令」によれば必ず地方税による県立中学校を設置しなければならないわけではないという指摘がなされた。静岡中学校も廃止して私立学校の設置を期待すべきだ、もしくは高等小学校の設置を優先すべきだという異論であった。こうした中学校全廃案に賛同はする者は少なく、他の議員からは疲弊している地域の状況から尋常中学校に比類するような私立学校が設置されるわけがないと退けられている。新聞からは「他地方ノ中学ヲ廃スルモノトセバ毒ヲ食ハバ鼠マデモト憶フテ中央静岡ノ中学ヲモ廃止セント決心シタル者ナリ」と厳しく評されている。(117) 県の原案は、教員給与が減額されるだけで可決された。なお、翌年以降の県会では、年によっては廃止論が起こることもあったが、中学校の存続が危ぶまれるまでの事態には至っていない。

以上の結果、「中学校令」発令後、静岡県の中学校は静岡中学校一校に統一されていった。特殊な維新期を経た静岡県は、他の府県のように学校維持の核となる旧藩士族層も存在しなかったこともあってか、地域から資本金を集め「諸学校通則」による管理委任学校として県立中学校を維持していくような動きはみられなかった。静岡中学校の分教場となった豆陽学校は従前通りわずかな寄付金によって県立として維持された――「諸学校通則」に則っていたかは明らかではないが、寄付金額は他府県の管理委任学校の額に遠く及ばない――が、結局一八八八年四月に廃止とされた。豆陽学校は、その後、私立各種学校として命脈を保った。

新たな中学校設立は、一八九一年に「中学校令」が改正され、さらに組合立による中学校設置が認められるようになった九三年以降であった。九四年四月に、浜松中学校の母体であった遠江国の敷知郡、浜名郡、長上郡の四二町村による組合立として静岡県尋常中学校浜松分校が設置され、九五年三月には韮山村などの一九町村による組合立によって町村立各種学校となっていた伊豆学校を改組した静岡県尋常中学校韮山分校が設置された。両校はいずれも、九八年四月に県立化した。蓮台寺の私立各種学校豆陽学校もまた、九五年八月に私立尋常中学校として再出発した。

五、統一静岡県における中学校の教育課程

第二節において、一八七六年に静岡県が現在に至る形に統一されるまでの諸学校の教育課程について論じてきたが、

既存の学校は、県統一後、その教育課程をどのように変化させたのだろうか。また、県統一後に設置された中学校の教育課程はどのようなものであったのか、そしてそれぞれの教育課程は八六年「中学校令」に向けてどのような変化をとげていったのだろうか。

文部省は一八七六年九月時点において「中学校」として『文部省年報』に登記されるべき学校は、一方で読書・算術・習字のような卑近な普通学科より水準が高いが、他方で高尚とまではいえないひとつの専門学科等を教授するものとしていた。[118] 文部省は「中学教則略」(明治五年九月制定・七三年四月改正) を布達していたものの、そこで示された課程に準拠しない学校だとしても「変則」の中学校として認めていた。旧浜松県の瞬養学校および旧足柄県の師範学校は、県統一後にそれぞれ浜松変則中学校、韮山変則中学校と改称された。ここでの「変則」の意味は「中学教則略」を満たさないという意味での「変則」であったということができる。

「中学教則略」は実体として実施されないままに一八七八年六月の達第五号で廃止された。この後、八一年の「中学校教則大綱」に至るまで、中学校の教育課程について文部省は統一した指針を示すことはなかった。ゆえにこの数年間は設置者が教育課程を自由に設定できる状況になった。

文部省は一八八一年七月に第二十八号達として「中学校教則大綱」と「毎週授業時間ノ一例」を示し、翌月には「学科課程表」を頒布した。大綱の制定はそれ自体文部省の「正格化」政策の一環であったが、府県への統制は大綱が示された後に徐々に強められていったことが知られる。たとえば、各府県から提出された教育課程について、八一年十二月段階では英書を英語科以外の科目の教科用書に選ぶことを認めていたが、八三年一月の段階では英語科以外での英書の使用を認めずに翻訳書を用いることを指示している。[119] また八二年六月ごろより歴史科の「教授要旨」に「尊王愛国」を入れるように指示するようになった。[120] 文部省の「正格化」政策は徐々に実質化していった。

各校の教育課程の形を詳しく示す課程表のうち、筆者が収集できたものは次の通りである（以下、教則からの引用は次に挙げた史料に拠る）。

「静岡県沼津中学校教則」[121]（七六年四月・（表6）とほぼ同一）
「第十四番（沼津）中学校通則及教則」[122]（七六年九月）（表9）
「静岡県浜松変則中学校学則」[123]（七七年九月・（表10）とほぼ同一）
「（浜松）中学及緩養師範学教則凡例」[124]（七八年五月）（表10）
「韮山中学校教則」[125]（七八年五月）（表11）
「（静岡）中学通則」[126]（七八年十月）（表12）
「私学開業願（蓮台寺豆陽学校）」[127]（七九年六月）（表13）（この時は各種学校として設立）
「（浜松中学校）改正中学科教則」[128]（七九年八月）（表14）
「静岡県立中学校教則及諸則」[129]（八三年三月）（表17）

以上より、一八七八年五月の「中学及緩養師範学教則凡例」および「韮山中学校教則」までは、「中学教則略」というモデルが存在した時点での教育課程である。つづいて「改正中学科教則」までの三つが「中学校教則大綱」までの自由設定可能な時期の教育課程である。そして「静岡県立中学校教則及諸則」が「中学校教則大綱」という強力なモデルが設定されてからの教育課程である。静岡県の各校の教育課程それぞれについての詳細な紹介は各校の年誌に譲り、本論では「中学教則略」との相違や「中学校教則大綱」を前後しての変化にも着目しながら、横断的視点をも

表9 「第十四番中学校通則及教則」（一八七六年九月）

		史学	理学	化学	地学	修身学	英書	数学	習字	文章学	経済学	政学
予科	三級	十八史略 一―五			兵要日本地理小誌	勧善訓蒙 一	スペリングブック ウキルソンリーダー 一、二	加減乗除 分数、小数 諸等 正転比例	○			
	二級	十八史略 元明史略			輿地誌略 一―四	同上 二	ピ子ヲ氏文典 ウキルソンリーダー 二	合率、按分 和較比例 利息損益 比例雑題	○			
	一級	皇朝史略			輿地誌略 終迄	同上 三	ピ子ヲ氏文典 ガニット氏 地理書	乗方、開平方 開立方、級数	○			
中学科	六級	日本外史 毛利氏迄	物理階梯		瀛環志略 一―五		ゴールドスミツス氏地理書 パーレー氏万国史	代数、加減乗除、分数、幾何				
	五級	日本外史 終迄	博物新篇		同上 六―終		同上	一、二、多元方程式迄 幾何				
	四級	泰西史鑑 上		化学要論 一、二			クエッケンボス氏 窮理書 グードリッチ氏 英国史	乗方ヨリ二次方程式マデ 幾何		文章軌範（正）		
	三級	泰西史鑑 中		同上 終迄			同上	不定方程式 比例式 順錯列 級数、幾何		唐宋八大家文読本		
	二級	綱鑑易知録 一―五〇					ウエルス 化学 ウエイランド 経済学	幾何、対数、八線学			英氏経済論	万国政体論 一―六
	一級	同上終迄 明鑑易知録					同上	三角術、実地測量			同上	同上 完

『静岡県教育史通史編　上巻』四四〇―四四二頁より作成

表10「中学及緩養師範学教則凡例」（一八七八年五月）

	歴史学	算術	幾何学	修身学	生理学	物理学	博物学	化学	地理学
第六級	十八史略　初巻ヨリ四冊 国史擥要全部八冊	単比例ヨリ按分逓析比例ニ至ル		勧善訓蒙前編三冊	初学人身窮理全部二冊				
第五級	十八史略五巻ヨリ三冊 日本外史全部十二冊	損益算ヨリ対数用法							兵要日本地理小誌全部三冊 輿地誌略　亜細亜ノ部三冊
第四級	皇朝史略前編十冊 通鑑擥要第一冊ヨリ五冊 泰西史鑑第一冊ヨリ十冊	平算応用ヨリ代数分数ニ至ル	三則			物理全志第一冊ヨリ三冊	初学須知 地質金石植物ノ部四冊		輿地誌略　欧羅巴ヨリ九冊
第三級	皇朝史略後編六冊 通鑑擥要第六冊ヨリ五冊 泰西史鑑第十一冊ヨリ二十冊	一元一次方程式ヨリ多元一次方程式ニ至ル	線	勧善訓蒙後編第一冊ヨリ四冊	弗氏生理書第一冊ヨリ三冊	物理全志第四冊ヨリ三冊	初学須知動物三冊		
第二級	万国新史全部十八冊 通鑑擥要第十一冊ヨリ五冊	乗法ヨリ多元二次方程式ニ至ル	面	勧善訓蒙後編第五冊ヨリ四冊	弗氏生理書第四冊ヨリ四冊	物理全志第七冊ヨリ四冊		小学化学書全部三冊	
第一級		八線三角術							

英書			綴字 ウイルソン第一リードル同第二リードル	ゴールドスミス地理書一冊 ウイルソン第三リードル一冊	ピネヲ英文典一冊 パーレー万国史一冊 パークル物理書一冊	グードリッチ小米国史一冊 同英国史一冊 同仏国史一冊
文章学	私用文雑題文	公私用文雑題文	文章軌範正編第一冊 公私用及論説文	文章軌範正編第二冊 日本文典（中根氏著）全部二冊 公私用及論説文	文章軌範正編第三冊 公私用及論説文	
体操	○	○	○	○	○	○
習字	楷書行書	草書	楷書	行書	草書	
経済学					経済学入門全部四冊	英氏経済論第一冊ヨリ六冊
国政学						泰西国法論第一冊ヨリ四冊
画学			諸線物体粗形植物	動植物地図器械	諸物見取地図	
記簿法					帳合ノ法単記二冊	帳合ノ法複記二冊
農商学					用書未定	

『文部省日誌』明治十一年第六号より作成

表11 「韮山中学校教則」（一八七八年五月）

	史学	数学	幾何	修身	生理	理学	博物	化学	地学
第六級	国史略（石村貞一編輯）一ヨリ三マテ 十八史略一ヨリ五マテ	代数学四則	○	勧善訓蒙初編		物理階梯			兵要日本地理小誌 輿地誌略一ヨリ三マテ
第五級	国史四ヨリ終マテ 十八史略六ヨリ終マテ 続十八史略	代数学分数一元方程式	○	勧善訓蒙後編一ヨリ四マテ	初学人身窮理	物理全誌　物性動性重力単器六種			輿地誌略四ヨリ七マテ
第四級	日本外史平氏ヨリ毛利氏マテ 通鑑擥要一ヨリ五マテ	二次方程式多元方程式	○	勧善訓蒙後編五ヨリ終マテ		物理全誌　気学音学温学光学			輿地誌略八ヨリ終マテ
第三級	日本外史織田氏ヨリ終マテ 通鑑擥要六ヨリ十マテ 泰西史鑑初編	乗法ヨリ二次方程式マテ	○			物理全誌　磁気電気天体		化学要論	
第二級	泰西史鑑中編 通鑑擥要十一ヨリ終マテ	不定方程式級数原理					用書未定動物植物ニヨリテ授ク		
第一級	万国新史	八線三角					用書未定地質金石ニヨリテ授ク		

英学	作文	文法	文章学	習字	経済	国学	体操	画学	演説	農商学
綴字 第一リーダー	公用文私用文雑文			○			○	○		
第二リーダー ピ子ヲ氏文典 前半巻	前級ニ同シ			○			○	○		
地理書 ピ子ヲ氏文典 後半巻	前級ニ同シ	中根氏日本文典		○			○	○		
パーレー万国史	論説						○	○		用書未定
クエッケンボス氏窮理書	前級ニ同シ				英氏経済論		○	○	○	
グードリッチ氏英亜歴史	前級ニ同シ		文章軌範正編		英氏経済論四ヨリ終マテ	万国政体論	○		○	

『文部省日誌』明治十一年第六号より作成

表12「中学通則」（一八七八年十月）

	国書	漢書	英書	英書	英書	文章学	数学	画学	習字	作文	週時間
第六級	明治国史略　全	十八史略　全	英語階梯	単語篇	理学初歩		打数加減ヨリ一元一次方程式迄	諸線器械	楷書	○	
時数	3	3	6	6	3		6	1	2		30
第五級	日本外史　一ヨリ四マテ	通鑑覧要　一ヨリ四マテ	ゴールドスミッス地理書	ヒフナオ文法書	グードリッチ万国史　九十三章迄		代数二元一次方程式ヨリ一元二次方程式マテ	器械凹凸初歩	行書	○	
時数	3	3	6	3	6		6	1	2		30
第四級	日本外史　五ヨリ八マテ	通鑑覧要　五ヨリ八マテ	グードリッチ万国史　終マテ	博物書	チェンバー太古史		代数二元一次方程式ヨリ垜術迄／幾何学平面	器械凹凸植物	草書	○	
時数	3	3	5	5	5		5／1	1	2		30
第三級	日本外史　九ヨリ十二マテ	通鑑覧要　九ヨリ十	クエッケンボス地理書	テンバー太古史	ウェーランド大経済論	文章軌範	幾何学平面及ビ立体	器械植物見取初歩		○	
時数	2	2	5	5	5	3	6	2			30
第二級		通鑑覧要　十一ヨリ終マテ	ウェーランド大修身論	ヨーマン・エンド・ハッキスレー人体論	チェンバー近世史	八家古文精選　一ヨリ四	三角術代数三角術記簿単式	器械植物油絵初歩動物地図		○	
時数		2	5	5	5	4	5	2			30
第一級		清史覧要	ヘーブン心理学	メノヒュー教育論	ギハリー開化史	八家古文精選　終迄	球上幾何学球上三角術	動植物器械真景見取油絵		○	
時数		3	5	5	5	3	6	3			30

『文部省日誌』明治十一年第十三号より作成。

表13　豆陽学校「私学開業願」（一八七九年六月）

	史学	理学	地学	修身学	英学	数学	習字	化学	文章学	経済学	政学
予科第二級	十八史略		兵要日本地理小誌	勧善訓蒙	スペリング書第一及第二読本	加減・乗除・諸算・正転・比例・分数	○				
予科第一級	皇朝史略 或国史略 元明史略		輿地史略	勧善訓蒙	地理書 文典	合率、按分、和較、諸比例、利息損益、比例雑題	○				
本科第六級	日本外史	物理階梯	瀛環志略		地理書 万国史 英国史 書取	開平方 開立法 級数					
本科第五級	日本外史	博物新論	瀛環志略		英国史 窮理書 作文 書取	代数加減乗除 日分数					
本科第四級	泰西史鑑				仏国史 修身書 窮理書 作文 書取	方程式荷目 幾可		化学要論 百科全書化学編	文章軌範全 日本文典		
本科第三級	泰西史鑑				日耳曼史 化学書 作文 書取	方程式 幾何			八大家文格	英氏経済論	
本科第二級	綱鑑易知録				近世史 経済書 化学書 作文	不定方程式 比例式 順錯列 級数 幾何 荷目			八大家文抄	英氏経済論	万国政体論
本科第一級	綱鑑易知録 明鑑易知録				開化史 修身書 政体書 生理学 作文 経済書	幾何対数八綿（ママ）学 三角術 荷目					万国政体論

『百年のあゆみ　豆陽中下田北高』五〇―五八頁より作成

表14「改正中学科教則」（一八七九年八月）

	漢学	英学	数学	作文	習字
第六級	国史略 十八史略三冊	スペリングブック ヲルソン氏リードル　一二	比例ヨリ代数減法マテ	○	○
第五級	十八史略　四冊 日本外史	ピ子ヲ氏文典 ゴールドスミス氏地理書 パーレー氏万国史	代数乗法ヨリ不定方程式マテ	○	○
第四級	続日本外史 元明史略 清史擥要	クエッケンボス氏米国史 グードリッチ氏英国史 ヱーランド氏小修身論	代数一元二次方程式ヨリ度学連数マテ 幾何平面	○	○
第三級	通鑑擥要　前半 文章軌範　三冊	グードリッチ氏仏国史 クエッケンボス氏物理書 ヤング氏政体書	幾何平面ヨリ立体マテ	○	
第二級	通鑑擥要　後半 文章軌範　三冊	テイロル氏万国史古代ノ部 ヱーランド氏大経済書 ヲルリック論理書	三角法八線変化ヨリ平面三角術マテ	○	
第一級	八家古文精選史記 此他余暇ヲ以テ易知録温史ノ類ヲ独見セシム	テイロル氏万国史近世之部 グウ井ゾー氏文明史 ミル氏代議政体	三角法球 三角法実地測量	○	

『文部省日誌』明治十二年十八号より作成

って論じていきたい。

「中学校教則大綱」までの課程表

まず、県統一後「中学校教則大綱」までに示された各教則の主なものについて表として示しておこう。

なお表として提示しなかった「静岡県沼津中学校教則」（一八七六年四月）は**表6**で示した「沼津中学校下等中学規則」とほぼ同一であった。課程表の相違点は、予科一級「英書」の教科用書が『ピ子ヲ氏文典』および『ガヨット氏地理書』に変更されているだけである。「静岡県浜松変則中学校学則」（七七年九月）は、**表10**「中学及緩養師範学教則凡例」と課程表および教科用書ともまったく同一であった。その上で**表10**の課程表の方が、教科用書のうちどの巻数を扱うのかまで判明するため、本論ではこちらを資料として紹介した。また、以上の教則等から判明する入学要件と修業年限については**表15**に一覧して比較できるようにした。

設置のねらいと学科構成

学校設置のねらいについては、各校で特徴がみられる。まず大学への接続を意識したものとして、沼津中学校の「第十四番中学校通則及教則」が挙げられ、「他日大学ニ入ルノ階梯タルヘキヲ忽ニスベカラス」と生徒への奮発を促している。しかし大学への接続を意識した教則は、この時期では沼津のみであった。浜松中学校の「静岡県浜松変則中学校学則」は、「学業ヲ研究スヘキハ勿論、言行ヲ修メ進止ヲ慎ミ他日大成ノ機ヲ養成セサルヘカラス」（第一条）として、特に進路を特定せずに「他日ノ大成」を期するのみであった。静岡中学校の「中学通則」にいたっては、「入校ノ生徒半途退学等或ハ他途ニ出身スル等本人ノ自由ナルヘシ」（第九条）としており、中途退学も含めてどのような進路をとるべきかは生徒の選択に委ねられていた。また当初は私立各種学校であった伊豆蓮台寺の豆陽学校の教則には「諸則都テ簡易ヲ旨トス」（校則第一条）と明記されている。豆陽学校がより高等な諸学校への接続をねらったものではないことは明らかであろう。静岡県では概ね上構型の理念に基づいて中学校が設置されていたといえる。

各校の中学科の構成について静岡県の多くの中学校にみられる特徴としては、中学校が必ずしも独立した課程として設けられていたわけではないことがある。

すでにふれたように、県が統一された後も浜松および韮山の中学校には師範教育の課程が併置されていた。浜松中学校の「静岡県浜松変則中学校学則」（一八七七年九月）によれば、中学生と「緩養師範」（一六か月または八か月で

表15　各学校の入学要件と修学年限

学校所在地	学校開設当初の入学要件※1	学校開設当初の修業年限※1	文部省刊行の学校表による修業年限※2				
			八〇年	八一年	八二年	八三年	八四年
沼津（駿河）	小学科目卒業、一四歳以上	予科三級、本科六級	四年六ヶ月	四年六ヶ月	六年	六年	四年
静岡（駿河）	小学科目卒業、一四歳以上	三年六級	五年	五年	六年	六年	六年
浜松（遠江）	小学全科卒業、一四歳以上二五歳以下	三年六級	三年	-	六年	六年	四年
掛川（遠江）	-	-	五年	五年	六年	六年	四年
韮山（伊豆）	-	六級	四年	-	四年	四年	四年
蓮台寺（伊豆）	小学卒業者※3	予科一年二級、本級三年六級※3	-	四年※3	四年	四年	四年

※1　「下等中学規則」（七五年八月：沼津）、「中学通則」（七八年十月：静岡）、「静岡県浜松変則中学校学則」（七七年九月）、「韮山中学校教則」（七八年五月）、「私学開業願」（七九年六月：蓮台寺）より作成

※2　八〇年および八二～八四年は『文部省年報』、八一年は『学校幼稚園書籍館博物館一覧表』より作成

※3　私立各種学校としての期間における教育課程と修業年限を提示している。

小学教師を養成する「速養師範」に対して三か年の課程で小学教師を養成するコース）の生徒は「是ヲ一斉ニ教授スヘシ」とされていた（通則第六条）。また、師範生徒と中学生徒は相互に転科が可能であった（通則第二十八条および第二十九条）。師範生徒は英書を学ばない代わりに教授法関連の用書や実践を課されていた（「中学及緩養師範学教則凡例」）。韮山中学校の師範科もまた英語を欠いていた（修学年限は五級二年六か月）。(130)

浜松中学校の教員養成は一八七九年末の生徒卒業をもって終了となったが、韮山中学校の師範科は「師範学校教則大綱」（八一年八月）以降も小学師範科として存続した。これらに加えて、私立豆陽学校にも「師範学校教則大綱」における初等および中等程度の小学師範科が設けられていた。(131)

入学要件と修業年限

表15より比較してみると、共通性がみられるとともに独自性もまたみられることがわかる。

掛川中学校を除く各校の開設は、「学制」が効力を有した時期であった。そのことが反映してか、各校とも学制期小学の卒業または一四歳以上を入学要件としていた。また修学年限にも一定の共通性がみられた。すなわち、掛川中学校以外の本科課程はいずれも、開設当初は三年の修業年限となっていた。この三年という修業年限は、「中学教則略」における下等中学の年限に対応している。沼津および浜松の中学校が県統一直後の一時期において「変則」という名を冠していたが、これは「中学教則略」が廃止される前のことであった。静岡県が各中学校について「中学教則略」が示した下等三年、上等三年の計六年という課程に対応しないことを意識した名づけであったと考えられる。

他方で各校の独自性として、予科の存在が挙げられる。沼津中学校、韮山中学校および当初は「略々中学ニ倣フ」各種学校として設置された蓮台寺の私立豆陽学校には、それぞれ一年半、一年の予科が設けられていた。沼津中学校の予科は前節で紹介したように小学科目卒業者がわずかであるために設けられた。また韮山中学校にも予科が設けられていた。一八八〇年の『文部省第八年報』の「静岡県年報」は、韮山中学校は一級あたり六か月である本科六級予科二級の計四年の課程を有していたと説明している[132]。そして豆陽学校の予科は「学力本科ニ応ゼサルモノ」を本科進学前に収容するために設けられた。両校の予科は、「中学校教則大綱」発令までは継続して設置したとみられ、**表15**にみるように八一年までの両校の修業年限は予科と本科の年数を通算した年数となっていることがわかる。

また**表15**より一八八〇年の修業年限をみると、静岡中学校が開設当初の三年から五年に延びていたことがわかる。この年数延長が予科の設置によるものなのか、本科の延長によるものなのか、高等な課程の設置によるものなのかは管見の史料からは必ずしも判然としないが[133]、開設より年数を経るなかで各校の都合によって教育課程が組み直されていった結果と考えてよいし、そうした柔軟な対応を許す柔軟性を有するのが「中学教則略」廃止から「中学校教則大綱」発令までの時期の教育課程の特徴ともいうことができる[134]。

学科編成の方法――「テキストベース」か「内容ベース」か

教育課程の編成方法は大きく二つに分かれる。すなわち、原典テキストの言語表記（シンボル）をベースとして「漢学」や「英学」といった名称の学科を編成するのか――「テキストベース」とする――、もしくは歴史、物理学、経済学、外国語といった学習内容（コンテンツ）の種別をベースとして編成するのか――「内容ベース」とする――という違いである。沼津中学校は、県統一当初の一八七六年の教則では沼津とは逆に、七七年当初は内容ベースによる編成だったのが七七年の教則では内容ベースによる編成に変わった。浜松中学校の教則はテキストベースによる編成だったのが七九年にはテキストベースによる編成に変化している。韮山中学校と私立豆陽学校の教則は内容ベースであり、静岡中学校の教則はテキストベースであった。以上より各校それぞれの考え方で教則が編成されたことがわかる。

浜松中学校の「改正中学科教則」（表10）は、前年より施行した内容ベースの教則（表14「中学及緩養師範学教則凡例」）が「当今ニ至リ実際不適当之廉モ」出てきたために、テキストベースの教則に変更されたという。教則編成の歴史からいえば、テキストベースの編成は近世以来の伝統的な方法であり、内容ベースの編成は明治以来に広まった方法であった。だが浜松中学校の例にみるように、その変化が伝統的方法から近代的な方法に不可逆的に起こるとは限らないことが興味深い。**表10**および**表14**より浜松中学校の変化の要因を推察すると、**表10**において英語の原書を講読する学科であった「英書」は**表14**では「英学」としてほぼ同じ教科用書が移行している。対して**表10**で存在していた多くの学科の用書は削られ、**表14**で残ったのは「歴史学」のうち漢書の多くを引き継いだ「漢学」、「算術」「幾何学」を引き継いだ「数学」、「文章学」の一部である「作文」と「習字」であった。ここからは、浜松中学校が当初設定した幅広い学科を担いきれる教員や教材を十分に確保できず、教育内容を削減・整理した結果、教則編成が既存のテキストベースの編成に落ち着いたとみられる。

加えて注目したいことは、伝統的なテキストベースの学科構成であったことは、教育内容が時代遅れで水準が低いことを意味しないということである。**表12**「中学通則」より静岡中学校の教育課程の内容と水準をみると、英語の原書講読に週三〇時間のうち一五時間が充てられて、数学および画学に七時間が充てられていることがわかる。静岡中学校には一八八〇年二月より八二年七月まではイギリス人教師も雇用され、一日一時間の英語学伝習の時間が設けられていたという。[135]

対して、テキストベースから内容ベースに移行した沼津中学校の教則を**表6**「沼津中学校下等中学規則」と**表9**「第十四番中学校通則及教則」で比較してみると、その前後において、沼津中学校の特徴であった医学書を用いることを辞めた以外には、採用する用書に驚くような大きな変化はみられない。沼津の場合は、教育課程編成の歴史的展開をなぞる形で、その編成を内容ベースに見直したものと推察できる。

学科名と等級配置

では、新たな編成原理に基づいた内容ベースの編成方法について、静岡県各校の教則にはどのような特徴がみられるのだろうか。内容ベースの編成をした教則の学科編成について**表16**においで一覧してみる。

学科名を比べると、多くの場合は各校とも同一もしくは似通った学科を擁していたことがわかる。作文系、歴史系、地理系、理化学系、経済、政治系の学科群については各校とも共通して似通った学科名の内容を有していた。これに加え、習字、英書・英学と数学または画学、体操の学科を有するのが標準的な内容であった。英書・英学については、**表16**に〇印をつけたように、各学科で訳書を用いて学習する内容を原書購読でも学習することになる場合がほとんどであった。さらに各校の学科を「中学教則略」に掲げられた学科名と比較すると、各校で設けられた学科は基本的には「中学教則略」における下等中学で設けられた学科であったことがわかる。先に述べたように各校とも当初は三年の本科課程を有したが、**表16**をみると三年という年限も含めて、「中学教則略」における下等中学が有力なモデルとなっていたと考えてよいだろう。

各校特徴的な学科としては、浜松中学校および韮山中学校における農商学と韮山中学校における演説である。いずれも具体的にどのような内容の学習がなされたか判然としないが、演説については自由民権運動の影響を見て取ることは可能であろう。また農商学については、後述するような、実学教育を重視する静岡県の有力者の考え方が反映された例の一つとみなすことができる。

次に各学科の等級配置を比べると、各校に共通して設けられた学科については似通った等級において教授されていたことがわかる。たとえば、歴史系学科や数学については全等級に配置され、習字や地理系学科は主に低い級に配置

表16　文部省「中学教則略」と各学校教則との比較（学科名・履習等級）

区分	文部省 学科	文部省 等級	沼津 学科	沼津 等級	英書	浜松 学科	浜松 等級	英書	韮山 学科	韮山 等級	英書	蓮台寺 学科	蓮台寺 等級	英書
年月・学校	七三年四月・文部省		表9　七六年九月　沼津中学校			表10　七八年五月　浜松中学校			表11　七八年五月　韮山中学校			表13　七九年六月　蓮台寺豆陽学校		
教則名	「中学教則略」		「第十四番中学校通則及教則」			「中学及緩養師範学校教則凡例」			「韮山中学校教則」			「私学開業願」		
課程	下等中学三年六級、上等中学三年六級		予科三級、本科六級			三年六級			六級			予科一年二級、本級三年六級		
入学資格	小学卒業、一四歳以上		小学科目卒業、一四歳以上（七五年「下等中学規則」）		英書	小学全科卒業、大凡一四歳以上		英書	ー		英書	小学卒業者		英書
習字	習字 書牘・作文 図画	下等六級–四級	習字	予科三級–一級	○	習字	六級–二級	○	習字	六級–四級	○	習字	予科二級–一級	○
国語	国語	下等六級–五級												
	国語　古語	下等四級–一級 上等六級–五級												
作文系	習字 書牘・作文 図画	下等六級–四級（再掲）							作文	六級–一級				
									文法	四級	○			
			文章学	本科四級–三級	○	文章学	六級–二級	○	文章学	一級	○	文章学	本科四級–二級	
歴史系	歴史	下等六級–一級	史学	予科三級–一級 本科六級–一級	○	歴史学	六級–二級	○	史学	六級–一級	○	史学	予科二級–一級 本科六級–一級	○
修身系	修身学	下等二級–一級 上等六級–一級	修身学	予科三級–一級		修身学	六級、三級–二級		修身	六級–四級		修身学	予科二級–一級 本科六級–五級	○
	性理学 大意	上等三級–一級												
地理系	地理学	下等六級–一級	地学	予科三級–一級 本科六級–五級	○	地理学	五級–四級	○	地学	六級–四級	○	地学	予科二級–一級 本科六級–五級	○
理化学系	生理学	下等六級–四級				生理学	六級、三級–二級		生理	五級				
	物理学	下等六級–一級 上等六級–四級	理学	本科六級–五級	○	物理学	四級–二級	○	理学	六級–三級	○	理学	本科六級–五級	○
	重学 大意	上等四級–一級												
	博物学	下等三級–一級				博物学	四級–三級		博物	二級–一級				

		経済	産業系	記簿	政治系			外書外語	数学系				画学				体操
動物学 / 植物学 / 金石学 / 地質学 / 星学大意	化学	経済学		習字 図画(罫画) 記簿法	政体大意	国体 / 国勢大意		外国語	算術	幾何学	測量	代数学	習字書牘・作文 図画	習字 図画 記簿法	習字 罫画 記簿法	習字 罫画	
上等六級 / 上等五級 / 上等四級 / 上等三級 / 上等二級―一級	下等六級―一級 / 上等六級―一級	上等六級―一級		下等三級―一級 (上等六級―五級)	下等六級	下等六級 / 下等五級		下等六級―一級 / 上等六級―一級	下等六級―一級	下等六級―一級 / 上等六級―二級	上等六級―一級	下等六級―一級 / 上等六級―二級	下等六級―四級 (再掲)	下等三級―一級 (再掲)	上等六級―五級 (再掲)	上等四級―一級	
	化学	経済学			政学			英書	数学								
	本科四級―三級	本科二級―一級			本科二級―一級			予科三級―一級 / 本科六級―一級	予科三級―一級 / 本科六級―一級								
	○	○															
	化学	経済学	農商学	記簿法	国政学			英書	算術	幾何学			画学				体操
	二級	二級―一級	二級	二級―一級	一級			四級―一級	六級―一級	四級―二級			四級―二級				六級―一級
	化学	経済	農商学		政体		演説	英学	数学	幾何			画学				体操
	三級	二級―一級	三級		一級		二級―一級	六級―一級	六級―一級	六級―三級			六級―二級				六級―一級
	化学	経済学			政学			英学	数学								
	本科四級	本科三級―二級			本科二級―一級			予科二級―一級 / 本科六級―一級	予科二級―一級 / 本科六級―一級								
	○	○			○												

され、理化学系学科のうち生理学、物理学、博物に属する学科は低い級から中級に、化学は上級に配置され、経済系や政治系学科は上級に配置されている。さらに各校の学科を「中学教則略」と比較すると、やはり等級配置の傾向は似通っていることがわかる。以上より、各校は「中学教則略」や（おそらくは県内に限らない）既存の学科配置を相互に参照して似通った等級配置となっている。(136)

中等教育における実学教育の兆し　先に触れたように、浜松中学校や韮山中学校では学科の一つに「農商学」という実学科目を設けていた。しかし、静岡県における実学教育の試みは科目レベルの試みに留まらないものであった。静岡県には、中学校とともに農学科や農業講習所の設置を試みる動向などが活発にみられた。この動きの背景にはすでに論じた報徳思想の拡がりがあったことは間違いない。また、**表8**に掲げたように商業作物の生産に基づいて成功を収めた者が地域の面立ちとして活躍していたことも背景にあったとみてよいだろう。

この点について第一に注目すべきは沼津中学校長となっていた江原素六による農学校設立計画である。江原は一八八〇年十二月の『函右日報』に、次のような沼津中学校に「農学」を設置する告示を行った。(137)

昨冬右中学校の側の広やかなる生徒寄宿所を設けて此の程農学の一門を新たに開き、広く生徒を募り実地につきて薫陶育英せんとの見込みなりと、流石に農学に注意さるゝ江原氏なれば此の挙あるも亦異むに足ずと雖も生意気生徒のみ多き佗校の為に省みるあらんを望むと左の告示文一篇を添て同地より申し越りぬ

沼津農学校設立告示

沼津中学校設立ヨリ以来爰ニ五年来学ノ者常ニ百名ニ出入セリ其中本科ヲ践履シ終ニ大学及ヒ其佗官立学校ニ登ル者太タ多シ、而テ其卒業ニ及ハスシテ中道家ニ帰リ耒耜《らいし》ニ従事スル者亦少カラストソス、夫レ耒耜ニ従事スル

者ヲシテ普通中学科ヲ践履セシムルハ少シク其目的ニ違フノ恐レナキコト能ハス、故ニ今回中学校中ニ於テ別ニ農学ノ一門ヲ開キ其学科ハ毎日数時間読書即チ四書五経ヨリ左国史漢温史等ヲ順次渉猟セシメ、而テ一週中若干時間ハ皇漢洋ノ農書中ヨリ実地的当ノ事項ヲ抜萃シテ口授シ併テ実地耕種ニ従事シテ本邦及西洋農具ノ使用法ヲ験試セシメ以テ普通中学履行スルアタハサル者ノ為メニセントス、其方法細則ヲ詳知セント欲セハ宜シク本校ニ至リ問合スヘシ

明治十三年十二月　　　　　　　　　沼津中学校々長　江原素六

この計画は着実に進展したようで、一八八一年二月には県への「農具拝借願」が聞き届けられて備品が貸与されている。[138]そして同年四月には生徒寄宿所を設けて農学科の開設を郡内に通牒した。[139]これ以後の表立った経過は知ることができないので、長続きはしなかったものとみられる。沼津中学校は先に触れたように大学への接続に触れた県内唯一の中学校であった。しかしながら、来る生徒にもそのねらいが一貫していたわけではないことが引用した告示文からはうかがえる。中途退学して農業経営（耒耜）に従事する者も少なからずいるという状況に対応して設置が計画されたとみられる。

農学教育機関の設置計画は、これ以外にもみられる。ひとつには農業講習所の設置計画である。県議会では七九年の第一回県会および八〇年の第二回県会で予算化が試みられた。いずれも議会で否決されたため実現はしなかったが、[140]第二回県会で提示された案では静岡中学校に聯合して設置し教員を一部兼務させるものとされていた。沼津中学校農学科に先行する計画であった。なお「中学校令」を受けて定められた「静岡県尋常中学校規則」（八七年七月）[141]では、第四学年および第五学年にて第二外国語もしくは農業から選択される学科として、農業が選ばれている。

また、農学社を率いる岡田良一郎が郡長を務めていた掛川の地には農学校がすでに設置されており「農談の聴衆も多く種子交換等も広く」行われていたようで、一八八〇年の第二回県会では三〇〇円の補助が検討されていた。[142]八二年に掛川中学校が町村立に引きなおされることになった際には、恐らくはこの施設を充実したものとみられる農学校を掛川に設置する構想が郡内の一部より挙がっていたとされる。[143]

そして掛川における農学教育を伴う中等教育は、岡田が一八七七年に設立した私立冀北学舎において広く実践されていた。私立各種学校のまま閉校に至った冀北学舎の教育課程の詳しい紹介は割愛するが、掛川中学校が設置された後の八三年三月に制定された規則によれば、[144]学舎は「修身経済ヲ以テ専門」とし「二者二宮尊徳先生ノ教ヲ宗」とすることが設置理念とされた。報徳学の教えは「躬行口授ニ在テ書ニ在ス。故ニ其教科書タルモノ幾ト希ナリト雖モ、聊カ先輩ノ著」があり教科書に用いられている。学舎には中学校を超えるような水準の漢籍や訳書、原書や数学の内容とともに報徳学が教授された。そして報徳学は「入学易カラス」ものなので「先ツ普通中学ノ諸科」を授けて「開智ノ門」を開いた後に「固是レ終身ノ業故ニ、学期課程ヲ立テス」教授された。

静岡県内の各中学校は一定の共通性は持ちつつも独自な教育課程を形づくっていった。この状況が一八八一年七月の「中学校教則大綱」と「毎週授業時間ノ一例」の布達を経ることでどのように変化したのだろうか。

「中学校教則大綱」と静岡県「中学校教則」

静岡県は「中学校教則大綱」に対応した「中学校教則」という規則を一八八一年十二月二十日に伺い出、八二年三月十四日に認可を得ている。[145]中学校を「高等ノ普通学科」を授けるところとして「中人以上ノ業務」に就くか「高等ノ学校」に入るための学校として位置づけている（第一条）。修業年限は初等中学科四年および高等中学科二年としている（第八条）。各科卒業後の進路については、初等中学科卒業後は高等中学科、「師範学科」や「諸専門」の学科を想定し（第五条）、高等中学科卒業後は「大学科高等専門学科等」を想定している（第六条）。その他、設置学科にかかわる条文も含めて、「中学校教則大綱」で示された枠組みがそのまま教則に反映された。課程表も提出されたようだが、典拠元の『文部省日誌』には欠けている。なお、この「中学校教則」の最大の特徴といわれるのは、初めて各学科の教授要旨を記した教則であるということである。八一年十二月一日に文部省は各学科の教授要旨を提出すべき旨を各府県に達したとされるが、(146)それにいち早く対応したのが静岡県であった。(147)

以上のように「中学校教則大綱」に速やかに対応しようとした静岡県ではあったが、その教則の認可は一八八二年になってからであったため、八一年での修業年限は八〇年から変化していなかった（表15）。しかしながら、『文部省年報』の「静岡県年報」の記述を詳しくみると「中学校教則大綱」への対応を試みたような跡もみられる。静岡中学校、浜松中学校および掛川中学校の在籍者の等級について「下等」第何級何人というかたちで言及している。静岡中学校に至っては、「下等一級」の卒業生が出て「上等生」が出たと言及している。「下等」「上等」という文言は従前の教則や課程表にはみられないため、八一年のどこかの時点でこれらの学校は等級の構成を「上等」「下等」に二分化したと考えられる。ただし「下等」「上等」という文言は「中学校教則大綱」における「初等」「高等」という用語法とは異なり、むしろ過去の「中学教則略」と同一の文言であった。なお沼津中学校については、本科二級から六級および予科一級から三級までの在籍生徒がいると言及している。これは従前の規則通りの等級であって、県内すべての中学校が八一年に等級構成を変更したわけではなかった。八一年の各校は過渡的な状況にあったといえる。

つづいて**表15**より一八八二年時点での修業年限をみると、駿河・遠江の四校が六年、伊豆の二校が四年として「中学校教則大綱」における下等中学科四年、高等中学科二年の計六年という年限に合致する変更がなされている。在籍生徒に言及する際にも、「初等四年前期一人」から「同一年後期十五人」（沼津中学校）とか、「高等一年後期三人」および「初等中学科卒業ノ者十一人」（静岡中学校）という、認可を受けた県の「中学校教則」に則った表現に変わっている。八二年になって「中学校教則大綱」への対応が本格的に実施されたとみられる。ただし、その動きは認可後速やかに実施されたわけではなかった。教則認可直後の八二年四月になされた文部省大書記官の辻新次による県内巡視の後に「管下学校教科ノ傾向ヲ匡正」したという。[148]

「中学校令」までの動向

一八八三年三月になると県は「静岡県立中学校教則及諸則」をまとめた。課程表は**表17**の通りである。

「中学校教則大綱」、「毎週授業時間ノ一例」と比較すると、「中人以上ノ業務ニ就クカ為メ又ハ高等ノ学校ニ入ルカ為メ」という設置趣旨から、小学初等科以上の学力を要するという初等中学科への入学要件、[149]課程表における学科構成、学科の学年配当および配当時間数まで、いずれにおいてもまったく同一といってよいものであった。教科用書についても英語原書を英語以外で使用してはならないとする八三年一月の文部省による指示にも則っている。静岡県は文部省の正格化政策に即して忠実な教則を作り上げた。教授要旨については、従前の「中学校教則」と同一であった。[150]

なお、一八八三年三月の教則は県立の中学校のみに適用されるものであったため、この時期に町村立へ移管されていた学校に適用されたわけではない。この時期の町村立中学校の教則としては、掛川中学校の「町村立掛川中学校教則及諸則」（八四年一月）の一部が明らかとなっている。その教則によれば「学力及年齢ニ長スルモノハ、一科若クハ数科ノ修業ヲ許スコトアルヘシ」（第四条）とあり、この点は「中学校教則大綱」や「静岡県立中学校教則及諸則」にない特徴といえる。また、教授要旨は「静岡県立中学校教則及諸則」とは異なる文言で説明されており、設置者独自に作成したものと考えられる。

表17「静岡県立中学校教則及諸則」（一八八三年三月）

	学年	学科	修身	和漢文	英語	算術	代数	幾何	三角法	地理	歴史	生理	動物	植物	金石	物理	化学	経済	記簿	本邦法令	習字	図画	体操	通計
初等中学科	第一年前期	概要	小学稽古嘉言篇	読書 詞の経緯図 詞の真澄鏡 四書素読 作文 仮名交リ文 書牘文	綴字 ウエブスター スペリング ブック 読方 ウヰルソン フオストリーダー	加減乗除 分数 小数				日本地理小誌	明治国史略										楷書	自在画法		八
		時数	2	7	6	5				2	2										2	2		28
	第一年後期	概要	小学善行篇	読書 言詞辞ノ別 古今集序 十八史略 作文 仮名交リ文 書牘文	綴字 ウエブスター スペリング ブック 読方 ウヰルソン セコンドリーダー	諸比例 百分算 開平				日本地理小誌 輿地誌略	明治国史略										楷書	自在画法		八
		時数		7	6	5				2	2										2	2		28
	第二年前期	概要	論語	読書 源平盛衰記 雅言用文章 十八史略 作文 仮名交リ文 書牘文	文法 ピ子オ 文法書 読書 ウヰルソン サードリーダー	開立 級数 求積	整数四術			輿地誌略	明治国史略		動物小学								行書	自在画法		一〇
		時数	2	6	6	2	2			2	2		2								2	2		28
	第二年後期	概要	論語	読書 雅言用文章 日本外史 作文 仮名交リ文 書牘文	文法 ピ子オ 文法書 読書 ウヰルソン サードリーダー		分数四術	平面幾何		地理論略	十八史略		動物小学								草書	自在画法		一〇
		時数	2	6	6		2	2		2	2		2								2	2		28
	第三年前期	概要	論語	読書 日本外史 作文 仮名交リ文 若クハ漢文	文法 コックス 文法書 読書 サンダー フオースリーダー		方程式	平面幾何		地理論略	続十八史略			植学啓蒙		改正物理全誌						用器画法		一〇
		時数	2	6	6		2	2		2	2			2		2						2		28
	第三年後期	概要	論語	読書 文章規範 作文 仮名交リ文 若クハ漢文	読書 サンダー フオースリーダー		方程式	平面幾何			泰西史鑑上篇			植学啓蒙		改正物理全誌						用器画法		九
		時数	2	6	6		2	2			2			2(3)		2						2		28

学年		学科	修身	和漢文	英語	算術	代数	幾何	三角法	地理	歴史	生理	動物	植物	金石	物理	化学	経済	記簿	本邦法令	習字	図画	体操	通計
初等中学科	第四年前期	概要	論語	読書 八大家文 作文 漢文	読書 サンダー フヰフスリーダー		順列 錯列 級数	立体幾何			泰西史鑑中篇	弗氏生理書					小学化学書	宝氏経済学				用器画法		一〇
		時数	2	6	6		2	2			2	2					2	2				2		28
	第四年後期	概要	論語	読書 八大家文 作文 漢文	読書 シエクスペリ アン リーダ 読書 サンダー フヰフスリー ダー			立体幾何 常用曲線			近世西史綱紀 続西史綱紀	弗氏生理書					小学化学書	宝氏経済学	単式			用器画法		一〇
		時数	2	6	6			2			2	2					2	2	2			2		28
高等中学科	第一年前期	概要	近思録	読書 史記 作文 漢文	修辞 カッケンボス コンポジションアン ドレトリック 読書 ハウス ヒストリカルシエー クスピーア				八線変化 対数用法						金石学	士都華氏物理書			複式			自在若クハ用器画法		八
		時数	2	7	7				2						2	2			2			2		26
	第一年後期	概要	近思録	読書 史記 作文 漢文	修辞 カッケンボス コンポジションアン ドレトリック 読書 ステユーデント イングリッシリタラ ツユーア				対数用法 三角実算						労氏地質学	士都華氏物理書	羅斯珂氏化学					自在若クハ用器画法		八
		時数	2	7	7				2						2	2	2					2		26
	第二年前期	概要	大学	読書 左氏伝 作文 詩歌文	読書 スペンサーズ フヰロソフウヰーオ フスタイル 読書 アンダウード スハンドブックオフ イングリッシユリテ ラチユーア											士都華氏物理書	羅斯珂氏化学					自在若クハ用器画法		七
		時数	3	7	7											2	2					3		26
	第二年後期	概要	大学	読書 左氏伝 作文 詩歌文	読書 アンダウード スハンドブックオフ イングリッシユリテ ラチユーア											士都華氏物理書 改正物理全誌	羅斯珂氏化学					自在若クハ用器画法		七
		時数	3	7	7											3	2					3		26

『静中静高百年史　上巻』六一―七四頁より作成

さて一八八四年になると、第三節で取り上げたような県会での議論を経て、八四年七月に沼津・掛川・浜松の各中学校が再び県立中学校となり、韮山中学校（当時の名称は伊豆学校）は蓮台寺の県立豆陽学校に代わって、県立豆陽学校本校となった（蓮台寺は支校化）。そして**表15**にみるように静岡中学校と、もとより四年制であった伊豆の中学校以外の三校は、県会の議論を受け、「中学校通則」が求める「中学師範学科ノ卒業証書又ハ大学科ノ卒業証書」を有する者が三名以上必要という条件が斟酌されうる初等中学科のみ四年制の中学校となった。ただしこの時の年限短縮をもって各校の教育が縮小したとはいえない。というのも、管見の限りにおいて静岡中学校以外の中学校に高等中学科の生徒が存在したという記録はなく、高等中学科は規則上の存在に限られたとみられるからである。他方で静岡中学校のみが高等中学科を擁する学校になったことで静岡県内における静岡中学校の優位が確定したといえる。ただしその優位さは相対的優位に過ぎず、山口県などのように高等中学科を擁する中学校を中核に定めて県内の他の中学校からの卒業生を進学させる学校体系を構築しようとするようなものではなかった[151]。前節で明らかにしたように、八四年の動向は県会が県立学校という名を欲した結果の各校県立化であって、教育の質向上を求めてのものではなかったことがここにも反映したとみられる。

おわりに

静岡県は冒頭に述べたように、戊辰戦争を挟んで統治主体が総入れ替えとなるという特殊な状況にあった。しかし入れ替わりで入ったのが、徳川家であった。ゆえに当時最新の知識や技術がこの地に導入された。士官養成を目的とした沼津兵学校では類例をみない体系的な学校制度が敷かれた。また、体系性は有しなかったものの静岡学問所には高度な学問を求めて他藩からも人材が集った。

廃藩置県や「学制」を挟むと、江戸から移動してきた士族の多くは静岡を離れ、沼津兵学校の資業生課程や静岡学問所も閉じられた。しかし沼津の地には残った士族を核としつつも地域住民の力も借りてすぐさま中学校に比定される施設が再建された。そして「学制」末期までには、韮山、沼津、静岡、浜松の地に中学校が設置され、その後間もなく掛川や南伊豆の蓮台寺に設置された。これらの学校は、静岡の学校を除いては不安定な経営を余儀なくされたが、少なくとも「中学校令」までは存続した。伊豆の二つの中学校は「中学校令」以後も地域の支えで各種学校として尋常中学校再建まで存続していく。また「中学校教則大綱」までは、緩い共通性は持ちつつも独自性の強い教育課程を考案していた。

旧幕臣の多くが去った後において各学校が不安定であっても存続し得たのは、平民層の支えがあったからこそといえる。茶をはじめとする輸出農産品の生産と販売で成功した資産家、報徳思想に代表される農学を支えとして活動した老農や豪農などの地域の人々の支えがあってこそのことであった。すなわち、掛川中学校を支えた岡田良一郎は中学校を支えるとともに中小の農民を集めて地域に根差した教育の機会を設けていた。静岡や沼津では、地域に留まる生徒を対象とした農学課程を設けようとする動きがあった。他方で議会では、農業を基盤として成功を収めた有力者が参加し、出身選挙区や地域利害を超えて静岡中学校への資源集中による教育の高度化が目指された。構想や実践の現れ方、水準はさまざまだが、初等教育では不足する教育のニーズを公費を投じて支えようとした動向が平民層の中から各地で生じていたことは注目すべきであろう。静岡県の活発な動向の背景には、東海道筋の駿河・遠江にあって、また代官支配地において中間層の実力が培われた伊豆にあって、近世以来培われてきた平民層の実力の賜物だといえる。静岡県の中学校形成史は、旧幕臣と農業に基盤をもつ在地の有力者の双方によって彩られたといえる。

注

（1）「はじめに」および「一」で紹介する幕末維新期における静岡県の動向は、『静岡県史通史編四　近世二』第二編第三章第三節、（静岡県、一九九七）および、『静岡県史通史編五　近現代一』第一編第一章（静岡県、一九九六年）による。

（2）敷知郡堀江に陣屋を構え、公卿の持明院家の庶流を出自とする大沢家の大沢基寿は幕末に高家肝煎の要職につき、朝幕間の交渉にあたったことが認められ本領安堵となった。また見込みの立たない新規開墾地を参入して合計一万石として申告し立藩した。さらに新規開墾が見込まれることを背景として唯一移封を免れた。しかし虚偽申告は民部省に追及されるところとなった。基寿は明治四年に華族から士族に落とされ、禁固刑に処された（前掲『静岡県史通史編五』七五―八四頁）。

（3）本章で参照した学校誌は次の通り。静岡県立韮山高等学校百年誌編集委員会編『韮高百年　資料編』一九七三。浜松北高等学校『浜松北高等学校八十年史』一九七四。静中静高百年史編集委員会編『静中静高百年史　上巻』一九七八。静岡県立掛川西高等学校同窓会編『創立八十年誌』一九八〇。下田北高百年誌編纂委員会編『百年のあゆみ――豆陽中下田北高』一九八一。沼中東高八十年史編纂会編『沼中東高八十年史』一九八一。静岡県の教育史の概要と主な史料については静岡県立教育研修所『静岡県教育史通史篇　上巻』（静岡県教育史刊行会、一九七二）および同『静岡県教育史資料篇　上巻』（同前、一九七三）に詳しい。沼津兵学校については、樋口雄彦『沼津兵学校の研究』（吉川弘文館、二〇〇七）が総括的に論じている。また熊澤恵里子は、西周の構想や福井藩の近代化との関連から沼津兵学校について論じている（『幕末維新期における教育の近代化に関する研究――近代学校教育の生成過程』風間書房、二〇〇七）。樋口は静岡学問所についてもまとめている（『静岡学問所』静岡新聞社、二〇一〇）。沼津兵学校および静岡学問所の概要は、これらの成果に拠っている。県会の動向について触れた先行研究は、静岡県議会が第二次大戦直後にまとめた議会史を典拠としている（『静岡県議会史　第一巻』一九五三）。議会史の典拠となった史料は新聞記事等とされているが、先行研究では議会史よりさらに原典に近い文献を明らかにしていない。典拠とされた当時の新聞記事について調査したところ、新聞記事に会議の概要と発言の一部をまとめた連載蘭があることを確かめた。議会史はこの記述を典拠として記述していたことを確認できた。議員の発言について新聞記事と議会史の双方の記述を比較すると、まず、議会史の記述で送り仮名が平仮名になっているのが、典拠となった新聞記事では送り仮名が片仮名となっている。また、新聞記事に記載された語彙や文言が一部異なっている箇所や編集、削除されている箇所がみられた。本章では、議会での発言を引用参照する場合の典拠について、手にしやすい議会史を基本としつつも、必要に応じて、より一次史料に近い新聞記事も引用参照することにする。
(4) 樋口、前掲『沼津兵学校の研究』三五頁。
(5) 前掲『静岡県史通史編五 近現代一』五五頁。
(6) 前掲『静岡県教育史通史篇 上巻』二三〇—二三一頁。
(7) 樋口、前掲『沼津兵学校の研究』三九—四〇頁。
(8) 前掲『静岡県教育史通史篇 上巻』一九七頁。
(9) 同前、二二〇頁。
(10) 「沼津兵学校関係年表」前掲『沼津兵学校の研究』所収。
(11) 前掲『静岡県史通史編五 近現代一』六四頁。
(12) 静岡県『静岡県史資料編十六 近現代一』一九八九、二〇一頁。
(13) 前掲『静岡県史通史編五 近現代一』六二頁。樋口、前掲『沼津兵学校の研究』三〇五頁。
(14) 樋口、前掲『沼津兵学校の研究』三〇九—三一八頁。
(15) 前掲『静岡県教育史通史篇 上巻』一六二頁。
(16) 静岡県史料刊行会編『明治初期静岡県史料 第四巻』静岡県立中央図書館、一九七〇、一二三—一二四頁。
(17) 前掲『静岡県教育史通史篇 上巻』一七三頁。
(18) 蔵原三雪「E・W・クラークの静岡学問所付設伝習所における理化学の授業——W・E・グリフィスあて書簡から」『武蔵丘短期大学紀要』五、一九九七。
(19) 前掲『静岡県教育史通史篇 上巻』一八三頁。
(20) 前掲『静岡県史資料編十六 近現代一』六二八頁。
(21) 前掲『静岡県史通史編五 近現代一』九九頁。
(22) 前掲『静岡県教育史通史篇 上巻』二四七—二四九頁。
(23) 前掲『静岡県史資料編十六 近現代一』六三二頁。前掲『静岡県教育史通史篇 上巻』二五二頁。
(24) 前掲『静岡県教育史通史篇 上巻』一八〇頁。

(25) 前掲『明治初期静岡県史料　第四巻』一三五頁。
(26) 前掲『明治初期静岡県史料　第四巻』一三五頁。「静岡学問所関係年表」前掲『静岡学問所』所収。
(27) 前掲『静岡県教育史通史篇　上巻』一八九頁。
(28) 前掲『静岡学問所』四七―四八頁。
(29) 大久保利謙編『西周全集　第二巻』宗高書房、一九六二、四四五―四六一頁。沼津市史編さん委員会・沼津市教育委員会『沼津市史史料編　近代二』沼津市、一九九七、四四―五一頁。
(30) 身体検査項目は静岡県史料刊行会編『明治初期静岡県史料　第五巻』（静岡県立中央図書館一九七一、八―一〇頁）による。
(31) 前掲『静岡県教育史資料篇　上巻』三―七頁。なお明治三年改正の「静岡藩小学校掟書」（同前、八―一三頁）では、従前の三級の内容が二級となり、三級修了生の内容が三級に繰り下げとなっている。附属小学校が上構型の青少年教育の場でもあったことは、四方による。
(32) 熊澤、前掲書、一二九―一四七頁。
(33) 前掲『沼津市史史料編　近代一』五四―五六頁。
(34) 前掲『西周全集　第二巻』四六二―四七四頁。
(35) 樋口、前掲『静岡学問所』一〇四頁。
(36) 同前、六六―六九頁。
(37) 同前、九八頁、一〇〇頁。
(38) 前掲『明治初期静岡県史料　第四巻』一二五頁。
(39) 蔵原、前掲論文。
(40) 前掲『明治初期静岡県史料　第四巻』一三五―一三八頁
(41) この状況は、クラークの授業では日英仏の三か国語が使用され、外国語がわからない生徒には通訳を通じて、外国語に通じる生徒には英仏語を通じて直接授業がなされたという記録にも符合する（蔵原、前掲論文）。
(42) 同前。
(43) 前掲『静岡県史資料編十六　近現代一』六八三―六八四頁。

(44) 同前。
(45) 前掲『静岡県教育史資料篇　上巻』二〇頁。
(46) 小田原市教育研究所『小田原近代教育史資料編　第一巻』同上、一九七九、三八頁。
(47) 樋口、前掲書。三九七―三九八頁。
(48) 四方一瀰『近代教育の展開と地域社会』梓出版社、二〇〇九、五五頁。
(49) 前掲『沼津市史史料編　近代一』二一八―二一九頁。
(50) 四方、前掲書、五七頁。
(51) 四方、前掲書、六一頁。
(52) 前掲『沼津市史史料編　近代一』二一九頁。
(53) 明治七年「静岡県年報」『文部省第二年報』一一九―一二〇頁。研習所は、七五年三月に廃止となった。
(54) 前掲『静岡県教育史資料篇　上巻』一一二―一一八頁。
(55) 明治八年「浜松県年報」『文部省第三年報』一一四頁。
(56) 「浜松瞬養学校規則」（静岡県史編さん収集資料検索システム）http://multi.tosyokan.pref.shizuoka.jp/kenshi/detail?tilcod=0000000013-SZA0132179　最終閲覧二〇一七年八月二十日。
(57) 前掲『静岡県教育史資料篇　上巻』九二―九八頁。
(58) 前掲『小田原近代教育史資料編　第一巻』六四七―六四八頁。
(59) 前掲『韮高百年（資料編）』一一九―一二八頁。
(60) 前掲『静岡県教育史資料篇　上巻』二二二頁。『熱海市誌下巻』所収の一八七六年四月のものとされる講習所教則改正案では「予課ノ別則ヲ置キ、生徒ノ学力進歩スルヲ旨トスベキ事」とある。県達と名称に違いがみられるが、師範専修とは異なる生徒が実在していたことに触れている。
(61) 一八七九年四月の「静岡県学規」では、第五十八条で中学校への小学師範学科の兼設を認めている（前掲『静岡県教育史資料篇　上巻』一五三―一六一頁）。
(62) 明治十三年「静岡県年報」『文部省第八年報』一九四頁。

(63) 明治七年「静岡県年報」『文部省第二年報』一二二一—一二二三頁。
(64) 明治十三年「静岡県年報」『文部省第八年報』一九三頁。
(65) 前掲『静岡県史資料編十六　近現代一』一〇九四頁。
(66) 岡田良一郎「開智ノ説」『淡山論集　第一編』一八九八、二七頁。
(67) 掛川市史編纂委員会編『掛川市史　下巻』掛川市、一九九二、二九六—二九七頁。
(68) 掛川市史編纂委員会編『掛川市史　資料編　近現代』掛川市、一九九五、七四五頁。
(69) 前掲『創立八十年誌』一六頁。
(70) 明治九年「学区巡視功程」『文部省第四年報一』一八頁。
(71) 前掲『静岡県教育史通史篇　上巻』四五九頁。
(72) 前掲『百年のあゆみ　豆陽中下田北高』三七—四〇頁。
(73) 同前、四一頁。
(74) 同前、七五—七七頁。
(75) 同前、七八—七九頁。
(76) 同前、八〇頁。
(77) 静岡県立教育研修所『静岡県教育史　年表統計篇』静岡県教育史刊行会、一九七四、二二七頁。
(78) 前掲『百年のあゆみ　豆陽中下田北高』六四—六六頁
(79) 前掲、明治九年「学区巡視功程」『文部省第四年報一』一八頁。
(80) 前掲『静岡県史通史編五　近現代一』二五八—二六五頁。
(81) 同前、二三八—二四〇頁。
(82) 『静岡県統計概評』一八八一、三二—三四頁。
(83) 『静岡県歴史人物事典』静岡新聞社、一九九一、三七六頁。
(84) 静岡県議会『静岡県議会史　第一巻』同上、一九五三、四二三—四三〇頁。
(85) 明治十四年「静岡県年報」『文部省第九年報附録』二八〇頁。

(86) 前掲『静岡県議会史　第一巻』五一七―五一八頁。
(87) 明治十五年「静岡県年報」『文部省第十年報附録』三六一頁。
(88) 浜松市『浜松市史新編資料編二』同上、二〇〇二、二九九―三〇一頁。
(89) 「明治十五年度甲乙丁決議書」前掲『静中静高百年史　上巻』三六頁。
(90) 前掲『浜松市史新編資料編二』二九九―三〇一頁。
(91) 同前、二九九―三〇一頁。
(92) 明治十五年「静岡県年報」『文部省第十年報附録』三六一頁。
(93) 明治十五年「学事巡視」『文部省第十年報』四五頁。
(94) 『文部省日誌』明治十五年第三号、六―七頁。
(95) 前掲『百年のあゆみ　豆陽中下田北高』九二―九三頁。
(96) 蜂屋定憲の発言によれば、伊豆学校からは住民請願、沼津と掛川の中学校からは郡長上申があったとされる（前掲『静岡県議会史　第一巻』七一〇頁）。
(97) 『静岡大務新聞』一八八四年三月十五日。
(98) 第二読会では、浜松中学校は請願があった時点で町村学校補助費を県立学校経費に引き直せばよいとして議論が収束している（田方郡選出田中鳥雄発言、前掲『静岡県議会史　第一巻』七一〇頁）。
(99) 同前、七一〇頁。
(100) 前掲『沼津市史資料編　近代二』四六〇頁。
(101) 『静岡大務新聞』一八八四年四月六日。
(102) 「浜松中学校県立請願ノ可否ヲ論ス」『静岡大務新聞』一八八四年五月十四日。
(103) 前掲『静岡県議会史　第一巻』七九六頁。
(104) 第八回通常県会では、地域の中学校を維持しようという意見に対して、「察スルニ多クハ徴兵忌避ノ為メ入学スル者ノ困却多カル可ケレドモ畢竟斯ル馬鹿々々シキ次第ハ社会進歩ノ今日ニ又有ルマジキ事共ナリ」という批判がなされた。また、中学校維持の立場に立つ議員はこれを受けて「又徴兵忌避ノ者ノ入学云々トノ議論モアリシガ其ハ暫ク措キ」とか「徴兵忌避云々ハイザ知ラズ」として曖昧に批判をそらした上で、自らの主張を述べている（『明治十九年度静岡通常県会日誌　中』静岡県立中央図書館歴史文化情報センター蔵）。ちなみに本注の発言は、『静岡県議会史』では引用されていない。二次史料としての『静岡県議会史』の特徴が如実に示されている箇所だといえる。

(105) 前掲『静岡県議会史　第一巻』七〇八頁。
(106) 同前、七三〇頁。
(107) 同前、七八二―七八七頁、七九四―七九六頁。
(108) 同前、七八五頁。
(109) 前掲『明治十九年度静岡通常県会日誌　中』。
(110) 同前。
(111) 「地方税中学愈ヨ一箇所トナル」『静岡大務新聞』一八八六年四月十三日。
(112) 「中学校はどうなる」『静岡大務新聞』一八八六年一月二十四日。
(113) 前掲『百年のあゆみ　豆陽中下田北高』一二九頁。
(114) 八六年三月の臨時県会によって建物無償下付が決議された（『明治十九年三月　静岡臨時県会日誌』静岡県立中央図書館歴史文化情報センター蔵）。伊豆学校については花井信「伊豆学校史序説」（『常葉学園大学研究紀要　教育学部』三三、二〇一三）に詳しい。
(115) 「会議余聞」『静岡大務新聞』一八八六年三月十一日および十三日。掛川の地には、元掛川中学校教員の堀内政治郎によって少寧精舎が設置された。（前掲『掛川市史　下巻』三〇九―三一一頁、前掲『掛川市史　資料編　近現代』七二八―七三三頁）。
(116) 前掲『静岡県議会史　第一巻』八七三―八八〇頁。
(117) 「愛蘭バーネル党ノ跋扈　地方税中学全廃ノ異見」『静岡大務新聞』一八八六年七月四日。
(118) 神辺靖光『日本における中学校形成史の研究〔明治初期編〕』多賀出版、一九九五、三〇二―三〇四頁。
(119) 四方一洓『「中学校教則大綱」の基礎的研究』梓出版社、二〇〇四、第二章。
(120) 同前、第五章。

(121)『教育雑誌』八二号付録、一八七八附録
(122) 前掲『静岡県教育史通史編　上巻』四四〇―四四二頁。
(123) 前掲『浜松市史新編資料編二』二九六―二九八頁。
(124)『文部省日誌』明治十一年第六号、一八七八。
(125) 同前。
(126)『文部省日誌』明治十一年第十三号、一八七八。『静岡県教育史通史編　上巻』では「中学通則」の作成時期を「静岡県史料」の記述順より推察して、七九年六月ごろとしているが（四五二頁）、『文部省日誌』明治十一年十三号においてすでに「中学通則」として紹介されていることからして、本史料が七九年六月ごろの作成とは考えられない。
(127) 前掲『百年のあゆみ　豆陽中下田北高』五〇―五八頁。
(128)『文部省日誌』明治十二年十八号、一八七九。
(129) 前掲『静中静高百年史　上巻』六一―七四頁。
(130) 明治十三年「静岡県年報」『文部省第八年報』一九五頁。
(131) 明治十四年「静岡県年報」『文部省第九年報附録』二七六頁。
(132) 明治十三年「静岡県年報」『文部省第八年報』一九五頁。
(133) 静岡中学校の「中学教則」では第四条で入学への「学力未満ノ者ハ員外生トナシ入校ヲ許スコトアルヘシ」とされており、予科になぞらえた課程が存在していたとみられる。
(134) 静岡中学校の「中学教則」では第五条で「漢学英学数学等ノ中一科専門志願ノ者ハ其科ニ依リ試験ノ上入校ヲ許ス」とあり、学科の一部履修も認められていたことがわかる。また浜松中学校にも一八八〇年九月までは「専修科」が設置されていたとみられる（明治十三年「静岡県年報」『文部省第八年報』一九五頁）。
(135) 明治十三年「静岡県年報」『文部省第八年報』一九三頁。
(136) この点については、小学卒業という学歴を有しない一四歳以上の者に課した入学試験の方法についてもいえる。一八七六年一月の浜松県「瞬養学校規則」（前掲）では入学試験が「普通ノ書ニ就キ講義及探題作文セシメ数学ハ問題ニ依リ答式ヲ作ラシム」とされていた（第七条）。これは。浜松中学校の「静岡県浜松変則中学校学則」（七七年十月）においても「普通ノ

書ニ就キ講義、作文或ハ譜答、譜写セシメ、数学ハ問題ニ依リテ答式ヲ作ラシム」という規則にほぼ引き継がれている（第十三条）。さらには静岡中学校の「中学通則」（七八年十月）においても「普通ノ書ニ付講義作文或ハ数学ノ問題ニヨリ答式ヲ作ラシメ」という規則にも反映しているように思われる。

(137) 前掲『沼津市史史料編　近代一』四五九頁。

(138) 同前、四五九頁。

(139) 沼津市史編さん委員会・沼津市教育委員会『沼津市史通史編　近代』沼津市、二〇〇七、一一三頁。

(140) 前掲『静岡県議会史　第一巻』四三一―四三三頁、四八一頁。

(141) 前掲『静中静高百年史　上巻』一六二―一六八頁。

(142) 前掲『静岡県議会史　第一巻』五一六頁。なお、農学校については『文部省年報』の学校表に登記されていない。農学社に関連する組織だとみられる。

(143) 静岡県立中央図書館歴史文化情報センターには「掛川中学ヲ改掛川農学校ト改称シ六郡町村及有志者ノ公立願」と称する史料が所蔵されている。

(144) 前掲掛川市史編纂委員会編『掛川市史　資料編　近現代』七一六―七一七頁。

(145) 『文部省日誌』明治十五年第十七号、一八八二。

(146) 四方、前掲『「中学校教則大綱」の基礎的研究』一三八頁。

(147) 同前、一四一頁。

(148) 明治十五年「学事巡視」『文部省第十年報附録』四五頁。

(149) ただし、小学初等科卒業の学歴を有しない者への試験の一部に、小学中等科までの教育内容では対応できない『十八史略』の素読が求められていた。『十八史略』は高等科の読書で課されていた（「小学教則」（一八八二年一月九日）前掲『明治初期静岡県史料　第四巻』三三四―三四九頁）。小学校と中学校と間の接続が厳密に考慮され、制度に反映されていたとはいえない。

(150) 四方、前掲『「中学校教則大綱」の基礎的研究』四五一―四五二頁。

(151) 一八八六年の「中学校令」により県内唯一の県立中学校となった静岡尋常中学校に「在来ノ生徒」を集めたという記録は

残されている（『官報』一二三八号、一八八七年八月十三日）。

第六章　愛知県の中学校形成史

神辺靖光

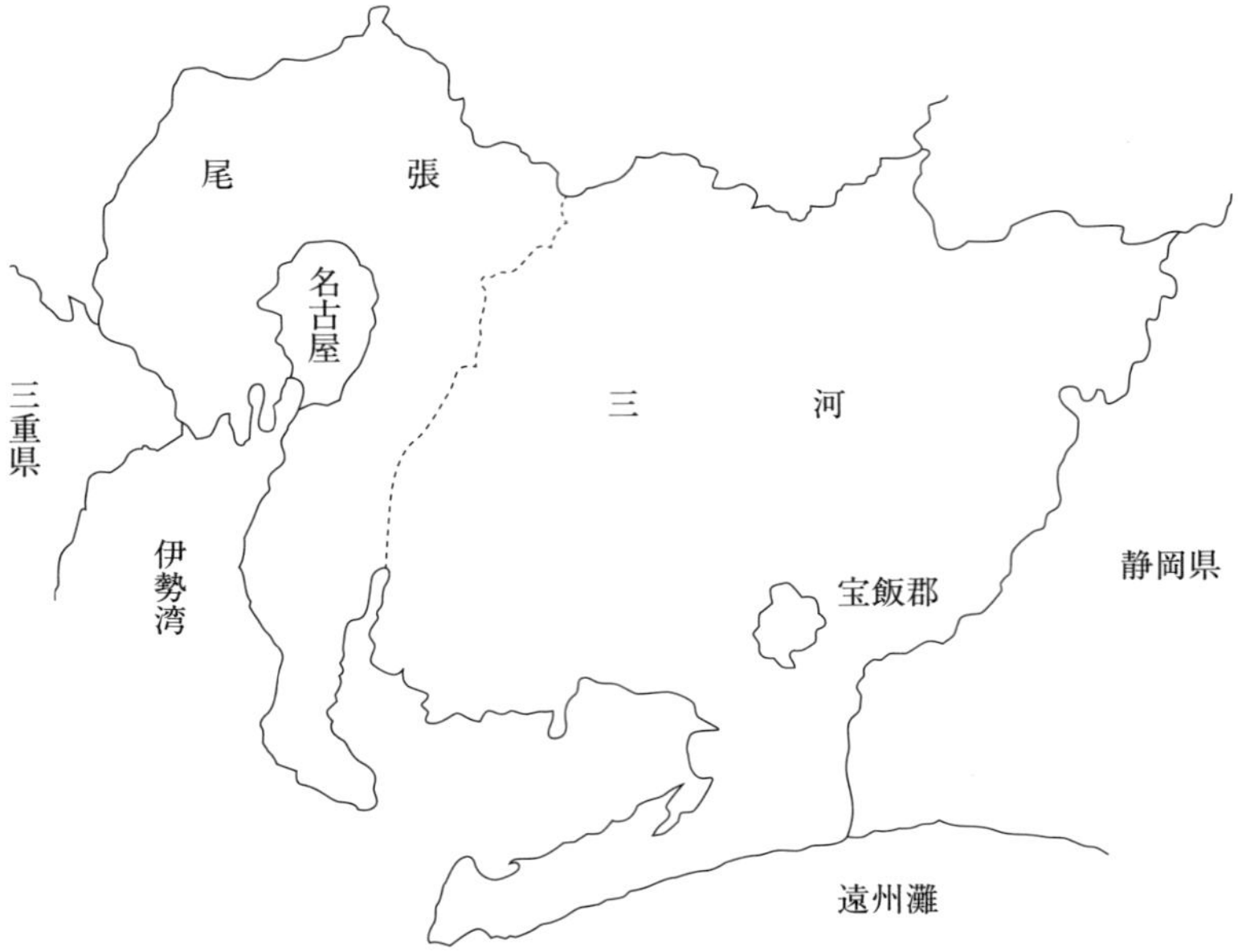

愛知県の図

表１　愛知県成立表

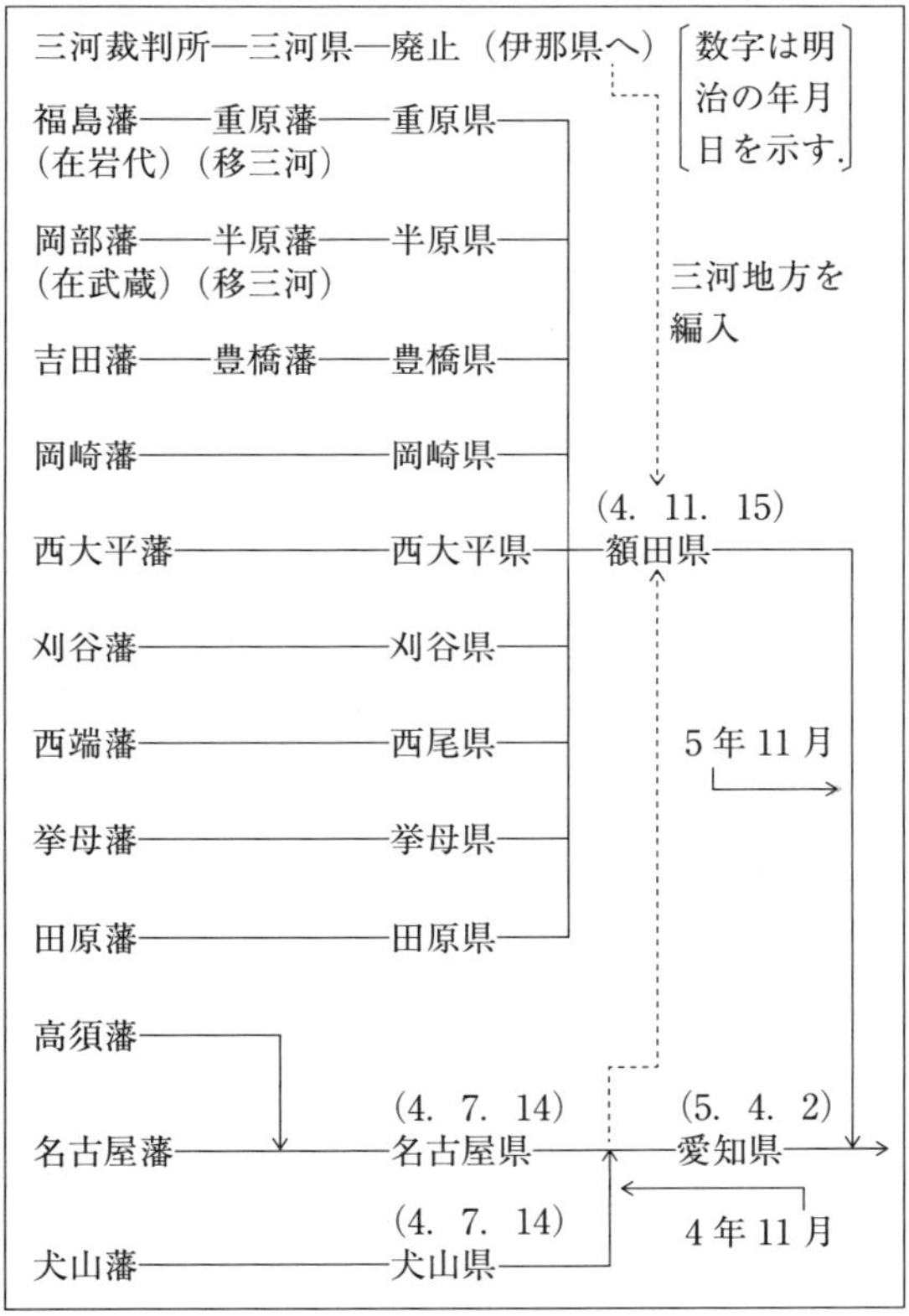

山川出版県史23、『愛知県の歴史』259頁引用

はじめに

廃藩置県で尾張六二万石の名古屋藩は名古屋県になり、犬山藩三万五、〇〇〇石は犬山県になったが、四年十一月の第一次県統廃合で犬山県は名古屋県に合併された。犬山藩の成瀬家はもともと尾張徳川家の付家老であるから名古屋県は旧名古屋藩がそっくり県に移行したといえる。

三河方面は岡崎藩以下九藩が岡崎県のように旧藩名の県になった。そして四年十一月、第一次統廃合で県庁所在地の郡名をとって額田県になった。しかるに五年十一月、額田県は、名古屋県が改称した愛知県に突如合併された。かくして愛知県は尾張・三河を包摂する大県になった。二国を包摂する大県は七六年の第二次県統廃合で起るが（本書序説参照）、五年十一月という早い時期の二国一県は異例である。

愛知県の中学校は名古屋に愛知県中学校が屹立して起った。その萌芽は名古屋藩洋学校であり、それを受けてできた官立愛知英語学校が骨格をつくりあげた。官立英語学校は七七年の制度改革で愛知県に譲渡されて愛知県中学校が成立し、十年にわたる中学校の形成がはじまる。よって本稿の前半は名古屋藩の洋学校→官立愛知英語学校→愛知県中学校の沿革に沿って、その形成を考察する。

三河方面は一八八〇年まで中学校は不毛であった。しかるに八一年、三河宝飯郡に郡内各町村が団結してつくった宝飯郡立中学校が設立された。この中学校は八六年の学校令体制に押し流されて高等小学校になるが、八〇年代に各県につくられた郡立中学校の先駆をなすものである。よって後半は三河の宝飯中学校と学校令体制によってできた愛知県尋常中学校を叙述する。

一、藩の学校から県の学校へ

名古屋洋学校

名古屋藩では弘化四（一八四七）年、藩士・上田帯刀《たてわき》が町医師の伊藤圭介と協議して蘭学の研究を藩主に建議した。藩はこれを許可した。また蘭学者の白石平蔵が、西洋学と西洋砲術を研究し、嘉永元（一八四八）年、藩有志にこれを教える許可を得、安政六（五九）年十二月、上田帯刀の私宅を洋学所として洋学教授を開始した。(1)

明治の新政府は府藩県三治体制下の藩行政を一定にすべく「藩治職制」（明治元年）、「職員令」（同二年）、「藩制」

（同三年）を発し、藩行政の改革を指示した。各藩はこれに応じて藩行政を改革したが、大方の藩は行政組織に学校を組み入れた。(2) 名古屋藩もその例に洩れない。名古屋洋学校は藩制改革の一環としてはじまったのである。

藩は明治三年六月、名古屋城に近い七間町の寺社奉行所と地方《じかた》御勘定所の跡に和洋折衷の木造校舎をつくり、洋学校を開設した。(3) この洋学校は仏学と英学を教授する所で、仏学教師に東京府士族・林正十郎（林欽次）、英学教師に東京府士族・横瀬文彦を雇った。林も横瀬も幕府の開成所出身で横瀬は維新後、大学中助教になったが、林は東京築地軽子橋近くにフランス学の迎曦塾を開いた。(4)

林、横瀬という旧幕府開成所出身の洋学者を主任教授として招いたが、藩の学校であるから学校の監督者と幹部は名古屋藩士で固めた。即ち学校監に藩権大属・丹羽佐市郎を、学校監試補に藩士の塚田、天野、青山の三名を、書記に藩士・柴田以下数名を任ずる一方、教官として仏学教授に藩士・辻輔、仏学助教兼寄宿舎長に稲富秀、その他の役職に石黒信太郎以下一八名を任じた。同様に英学の横瀬文彦を補佐する英学教授兼寄宿舎長に藩士・前田利器、石黒太郎を、英学助教にその他一五名を任じた。また共通学科の算術教員には藩士・鈴木喜三郎以下三名を任じた。こうして教授以下職員、門衛に至るまで概ね六〇名という藩立洋学校の陣容を整えた。(5)

教育課程とは言えない極く大ざっぱな教則がある。英仏両学ともに正則と変則の二課程とし、さらに二課程とも普通科と専門に分けた。正則は語学を専ら教授し、変則はその意義を講習するものである。(6) 生徒は英仏合わせて凡そ三八〇名であったと『鯱光百年史』（愛知一中、愛知県立旭丘高校の沿革史）は述べている。(7)

四年七月、廃藩置県が断行されて名古屋藩は名古屋県になった。名古屋県は藩の洋学校を引き継いで県の洋学校とし布告を発した。

本県は「去歳巳ニ洋学校ヲ設ケ英仏二学ノ教師ヲ雇、其道ヲ講セシム。爾来、生徒日々ニ進ム。因テ新ニ仏人ムリエー、英人アレキサンドル・インキリス両教師ヲ雇、相倶ニ生徒ヲ教育セシメントス。到着ノ日近キニアリ。因テ更ニ其由ヲ布告ス。士族卒ハ素ヨリ、農商ノ子弟ニ至ルマテ入学セシメ勉励刻苦学成立ヲ期セシムヘキ也」。(8)

フランス人ムリエーの名古屋洋学校教師雇用契約は明治四年四月、藩大参事との間で結ばれたが着任が廃藩置県後の四年八月になったため、名古屋県が引き継いだ。俸給一ヶ年四、〇〇〇両、契約期間は明治四年八月から二ヶ年、六年七月までというものであった。(9) ムリエーのフランス語教育の実績については伝わっていない。彼は日本好きで、日本語を覚え、羽織袴を着用して大小の刀を差していた。(10) 普仏戦争（一八七〇～七一年）でフランスが敗れたので七三（明治六）年六月、彼は解雇され、仏語科が廃止された。当時の政府は西洋列強の動向に敏感過ぎる所があり、普仏戦争でプロシャが勝つとこれまでのフランス式陸軍編制をすぐにプロシャ式に代えた。こうした空気が文教界にも流れていたのだろう。英国人アレキサンドル・インキリスの契約は名古屋県の明治五年二月付雇継続の約定があるが、来日、着任の期日、教育実績等については不明である。月給二二五円、別に食費二〇〇円が支給された。(11) 名古屋県洋学校の督学、教授、職員の俸給はすべて旧藩の米石で支給されている。(12)

明治五年八月三日「旧学校廃止令（文部省達第一三号）」が達せられた。これまで府県が設けた学校は方針がまちまちで不都合なものが多いから一たん悉く廃止せよという命令である。大方の府県はこれによって学校を閉じた。愛知県も後述の県中学校を廃止したが、洋学校は御雇外国人教師がいるし、「学制」の趣旨に合致すると思ったのであろう。その旨、政府に伺った。この洋学校は存続し、七三年十二月に愛知県立成美学校になるのである。(13)

成美学校・第一番仮中学

成美学校の開校については諸書まちまちであったが『愛知県教育史』は諸書を検討して一八七三年十二月八日、七間町の洋学校を呉服町筋元御勘定所まで拡張して洋館に改め、開校したとした。(14)『文部省第二年報』所収の「明治七年督学局年報」は文部省の加納久宜、桜井忠徳が第二大学区の巡視を命じられて書いたものだが、[15] 成美学校について「本校ハ第一番仮中学ノ称ナレドモ則チ外国語学校ニシテ日耳曼人ホールム氏ヲ聘シテ教師トシ七年四月、英語学ヲ再興セリ」[16] と述べている。ここにいう第一番仮中学とは第二大学区第一番中学区の仮中学ということである。「学制」を受けて各府県は管内の中学区を区画したが、愛知県は名古屋を第一番中学区として県内を一〇中学区にした。[17] 名古屋は第二大学区の本部だから第二大学区本部に最初の第一番仮中学を置いたことになる。「学制」は邦語の中学校設置を後のこととし、まず中学校に代る外国語学校を各大学区本部にたてた。即ち東京の南校を第一大学区第一番中学、大阪の開成所を第四大学区第一番中学、長崎の広運館を第六大学区第一番中学と改称して（文部省布達一六号）、全国中学校の模範にしようとしたのである。名古屋の洋学校を第二大学区第一番仮中学としたことは文部省の第一番中学政策と符節が合う。しかし第一番仮中学は文部省向けの名称で、県内一般には成美学校とした。「君子成二人之美一」（論語）からとった名である。

英語の教師にゼルマン人ホールムを雇ったことは一見奇異にみえるが明治前期の御雇教師はドイツ人が多く、[18] 京都府中学も英独仏の総括教師としてプロシャ人リュードルフ・レーマンを雇っているし、官立宮城英語学校もドイツ人ジーフィス・ヘイルドを雇っている。[19] 御雇教師ホールムの月給は一五八円、学校維持の費用はすべて芸妓税三、七〇〇円でまかなった。[20]

七四年三月、「専門学ニ入リ各其志ニ向フ」ための英学普通科成美学校規則を制定した。告示、校則、仮教則、舎則からなる。[21]「入学ハ毎月二ノ日」即ち二日、十二日、二十二日で、入学期というものがなく年中入学させた（校則第三則）。修業時間は昼食休みの正午から午後一時までの一時間を除いて朝九時から午後三時までの五時間（第四則）、書生徒試業は春秋二回（第一五則）、受業料は下級は月二銭、一級昇るごとに一銭増加、毎月十日に納入（第一六則）、書籍借覧料は原価五〇銭以下の書は一銭、一円以下は二銭、一円五〇銭以下は三銭、それ以上は五〇銭ごとに一銭を増す（第一七則）。休日は「毎月一六ノ日」、即ち一日、六日、十一日、十六日、二十一日、二十六日の六日、十二月二十五日から一月七日までが正月休みで、夏休みというものはない（第二〇則）。すべて旧暦によっている。次に仮教則をみよう。

クラスを五級とし、英語の会話、綴字（ライティング）、読方（リーディング）、講授（文章の講義か）、数学の五科を毎日、一時間ずつ学習する。第一級だけは読方書取一時間で、教師のリーディングを書き取るもので高度な学習である。各級は半歳の春秋試験で進級、原級留置が決まるから、最短で二年半、通常三〜四年の課程であった。

寄宿舎があった。春分より秋分までの夏期は六時起床、冬期は七時起床、就寝は年間一〇時、朝食は起床後三〇分から始まり三〇分で終る。昼夜の食事規則はない。舎外散歩は夏期は四時から一〇時、冬期は四時から九時まで、賄料は毎月二十五日に納めることになっているが、金額の定めはない。その他、飲酒放歌高吟等の禁止事項があるが、東京の学校に比べると万事大らかである。(22)

こうして成美学校は御雇教師ホールムの授業ではじまったが、学校規則ができた七四年三月、官立外国語学校設置の文部省布告が出され、同年九月、愛知英語学校が開校されたので成美学校は閉鎖されることになった。前出の「明治七年督学局年報」は次のように述べている。「初メ本校ノ生員六十余名アリシガ七年八月、官立英語学校ノ設ケアリシヨリ之ニ入校スルモノ多ク即今在校ノ生徒ワズカニ廿七名ヲ存スト云フ」。(23)

名古屋県中学校

廃藩置県まもない明治四年十月、名古屋県は県の中学校を開いた。次の県庁布告がある。

第一区元兵学校ヲ以テ中学校と致し、本月廿八日御開業之筈候間四民とも十六歳以上之輩入学修行可致之事

一入学相願候者ハ雛形之通相認、来ル廿五日迄ニ其筋江可差出事

一元学校生徒タリトモ更ニ可願出事

一十六歳以上之輩ト雖小学校学科卒業之者ハ入学ヲ許スヘシ

（雛形略）

右之通管内一般農商ニ至迄不洩様承知可致候事(24)

辛末十月　　名古屋県庁

『日本教育史資料』収載の「中学校沿革要略」によれば右の中学校は旧尾張藩校明倫堂を廃止して、その後継としてたてたもので、明倫堂生徒中の問義以上（高等科生）を移したものであるという。校舎の元兵学校というのは尾張藩の付家老・犬山城主成瀬家の名古屋邸にあった軍事学校のことである。(25)名古屋県中学校の開校について四年十一月の「名古屋新聞」は次のように伝えている。

十月廿八日、本県中学校ヲ開校ス。此校ハ第一区二番、県庁ト対門、成瀬正五位ノ旧邸ヲ改修シテ県下第一ノ宏厦ナリ。是日官員書生礼服参校ス。教師小永井八郎、周監二代章ヲ講シ、教官青木笑可、建学大意書ヲ読ム（下略）

中学校の学科は国学、漢学、訳書による洋学、数学、筆道で次のような「中学規則」（カリキュラム）をたてた。

初課　通鑑擥要・皇朝史略・日本外史・西洋訳書（修身・国体・地理）・数学

二課　史記・漢書・綱鑑易知録・六国史・大日本史・資治通鑑并綱目・西洋訳書（究理・天文・地理・各国歴史）・数学（代数）

三課　経義・数学（幾何）

別課　中学講義課程（講読・数学）

右を教える教職員として次の職制をたてた。

学校の総裁・一等教授（月俸六〇両、学才により差等あり）・二等教授（二〇両）・一等助教（一〇両）・二等助教（七両）・寄宿大舎長（五両）・小舎長（三両）・算術師（三両）

生徒は寄宿生三〇名、通学生一〇〇名であった。(26)

中学校開設の布告より早い四年七月、即ち廃藩置県直前、名古屋藩庁は小学校開設の布告を出していた。

今般左ニ相誌候寺院等を以小学校ニ取建本月廿日を初日として一校順ニ開業いたし当日講義有之八月三日より已後毎月三ノ日を以生徒入学を許ス各住居方向之便宜ニより子弟を就学せしむへきなり

第一校廿日より校順毎日ニ開之

西光院　　時習館　　元舟楫局　　大光寺　　長久寺　　慶栄寺　　元御馳走所

但一六ノ日並を休校として除之廿日開校後休日は其翌日を初日として本書之順次ニ可心得事

一入学之儀本校より移り候生徒は此節より新たに入学のものは本書来八月三日よりを始とす
一出校のものは生徒ニ至ル迄農商たりとも袴着用可致候
一入学方礼式等父兄出校之上可相伺候追而者書面を以可及布告事
右之通御管内一般農商等ニ至迄不洩様承知可致候事
辛未七月　　名古屋藩庁(27)

この藩布告直後、廃藩置県になったため、藩を引き継いだ名古屋県が、これを実施に移した。右布告では小学校は西光院以下七校になっているが、一八八三年以後に書かれた『日本教育史資料四』収載の「明倫堂取調要項追加」では

第一小学校　名古屋区白川町西光院
第二小学校　同区　花木町時習館（旧尾張藩志水忠平の学問所）
第三小学校　同区　鍋屋町大光寺
第四小学校　同区　長久寺町長久寺
第五小学校　同区　松山町安西寺

の五校しかたてられなかった。

はじめは旧藩校の素読生（下等生）を移した藩立小学校から始ったものらしい。布告に「管内一般農商等ニ至迄」

とあるが、小学校の「沿革要略」には「明倫堂ノ生徒ヲ移シタルモノナレバ該生徒ノ多クハ士族ノ子弟ナリ。本校ハ士族ニ限ラズ四民一般入学ヲ許サル旨趣ナレドモ平民ニシテ入学スルモノ乏シ」と述べている。(28) つまり、この小学校は藩校明倫堂問義生以上の生徒を移してつくった名古屋県中学校と同じ発想で、明倫堂の下級生徒である素読生を移して新時代の学校にしようとしたものである。ただ小学校設置の布告直後に廃藩置県の詔勅が発せられたため、両校の関係上の認識が混乱したものと考えられる。

この中学校小学校を一体とした学校観は三年二月の「中小学規則」の学校観である。「中小学規則」は「大学規則」と一緒にでた教育法規で〝中学〟がはじめて公式な教育用語になったのであるが、これは府藩県三治体制の中でつくられたので、その設置主体が府藩県であった。大学は朝廷（中央政府）がつくるが、中小学は府藩県（地方行政府）がつくれと命令したのである。名古屋藩→名古屋県の中学校・小学校の設置はこれを受けたものである。中学生の年齢を一六歳以上としたこと、小学卒業を中学進学の資格としたことなども、(29) すべて「中小学規則」を受けている。(30)

中学校は「学制」公布と同時にでた文部省達第十三号（旧学校悉皆廃止令）によって廃止になった。小学校は「学制」公布後、愛知県独特の義校になって継続した。(31)

二、官立愛知英語学校

開校に至る経緯

七四年三月、第二大学区愛知県、第四大学区広島県、第六大学区新潟県、第七大学区宮城県に官立外国語学校を設置することが布達された（文部省布達十三号）。(32) すでに七三年八月には開成学校語学生徒部と外務省の独魯清語部が合併して東京外国語学校が成立していたし、七四年四月には大阪開明学校、長

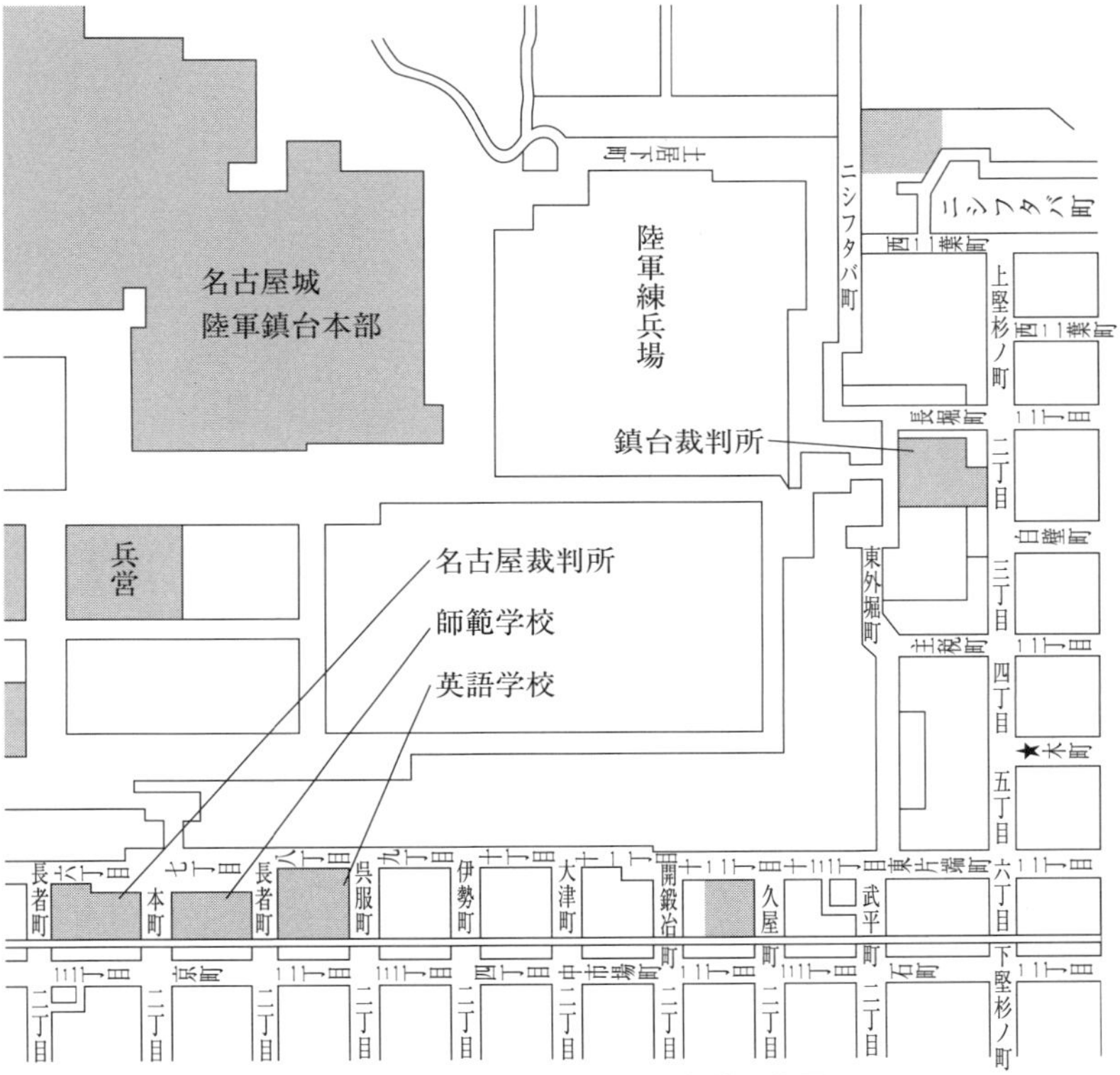

図１　1877年頃の愛知英語学校の位置

『鯱光百年史』20頁より引用

崎広運学校を外国語学校にしたから（文部省布達十六号）、七大学区本部にそれぞれ官立外国語学校をつくったことになる。愛知英語学校はこうした文部省政策の一環としてはじまったのである。まず、官立外国語学校設置の経緯を概観しよう。

「学制」は大学、中学、小学を学校体系の基本として、それぞれの学校を述べているが小学校の普及に主力をそそぎ、中学校は小学校普及の後、大学はさらに将来のこととした。しかし政府首脳は体験的に、迫りくる西洋列強の文明、科学技術に脅威を感じていた。西洋諸科学を学ぶための大学設置を放置していてよいものか、しかし日本にそのような大学をつくる力はない、西洋諸科学を学ばせる留学生の派遣は始まったばかりでその成果ははるかに遠い。文教責任者たる大木喬任文部卿が考えついたのは西洋人の御雇教師による速成の専門学校であった。「学制二編」と呼ばれる「学制」の追加条項をよく読めば右のことは了解できる。この速成簡易大学としての専門学校のモデルとしてつくったのが、後に東京大学になる開成学校である。開成学校は外国人教師の授業であるから、生徒は外国語に通じていなければならない。即ち開成学校は外国語を学習する予備学校がなければなりたたないのである。文部省ははやくから、これを考慮して通常の中学校のほかに「外国教師ニテ教授スル中学」を構想していた。これを具現したものが大阪の開明学校と長崎の広運学校である。いずれも愛知、広島、新潟、宮城の官立外国語学校設置が布達された直後に官立外国語学校になった（以上については本書序説参照）。

官立愛知外国語学校設置の布達以後、愛知英語学校発足に至る経緯は学校長・吉川泰二郎が書いた「処務概旨」(33)にくわしいのでこれによって日記風に記そう。

一八七四年四月八日、愛知外国語学校の経費、一ヶ年一万二、〇〇〇円と決まる。生徒定員一〇〇名以上。

四月九日、同校校長に吉川泰二郎が決まる。(34)（吉川は慶応義塾出身、弘前藩東奥義塾の教員をへて愛知英語学校の校長になり、のち日本郵船会社の社長になった人である）。

五月、学校の土地を定め、開校準備のため、部下とともに東京を出発、名古屋着。

五月十七日、愛知県令と協議して、県の成美学校を外国語学校に収用することに決定し、文部省に申請、次いで成美学校内に設立仮事務所を置いて開校の準備をはじめる。まず第二大学区内の九県に生徒募集の通知を発し、次に授業料を月五〇銭とし、下等を六銭と決める。

六月七日、建築工事者を集めて校舎改築の代価を入札させ、十二日、廉価なる者に工事委托。三、〇〇〇円で旧校舎を営繕したが、頗る敗頽しているのでさらに一、〇〇〇円を増額して八月中、過半を新築した。

七月二十日より応募生徒の試験をはじめ、九月、試験結果により入学生を決める。入学生一〇〇名、仮入学一九名、落第三名。

九月十七日、開業式、午前六時、外国人教師、生徒出頭、九時、県権参事始め六名、正副区長、正戸長、師範学校官員教員生徒出校、成美学校と師範学校の監事が祝詞を読んで式を終った。正午より庶民の学校従覧を許す。

二十一日より三日間、等級試験を行い、生徒を下等第四級、第五級、第六級の三級に分けた。

こうして愛知外国語学校が始ったが、七四年十二月二十七日、東京を除くすべての官立外国語学校は英語学校と改称するという文部省布達がでた（布達三十号）ので愛知外国語学校は英語学校と改称した。明治初年、日本は西洋列強の語学を手当り次第学んだが、文部省は外国語学習を英独仏の三ヶ国語にしぼった。よって専門学校のモデルたる開成学校はすべての学科に英独仏三コースを設けてカリキュラムをつくった。しかしこれには多数の御雇教師を必要とし、実際に行い難いことがすぐわかった。よって医学だけをドイツ語とし、他は英語によることにした。当時の洋学塾は圧倒的に英学が多かったし、貿易港では英語が多く通用していたからである（本書序説を参照）。開成学校の予備校たる官立外国語学校が東京を除いて英語学校になったのはこれがためである。

校則と諸規則の制定

「校則」(35)をつくった。この校則は「学制二編追加」第百九十一～百九十六章を受けた「外国語学校教則」（文部省布達六十一号）に準拠したものである。

校則

第一条　此学校ハ専ハラ語学上達スルヲ以テ目的トナシ二種ノ学校ト見倣スヘシ甲ハ通弁ノミヲ志ス者ヲ教授

シ乙ハ語学ヲ卒ヘ専門諸科ニ入ラント欲スルモノヲ教授ス

第二条　此学校ニ入ル生徒ハ上下ノ小学教科ヲ卒業シ成業ノ目的アル者ニシテ其年齢大約十三年以上十八年以下トス　但小学未タ完全ナラサルニヨリ当分斟酌スヘシ

第三条　当校教科ヲ二等ニ区別シ甲ヲ上等語学トシ乙ヲ下等語学トス

第四条　此教科二等各六級ヲ置キ各級六ヶ月ノ課程ト定メ修業年限六ヶ年トシ一日五時間則チ毎週三十時ノ課業トス

第五条　専門学科ヲ学ハンカ為メ入学スル者ハ下等ノ教科ヲ卒業シ試験ヲ経テ専門学校ニ移ルヲ法トス

第六条　生徒ヲ分ツテ二種トス一ツハ入舎生一ツハ通学生

（以下略）

第四条の「教科二等各六級」「修業年限六ヶ年」は文部省の「外国語学校教則」では四級四ヶ年である。愛知英語学校は六級六年に延長した。しかし翌年、修業年限四年に直している。第六条の入舎生、通学生の区別は「外国語学校教則」にはない。

「教則」（カリキュラム）と進級のための定期試験については叙述の都合上、後に述べるので、ここでは、生徒に対する一般規則と学校の経営維持に関することを述べる。

「校則」は学年の始業日について記していないが、進級を決める定期試験が二月と七月にあり（第十七条）その結果、新学級成員が決まるのであるから八月の夏期休暇をへた九月が新学年の始まりであった。休日は日曜日、月首一日（毎月一日のこと）、新年朝拝、元始祭、紀元節、神武天皇例祭、孝明天皇祭、神嘗祭、天長節、新嘗祭、夏日休業

表 2−1　生徒日課表

半期	夏期 5月〜10月	冬期 11月〜4月
登校	6 時 20 分	7 時 50 分
授業	6 時 30 分〜 9 時 30 分	8 時　〜12 時
休憩	9 時 30 分〜10 時	
授業	10 時　〜12 時	
昼食休憩		12 時　〜 1 時 30 分
授業		1 時 30 分〜 2 時 30 分

『文部省第二年報』425 頁、校則第 25 条による。

表 2−2　入舎生日課表

半期	夏期 5月〜10月	冬期 11月〜4月
起床	5 時　〜 5 時 30 分	6 時 30 分〜 7 時
朝食休憩	5 時 30 分〜 6 時 30 分	7 時　〜 8 時
	学校	
副課（自習）	1 時　5 時	2 時 30 分〜 4 時
夕食休憩	5 時　〜 6 時	4 時　〜 5 時
散歩	6 時　〜 8 時	5 時　〜 7 時
副課（自習）	8 時　〜 9 時 30 分	7 時　〜 9 時 30 分
就眠	9 時 30　〜10 時	9 時 30 分〜10 時

『文部省第二年報』430 頁 舎則第 10 条による。

（七月十六日～八月三十一日）、冬日休業（十二月二十日～翌一月七日）。「但月首一日、日曜日ニ当レハ別ニ十一日ヲ休日トス」とあり、さらに臨時休業もあるのだから、八〇年代につくられた日本の学校暦からみると休日が多い。しかし近世武家の藩校、私塾に比べれば授業日数、時間は格段に多いのである。休日は太陽暦七曜の日曜を休日にしながらも旧暦による朝廷の祝祭日を学校の休日にするなど、この時期の風潮が窺える。

生徒を入舎生と通学生に分けた（第六条）。名古屋区以外から多くの生徒を受け入れることを予定したからである。全三九条の「舎則」[36]をつくり舎生にきびしい生活の規範を強制している。[37] 校則第二十五条の「生徒日課表」と並べてみよう。

七四年における寄宿舎入舎生は全生徒

一六一人中六一人で多いとは言えないが、第二大学区全県からの入学生をタテマエとする愛知英語学校として寄宿舎は重要であった。

五月から十月という長い夏期の、今日からみればあまりに早い起床、登校、授業開始時間に、電灯がなかったこの時代を回想できるし（明るいうちに何んでも済ませる習慣）、副課（自習）時間の多いのは近世以来の習慣である。ただし散歩は幕末、西洋人が多く来日してからの習慣を取り入れたものである（表2—1）（表2—2）。

授業料は月五〇銭、ただし、これを納められない者は月六銭でよい（校則二十二条）、兄弟二人入学した場合は二五銭の半額、三人以上入学の場合は第三子からは無料（校則二十三条）、寄宿舎の月俸（食費・賄料）は月末に納めることになっているが（舎則二十一条）金額の定めがない。金銭的に官立英語学校の生徒は極めて優遇されている。「学制」で定めた中学校の授業料は「一月五円五十銭ヲ相当トス、外ニ三円五十銭、二円ノ二等ヲ設ク」（第九十四章）となっているが、実際に払える金額ではなかった。校長・吉川泰二郎は述べる。〝授業料は五〇銭と内示を受けてきたが〟、「曩ニ成美学校、洋人ヲ雇テ教授セシトキモ上等ハ四銭、下等ハ二銭ナリシ。然レトモ生徒尚五十名ニ過ギズ。若シ五十銭以上ノ月謝ヲ収メシメバ恐クハ応募ノ者、退却セン。因テ姑ク五十銭ヲ相当トシ六銭ヲ下等トス」（「処務概旨」）[38]。「学制」の授業料は現実ばなれした荒唐無稽な規定であった。

愛知英語学校の一ヶ年の経常予算は一万二、〇〇〇円であったが（前述）、実際には一万五、三五七円余の収入があった[39]。これによって揃えた学校職員と書籍器械は次の通りである。

学校職員

学校長一人、事務員二人、教員二人、雇教員七人、外国教師（米人）二人

書籍器械

英書一、六四三冊、雑書一九部、ウィルソンカルト三組、天地球儀一組、游毬六箇、図引器械一具、体操器具三箇、時計八箇、寒暖計一[40]

教科書は自弁がたてまえであったが、「貧ニテ求ムル能ハザルモノハ官籍貸渡」すことになっていた（校則第二十七条）。英書一、六四三冊の多くは生徒貸出し用の教科書であった。

英語学校教則の制定

英語学校の教則を制定した。『明治七年・愛知英語学校年報』に載っている。[41]前述の如く、一八七三年五月、文部省布達六十一号の「外国語学校教則」が上下等四年八級制であるのに愛知英語学校が六年一二級にしたのは「外国語学校教則」に先行した「外国教師ニテ教授スル上下二等ノ中学教則」（文部省布達番外）の上下等六年一二級制に拠ったからである。

「愛知英語学校年報」所収の教則は「第一年第一期、一暗誦　二読方（ユニオンリードル）　三習字（スペンセル）四綴字（ウエブルトル）　五訳読　六体操」というように学科目、教科書等を書き流しているので甚だ読みにくい。『愛知県教育史三』が、これを一覧表化しているので、これによってみよう（表3）。

七四年九月、等級試験を行い、入学生を下等四級・五級・六級の三級に分けた（前述）。それから四ヶ月たった十二月の生徒進歩の状況を『愛知英語学校年報』は記している。[42]それによると下等六級生は『ユニオン第一リーダー』の読方と訳読、『ウェブスター綴字書』の九〇丁まで、英習字は大字小字の書き方を終え、五級生はユニオン第二リ

表3　一八七四年愛知英語学校教則

下等語学		
一年	第一期	一　諳誦 二　読方（ユニヲンリードル） 三　習字（スペンセル） 四　綴字（ウェブストル） 五　訳読 六　体操
	第二期	一　諳誦 二　読方（ユニヲンリードル） 三　習字（スペンセル） 四　綴字（ウェブストル） 五　算術（ロビンソンルジメント） 六　訳読 七　体操
二年	第一期	一　諳誦 二　読方（ユニヲンリードル） 三　習字（スペンセル） 四　算術（ロビンソンルジメント） 五　書取 六　文典（小クワッケンボス） 七　地理（コロネルホルストステップ） 八　会話（南校板） 九　訳読 十　体操
	第二期	一　諳誦 二　読方（ユニヲンリードル） 三　習字（スペンセル） 四　算術（ロビンソンルジメント） 五　書取 六　文典（小クワッケンボス） 七　地理（コロネルホルストステップ） 八　会話（南校板） 九　歴史（パルレー） 十　体操
三年	第一期	一　諳誦 二　読方（ユニヲンリードル） 三　習字（スペンセル） 四　算術（ロビンソンルジメント） 五　書取 六　文典（大クワッケンボス） 七　地理（コロネルインテルメジュート） 八　会話 九　歴史（パルレー） 十　体操
	第二期	一　諳誦 二　読方（ユニヲンリードル） 三　習字（スペンセル） 四　算術（ロビンソンルジメント） 五　書取 六　文典（大クワッケンボス） 七　地理（コロネルインテルメジェート） 八　会話 九　歴史（パルレー） 十　体操

上等語学		
一年	第一期	一　諳誦 二　読方（ユニヲンリードル） 三　算術（ロビンソンハイエル） 四　書取 五　文典（大クワッケンボス） 六　地理（コロネルハイスクール） 七　会話 八　歴史（ウィルソン） 九　詞格（クワッケンボススタイル） 十　作文 十一　体操
	第二期	一　諳誦 二　読方（ユニヲンリードル） 三　算術（ロビンソンハイエル） 四　書取 五　文典（大クワッケンボス） 六　地理（コロネルハイスクール） 七　会話 八　歴史（ウィルソン） 九　詞格（クワッケンボス） 十　作文 十一　体操
二年	第一期	一　諳誦 二　読方（ユニオンリードル） 三　算術（ロビンソンハイエル） 四　地理（コロネルハイスクール） 五　会話 六　歴史（ウイルソン） 七　詞格（クワッケンボス） 八　作文 九　幾何学（ロビンソン） 十　博物学（グレー） 十一　物理学（カムストック） 十二　健康論（ドルトンポピュラルエジション） 十三　体操
	第二期	一　諳誦 二　読方（ユニオンリードル） 三　算術（ロビンソンハイエル） 四　地理（コロネルハイスクール） 五　会話 六　歴史（ウイルソン） 七　詞格（クワッケンボス） 八　作文 九　幾何学（ロビンソン） 十　博物学（グレー） 十一　物理学（カムストック） 十二　健康論（ドルトンポピュラルエジション） 十三　体操
三年	第一期	一　諳誦 二　読方（ユニオンリードル） 三　算術（ロビンソンハイエル） 四　会話 五　歴史 六　作文 七　幾何学（ロビンソン） 八　文学（テンス或ハフィスク） 九　文学歴史（テンセスヒストリー、ヲフ、リテラチュール） 十　各種語学（ブラヲンゼネラルグランマル） 十一　性理学（スペンセル） 十二　体操
	第二期	一　諳誦 二　読方（ユニヲンリードル） 三　代数学（ロビンソン） 四　会話 五　歴史（ウィルソン） 六　作文 七　性理学（スペンセル） 八　罫学（カーフマン） 九　化学（バーカー） 十　推古学（ライエルプレヒストリックレコルド） 十一　体操

『愛知県教育史三』四三三―四三四頁

ーダーの読方訳読、『ウェブスター綴字書』一二〇丁、『ロビンソンルジメント』の加減乗除を終え、英会話は南校版テキストの半ばに至る。四級生は読方は『ユニオン第三リーダー』を終り、訳読は『第四リーダー』一六六丁に至り、文典は『カッケンボス小文法書副字』まで、算術は『ロビンソンルジメント』を終り、地理は『コロネルホルストステップ地理書』を終った。そして英会話は南校版『ユニオン第三リーダー』（演舌法）を暗誦し終った。

以上をみれば、南校版『ユニオンリーダー』をテキストに用いた徹底的な初歩からの英語教育であったことがわかる。『ユニオンリーダー』全五巻はチャールス・サンダースの編著で『ナショナルリーダー』と並んで当時、最も流布した英語読本である。日本で多くの出版書肆から原書のまま翻刻された。(43) 南校版もその一つである。

七五年に、愛知英語学校は校則・教則を改正せねばならなくなった。専門学校進学と通弁養成の二つの目的を持った外国語学校（「学制」百九十五章）を開成学校進学という官立英語学校の目的に直したからである。修業年限合わせて六年という長期修業は通弁養成があったからである。七五年六月、校則・教則第一条を廃止して修業年限を四ヶ年とし、仮の教則略をつくった。この学科課程は御雇教師W・H・フリームが、文部省学監マレーから付与されたカリキュラムを斟酌してつくったという。(44) 九月一日から施行した。『年報』に書かれた文章はわかりづらいから『愛知県教育史三』の「学科課程表」**表4**をみよう。

この教則改正で眼につくことは学科に毎級週三時間の「日本読書」が加わったことである。「生徒学力ノ優劣ニ従ヒ之ヲ四級ニ区分シ、第一級ハ日本外史、第二級ハ輿地誌略、第三級ハ西国立志編、第四級ハ初学人身窮理ヲ読マシム。故ニ生徒ノ自ラ能ク日本外史ヲ解シ得ルモノニハ此課業ヲ授ケズ」(45) とある。官立英語学校は徹底した英語教育で、日本書籍を読ませなかったために日本人の教養が身につかない生徒が現われはじめた。これを憂えて、広島、長崎、

表4　一八七五年・愛知英語学校仮教則略

学年	期	教科書	学科	週時数
第一年	第一期	ウヰルソン氏掛図第一ヨリ第九ニ至ル　ウヰルソン氏読本初歩	語学　口授	六
			読方及綴字	六
			習字	六
			翻訳	六
			日本読書	三
			体操	
	第二期	ウヰルソン氏読本初歩　ウヰルソン氏第一読本　ウヰルソン氏綴字初歩	語学　口授	六
			読方	六
			綴字	六
			習字	六
			翻訳	六
			日本読書	三
			体操	
第二年	第一期	ウヰルソン氏第一及第二読本　ウヰルソン氏綴字初歩	語学　口授	六
			読方	六
			綴字	三
			習字	五
			算術	二
			地理	二
			翻訳	六
			日本読書	三
			体操	
	第二期	ウヰルソン氏第二読本　ウヰルソン氏綴字初歩　ロビンソン氏算術初歩　コルネル氏地学初歩	語学　口授	六
			読方及書取	六
			綴字	三
			習字	三
			文法	二
			算術	二
			地理	二
			翻訳	六
			日本読書	三
			体操	

学年	期	教科書	学科	週時数
第三年	第一期	ウヰルソン氏第三読本　ウヰルソン氏大綴字書　ピネヲ氏文法初歩　ロビンソン氏算術初歩　コルネル氏中地理書	語学　口授	五
			読方及書取	三
			綴字	三
			習字	三
			文法	三
			作文	一
			算術	三
			地理	三
			翻訳	六
			日本読書	三
			体操	
	第二期	ウヰルソン氏第三及第四読本　ウヰルソン氏大綴字書　ピネヲ氏文法初歩　ピネヲ氏作文手引　ロビンソン氏算術初歩　コルネル氏大地理書　パアレー氏万国史	語学　口授	三
			読方及書取	三
			綴字	三
			文法	三
			作文	三
			算術	三
			地理	三
			歴史	三
			翻訳	六
			日本読書	三
			体操	
第四年	第一期	ウヰルソン氏第四及第五読本　ウヰルソン氏大綴字書　ピネヲ氏文法書　ピネヲ氏作文手引　ロビンソン氏実地算術書　コルネル氏大地理書　パアレー氏万国史	語学　口授	三
			読方及書取	三
			綴字	三
			文法	三
			作文	三
			算術	三
			地理	三
			歴史	三
			翻訳	六
			日本読書	三
			体操	
	第二期	ウヰルソン氏第五読本　ロビンソン氏実地算術書　ピネヲ氏文法書　ピネヲ氏作文手引　コルネル氏大地理書　パアレー氏万国史　ロビンソン氏幾何及代数初歩	語学　口授	三
			読方及書取	三
			文法	三
			作文	三
			算術	三
			地理	三
			歴史	二
			幾何	二
			代数	二
			翻訳	六
			日本読書	三
			体操	

『愛知県教育史三』四三八―四三九頁

宮城の英語学校は七六年から国文書講読を授業に加えた。[46] 愛知英語学校は一年早くその手を打ったことになる。しかしそれはみな近代の書物で、儒書の古典は避けられている。

次に主要教科書の『ユニオンリーダー』が『ウィルソンリーダー』に替えられた。M・ウィルソンのこの教科書はニューヨーク版で米国でも日本でも当時流布したものである。

教員と授業　七五年、七六年の「愛知英語学校年報」は授業法、進級試験を通して、この時期の教育活動をリアルに伝えている。

まずこの時期の教師をみよう。「年報」は

七五年　日本人教員　一〇人
　　外国人米三人英一人（月給二〇〇円一人、一五〇円二人、五〇円一人）[47]
七六年　日本人教員　一一人
　　外国人米二人英二人（月給一六六円一人、一五〇円一人、一二〇円二人）[48]

とだけしか記していないが、七六年二月編集刊行の『愛知県英語学校一覧』は次のように記している。

算術及地理　ヲーライル　米国
英語及歴史　W・H・フリーム　澳太利亜
英語　ゼーエ・マックレラン　米国

英語　同婦　同
決語《ママ》　ゼームス・グーデン　英国
日本人教員　下条幸二郎（英語）、小川錆吉（英語）、田中克巳（英語）、飯田勝貞（英語）、木村乙吉（英語）、成田五十穂（英語）、岡沢徹（国書及翻訳校正）、菅直哉（国書）、丸山愿（英語）、榊喜洋芽（国書）、青木為二郎（体操）[49]

ジャーナリストとして名を馳せた三宅雪嶺は七五年二月から七六年九月まで愛知英語学校の生徒であったが、教師についての感想や批判を遺している。彼が入学した時の教頭（首席外国人教師）は米国人のレイザムであった。レイザムは間もなく去ったと言うから前掲「英語学校一覧」にこの名はない。レイザムは勉強心がなく遅刻が常習であったが、朗読が好きで、英語の授業では生徒にリーダーを音読させるだけでなく、自ら美事なエロキューションでジェスチャー混りの朗読をして生徒に感銘を与えた。しかし我がままで、次席教師のオ・カイルを愚弄して喜んでいた。オ・カイルは前掲教師一覧のヲーライルであろう。彼は地理と数学を受け持ったが、熱心ではあったが頑固で、生徒がアメリカ某州の地図をテキスト通りに作っても気に食わないとテキストが間違っていると譲らなかった。何でもできるという自信家で兵式体操でも器械体操でも巧みで、生徒に教えた。レイザムの後任としてきたマックレランは南北戦争の南軍の軍人、師範学校出身で風采も立派、教え方も上手であったが、生徒とは親しみ合わなかった。フリームは下卑た所があり、何か東京で始末に困り名古屋に来させたのではないかと疑っている[50]。フリームが東京の共立学校で教えた時、後の早稲田大学総長・高田早苗は生徒であったが「水夫上りで品性が卑しく乱暴であった」と回想し

ている。(51)

このようにマックレランを除いては良教師とは言えない外国人ばかりであった。上級は外国人教師、下級は日本人教師が担当したようである。日本人の英語教師の評判は概して悪くない。主席教員は下条幸二郎で名古屋の人、洋行帰りで英語が堪能、頭から爪先までハイカラであったと言う。次席の小川錦吉も名古屋人で洋行帰り、風采は下条に劣るが英会話が上手で生徒に親切であった。校長の吉川に引き立てられて後に郵船会社の取締役になった。木村乙吉は金沢の人で、東京の開成学校の生徒であったが、病気で退学して名古屋英語学校の教師になった。後に横浜で開業医になったという。(52)愛知英語学校の生徒はこのような教師に教わったのである。

然らば、どのような授業が行われたのであろうか。前述の如く七四年にカリキュラムがつくられたが、翌七五年、教科書も揃ったので教育課程を改正した。七五年六月につくられた「教則略」（前述）に具体的な教授法が画かれている。第一年第一期の英語授業をみると次のようである。

英語口授（一週六時）　通常ノ物名及ヒ単語通話ヲ教フ。務メテ教室ノ物品ニ就キ之ヲ教フルヲ趣旨トス。且ウキルソン氏ノ掛図ヲ以テ発音ヲ正シクセシム。

読方及ヒ綴字（各一週六時）　先ツウキルソン氏掛図第一号ヨリ第九号ヲ卒ヘシメ次ニ同氏ノプライマルヲ授ケ、生徒ヲシテ合同誦読シ真正ノ発音ヲ得セシム。

習字（一週六時）　文字ノ点画筆法ヲ教フ。之ヲ熟スレバ、スペンセル習字本第一号ヲ用ヒ務メテ握筆持体ノ法ヲ正シクセシム

翻訳（一週六時）　ウィルソン氏掛図プライマル及第一リードルヲ訳読セシム。(53)

第一年第二期以後、第四年二期まで、このような文体で書かれているが、カリキュラム構成上からみると英語口授、翻訳は教科書に依らない独特の授業法であった。

英語口授は全学年全期にわたるもので、各年各期、徹頭徹尾、英語で授業する。一年一、二期は前述の通り、通常の物品、特に教室の物品について語り合うので英会話の授業と変りないが、二年一期は人体外部の名称とその効用、二期は動植物、三年一期は日本及び外国の住民・貿易・製造・技術、二期は動物学、四年一期は物理学、二期は生理学を全部、英語で教える。人文社会自然科学の初歩学習をこれですまそうとするのである。これらの教科書が輸入されなかった時期の苦肉の策であった。

「翻訳」（英文を日本文にする）についてみると二年生までは英文テキストの和訳であるが、三年一期は「短小ノ説話ヲ和洋文ニ互訳」、二期は歴史書の翻訳、四年生になると格物修身書の翻訳が課せられる。

洋式新学科である数学と地理について授業法の記述がある。二年第一期から算術がはじまる。「物体ヲ数ヘシメ以テ計数ノ考ヲ発セシメ之ニ数学ノ書方及ヒ唱方ヲ教ヘ容易キ加減ノ問題ヲ設ケテ之ニ答ヘシム。其授業ハ専ラ口授ヲ以テス」。第二期は同じ算術でも「教科書ニ依リ加減乗除ノ四則ヲ口授シ之ヲ石盤或ハ黒板上ニ於テ実地ニ施サシメ又之ヲ暗算セシム」となる。三年一期は「教科書ニ依リ分数及ヒ小数ヲ口授シ、之ヲ暗算セシム」であり、二期は「度量法式《メトリックシステム》」（本邦ノ度量及ヒ金銭ヲ教フルヲ主トス）及ヒ重数《コンパウンドナムバー》ヲ教フ」となる。四年一期は「度量法式《メトリックシステム》抽分率及比例《ペルセンテージヲシヲ》」、第二期になると「算術 ― 開平開立及面積実地測量ノ初歩」及「幾何学 ― 平面幾何ノ初歩」「代数 ― 二次方程式ニ至ル」になる。

地理も二年生からはじまる。第一期は「地球儀或ハ掛図ヲ以テ水陸ノ区分、地球ノ形状及運転両極等」の口授、二期は「教科書ニ就キ全地球ノ大別ヨリ日本諸島一般ノ地勢ヲ教ヘ、日本本部ノ図ヲ書カシメ地図製作ノ階梯トス」、三年一期は「東西両半球ニ就キ著シキ天然ノ形状及ヒ邦制ノ模様ヲ教ヘ兼テ本邦地理ヲ復習セシム」。二期は「西半球ヲ教ヘ地図ヲ画カシムル。期末ニ至リ更ニ合衆国ノ地図ヲ暗画セシメ以テ生徒ノ進歩ヲ表ス」。四年一期は「西半球ヲ終ヘ東半球ヲ始ム」二期は「東半球ヲ卒フ。期末ニ至リ日本地図ヲ暗画セシム」で終る。[54]

体操の授業法は暗中模索の最中であったから、ここに記述はない。しかし体操担当の教員名（前掲）があがっているから愛知英語学校は体操の授業もやったのであろう。

七五年の全国の「官立英語学校年報」を検討してみると、この年に七つの英語学校が揃って「教則」を改定した。しかし七校、その内容はまちまちである。東京英語学校が愛知英語学校と同じように各学科の授業法を詳述しているが、他の五校は学科と週時間、テキストを並べたてただけである。愛知英語学校はこの時期の中学校教育課程作成上、他の五校より抜きんでていたと言えよう。

校則・教則その他諸規則の改正

七六年二月、校則・教則その他諸規則を改正した。七六年の記録である『明治九年・愛知英語学校年報』は校則・教則の改正について「昨八年中取捨釐正シ之ヲ本年二月編成セル当校一覧ニ掲クルヲ以テ茲ニ記載セズ」[55]としているから、これは七六年二月編『愛知英語学校一覧』[56]に依らねばならない。

右の「学校一覧」は学歴、職員、処務規則からはじまって生徒等級人員まで、二〇項目あるが、本稿は生徒に関わる諸規則の重要と思われるものに止める。

まず入学からみよう。入学試験は毎年、九月一日、二日と二月十六、十七日の二回おこなう。しかし各級に欠員あるときは臨時に入学試験をすることもある（入学試験及手続第五条）。入学試験資格は「成業ノ目的アルモノニシテ大約十三年以上十八年以下」（同第一条）、入学試験は、「日本外史」と「作文」、ただし小学科の学習が不充分の場合は別の試験を課すし、小学卒業証書を持つ者は無試験で合格させる（同第一、第二、第三条）。小学校がはじまったばかりの状況における措置である。例外として「他校ニテ既ニ多少ノ英語ヲ学ビシ者ハ英語ヲ以テ試験シ学力相当ノ級ニ挿入スベシ」（同第四条）ということもある。

入学すれば〝受業料〟（授業料）を収めねばならない。受業料は一学期三円、一学年六円である（受業入費第一条）。この金額は七四年の校則にある月謝五〇銭と同額である。「家貧シク定額ヲ納ムル能ハサル者」は減額する。「一家二人以上ノ子弟ヲ入学セシムルモノハ一人分ノ受業料ヲ納ムヘシ」（同第一、第二条）という減額規定も旧規則と変らない。教科書自弁の原則も旧規定と変りないが、貧生徒に官籍貸渡しの特例はなくなり貧生徒も月賦でこれを買わねばならなくなった（書籍器具規則第一、第二条）。ただし極貧生徒には官籍貸与の例外を認めている。教科書代価、月賦額は**表5**の通りである。

寄宿舎を充実し定員一五〇名にして次のように規定した。「寄宿舎ハ生徒ヲシテ他ニ耳目ヲ触レスシテ専ラ学業ニ従事セシメンカ為ニ設ケシモノナレハ自宅ニ在リテハ自然外事ニ妨ケラレ意ノ如ク修学スヘカラサルヲ患フルモノ及ヒ遠隔ノ地ヨリ来リ当地ニ寓所ナキモノ等ハ望ニ随ヒ入舎ヲ許スヘシ」（寄宿舎第一条）。寄宿舎における規則はこまごまとうるさいことを書き並べているが、それらは省略し、冬期夏期の日課表を七四年のものと比べると

①夏期冬期の期間が冬期時間が十月から四月、夏期が五月から九月になり散歩が体操になった。

②寄宿舎の食費燃料費について七四年の定めには金額が示されてなかったが、この改正で食費月額二円、炭油入浴費一円となった（入舎費第二条）。

次に年間の学校暦、学期、試業、授業時限等をみよう。

表5　教科書代価表

学期	書籍	代価	一月平均価
第一年第一期	ウイルソン氏 読本初歩	二拾三銭	四銭
同 第一期	同 第一読本	三拾壱銭弐厘五毛	五銭弐厘五毛
第二年第二期	同 第二読本	四拾七銭	七銭八厘五毛
同	同 綴字初歩	弐拾銭	三銭五厘
同	コルネル氏 地理初歩	三拾四銭	六銭
同第二期	ロビンソン氏 算術初歩	三拾三銭	五銭五厘
同	コルネル氏 地理初歩	七拾八銭	拾三銭
第三年第一期	ウイルソン氏 第三読本	七拾三銭五厘	拾弐銭五厘
同	同 大綴字書	五拾五銭	九銭弐厘
同	ピネチ氏 文法初歩	五拾銭	八銭五厘
同	コルネル氏 中地理書	壱円拾銭	拾八銭五厘
第三年第二期	ウイルソン氏 第四読本	壱円七銭	拾八銭
同	ピネチ氏 作文手引	六拾八銭五厘	拾壱銭四厘
同	パアンー氏 万国史	壱円拾弐銭五厘	拾九銭
同	コルネル氏 大地理書同図	弐円弐拾銭	三拾七銭
第四年第一期	ウイルソン氏 第五読本	壱円四拾銭	弐拾三銭五厘
同	ピネチ氏 文法書	五拾七銭五厘	拾銭
同	ロビンソン氏 実地算術書	壱円	拾七銭
第四年第一期	同 幾何学初歩	壱円五拾銭	弐拾五銭
同	同 代数学初歩	壱円拾弐銭五厘	拾九銭

「書籍器具規則第三条」

学年は九月一日に始まり、次年七月十五日に終る。九月一日より翌年二月十四日までが第一期、二月十五日から七月十五日までが第二期である。この間休業がある。夏季休業は七月十六日から八月三十一日まで、冬季休業は十二月二十五日から一月三日までと二月定期試験終了後三日間、この外、日曜日、紀元節、天長節を休業日とした（学年及休業第一、第二、第三条）。

生徒にとって最も厳しいものは試験である。試験には「定期試業」と「月試」があった。定期試業は毎学期の末に行われるもので、その成績如何によって登級（進級のこと）か否かが決まる。このような重要行事なので学校長、教員列席のもと、また生徒の父母朋友で聴聞を願う者も臨席を許されて施行される。試験問題は学科担当教員がつくり口述と筆記で行われる。成績評価は定期試業の点数平均四分の三と次に述べる月試の平均点数の四分の一を合して、その平均点が七五点（最高点を一〇〇点とする）以上になった者を合格として進級させるのである。原級留置（落第）が二期続くと退学になる。このような重大な成績評価であるから受験生全員の点数を成績順に並べた一覧表を印刷して父兄に配った。試験問題も添えられる（定期試業第一～第六条）。

「月試」は毎月末に担当教員が独自に行う試験で、その成績は定期試業の成績に加算される（前述）。またその成績によって教室での席順が換えられ、その成績表は生徒の父母に配られるのである（月試第一・第二条）。このほか各科の平均点は合格点に達したが、一科目だけが非常に悪い点を取った者は登級させるが、その科目は再試験する（定期試業第三条）とか、月試で三ヶ月間続けて最高点をとった者は臨時登級させる、また二ヶ月続けて最底点をとった者は臨時降級させるとかの細則もある（月試第三条、第四条）。

このような登級試験は幕末維新期の藩校や私塾で試みられたものである。明治初期の私塾や中学校もこれを踏襲したが、洋学塾や外国語学校はこれを組織的につくりあげた。東京や大阪の官立英語学校と並んで愛知英語学校の試験制度はその最先端をゆくものであった。これが参考になって八〇年代の中学校教育課程がつくられてゆくのである。試験制度は教育課程の一翼として構成された。七六年の「愛知英語学校一覧」には「定期試業」と並んで「学校編成及学科課程」がある。「学校編成」は、これまでの「校則」「教則」を整理したものである。

学校編成及学科課程

第一条　此学校ハ大学校ニ入ラント欲スルモノニ先ツ英語ヲ以テ普通ノ学科ヲ教授スルモノニシテ修業年限ヲ四ケ年トシ之ヲ八級ニ分チテ毎級六ケ月ノ課程ト定ム其受業ノ時間ハ一日五時間トス

第二条　コノ普通学科ヲ卒リ卒業証書ヲ得タルモノハ大学校ニ入ルヲ得ヘシ

第三条　年少ノ生徒ヲシテ他日英文ヲ我ニ翻訳スルノ裨補ヲ得セシメン為メ国文書ノ科ヲ設ケ其科程ヲ四級ニ分チ上等小学科中ノ書ヲ撰用シ副課トシテ之ヲ講習セシム但シ能ク自力ヲ以テ日本外史ヲ了解シ得ルモノハ斯科ヲ修メシムルヲ要セス

第一条、第二条は大学の予備学校たることを自認した条文である。これに続いて四年八期の学科課程がある。これまでにつくった教則を整理したもので、内容が重複するから第一年第一期の教則と第二年・第三年は省略して最後の第四年第二期のものをあげよう。

第一年　第一期

教科書　ウイルソン氏掛図第一ヨリ第九ニ至ル。ウイルソン氏読本初歩

語学　口授　一週間六時
毎日通常ノ物名単語及通常会話ヲ教ヘ勉メテ教場物品ヲ授業ノ趣意トスヘシ且ウイルソン氏音図ヲ用ヒテ各自或ハ合同誦読セシメ以テ読声ヲ明カニシ且発音ヲ正フセシム
読方及綴字　一週間六時
ウイルソン氏掛図第一ヨリ第九迄ヲ用ヒテ生徒ニ読方並ニ綴字ノ初歩ヲ授ケ且各自ノ発音ヲ正スカ為ニ合同読課ヲ設ク○生徒能ク掛図ニ習熟スル時ハウイルソン氏読本初歩ヲ以テ読力及綴字ヲ教フ
習字　一週間六時
石盤及紙トヲ以テ文字ノ点書ヲ教ヘ之ニ熟スル時ハスペンセル氏第一習字本ヲ用ヒシム○筆ノ持方及体ノ位置ヲ守ラシムルニ注意スヘシ
翻訳　一週間六時
ウイルソン氏掛図読本初歩及ヒ第一読本ヲ口訳ス
日本読書
日本書ハ生徒各自学力ノ優劣ニ従ヒ全生徒ヲ四級ニ区別シ第一級ハ日本外史第二級ハ輿地史略第三級ハ西国立志編第四級ハ初学人身窮理ヲ読マシメ而シテ既ニ日本外史ヲ能了解シ得ルモノニハコノ課業ヲ授ケス
体操

（二年・三年略）

第四年　第二期
教科書　ウイルソン氏第五読本　ロビンソン氏実地算術書　ピネチ氏文法書　ピネチ氏作文手引　コルネル氏大

地理書　パアンー氏万国史　ロビンソン氏幾何及代数初歩
語学　口授　一週間三時
生理学中ノ事物ヲ授業ノ趣意トシ且之ヲ対話セシム
読方及書取　一週間三時
ウイルソン氏第五読本ヲ卒ラシム○書取前期ノ如シ
文法　一週間三時
教科書ヲ卒ラシメ且之ヲ復習セシム
作文　一週間三時
教科書ヲ卒ラシム○尋常ノ趣意ヲ以テ論文ヲ作ラシメ及ヒ書牘ヲ練習セシム
算術　一週間三時
自乗及開平開立並ニ面積実地測量ノ初歩ヲ教フ○期末算術中必要ノ部分ヲ復習セシム
地理　一週間三時
東半球ヲ終リ期末ニ至リ日本地図ヲ暗書セシム
歴史　一週間二時
パアンー氏万国史ヲ卒ラシメ且之ヲ復読セシム
幾何　一週間二時
教科書ニ就キ平面幾何ノ初歩ヲ学ハシム
代数　一週間二時

二次方程式ニ至ル

翻訳　一週間六時

前期ノ如シ

日本読書

第一年第一期ヲ参考スヘシ

体操

生徒と進級試験　愛知英語学校が本格的に動き出した七六年はじめの『愛知英語学校一覧』(57)に生徒の出身県と属籍を記したものがある。年齢の記録はない。これまでの外国語学校生徒の年齢調査、例えば京都府のこの期の調査等(58)からみて、十歳から二十歳までの、いわゆるティーンエイジャーであった。出身県別人数は次の通りである。

愛知県	一八一人	山口県	三人	飾磨県	一人
石川県	一三人	敦賀県	二人	京都府	一人
三重県	一二人	和歌山県	二人	埼玉県	一人
岐阜県	一二人	浜松県	一人	福島県	一人
東京府	七人	熊谷県	一人	香川県	一人
筑摩県	四人	秋田県	一人		

計二四四人(59)

第二大学区九県のうち七県からきているが静岡県、度会県からは一人の生徒も来ていない。そして学区外遠方の秋田県、福島県からわずかながら来学している。愛知県人が多いのは当然として、隣県の三重県、岐阜県人が多いのもわかるが、交通不便な石川県からの来学者が多いのはどうしてだろう。前述の三宅雪嶺は次のような回想を遺している。

七四年頃、三宅は石川県の英語学校に在学していたが、前年、大学区の改正があって、石川県が第二大学区に入り、大学区本部の愛知県に官立英語学校ができると、愛知英語学校の方が優っているのではないかという風評が生徒間に拡まった。そこで石川県人で愛知英語学校の教員をしている木村乙吉に手紙を出し、愛知の消息を聞いたり、学校の規則等を取り寄せた。それでますます愛知の方がよいといううわさが拡まり、名古屋の学校に移ろうということになった。県の学務担当者は当惑し、学務課長・加藤恒が、転校組生徒を集めて説諭した。しかし生徒がどうしてもきかないので、それでは仕方がないと料理屋に芸妓を呼んで送別の宴を張った。今日では考えられない噺である。時に三宅一五歳。二〇歳を頭に一二名の青年が、七五年一月三十日、金沢を出発、雪の北陸道を徒歩で十日をかけて名古屋に到着、愛知英語学校に入学した。その後も遅れて、名古屋に来たものもあり、また愛知師範学校の生徒も加えると石川県人は五〇数名にもなったという。三宅の『自伝』には名古屋行きの途次、進行中の電信工事の柱をみて驚いたり、金沢の青年はすぐ喧嘩をして打合うが、名古屋人は滅多に喧嘩をしないし、喧嘩をしても打合わないと一種のカルチャーショックを述べている。(60)

生徒の属籍をみよう。全生徒二四四人中、士族一三八人、平民一〇六人である。これは異例なことである。これまでの調査では、この頃の中学校、英語学校の生徒は殆んど士族ばかりであった。広島英語学校の如きは「学ニ志ス者ハ唯士族アルノミ」と報告している。[61] 愛知県は平民の生徒が特に多く、士族九四人に対し平民が八七人である。また隣県の岐阜県も士族一人平民一一人である。これに対し、第二大学区外から来た生徒は殆んど士族、石川県からなだれ込んだ生徒も全員士族である。前に三宅が述べた名古屋人は喧嘩をしないという驚きも、平民勢力が強いということにあるのではないかと思う。

生徒の本分は学習である。その努力の成果がわかるのが、冬期二月、夏期七月の定期試験である。その成績如何によって進級が決まり、無事進級して上級に昇れればよいが、落第（原級留置）すれば卒業が遅れるし、続けて二度落第すれば退学処分を受ける（前述）。緊張せざるを得ない。定期試験は英語学校開校後、すぐに始まっていたが、七四年、七五年は学力によって学年学期の学級に分散させる意図もあり、いわば試行であった。しかし七六年になると第一学年から第三学年、学級に直すと八級から三級まで、生徒が一応埋まった。前述の「定期試業規則」も整ったので七六年二月から本格的に定期試験を行った。定期試験の成績は成績順位の生徒氏名一覧表に点数と合否が添えられて父母に送付されたのだから（前述）、この印刷物が見つかれば、及落の状況がわかるが、目下、それは期し難い。しかし「明治九年・愛知英語学校年報」にその年即ち一八七六年二月と七月の定期試験の成績によって編成したと思われる学級生徒編成表がある。[62] この表は漢数字でタテ書きになっており、月別の生徒数も併記されていて見づらいので洋数字ヨコ書きに改めた。**表6**である。この表から及落の正確な数字は割り出すことはできないが、相当きびしい及落判定をやった状況を察することができる。

一例を七月の定期試験でみれば、七六年六月、四年第一期の二級生八名は試験の結果、七名が一級生になったが、一名は落第して二級に止った。二級生は三年二期の三級生が進級した一五名と落第生一名を加えて一六名になったの

表６　76 年定期試験による学級組かえ生徒人員表

76 年 2 月の定期試業による

学年	第 1 年		第 2 年		第 3 年		第 4 年		試験未済無級	総計
学期 学級	1 期 8 級	2 期 7 級	1 期 6 級	2 期 5 級	1 期 4 級	2 期 3 級	1 期 2 級	2 期 1 級		
1 月生徒数	67	63	53	12	26	9			8	238
2 月生徒数	50	23	51	50	10	19	8		27	238

76 年 7 月の定期試業による

学年	第 1 年		第 2 年		第 3 年		第 4 年		試験未済無級	総計
学期 級	1 期 8 級	2 期 7 級	1 期 6 級	2 期 5 級	1 期 4 級	2 期 3 級	1 期 2 級	2 期 1 級		
6 月生徒	45	28	49	50	10	16	8		12	218
7 月生徒	28	32	34	23	49	10	16	7	17	216

生徒数は「明治 9 年愛知英語学校年報」各級生徒人員一覧表による（『文部省第 4 年報 1』361 頁）

である。三級生は三年一期の四級生一〇名全員がめでたく進級したとみれば辻つまが合う。しかしこれは生徒数が少い一級から三級までのケースであって、生徒が堆積した四級から八級までの数値の移動は甚だ読みづらい。一つには飛び級があったからである。一例を前出の三宅雪嶺（当時、三宅雄二郎）でみると、三宅は七五年二月に入学したのだから通常ならば七六年二月の試験で二年第一期の六級生になる筈である。しかるに七六年二月の『愛知英語学校一覧』の「生徒等級人員表」[63]に三宅は第三年二期第三級生として載っているのである。成績優秀生の飛び級が行われていたからである。後に早稲田大学文学部の中心教授になった坪内逍遙（坪内勇蔵）はこの時愛知英語学校四年一期二級生即ち最上級である。坪内は名古屋の成美学校出身で[64]英語学校開始一年半で最上級生になっているのは、やはり実力本位の飛び級に乗ったからである。このような飛び級が行われているから**表6**の定期試験による学級編成の生徒数値、とりわけ変化が大きい八級から四級までの進級、落第の数値を読み解くことは困難である。しかしこの激しい移動の数値から進級、飛び級と同時に多くの落第があり、また学校を去っていった生徒が居たことを推察することができるのである。

このきびしい試験の評価、及落の判定は生徒にとって苦難の道であったが、教師にとって、特に教育課程形成の途次にあった学校にとって苦難とともに有益なことであった。西洋由来の教科書教材の配列が、生徒にどう適応するか、したかのいわば実験でもあったのである。

なおこの時期の上級学校進学は英語学校卒業を以てするのではなかったことを記しておこう。何級生であろうと自信があれば東京の開成学校、中学師範学科、工学寮、海軍兵学寮等を受験し入学することができた。七六年の『愛知英語学校年報』にこれら受験の記事がある。(65)

官立愛知英語学校の終焉

一八七七年二月十九日、文部省は東京、大阪を除く官立英語学校の五校と官立東京女学校、愛知、広島、新潟の官立三師範学校の廃止を布達した（文部省布達一号）。これによって愛知英語学校は終焉を迎える。

この日は政府が鹿児島の西郷軍を賊と断じ、征討軍派遣を決定した日である。(66)ために官立英語学校ほか四校の廃止を西南戦役のための財政緊縮とする教育史書があるが、(67)これ以前に官立学校縮少策が起っていたのである。これについては拙著(68)で詳述したので、要約しよう。前年即ち七六年十二月、地方の反乱や暴動を憂慮した大久保利通ら政府首脳は地租軽減や民費の在地権限化を建策して政府の経費節減をはかった。よって七七年度予算は前年度より六九八万円を減額するとした。これを各省に割り当てると文部省は前年の約三〇パーセント削減の五〇万円になる。文部省は百方思慮をめぐらした結果、官立英語学校、師範学校の廃止以外にないとの結論に達したのである。

右を決めたのは文部卿を欠いたまま、文部省の責任を負っていた文部大輔・田中不二麿である。彼はまたこの時を境に「学制」を廃止し、教育令体制をつくる。彼のその後のやり方からみると英語学校や師範学校のような中学校（当時、師範学校は中学校と同列のものとみていた）は文部省直轄からはずして府県の管轄にし、これを振興する。そして大学と専門学校だけを官立学校にする考えであった。よって東京英語学校を大学予備門に、大阪英語学校を大阪専門学校に、東京師範学校を中学師範学科（後の高等師範）を中心とする官立師範学校にし、ほかはすべて県立学校に下げ渡したのである。官立愛知英語学校の愛知県中学校化はこうした田中行政の一環として行われた。

「学制」は中学校設置を中学区に於てするとした（第五章）。しかし中学区には学区取締のほか、学校を設置する機関がなかったし、民費以外、学校設置につかう資金はなかった。臨時措置であった官立英語学校（本書序説参照）を中学校として生かすのは県よりほかにないと考えた田中文部大輔は次の如く太政官に伺った。

予テ経伺之通今回当省直轄愛知広島長崎新潟宮城英語学校及愛知広島新潟師範学校廃止候ニ付テハ該地方ニ於テ右ニ類似之英学校又ハ中学校等着手候儀ハ自今当省於テ最企期スル所ニ有之候。就テハ自然右等ノ教科ヲ以県立或ハ公立学校開設之挙ニ相運ヒ其方法充分信用スヘキモノト認候節ハ保護之為メ廃校ノ建物及書籍器械等該地方若クハ該学校ヘ交付候様致度存候。尤交付之地方等ハ猶実際ニ就キ夫々取調之上上申可及候得共、先以処分之見込相伺候条至急御裁可相成度候也(69)

太政官は〝伺いの通り〟と決裁した。文部省は直ちに関係県にこの旨通知したので各県はその処置に動き出した。愛知県はこの処置が最も早く、二月十二日、安場県令は「県布達甲一三号」を以て次を布達した。

今般文部省直轄愛知英語学校ノ義当県へ引継相成本月十六日ヨリ愛知県中学校ト改称従前ノ教則ヲ斟酌シ生徒教養可致候。案内入学生ノ内ニテ志願ノ者ハ来ル十九日限リ本校へ可願出此旨布達候事(70)

愛知英語学校の終焉に際し、校長・吉川泰二郎は「(中学校教育の)永続ノ基礎ヲ立テタルハ豈之ヲ一大美事ト言ハザルヲ得ンヤ」と感慨を述べている。それは開校以来の施設設備、校則教則、教職員、生徒等全般にわたるものだが、特に生徒と学業の進歩について次のように言う。

生徒ハ開校ノ時ニ於テ百二十名ヲ挙ゲ、爾来数ヲ加へテ二百四十九名ニ上リタレトモ当時、開成校等へ転入スルモノアリテ稍其数ヲ減ス。学業ノ進歩ハ総テ所謂エビシ二十六文字ヨリシテ之ヲ教ヘ今已ニ本年ノ年報ニ載スル如キノ学科ヲ修スルニ至リタルト試験ニ及第シテ開成校等へ入学ヲ得タルモノ幾数人アリタルヲ以テ明カナリ。是レ教員等ノ黽勉以テ生徒ヲ教導スルノ深キト生徒勉学ノ厚キトニ由ル(71)

政府の文明開化政策は欧米語、とりわけ英語に熟達した青年が必要であった。英語学校はそのためのものであった。官立英語学校は多くの有為な生徒を集めねばならない。吉川校長が開校時に倍する生徒が集ったと胸を張ったのはこのことである。因みに官立英語学校七校の生徒数は**表7**の通りで愛知は東京、大阪に次ぐ。

表7　1875、76年官立英語学校生徒数

学校名	1875年	1876年
東京英語学校	626	466
愛知英語学校	249	205
大阪英語学校	312	356
広島英語学校	170	198
長崎英語学校	156	159
新潟英語学校	65	152
宮城英語学校	101	92

『文部省第三年報』『文部省第四年報』所収の外国語学校表による

当時の最高学府たる官立東京開成学校に進学させるのも官立英語学校の使命であった。官立英語学校はそのためにできたものである。愛知英語学校から「試験ニ及第シテ開成校等ヘ入学ヲ得タルモノ幾数人アリ」と吉川校長は誇らしげに述べている。七六年九月の東京開成学校入学試験の合格者は応募者一一七人中、七九人で、そのうち七五人までが官立英語学校出身者であるが、内訳は、東京三七、大阪一二、愛知九、広島九、長崎四、新潟四、宮城〇で、愛知は東京、大阪に次いでいる。(72)

吉川校長はまた〝エビシ二六文字から各学科を教え〟と英語教授の段階と方法——四年八期の学科配列——即ち教育課程編制法を詳細に述べている。(73)官立英語学校の教育課程は学年学期、等級が学校によって違うから一概に比較するわけにゆかない。しかし愛知英語学校が英語学習の教育課程形成に大きく寄与したことは間違いない。

三、愛知県中学校

学制期・愛知県の中学施策

文部省直轄の官立愛知英語学校が愛知県に引き継がれたので、これから名古屋の愛知県中学校について述べるが、その前に学制期に愛知県が中学教育についてどれだけのことをしてきたかを概略みておきたい。

まず中学区の区画である。「学制」は各大学区内に三二中学区を置くこととし、その区画を府知事県令に命じた（学制第五、第七章）。中学区は人口およそ一三万人が規準である。できたばかりの県域は広狭さまざまで、地形もまちまち、人口の疎密も甚だしかった。しかしその困難を乗り越えて県令達は七三年中に中学区を区画した（本書序説参照）。

表8　愛知県の中学区と中学取設所

中学区番号	中学取設所	中学区域
第一番中学区	名古屋	名古屋区
第二番中学区	名古屋	愛知郡
第三番中学区	稲置	丹羽郡
第四番中学区	一ノ宮	葉栗郡・中島郡
第五番中学区	津島	海西郡・海東郡
第六番中学区	横須賀	知田郡
第七番中学区	刈谷	碧海郡
第八番中学区	岡崎	幡豆郡・額田郡
第九番中学区	新城	加茂郡・設楽郡・八名郡
第十番中学区	豊橋	宝飯郡・渥美郡

『愛知県教育史』第三巻一九三―一九四頁でつくる

その中で愛知県ほど上手に人口一三万人を規準に一〇中学区をつくった県はない。広闊な濃尾平野に恵まれて区切り易いこと。山地があると言っても比較的平坦な美濃三河高原で、北隣の険阻な信濃飛弾の比ではない。ゆえに一区一五郡を組み合わせてらくらく一〇箇の中学区をつくった。各中学区には中学取設所が記されている。

「学制」は各大学区に一箇の大学を置くとして大学区本部の府県を特定しているが、府県内のどの都市に置くかは示していない。中学区は府知事県令が決めることだから中学区本部も府知事県令が決めればよいと思っていたかも知れない。政府部内では〝中学校の設置は将来のこと〟と了解ずみであったが、全府県に伝わっていない。県令によっては、中学校設置位置だけでも早急に決めて置かねばならないとする者もあった。関東諸県や長野県にみられる。そこには中学本部が置かれ、模範小学校や教員養成所が速設された（拙著『明治前期中学校形成史府県別編Ⅰ』参照）。愛知県の中学取設所は文字通り、将来中学校を設ける土地ということであったろう。中学区は小学校設置のための学区取締の活躍舞台になった。[74]

愛知県はすべての児童を就学させる初等教育を重点施策とし、自主的に興った郷校を基盤にしてその廃合により小学校を拡充した。その詳細は『愛知県教育史三』[75]に明らかである。中学校教育は官立英語学校にまかせた観がある。愛知県中学校ができるまで、県は中学校教育に関心を示さない。しかしその間、中学校が全くなかったわけではない。

以下、学制期にできた公立私立の中学校類似の学習所を名古屋区、尾張、三河の順に列記する。

表9　学制期　中学類似の学校

学校名	校主	学科	創立年	所在地	出典
外国語学校	山中立蔵	外国語	七六年	名古屋区白川町	九年外語表
英語夜学舎	和久正辰	英語	七六年	宮町	同右
明治学校	岡田篤治	同右	七六年	袋町	一二年中学表
朝日学校	佐藤楚材	同右	七九年	大津町	同右
七一学校	浅田申之	皇漢学	七九年	七曲町	県学第三年報
雲風塾		同右	七七年	江中町	同右
四教学校		同右	七五年	南鍛治屋町	同右
修来女学校		同右	七四年	呉服町	同右
白水学校		同右	七四年	和泉町	同右
数明学校		数学	七七年	針屋町	同右
尾関学校		同右	七三年	相生町	同右
数集学校		同右	七八年	京町	同右
有隣学校		皇漢学	七三年	尾張国丹羽郡丹羽村	同右
蓋簪学校		同右	七七年	三河国碧海郡米津村	同右
烏有学校		同右	七九年	幡豆郡鶴城村	同右
知新学校		同右	七七年	西尾錦城町	同右
渥美義塾		中学	七九年	渥美郡豊島村	一二年中学表

出典の「九年外語表」は「明治九年外国語学校一覧表」（『文部省第四年報一』四一三―四一七頁所収）。「一二年中学表」は「明治十二年中学校一覧表」（『文部省第七年報』四三三―四六七頁所収）。「県学第三年報」は「愛知県学事第三年報（明治十七年）」。以上「愛知県私立諸学校表」（『愛知県教育史三』四八九頁所収）の略称。本表は右三表により作表した。校主の空欄は原表が空欄だからである。冒頭の外国語学校は公立だが他はすべて私立学校である。

表9の冒頭にある外国語学校については、説明しておかねばならない。この学校は七六年九月、県が模範的な女性を教育するためにつくった学校であるが、教育内容を和漢書による普通学と英語学とし、イギリス婦人マクレランを雇い入れたため、文部省に外国語学校として報告した。ために同年の「外国語学校一覧表」に公立外国語学校として記載されてしまったのである。実体は女学校であった。

七六年五月三日、県は名古屋区の正副区長と学区取締に対し「女範学校」を設けるので、読物、算術、習字、裁縫につき、良教師がいたら推せんせよという県達を発した。(76) 次いで生徒を募集し、六月、名古屋白川町の寺院を仮校舎に開設した。校長は山中立蔵で、英国女教師ほか日本人教師一名で開校したが、七八年二月に廃止し、名古屋外堀町に校舎を新築して愛知県女学校と改めた。しかし応募生徒が少なかったので、新奇に馳せた計画と非難され、七九年の県議会で女学校費三、三五三円が全額削除されて廃校になった。(77)

愛知県中学校開校

七七年二月、県は次を布達した。

今般文部省直轄愛知英語学校ノ義当県へ引継相成本月十六日ヨリ愛知県中学校ト改称従前ノ教則ヲ斟酌シ生徒教養可致候。案内入学生ノ内ニテ志願ノ者ハ来ル十九日限リ本校へ可願出此旨布達候事

明治十年二月十二日　愛知県令安場保和(78)

次いで「入学心得」を発し、生徒五〇名を募集した。(79) 入学心得の冒頭に「当中学校ハ専門学科ニ入ラント欲スル者ニ先ツ英和普通ノ学科ヲ教授センガ為メニ開設セシモノナリ」とある。前年、愛知英語学校が旧則を整理改正した「学校編成及学科課程」の第一条は「此学校ハ大学校ニ入ラント欲スルモノニ先ツ英語ヲ以テ普通ノ学科ヲ教授スル

モノニシテ（前掲）」とあって、語句の違いは多少あるが大筋において、大学専門学科の予備教育を目指したことに変りない。英語学校は英語専修であったが、中学校は英和普通の学科と変えた。英語学校の教育方針を踏襲しつつ、英和両学を学ぶ中学校に変えたのである。

入学生徒の年齢は一三歳以上一八歳以下で英語学校と変らない。修業年限を「六ヶ年ト定メ之レヲ十二級ニ分チテ毎級六ヶ月」としたのは「学制」の「中学教則略」の上下等各六級計一二級六年を鵜飲みにした軽はずみだった。後述する「中学教則」で英語学校教則を受け継ぎ四年八期とした。

受業料は英語学校の一学期三円（月額五〇銭）を値下げして月額上等一二銭、下等六銭としたが、寄宿舎食費賄料月額二円一二銭五厘は変らない。総じて英語学校の規則をそのまま受けついだのである。

七七年の中学校生徒数は一四二名と報告されている[80]。七六年の愛知英語学校生徒数は二〇五名。英語学校閉校に際し吉川校長が示した生徒数は二四九名であるから（前掲）、英語学校の生徒が全員、中学校に移籍したわけではない。新入生もあったことだから、相当数の生徒が、この機に去ったのである。

中学校の経費については、七九年、県会が地方税の学校費を決めるまで不明である。吉川英語学校校長が「愛知県ニ於テ続テ此校ヲ維持スルノ議ニ決シタルヲ以テ本校ノ家屋及書籍器械等ヲ挙ケ悉皆之レヲ該県へ交付アリタルヲ以テ向来支消シタル金員ノ世益一層大ナルノミナラズ猶永続ノ基礎ヲ立テタル[81]」と述べた如く、校舎設備備品等は充足した。新設の学校はこれだけでも有利である。しかし教員の給料は支払わねばならない。この詳細は不明であるが、愛知県は学費金に年々六万円前後の寄附金が納入されている[82]。ゆえに他県に比べて学費金は潤沢であった。教員の給料など何ほどのこともなかったろう。

七七年十月、南外堀町九丁目の武家屋敷にかねて建築中であった新校舎が落成した。十一、十二日の両日休業して

校舎移転が行われ旧校舎は愛知県師範学校に明け渡した。十四日、安場県令臨席のもとに開校式が盛大に行われた。(83)

開校時の中学教則

七七年、開校とともに「中学教則」をつくった。「明治十年・愛知県年報」所収の「中学教則」(84)を記そう。

此学校ハ専門学科ニ入ラント欲スル者ニ先ツ英書及和書ヲ以テ普通中学ノ学科ヲ教授スルモノニシテ修業年限ヲ四ヶ年トシ首メ一年ヲ予料トシ後チ三年ヲ本科トシ之ヲ六級ニ分チ毎級六ヶ月ノ課程ト定メ授業ノ時間ハ一日五時間即チ一週三十時トス

予科第二級（第一年第一期）

習字　石盤又ハ紙上ニ文字ノ点画ヲ書カシム。又スペンセル氏習字本第一号ヲ卒ラシム

綴字　ウェブストル氏綴字書七十五章迄ヲ教ユ

読方　ウヰルソン氏第一読本ヲ通読セシメ且ツ其毎語ヲ綴ラシム

翻訳　読方課用ノ教科書ヲ口訳ス

日本読書（素読）国史略一ノ巻ヲ終ラシム

（解読）輿地誌略一ノ巻ヲ終ラシム

体操

（予科一級から本科二級まで略）

第一級（第四年第二期）
地理　ムーレー氏フヒジカル地理書ヲ終ラシム
歴史　グードリッチ氏英国史ヲ卒ラシム
代数　ロビンソン氏代数書ヲ終ヘ且ツ温習セシム
幾何　幾何書ヲ卒ヘ且ツ細心復習セシム
修辞　前期ノ如クシテ教科書ヲ卒ラシム
博物学　カツタル氏中生理書ヲ卒ラシム
物理学　前期ノ続キ
化学　パーカー氏化学書ニ依リ化学ノ大意ヲ教ユ
日本読書（解読）日本外史首巻ヨリ生徒ノ進歩ニ任セ之ヲ授ク（作文）前期ノ如シ
体操

右は七七年、愛知県中学校が官立英語学校を受けついだ時から八〇年九月、普通科・英語科の二コース制をとるまでの三年有餘、実施したカリキュラムである。見易いように教育課程表に書き直した（表10）。一見して、七六年二月制定の愛知英語学校の学科課程（前掲）と変らないが仔細に検討すると学科配当に配慮がみられ、中学教則として進歩した。

修業年限を四年とし、各学年を二期に区分して四年八期制としたことは英語学校の学科課程と変らない。しかし本教則は四年課程を予科二級、本科六級の計八級制としている。予科は英語学習の基礎課程、本科は英語による中学校

表10　一八七七年愛知県中学校教育課程表

予科		本科					
第二級	第一級	第六級	第五級	第四級	第三級	第二級	第一級
第一年		第二年		第三年		第四年	
第一期	第二期	第一期	第二期	第一期	第二期	第一期	第二期
習字 綴字 読方 翻訳 日本読書 体操	習字 読方 綴字 書取 翻訳 会話 地理 日本読書 体操	習字 読方 綴字 書取 翻訳 会話 算術 地理 日本読書 体操	習字 読方 綴字 書取 会話 文法 算術 地理 歴史 日本読書 体操	読方 書取 会話 文法 作文 算術 代数 地理 歴史 日本読書 体操	読方 書取 文法 作文 算術 代数 幾何 地理 歴史 日本読書 体操	修辞 算術 代数 幾何 地理 歴史 博物 物理 日本読書 体操	修辞 代数 幾何 地理 歴史 博物 物理 化学 日本読書 体操

一八七七年「中学教則」(『愛知県年報』)による。

教育の内容課程に概ねなっている。

学科配当をみよう。英語学校の「日本読書」「体操」以外はすべて英語で行う授業法を受けついだのが、この「中学教則」の特色である。よって、英語教科書で行う学科と〝日本読書・体操〟を分けて考えよう。さらに英語で学ぶ学科と言っても英語そのものの練達を目的とした英語学と英語テキストを用いて数学や地理歴史博物物理化学等を学ぶ高等普通教育の学科がある。これも分けて考えよう。

まず英語学習からみると七六年の英語学校教則には「語

学」という学科が全学年にあったが、「中学教則」にはこれがなくなって一年から三年までに「会話」と四年次に「修辞」が加わった。「語学」とは妙な学科名だが、英会話の初歩から高度な事物や社会現象を英語で説明する授業である。英語学校時代に週五、六時間ほどあったが、これを一切止めてすべて教科書によることとし、代りに英「会話」を予科本科四期にわたって行った。「英語」科は綴字、読方、習字、書取、翻訳、文法、作文の七科目にして第一年から第三年まで配分され、すべて教科書による授業となった。英語学習は第三年で終り、四年次は英語「修辞」学になる。

高等普通教育の内容教科としては算術、代数、幾何、地理、歴史、博物、物理、化学がある。すべて英語の教科書で行う。コルネルの「地理初歩」だけは予科第一級で教えるが、他はすべて本科の授業である。代数・幾何は「七六年教則」では四年二期になってやっと登場するが「中学教則」では本科三年四年にわたって課される主要学科になった。博物、物理、化学は「中学教則」に登場する新学科である。第四年に配されている。

「日本読書」は「七六年教則」では『日本外史』『輿地誌略』『西国立志編』『初学人身窮理』を順次読むことであったが、「中学教則」では『国史略』『輿地誌略』『続国史略』『十八史略』を第一巻から順次、学年に従って素読、解読するようになり、時に尺牘（手紙文）、作文が課される仕組みになった。体操については詳細な記述がない。

「中学教則」は愛知英語学校の授業法を引きついだ故に英語で数学、地理歴史、自然科学を教える方式から抜け出せなかった。しかし英語で口写しに教える方式を捨て英語の教科書で教える方式に変えた。数学、地理歴史、博物理化学の英語教科書が揃っていたからでもあるが、こうして高等普通教育としての中学校に一歩近づいたのである。

なお、教育課程表作成上にも進歩があったことを付け加えておこう。「英語学校教則」は各級各学科について教授法まで記述した。例えば第一年一期の英語「読方及綴字」は「ウィルソン氏掛図第一ヨリ第九迄ヲ用ヒテ生徒ニ読方並ニ綴字ノ初歩ヲ授ケ且各自ノ発音ヲ正スカ為ニ合同読課（一斉発音）ヲ設ク。生徒能ク掛図ニ習熟スル時ハウィルソン氏読本初歩ヲ以テ読力及綴字ヲ教ユ」というように教授術、教授法をこまごまと記述しているのに対し、「中学教則」では教授法は省略し、「綴字……ウェブストル氏綴字書七十五章迄ヲ教ユ。読方……ウヰルソン氏第一読本ヲ通読セシメ且ツ其毎語ヲ綴ラシム」と簡略化された。こうした努力の一歩一歩が中学校教育課程表が成立する道程になったのである。

愛知県の中学校年間経費

七八年の「府県会規則」「地方税規則」の制定により七九年五月、愛知県会が開かれた。第一回の県会が決めた中学校予算の総額は

七、二七六円二二銭五厘

で、その内訳は教員給料等の四、九四四円が最大なものである。[85] 右の愛知県中学校経費一年間の総額は七六年の官立愛知英語学校経費〝一万五、八二〇円八一銭一厘〟[86]の半額にも満たない。しかし庶事はじめての第一回県会である。七九年の「愛知県年報」は「学資課賦ノ法、学資蓄積ノ法、学資遺払ノ法等」[87]は「県会開設以降、其方法ヲ人民ノ協議ニ委スルモノアリ、或ハ教育令ノ発行以来、学校ニ任スモノアリテ一定セズ」と述べている。県が中学校の設置主体になるのは八〇年の改正教育令を待たなければならなかった。七九年十二月には朝長武八が校長に就任し、八〇年六月には河野敏鎌文部卿の巡視があった。[88] 県には早くから小学校の教員養成所があったが、七六年八月、愛知県師範学校と改称した。次いで官立愛知師範学校の廃止があり（七七年二月）、官立愛知英語学校同様に、校舎・図書・器

表 11　1881 年・82 年愛知県地方費中県立学校費

年度	中学校費	師範学校費	医学校費
81 年	5,579 円 30 銭	9,042 円 72 銭	10,407 円 39 銭 9 厘
82 年	6,788 円 30 銭	9,808 円 36 銭 2 厘	11,373 円 27 銭 5 厘

『文部省第九年報二』265・266 頁『同第十年報二』351 頁による。

表 12　1881 年・愛知県県立学校費内訳

校費内分	中学校費	師範学校費	医学校費
地方税	4,704 円 69 銭	8,857 円 35 銭	10,354 円 35 銭 4 厘
授業料	166 円 61 銭	185 円 37 銭	53 円 04 銭 5 厘
寄附金利子	708 円		
計	5,579 円 30 銭	9,042 円 72 銭	10,407 円 39 銭 9 厘

『文部省第九年報二』265・266 頁による。

械類が愛知県師範学校に交付された。ために県師範学校は官立師範学校跡の名古屋本町一丁目に移った[89]。県は従来より高レベルの県立師範学校を経営維持せねばならなくなった。

この時期はまた、全国的に府県立の医学校が興起した時期である。明治のはじめから全国各地に公立私立の病院、医学所がたちはじめ、この頃になると府県立医学校として府県が学校・病院を積極的に設置維持するようになった。「教育令」の専門学校規定（第七条）、「改正教育令」の府県学校設置規定（第五〇条）によって各地の医学校は府県立専門学校になった。八一年の全国「専門学校表[90]」をみると殆んどの府県に〝府県立医学校〟があり、これがないのは東京府、群馬県、神奈川県、秋田県、山形県、鳥取県、愛媛県、宮崎県の一府七県だけである。愛知県は七八年、名古屋区天王崎街に県立医学校を創設した[91]。県は師範学校、医学校、中学校を同時に直接経営しなければならなくなった。

県会による八一、八二年の中学校歳費を師範学校費、医学校費と対比できるよう、また八一年の三学校歳費の内訳がわかるように**表11**、**表12**をつくった。**表11**にみるように医学校費が一万円台を越え、師範学校費が九千円台であるのに対し、中学校費は五、六、〇〇〇円台と低い。医学校は附属病院、師範学校は附属小学校、女子部等の附属施設設備がかかるからである。いずれも地方税と授業料収入によってなりたつが、中学校費はそれに多額の寄附金利子が加わる。年々有志の寄附金があり、学校費に使ったが、余剰を積金にしたら五、〇〇〇円になったと八二年の「愛知県年報」は述べている。[92]表12の寄附金利子がそれである。卒業後、すぐ県民の役にたつ師範学校、医学校の生徒のためには直接、地方税を投じるが、将来有為の人材たる中学生徒には地方税を縮少し有志寄附の利子を加えたのである。

八一年に愛知県会が決めた五、五〇〇円余の中学校経費をどうみるか。ここに八一年の「府県会教育費予算議決比較表」[93]というものがあり、そこに全国各府県の中学校費が載っている。最高は長崎県の三万六、四〇〇円余、次いで福岡県の三万一、四〇〇円余があるが、長崎県は当時、佐賀県を含み、県内各所に一一中学校をつくった。福岡県もまた県内各地に一九中学校（分校を含む）をつくっているから、[94]一校当りの金額は、一、六〇〇余円に過ぎない。高知県の七、三一〇円余も県内五中学だから一校当りは一、四〇〇余円である。県一校でありながら一万四、八五四円という高額を決めたのは群馬県である。それまで県内数ヶ所にあった中学を前橋一ヶ所にまとめ、〃中学校は人材の淵叢〃と楫取素彦県令の旗振りのもと、製糸織物の横浜貿易で力を得た豪農豪商が挙ってつくった中学校だからである。[95]

最低額は兵庫県の一、二三六円である。兵庫県は但馬・丹波・摂津・播磨・淡路の五国三三郡からなり、どこに中学校をつくるか定まらなかった。そこで数郡をまとめて七校の連合郡立中学校をつくり、別に神戸区に県立の模範中学校をつくった。[96]連合郡立中学校費は所属の町村が出費するから、中学校費として計上された地方税は神戸模範中学校費だけである。一校の歳費としてもあまりに少い。

このようにみてくると県会が決めた愛知県中学校費五、五七九円余は決して低い額ではなかった。一県一校の場合でみると、前述の群馬県一万四、八五四円の外、愛知県を上廻る府県は京都府の八、四六四円、岩手県の六、五三一円、

表13　1883〜85年、愛知県中学校歳費

年度	歳費金額	出典『文部省年報』頁
1883年	7,949円71銭5厘	『第11年報1』14頁
84	6,733,　49	『第12年報1』14頁
85	7,612　26.　2	『第13年報1』20頁

表14　1877〜85年愛知県中学校生徒数教員数

年度	生徒数	教員数	出典『文部省年報』頁
1877年	142人	11	『第5年報1』498頁
78	133	12	『第6年報』399頁
79	119	10	『第7年報』455頁
80	137	10	『第8年報1』514頁
81	146	12	『第9年報1』20頁
82	172	13	『第10年報1』14頁
83	197	15	『第11年報1』14頁
84	264	17	『第12年報1』20頁
85	279	18	『第13年報1』25頁

岡山県の六、一九三円、栃木県の六、〇五六円の順で、他は愛知県の額を下廻るか、地方税支弁がない県ばかりである。愛知県会は当時、全国の平均的な妥当な中学校費を決定していたと言えよう。

八二年に一、二〇〇円余増額されたのは後に述べる教則の改正で教員の増員、編成替えがあったためであろう。以後の中学校費は**表13**に示した通りで八五年に至る。

中学校費がかくも安定的に計上され続けたのは愛知県会の穏当性にあった。「一タヒ府県会ヲ開クノ法規出テタルヨリ動モスレバ議会ハ事理ノ利弊ニモ関セス一ニ減費ノ説ヲ主張スル者アルヲ免レス。然ルニ本県会ノ如キ幸ニ大ナル減額ノ為メ事業ノ伸縮ニ影響ヲ来ス等ノ事ハ之ナシ」と『明治十六年愛知県年報』(97)は述べている。

生徒数と教員数は**表14**に示した。八二年以後、安定的に推移したことがわかる。

八〇年九月、愛知県中学校は中学普通科・中学英学科の二様の教則をつくった。次にあげよう。(98)

中学普通科教則と英学科教則

中学普通科教則

教則ノ趣旨

一中学普通科ハ翻訳書及ヒ和漢書ヲ以テ高等ノ普通学ヲ教ヘ旁英書ヲ授クルモノトス

一課程ヲ四ヶ年トシ生徒ノ階級ヲ四級トス

一本科ニ入学ヲ許スヘキ生徒ハ普通小学科上下等ヲ卒業セシモノトス

但年齢十四才以上ニシテ小学科ヲ卒ヘサルモノハ試験ノ上入学ヲ許スヘシ

課程　（第一年第二期から第四年第一期まで略）

第一年　第一期　第四級

地理学	内国地理　用書未定　万国地理要略	四時
生理学	ダルトン氏生理書	二時
植物学	百科全書	三時
数学	算術　諸比例乗法開法求積法	五時
文学	英　サンダルスユニオン第一読本	四時
	綴字　習字	二時
	日本外史	五時

第四年　第二期　第一級

論理学	百科全書	三時
経済学	法氏経済学	四時
星学	百科全書	三時
記簿	複記	二時
数学	平三角並ニ対数用法	六時
文学	英　格氏小米国史	四時
	八大家　前期ノ如シ	四時

作文　書牘
修身学　小学外篇　二時　　図画　臨画　人物　製図　二時
図画　臨画曲直線体器具　家屋類ノ輪郭　一時　　体操
習字　細字楷書
体操

中学英学科教則
教科（ママ）ノ趣旨
第一条　専門階梯中学英語科ハ東京大学法理文三学部及ヒ各種ノ専門学校ニ入ラント志スモノニ英語ヲ以テ其階梯タル普通ノ学科ヲ教フルモノトス
第二条　課程ヲ四ヶ年トシ生徒階級ヲ四級トス
第三条　本科ニ入学ヲ許スヘキ生徒ハ普通小学科上下等ヲ卒業セシモノトス
　但年齢十四才以上ニシテ小学科ヲ卒ヘサルモノハ試験ノ上入学ヲ許スヘシ
課程　　（第一年二期から第四年第一期まで略）
第一年　第一期　第四級　　第四年　第二期　第一級
英語学　　英語学
読方及訳読　サンダルスユニオン第一読本　十一時　　修辞　クエケンボス氏修辞書　二時

綴字　ウエブストル　綴字書　三時
習字　スペンセル氏　習字本　四時
和漢学
小学　外篇　一時
国史略　五時
習字　細字楷書一週一度浄書
作文　一時
数学　算術　二時
図画　自在画　一時
体操

訳読　ギゾー氏文明史　二時
作文　一時
和漢学　清史擥要　三時
　正文章軌範　一時
史学　前期ノ続キ　二時
物理学　前期ノ続キ　四時
化学　ロスコー氏化学書　六時
数学
代数　魯氏小代数書　三時
幾何　魯氏小幾何書　三時
図画　自在画　一時
体操

両科教則の学科とその学年学期配当をみるために両科の教育課程表をつくった。**表15**と**表16**である。

七七年の「中学教則略」[99]廃止後、中学教則自由期となり、折からの府県立中学校増設と相まって、一〇〇件に及ぶ中学校教則が現出した。それらは修業年限、学科名称等、まことに多様であるが、七八年から八〇年にかけて、有力な府県立中学校にみられる傾向として一学校に二乃至三課程を置くものが続出した。東京府、大阪府をはじめ一五県にみられるが、それらは英語を教育課程の根幹に置く課程と、置かない課程が併立する形体になった。二課程の名称

表15　中学普通科教育課程表

学年	級	期	学科
第一年	第四級	一期	地理学　生理学　植物学　数学　文学　修身学　図画　習字　体操
		二期	地理学　生理学　動物学　数学　文学　修身学　図画　体操
第二年	第三級	一期	物理学　数学　文学　作文　修身学　史学　図画　体操
		二期	物理学　化学　数学　文学　作文　修身学　史学　図画　体操
第三年	第二級	一期	物理学　化学　数学　文学　作文　史学　図画　体操
		二期	化学　地質学　金石学　数学　文学　作文　修身学　図画　体操
第四年	第一級	一期	物理学　数学　文学　作文　修身学　心理学　図画　体操
		二期	物理学　星学　数学　文学　経済学　論理学　図画　体操

『愛知県教育史三』四四五—四四八頁所収の中学普通科教則でつくる。

は漢学科・英学科、邦語科・英語科、英語学・国語学、甲科・乙科、第一科・第二科、正則科・変則科等さまざまであるが、愛知県中学校のように中学普通学科と英学科と名づけた所は外に岩手県中学校だけである。

英語を主とする課程は東京大学や専門学校進学を目的とする課程で、一般にこれが教育課程の本体である。しかるに愛知県中学校は英学科よりも普通科が首位でこれを本体とした。右は前掲**表15**、**表16**の学科配当によってわかる。

表15即ち中学普通科の学科は、

地理学　生理学　植物学　動物学　物理学
化学　地質学　金石学　星学　数学　文学
作文　修身学　経済学　心理学　論理学
史学　図画　習字　体操の二〇学科。

表16の英学科は英語学　和漢学　数学　地理

表16　中学英学科教育課程表

第一年		第二年		第三年		第四年	
第四級		第三級		第二級		第一級	
一期	二期	一期	二期	一期	二期	一期	二期
英語学	英語学	英語学	英語学	英語学	英語学	英語学	英語学
和漢学	和漢学	和漢学	和漢学	和漢学	和漢学	和漢学	和漢学
数学	数学	数学	数学	数学	数学	数学	数学
		地理学	地理学	地理学	地理学	地理学	
					史学	史学	史学
							化学
図画	図画	図画	図画	図画	図画	図画	図画
体操	体操	体操	体操	体操	体操	体操	体操

『愛知県教育史三』四四八―四五一頁所収の中学英学科教則でつくる。

学　史学　物理学　化学　図画　体操の九学科である。

英学科の学科が少ないのは進学のための英語学に多くの授業時間をあてているからである。普通科・英学科両科ともに七七年、愛知県中学校開校時の「中学教則」が「習字　綴字　読方　書取　翻訳　会話　文法　作文　修辞」という英語学習法をそれぞれ学科に読み替えて教育課程表に記載したのに対し、これらをまとめて英語学としたのはカリキュラム構成上、一段の進歩である。旧教則が習字、綴字、読方等を一学科とみなしたのは、それぞれにテキストがあったからで欧米直輸入のテキストを一学科と見たてたのである。

このように愛知県中学校の教則は、まがりなりにも英語学校式のカリキュラムから高等普通教育としての中学校教則に一歩進んだが、愛知県中学校と同じく官立英語学校から替った広島中学校は同じ八〇年の中学校教則改正でも相変らず「習字　作文　綴字　読方　会話」を学科としていたのである。(100)

愛知県中学校普通科は生理学、植物学、動物学、物理学、化学等の洋式自然科学を学科として構成する一方、「文学」という和漢洋読本を統合した学科をつくった。これは英語読本に英語学校期以来の「日本読書」を合併したものである。前掲の「中学普通科教則」をみれば「文学」の内容はサンダルスユニオン第一第二第三読本『パーリー万国史』『クエッケンボス小文典』『格氏小文学史』『日本外史』『国史纂論』『育英文範』『通鑑擥要』『文章軌範』『清史擥要』『八大家欧蘇文』等で英米教科書と和漢の文章読本を並べた。教科統合（インテグレーション）して英語・国語二学科成立に近づく一歩であった。

また従来の算術・代数・幾何を合わせて数学に一本化し、文学ともども四年間全学期を貫いて長時間学習する主要学科とした。なお図画・体操を学科として四年間全学期にわたる授業にしたことも注目される。図画については臨画(写生)自在画等の授業法が示され、全学期週一時間の授業が確保されたが、体操はその方法も授業時間も示されていない。自由に自在に適宜に行えということであろう。

愛知県中学校普通科教則は年限主義を表明している。即ち「教則ノ趣旨」に次のようにある。

一、課程ヲ四ヶ年トシ生徒ノ階級ヲ四級トス
一、本科ニ入学ヲ許スヘキ生徒ハ普通小学科上下等ヲ卒業セシモノトス　但年齢十四才以上ニシテ小学科ヲ卒ヘサルモノハ試験ノ上入学ヲ許スヘシ

「中小学規則」「学制」以来、中学生は年齢が決められていた。「学制」の「中学教則略」では一四歳から一九歳、「外国教師ニテ授クル中学教則略」では一四歳から二〇歳半までであった。「中学校教則大綱」は、この年齢主義を撤廃し、小学校卒業の学力ある者が入学して四年乃至六年間学習するという年限主義に変るのであるが、愛知県中学校の教則は、これに先行して年限主義をとっている。さればこそ教育課程表は四～一級に添えて一～四年としているのである。

中学の年限について教則自主自由のこの時期のそれを調査すると最長九年から最短二年までの差があるが、三年と四年が最も多い。愛知県中学校の修業年限四年は平均的な中学の年限であった。

中学普通科教則から「中学校教則大綱」へ

一八八一年七月、「中学校教則大綱」が公布された。「教則大綱」はこれまでの高等普通教育という漠然とした目的を「中人以上ノ業務ニ就クカ為メ又ハ高等ノ学校ニ入ルカ為メ」（第一条）と併立目的にしたこと、小学校の教育内容と密接に連絡をつけ、また当時漸く盛んになった専門学校と教育上の連絡をつけようとしたことで画期的であるが、[101] 本稿は愛知県中学校の教育課程との関係について考察する。

「教則大綱」が公布された翌年の八二年、愛知県中学校は中学普通科と英学科の旧則を廃止した。八二年の「愛知県年報」に「中学校教則大綱ニ基キ教則ヲ編制シテ允准ヲ得タリ」[102] とある。教則大綱に則った愛知県中学校の教育課程は見当らない。しかし教則大綱に則った「愛知県中学校教授要旨」（後述）がある。これをみれば愛知県中学校が、教則大綱の初等中学科・高等中学科の教育課程を忠実に取り入れたことがわかるのである。

忠実にとり入れたと言っても、これまで教育課程の作成に実績のある愛知県中学校である。更地《さらち》に家をたてるように教則大綱を鵜飲みにしたのではない。これまでの県中学校の普通学科のカリキュラムを教則大綱に則して改めたのである。前述の如く愛知県中学校は高等普通学を教える普通科と東京大学及び専門学校への進学を目的とする英学科の二様のカリキュラムをつくっていた。英学科は進学目的だから英語の授業時間が多く、地理歴史物理化学等の高等普通学科の時間は少ない。これに対し、普通科は高等普通教育が目的だから人文社会系や自然科学系の学科が多い。「教則大綱」は進学と「中人」養成の併行目的だから両者のバランスをとっている。進学を目的にしぼった愛知県中学英学科は「教則大綱」になじまない。よって普通科のカリキュラムを基に「教則大綱」化した。カリキュラムの構

表17　一八八二年愛知県中学校普通科から教則大綱への学科の移行

愛知県中学普通学	中学校教則大綱
修身学	修身
文学	和漢学
作文	英語
	算術
数学	代数
星学	幾何
地質学	三角法
地理学	地理
史学	歴史
生理学	生理
動物学	動物
植物学	植物
金石学	金石
物理学	物理
化学	化学
経済学	経済
心理学	記簿
論理学	本邦法令
習字	習字
図画	図画
体操	体操

成をみるには、いかなる学科を立てたかの視点と修業年限・学年等級及学科配列（シーケンス）の視点の二つがある。まず学科をみよう。**表17**は愛知県中学校普通科の学科が「教則大綱」のどの学科に移行したかを示したものである。修身、地理、歴史、生理、動物、植物、金石、物理、化学、経済、習字、図画、体操の一三学科が、そのまま移行している。数学は本来、算術、代数、幾何、測量であったもの（七三年・中学教則略）を愛知県中学校が「数学」にまとめたものだから「教則大綱」の算術、代数、幾何、三角法に直した。問題は愛知県中学校独特の「文学作文」である。前に述べたようにこの学科は教科書に従って分離された英学と和漢学をまとめて、英語も日本語もできる生徒をつくろうとした愛知県中学校独特の学科であった。「教則大綱」の趣旨も同じで、学科に「英語」と「和漢学」をたて、両科とも必修の基幹学科にしたのである。授業時数は両者ともに他を圧して多い。こうして「文学作文」は「和漢学」「英語」に分離された。

シーケンスをみよう。愛知県中学校は普通科も英学科も四年四級八期制であった。「教則大綱」は初等中学科四年、高等中学科二年の計六年制なので、愛知県中学校も初等科高等科の六年一二期制になった。愛知県中学校は学年制と等級制を並立させていたから第一年四級生〜第四年一級生と呼んでいたが、「教則大綱」が等級制を撤廃したから愛知県中学校も一学年を単に前期後期に区切った。

「教則大綱」の学科の学年配当は修身、和漢文、英語の基幹学科と図画の実技学科は初等科・高等科全学年を通してほぼ均等に配当されている。数学は算術、代数、幾何、三角法に分化されたので、易から難へ、ほぼこの順番で低学年から高学年に配当された。また人文社会系の地理・歴史は初等中学科に、自然科学系の動物・植物も初等中学科に、金石と物理・化学は初等中学科の高学年と高等中学科に配当された。

入学資格について「教則大綱」は「小学校教則綱領」に基づいて小学中等科卒業以上とした。愛知県中学校の教則も右にならって小学中等科卒業以上を入学資格としたのである。

教授要旨と教科用書

「中学校教則大綱」は中学校の目的、学科と修業年限、週授業時間などを示しているが、学科の教授要旨や内容は書いてない。これらを書き込んだ「小学校教則綱領」と違うところで〝大綱〟たるゆえんである。「教則大綱」に教授要旨や教科用書を書かなかったのは文部省の手抜かりではなく周到さであった。小学校と違って中学校用の教科書は検討がはじまったばかりであった。授業の実際を知らない文部省は八二年三月、各地の中学校に教授要旨や授業法の報告を求めた[103]。いくつかの学校が教授要旨を提出したが、それらは中学教則全体の範型《モデル》にはならなかった。一方、文部省は早くから教則大綱のモデルに模範中学校たる官立大阪中学校に期待するところがあった。大阪中学校長・折田彦市がつくった学科課程は初等・高等の区別、修業年限、学科等、「教則大綱」とまったく同じである。その大阪中学校が八二年四月十五日、教授要旨を文部省に伺い出た。全学科にわたる確かなものである。文部省は早速これに修正を加え、その施行を命じた。この大阪中学校教授要旨文部省指令が、以後つくられた府県中学校教授要旨の範型《モデル》になる。以上が四方一泑の研究によって明らかになった[104]。

これ以後、各府県中学校は各自の教授要旨をつくるようになった。四方一泑が収集した府県の教授要旨は三九件に及ぶ。(105) 愛知県中学校の教授要旨提出は他府県よりかなり遅れて八三年七月であった。

文部省指令の教授要旨は全学科にわたり整ったものである。各学科説明の冒頭に学科の教育的意義を短く書いている。(106) 例えば

代数ハ記号字母ヲ用ヒテ施算ノ繁冗ヲ省キ一術ヲ以テ許多ノ問題ニ活用スルノ便アルノミナラス数理ヲ詳明ニスルノ開鍵ニシテ……

幾何ハ線、面、角、体ノ性質、関係及其測度法ヲ推究スル者ニシテ物ノ長短容積等ヲ精測スルニ必要ナルノミナラズ思想ヲ緻密ニシ推理判断等ノ力ヲ養成スル者ナレバ……

物理ハ宇宙万有ノ形態上ノ現象ヲ講明スル者ニシテ諸科ノ学術ト親密ノ関係ヲ有シ殊ニ百般ノ工芸技術ノ進歩ヲ助ケ……

化学ハ物質ノ成分、変化ヲ講究スル者ニシテ他ノ理学ノ蘊奥ヲ闡クコト多クハ之ニ依リ又百般ノ製造技術ヲ資ケ……

図画ハ言語文字ノ及ハサル所ヲ写出シ其用甚タ広ク殊ニ工芸上欠クヘカラサルノ科ナレバ……

の如くである。これまで代数、幾何、物理、化学、図画等の授業をしてきたが、これらが高等普通教育としていかなる意義を持つものか、新しい中堅日本人の教養としてなぜ必要なのかを説くことはなかった。「教則大綱」は各学科の意義を説いたことで画期的であった。

愛知県中学校教授要旨(107)の特徴は「和漢文」と「英語」にみられる。

和文ハ本邦固有ノ文章ニシテ知ラスンハアル可カラス漢文ハ普通ノ文材ニ資スル者ニシテ其要極メテ広シ故ニ各級ニ通シテ之ヲ課ス今其学習ノ為メ之ヲ分チテ読書作文トス読書ノ要ハ読法ヲ正クシ意義ヲ詳カニシ兼テ作文ニ資スルニ在リ故ニ初等中学科ニ於テハ誦読講義ヲ以テ音訓ノ同異句読ノ断続ヲ明カニシ句法章意ヲ容易ニ了得セシムルヲ旨トシ其和文ニ在テハ先ツ文字言語文章音韻ノ諸論ヲ教ヘ次ニ雅馴ノ文章ヲ授ケテ其例格ヲ考究セシムヘシ高等中学科ニ於テハ更ラニ文章ノ賓主照応抑揚頓挫等ノ諸法ヲ説キ詳ニ文理ニ通暁セシメン事ヲ要ス作文ノ要ハ思想ヲ表彰シ事実ヲ記述スルニ在リ乃チ初等中学科ノ仮名交リ文及ヒ書牘文ハ近世普通ノ文体ヲ倣ハシメ漢文ハ古雅ノ文体ニ倣ヒ簡易ノ記事文ヲ作ラシムヘシ高等中学科ニ於テハ漸次ニ之ヲ高尚ニシ叙事文ヨリ論説ニ及ホシ詩ハ平仄韻礎正変諸格ヨリシ歌ハ仮名遣ヒ「テニヲハ」枕詞等ヨリシテ並ニ実習ニ入リ古今ノ名詞ヲ因証シ其作例ヲ示スヘシ凡作文ハ佶屈難渋ノ文字ヲ避ケ渾テ行文自在章意通暢ナルヲ要シ詩歌ハ韻調正雅ニシテ趣味優美ナランコトヲ要ス

右は愛知県中学校の「和漢文」の教授要旨である。はじめに和漢文の意義を簡略に述べ学習法として読書と作文を柱に立てる。そして読書・作文それぞれの教授法を初等中学科と高等中学科について説明しているのである。これまでのテキストを並べたてるだけの教則でなく、学科の意義、学習・授業法と分けて書いている。ただし、ここにあげた構成全体は文部省指令のものと大体同じである。愛知県独自のものは傍線の部分で、高等中学科における作文授業の実際を述べている。これまで愛知県中学校は「日本読書」とか「文学」という学科をたて、新しい日本語に対応してきた。新しい日本語とは文明開化の波に乗って西洋文明のあらゆる事物が翻訳され、新聞や広告に翻訳語が氾濫したからである。政府はまた旧時代と違って地方官公吏に対する命令や住民に対する告諭を文章で行った。地方官公吏や、それになることを期待された中学生には新しい日本語を自由に書ける才能が求められた。当時、各府県の中学校教則にみられる「文法」「文学」「文章学」等の学科がそれである。(108) 右掲載文中の「作文」もこれに外ならない。文部省指令の「作文」は原則的な説明であるが、愛知県中学校のものは実践的で、これまでの経験を書き上げた観がある。

次に愛知県中学校の「英語」の教授要旨をあげよう。

英語ハ外国語中其用極メテ広キモノニシテ中人以上ノ業務ヲ取リ又高等ノ学科ヲ修ムルニ其知識ヲ資益スルモノ多シトス故ニ各級ヲ通シテ之ヲ授ク今其学習ノ為メニ分チテ綴字読方訳読読書文法修辞習字作文トス

綴字附書取　始メ文字ノ名及ヒ諸音ノ区別ヲ授ケ発音ヲ正クスルヲ旨トス稍習熟スルノ後ハ教科書ノ順序ヲ逐ヒ口答或ハ筆記ヲ以テ語調ヲ綴ラシム而シテ其要ハ連字ノ断続ヲ明カニシ音節ヲ正クシ語ノ綴リト其音ヲ諒得セシムルヲ務ム書取ハ最初通常ノ物名ヨリ次キテ諸種ノ格言并ニ該級ノ作文ニ切用ナル章句ヲ書取ラシメ然ル後普通ノ散文ニ及フヘシ而シテ書取ヲ授クルニハ生徒ヲシテ綴字ヲ捷快ニシ章句ヲ記得スルノ外聴感ヲシテ聡敏ナラシメンコトヲ務ムヘシ

読方　初級ニ在テハ一語ノ発音ヨリ入リ次テ数語ヲ一気ニ読下スルコトヲ習ハシメ句読段階ノ断続ヲ明カニシ以テ読法ヲ正シクシ聴者ヲシテ自然ニ意義ヲ会得セシムルニ在リ之ヲ授クルノ際語音ヲ正シクシ状貌ヲ整ヘシメンコトヲ務ムヘシ

訳読　読方並ヒテ之ヲ授ク其要ハ英語ヲ邦語ニ訳シ詳カニ意義ヲ了解セシムルニ在リ其訳スル所ノ語句ハ務メテ簡明通暢ナラシメンコトヲ要ス

読書　読方訳読ヲ兼授クル者ニシテ生徒ヲシテ読方ヲ正シクシテ章句ヲ誦読セシメ教師其意義ヲ講明シ或ハ生徒

ヲシテ之ヲ解釈セシメ遂ニ直読以テ其意義ヲ了解スルノ力ヲ養成スルヲ旨トス
文法及修辞　文法ハ言詞章句ノ法則ヲ了得熟知セシメ修辞ニ依リ更ニ意趣ノ巧妙句法ノ変化文章ノ潤色強弱鋭鈍等ヲ明解セシメンコトヲ要ス
習字　先ツ執筆ノ法ヲ授ケ次ニ大字細字ノ書法ヲ教ユヘシ習字ハ徒ニ字形ノ精美ナルヲ欲スルノミナラス字形鮮明ニシテ運筆捷快ナルヲ要ス
作文　填語正誤ノ法ヲ用キテ作例ヲ示シ簡易ノ文章ヲ作ラシメ漸ク進ムニ従テ記事文書牘文ヲ作ラシメ又時々和文ヲ英文ニ訳セシメ上級ニ至リテハ簡易ノ論説文ヲ作ラシムヘシ

「英語」は学習法を綴字附書取と読方、読書、文法及修辞、習字、作文に分けた。文部省指令に従っているが、「綴字」を「綴字附書取」として「書取」の授業法を詳述している。これまでの経験がこのような記述になったのであろう。学習授業法の記述はいずれも文部省指令より簡略化されている。そして読方、習字、作文に愛知県中学校の独自性がみられる。

「教授要旨」に附された教科用図書をみよう。[109]「愛知県中学校使用教科書一覧」は愛知県立文化センター所蔵の「明治十六年県布達類聚」に「授業要旨」と一括して収められている。それは『愛知県教育史資料編』[110]に収録されているが、かなりの量で、そのまま本書に載せられないので、出版年月、出版者を削除した一覧表を載せる（表18）。数学以下自然科学系の教科書は七六年以後、文部省と東京大学関係者が翻訳したもの、作文、地理歴史類は近年の教科書編さんを意図したものである。

表18　一八八三年・愛知県中学校教科用図書

初等中学科

学科	教科用書
修身	大字 古文孝経正文　全一冊（春台氏訓点）
	本註小学 内編外編（須賀亮斎裁定）
	増音改正 論語　四冊（朱熹集註）
和漢文	増補標註 詞の八衢　三冊（本居春庭著　清水浜臣増補　岡本保孝標註　加藤巌夫校正）
	日本外史　二十二冊（頼久太郎著）
	標註校正 神皇正統記　六冊（北畠准后親房公撰）
	小学日本文典　二冊（田中義廉）
	点註正文章軌範　七冊（宋謝枋得撰）
	増補 日本政記　十五冊（頼久太郎著）
	新刻改正 孟子　四冊（朱熹集註）
	新版校正史記評林　二十五冊（漢司馬遷著）
作文	和文読本　四冊（稲垣千穎輯）
	作文軌範　三冊（荒野文雄編輯）
	育英文範　二冊（亀谷行編輯）
	近世名家 小品文鈔　三冊（土屋栄編）
英語	綴字書　一冊（ノア・ウエブストル編）
	ユニヲン読本　四冊（サンダル氏著）
	プログレッシーブ読本　巻七一冊（コリンス氏著）
	アドヴァンスド読本　全一冊（コリンス氏著）
	大文法書　一冊（ジ・ピー・クエッケンボス著）
	小文法書　一冊（ジ・ピー・クエッケンボス著）
作文	作文書　一冊（チ・エス・ビネヲ著）
	作文書　一冊（ジ・ピー・クエッケンボス著）
算術	筆算題叢　十六冊（山本正室　田沢昌栄　編輯）
代数	代数学　六冊（石川彝訳）
幾何	幾何学原礎　七冊（山本正室　川北朝隣　訳）
	幾何学書　ブック第六、第七（ロビンソン著）
	常用曲線　一冊（赤木周行抄訳）
地理	日本地理要略　六冊（大槻修二編）
	一至三、三冊（内田正雄纂輯）
	四至六、三冊（内田正雄纂輯）
	七、一冊（内田正雄纂輯）
	輿地誌略　八、九　二冊（内田正雄纂輯）
	十、一冊（内田正雄遺稿　西村茂樹校定）
	十一上下　二冊（西村茂樹編纂）
	十二、一冊（西村茂樹編纂）
	地理論略　全一冊（荒井郁之助訳述）
歴史	国史略　五冊（源松苗編次（ママ））
	続国史略　前編　五冊（松山谷寛得原撰　小笠原勝脩刪補）
	続国史略　後編　五冊（小笠原勝脩纂述）
	続国史略　後編　五冊（小笠原勝脩纂述）
	増田貢校点 通鑑擥要　十五冊（姚培謙　張景星　同録）
	清史擥要　六冊（増田貢著）

	泰西史鑑 上編 十冊（西村鼎重訳） 泰西史鑑 中編 十冊（西村茂樹訳） 近世西史綱記 一帙二帙一至四 四冊（堀越愛国訳） 三帙五至七 三冊（堀越愛国訳） 四帙八至十 三冊（保田久成訳） 続西史綱記 二冊（保田久成訳）
生理	違児敦氏 学校用生理書 六冊（今井金吾訳）
動物	テキストブック オフゾーロジー 一斑（英人ニョルソン著）
植物	普通植物学 一冊（丹羽敬三、高橋秀松 柴田承桂 同訳）
物理	物理全志 九冊（宇田川準一訳）
化学	小学化学書 二冊（市川盛三郎訳）
経済	賓氏 経済学 五冊（永田健助訳）
記簿	馬耳蘇氏 記簿法 単式二冊（小林儀秀訳）

高等中学科

学科	教科用書
修身	新刻改正 中庸 一冊（朱熹章句） 新刻改正 大学 一冊（朱熹章句） 近思録
和漢文	再刻 春秋左氏伝 三十巻（秦鼎校本） 唐宋八大家文読本 三十巻（沈徳潜著 頼山陽増評） 三体詩 古今集
作文	点正文章註軌範 三冊（宮脇通赫編補） 唐宋八大家文格 五冊（川西潜士龍編次）
英語	米国名家詩文 一冊（アントルウード編纂） 英国名家詩文 一冊（アントルウード編纂） スケッチブック 一冊（イルビング著） 修辞書 一冊（ジ・ピー・クエッケンボス著）
三角法	三角新論 乾坤 二冊（宮川保全訳述）
金石	金石学 一冊（和田維四郎訳） 労氏地質学 上一冊（佐沢太郎訳） 労氏地質学 下一冊（佐沢太郎訳）
物理	士都華氏物理学 一冊（川本清一訳） 改正 物理全誌 巻十（宇田川準一訳）
化学	羅斯珂氏化学書 一 一冊（茂木春太訳） 二 一冊（茂木春太訳） 三四 二冊（茂木春太訳） 五 一冊（茂木春太訳） 六 一冊（茂木春太訳） 七至十 四冊（茂木春太訳）
記簿	馬耳蘇氏 複式記簿法 三冊（小林儀秀訳）
本邦法令	類聚法規 九冊 目録共 続篇三冊 目録共 三篇三冊 目録共

『愛知県教育史三』、四五五—四五七頁

生徒の進級進学と教員

明治維新に出立した日本の学校はいずれもきびしい試験を課し、その成績を重視したが、地方社会の指導者または大学専門教育への進学を目指す中学生にはさらに厳重な試験が課された。八〇年七月に制定された愛知県中学校の「試験及点数規則」(11)によると、試験には入学試験、月次《つきなみ》試験、定期試験、臨時試験、卒業試験の五種がある（第一条）。入学試験以外の四種の試験をみよう。

月次試験（月試ともいう）は毎月末に行う試験で全学科について、口述または筆記で行い、その総合点で順位を定め、坐席を決める。通常は最後部を優秀席とし順次前に並ぶ（二条、九条）。

定期試験は毎学年の前期末後期末（二月、七月）に行い、両期の成績を総合して及第落第を決める。及第の基準は六〇点以上であるが、月試の成績も勘案される（十条十一条）。

臨時試験は定期試験に落第した生徒を救済するためと生徒の成績が極端に偏した時に行われる。落第生の救済は四〇点以上の再試験、成績偏差の試験は教師の授業法、試験法の反省として行うのである（十七条）。

卒業試験は最後の学年学期の試験のことである。最高学年の前後期試験の点数が合算され、合格すれば全科卒業の証書が与えられる。月試以外の試験はすべて学校長統括のもとに行われるが、卒業試験は県学務課員、監事教員が列席し、生徒の父兄も希望すれば列席することができる。まことに仰々しいものであった（十八条、十九条、二十二条）。

八四年から「教則大綱」にもとづく教則に移ったので、初等科八級、高等科四級制になり、及第落第は前後期年二回行われるようになったが試験法は八〇年制定のものが継承された。

八〇年から八五年までの及第落第の状況を「愛知県年報」でみると（八三年のみ欠）各学年級の生徒数は**表19**のようである。八〇年の一年四級生七一名が翌八一年の二年三級生三七名になっている。この三七名のうちには八〇年二年三級生の落第生も交っており、前年一年生のうちに退学者もいるから三七名がすべて八〇年四級の試験合格者とは

表 19　1880〜85 年愛知県中学校学年別・等級別生徒数

学年級	1 年 4 級	2 年 3 級	3 年 2 級	4 年 1 級
1880 年	71	42	19	5
1881 年	58	37	38	13
1882 年	84	41	22	25

等	初等科								高等科			
級	8 級	7 級	6 級	5 級	4 級	3 級	2 級	1 級	4 級	3 級	2 級	1 級
1884 年	50	56	64	28	26	20	9	9	2			
1885 年	40	53	43	51	45	17	14	11	3	1	1	

『文部省第八年報二』182 頁『同第九年報二』263 頁『同第十年報二』346 頁『同第十二年報二』159 頁、『同第十三年報二』80 頁によってつくる。

言えないが、七一名が翌年三七名にほぼ半減したということは定期試験が相当にきびしいものであったと窺える。高学年になるほど落第の率が下るのは進級をへた生徒は学力が身について落第が少なくなるからである。

卒業生と上級学校進学について愛知県中学校の記録は不鮮明である。「愛知県年報」にあるその断片的な記録を列記しよう。

八一年　本年中卒業生若干名之アルヘキニ退学シテ東京大学予備門ニ入ル為ニ之ヲ挙ルヲ得ス(112)

八二年　本校生徒ニシテ大学予備門、工部大学校及駒場農学校ニ入ルモノアリ即チ本年ノ如キモ卒業生一一名アリ(113)

八三年　本年ノ定期試験ニ全科ヲ卒業セシモノ十六人アリ。多クハ東京大学予備門及専門学校等ニ入学セリ(114)

八四年　初等中学科ヲ卒業セシモノ十四名アリ。内十名ハ東京大学予備門英語専修科ニ入学セリ(115)。其他在学生ニ在リテモ現ニ高等中学科四級ニ進ム者二人。

八四年　本年中学科ヲ卒業セシ者十四人アリテ其内現ニ高等中学科ヲ修ムル者二人。大学予備門英語専修科ニ入学セシモノ三人、海軍兵学校ニ入学セシ者一人、県立愛知医学校ニ入学セシ者

一人、或ハ私塾ニ入リテ勉学セルアリ。其他ハ志向未夕定ラサルモノナリ(116)

八一年八二年頃は卒業を待たずして東京の大学予備門等に進学したようであり、八三年以後は卒業後進学したようである。

教員に関する記事も不鮮明である。右にならって年次順に教員の状況について記そう。

八一年　教員米国チャンシーホール校卒業生田中貞吉初メ十二名何レモ相当ノ学力アリ(117)

八二年　教諭五名、助教諭八名アリ。内米国チャンシーホール校卒業生あり。東京駒場農学校卒業生アリ。皇漢学ニ通スルモノアリ(118)

八三年　教諭四名、助教諭十一名。其学力ハ東京大学理学部在学ノ者アリ。其他英学漢学数学画学ノ学科ニ長スル者ヲ挙ケテ其教授ヲ分担セシム(119)

八四年　教諭五名、教諭心得一名、助教諭七名アリ。其学力ハ東京大学卒業ノ理学士アリ、東京駒場農学校卒業ノ者アリ。漢学ニ通スル老儒アリ。体操伝習所伝習生アリ。其他東京大学三学部ニ入学シ本科一年二年若クハ三年ノ課程ヲ履修シ半途退学セシモノ等ヲ聘用シテ其教授ヲ分担セシム(120)

八五年　教諭四人、同心得三人、助教諭六人、同心得二人、助手三人ニシテ其資格ハ化学理学英語科教員免許状ヲ有スル者二人、音楽取調所卒業生一人、東京大学文学部ニ在学セシ者一人、慶応義塾卒業生一人、其他英語漢学数学画学等ニ通スル者ヲシテ各所長ノ学科ヲ分担教授セシム(121)

次第に教員陣容が充実しつつあったことはわかるが、教員の人名が不明だから、教員の移動、各教員の履歴等一切が茫漠としている。

書籍室・医学校・商業学校

愛知県中学校が教則改訂に苦心しながら、中学校教育を着々充実していた八〇年代前半に、県は中学校をとりまくように新しい学校や教育施設をつくっていった。まず県立書籍室を略述しよう。

県が独立の書籍館《しょじゃく》（図書館）をつくろうとしたのは七九年である。〃本県の師範学校には一万二、〇〇〇冊に及ぶ貴重な書籍がある。しかるにこれを利用する者はわずかに師範学校の教師と生徒だけである。それは図書閲覧室がないからである。来年の県会に願って大図書館をつくりたい。このままでは数万巻の書籍が虫食いの餌食になってしまう〃と七九年の「愛知県年報」[122]は述べている。愛知県師範学校は県がつくった教員養成所を直したものだが、七七年、官立愛知師範学校が廃止になったので、名古屋本町にあった官立師範学校の校舎に移った[123]。官立師範学校の書庫には和漢訳書五、一五四部、洋書一八六部、図類三九一枚が保管されていた[124]。それに県立愛知師範学校がこれまで収集した書籍を加えて一万を越える蔵書になったのであろう。しかるに県学務課のこの願いは八〇年の県会であっさり蹴られてしまった[125]。そこでしばらく師範学校の書籍室に依って書籍の充実をはかることにした。八三年の「愛知県年報」は次のように言っている。

附属書籍室・本室ハ明治十二年創立スル所ニ係ル。愛知県師範学校構内ニ在リ。其蔵スル所、和漢書合セテ一万二千十三部、洋籍四百七十九部トス。但目今ノ如ク師範学校ノ辺隅ニ在リテハ衆庶ノ従覧ニ不便ナルノ憾ナキ能ハズ。早晩其規模ヲ大ニシ且ツ蔵書ヲ富シ文化ノ一分ヲ裨益セントス[126]

そして八四年の「年報」では、蔵書数を記したあと「本年中開室日数百七十日、衆庶ノ来観セシ者三百三十二人ニシテ多クハ教員生徒ノ類ナリ。蓋シ来観者ノ稀少ナルハ其位置ノ不便等ニ由ルナラン。該室ノ経費ハ師範学校費中ヨリ支弁セリ」(127)と結んでいる。利用した教員生徒は師範学校ばかりでなく隣接した中学校の者も多かった筈である。蔵書数の一万二、〇〇〇余は今日からみるとわずかだが、はじまったばかりの図書館としては大へんな蔵書であった。因みに八二年の「書籍館表」(128)をみると全国に二〇館が展開しているが、蔵書一万二、〇〇〇を超えるのは東京図書館（文部省）、東京大学図書館に次いで愛知県師範学校書籍室があるだけである。

前述したように七八年七月、愛知県は名古屋区天王崎街に医学校を創設した。(129)この学校の前身は七三年名古屋門前町にあった仮病院内にできた医学講習所であったが七六年、公立医学講習場→公立医学所と名称を変え、七七年、天王崎町に校舎を新築して七八年、愛知県医学校となった。(130)七九年の専門学校統計をみるとほぼ全国にわたって専門学校が展開し、その数は公立私立合わせて一二〇校である。(131)しかしながら一口に専門学校と言っても学科の種類が多い。学科の種類別にみると医学校が最も多くて公立私立合わせて四六校、次いで数学校の二二校、外国語学校一七校の順である。(132)医学校が突出して多いのは幕末の動乱、維新変革の中で洋式医者を各地の住民が欲したからである。八〇年の改正教育令は「土地ノ情況ニ随ヒ」という条件つきながら府県に専門学校の設置を命じた（第五〇条）。こうした気運の中で専門学校が増加し、とりわけ医学校は発展のきざしをみせた。しかしここで文部省は医学校の質の問題に逢着した。幕末以来各地の蘭学塾洋学塾で西洋医学が学習研究され、また各地にたてられた病院でも西洋医術が研修されたが、数多くの医師を育てるには優秀な教師が居なければならない。当時漸く研究が進んだ中学校の教則＝教育課程に鑑みても、医学校の通則をつくらねばならない。こうして八二年五月、「医学校通則」（文部省達四号）、同年七月、「薬学校通則」（文部省達六号）ができた。いずれも修得すべき学科と年限、資格ある教員陣容をきびしく定めている。(133)

両通則はいずれも甲種乙種の二種になっている。甲種は「尋常ノ学科」を教授して医師薬剤師を養成する課程、乙種は「簡易ノ学科」を教授して医師薬剤師の速成をはかるものである。修業年限、入学資格等が若干違う。愛知医学校は甲種医学校になった。[134]

八四年五月、愛知県立名古屋商業学校が創立された。名古屋区長・吉田録在が県令・国貞廉平に上申し県会の決定を得て開校したものである。[135] 名古屋商業学校設置理由について「愛知県年報」は次のように記している。

本県名古屋区ノ地勢タル東西両京ノ中間ニ位シ、其戸口三府ニ亜キ、商賈櫛比殷富ノ観美アリト雖モ其商況ヲ熟察スレバ商賈ハ多ク旧慣ニ浸染シ浅狭自ラ画シ更ニ商業ヲ活潑自営スル智能ニ乏シク動スレハ機ヲ失ヒ産ヲ敗ル者無キニアラス。是レ畢竟商業ニ剴切ナル智識ナキニ由ルナリ。因テ其陋習ヲ一洗シ商業ヲ振興セシムルノ目的ヨリ本校ヲ設立セシナリ[136]

八四年一月の「商業学校通則」（文部省達一号）に準拠し、第一種商業学校として師範学校附属旧女学部を仮校舎に同年六月、開校式を挙行した。[137] 因みに商業学校の第一種は小学中等科卒業を入学資格として修業年限二年の初等中学校並、第二種は初等中学科卒業を入学資格として修業年限三年の専門学校並である。

八五年における愛知県立諸学校の地方税教育費は**表20**の通りである。

表20　1885年愛知県教育費

県立学校	地方税教育費
師範学校	円　銭　厘 6,087　77　4
中学校	5,592，14　0
医学校	6,589，09　2
商業学校	2,414，62，3

『文部省第十三年報二』84頁

八三年以後にできた私立の専門学校について述べておこう。

八三年、名古屋区南外堀町に私立法律夜学校、[138]八四年、名古屋区下園町に乙種の私立薬学校（初等中学科並）ができた。[139]このように公立私立の専門学校ができたが、いずれも名古屋区に中学校をとりまく形で設置されたのである。

四、三河の宝飯郡立中学校

三河の藩校と私立諸学校　三河国には徳川家門と普代の小大名が居並んでいた。吉田藩（豊橋藩）・岡崎藩・西尾藩・田原藩・苅谷藩・挙母《ころも》藩・西端《にしばた》藩・西大平藩である。これらの藩は尾張藩が東征軍に降るとこれに倣って降伏したのですべて安堵された（序説参照）。これらの藩には藩校があった。

三河最大七万石の豊橋藩には城下の渥美郡豊橋に宝暦二（一七五二）年創立の時習館があった。廃藩置県後、額田県大参事・木村成章の勧めで成章義塾に変えたが、学制公布以後、豊橋郷学校になった。[140]

岡崎藩は額田郡岡崎の藩儒私邸で漢学を、筆道師匠宅で筆道を学ばせていたが、明治二年九月、藩庁下に学問のための允《いん》文館、武芸のための允《いん》武館をたてた。[141]

西尾藩は嘉永七（一八五四）年、西尾天神町に修道館を設置した。維新に際し、これを文学局に改め、明治三年十月、さらに文学校とした。[142]

挙母藩は天明七（一七八七）年、挙母郭内に崇化館をたてた。学科は漢学皇学算術の三科である。士族八歳から就学し、一五、六歳で四書五経の素読が了れば退学した。ただし篤志の者は五〇歳まで勉学した。[143]

田原藩は文化七（一八一〇）年、廓内大手に成章館をつくり、文武に勤めた。藩費で江戸や名古屋に遊学させたり、

領内各村に村学校を置いて学問に励んだ。(144)

極小藩一万石の西端藩、西大路藩の学校について『日本教育史資料』はなにも記してないが、『愛知県教育史』は西端藩には明治二年に学校局が置かれて皇漢学の教則が定められ、少参事・黒沢寿任が学校長に就任したこと、西大平藩には明治二年、歴史書を教える学校が設けられ、藩の少参事が学校掛に任ぜられたことを記している。(145)

蘭方医学と洋式軍制が三河人の間で研究されたことは知られている。しかし藩校で行われたものではなかった。幕末期に町医者や在村医の間で蘭方医学熱が高まり、京阪、名古屋の蘭学塾に修業にでかける者が多かったのである。また田原藩の渡辺崋山や高野長英らが江戸で西洋兵学を研究し、藩の軍制を洋式に変えた。(146)しかし藩が洋学校をつくることはなかった。三河の藩校は漢学、国学が主で、他に数学の初歩を学ばせていた程度であった。廃藩置県とそれに続く第一次県統廃合の激変の中で三河の藩校は全滅した（序設参照）。

三河と尾張の県統廃合は他の地方と違っている。三河在来の八藩をそのまま県にした豊橋・岡崎・西大平・刈谷・西端《にしばた》・西尾・挙母《ころも》・田原《たはら》の八県に新規の重原《しげはら》・半原《はんばら》の二県を加えて三河一国の額田《ぬかだ》県ができたのにわずか一年で尾張の愛知県に編入されてしまったのである（表1参照）。ゆえにこの地方には第二次県統廃合がない。そして三河は愛知県流の教育にはめ込まれてゆく。

愛知県流の教育というのは政府・文部省の方針に歩調を合わせ、かつ愛知県民がつくった現状を踏みはずすことなく着々とことを運ぶ流儀である。具体的に言えば、学制公布当初、文部省は中等高等教育に力をつくす考えがなく小学校の普及を第一とした。愛知県も同じく小学の普及を第一として個人経営の私塾寺子屋が地域住民の共同経営による郷校に移ってゆく気運を察知し、これを一村一校の義校に組織化しようとしたのである。そして義校が母胎となって、次第に文部省が示す小学校にかえてゆくという合理的な方策であった。中学校に関しては当初、県はなんら積極的な手は打たず、名古屋にできた官立英語学校を見まもるだけであったが、官立英語学校が廃止されると、それをそっくり受けつぎ、専門学校設置の気運が全国的に高まると、名古屋に充実した医学校をたてるという時宜にかなった策をとったのである（前述）。全県民の子どものための義校→小学校は民費に県が補助する方策をとり、小数エリートのための中学校・医学校は授業料と寄附金、地方税による。ゆえにその設置は富裕で交通便利な名古屋でなければならなかった。三河の額田県が愛知県に併合されても愛知県流の方針は変らない。三河の小学校普及については尾張同様に郷校→義校→小学校の段階を踏んで県は努力を払ったが、[147]中学校、専門学校の設置について県は一顧だにしなかった。

表21　三河の私立学校

学校名	所在地	学科	修業年限
蓋簪学校	碧海郡米津村	皇漢学	四年
烏有学校	幡豆郡鶴城村	皇漢学	四年
知新学校	同右西尾錦城町	皇漢学	四年
英語学校	同右西尾馬場町	英学	五年

『愛知県教育史三』四八九頁所収の「第四六表」による。

　こうしたなかにあって三河国渥美郡豊島村に七九年頃、渥美義塾という私立中学校があった。『文部省年報』所収の「明治十二年中学校表」によると校主は阿保唯四で、教師三名、生徒は男子二四名、女子二名と記されている。[148]また『愛知県教育史』は学制期・教育令期の中等教育と思《おぼ》しい諸学校を捜査して三河に**表21**の四校があったとしている。[149]いずれも私立学校で県の援助はなかった。同じ私立諸学校が尾張郡部に三校あったが、名古屋区には三九校が密集していたのである。[150]

宝飯郡立中学校創立の経緯

一八八一年六月三十日、一通の「公立中学校設立伺」が愛知県令・国貞簾平に提出された。伺書の提出者は宝飯郡学務委員で人民惣代を兼ねた加藤幸三郎以下宝飯郡内一九カ村の人民惣代と学務委員で、これに宝飯郡長・竹本長三郎以下宝飯郡内一〇四カ村の全戸長が連署している。(151) 伺書の「設立ノ目的」に言う。

教育ハ国ノ精神ニシテ百事ノ父母タル固ヨリ論ヲ俟タザルナリ。於是乎、我政府曩ニ学制ヲ布ク。爾来文運日ニ開ケ月ニ進ム。雖然、高尚ノ学、専門ノ校ニ至リテハ其数未タ以テ足レリトセズ。故ニ地方ニ於テハ偶然俊秀篤志ノ子弟アリト雖モ或ハ土地ノ遠隔ヲ歎ジ、或ハ資力ノ欠乏ニ苦シミ、志ヲ空シクスルモノ多シ。豈概嘆ノ至ナラズヤ。本郡之ヲ痛思スル久シ。今ヤ微力ヲ省ミズ敢テ率先シ村市相謀リ協心奮励資本ヲ醵シ、改正教育令第三条《ママ》ニ基キ中学ヲ興シ以テ彼ノ俊秀篤志ノ子弟ヲ教養薫陶シ、小ハ以テ脩身斉家ノ道ヲ修メ大ハ以テ忠国経世ノ理ヲ講ゼシメントス。是レ郡内人民今日ノ急務ニシテ本校ヲ設立スルノ目的也。

右の第三条は第四条の誤りである。中学校のことは改正教育令第四条にある。

同年九月一日の開校式において、宝飯郡長・竹本長三郎は「中学設立ノ議一タビ起ルヤ一郡百四ケ村団結協同シテ恰モ一家ノ如ク」開設に向けて協力したと述べ、愛知県令・国貞廉平は、中学校の開設は「全ク闔郡協議ノ然ラシムル所」と讃美した。(152)

この中学校の設立発起者は武田準兵、加藤幸三郎、竹本長三郎の三名である。武田準平は愛知県宝飯郡森村の医師。七三年、大区長兼学区取締、七九年県議会がはじまるや県会議員となり、推されて議長となった。加藤幸三郎は宝飯郡前芝村の豪農の家に生まれたが東京に出て慶応義塾に学び、帰郷後、八〇年、宝飯郡教育会議議長に推された。竹本長三郎は宝飯郡為当村の旧家・竹本家に生まれ、六代目長三郎を名乗っていた。七八年、郡制が施行されると初代宝飯郡長に就任した。[153]

中学校の設立に当って、宝飯郡あげての募金活動が行われた。武田三夫・山田東作の調査『三河最初の中学校』によると、[154]募金活動には二つの道筋があった。一つは郡内の教カ村を一組とし、目標額をたてて募金したこと。第二は「賛成者壱万人ヲ得ント欲スルノ目的」で広く学校設立に必要な寄附を仰いだことである。物品の寄附には竹本郡長の椅子拾脚をはじめ、郡役所吏員による黒板、テーブル、土瓶、茶腕などがある。金額も最高二〇円から最低二〇銭まで、まさに郡内あげての寄附、募金であった。

前述の如く、八一年六月三十日付で「公立中学校設立伺」が愛知県に提出されたが、この「設立伺」書は極めて不備なものである。同年六月二十八日に制定された「愛知県町村立私立学校幼稚園書籍館等設置廃止規則」[155]と宝飯郡から提出された「公立中学校設立伺」を対照すると**表22**のようになる。

表にみる如く、宝飯郡提出の「公立中学校設立伺」は県制定の「町村立学校設置廃止規則」の指定項目を満たしていない。記載されているのは「設立ノ目的」「位置」「教員数及俸給」の三項目にすぎない。「教則」「試験法」「校則」「経費収入支出其細目」は「別冊之通」となっており、「敷地建物略図坪数及所有之有無」は「別紙之通」となっているが、校則・教則・試験規則を含む「宝飯中学校規則」ができたのは八一年八月である。[156]しかるにこの中学校は同年七月二十八日に設置が認可されているのである。[157]つまり「設立伺」では「別冊之通」としているが、校則も教則も試験規則も未提出のうちに愛知県令はこの中学校の設置を認可したのである。「愛知県町村立私立学校幼稚園書籍

表22　愛知県制定書式と宝飯郡提出書類の項目比較

愛知県町村立学校設置に関する提出書類項目	宝飯郡提出の「公立中学校設立伺」記載事項
一、設置ノ目的	（前掲）
二、位置	愛知県宝飯郡国府村
三、教則	別冊之通
四、試験法	別冊之通
五、校則	別冊之通
六、教員数及俸給	教員五名（以下略）
七、敷地建物ノ略図坪数及所有ノ区別	別紙之通
八、経費収入支出及其細目	別冊之通
九、名称	記なし
一〇、教科用書	記なし
一一、教授用器機	記なし
一二、総戸数	記なし
一三、生徒既数	記なし
一四、教員履歴	記なし

館設置廃止規則」は宝飯郡の「公立中学校設立伺」を認可するためにこしらえたふしがある。第一にその日程である。愛知県の「設置廃止規則」制定布達日が八一年六月二十八日、宝飯郡の「公立中学校設立伺」の提出日が六月三十日である。「規則」の布達を見てからの「設立伺」にしてはあまりに手廻しがよすぎる。「規則」の制定以前から宝飯郡では中学校設立のための募金活動をしているのであるから疑いは強まる。第二に愛知県の「設置廃止規則」にみられる項目序列の乱雑さと「設立伺」記載事項との奇妙な整合性である。通常、「設立伺」の書式は「設置ノ目的、位置、名称」等がはじめにくる。[158] しかるに愛知県の「設置廃止規則」では「名称」が「経費収入支出及其細目」の次に位置し（同規則第一条）、しかも「名称」以下の六項目（名称、教科用書、教授用器機、総戸数、生徒概数、教員履歴）は「伺書」には必要なく、開申すればよいことになっている（同規則第一条）。宝飯郡の「設立伺」は右の通りで、開設すべき学校名称が欠けているのである。校名のないまま開校した奇妙な中学校であるが、こ

れは「設置廃止規則」に従って「設立伺」が書かれたのではなく、「設立伺」が提出されたので、それに合わせて「規則」をつくったと解釈すれば理解できる。日付こそ「規則」が「設立伺」より二日早いが、このようなことはどうにでも操作できることである。この中学校の設立推進者が愛知県会議長・武田準平、宝飯郡教育会議長・加藤幸三郎、宝飯郡長・竹本長三郎という県政界の実力者であったことが右を可能ならしめた理由と思われる。

　校名のないままに認可された学校であったから呼称がまちまちであった。八一年九月一日の開校式で愛知県令国貞廉平は「宝飯郡中学校開場祝辞」を述べ、宝飯郡長竹本長三郎は「宝飯中学開校祝辞」を述べた。来賓の額田郡長竹本矩慰は祝辞の中で「宝飯郡立中学校」と述べている[159]。前述の学校規則の表紙は「宝飯中学校規則」、『文部省年報』収載の「中学校一覧表」には「町村立宝飯中学校」と記載されているが、八三年三月の卒業証書は「愛知県公立宝飯中学校」[160]。現豊川市立国府小学校所蔵の文書中には「宝飯郡公立中学校維持明細帳」がある。

　当時、制度上、「郡立学校」はない。「改正教育令」が官立学校以外の設置者別学校を府県立、町村立、私立の三種に定め（同令第十九・二十条）、八一年一月三十一日、文部省は「府県立学校幼稚園書籍館等設置廃止規則」（省達四号）と「町村立私立学校幼稚園書籍館等設置廃止規則起草心得」（省達五号）を府県に達した。府県は後者に準拠して「規則」を制定した。前述の「愛知県町村立私立学校幼稚園書籍館等設置廃止規則」はこれである。宝飯郡の中学校は法規上これによったのであるから町村立中学校でなければならない。しかし宝飯郡内全域の町村有志によって設立されたのであるから宝飯郡内町村組合立、もしくは郡内全町村立宝飯中学校ということができるであろう。

　ところで当時、「郡立中学校」の名称がなかったわけではない。制度上ない筈の「郡立中学校」が政府公刊書である『文部省年報』収載「中学校一覧表」に散見する。例えば八三・八四年の「同表」に登記されている青森県、山形県、埼玉県の郡立中学校がそれである。正しくは郡内町村組合立であるが、「教育令」によって「学制」の中学区が消滅したため、郡区を中学区に仮定した県が続出したからである。新潟県では八〇年七月、早くも郡区を中学区に定め、一郡に一町村立中学校の設置を策定した。[161] 長野県では中学区が消滅したので紛議が起った。八一年六月、「自今毎郡ノ境界ヲ以、中学ノ区域ト定メ、郡内ノ協同ヲ以、中学ヲ設置」したいと文部省に伺をたてている。[162] 長野県は一郡一中学校の設置に至らなかったが、「郡立中学校」の名称が流布したのは郡を中学区と仮定し、郡単位の公立中学校設置が進んだからである。

愛知県にはこの時期、郡を中学区とする考えもなければ、各郡に中学校を設置しようとする構想もない。中学校に限ってみれば、ひたすら県立愛知県中学校の育成に全力をあげていた。こうした中で三河・宝飯郡が独自の力で公立中学校を設立したのである。よってこの中学校は制度上は町村立であっても設立者や地域住民にとって宝飯郡立と意識され、事実、宝飯郡立中学校とか宝飯郡中学校、または宝飯中学校と通称されたのである。

学校の管理と維持

一八八一年九月一日、開校式をあげた宝飯中学校は九月六日から国府村の極楽寺本堂と国府小学校の一部を仮校舎として授業を開始した。[163] 開校当初の校長は創立者の一人、加藤幸三郎であったが、十月三日、慶応義塾出身の渋江保が校長兼三等教諭として着任した。[164]「創立伺」では英学・漢学・皇学教師各一名、英学・漢学の助教各一名、計五名の教員が予定されていたが、八一年中は渋江保校長と一等助教諭太田成之、二等助教諭三輪弘忠の三名で、三輪が学校幹事を兼務した。[165]「設立伺」も未整備、認可された宝飯中学校の校舎は間借り、教員も不足の、いわば見切り発車の学校であった。従って学校としての設備も不充分であった。渋江校長から帽子掛、椅子等の請求が続いた。[166] 前述の竹本長三郎郡長の椅子一〇脚寄附や郡役所吏員の諸物品寄附はこれに応えたものである。教員三輪弘忠も黒板一個を寄附している。[167] 教員も翌十五年には三等教諭山崎程者、二等助教諭和田敦、三等助教諭中津瀬忠誨、助教諭野田幸次郎、書記加藤甚七郎が就任し、八名の教職員団が形成された。[168]

こうした宝飯郡あげての学校づくりの情熱は〝われらの学校〟の意識を郡内に醸成し宝飯郡独自の学校管理体制を考案することになった。

教育令、改正教育令は小学校の管理については町村の学務委員の任務としたが（同令第十～十二条）、中学校の管理については規定しなかった。八一年七月二十二日、愛知県は宝飯中学校の管理方法について文部省に伺った。同年九月五日、文部省は次のように指令してきた。(169)

数町村連合ヲ以テ設置シタル中学校ノ事務ハ該連合内ノ学務委員ニシテ便宜掌理セシムルベキ儀ニ付、特ニ中学校ノミノ為メニ学務委員ヲ薦挙セシムルハ相成ラズ。尤郡区長ヲシテ之ヲ摂行セシムルガ如キハ苦シカラザル儀ト可心得事。

中学校管理のための特別の学務委員をつくってはならない。小学校管理のための町村学務委員が適宜、町村連合内で管理すればよい。ただし郡区長が中学校を管理するのはさしつかえないというものである。郡区長の中学校管理というのは実際に郡区を中学区に策定した県があったので（前述）これに即応したものであろう。しかし郡内町村連合の中学校管理を郡内全町村の学務委員に任せるというのは無理である。

八一年十一月十三日、宝飯中学校の管理を協議するため、宝飯郡下の町村学務委員一六一名が国府村に集まり、協議の結果、宝飯中学校管理学務委員一二名を選んだ。(170)右の次第は竹本宝飯郡長を通して国貞愛知県令に伺出された。同月二十二日、国貞県令は「伺之通」(171)と返信、二十四日、竹本郡長は「書面聞届候」と権田吉右衛門以下一二名の宝飯中学校管理学務委員を任命した。前の文部省指令を無視した独自の中学校管理学務委員がここに成立したのである。

その後、約一年を経た八二年十二月五日、文部省は次の布告を出している。[172]

小学校設置区域外、数町村連合シテ中学校ヲ設置スルトキハ特ニ其区域ニ学務委員ヲ置キ、学務ヲ幹理セシム。但教育令第十条但書及第十一条、第十二条、第四十八条ハ本文学務委員ニ適用スベシ。

即ち、文部省は宝飯中学校の管理学務委員を追認するとともに、改正教育令にこれを適格させて中学校学務委員の選任法、権限等を明確にしたのである。宝飯中学校管理学務委員は教育令期における町村立中学校管理方式の先蹤になったと言えよう。

八三年四月、宝飯中学校の校舎が新築された。その経緯を前掲『三河最初の中学校』は詳細に伝えている。[173] 右によると八二年四月、宝飯郡内町村連合会は宝飯中学校の校舎建築を決議した。郡内協議費として二、三二四円四〇銭の建設費を集め、総建坪一六一坪四合、三棟の校舎を建てるというものである。早速募金が郡内各地ではじまり、竹本郡長は八月一日、県に校舎建築の伺を出した。伺では建築予算二、五〇〇円、二階建西洋模造、建築場所は国府村中央寄附地である。伺は直ちに認可されて着工、翌八三年四月十五日に落成した。工費は二、六三〇円九八銭一厘であった。

郡内あげての熱烈な願望と協力によって発足した宝飯中学校であったが、その後の歩みは順調でなかった。そもそも当初たてた「維持法」が、今日からみれば杜撰なものであった。八一年につくられた「宝飯郡公立中学校維持法明細書」は次のような計画をたてている。

まず六、〇〇〇円の資金を集める。その中から初年度の経費として八四〇円を差し引き残りの五、一六〇円を年利一割二分で運用する。六月から開始して初年度の利金が三六一円二〇銭になる。二年目は元金が五、五二一円二〇銭だから利金は六六二円五四銭で、合計六、二四三円七四銭。これから経費一、一六〇円を差し引き、四、九八三円七四銭が三年目の元金になる。こうした計算で三年次から八年次までの元金と経費支出を次のように記している。

	元金	経費支出
三年次	四、九八三円七四銭	一、二六〇円
四年次	四、三八一円七九銭	一、二六〇円
五年次	三、七〇七円六三銭	一、二六〇円
六年次	二、九五二円五二銭	一、二六〇円
七年次	二、七〇六円八二銭	一、二六〇円
八年次	一、一五九円六四銭	一、二六〇円

こうして八年目に資金を使い果し、「又醵金、急度永続之方法可相立候」[174]としている。つまり、まず八年間だけの維持法をたて、その後、再び募金して必ず永続の方法をたてるという不可思議な計画である。別に年間六〇円の授業料収入を予定しているが、これを収入と別扱いにしているのも理解しにくい。授業料は宝飯郡内の生徒は月額一〇銭。ただし一家で二名以上入学する場合は一名分授業料免除。他郡の生徒は月額五〇銭、入学金一円となっている[175]。因みに八一年のものと推定される「宝飯中学校生徒名籍」によると九二名中、宝飯郡以外の生徒は渥美郡二名、八名郡二名、額田郡四名の計八名である。

支出は毎年一、二六〇円となっているが、その内訳は次のようである。(176)

教員給料　八七六円
役員給料　一四四円
書籍機械　七二円
営繕入費並ニ雑費　九六円
借校料　三六円
小使　三六円

右の計画に対し、実際はどうであったか。当初予定した六、〇〇〇円の募金は八一年末までに目標額に達しなかった。四、七八四円四一銭五厘である。(177)これに対し初年度の支出は一、六六二円三七銭一厘である。募金額は目標を一、二一六円下廻り、支出は予定を四〇二円超過した。苦しい船出と言わねばならない。以後四年間の収支は**表23**の通りである。

八三年における収入支出の膨張は前述の新校舎建築費である。しかしながら収入はともかく、支出が予定の一、二六〇円を常時上廻っていた。

表23　宝飯中学校年度別収支

年＼収支	収入	支出
	円　銭　厘	円　銭　厘
1882年	4,194. 46 7	2,759. 19 7
1883年	6,412. 76 8	4,312. 82 7
1884年	3,130. 22 0	1,336. 27 9
1885年	2,298. 52 0	1,662. 94 7

「御旨令綴」によって作成した「宝飯中学校財政表」による（『三河最初の中学校』191頁所収）

開校式を控えた八一年八月、「宝飯中学校規則」をつくった。(178)「規則」の中に「教則」がある。

教育課程

教則

第壱条　学業ヲ二ツニ分チ正変二則トシ又此ノ二則ヲ各予科本科ノ二ツニ区別シ予科終リテ後本科ニ入ラシム

第二条　正則ハ和漢、英、数ノ三学ヲ授ケ変則ハ和漢、訳、数ノ三学ヲ授ク

第三条　修業期ハ予科一年之ヲ二級ニ分チ本科三年之ヲ六等ニ分ケ合シテ四年トス

第四条　年中授業日数ハ二百七拾四日ト定ム

第五条　授業ハ午前第九時ヨリ午後三時ニ至リ一日五時間一週三拾時間トス

但日ノ長短ニ拠リ始業時限ヲ変換スルコトアルヘシ

第六条　体操ハ別ニ科ヲ設ケス毎日午後十二時卅分ヨリ仝壱時迄トス

正則

予科　第二級

英学	壱週	十八時
習字	スペンセル　習字帖巻ノ一二四七	四時
綴字	ヱブストル　スペルリング	六時
読方	ウイルソン　プライマル第一リードル	六時
図画	自在法ヨリ地図写法ニ至ル	二時
和漢学	同	十二時

歴史　皇朝史略正編巻ノ一二三　九時
文学　作文　通俗文　三時

第壱級

英学　壱週　十三時
読方　ウイルソン　第二、三リードル　六時
地理　コルネル　インテルメジェート地理書　総論ヨリ南亜米利加迄　五時
図画　地図大写法ヨリ実物臨写法ニ至ル　二時
和漢学　同　十二時
歴史　皇朝史略正編巻ノ四、五、六　九時
文学　作文　通俗文　仮名交リ　三時
数学　同　五時
算術　ロビンソン　ルジメント　五時

（本科　第六等以上略）

変則

予科　第二級

訳書　壱週　八時
地理　輿地史略巻ノ一、二、三、四　六時

図画　自在画法ヨリ地図写法ニ至ル　二時
和漢学　同　二拾二時
習字　楷行草　六時
歴史　皇朝史略正篇　巻ノ一、二、三　九時
脩身　小学内編　全素読　四時
文学　作文　通俗文　三時

第壱級

訳書　壱週　六時
地理　輿地史略　巻ノ五、六、七　四時
図画　地理大写法ヨリ実物臨写法ニ至ル　二時
和漢学　同　十八時
習字　細字楷行草　三時
歴史　皇朝史略正編　巻ノ四、五、六、七　九時
脩身　小学外編　全素読　三時
文学　作文　通俗文　仮名交リ　三時
数学　同　六時
算術　ロビンソン　ルジメント教諭和訳シテ之ヲ授ク以下倣之　六時

（本科　第六等以上略）

右は第六等以上を略したが、教則全体は次のようである。

教則は正則と変則の二種からなり、「正則ハ和漢・英・数ノ三学」「変則ハ和漢・訳・数ノ三学」を教授するものであった（教則第二条）。修業年限は予科一年二級、本科三年六級の計四年八級制（同第三条）、この外、各人が好む所により英学・訳学・和漢学・数学の一科を専修する科外生という制度も設けていた（同科外生規則）。

正則課程は英学と和漢学・数学からなり、変則課程は訳書と和漢学・数学からなる。本科五等六等によって両課程の違いをみよう。

正則も変則もそれぞれ課程を構成する学科に科目がつく。そして両課程ともに和漢学は歴史・修身・文学からなり、数学は算術だけである。即ち両課程の違いは英学＝英書による授業と翻訳書による授業の違いである。しかもその学科は

正則英学……地理・歴史・文学・鉱物・動物・生理

変則訳書……地理・歴史・鉱物・動物・生理

で、変則に文学が抜けただけである。変則訳書に文学が欠けるのは和漢学の文学で充分な授業時間をとっているからであろう。週授業時間は両課程とも三〇時間、学科別時間は次の通りである。

正則		変則	
英学	一三時間	訳書	一〇時間

和漢学　一二時間　和漢学　一四時間
数学　　五時間　　数学　　六時間

各学科目に使用教科書が記されている。概ねどの中学校でも使用された教科書であるが、「中学校教則大綱」が公布された直後のこの時期に変則の翻訳書「中学動物学」を早くも採用している。(179)

宝飯中学校の八一年の教育課程は七〇年代に盛行した英学・漢学両系の教則から八〇年代の「教則大綱」による和洋折衷の学科別教則に移るまさに過渡期の教育課程の典型と言えるものである。

過渡期としてはよくできた苦心の教育課程であったが、実際にこのようには行われなかった。『宝飯中学校日誌』(180)に次の記事がある。

八一年十月十五日、予科一級生へハ二十五日ヨリ文典ヲ授ケ（第一リードル畢リタル故）二級生乙組へハ今日ヨリ第一リードルヲ授ク（プライマ畢リタル故）

十月十七日、予科二級生へハ本日ヨリ第一リードルヲ授ク、丙組ハ第一リードルヲ授ク(181)

いずれも正則課程の英語授業の進度に関することで、変則課程の訳書、和漢学教科書の授業については一片の記事もない。八二年六月一日、小試験を行った。

今回小試験課目左ノ如シ

初等三級　文章軌範　ホワイト万国史　第三リーダー　十八史略　作文　代数幾何
四級　パーレー万国史　文法　十八史略　作文　算術
五級甲　第三リーダー　地誌　漢文　算術　作文
五級乙　リーダー　リーヂニグ　漢文　作文　算術
六級　科目五級乙ニ同シ[182]

すべて英語を主軸とする正則課程の試験である。開校一〇ヶ月をへたこの時期、カリキュラムは正則課程だけで変則課程は行われていなかったようである。また初等三級という教則にない語も現われた。教則の本科五等六等という語は「教則大綱」の登場によって、それに移行した。五級甲乙という名称も入学生が五月雨的に加わるので（後述）適宜につけた学級名であろう。

東京や名古屋から離れた三河宝飯郡国府村の中学校で英語を主とする課程は無理だったとする識者もいたが[183]、そのようなことはない。当時の中学生は中学とは高等専門教育へ登る階梯と考える者が多く、それには英語の修得は必須のことと思っていた。それは都鄙を問わなかった。七八年に発足した東京府中学校は完成教育を目指す正則科と大学進学を目指す変則科をつくったが、生徒は断然、変則科に集った[184]。美作国津山の岡山県立津山中学校は八一年以来、英学コースと漢学コースの二種の教育課程をとっていた。津山の郷村では英語学習者が少なかったが、英学コースの生徒が東京の官立学校を受験したのをきっかけに英学コースへの転向者が急増した[185]。

このようになしくずしに八一年の教則を変えていったが、八二年三月、予科本科四年八級制を全面的に替え、初等科三年高等科二年制にした[186]。「中学校教則大綱」によったのである。「教則大綱」は初等科四年高等科二年であるが、一ヶ年の伸縮を認めている（同第一一条）。

「明治十六年宝飯中学校仮規則」(187)という簿冊がある。八三年に「旧宝飯中学校規則」を改訂したものである。総則・入退学規則・学年及休業規則・試験規則及卒業証書・授業料規則・賞与規則・書籍出納規則・教場規則・寄宿舎規則・罰則・仮初等中学科課程表からなる。中学校規則として旧則より一段と整備されている。仮初等中学科課程表における学科配当は「中学校教則大綱」のものと同じであった。

教員と生徒の実態

八一年秋、校長兼三等教諭・渋江保、一等助教諭・太田成之、二等助教諭・三輪弘忠の三名で宝飯中学校が発足したことは前に述べた。渋江保は津軽藩医・渋江抽斉の子、森鴎外の『渋江抽斉』九八～一〇三に渋江保のことがでている。大学南校をへて官立東京師範学校を卒業、浜松師範学校の主席教員になったが、慶応義塾に入学、八〇年卒業して若干二五歳で宝飯中学校の校長になった。(188)一等助教諭の太田成之は旧吉田藩校時習館教授、当年四八歳である。二等助教諭の三輪弘忠は旧豊橋藩士。七六年、愛知県養成学校（師範学校の前身）を卒業、宝飯郡小学国府学校に奉職、八一年、宝飯中学校創立に際し抜擢された。(189)

この時期は地方の学校、即ち府県立町村立私立の小学校・中学校・師範学校の設置についてきびしい規制がはじまったときである。八一年一月に府県立町村立私立の「設置廃止規則」と同「心得」が発せられた（前述）。そして、それに連動して教員の社会的地位と月俸を決める「府県立町村立学校職員名称並ニ准官等」（太政官達五二号）が同年六月公布された。(190)九月に開校した宝飯中学校の教員は、「職員名称准官等」に適格しなければならない。これを認可するのは愛知県令である。前にあげた三人の教員は県令に認可されたのである。

八二年三月、山崎程者が三等教諭として、三宅均が一等助教諭として着任した。山崎程者は愛媛県士族、伊予松山の私塾で漢学を学んだ後、上京して慶応義塾を卒業、東京の予備校で教師をしたあと宝飯中学校に着任した。当年二四歳。三宅均は静岡県平民、遠江一之宮祠官のあと、浜松中学校教員となり、宝飯中学校に着任、五四歳である。[191]八三年二月、校長の渋江保が辞表を提出した。彼は前年暮に東京に帰ったまま、年が明けても国府村に戻らず、東京で就職した。宝飯中学校の校長月給四〇円という薄給が気に入らなかったという。[192]校長らしからぬ行為である。彼はその後、東京や各地の英学校で教え、著訳書も多く、その方面で活躍した。宝飯中学校長には山崎程者が就任した。[193]

八四年一月「中学校通則」（文部省達六号）がでた。「中学校通則」は施設設備と教員資格の両面から中学校を規制したものである。これによって存立し得なくなった町村立中学校もあったが、[194]宝飯中学校は「中学校通則」による打撃はなかった。新築の校舎は、施設面からの規制を通り抜けたし、教員資格は三人の大学卒業者若しくは中学師範科卒業者を要求しているが「本文ノ証書ヲ有セズトモ府知事県令ニ於テ相当ノ資格アリト認ムル者ハ文部卿ノ許可ヲ経テ之ニ代フルコトヲ得」（同則第四条）の但し書きによってまぬがれることができた。八四年、八五年における教員陣容は次の通りである。

校長兼教諭	慶応義塾卒業	愛媛県士族	山崎程者
一等助教諭	前浜松中学校教員	静岡県平民	三宅均
二等助教諭	愛知県養成学校卒業	愛知県士族	三輪弘忠
二等助教諭	元浜松中学校教員	静岡県士族	和田敦
三等助教諭	愛知県中学校卒業	京都府士族	中津瀬忠誨
三等助教諭	愛知県中学校卒業	愛知県平民	野田幸次郎
書記	宝飯郡出身	愛知県平民	加藤甚七郎

表 24　宝飯中学校月別生徒数（調査表・統計表）

年＼月	1月	2月	3月	4月	5月	6月	7月	8月	9月	10月	11月	12月
1881年	—	—	—	—	—	—	—	—	93	92	92	92
1882年	88	88	104	95	95	91	91	—	83	81	80	83
1883年	75	76	76	71	61	61	58	—	60	54	51	50
1884年	47	46	38	39	31	30	29	—	31	34	40	57
1885年	57	57	50	41	42	41	42	—	49	54	49	47

豊川市立国府小学校所蔵の「調査表・統計表」で作成。

三等助教諭　愛知県中学校卒業　　愛知県平民　松井雄次[195]
三等助教諭　愛知県中学校卒業　　愛知県平民　大井清水

宝飯中学校生徒の動向を示す史料は少ないが、国府小学校所蔵の「調査表・統計表」「宝飯中学校日誌」を用いて、その動向を窺おう。「調査表・統計表」に八一年九月から八五年末にいたる月別在籍生徒数がある。それを一覧表にしたものが**表24**である。

開校に当って九三名の入学者を迎え、後期が始った八二年三月には一〇〇名を越えた。後述する如く予定生徒数は五、六〇名であったから、すべり出しはまず上々であった。しかるに『宝飯中学校日誌』を検証してみると八二年五月以降、生徒の退学、休学の願いが、五月雨のように続くのである。一方に臨時の入学生も時期に関係なくある。「規則」では入学試験は二月九月の二回となっているが（八一年「入退学規則」第三条）、実際には入退学が随時行われていた。月別生徒数の数値はその実態を現わしたものである。

宝飯中学校の入学資格は八二年までは「満十二年以上ニシテ初等小学校卒業ノモノ」（八一年「入退学規則」）であったが、八三年の改正から「中等小学科卒業以上ノモノ」になった。しかし八一年八二年在学者の学歴についての山田東作・武田三夫の調査によると「学制期の上等小学在学者七一名、中等小学科七名、高等小学科二二名、愛知県中学校二名その他」である。その他の中には私塾出身者もいた(196)。「小学校教則綱領」がでたばかりの時期であったため、三河の小学校は新体制が整わず、中等小学科卒業という正規の入学者は一人もいなかったのである。よって宝飯中学校では臨時の入学試験で入学生を決めた。その試験は

漢文　解義　十八史略・皇朝史略ノ類
作文　書牘文及記事
算術　分数以下

であった（八三年「試験規則」第五条）。規則では生徒募集は毎年二月と九月の二回であるが（八三年「入退学規則」第三条）実際にはその通り行われず、「但シ欠員アルトキハ臨時入学ヲ許ス事アル可シ」の但し書きによって臨時入学が常態化していた。よって入学試験は常時行われていたのである。

入学後の試験には日課試験と定期試験の二種がある。日課試験は四週ごとに、定期試験は毎学期の終り、即ち二月と七月に行われることになっている（試験規則第八条第九条）。「中学校日誌」をみると日課試験は概ね月ごとに、定期試験は二月から三月にかけてと七月に行われている。定期試験は大ぎょうなもので、試験前三日間は温習（復習時間）のため、試験後三日間は教師採点のため学校休業、その後、盛大な定期試験証書授与式を行う。八三年三月に行われた授与式を「中学校日誌」で再現しよう。

三月十四日快晴

表25　1883年宝飯中学校等級別、月末在籍生徒数

月	計	初等科						高等科
		6級	5級	4級	3級	2級	1級	4級
1	75*	7	19	31	12	6	1	
2	76	4	19	32	14	6	1	
3	76	4	19	32	14	6	1	
4	71	11	9	19	19	7	6	
5	61	10	2	18	19	6	6	
6	61	12	2	16	19	6	6	
7	58	12	2	15	18	6	5	
9	60	6	9	0	19	16	9	1
10	54	6	8	0	18	15	6	1
11	51	6	8	0	18	13	5	1
12	50	7	9	0	17	11	5	1

＊印は「統計表」上の数値であるが合計と合致していない。
山田東作・武田三夫『三河最初の中学校』153〜154頁所収の「生徒各月末在籍数表」より一部抜粋引用。

本日午前十一時ヨリ本校楼上ニ於テ定期試験証書授与式ヲ施行シ十二時ヨリ其式ヲ畢リ郡役所臨場之者及ヒ賛《ママ》観ノ輩ニ茶菓ヲ供シ相散ス。郡長・竹本長三郎臨場ノ所、痛歯ヲ以テ土井良四郎代理トシテ臨場ス。

この式で重要なことは成績優等の生徒に賞与を渡すことであった。一等賞は二名で五〇銭分の半紙、二等賞は四名で四〇銭分の半紙、三等賞は八名で三〇銭分の半紙が授与された。

この定期試験の結果で生徒達は新学期の級に分けられる。好成績ならば進級するが、成績によって落第もする。落第のため退学するものもあり、怖い定期試験を恐れて無断欠席すれば退学になる。「中学校日誌」にそれらが記録されている。

毎月行われる日課試験はその結果で教場の座席が決まるのだが、宝飯中学校では座席移動だけでなく臨時進級降級も行われた。**表25**は国府小学校所蔵の前掲「調査表・統計表」によって八一年から八五年に至る月別生徒在籍数を調べた山田・武田両氏の労作から八三年分の在籍数を抜き出したものである。三月までの在級在籍者が四月に大きく変り、九月にまた変るのは三月、七月の定期試験による進級落第と入学退学の実態を示したもの、その他の時期における在籍者の変化は随時行われた臨時入学試験、日課試験の結果行われた進級、また退学の結果である。

この表で驚くことは開校二年にして早くも高等中学科の生徒が一名現われたことである。初等科を三年に短縮したこともあるが、他府県でも成就しない高等科生がたとえ四級一名であっても三河の片田舎に現われたことは特記されよう。一学級の人数の少なさも目につく。高等科生は四級生唯一人だが、初等科一級も一月から三月までは一名であった。最も多い二月三月の四級生三二名は甲乙二組に分けている（「宝飯中学校日誌」二月十五日）。即ち多い級で一九名、少ない時は一名の級《クラス》編成であった。

生徒はこうした状況の中で毎月行われる日課試験と三月、七月の定期試験に向けて勉学に励むのであるが、生徒の、親の負担はどのようなものであったか。前述の如く授業料は宝飯郡内の生徒は月額一〇銭、一家で二人就学する場合は一人は無料。宝飯郡外は月額五〇銭、入学金一円である。この外に教科書代があった。洋書はすべて学校所有の教科書が貸し出されたが、和漢書はすべて自弁であった。（八三年「書籍出納規則」）。

礼儀態度を通して生徒にはきびしい躾がなされた。エリートの矜持のため、旧時代の武家の子弟を示す袴を常時着けさせた（八三年「教場規則」第三条、「寄宿舎規則」第六条）。生徒には通学生と寄宿生がある。「学校規則」にはないが『日誌』によると通学生長と副舎長（寄宿舎長は教員）を生徒から選び、通学生長、副舎長がよく生徒を取締った。時折、両長に慰労として半紙が与えられている。因みに寄宿舎生活は起床六時、就寝一〇時、外出は五―六時とし、季節により時間の移動が多少あった。寄宿舎費は月一五銭だが、食費は大約二円五〇銭、食事は食堂で行う定めであった（八三年「寄宿舎規則」）。

八三年の「愛知県年報」に「(宝飯中学校の) 生徒ノ学業ハ未タ著シキ進歩ヲ見スト雖モ又初等中学科ヲ卒業セシ者一人ヲ出セリ」とある。この一人の卒業生が前述の高等中学科四級生であろう。同年報にはまた、この年の半途退学者の中に師範学校や県立中学校へ移った生徒もいたことも記している。[197] 八四年の「愛知県年報」は「其生徒学業ノ進否ヲ言ヘハ漸次進歩ノ状況ナリ。本年中ニ初等中学科ヲ卒業セシ者五人アリ」[198] とし、八五年の同「年報」は「学業ハ漸次進歩ノ勢アリテ本年初等中学科ヲ卒業セシ者五人アリ」と記している。[199] しかし卒業生の進学について記したものは見当らない。

宝飯中学校の衰退

生徒数は定員を満たしていただろうか。八一年六月の「設立伺」にも同年八月作成の「宝飯中学校規則」にも定員が書かれてないが、「規則」に授業料月額一〇銭とあり、「維持法明細書」に一ヶ年の授業料収入を六〇円としているから生徒五〇〜六〇名ぐらいを予定していたと思う。八三年の「中学校仮規則」では「初等科六十名、高等科四十名ヲ定員トス」(総則第五条) となっている。前に開校以来、八五年末までの月別生徒数**表24**を載せたが、『文部省年報』所収の八二年から八五年に至る「全国中学校一覧表」にある宝飯中学校の生徒数をみよう (表26)。次第に漸減して五〇名を切ってしまった。

表26　1882〜85年宝飯中学校生徒数

年度	生徒数
1882年	75人
83	50
84	51
85	47

『文部省第10〜12年報』所収「中学校一覧表」

もっとも、この時期の中学校生徒数として宝飯中学校は特異な例ではない。中学校一七〇校中、生徒数二〇〇名を超えるものはわずかに八校、一四〇名以上一六校、四〇名以下三六校、二〇名以下という中学校が七校もあった。概して府県立中学校の生徒数が多く、町村立中学校が少ない。町村立中学校八四校中、四〇名以下というものが二七校もあった。[200] してみれば宝飯中学校の生徒数は異状とは言えない。しかし愛知県の中学校は尾張名古屋の県立愛知県中学校と三河国府村の町村立宝飯中学校の二校だけであった。同時期の愛知県中学校の教員数、生徒数は前に示した。尾張の県立中学校が年を逐うて発展する旭日の勢いであるのに対し、三河の郡立中学校は年を逐うて衰退する有様であった。ここにおいて宝飯中学校の県立移管の議が起った。八五年五月の愛知県会において八名郡選出の鈴木麟三議員は宝飯中学校の補助について次の如く建議した。(201)

我が尾三両国の地方税を以て経費を支弁する所の愛知県中学就学生徒の出所員数を計較するに尾張の者百三十人、三河の者僅かに十九人のみ。嗟呼何んぞ尾張生徒の多くして三河生徒の尠なきや。思うに熱心なるに至っては尾三両国の間に豈に等差あらんや。唯校舎の遠近に便否如何に由るのみ。均しく一管下の人民にして幸、不幸の差夫れ斯の如し。吾儕代議士たるもの、これを等閑視するに忍んや。誠に三河地方に一の県立中学校を設立することは自今急務なりと雖も如何せん目下民間疲弊、到底新設の事業を興し、その経費を支持すること能はず、然るに同国宝飯郡国府村に公立中学校あり。該校は素と有志者の寄附金等に成りたるものにして、その規模尚完備せざる所ありと雖も依て十八年度地方税中より金参百円を支出し、漸次之に改良を加え、県立中学校たらしめんとす。

八五年における宝飯中学校への三〇〇円地方税補助は可決された。(202) しかし宝飯中学校の県立移管はならなかった。

五、学校令体制へ

八六年四月十日、「中学校令」（勅令一五号）が公布された。愛知県中学校は同令にもとづいて同年九月十四日、愛知県尋常中学校と改称した。[203]

宝飯郡第一高等小学校

宝飯郡立の宝飯中学校は立ちゆかなくなった。「中学校令」第六条の中学校設置は「地方税ノ支弁又ハ補助ニ係ルモノハ各府県一箇所ニ限ルヘシ」、同第九条の「尋常中学校ハ区町村費ヲ以テ設置スルコトヲ得ス」に抵触するからである（本書序説参照）。かくして郡立宝飯中学校はわずか五年にしてその幕を閉じたのである。在校生の一部は編入試験により、愛知県尋常中学校へ転校した。[204]

翌八七年五月、宝飯郡国府村の旧宝飯中学校校舎に宝飯郡第一高等小学校が誕生した。

八六年四月十日にでた「小学校令」（勅令十四号）はわかりにくい法令であるが、同令と同時期にでた諸法令、諸規則によって高等小学校をみよう。高等小学校は尋常小学校の上位につく小学校で、ともに普通教育を目的とする。ただし、尋常小学課程四年間を児童に就学させることは父母後見人の義務であるが高等小学校四年間の修学は親の義務ではない（小学校令第三条、第四条。小学校ノ学科及其程度第一条）。かように高等小学校は中学校や師範学校のように自由な意志で進学できるのであるが、中学や師範のように進学とか教員養成という目的規定がない。目的はあくまで普通教育である。しかるに八六年六月にでた「尋常中学校ノ学科及其程度」（文部省令十五号）に次の条文が現われた。

「第六条　尋常中学校ノ第五級（第一学年のこと）ニ入ルコトヲ得ヘキモノハ品行端正身体健康年齢満十二年以上ニシテ中学予備ノ小学校又ハ其他ノ学校ニ於テ該級ノ課程ヲ修ムルニ堪フヘキ学力ヲ得タルモノトス」。

「中学予備ノ小学校」は臨時にできたものでまもなくなくなるから「該級ノ課程ヲ修ムルニ堪ヘル其他ノ学校」は高等小学校である。最速に修学すれば一二歳で高等小学校第二学年を修了する。高等小学校第二学年までの教育課程は、尋常中学校につながるようにできている。つまり高等小学校第二学年修了が尋常中学校入学の最低資格になったのである。尋常師範学校の入学資格は八六年五月、「尋常師範学校生徒募集規則」(文部省令十号)で決められた。その一項に〝高等小学校卒業以上ノ学力ヲ有スルモノ〟とある。高等小学校は尋常中学校、尋常師範学校進学の一階梯になったのである。

小学校の経費は基本的に父母後見人が支弁する授業料であるが、その金額を決めるのは府知事県令の任であり、小学校の設置区域・位置を決めるのも府知事県令である(「小学校令」第二、六条)。総じて小学校の設置監督は府県にまかせられたのである。

愛知県はこれに応じて八七年三月、従来の小学校設置区域と位置を改訂した。尋常小学校は名古屋区だけは一区としたが他は一般行政区に基礎を置いて一戸長或は二戸長管理の区域を一学区として県内四三九学区にし、そこに一乃至二の尋常小学校をたてることにした。そして高等小学校は郡単位に一校または数校たてることにしたのである。八八年には殆んどの郡に各一校の高等小学校が開設されている。[205] このように在地の状況を把握して新制度に適応させるのは郷校・義校を育成して小学校網をはりめぐらした愛知県の手腕であった。郡立宝飯中学校が宝飯郡第一高等小学校に変るのは、こうした愛知県の高等小学校対策の一環として行われたのである。豊川市立国府小学校創立百年記念誌『国府小百年』に一八八七年五月十六日における宝飯郡第一高等小学校の開校式の様子が次のように記されている。

去ル十六日、宝飯郡第一高等小学校開校式ニ付、郡長竹本元傑、学務課長大窪実、同課員内海共之、同川崎為

見、其他郡書記教員等会スルモノ四百有余人アリ。郡長・学務課長等ノ祝詞演説アリテ是亦頗ル盛大ナル開校式ナリキ。同校舎ハ元宝飯中学校ナリシガ今回ノ改正ニヨリ高等小学校ニ引直セシモノナルガ、高等小学校ニハ適当ノ校舎ト謂フベシ。当日午後六時、生徒父母等ヲ集メ通俗教育演説会ヲ開キタリ。(206)

高等小学校長には旧宝飯中学校長の三輪弘忠が就任し、三宅均、原田忠誨等、旧宝飯中学校教員が高等小学校教員になった。宝飯中学校の文書もこの高等小学校に伝わった。(207)宝飯郡第一高等小学校は宝飯郡中学校の後身と言ってよいであろう。

愛知県尋常中学校発足

前記した如く愛知県中学校は「中学校令」の公布によって八六年九月十四日に愛知県尋常中学校と改称するが、当時の状況から述べよう。

八六年一月、愛知県中学校の三等教諭・杉岡政久が校長に就任した。杉岡校長のもと、この年の教員は一六名である。この年、五月に行われた「月次《つきなみ》試験報」によると生徒数は二六六名で出身地は次のようである。

名古屋区　一二四名　　尾張各郡　八八名　　三河各郡　一八名　　他県　三六名(208)

愛知県中学校が教科書をはじめ、教具教材の収集に熱心であったことは前に述べたが、五月には文部省から博物用標本動物五七種、鉱物一箱、化学器械六八五点、薬品八三瓶が届いた。また愛知県から歩兵操練用銃器が附属品とともに交付された。これによって学校は初等科六級生に歩兵操練を行った。(209)

八七年六月に新体制に則して第五級生（第一学年生）を六〇名募集した。志願者を一二歳以上、旧小学高等科の程

表27 愛知県尋常中学校学科課程表

学科＼年級	第一年級 毎週時数	第一年級	第二年級 毎週時数	第二年級	第三年級 毎週時数	第三年級	第四年級 毎週時数	第四年級	第五年級 毎週時数	第五年級
倫理	一	人倫道徳ノ要旨	一	同上	一	同上	一	同上	一	同上
国語及漢文	四	漢字交リ文 講読 書取 作文 文法 漢文 講読	五	同上 講読 作文 文法 同上 同上	六	同上 同上 同上 同上	五	同上 講読 作文 同上 同上	三	同上 作文 同上 同上
英語	九	読方 訳解 書取 綴字 会話 習字	九	読方 訳解 書取 会話 作文 文法	九	読方 訳解 会話 作文 文法	九	同上 翻訳	八	同上
農業							三	耕種 養畜	三	養畜園芸及栽培
地理	二	日本地理	二	亜細亜欧羅巴亜米利加ノ地理	三	濠州亜非利加ノ地理、万国ノ地文	一	日本ノ地文及政治地理		
歴史	二	日本歴史ノ大意	二	万国歴史ノ大意	二	日本歴史	二	支那歴史	三	万国歴史
数学	四	分数ヨリ求積ニ至ル算術	四	代数 幾何	四	同上	四	同上	二	三角術
博物	二	博物ノ示教			三	生理 衛生			六	動物 植物
物理			一	物理 化学ノ示教					三	物理
化学							三	無機ノ部		
習字	二	楷行草	一	細字速写						
図画	二	自在画用器画	二	同上	二	同上	二	自在画	一	同上
唱歌	二	単音 複音	二	同上						
体操	三	柔軟体操 器械体操 小隊学 中隊学	三	同上	三	同上復習	三	同上	三	同上
通計	三三		三三		三三		三三		三三	

『愛知県教育史・資料編近代二』五一七—五一八頁)

度とした。(210) 授業料を月額県内の者二〇銭、県外の者三〇銭から一躍、県内の者一円、県外の者一円二〇銭に増額した。(211)

八八年三月、「愛知県尋常中学校規則」を定めた。「規則」と言っているが、教育課程を主とする「教則」である。

表27はそこに表示された学科課程表である。まず学年の始期が、従来の九月一日から四月一日に改められた（「尋常中学校規則」第一条）。この改正は四月一日を学年始期とした一九〇一年の「中学校令施行規則」よりも早い。

「学科課程表」を検討しよう。学科名は「尋常中学校ノ学科及其程度」（文部省令十四号）と変りない。「第一外国語」は「英語」に、「第二外国語若クハ農業」は「農業」になっている。これまで学年と級は平行に記されていたが「年級」という記号に替え、等級制を捨て去った。「学科及其程度」と大きく変るのは各学科各学年の週当り授業時間数である。倫理、農業、数学、習字、図画、唱歌、体操以外の国語及漢文、英語、地理歴史、博物、物理化学の授業時間をいずれも増加し、各学年の週当り時間は三三時間（規準は二八時間）になった。特に増加の目立つのは英語の各学年九時間（五年級は八時間）である。英語学校以来の伝統で大学専門学校の進学を意図したからである。「学科及其程度」の標準時間は五～七時間である。進学を目的とした課程として不可解なのは数学の時間減と博物の時間増である。当時の名古屋の考え方であろう。各学科の授業項目をみると倫理、国語及漢文、英語は規準通りである。それに対し数学の算術、代数、幾何、三角法の授業項目は極めて簡単である。また地理歴史のくわしい項目分類に対し、博物、物理化学は簡単にすぎる。

農業について、規準は「農業初歩及実業」としかないが、愛知県は「耕種養畜園芸及栽培」と具体的である。体操についても規準は「普通及兵式体操」と簡単であるが、愛知県は「柔軟体操、器械体操、小隊学中隊学」とくわしい。愛知県の授業項目は県中学校時代に実施した授業を踏まえた経験を尋常中学校の課程表に記載したのである。

八七年三月、杉岡政久校長が辞任したので、一時、愛知県属の林守清が校長事務取扱になったが、八月には鳥取県

表 28　1886〜91 年愛知県尋常中学校歳入歳出金額

年度	歳入金額	歳出金額	出典
	円　銭　厘	円　銭　厘	
86 年	10,033　58　3	9,052　65　2	第 14 年報 83、87 頁
87	7,200　52　8	8,523　10　0	第 15 年報 121、127 頁
88	11,229　40　3	7,768　67　8	第 16 年報 115、121 頁
89	12,162　45　1	7,349　74　8	第 17 年報 135、137 頁
90	11,757　92　4	8,007　18　6	第 18 年報 129、133 頁
91	12,414　38　7	8,293　96　3	第 19 年報 113、117 頁

出典の「第 14 年報」は『文部省第十四年報』の略。

尋常師範学校尋常中学校監事の理学士・朝夷六郎が校長に就任した。同年十一月には文部大臣・森有礼が来校した。この頃になると生徒増員のため、校舎が狭くなったので八八年二月、前に師範学校に譲った七間町一丁目の敷地建物を師範学校の移転を機に引き受け、分教場として使用した[212]。

以後、愛知県尋常中学校は順調に発展推移するが、九一年「中学校令改正」までの財政状況をみよう。**表28**は歳入歳出表である。概ね一万二、〇〇〇前後の歳入に対し九、〇〇〇乃至七、〇〇〇円台の支出であるこの学校の経営状態は健全である。歳入が最も多い八九年の高額歳入県をみると二万五、〇〇〇余円の大阪府を筆頭に、高知県、滋賀県、福岡県、岐阜県、広島県、福島県、静岡県、長崎県の順位で愛知県の一万二、〇〇〇円台になるが、他は八、〇〇〇円台以下の府県が多い[213]。

尋常中学校の歳入は地方税と授業料収入その他からなり歳出は校長教員その他の給料と授業用の書籍器械及び営繕費からなる。八九年の愛知県尋常中学校の歳入歳出を項目別にみたものが**表29**である。歳入では地方税が最も多く、これが県立学校の常態である。しかし授業料収入がかなり増加していることは森文政の顕れであるし、愛知県の特徴と言えるものである。歳出をみると校長・教員・その他諸給料が圧倒的に多い。学者の慈愛のもとに学ぶ、教師は清廉で貧窮を厭わないといった近世的感覚からやっと脱し、給料を得て教育する近代的職業教員が一

表 29　1889 年愛知県尋常中学校項目別歳入歳出表

歳入項目	歳入金額	歳出項目	歳出金額
	円　銭　厘		円　銭　厘
授業料	3,068, 20　0	校長給料	538, 06　4
積金利子	461, 74. 6	教員給料	4,140, 44　0
地方税	7,349, 74. 8	諸給料	929, 00　2
雑納金	1,282, 75. 7	雑給	213, 49　5
		書籍器械費	485, 78　3
		営繕費	291, 45　6
		諸雑費	751, 50　8
総計	12,162, 45, 1	総計	7,349, 74　8

『文部省第 17 年報』135、137 頁。

表 30　1886～91 年愛知県尋常中学校教員数生徒数卒業生数

	教員	生徒	卒業生	出典
86 年	16	229	24	第 14 年報 29 頁
87	18	246	…	第 15 年報 43 頁
88	16	267	…	第 16 年報 38 頁
89	12	279		第 17 年報 111 頁
90	16	280	12	第 18 年報 114 頁
91	16	338	15	第 19 年報 37 頁

出典の「第 14 年報」は『文部省第十四年報』の略

般化したのである。

　授業料の増加は生徒が多くなり、それが持続したからである。教員給料の増加も教員が安定的に増加したからである。**表30**は八六年から九一年までの教員数・生徒数を示したものである。愛知県尋常中学校は発展的に持続していったといえよう。

　表30に卒業生数がある。全生徒数に対して各年度の卒業生は少ない。中途退学者が多かったからである。病気などの一身上の事情や家庭の事情もあったろうが、毎年学年末に行われる定時試験の結果、進級できず、留年を重ねて卒業できなかった生徒も多かったと思われる。伝統とも言えるこの学校の定時試験のきびしさは八八年の「尋常中学校規則」第六条から第一一条まで細密に記されている。

　卒業生の進学先についての記録は見当ら

ない。これまでの経緯からみて東京の高等中学校や名古屋の専門学校に進学した者が毎年、幾人かいたと思われる。『鯱光百年史』は八七年の「愛知教育会雑誌」を引用して、次のように述べている。

同校ハ元愛知英語学校ノ後ヲ継キテ明治十年ニ設立セルモノナルカ爾来同校ニテ卒業セル生徒数ハ都テ八拾弐名ニシテ帝国大学ニ八名、工部大学ニ四名、海軍兵学校ニ六名、駒場農学校ニ四名、東京職工学校ニ壱名、第一高等中学校ニ拾壱名、愛知医学校ニ四名入学シ、余ノ四拾四名ハ或ハ父兄ノ業務ヲ承ケ、或ハ学校ノ教師トナレリト云フ(214)

諸学校令体制になって二年後のこの時点で第一高等中学校に一一名の進学者を出した愛知尋常中学校は進学のための地方の拠点学校としての役割を果したと言えよう。

九三年、三河地方に尋常中学校設立の運動が起り、九五年五月、豊橋町立豊橋尋常中学時習館が開校した(215)。九六年、県立となり、愛知県第二尋常中学校と改称した(216)。現愛知県立時習館高等学校である。三河地方に県管理の私立尋常中学校が興らなかったのは、この辺に大藩がなかったからである。県管理学校になる学校法人的な私立学校をつくったのは西南の大藩であった。藩主を筆頭に旧藩有力者が協力してこそ尋常中学校の資格を備える私立学校をつくることができる。豊橋藩(旧吉田藩)は三河最大であるが七万石である。在地の有力者が協力したが、旧藩主も旧士族も団結したわけではない。また豊橋藩校時習館の伝統を継ぐと称して時習館を校名にしたので三河各小藩の士族を糾合することができなかった。よって豊橋町立学校にしたが支持基盤が弱くて愛知県立学校になったのである。

尋常中学校附属獣医牧畜科

一八九〇年六月、愛知県尋常中学校に附属獣医科が附設された。名古屋東新町にあった県立獣医養成所が閉鎖になったので、尋常中学校に附設したものである。(217)

名古屋は一八七九年九月の鎮台条例（太政官達三十三号）で鎮台が置かれて以来、金沢方面から名古屋方面の陸軍を統括する第三軍管の本拠地であった。八八年五月、鎮台制が廃止され、来るべき対外戦争に備えて機動力のある師団制に替えた（勅令三十一号）。第三軍管は第三師団と改称し、師団司令部が名古屋に置かれた。師団には歩兵四ヶ連隊のほか、騎兵、砲兵、輜重兵等の各部隊が隷属する。輜重兵部隊は歩騎砲部隊に兵器食糧を送るのが役目だが、当時は戦場を支那大陸東北部に想定していたから輸送の動力は馬であった。馬は牛に比べて馬力があるが、病気に弱い。そこで獣医が必要になる。師団司令部には参謀部と並んで軍医部が置かれ、騎兵砲兵輜重兵の各部隊には獣医が配置されたのである。師団司令部が置かれた名古屋の愛知県尋常中学校に獣医養成の獣医科が置かれたのはこうした事情があったのである。士官兵士の外傷病気を扱う軍医長は陸軍大佐並の待遇で、軍医達も士官の扱いであったが、獣医長は陸軍大尉並で獣医達は下士官並の扱いであった。よって医学校を専門学校扱いにしたのに対し、獣医養成学校を尋常中学校の扱いにしたのであろう。

九一年四月、附属獣医牧畜科と変更した。(218) 明治初年以来の西洋農業化で酪農が増加し、そのための農学校が各地にできはじめたが、愛知県にはそれがなかったので、それに対応したものである。九〇年六月二十八日、愛知県知事・岩村高俊によって出された「尋常中学校附属獣医科規則」(219) をみよう。

「本科ハ獣医ヲ養成スルヲ以テ目的トシ兼テ牧畜ニ従事スルニ足ルヘキ学科ヲ教授ス」（通則第一条）と開校当初から獣医と牧畜養成の目的をもっていた。修業年限は二ヶ年で、学科配当と週授業時間は次の通りである。

第一年		第二年	
物理学	二時	内科学	四時
化学	二時	外科学	四時
動物学	二時	産科学	二時
植物学	二時	家畜疫論附獣医警察法	三時
解剖学及組織学附実習	六時	比較病理解剖学	二時
生理学	五時	寄生虫学	三時
薬物学	三時	蹄鉄学	二時
農学大意	三時	病畜治療実習	八時
家畜管理法	三時		

生徒定員は三〇名で、年齢満一八歳以上三〇歳以下、授業料は無料である。ただし実習のため、病畜診察治療の依頼には応じなければならない。その他学年暦、試験等は尋常中学校に準じている。

九二年七月、獣医牧畜科は五名の第一回卒業生を出した。次いで九五年四月、卒業生六名を出したが、九六年三月、同学科を廃止した。前年十二月の生徒はわずか四名であった[220]。

「学制二編」に獣医学校のことがあり（第百九十三章）、八三年四月の「農学校通則」（文部省達五号）にも第二種農学校（専門学校並）の特設学科目に獣医があがっていたが、獣医学校は実現しなかった。新潟県、宮城県、石川県、岐阜県、福島県、鳥取県、山梨県に県立の農学校、農業講習所が設置され、学科目の一つに獣医学、牧馬学、病畜療法などがみられるが、獣医学校はなかった。わずかに八六年、宮城県農学校が臨時の獣医講習会を、八七年、新潟県農学校が獣医講習所を附設したに過ぎない[221]。こうした流れの中で、短期間であったが愛知県尋常中学校に附属獣医牧畜科が附設されたことは実業教育史上特記されよう。

おわりに

愛知県中学校の淵源は幕末にできた藩の洋学所を明治三年六月に改めて開校した名古屋藩立洋学校である。廃藩置県後、名古屋県が引き継いで県立洋学校になった。「学制」公布後、愛知県が第二大学区本部になったのでこの洋学校を東京、大阪、長崎の大学区本部になぞらえて外国人教師が教える第一番仮中学、通称成美学校にした。

これとは別に名古屋県は明治四年十月、中学校を開いた。これは明治三年二月の「中小学規則」に則《のっと》ったものだが、「学制」と同時にでた文部省達十三号（旧学校悉皆廃止令）によって廃止された。

七四年、官立愛知英語学校が成美学校の施設を借りて開校されると成美学校の生徒は英語学校の生徒になった。官立愛知英語学校は高額な官費を得て英語教育、中学教育の施設設備を充実していった。またカリキュラムを中心とする中学教育の諸規則や各種の試験実施を通して、大学専門学校進学に耐え得る学力を生徒につけさせた。

七七年、政府は経費削減のため、官立学校の縮少をはかり、官立愛知英語学校は廃止された。田中文部大輔の意向で、これらの施設設備は在地の県に移譲された。愛知県はこれを受けて愛知県中学校とした。

七七年、英語学校と同様に官立愛知師範学校が愛知県に譲渡された。小学校普及を第一使命としていた愛知県は従来の県立師範学校（旧教員養成所）をこれに合わせ、より高度な師範学校育成をはかった。七八年には、かねて県民の願望であった県立医学校を創設した。県は同時に新しく中学校、師範学校、医学校を経営せねばならなくなったのである。

七九年からはじまった愛知県会が、これらの学校経費を決める舞台であった。中学校費については時に一部議員から猛烈な反対論や減額論がでたが、全額否決という例がなく常に、ほどほどの所で妥結した。反対意見を唱えても協調を忘れないのが愛知県人の性《さが》である。中学校の歳費は医学校、師範学校より額は少ないが、安定的に決定された。概ね七、〇〇〇円台から四、〇〇〇円台である。この額は官立愛知英語学校時代の歳費の約半額である。しかし英語学校時代に蓄積された施設設備教具教材があったから授業にこと欠くことはなかった。生徒は順調に増加して、教育令期最後の八五年の生徒数は二七九名である。これは府県一校の府県立中学校としては高知県、東京府、佐賀県、鹿児島県に次ぐ大規模中学校であった。(222)

愛知県は七三年に他県に例をみない整然たる中学区をつくった。当初は「学制」に示す通り各中学区に中学校をつくるつもりであったが名古屋に官立英語学校ができると中学校はそれにまかせ、尾張三河の郡部に中学校を営むことを控えた。しかるに八一年、三河宝飯郡国府村に宝飯郡内全町村挙金による宝飯郡立中学校ができた。郡立中学校は七八年の「郡区町村編制法」と町村公費による中学校設置を認めた七九年の「教育令」一九条に触発されて起ったものであるが、県内全郡に中学校を展開しようとする県令主導の郡立中学校が多かった当時、県庁の遠隔地に一校たてた郡立中学校として特異なものである。しかし創立者たちの努力にもかかわらず、中学校として成長することなく、八六年の学制改革で宝飯郡第一高等小学校に変り現豊川市立国府小学校に続いた。

八六年の学制改革で愛知県中学校は尋常中学校になった。尋常中学校になってからの歳費は一〇万円を突破して一一万、一二万円台に上昇する。しかし地方税歳入は以前と変らない。授業料の歳入を増やさねばならない。尋常中学校に更《かわ》った際、月額県内二〇銭、県外三〇銭から授業料を一躍、県内一円、県外一円二〇銭に増額した。これと生徒増加が相乗して授業料収入が年間三、〇〇〇余円にもなり、雑納金、積金利子が加わって歳入が一〇万円の大台に乗ったのである。実利を求める商売人愛知県人の面目躍如たるものがある。

九〇年、尋常中学校に附属獣医牧畜科を附設した。名古屋鎮台が第三師団司令部になって、陸軍各部隊の輸送を任務とする輜重兵の動力が馬であったため、獣医が必要になったからである。この附設学科は十数名の卒業生を出して九六年廃止されたが、尋常中学校に獣医学科が附設されたのは中学校形成史上、希有な例である。

本書の対象時期である一八七〇年から九〇年までは中学校の教育課程がつくりあげられた時期である。それは旧来の修身斉家を学ぶ漢学学習法・読書次第と西洋の文明・科学技術を学ぶための洋学、とりわけ英語学の学習法を融合して高等普通教育の教育課程をつくりあげることであった。文部省が力を尽してこれの形成につとめた。到達目標は八一年の「中学校教則大綱」であり、さらにそれを修正した八六年の「尋常中学校ノ学科及其程度」である。この文部省の中学校教育課程の形成に沿うようにして愛知県中学校は独自の教育課程をつくりあげていった。

官立愛知英語学校は開校と同時に六年一二級の教則をつくった。これは文部省達の「外国語学校教則」と違って暗誦、読方、書取等の英語学習に埋め尽されたものである。七五年に教則を改正して進学と通弁養成の二目的を廃し、開成学校進学一本鎗にした。またこの改正では「日本読書」という学科を設けて『輿地誌略』、『西国立志編』などの日本書籍を読ませた。幼少年生が在籍していたので、日本語ができなくなるのを恐れたからである。しかし論語や孟子等の儒書は避けている。官立東京開成学校進学を目指した教育課程であった。

官立英語学校を受けついだ愛知県中学校は七七年、教則をつくった。専門学校進学を目的とした教育課程で徹底した英語教育の中に「日本読書」が入るのは英語学校と変りないが、四年八級制の前二年は習字、読方、書取、会話、翻訳の英語学習で、後二年は英語の教科書で算術、代数、幾何、地理、歴史、博物、物理化学等を学ぶようになっている。高等普通教育に近づいたのである。

八〇年、教則を改正して、高等普通学を教える中学普通科と東京大学法理文三学部及専門学校の進学を目的とする中学英語科の二種の教育課程をつくった。

中学普通科の学科は地理、生理、植物、物理、化学、数学、修身等で、教科書は和漢書と英書が交っている。「文学」は「日本読書」を引き継いだもので英語のテキストと和漢の読書からなっている。和漢洋とりまぜて高等普通教育の学科を構成した観がある。「中学校教則大綱」公布の前年にこれができたことは注目すべきことである。

「中学校教則大綱」が公布されると愛知県中学校はそれに従った。八三年、愛知県中学校独自の教授要旨をつくった。大方の学科の教授要旨は文部省のそれと変りないが、和漢文と英語の教授要旨はこれまでの実践を踏まえて理解し易い出色の出来ばえである。各科の教科書もよく整っている。

教員と生徒の活動、授業と学校生活の実態は記録が乏しくて論述できなかったが、各種の試験や進級、落第の状況からみて、相当にきびしい熱心な教育が行われたと推察できる。その結果東京大学をはじめとする官立高等専門諸学校への進学者をみた。正確な数字が得られなかったが東京にあった公私立の中学校を除き、地方の公立中学校としては最多の進学者を誇ったのではないかと思う。卒業生のわずかな回顧だが、外国人の教師よりも外国帰りや日本で学んだ邦人教員に熱心な良教師がいたという印象を持つ。カリキュラムの研究をはじめ愛知県中学校の教育の成果はこの日本人教師によってなされたと思う。

愛知県の人口は一八七四年、一二一万七、〇〇〇余であった。[223] 一六年後の一八九〇年には一七四万八、〇〇〇余となり、日本一の大人口県になった。(224)学齢児も二六万七、〇〇〇余で第三位（一位新潟県、二位大阪府）とずば抜けて多いから出産による自然増加によるものでもあった。しかし愛知県の人口増加はそれだけでなく産業の興隆による他県からの流入が要因である。

愛知県は近世から常滑《とこなめ》焼、瀬戸焼、三州瓦等、全国に名を馳せた物産にこと欠かないが、最大のものは木綿産業である。綿の作付は三河尾張各地で行われ、木綿打、漂白晒しの技術により、さまざまな銘柄の商品となって全国に売り出されていた。これらはそのまま明治に持ち越されたが、八〇年頃から三河では水力を利用したガラ紡が隆盛、尾張ではイギリス式の蒸気による紡績会社が次々にたてられ、愛知県は日本屈指の紡績県になってゆく。(225)

ガラ紡の家内工場も織子《おりこ》と呼ばれる女子を雇ったが、紡績会社の大工場は大勢の女子職工を雇った。低賃金であったから貧困な近隣諸県から流入する者が多かった。女子ばかりでなく男子も愛知県の産業の活気に魅せられて流入した。人口増加は愛知県の産業興隆によるものであった。

紡績の利を求めて北陸、近江、伊勢の商人が名古屋に集った。名古屋の遊興は近世から知られている。(226)城南から熱田にかけて三廓と呼ばれる大遊廓が根を張り、また三都の芝居が名古屋に集るほどの繁盛ぶりであった。裕福な商人は出店を名古屋に張り、歓楽を求めて居着く者も多かった。

七〇年代から八〇年代にかけて、いずれの県も家禄を離れた士族の困窮を救うための士族授産に頭を悩ました。しかるに愛知県ではそれを聞かない。愛知県令の安場保和は県令辞任後〝名古屋士族の中以上は裕福であり、下等士族は製糸織物業に従事している。三河の士族は農に就いて産をなすか、綿糸製造所や綿紡織業を営んでいる〟と報告している。(227)愛知県士族は綿製品の地場産業に吸い込まれて安泰だった。七八年頃から愛知県各地に士族の民権各社が起り、県会で激しく県令と争ったが、県当局と協調する名望家層にさえぎられた。愛知県の士族民権運動は自由党や改進党と結ぶことなく退潮した(228)。

農民の地租改正反対運動も七七年、春日井郡を中心に起ったが(229)、同じ頃起った茨城県真壁郡の一揆や三重県の伊勢暴動のようにはならなかった。尾張の名望家と言われる農村指導者が和解の方便を心得ていたからである。このように豊かな安泰の中で明治前期の愛知県の中学校は形成されたのである。

本書の性格上、小学校のことは述べてこなかったが、愛知県が教育で最も力を尽したのは小学教育の普及であった。その成果を記して終りとしたい。愛知県が郷学校・義校を学区に組織化して小学校を普及したことは前にふれたが、県内小学校網を成立させた一八七三年、学齢児童の就学率は四八・四九パーセントであった。これは全国平均二八・一三%をはるかに越える高い就学率である(230)。その後、小学校の育成につとめ、諸学校令体制が可動した一八九〇年、学齢児の小学校就学者は一〇万八、一七〇人である。この数値は広島県、兵庫県に次ぐ全国第三位であった(231)。この小学校就学児の多さが中学校の繁栄を支えたのである。

注

(1) 「明倫堂取調要項追加」(『日本教育史資料四』六四頁)

(2) 拙論「『藩治職制』にみる「学校」」(幕末維新学校研究会『幕末維新期における「学校」の組織化』一九九六年、多賀出版、八九―一三二頁)

(3) 創立百年祭実行委員会『鯱光百年史』(愛知一中・愛知県立旭丘高校)一九七七年、三頁。『日本教育史資料』は名古屋洋学校の創立を明治二年八月としているが(同書四、六五頁)、『愛知県教育史』は「椋園時事録」によって明治三年六月としている(『同書三』二九頁)。

(4) 拙著『日本における中学校形成史の研究・明治初期編』一九九三年、多賀出版、六五〇―六五九頁。倉沢剛『幕末教育史の研究二』一九八三年、吉川弘文館、二三一―二五七頁。開成所発足の章に林正十郎の名がしばしばでてくる。

（5）（6）「明倫堂取調要項追加」（『日本教育史資料四』六五―六六頁）
（7）前掲『鯱光百年史』四頁。
（8）洋学校開設についての名古屋県布告（愛知県教育委員会『愛知県教育史資料編近代一』一九八九年、五九頁）
（9）（11）前掲『愛知県教育史三』六二一―六三頁。六四―六五頁。
（10）前掲『鯱光百年史』五頁。
（12）『日本教育史資料四』六六頁。
（13）前掲『愛知県教育史三』六六頁。
（14）前掲『愛知県教育史三』四二四頁。
（15）（16）『文部省第二年報』三三頁。三六頁。
（17）仲新『明治初期の教育政策と地方への定着』一九六二年、講談社、一四八―一五一頁。
（18）尾形裕康『西洋教育移入の方途』一九六一年、講談社・野間教育研究所紀要第19集、七五―一〇一頁。
（19）拙著『明治前期中学校形成史・府県別編Ⅱ環瀬戸内海』四八八―四九〇頁。拙編著『明治前期中学校形成史・府県別編Ⅲ東日本』三二六頁。
（20）『文部省第二年報』三六頁
（21）「成美学校規則」（「府県史料・政治部学校・愛知県」国立公文書館内閣文庫所蔵）
（22）拙著『続明治の教育史を散策する』梓出版社、二〇一五年、一七一―一七四頁。
（23）「明治七年督学局年報」（『文部省第二年報』三六頁）
（24）中学校設立についての名古屋県庁布告（愛知県教育委員会『愛知県教育史資料編近代一』一九八九年、五五頁）
（25）「旧名古屋藩明倫堂取調要項追加」（『日本教育史資料四』六六頁）
（26）前掲『日本教育史資料四』六七頁。
（27）小学校設立についての名古屋藩庁布告（前掲『愛知県教育史資料編近代一』五九―六〇頁）
（28）「旧名古屋藩明倫堂取調要項追加」（『日本教育史資料四』六八頁）
（29）拙著『明治前期中学校形成史・府県別編Ⅱ環瀬戸内海』二〇一三年、梓出版社、四九六―五〇一頁。

(30)『日本教育史資料四』収載「明倫堂取調要項追加」記載の「明治五年九月七日廃校」は小学校の項にあるが、その前の中学校の項にあるべきところが編集上のミスで小学校の項に入ったものと思う。『愛知県教育史第三巻』は中学校廃校を五年九月としている（同書六一頁）。

(31)『日本教育史資料四』六八―六九頁。

(32)「東京外国語学校沿革」（『文部省第一年報』一六三丁オウ）

(33)「明治七年・愛知英語学校年報」（『文部省第二年報』四二一―四二三頁）

(34) 慶応義塾『福沢諭吉事典』六〇一頁。

(35)「明治七年・愛知英語学校年報」（『文部省第二年報』四二二―四二七頁）

(36)「明治七年・愛知英語学校年報」（『文部省第二年報』四二九―四三一頁）

(37) この舎則は東京の開成学校寄宿舎則や洋学漢学の塾則に似ている。くわしくは拙著『日本における中学校形成史の研究〔明治初期編〕』、一九九三年、多賀出版、八七七―八八四頁。拙著『続明治の教育史を散策する』二〇一五年、梓出版社、一七一―一七四頁を参照されたい。

(38)(39)(40)「明治七年・愛知英語学校年報」（『文部省第二年報』四二二頁。四三四頁。四三四頁）

(41)(42)「明治七年・愛知英語学校年報」（『文部省第二年報』四二七―四二九頁。四三三頁）

(43) 池田哲郎「英語教科書」（『日本の英学一〇〇年・明治編』一九六八年・研究社出版、三六三―三六七頁）

(44)(45)「明治八年・愛知英語学校年報」（『文部省第三年報一』五六六―五六七頁、五六七頁）

(46) 拙論「明治初期における官立英語学校顛末」（アジア文化七号、一九八二年）。

(47)「明治八年愛知英語学校年報」（『文部省第三年報一』五七二頁）

(48)「明治九年愛知英語学校年報」（『文部省第四年報一』三六一頁）

(49)『愛知県教育史・資料編近代一』七〇一―七〇二頁。

(50)(52) 三宅雪嶺『自伝／自分を語る』一九九七年、日本図書センター、人間の記録43、一四六―一五〇頁。一五〇―一五一頁。

(51) 高田早苗『半峰昔ばなし』一九二七年、早稲田大学出版部、二六頁。

(53)(54)「明治八年愛知英語学校年報」(『文部省第三年報一』五六七頁。五六七―五七〇頁)

(55)『文部省第四年報一』三五八頁。

(56)「愛知英語学校一覧」(『愛知県教育史資料編近代一』六九九―七二六頁)

(57)「愛知英語学校一覧」(『愛知県教育史資料編近代一』六九九―七二六頁)

(58)「京都府英学校独逸学校年齢別生徒数」(拙著『明治前期中学校形成史・府県別編Ⅱ環瀬戸内海』五二六―五二七頁)

(59)「愛知英語学校一覧」(前掲本、七二六頁)

(60)前掲、三宅雪嶺『自伝/自分を語る』一二九頁―一三七頁。

(61)「明治七年・広島英語学校年報」(『文部省第二年報』四四一頁)

(62)(65)「明治九年・愛知英語学校年報」(『文部省第四年報一』三六一頁、三五九頁)

(63)前掲「愛知英語学校一覧」

(64)前掲『鯱光百年史』一三頁。

(66)東京大学史料編纂所蔵版『明治史要』東京大学出版会、一九三三年、四七五頁。

(67)『明治以降教育制度発達史一』七一〇頁。これ以後、同書にならって西南戦役財政緊縮を理由とする教育史書が続出する。

(68)拙著『明治前期中学校形成史・府県別編Ⅱ環瀬戸内海』三三一―三三五頁。

(69)明治十年二月四日、文部省伺(『編集復刻日本近代教育史料大系第二巻(公文記録Ⅰ太政類典1)』三七八頁)

(70)愛知英語学校を県に移し愛知県中学校と改称(『愛知県教育史資料編近代一』七二六―七二七頁)

(71)(73)「明治一〇年愛知英語学校年報」(『文部省第五年報一』四三一頁。四三三―四三四頁)

(72)二見剛史「明治前期の高等教育と大阪中学校」(教育史学会紀要『日本の教育史学』一七集、一九七四年)

(74)(75)(77)　愛知県教育委員会『愛知県教育史三』一九七三年、一六五―一七三頁。一九〇―一三二頁。四七五―四七八頁。

(76)「女範学校の設立主旨及び女教師募集」(『愛知県教育史資料編近代一』七九九―八〇〇頁)

(78)「愛知英語学校を県に引継ぎ愛知県中学校と改称」(『愛知県教育史資料編近代一』、七二七頁)

(79)「愛知県中学校入学心得」(『愛知県教育史資料編近代一』七二七―七二八頁)

(80)「明治十年愛知県年報」(『文部省第五年報一』一四四頁)

(81) 「明治十年愛知英語学校年報」(『文部省第五年報二』四三二頁)
(82) 愛知県学費納金のうち寄附金、七七年は五万九、一〇一円(『文部省第五年報二』一四五頁)。七八年は六万二、〇一四円(『文部省第六年報』一二四頁)
(83) 前掲『鯱光百年史』一二五頁。
(84) 「明治十年・愛知県年報」(『文部省第五年報二』一四一—一四二頁所収)
(85) 前掲『愛知県教育史三』四四四頁。
(86) 「明治九年七月至同十年六月文部省経費金入出概略」(『文部省第四年報二』附録第一—九頁)
(87) 「明治十二年・愛知県年報」(『文部省第十二年報』一五五頁)
(88) 前掲『鯱光百年史』六二六頁。
(89) 前掲『愛知県教育史三』三五八頁。
(90) 「明治十四年全国専門学校表」(『文部省第九年報二』三〇—三三頁)
(91) 「明治十一年愛知県年報」(『文部省第六年報』一二五頁)。
(92) 「明治十五年愛知県年報」(『文部省第十年報二』三四七頁)
(93) 「明治十四年府県会教育費予算議決比較表」(『文部省第九年報二』八八〇—八八一頁)
(94) 文部省普通学務局調「明治十四年・府県学校表」(内閣文庫)。「明治十四年・中学校表」(『文部省第九年報二』一九—二一頁)
(95) 拙著『明治前期中学校形成史府県別編Ⅰ』四三—六五頁。
(96) 拙著『明治前期中学校形成史・府県別編Ⅱ環瀬戸内海』六二一—六五五
(97) 「明治十六年愛知県年報」(『文部省第十一年報二』三〇一頁)
(98) 『愛知県教育史三』四四五頁。中学普通科教則草案、中学英学科教則草案は愛知県庁文書。全文『愛知県教育史三』四四五—四五一頁に収録されている。草案は認可されると直ちに実施された。(「明治十五年愛知県年報」『文部省第十年報二』三四七頁)
(99) 「明治十一～十三年全国公立中学校校則表」(拙著『明治前期中学校形成史府県別編Ⅱ環瀬戸内海』四七—四八頁)

(100)「広島県広島中学校教則」（拙著『明治前期中学校形成史府県別編Ⅱ環瀬戸内海』五〇—五一頁所収）
(101) 拙論「中学校史の一八八〇年代（その五）——中学校教則大綱」（『一八八〇年代教育史研究年報第五号』二〇一三年）
(102)「明治十五年愛知県年報」（『文部省第一〇年報二』三四七頁）
(103)(104) 四方一沵『「中学校教則大綱」の基礎的研究』一三八頁。四二—四三頁、一五七頁。
(105)「中学校教則大綱・府県准拠校則教則・教授要旨一覧」（四方一沵『「中学校教則大綱」の基礎的研究』資料編四〇四—五一四頁）
(106)「大阪中学校教授要旨文部省指令」（四方一沵『「中学校教則大綱」の基礎的研究』一五七—一六八頁）
(107)「愛知県中学校教則授業要旨」（四方一沵『「中学校教則大綱」の基礎的研究』四七二—四七五頁）
(108) 拙論「中学校史の一八八〇年代（その三）——教育内容と方法の形成２」（『一八八〇年代教育史年報』第三号、二〇一一年）
(109)『愛知県教育史三』四五五—四五七頁。
(110)『愛知県教育史資料編近代一』七七六—七八六頁。
(111)「愛知県中学校試験及点数規則」（『愛知県教育史資料編近代一』七三二—七三四頁）
(112)(117)「明治十四年愛知県年報」（『文部省第九年報二』二六三頁。二六三頁）
(113)(118)「明治十五年愛知県年報」（『文部省第十年報二』三四六頁。三四六頁）
(114)(119)「明治十六年愛知県年報」（『文部省第十一年報二』二九七頁。二九六—二九七頁）
(115)(120)「明治十七年愛知県年報」（『文部省第十二年報二』一五九頁。一五九頁）
(116)(121)「明治十八年愛知県年報」（『文部省第十三年報二』八一頁。八〇頁）
(122)「明治十二年愛知県年報」（『文部省第七年報』一五四—一五五頁）
(123)『愛知県教育史三』三五八頁。
(124)「明治十年愛知師範学校年報」（『文部省第五年報』三九七頁）
(125)「明治十三年愛知県年報」（『文部省第八年報二』一八四頁）
(126)「明治十六年愛知県年報」（『文部省第十一年報二』三〇〇頁）

(127)「明治十七年愛知県年報」(『文部省第十二年報二』一六四頁)
(128)「明治十五年書籍館表」(『文部省第十年報二』九九二―九九三頁)
(129)「明治十一年愛知県年報」(『文部省第六年報』一二五頁)
(130)「明治十四年愛知県年報」(『文部省第九年報二』二六四頁)
(131)「明治十二年府県専門学校及ビ教員生徒表」(『文部省第七年報』一五―一七頁)
(132)「明治十二年府県専門学校学科概別表」(『文部省第七年報』一七―一八頁)
(133)拙論「中学校史の一八八〇年代その五」(『一八八〇年代教育史研究年報第五号』二〇一三年)
(134)「明治十六年愛知県年報」(『文部省第十一年報二』一九九頁)
(135)『愛知県教育史三』四八一頁。
(136)(137)「明治十七年愛知県年報」(『文部省第十二年報二』一六三頁。一六三頁)
(138)「明治十六年愛知県年報」(『文部省第十一年報二』二九九頁)
(139)「明治十七年愛知県年報」(『文部省第十二年報二』一六二―一六三頁)。『愛知県教育史三』四八七頁。
(140)『日本教育史資料一』一四四―一四五頁。
(141)『日本教育史資料一』一五二頁。
(142)『日本教育史資料一』一四七―一五〇頁。
(143)『日本教育史資料一』一六九―一七一頁。
(144)『日本教育史資料一』一七五―一七六頁。
(145)『愛知県教育史三』四一―四二頁。
(146)三鬼清一郎編『愛知県の歴史』山川出版県史23、二〇〇一年、二四四―二四五頁。
(147)『愛知県教育史三』二〇六―二一八頁。
(148)「明治十二年中学校表」(『文部省第七年報』四五五頁)
(149)(150)『愛知県教育史三』四八九頁。四八九頁。
(151)「公立中学校設立伺」写原本(豊川市立国府小学校所蔵)

以下、国府小学校所蔵の文書はアト・ランダムに引用するので同小学校所蔵の宝飯中学校関係書類をここにあげておく。

「公立中学校設立伺」明治十四年六月三十日
「宝飯郡公立中学校維持法明細帳」明治十四年
「中学校開業式臨場願」明治十四年八月
「宝飯中学校生徒名籍」（明治十四年のものと推定）
「宝飯中学校日誌」明治十四年九月二十九日より同十九年四月まで。
「宝飯中学願届伺御旨令綴」二冊
「明治十六年・宝飯中学校仮規則」
「調査表・統計表」（学期別生徒名簿及び月別在籍生徒数）
「宝飯中学生及其縁故者名簿」明治二十年四月
木村永八郎編著『学校沿革史料一覧表』明治四十二年十一月。木村は宝飯中学校第一回生で授業生を兼ね、後九代目国府小学校長。

宝飯中学校については次の文献がある。

近藤恒次「三河における明治期の郡立中学校——愛知県宝飯中学校について」（一九七六年）
近藤恒次『時習館史——その教育と伝統』（一九七九年）
山田東作・武田三夫『三河最初の中学校』（一九八一年）
豊橋市役所『豊橋市史三』（一九八三年）
豊川市立国府小学校『国府小百年』（一九八三年）

(152) 「宝飯中学開校祝辞」「宝飯郡中学校開場祝辞」（前掲『学校沿革一覧表』所収）
(153) 近藤恒次『時習館史』一五三頁。
(154) 武田三夫・山田東作『三河最初の中学校』五八—六九頁。
(155) 「愛知県町村立私立学校幼稚園書籍館等設置廃止規則」（愛知県教育センター所蔵・町村立中学校関係史料）
(156) 前掲『三河最初の中学校』八四—一一〇頁所収。

(157) 前掲『学校沿革史料一覧表二』
(158) 「新潟県町村立私立学校幼稚園書籍館等設置廃止規則」明治十四年十月十八日(府県史料・新潟県史政治部学校二ノ八)「兵庫県町村立私立学校幼稚園書籍館等設置廃止規則」明治十五年一月十五日(明石高等専門学校(現兵庫県立大学)図書館蔵(兵庫県御布達綴込)
(159) 「岡山県町村立中学校概則」明治十四年十一月十四日(岡山県立図書館郷土資料室蔵)
(160) 前掲『学校沿革史料一覧表二、四』
(161) 前掲『三河最初の中学校』三四頁所収
(162) 拙論「明治十年代における新潟県の町村立中学校」平成元年四月(『兵庫教育大学研究紀要九巻一』)
(163) 「文部省日誌・明治十四年五号」四月二十六日伺(『明治前期文部省刊行誌集成三』)四三頁。
(166) (164)(165) 前掲『学校沿革史料一覧表一、三』
(167) 前掲「宝飯中学願届伺御旨令綴」
(168) 「寄附第一回広告(前掲『三河最初の中学校』六五頁所収)
(169) 前掲『学校沿革史料一覧表三』
(170) 「文部省日誌・明治十四年二五号」(前掲書二九五頁)
(172) (171) 前掲「宝飯中学校日誌」
(173) 「太政官布告五六号」(内閣官報局『法令全書一五』四五頁)
(174) 前掲『三河最初の中学校』一九四―二〇三頁。
(175) 前掲「公立中学校設立伺」
(176) 前掲「宝飯中学校規則・校則第四条」前掲「宝飯中学校仮規則・受業料規則第一、第二条」
(177) 前掲「宝飯郡公立中学校維持法明細帳」
(178) 明治十五年四月二十五日・竹本郡長報告(前掲「宝飯中学願届伺御旨令綴」)
(179) 『宝飯中学校規則』(豊川市立国府小学校蔵「宝飯中学校沿革史料」のうち)
四方一渉の調査によれば、この時期の中学校使用教科書で、宮原直尭訳「中学動物学」を使用した中学校は山形県、大分

県各一校でしかない（四方一㳽『「中学校教則大綱」の基礎的研究』三七五頁）

(180) 「宝飯中学校日誌」は豊川市立国府小学校所蔵。本書は『愛知県教育史資料編近代一』より引用。

(181) (182) 『愛知県教育史資料編近代二』七五一頁。七五三頁。

(183) 近藤恒次『時習館史――その教育と伝統』一七四―一七五頁。

(184) 拙著『明治前期中学校形成史府県別編Ⅰ』一五〇頁。

(185) 拙著『明治前期中学校形成史府県別編Ⅱ環瀬戸内海』二五七頁。

(186) 豊川市立国府小学校所蔵「調査表・統計表」による。

(187) 「明治十六年宝飯中学校仮規則」豊川市立国府小学校蔵。

(188) 慶応義塾『福沢諭吉事典』五〇五―五〇六頁。

(189) 近藤恒次『時習館史――その教育と伝統』一八八頁。三河の郷土史家・近藤恒次は郷土史料を博捜して宝飯中学校教員の履歴を明らかにしている。以下、教員の略歴は右に倣う。

(190) 拙論「明治十年代における中学校の正格化政策（2）――公立中学校教員の待遇と准官等」（明星大学教育学研究紀要12号・一九九七年）

(191) (192) 近藤恒次『時習館史――その教育と伝統』一八九―一九〇頁。一八一―一八二頁。

(193) 前掲『宝飯中学校日誌』

(194) 例えば新潟県の町村立中学校（拙著『明治前期中学校形成史・府県別編Ⅰ』二二三―二二四頁。

(195) 前掲『学校沿革史料一覧表』七、八。

(196) 山田東作・武田三夫『三河最初の中学校』一四八―一四九頁。

(197) 『文部省第十一年報二』二九七頁。

(198) 『文部省第十二年報二』一六〇頁。

(199) 『文部省第十三年報二』八一頁。

(200) 「明治十五年中学校一覧表」（『文部省第十年報二』九七六―九八三頁所収）による。

(201) 愛知県議会事務局『愛知県議会史二』一九五三年、九四一―九四二頁。

(202) 同右八九二頁。
(203) 『愛知県教育史三』七四四頁。
(204) 近藤恒次『時習館史——その教育と伝統』二〇四—二〇六頁。
(205) 『愛知県教育史三』五一五—五一六頁。
(206) 豊川市立国府小学校『国府小百年』一九八四年、二〇頁。
(207) 山田東作・武田三夫『三河最初の中学校』三六〇頁。
(208) (209) 『鯱光百年史』五〇—五一頁。五〇頁。
(210) 『愛知県教育史三』七四四頁。
(211) 『鯱光百年史』三六頁。五二頁。
(212) 『鯱光百年史』五三頁。
(213) 「明治二十二年公立尋常中学校歳入統計表」(『文部省第十七年報』一三四—一三五頁)
(214) 『鯱光百年史』五三頁。
(215) 近藤恒次『時習館史』二一〇—二三六頁。
(216) 『愛知県教育史三』七四八頁。
(217) (218) 『鯱光百年史』六一頁。六一頁。
(219) 「尋常中学校附属獣医科規則」(『愛知県教育史資料編近代二』五二一—五二五頁)
(220) 『鯱光百年史』六二九—六三〇頁。
(221) 文部省実業学務局『実業教育五十年史』一九三四年、一九一—一九七頁。
(222) 「明治十八年中学校一覧表」(『文部省第一三年報一』二四—二六頁)
(223) 「明治七年十二月現在府県別人口表」(『明治時代史大辞典4』所収)
(224) 明治二十三年『学区人口及学齢人員表』(『文部省第十八年報』九二—九三頁所収)
(225) 塚本学・新井喜久夫『愛知県の歴史』山川出版県史シリーズ23、二三五—二四〇頁。
(226) (229) 三鬼清一郎『愛知県の歴史』山川出版県史23、一八八頁。二六六—二六八頁。

(227)『明治十五年明治十六年地方巡察使復命書上巻』三一書房、一九八〇年、一四四―一四五頁。
(228)塚本学・新井喜久夫『愛知県の歴史』山川出版県史シリーズ23、二二七―二三一頁。
(230)『愛知県教育史三』一二二―一二五頁。
(231)「明治二十三年・国別学事統計表」(『文部省第十八年報』九四―九五頁)

第七章　三重県の中学校形成史

杉浦由香里

旧三重県
員弁郡
桑名郡
朝明郡
三重郡
鈴鹿郡
河曲郡
阿拝郡
奄芸郡
上野町
山田郡
安濃郡
伊賀郡
名張町
名張郡
一志郡
飯野郡
宇治山田町
飯高郡
答志郡
多気郡
度会郡
英虞郡
北牟婁郡
度会県
南牟婁郡
0
10
20 km
N
W
E
S

三重県の図

はじめに

現在の三重県域は、伊勢国と伊賀国、志摩国、紀伊国の一部からなる。江戸時代には、長島藩、桑名藩、亀山藩、神戸藩、菰野藩、津藩、久居藩、鳥羽藩、紀州藩の諸藩に加え、幕府直轄領や伊勢神宮の神領地、他藩の飛地などが交錯し、複雑な様相を呈していた。とりわけ、津藩の初代藩主藤堂高虎は、外様大名でありながら徳川家康の重臣として仕え、東海の要衝であった伊勢国の一部と伊賀国一円を領有した。高虎は、津城を居城とし、支城として伊賀上野城を築城した。久居藩は津藩の支藩で、高虎の嫡男高次が次男高通に五万石を分与して立藩した。また、高次は、高虎の養子高吉を伊賀国名張に移封し、陣屋を築いた。名張藤堂家は津藩の藩内領主として明治維新まで続いた。

慶応四＝明治元（一八六八）年七月六日、府藩県三治制により幕府直轄地の山田奉行所が廃止され、度会府が設置された。度会府は、伊勢神宮の神領と宇治会合・山田三方支配地と旧幕領を管轄し、明治二（一八六九）年七月に度会県と改称した。

明治四（一八七一）年七月の廃藩置県によって、三重県域に存在した諸藩は、長島県、桑名県、亀山県、神戸県、菰野県、津県、久居県、鳥羽県となったが、同（一八七一）年十一月二十二日の第一次府県統合において安濃津県と度会県に統合された（**図1**）。明治五（一八七二）年三月、安濃津県は三重県へと改称した。一八七六年四月の第二次府県統合によって、三重県と度会県が合併し、現在の三重県が誕生した。

三重県では、一八七八年に中学校の設立を企図し、一八八〇年一月に三重県津中学校が開校した。当初、三重県では、津中学校のほかに、山田、桑名、上野にも県立中学校を設置する予定だったが、県会での議論に阻まれ、計画は

図１　三重県の変遷

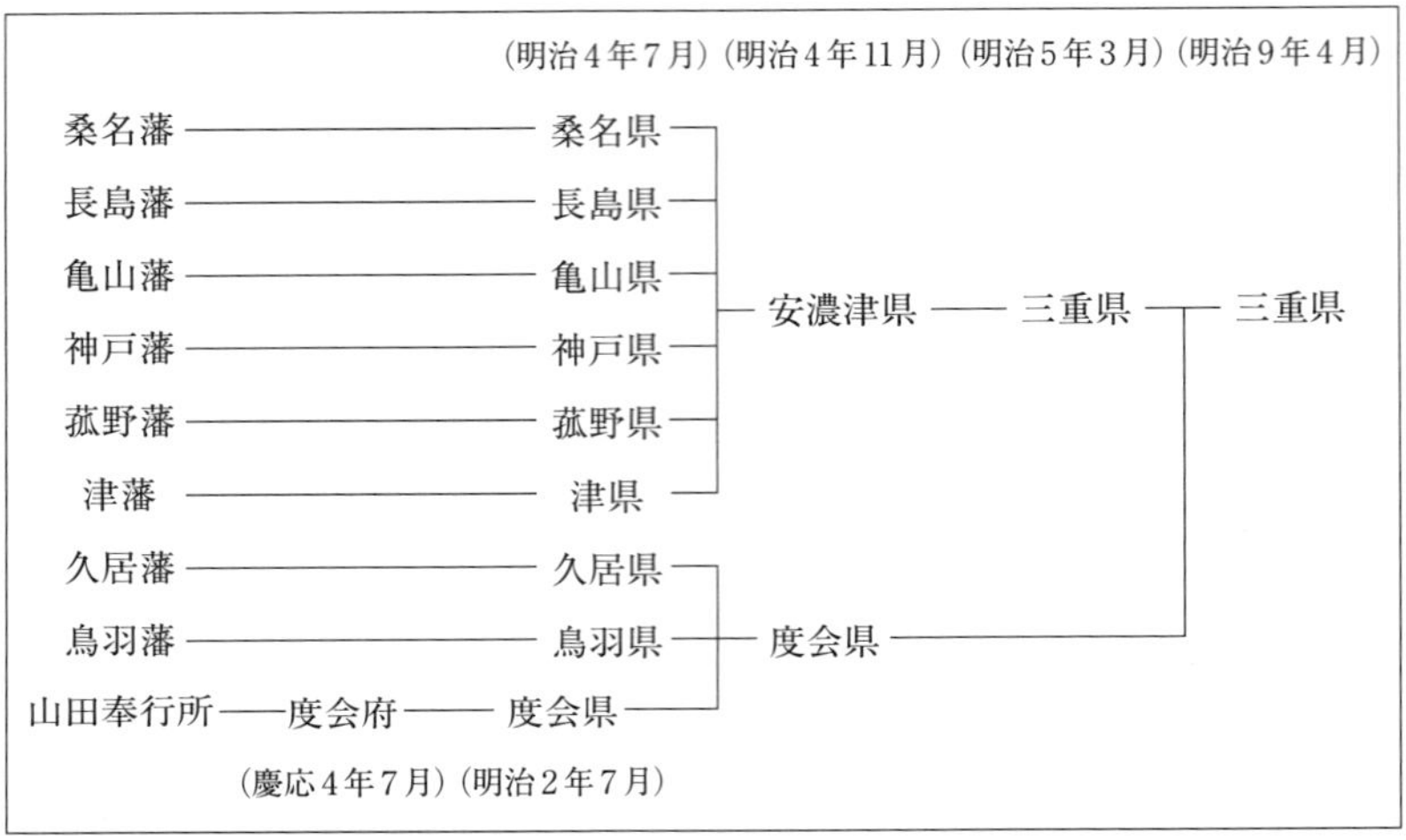

頓挫した。そのため、三重県は一八八一年に「公立中学校設置手続」を布達し、公立中学校の設置を奨励した。これを受けて、度会郡宇治山田、名張郡名張、阿拝山田郡上野では地域有志の尽力によって公立中学校が設立をみる。このように、三重県立津中学校を中心に据えつつ、公立中学校の設置を奨励した点に三重県中学校施策の特徴がある。

三重県の中学校史については、『三重県教育史』[1]や『あゝ母校　三重県立津高等学校創立百年記念誌』[2]が敷衍して論じてきた。また、真弓六一が「津高同窓会々報」に連載した「母校の歴史」には、明治期の中学校をめぐる史実が詳細に記載されている[3]。加えて、近年『三重県史』[4]をはじめ『伊賀市史』、『伊勢市史』など新修自治体史の刊行に伴う新史料の発掘もあり、三重県における中学校形成過程を全県的な観点から再考しうる余地が出てきた。本章では、三重県会の議事録や『伊勢新聞』、三重県下で発刊された教育雑誌等を用いながら、三重県における中学校施策の展開に焦点をあて、三重県の中学校形成過程を明らかにしたい。

一、近代教育の胎動

度会県学校の成立

慶応四＝明治元（一八六八）年七月、明治政府の直轄地として度会府が設置され、公家出身の橋本実梁が知府事に就任した。[5] 度会府成立直後の七月二十七日、浦田長民は、町政改革の一環として、「林崎宮崎両文庫ヲ宇治山田ノ交界ニ地ヲ為被相大学校ニ被為立士民御教諭被為在旧来の学風之弊御一洗相成候様仕度奉存候」と、林崎・宮崎文庫を「大学校」とする提案をまとめている。[6] 浦田は、十一月には神祇兼学校曹長に任ぜられ、度会府下の学校運営に関与した。

度会府は、十月に伊勢神宮の外宮と内宮にあった豊宮崎文庫と林崎文庫をそれぞれ宮崎学校と林崎学校として開校した。「学規」によれば、「生徒十歳以上三十歳以下毎日出席、其他ハ講義之定日必出席其余日可為勝手事」とされ、「席順之義ハ位階門閥ニ拘ハラス専ラ学業高下ヲ以テ可相定事」とされた。学科は、素読、質問、講論からなり、「考課試業其勤惰之浅深ニヨリ」進退が判断された。[7] 従来、豊宮崎文庫と林崎文庫は、上級神官子弟の修学の場であったが、両学校の開設によって身分の低い師職層へも門戸が広がった。翌月、林崎学校、宮崎学校とも校舎狭隘のため移転し、校名も宇治学校、山田学校と改称された。

明治三（一八七〇）年六月、県庁移転に伴い両校が合併され、[8] 度会県学校となった。新校舎建設も計画されていたが、資金難を理由に休校を余儀なくされ、[9] 廃校に至った。しかし、翌年には地域有志の尽力によって、英学教授を主とする宮崎郷学校として再興されていく。

表１　宮崎郷学校普通学科等級

等級	学科	教科書
五等	綴字	ウエフストル
	習字	
	単語	
	読法	第一リートル
	数学	加減乗除
四等	習字	
	読本	第二リートル
	文典	ピヲネ
	会話	パータル
	数学	分数比例
三等	地理	ミッチュル
	万国史	パーレー
	文典	ピヲネ暗誦
	書取	
	数学	開平開立
二等	各国史	グードリッチ
	作文	
	代数	
一等	修身	
	究理	
	幾何学	

（出典：『宇治山田市史資料一二九』より作成）

宮崎郷学校の設立

明治四（一八七一）年十一月、府県統合により新度会県が発足した。引き続き橋本が度会県令に就任したが、権参事には大蔵省七等出仕であった下村尚、県参事には群馬県参事であった安岡良亮が着任した。

度会県学校の閉鎖後、山田の有志によって宮川渡賃[10]の剰余金を用いて「洋学郷学」として学校を再興する計画が持ち上がった[11]。これを受けて、度会県当局は、明治五（一八七二）年五月に「船賃有余ヲ以テ郷校取立再伺書」を大蔵省へ提出している。大蔵省から宮川渡賃の転用が許可されたため、郷学校設立に向けて計画を具体化していくこととなった[12]。

当初は、「洋学」といっても学課を英仏独の何れにするかは決まっていなかったが、度会県が「洋学ハ英吉利学ヲ用ヒ学則ハ偏則ノ方可然哉」と意見し、英学を教授することになった。このように、度会県は郷学校設立に積極的に関与し、学科および教員の選定についても意見した。さらに、郷学校設立にあたり、公選にて中田正朔を学校幹事に起用し、学校開設の準備を担わせた。

明治五年八月、開校を控えて宮崎郷学校は「仮掟書」を定めた[13]。「仮掟書」によれば、「郷校ハ不仰官費基立金ヲ主トシテ同志相会シ永久保続ノ方法ヲ設ケ学術隆盛人材輩出ヲ後日ニ期シ以テ文明開化ノ朝旨貫徹セシムコトヲ要シ候事」を目的としていた。また、入学資格について「授業ノ法ハ専ラ少年輩ヲシテ諸科兼学シ平等ニ進歩セシムルヲ要スレハ年齢ヲ限リ入学可為致筈ナレトモ、不日教師来着ノ上更ニ学則相定候迄先ツ長幼ヲ不問有志ノ輩入門相許候事」とあるように、年齢制限を設けていなかった。

学課は、英学、支那学、算術の三科で「入門之生徒必ス兼学致スヘキ事」とされたが、将来的には皇学、仏学と習字等を追加する予定となっていた。修業時間は、八時から十時までが英学、十時から十二時までが算術、十二時から十三時までが復読、十三時から十五時までが支那学であった。計画段階において中田は「入学料ヲ決定セズ唯有志ノ生徒ハ多寡ヲ不論校費ヲ助候儀ニ為致候」と提案していたが、入門の際に二五銭、月謝として一二銭半を徴収すると定められた。加えて、書籍や用紙等は全て自費とされ、場合によっては書籍を貸与した。かくして、度会県は、同月、仮戸長に向けて宮崎郷学校の開設を告げ、「各区内有志之者エ入学修業候様説諭」するよう達した。[14]

さらに、同（一八七二）年十一月、度会県は、学制にもとづき、「仮掟書」を改正した。[15] 学課は「専ラ英語ヲ以テ普通学課及傍支那学習字ヲ教導ス」と改められた。また、学科を五つの等級に分け、一等を最上級とし五等を初級とした。毎月末に試験を実施して進級を判定し、成績によって席次を定めた。普通学科の等級は**表1**のとおりである。

入学資格については引き続き「士農工商ヲ不論、幼長ヲ不問、有志ノ輩入学差許候事」とされたが、十五歳以下は支那学の兼学が必修とされた。授業料も等級ごとに設定され、一等生は七五銭、二等生は五〇銭、三等生は三七銭半、四等生は二五銭、五等生は一二銭半に改められた。

明治維新と藩校改革

三重県域にあった諸藩は、藩士教育のために藩校を設立していた。津藩は、文政三（一八二〇）年に有造館を開設し、翌年支校として上野に崇広堂を設立した。有造館の第三代督学を務めた漢学者斎藤拙堂は、有造館を「天下の文藩」と云わしめた。また、安政五（一八五八）年には、名張に訓

表2　旧県学校開閉表

旧県名	地名	開校年月	閉校年月
津	安濃郡津丸ノ内	文政三年三月	明治四年十二月
	阿拝郡上野丸ノ内	同四年二月	同
桑名	桑名郡桑名吉ノ丸	同六年	同年十一月
亀山	鈴鹿郡亀山西ノ丸	同八年	同年十一月
神戸	河曲郡神戸丸ノ内		同五年三月廿三日
菰野	三重郡菰野藩邸内	文化十三年二月	同五年三月
長島	桑名郡長嶋松ヶ島村	享保七年七月	同五年三月
忍	朝明郡大矢知	明治三年閏十月	同五年二月

（出典：『三重県史料四』）

表3　義塾設置表

地名	開塾年月
安濃郡津丸ノ内	明治五年五月
安濃郡草生村	明治五年五月
鈴鹿郡原村	明治五年五月
鈴鹿郡亀山二ノ丸	明治五年五月廿四日
鈴鹿郡下ノ庄村	
朝明郡大矢知	
員弁郡西外面村	明治五年七月
安濃郡妙法寺村	明治五年八月
三重郡四日市	明治五年八月
阿拝郡上野丸ノ内	明治五年八月

（出典：『三重県史料四』より作成）

蒙寮が開設されている。その他に、長島藩の文礼館、桑名藩の立教館、亀山藩の明倫舎、菰野藩の修文館、神戸藩の教倫堂、鳥羽藩の尚志館、紀州藩の松坂学問所などが存在した。

明治維新を受けて、いくつかの藩では学制改革に着手しつつあったが、廃藩置県を経て、津県、桑名県、亀山県では旧藩校が閉鎖された（**表2**）。一方、神戸県、菰野県、長島県などは学校を存続していたが、[16]旧三重県合併後は閉鎖に追い込まれた。旧三重県は、明治五（一八七二）年三月二十五日に「旧県学校之義文部省へ伺中閉校相達置候処、追テ一定ノ学制御頒布相成候迄閉校可致旨同省御指令有之候間此段更ニ相達候事」[17]と達して旧県学校を閉鎖したが、一部を義塾に取り立てて管内一〇ヶ所に義塾を開設した（**表3**）。

他方、津藩の支藩であった久居藩は、従来家塾制度に頼ってきたが、明治二（一八六九）年九月に久居藩校を創設した。廃藩置県後は藩校を廃止し、明治四（一八七一）年八月に久居義塾を開設した。(18)「久居義塾規則」によると「義塾ハ士民一般教育ノ為メ建設スレバ長幼士庶ヲ論セス研究ヲ要スベシ」とされ、庶民にも開放された。久居義塾では謝金を徴収しており、入門の際に一〇銭、素読の者は月五銭、会読の者は月一〇銭で、さらに算学をする者は月二銭が追加徴収された。久居義塾の教科は、読書、算術、作文、地理、歴史、物理、英語で、女子には裁縫が加わった。

久居義塾では、漢文を廃止し、英学が中心に教授された。度会県に合併後の明治五年七月には、英学教師として熊本県士族の志方長平を招聘している。学科は五等に分けられ、五等と四等は「昨日受了セシヲ今日暗書暗唱シ遺忘スル者」、三等は「文法書ヲ暗記シ且言語ノ内容ヲ専ラニスベシ」、二等は「其科ノ書ヲ熟読シ広ク事情ニ通スルヲ要ス」、一等は「英文ヲ自在ニ編成シ且国文ニ翻訳スルヲ云フ」とされた。各等の学科は次のとおりであった。

一等	二等	三等	四等	五等
作文	歴史	文法	サンドル氏リードル	サンドル氏スペルリンク
翻訳	地理	会話	綴字	習字

生徒数は、一八七三年七月の時点で英語学五二名、小学生徒一五七名（内女生徒四六名）とあり、なかなかの規模であった。しかし、「学制」発布に伴って、同年十二月には廃止されるに至った。

二、「学制」発布と宮崎語学校

中学区の設定

明治四（一八七一）年十一月、安濃津県参事に旧尾張藩士の丹羽賢が就任した。安濃津県庁の中枢は旧尾張藩士族や他県出身者に占められ、県庁機構の創出にあたって三重県域出身者は排除されていた。それゆえ、安濃津県庁の所在地であった旧津藩の士族の不満はとくに強く、反発を恐れた丹羽は、明治五（一八七二）年三月に県庁を四日市に移転し、安濃津県を三重県と改称した。かくして、三重県の行政機構は、旧藩時代の支配機構とは一線を画するものとなった。(19)

三重県では、「学制」にもとづき、明治五年十一月に「管内人口三拾九万五千八百余、之ヲ四分シ凡拾万ヲ以テ一中学区ヲ置ク」こととし、管内一二郡を人口比にもとづき次の四中学区に分けた。(20)

一番中学区　人口拾壱万三千六百八拾四人
二番中学区　人口拾万五千八百六人
三番中学区　人口八万六千弐百拾壱人
四番中学区　人口九万百《ママ》七千六拾四人

これを郡名でみると、一番中学区は三重郡・河曲郡・鈴鹿郡、二番中学区は桑名郡・員弁郡・朝明郡、三番中学区は安濃郡・奄芸郡、四番中学区は阿拝郡・伊賀郡・名張郡・山田郡であった。三重県は第二大学区に所属しており、一八七三年四月に、一番中学区は三十五番中学区、二番中学区は三十六番中学区、三番中学区は三十七番中学区、四番中学区は三十八番中学区に改められた[21]。

他方、度会県は、当初一般行政区に沿って管内を七大区七二小区に分け、小区ごとに小学校を設立する計画を立てていたが、同年五月、学制に従って管内八郡を次の三中学区に分けた[22]。

　　中学区分画

一第一中学区

　第一大区　度会郡

　第二大区　多気郡　飯野郡

　　合三郡二大区

　人員総計十四万二千八十四人　但旧調

（中略）

一第二中学区

　第三大区　　飯高郡

　第四五大区　一志郡

　　合二郡三大区

　人員総計十一万八千百九十八人　但旧調

（中略）

一第三中学区
第六大区　志州答志郡　英虞郡
第七大区　紀州牟婁郡之内
合三郡二大区
人員総計十万三千四百五十八人　但旧調
（後略）

度会県も第二大学区に所属しており、一八七五年三月、次のように学区を確定している。すなわち、三十九番中学区は度会郡・多気郡・飯野郡、四十番中学区は飯高郡・一志郡、四十一番は答志郡・英虞郡・牟婁郡であった。[23]

一八七六年九月、三重県に度会県が併合し、現在の三重県が成立した。前年十二月に三重県権令から三重県令に昇進した岩村定高が引き続き三重県令として県政を担った。

一八七九年二月、郡区町村編成法にもとづいて郡治区画ならびに郡役所位置が定められた。[24]この区画改正に伴い、同月、中学区も改められた。すなわち、第三十五番中学区は三重郡・朝明郡・鈴鹿郡となり、第三十六番中学区は桑名郡・員弁郡とされ、第三十七番中学区は安濃郡・奄芸郡・河曲郡となった。第三十八番中学区から第四十一番中学区は、従前のままとされた。[25]

宮崎語学校の展開

一八七三年五月、度会県は、学制にしたがって宮崎郷学校を小学中学に区分し、中学部を宮崎語学校と改称した。また、同月に文部省が頒布した「外国語学校教則」にもとづき、六月に教則を改正した。[26]宮崎語学校の「校則」によれば、「当校ハ英国語学ヲ以テ通弁及専門ノ諸科ニ入ラントスル者ヲ教導ス」とされ、「外国語学校教則」が定める乙種学校として発足したことがわかる。[27] 入学資格は、十四歳以上の小学教科卒業者を原則とした。学科課程は、「上下二等ニ区分シ上等四級下等四級合セテ八級トナシ、各級六ヶ月ノ課程ト定メ修業年限四ヶ年トシ、一日六時間即チ一週四日百二十四時ノ課業トス」とされた。同校の「教課」は**表4**のとおりであり、体操が設置されていないことを除けば、「外国語学校教則」に準拠した内容となっている。

また、毎級六ヶ月の終わりに進級試験が実施され、優等生には褒賞が授けられた。実際、十月に実施された試験では、成績優秀者一六名に賞典として洋紙が与えられた。一六名中「殊更ニ上達致候」者四名のうちの一人が尾崎行雄[28]であった。教場には成績順に生徒名簿が掲示され、席次が表示された。

授業料は等級ごとに細分化され、下等四級生は一二銭半、三級生は二五銭、二級生は三七銭半、一級生は五〇銭、上等四級生は一円、三級生は一円半、二級生は一円七五銭、一級生は二円で、上級になるほど高額であった。

ところで、宮崎語学校に対し、文部省から同校は変則中学に該当するが、外国教師を雇う見込みはあるかという諮問があった。そこで、関係者は、同年十月に外国教師の雇い入れについて協議している。[29] 学校幹事の中田は、「現今語学教則下等二級ニ学業相運候生徒モ有之、方今ノ教員ニテハ上等課目授業モ行届不申、無論外国教師雇入不申候テハ語学校ノ名義ニモ相反候ヘトモ、右雇入候テハ一ヶ年大凡四千円ノ校費相備無之候テハ連続難成」と指摘しており、外国教師の雇い入れは財政上困難との意見であった。他方、第一大区小一区から三区つまり度会郡宇治山田の戸長らは「支那学数学習字之三科ハ各区小学ヘ分校仕、宮崎校ヲ以テ語学校ト相定候ハ、自然校費モ相減」と述べ、この際、小学部を廃して英語に特化する語学校として存立させたい意向を示した。

これらの意見をふまえて、度会県当局は、「宮崎校之義ハ改正之上更ニ語学校ト相定度趣意」に配慮しつつも、「洋人ヲ可雇入程之目途ハ無之」と外国教師を雇う見通しが立たない現状において、「戸長並幹事申出之通改正之上是迄

表4　宮崎語学校教課

教課	級	綴字	習字	読方	諳誦	会話	書取	算術	文法	作文	地理初歩	歴史大意	善論初歩	画学初歩
下等語学教課	四級	スペリングブック	大字中字小字及頭字	単句短文フライメル第一リードル	ハータル会話単語ノ部			数目命位法加減法						
	三級		細字	単句短文第二リードル	単語短句文第二リードルノ内	○	ハータル会話	乗除法	十品詞					
	二級		速字	雑文第三リードル	単句短句《ママ》第三リードルノ内	○	○	記号用法、度量貨幣法	十品詞ノ続キ	作例ニ由ル				
	一級			第四リードル	諸文	○	前論ノ続キ及成句論	分数	作文ニ依ル	○	誌論	パーレー万国史大古ノ部		
上等語学教課	四級			難文	諸文	○	○	前級ノ続キ	前論ノ続キ	公私書信	五大州	万国史中世ノ部		
	三級			難文記号	術語則チ法律ノ語諸学科ノ語	○	○	比例	前論ノ続キ	公私書信		万国史近世ノ部		
	二級			万国公法等ノ中ノ文ヲ抜粋シ之ヲ授ク	前級ノ続キ	○	○	開平開立等	前級ノ続キ	諸文例			○	
	一級			前級ノ続キ	詩	○	○	代数学初歩幾何学初歩	前級ノ続キ	諸文例			能弁	○

・科目はあるが内容指定がない場合に○を付した。

（出典：『宇治山田市史資料一二九』より作成）

之通リ開業可然哉ニ相考、此段何分之御裁定奉伺候」と宮崎語学校を継続すべきか判断を仰いだ。

文部省による指令は不明だが、『文部省第一年報』には「十一月山田松阪久居ノ三所ニ外国語学校ヲ設ケコレニ外国教師ヲ雇ヒ傍ニ小学講習所ヲ置」くと報告していることから、度会県では、宮崎語学校と久居および松阪の語学校の三校を合併して外国教師を雇い入れる算段にあったことがうかがえる。事実、各学校幹事へ合併についての意見を求めている。宮崎語学校の中田は「三校合併外国教師雇入語学盛大ニ為致候方資金モ行届語学ノ名称モ相立且実際成業ノ功モ相顕レ候」と合併に賛成した上で、「当校エ合併ニ相成候方乍恐至当ノ儀ト奉存候」と宮崎語学校に他二校を合併すべきだと回答している。他方、久居語学校幹事は「合併之趣意ハ了知スト雖モ確然資金之道不相立候テハ実際施行難相成哉ト存候」と資金難を理由に合併には否定的であった。[30][31][32]

結局、度会県は、十一月二十八日には「学制之儀者重キ御趣意ニ付、今般詮議之上文部省へ申立候次第モ有之候間、本年限各所語学校相廃シ」と語学校廃止の方針を打ち出した。十二月二十日に宮崎語学校を廃止すると、同月開設した教員仮講習所へ宮崎語学校の教員や学校幹事を移籍し、一月より仮講習所にて英語学を教授した。[33][34]

宮崎外国語学校の設立

宮崎語学校廃止から一年後、英語教授のために外国教師の招聘を求める気運が高まりをみせたため、度会県は外国教師を雇い入れて学校を再興することにした。一八七四年十一月、山本重蔵が上京し、文部省や外務省と交渉の末、イギリス人のフレデリック・サンデマンと契約を交わした。契約書によれば、雇用期間は六ヶ月、月給一五〇円、雇用中は日本家屋を無償で貸与することになっていた。[35][36]

同年十二月五日、度会県は「度会県下宮崎外国語学校規則」を定めて、同月十日の開業を告げ、入学者を募集した。[37]

校則

第一条

此学校ハ専ハラ英語ヲ以テ教授スルモノトス

第二条

此校ニ入ル生徒ハ小学教科ヲ卒業シ成業ノ目的アル者ニシテ其年齢大約十三年以上十八年以下トス

但小学未タ完全ナラサルニヨリ当分斟酌スヘシ

第三条

当校教科ヲ二等ニ区別シ甲ヲ上等語学トシ乙ヲ下等語学トス(38)

以上の規定から、「度会県下宮崎外国語学校規則」は、一八七四年五月に改正された「外国語学校教則」(39)に基本的に準拠して作成されたことがわかる。ただし、改正「外国語学校教則」では正課の授業時間は四時間であったのに対し、宮崎外国語学校では五時間と定められていた。

生徒の進級は試験によって判定された。同校では、定期試験と尋常試験を実施した。定期試験は毎年二月と七月に実施される進級試験であった。尋常試験は、毎月教師が生徒に試問するもので、その成績が定期試験の際に加味された。加えて、定期試験の成績優秀者には褒賞が与えられた(**表5**)。「度会県下宮崎外国語学校規則」には第三条の定めのほかに学科および課程に関する記述がないため詳細がつかめないが、生徒成績表から三級制であったことがわかる。改正「外国語学校教則」では、上下等とも「各三級ヲ置キ各級一年即チ二期ノ課業ト定メ」られていたことに倣ったものと思われる。

表5　宮崎外国語学校生徒成績表

	点数	進歩	試験	一日欠	賞典	代価
第一級						
大井斉太郎	六百八十四		甚ヨシ		ロジットシソラス	
亀田末通	六百五十一	甚ヨシ	甚ヨシ		チャンプル万国史 洋紙三束	三円八十銭
的場中	六百十七				チャンプル万国史	弐円九十銭
植山徳蔵	五百十三	校中ニテ尤モヨシ	甚ヨシ	欠	チャンプル万国史	同
吉沢重郎	四百廿三		カナリ		洋紙一束	三拾銭
第二級						
尾上佐吉	三百六十六		中		チャンプル究理書	壱円半
的場二郎三郎	三百廿八	二級生中尤ヨシ	中		チャンプル究理書	壱円半
服部亀一郎	百三十七			欠	洋紙半束	拾五銭
第三級						
田代離三	二百八十七	甚ヨシ	ヨシ		第四リードル	壱円五銭
藤本重樹	二百六十		中		洋紙一束	三拾銭
榊原新蔵	百三十三	能注意シテ 僅ニシテ大ニ進	カナリ	欠	第三リードル	六十七銭
藤堂減雄	五十五			欠	洋紙半束	十五銭

（出典：『宇治山田市史資料 一二九』）

宮崎外国語学校では、入学希望者から器械料として二五銭を徴収した。また、上等は月三七銭五厘、下等は月二五銭の授業料を徴収した。書籍は自弁であったが、貧困により購入できない者には学校の書籍を貸し出した。一八七五年五月、度会県は、サンデマンとの契約を更新し、雇用期間をさらに六ヶ月延長した。[40] 同年十一月二十九日、サンデマンとの契約期間満了に伴い[41]、宮崎外国語学校は閉校に至った。

三、三重県津中学校の設立

県立中学校の設立

三重県は、一八七九年中に中学校を新設する計画を立てていた。一八七八年の「三重県年報」には「将来教育進歩ニ付須要ノ件」として「小学ノ設ケ既ニ六年ヲ経過シ生徒ノ学業進歩シ全科卒業スル者アルニ至ルヲ以テ此輩ヲシテ就テ学ハシムヘキ中学科ヲ設クルヲ必要トス、因テ明治十二年中先ツ一校ヲ開設セントス」と報告されている。[42]

実際、県当局は、一八七九年四月三十日より開催された第一回通常県会において、県立学校費予算中に中学校費を計上した。[43] 中学校費の総額は、三、四三一円八三銭であり、その内訳は、俸給一、五九六円、給与一三七円二二銭、教員赴任旅費五四円、校費一、六四四円六一銭であった。[44] 予算説明は次のとおりである。

明治五年学制ノ旨趣ニ基キ小学ヲ開設シ爾来既ニ六年ヲ経過スルヲ以テ生徒ノ学業日ニ進ミ全料《ママ》ヲ卒業スル若干人ニ及フト雖、現今此輩ヲシテ就テ学フヘキ学科ヲ設クルナキヨリ終ニ貴重ナル学期ヲ空過セシムルニ至ル、是実ニ中学ノ設ケ最方今ノ緊務トス、因テ今般一校ヲ設置スト雖、地方税収入ノ多端ナルヲ思量シ校舎新築ハ十三

年度ニ於テ議定ノ事トナシ、十二年度ハ先ツ他ノ家屋ヲ仮用シ以テ教場トナサントス、是本書ノ費額ヲ要スル所以ナリ

このように、小学全科卒業者の進路を確保することを目的として中学校の新設が企図された。その際、中学校の開校を優先して校舎の新築は次年度に持ち越す予定であった。また、県下の中学校設置計画に関して、県当局は「先年政府ヨリ各府県ニ大中学区ヲ設クヘシトノ発令アルヤ他府県ニ於テハ追々設立セリ、然ルニ本県ニ於テハ入学人モ未タ多カラサルニヨリ昨年迄ハ之ヲ設ケサリシモ本年ニ至テハ大ニ学業モ進ミ全科ヲ卒業スル者若干人ニ及フモ就テ学フヘキノ学科ナキヲ以テ、十二〔年〕度ニ於テハ先ツ中学校ヲ安濃津ニ設置シ而後漸々ニ管内ヲ区分シテ各所ニ設ントス」と述べており、県内に中学校を漸次開設していく見通しをもっていた。

県会の第二次会では、中学校費予算の内訳の細部にわたって議論が展開された。館平三郎（三重郡）は、教員俸給を減額するよう主張し、県当局（沢村高俊）は「中学校ナレハ学科中洋学モアレハ月給ヲ減額シテハ其教員モ雇ヒ難シ」と反論したが、館の減額案が承認された。また、教員赴任旅費についても、県当局は東京より洋学教師を招聘する目算で予算を計上していたが、京都や大阪、名古屋など近隣からも招聘しうるとの意見が優勢で減額となった。校費に関しては、北川矩一（度会郡）が新設であることを考慮し、三〇〇円に増額することを提案した。北川は、「設立スル以上ハ教員ナリ器械ナリ完全シテ事業ヲ盛大ナラシメ其功ヲ奏セザルヘカラス」と述べ、「中学校ヲ設クルハ県下一般子弟ノ為メ欠クヘカラサルノ急務」と説いたが、原案維持となった。

第三次会では、中学校費の修正案が示された。俸給は八〇四円、教員赴任旅費は三六円に下方修正され、中学校費の総額は二、六二一円八三銭と大幅に減額修正された。修正案を受けて、渋谷友次郎（飯高郡）は「斯ク減額セラレ

タル金員ヲ以不十分ナル校ヲ設ケンヨリハ寧ロ廃棄シテ本年度ハ之ヲ見合セ十三年度ニ完全ナル中学校ヲ設置スルニ如カス、由テ廃校論ヲ主張ス」と発言した。これを皮切りに廃校論が噴出することとなった。和波久十郎（員弁郡）は「民力ニ堪ヘサル」ことを理由に廃止に賛同し、福地次郎（阿拝郡）や佐野直市（飯高郡）、乾覚郎（多気郡）等も本年度の設立は見送るよう主張した。他方、北川は、二次会にて減額された教員月給を「原案ニ復シタシ」と主張し、中学校設立を後押しした。県当局（沢村）も「此上ヲ減ゼシナラハ遂ニ中学校ノ中学校タル所以ヲ失フニ至ラン、何卒シテ原案丈ケノ金額ハ保存シタキモノナリ」と説明している。また、木村誓太郎（員弁）も「中学校ヲ廃スルノ論ニ至テハ大ニ不同意ナリ」と主張し、白木弥金次（桑名郡）も「中学校ハ必要ナリ」と述べ、信藤勘十郎（一志郡）や上田至平（一志郡）も中学校設立を支持した。

渋谷の廃止案は賛同者二二名で過半数を得た。だが、その後、副議長北川より「既ニ第二次会ニ於テ存置スルコトニ決シタル中学校ヲ四十六番〔渋谷〕カ廃ス可キ動議ヲ起シタルヲ中止セスシテ之ガ起立ヲ命シタル謬リヲ謝セシニ衆員ノ承諾ヲ得タリ」との発言があり、廃止案の議決は取り消された。修正案からさらに書籍費が減額され、校費は一、三四四円六一銭に修正された。最終的に、中学校費は二、三二一円八三銭で確定した。(45)

同年七月九日の『伊勢新聞』は、「中学校ノ如キハ一時存廃ノ点ニ出入シ殆ンド倒レテ而シテ后辛ク存立セリ、諸君ハ此校ヲ以テ当時未タ不緊要ノモノト見做サレタルナラン（中略）幸ニ議員諸君ノ中反説ノ仁アリシニ由リ不充分ナカラモ設立スルニ議決ナリタルハ慶ス可キコトニソアル」と、県会での中学校費予算審議の緊迫した模様を報じるとともに、議案成立を歓迎した。(46)

『学事新誌』(47)の報道によれば、県会の議決後、師範学校にて中学校設立委員会が設置され、中学校の設立準備が進められた。東京から慶応義塾卒業生の酒井良明が招聘され、設立委員の師範学校校長椿秦一郎、同校監事田辺訥夫等とともに教則や規則を策定した。なお、後述するように、酒井は中学校の初代校長に就任、田辺も中学校監事を兼任する。策定した教則は、設立委員である県庁吏員の福井邁一等属、床井弘六等属と合議の上、文部省に開申したとある。[48]また、教則の内容についても、「中学校教則は和漢洋とも組込になりしよし洋書にて授らる丶教課は英学の初歩より其高尚に至りては歴史学地理学修身学経済学等なり、又算術も余程高尚迄授けらる由にてなかなか立派なる教則なれは該全科を卒業すれは充分なる学士になられましやう」[49]と報じている。

同年十一月二十二日、三重県は、「今般安濃郡津ニ於テ管内一般ノ公立中学校ヲ設置シ、邦語英語ヲ以テ授業為致候」[50]と布達した。中学校設置に関する布達の公布は、「此公布ヲ見ルヲ得タリシハ余輩小学全科卒業生徒ノ為メニ喜フノミナラス、県下人民ノ為メニ大ニ欣喜スル所ナリ」と歓迎された。[51]

三重県津中学校の開校

一八八〇年一月二十五日、旧津藩有造館講堂を仮校舎として三重県津中学校が開校し、開業式が執り行われた。[52]開業式には、岩村定高県令を筆頭に福井一等属と学務課の沢村二等属、植松安濃郡長、師範学校長ならびに教諭陣、近隣の小学訓導や豊功社員等が臨席した。[53]『教育雑纂』が式典の様子を報じている。[54]それによれば、開業式は、午前九時に開始され、岩村県令の祝辞、中学校長の答辞に続き、学務課総代沢村、師範学校教諭総代阿保友一郎からも祝辞が寄せられた。次に中学校教諭の小原安治の修身学講説があり、生徒等による祝文が交わされた後、師範学校長と豊功社員が演説した。式典後には酒饌の饗が一同に振る舞われ、午後一時に退散となった。

岩村県令による祝辞をみておきたい。[55]

三重県津中学校開業祝辞

明治五年新ニ学制ヲ布カレシヨリ年所ヲ経ルハ星霜小学ノ開設セシ者殆ント七百八十校、其生徒ノ小学科ヲ卒業スル者日月ニ漸ク其数ヲ増加ス、然ルニ未タ中学ノ設ナキヲ以テ遑々適従スル所ヲ知ラサルカ如キ者比々皆是ナリ、於是乎先管内一般人衆ノ為ニ庁下ニ一ノ中学ヲ設立シ以テ彼遑々タル生徒ニ便センコトヲ謀リ、客歳五月県会ノ決議ヲ取リ爾来拮据経営数月ヲ閲シ遂ニ本日ヲ以テ開業ノ式ヲ挙クルニ及ヘリ、夫中学ハ大学専門ニ入ルノ階梯ニシテ学問技芸ノ士ヲ撰択造成シ文明ヲ鼓吹スル至要ノ教場ナレハ其早晩各地ニ開設ノ挙ヲ見ル将ニ遠キニアラサラントス、抑本校ハ全県ノ中枢ニ位シ文明ノ光輝ヲ発越スヘキ焼点ニ中レハ遠邇皆来テ其成績ヲ観以テ模範ヲ此ニ取ラントスルヤ必セリ、然則本校ノ振否ハ実ニ管内中学ノ盛衰ニ関係ス、嗚呼教師タル者能ク其造成ノ道ヲ尽シ生徒タルモノ能ク其訓誨ニ服シ以テ管内中学ノ嚆矢トナリ、源流混々人才輩出スルノ成果ヲ得ンコトヲ希望ス、以テ祝ス

明治十三年一月二十五日　　三重県令岩村定高

岩村は、中学校を「大学専門ニ入ルノ階梯」であると述べており、中学校から上級学校への進学を強く意識していたことがわかる。県会で反対されたにもかかわらず、慶應義塾出身の酒井を校長に迎えたのも、上級学校への進学を見据えてのことであろう。また、「管内中学ノ嚆矢」との発言から、津中学校を起点に管内に中学校をいくつか新設する展望をもっていたことがうかがえる。

津中学校開校時の教員は次のとおりであり、校長の酒井は英学を担当した。(56)

校長　　　　　　　　　　石川県士族　酒井良明
監事　師範学校監事之ヲ兼務ス　三重県士族　田辺訥夫
教諭　　　　　　　　　　島根県士族　小原安治
雇教員　　　　　　　　　三重県士族　浅生敷栄
雑務掛　　　　　　　　　三重県士族　矢納七郎右衛門
同　　　　　　　　　　　三重県士族　中山右馬男

翌年も酒井が校長を務め、新たに一等助教諭兼監事に市川勝太郎、二等助教諭に小川鋸太郎、三等助教諭に岩越重暢、宮内黙蔵、小林正治郎、大木本弥が加わった(57)。このうち、市川と岩越はともに慶応義塾出身で英学を担当し、大木と宮内は漢学を担当した(58)。一八八一年の「三重県年報」には、「英文ヲ修ムル者」二名、師範学科卒業生一名、「漢学ヲ修ムル者」三名、「数学ヲ修ムル者」一名とあり(59)、英学と漢学の教員が充足されたことがわかる。

ところで、一八八〇年七月六日、明治天皇が中央道巡幸で三重県を視察した際、津中学校にも臨幸した(60)。津中学校が開校して半年ほどのことであった。津中学校への臨幸は、酒井校長の「切なる願」によって実現したものとされる(61)。当日は、下山大書記官、酒井校長以下教員生徒が門外にて出迎え、講堂にて酒井校長の祝辞と優等生五名による自作文が上げられた。その後、教場にて先の五名が順次パーレー万国史を英語で講読した。五名には書籍料が一円宛、校長以下には酒饌料が下賜された。

巡幸に際してまとめられた「上奏書類」には当時の生徒の氏名、年齢、出身、族籍が記されている(62)。生徒数は二八名で全員八級に在籍し、他県出身者は長野県の一名のみ、大半が士族子弟で平民は六名であった。翌年の入学生徒は四四人、退校は一八人、年末の現員は七一人で、生徒数は倍増している。(63) 生徒の内訳は、第四級六名、第五級八名、第六級一四名、第七級二一名、第八級二二名で、順当に進級していることがわかる。それゆえ、上級生徒のために中学校に専門科を付設することが早くも検討されることとなった。(64)

津中学校の校舎は、旧藩校有造館講堂を使用していたが、「其建築ノ方法今時ノ校業法ニ適セス、就中教場ノ区界完全ナラサルヨリ隣室ノ語音更瓦錯雑シテ教授ノ鎮静ヲ障ケ且導光宜キヲ得サルカ為、陰雨ノ日ニ於テハ稍暗室ニ類スル教場ナキニ非ス」(65) という状況であったため、校舎造設が課題となっていた。加えて、書籍や理化学器械博物学標本などの要具も不十分であったため、その整備が必要であった。

三重県中学校規則　津中学校開校に先立って、一八七九年十二月二十四日付の『伊勢新聞』に「三重県中学校教則」が掲載された。(66) 仮教則とあるが、後述する「三重県中学校規則」中の学科課程と同様の内容であるから、ほぼ確定したものであったといえる。(67)

続いて「三重県中学校規則」を検討していきたい。

第一章　通則

第一条　本校ヘ入学スルハ年齢十四年以上二十五年以下ニシテ上下二等ノ小学教科ヲ卒業シタル者タルベシ

但小学卒業ノ証書ナクシテ入学ヲ願フハ学術ヲ試験シ合格ノ者ヲ許可ス

第二条　入学期日ハ一年ニ両度トス

但募集期日及人員ハ前以報告スヘシ

（中略）

第五条　小学卒業ノ証書ナクシテ入学スル者ノ試験科目左ノ如シ
一　新編日本略史 万国史略 ノ内　講読
一　地学教授本　同
一　数学　四術合法ヨリ級数マテ
　但当分ノ内加減乗除ヨリ比例マテ
一　作文　書牘及片仮名交リノ文
第六条　生徒在学ハ四ヶ年トス、尤学業優等ニシテ進歩速カナル者ハ此限ニアラス

津中学校の修業年限は四年で、入学年齢は十四歳から二十五歳までと定めていたが、試験によって小学卒業相当の学力がある場合は、入学が認められた。

学科課程は、「学科ヲ分テ八級トシ毎級六ヶ月間ノ修業トナシ満四年ニシテ全科卒業セシムルモノトス」とされた。学科課程の内容をまとめたものが**表6**である。先の『学事新誌』にて中学校は「洋書にて授らるゝ」と報道されたように、英語学以外の学科も英語で教授され、教科書も原書を用いたことがわかる。「大学専門ニ入ルノ階梯」であることを意識した高水準の教則編成であったといえる。その他の特徴として、体操が設置されていないこと、修身は第一級で初めて扱われるとともに原書が使用されたこと等が指摘できる。

第一回卒業生の礒谷幸次郎は、津中学校の授業について「理学の方は、究理書を用ひ、その他二三ありましたが、ギゾーの文明史、又セントーの詳解経済論等を英語で覚えました。その頃は日本字の教科書は絶無でありまして、数学・理化学・代数・幾何・三角、皆英語でありました。（中略）そんな訳で何も彼も英語で習つて、非常な急進的な

表6　津中学校学科課程

	第一年		第二年		第三年		第四年	
	前半期	後半期	前半期	後半期	前半期	後半期	前半期	後半期
	第八級	第七級	第六級	第五級	第四級	第三級	第二級	第一級
英語学	綴字書第一読本第二読本	ビネオ氏英文典習字						
翻訳							和文英訳英文和訳	同上
地学		コルネル氏英文地理書			モーレー氏英文天然地学			
史学	西村茂樹編纂万国史略皇朝史略	万国史略続々皇朝史略	パーレー氏英文万国史日本外史	パーレー氏英文万国史日本外史	十八史略	同上	チャンブル氏英書近世史元明史略清史覧要	網鑑易知録温史ノ類独見
修身学								ウエキラント氏大英文修身論
文学	日本文法講授作文	同上	論事矩作文	同上	正編文章軌範作文	同上	続編文章軌範作文	
理学			宇田川準一訳改正物理全誌自一至五	宇田川準一訳改正物理全誌自六至終	クエッケンボス氏英文究理書			
生理学			タツトル氏英文生理書					
化学					開成校板ロスコー氏化学書自一至三	開成校板ロスコー氏化学書自四至終	ボーマン氏実地化学	
博物学						勧業寮板斯氏農学問答	藤井徹著菓木栽培法動物学	
法律学								開成校板泰西国法論
経済学						ハウヒッド氏小英文経済書		
数学	高等算術	同上	代数	同上	幾何	同上	三角法	同上
簿記	単記	同上	複記	同上				
画学		臨画幾何画法	透視画法捉影画法	写生製図				

（出典：「中学校沿革附規則」より作成）

教育を受けた訳です」[68]と回想する一方、「其の頃中学でやつて居た英語はろくろくアクセントもない、まるで御経を読むやうな所謂変則的英語と云はれたもの」[69]であったと批判的に述べている。

修業時間は、午前九時から十二時、午後一時から三時までの五時間であったが、七月一日から九月十日までの間は、午前七時から十二時までの五時間とされた。試験は、月次試験、定期試験、卒業試験があり、毎月末に実施する月次試験では成績の優劣で席次を定めた。定期試験は毎級の終わりに実施する進級試験であった。さらに、「生徒在学中学校所有ノ書籍ハ貸渡スヘシ」とあるように、教科書は貸与制であった。また、「三重県中学校規則」には授業料の記載がなく、授業料は徴収されなかった。

三重県津中学校規則の改正　一八八二年八月十二日、甲第百五十五号にて「三重県津中学校規則」が改定された。[70]これまで同校では、生徒の多くが「一層高尚ノ学科ヲ修メテ大学科若クハ専門学科ヲ修メムト欲シ其希望概シテ英語ニ在ルヲ以テ、学科ノ如キモ過半ハ英文ヲ以テ之ヲ教ヘシ」[71]状況にあったが、一八八一年七月の「中学校教則大綱」に沿って規則ならびに教則の内容が改められた。

第一条　本校ハ高等ナル普通学科ヲ授クル所ニシテ教科ヲ分テ初等高等ノ二等トシ其修業年限ハ初等ヲ四ヶ年高等ヲ二ヶ年通シテ六ヶ年トス

第二条　生徒ノ定員ヲ一百名トス

（中略）

第四条　生徒タラム者ハ年齢十三年以上廿年以下ニシテ小学中等科卒業以上ノ者若クハ之ニ相当スル学力アル者タルヘシ

但十三年以下ノ者ニテモ小学中等科卒業ノ証書ヲ有スル者ハ入学ヲ許ス
第五条　小学中等科卒業ノ証書ヲ有スル者ノ外左ノ科目ニ依リ其学力ヲ試験シ合格ノ者ハ入学ヲ許ス
　講読　日本立志編箋註蒙求ノ類
　作文　公私用書牘及仮名交リ文
　習字　楷行草ノ三体
　算術　四則雑題分数小数諸等単比例合率比例連鎖比例等
第六条　前条試験問題ノ数并ニ判定ノ方法左ノ如シ
一講読ハ一二ヶ所、作文ハ二題、習字ハ三題、算術ハ五題ヲ与フ
一判定ハ一科ノ定点ヲ三十点トシ題ノ難易ニ依リ予メ評点ヲ配賦シ錯誤ニ従テ之ヲ減シ後各科ノ総点ヲ合計通約シ平均得点五分ノ三以上ニシテ一科ノ得点二分ノ一以上ヲ合格トス(72)

このように、中学校は初等科四年、高等科二年の六年間に延長された。入学年齢も十三歳以上から二十歳以下までに引き下げられた。入学試験の内容も、「英国史略」や「地学教授本」などの翻訳書が廃され、修身書や漢文に取って代わった。

また、「三重県津中学校教則(73)」の内容も「中学校教則大綱」をほぼ踏襲するものであった。

一学科ノ区分
学科ヲ分テ初等高等ノ二等トス、初等科ハ修身、和漢文、英語、算術、代数、幾何、地理、歴史、生理、動物、

植物、物理、化学、経済、記簿、習字、図画、体操トシ、高等科ハ初等科ノ修身、和漢文、英語、記簿、図画、体操ノ続ニ三角法、金石、本邦法令ヲ加ヘ又更ニ物理、化学ヲ授クルモノトス

一学期

修業年限ハ初等科ヲ四ヶ年高等科ヲ二ヶ年通シテ六ヶ年トシ、各学年ヲ前後ノ二期ニ分ツ、前期ハ九月一日ニ始リ、二月廿日ニ至リ後期ハ二月二十一日ヨリ七月三十一日ニ終ル

一授業時限

授業時限初等科ハ毎日五時土曜日三時ニシテ一週二十八時間トシ、高等科ハ毎日平均四時三十分余土曜日三時ニシテ一週二十六時間トス

（中略）

一卒業生徒ノ学力

初等科卒業ノ者ハ高等科ハ勿論師範学科諸専門ノ学科等ヲ修ムルヲ得、高等科卒業ノ者ハ大学科高等専門科等ヲ修ムルヲ得

但大学科ヲ修メントスル者ハ当分ノ内尚必須ノ外国語学ヲ修メンコトヲ要ス

「三重県津中学校教則」には「諸科教授ノ要旨」が掲載されている。これは文部省指令「官立大阪中学校教授要旨」(74)を簡略化したものとみられ、各教科の内容と方法が示されている。これをみると、修身が筆頭科目に掲げられ、従来の英語による教授や原書使用といった方針が転換されたことがわかる。加えて、教科書も英語以外は全て翻訳書を用いることになった。学科課程表は**表7**のとおりである。なお、授業料は引き続き徴収しなかったが、教科書は二

表7　三重県津中学校学科課程表

学科			修身	和漢文	英語	算術	代数	幾何	三角法	地理	歴史
初等中学科	第一年	毎週時数	二	七	六	五				二	二
		第八級	嘉言 善行	読書 日本文法 近易ノ漢文 作文 仮名交リ文 読書文	綴字 読方 訳読 習字 附書取	諸比例 百分算				総論 日本地誌	日本史
		同上	二	七	七	五				二	二
		第七級	同上	読書 日本文法 和文漢文 作文 同上	同上	開平 開立 級数				日本地誌 萬國地誌	同上
	第二年	同上	二	六	六	二	二			二	二
		第六級	同上	読書 和文漢文 作文 同上	読書 書取 習字	求積 雑題	整数四術			万国地誌	同上
		同上	二	六	六		二	二		二	二
		第五級	同上	読書 漢文 作文 同上	文法 読書 書取 習字		分数四術	平面幾何		地文	支那史
	第三年	同上	二	六	六		二	二		二	二
		第四級	同上	読書 漢文 作文 仮名交リ文 漢文	同上		方程式	同上		同上	支那史
		同上	二	六	六		三	三			二
		第三級	同上	読書 同上 作文 同上	読書 書取 作文		同上	同上			支那史 万国史
	第四年	同上	二	六	六		二	二			二
		第二級	同上	読書 同上 作文 漢文	読書 作文		順列 錯列 級数	立体幾何			万国史
		同上	二	六	六			二			二
		第一級	同上	読書 同上 作文 同上	同上			立体幾何 常用曲線			同上
高等中学科	第五年	同上	二	七	七				二		
		第四級	人倫ノ大道	読書 同上 作文 同上	読書 文法 作文				八線変化 対数用法		
		同上	二	七	七				二		
		第三級	同上	読書 同上 作文 同上	同上				対数用法 三角実算		
	第六年	同上	三	七	七						
		第二級	同上	読書 同上 作文 詩歌文	読書 修辞 作文						
		同上	三	七	七						
		第一級	同上	読書 同上 作文 同上	同上						
各科授業時間比較			二六	七八	七六	一二	一一	一一	四	一〇	一六

生理	動物	植物	金石	物理	化学	経済	記簿	本邦法令	習字	図画	体操	通計
									二	二		二八
									楷書	自在画法	徒手運動 器械運動	八
									二	二		二八
									同上	同上	同上	八
	二								二	二		二八
	総論、分科法、構造、発育、特殊、慣性、効用等								行書	同上	同上	一〇
	二								二	二		二八
	同上								草書	同上	同上	一〇
		二		二						二		二八
		総論、分科法、構造、発育、特殊、効用等		大意						用器画法	同上	一〇
		二		二								二八
		同上		同上						同上	同上	九
二					二	二				二		二八
総論、骨格、筋肉、皮、皮膚及消化循血、呼吸等ノ諸器並ニ其効用、養生法					無機化学大意	総論 生財 配学				同上	同上	一〇
二					二	二	二			二		二八
感覚器及神経等					同上	交易 貯蓄附銀行 租税	単式			同上	同上	一〇
			二	二			二			二		二六
			金石総論、分科法、硬性、形状、其他ノ性質及効用、産地等	総論 重学			複式			同上	同上	八
			二	二	二					二		二六
			同上及地質ノ大意	重学 熱学	総論 非金属					同上	同上	八
				二	二			二		三		二六
				聴学 視学	非金属 金属			現行法令		同上	同上	七
				三	三					三		二六
				電気学、磁気学及気象大意	金属 有機化学大意					同上	同上	六
四	四	四	四	一三	一一	四	四	二	八	二六		三一八

一体操ハ毎日二十分時間適宜ニ之ヲ課ス

（出典：「三重県津中学校教則并学科課程」）

円以上のものを学校で貸与することとし、それ以外は自費負担に変更された。

改正「三重県津中学校規則」は、九月一日より施行された。同校の教則改正について、『伊勢新聞』は「中学教則ノ改正アリシヲ聞キ又其欧米ノ歴史政理ニ関スル者ヲ減ジ皇漢ノ修身書ヲ増サレシヲ知ル、嗚呼今日我国ニ於テ最モ急要ナル者ハ政理歴史ノ諸学科ナリ、然ルニ今之ニ代フルニ修身ノ諸書ヲ以テセズンバ以テ我国風俗ノ頽敗ヲ挽回スベカラザルカ軽佻浮遊ノ風一ハ夫レ此ニ至レルカ若シ、夫レ果シテ斯ノ如クナリトセバ予輩ハ洛陽ノ買生其人ニ非ザルモ実ニ長大息ニ堪エザルナリ」[75]と批判的に報じている。

津中学生不敬事件

中学校規則の改正は、津中学生不敬事件を惹起した。津中学生不敬事件とは、三重県津中学校第一回卒業生山本栄吉が謝恩会の宴席にて「不敬の語」[76]を放った廉で処罰された事件のことである。この事件は「日本最初の学生不敬事件」であると指摘されている。また、事件の背景には「中学校内の漢学派対洋学派の軋轢」[77]が存在していたとされる。同事件をきっかけに、酒井校長はじめ洋学教員は学校を追われ、津中学校教員の陣容は大きく変容した[78]。以下、事件の概要を記す。

一八八二年七月、津中学校にて定期試験が実施された。『伊勢新聞』によれば、「最上級なる二級生の試験にてありしかバ岩村県令、下山大書記官、椿学務課長等も臨席せられたり、又英書は「ギゾー」の文明史にて試験されしとぞ」とある[79]。「三重県中学校規則」は四年八級制であったが、「尤学業優等ニシテ進歩速カナル者ハ此限ニアラス」としていたため、優等生は飛び級によって二級まで進んでいた[80]。つまり、二級合格者の卒業まで半年足らずの時期に、先の教則改定が実施されたのである。このため、最上級生は、規則改定による修業年限延長を問題視し、旧規則に則って卒業を認めるよう酒井校長に直談判した。そこで、十一月に、一級合格の六名を第一回卒業生として送り出すこととなった。

十一月二十二日、卒業生六名は、開明楼にて謝恩会を開催し、酒井校長、市川監事、中学校教員の岩越、宮内、小林の三名と『三重日報』記者の永井一茂と堀省三を招待した。この酒宴の席での山本の発言が事件の発端となる。山本の発言を不穏とみなした宮内は、翌日、同僚の漢学教員である大木と楓井純に、山本が酒席にて「雑談中あられもなき至尊に対し奉り不敬至極の言語を放てり」と告げ、県庁学務課にも注進した。これを受けて、学務課の林正幹は上京して岩村県令に状況を報告し、学務課員柴田是の名義で山本を安濃津軽罪裁判所へ告発した。(81)

さらに、学務課は、即刻、酒井校長と市川監事を免職し、学務課属官柚原具致を校長に、師範学校教諭佐野嘉衛を監事に据えた。(82)また、酒井校長と市川監事の辞職に殉じて洋学教員の岩越らも職を辞した。こうして、慶応義塾出身の洋学教員は全員学校を去った。洋学教員が排斥される事態に、在学生徒は強く反発し、四〇余名が退校願を提出、六名が扇動者とみなされ退校処分となった。(83)

十二月九日、学務課は、東京大学を卒業した理学士の伊藤新六郎を津中学校長兼師範学校長に任命し、師範学校長であった野澤玄宣を津中学校の副校長兼三等教諭に任命、さらに元東京数理学舎長馬淵近之丞を中学校教諭に迎えるなど、(84)人事異動を行なった。こうして、津中学校教員は漢学教員を残して**表8**のように入れ替わった。

十二月十三日、山本は、安濃津軽罪裁判所へ召還され、同席していた生徒五名、記者永井、芸妓も証人として呼び出され、取調べを受けた。山本は、刑法第百十七条「天皇三后皇太子ニ対シ不敬ノ所為アル者ハ三月以上五年以下ノ重禁錮ニ処シ二十円以上二百円以下ノ罰金ヲ附加ス」に抵触したとされ、禁固三年六ヶ月、罰金百円、監視一年半に処せられた。なお、裁判記録によれば、山本は「皇帝陛下ヲ弑セサレハ日本ノ文明進歩セストノ事ヲ揚言セリ」とされるが、山本は一貫して発言を否認し、洋学教員生徒と漢学教員との間の軋轢が「事件ヲ惹起シタ」と弁明している。(85)後に磯谷も「要するに英語の為に県庁の方から睨まれてゐた所に、漢学の方は軽んじもしなかつたが、先づ一般に生

表8　一八八二年県立津中学校教員一覧

職名	准官等	月俸	学力	本貫族	氏名
校長兼二等教諭師範学校長	九等	六拾円	理学士	茨城県士族	伊藤新六郎
書記兼一等助教諭	十一等	三拾円	小学師範学科卒業	山口県士族	財満久純
二等助教諭	十二等	弐拾五円	漢学ヲ修メシ者	三重県士族	楓井純
二等助教諭	十二等	弐拾五円	英学ヲ修メシ者	三重県士族	小濱充之助
三等助教諭	十三等	弐拾円	漢学ヲ修メシ者	三重県士族	宮内黙蔵
三重県御用掛兼津中学校講授	準判任	弐拾円	小学師範学科卒業并ニ英学ヲ修メシ者	石川県士族	清水誠吾
三等助教諭	十三等	拾五円	漢学ヲ修メシ者	福井県士族	大木本弥
三等助教諭	十三等	拾五円	数学ヲ修メシ者	京都府平民	馬渕近之丞
雑務掛	○	七円	○	三重県士族	福喜多平駄兵衛
雑務掛	○	七円	○	三重県士族	大久保勲

（出典：『三重県第二学事年報』）

徒はあまり熱心ではなかつたので、漢学の先生は不愉快に思つてゐられたのでせう。その不平からかういふことになつたものと思はれます(86)」と述べており、津中学校の洋学偏重の風潮が事件を引き起こしたと指摘している。

『伊勢新聞』は一月二十三日より「軽罪裁判(87)」と題して詳細を連載した。『伊勢新聞』の報道をめぐっては、漢学教員の宮内が「事実相違ニ付速ニ取消有之度候」と反論する一方で「津中学校生徒総代」を騙る者から「決シテ相違ニアラス(88)」との投書が寄せられ、さらに津中学校生徒総代連名で投書者ではないとの声明がなされるなど、混乱が生じていた様子がうかがえる。

事件の余波で、生徒数も高等科三名、初等科四三名の総計四六名まで落ち込んだ。だが、『三重県第二学事年報』[89]では、「斯ク生徒ノ減少セシ所以ハ教則ノ改正ト校規ノ変革トヲ以テ一時教員ノ更迭アリシニ因レリ」と述べられ、不敬事件の影響については言及されていない。

四、県立中学校設置計画

山田中学校設立計画

三重県は、津中学校に続いて度会郡山田に山田中学校を新設する計画であった。一八八〇年の県立学校費予算には、津中学校費に加え、山田中学校費が計上されている。[90]津中学校費は五、二二一円、山田中学校費は一、九四〇円であった。山田中学校の創設の理由は次のとおりである。

山田中学校費ヲ更ニ本年度ニ要スルハ学事ノ進度ニ由ルト雖、又県下地勢ノ然ラシムル所アリ、殊ニ南部ハ小学生徒ノ上等級ニ在ル者多ク、就中度会郡宇治山田市街地ノ如キハ其全科ヲ卒業スル者輩出シ、而シテ学資ニ乏キ者ハ隔地津中学校ニ入学スルコトヲ得ス為ニ其進路ヲ遮断スルノ歎ヲ免レス、是ヲ以テ度会郡山田ニ中学校ヲ設置シ、此輩ヲシテ益開進スル所アラント欲ス、凡ソ県内ノ地形ニ依リ津、山田、桑名、上野ヲ以テ中学校建設ノ位置ヲ定メ十二年度ニ於テ津ノ開校ヲ経営シ、本年度ニ於テ漸ク山田ノ開校ヲ組成セントシ、此増費ヲ要スト雖モ幸ニ山田校舎ノ新築ハ地方人民ノ負担スル所トナリ、其費用ヲ本年度ノ予算ニ需メス

すなわち、県当局は、津中学校に続き、山田、桑名、上野に漸次県立中学校を設置する計画を有しており、一八八

○年度中に山田中学校開設を目指して動き出していた。

同年一月二十八日発行の『教育雑纂』が津中学校開業式の模様を報じる傍らで、「此程山田と松阪とに中学校設立の目論見あるよし、有志者の奮発は感すべし」[91]と、中学校設立の企てについて指摘していることから、津中学校開設と前後して、山田中学校の設置が検討されつつあったと推察しうる。先述した岩村県令の「管内中学ノ嚆矢」との発言は、こうした動向を念頭に置いてのことだったのであろう。

同年五月から開催された第二回通常県会では、学務課の沢村が県の中学校設置計画について次のように言及している。[92]

山田学校ヲ本年度ニ要スルハ小学ノ全科ヲ卒業スル者度会郡宇治山田等ニ多ク、又地形ヲ以テスルモ津山田桑名上野ヲ以テ中学校建設ノ位置トセリ、故ニ先ツ十二年度ニ於テ津ニ開キ本年度ニ於テ山田ノ開校ヲ組成シ、漸次学事ノ進歩ト地勢トニ依テ他ノ二ヶ所ヲモ開ントスルニ在リ、又資力アルモ容易ニ十里外ニハ父兄ノ情ニ於テ其子弟ヲ出シ難キモノニシテ其距離二三里許ナラハ親戚或ハ交友等ノ依ルヘキ者アレトモ遠隔ノ地ニハ由縁少キモノナリ、学事ノ進歩上ヨリ以テスレハ津ヨリ山田ヲ先キトナス可キモノナレトモ津ハ県庁所在ノ地ニシテ且ツ中央ニアルヲ以テ昨年度ニ於テ経営セシナリ

つまり、本来、県下学事の進捗状況からすれば、最も小学全科卒業生を輩出している度会郡宇治山田に中学校を設置すべきところ、津に中学校が創設されたのは県庁所在地である地の利ゆえであった。県当局は、学事の状況と地勢に鑑みて、津、山田、桑名、上野を県立中学校の位置と定めていた。津、山田、桑名、上野は、それぞれ中勢、南勢、

北勢、伊賀に位置し、全県的な均衡を考慮した配置であったといえる。

しかしながら、県会の審議では山田中学校費の全廃が主張された。館平三郎（三重郡）は「山田中学校ノ費額ニ至テハ悉皆削除」を主張し、代わりに小学補助費の増額を提案した。また、川村寛（安濃郡）と木村誓太郎（員弁郡）も山田中学校予算を削除し、津中学校に校費補助生を設けるのに活用すべきだと主張した。木村は、「中学校ニ入ラントスルモ其費用ノ為メニ志ヲ果タサヽルモノアリ、就中士族中ニ多々有ル可シ、因テ本員ハ其貧富ヲ査察シテ其費用ヲ補助スルノ見込ナリ」と述べ、新たに「津中学校へ校費補助生設置ノ建議」を提出した。(93)

他方、度会郡山田在住の北川矩一は、「山田ヲ見ルニ学事ノ進歩ハ管内ニ於テ其最タルモノニシテ小学上等ノ科目ヲ卒業スルモノ甚タ多シ」ことを理由に山田中学校の必要性を訴え、渡辺素餐（答志郡）は山田中学校設立を支持した上で予算減額を提案した。森口佐助（英虞郡）乾覚郎（多気郡）山本海佑（度会郡）など南勢の議員は減額案に賛同したが、全廃案が賛成多数で議案は不成立となった。

こうして、県立中学校設置の計画は水泡に帰した。このため、三重県では、公立中学校の設置を奨励する方針へと転換していく。

公立中学校設置施策　一八八〇年の「三重県年報」は、「将来教育進歩ニ付須要ノ件」として各郡に中学校を設置することを挙げている。すなわち、「各郡中学校ノ制ハ小学科ヲ卒ルノ児童若クハ有志者ノ直ニ高上ノ学校ニ入ル能ハサルモノヲ教フル地ナルカ故ニ悉ク訳書ヲ以テ普通ノ学科ヲ教フル法ニシテ学期ヲ三ヶ年トシ、之ヲ卒ルモノハ県立中学校若クハ専門学校ニ入ラシムヘシ」と述べている。(94)津中学校では原書を用いた英語教授を実施していたのに対し、郡の中学校は三年課程で訳書を用いるとあり、「中学校教則大綱」の初等中学科程度を想定していたとみられる。

表9　公立中学校設置区域

第一中学区	桑名郡
第二中学区	員弁郡
第三中学区	三重郡 朝明郡
第四中学区	鈴鹿郡
第五中学区	奄芸郡 河曲郡
第六中学区	安濃郡
第七中学区	一志郡
第八中学区	飯高郡 飯野郡
第九中学区	多気郡
第十中学区	度会郡
第十一中学区	阿拝郡 山田郡
第十二中学区	名張郡 伊賀郡
第十三中学区	答志郡 英虞郡
第十四中学区	北牟婁郡
第十五中学区	南牟婁郡

（出典：『教育法規第一編』より作成）

一八八一年十二月十四日、三重県は甲第弐百拾号にて「公立中学校設置手続」を布達し[95]、公立中学校の設置区域ならびに設置手続きを定めた[96]。すなわち、郡役所管内を一中学区とし、**表9**のとおり一五の中学区に区分した（第一条）。また、公立中学校設置方法について以下のように定めている。

第二条　公立中学校ハ一区内ニ数校ヲ設ケ若クハ数区ヲ聯合シテ一校ヲ設クルコトヲ得
第三条　各区中学校ハ初等中学科ヲ授クル所トス
　但教授上諸般ノ儲設整備セル学校ハ本文ノ限ニアラス
第四条　各区中学校ニ於テ初等科卒業セル生徒ハ直ニ津中学校エ入リ高等科ヲ修ムルコトヲ得
第五条　公立中学校ノ設置及ヒ維持保護等ハ総テ該学区若クハ聯合学区内町村ノ協議負担スルモノトス
　但一学区内ニ二校以上ヲ設置スルトキハ該学区ノ事情ニ依リ経済ヲ異ニスルヲ得
第六条　公立中学校ノ事務ハ該中学区内各小学区ノ学務委員一人若クハ数人ヲ撰挙シテ担当セシムルコトヲ得

このように、「公立中学校設置手続」は、中学区内において公立中学校を数校もしくは連合して一校設置することを奨励するものであった。また、公立中学校は基本的に「初等中学科ヲ授クル所」とされ、津中学校へ接続するものとされた。

公立中学校について『三重県第一学事年報』は、「従来文運ノ進歩極テ迅速ニシテ公立中学校及書籍縦覧所ノ要用ヲ感スル者日一日ヨリ多シ」と述べ、「有志ノ徒熱心ノ士相共ニ奔走尽力ヲ惜マサルカ故ニ其設立ヲ見ルハ蓋遠キニアラサルヘシ」と楽観的にとらえている。(97) 実際、「公立中学校設置手続」の制定を契機に各郡では地域有志による公立中学校の設立が進められることとなった。

五、郡立中学校の設立

「公立中学校設置手続」の制定は、三重県下において公立中学校の設置を促した。実際に、公立中学校設立に至ったのは、度会郡宇治山田、名張郡名張、阿拝山田郡上野である。度会郡の宇治山田は伊勢神宮の門前町として発展してきた地域である。他方、名張郡名張と阿拝山田郡上野は、津藩の城下町として栄えてきた。以下では、順を追って公立中学校設立の経緯を検討していきたい。

宇治山田公立中学校

一八七七年七月、宇治山田市街聯合によって公立暢発学校が設立された。(98) 同校は、小学上等科生のみを対象とし、校舎は民家を仮用した。開校時の生徒は男子七八名、女子六名の八四名であった。その後、上等小学卒業者の増加に伴って予科を設置し、英語・和漢・歴史・算術・代数幾何等を教授した。(99)

一八八二年、宇治山田聯合町会は生徒増加を理由に暢発学校の校舎を新築することに決し、八月に建築に着手した。

また、校舎新築後は、宇治山田公立中学校に改称し、暢発学校を附属とする予定であった。[100] この経緯について『三重県第二学事年報』は「抑モ本校ハ曩ニ宇治山田上等小学校タリシガ今ヤ其規模ヲ更張シテ中学校ト為セリ、是レ即明治十四年公立中学校設置区域ノ示定ニ従ヒ設置シタルモノナリ」と述べており、「公立中学校設置手続」の制定をふまえて中学校の設置に及んだことがわかる。

同年十一月二十日、宇治山田公立中学校が開設された。[101] 同校は修業年限四年の初等中学科で、教則は三重県津中学校初等科教則に準拠した。開校時の教員は二名、生徒数は二六名であった。また、同校では、授業料を月一二銭五厘ないし五銭を徴収している。[102]

同校設立の資金は、有志の醵金に加え、「小学校補助費ヲ二ヶ年間全ク積置」[103] ことによって捻出された。同校の運営維持費は、宇治山田市街各町の協議集金によって主に賄われたが、同年の『三重県第二学事年報』に「中学校ノ資格ヲ備ヘ完良ノ教育ヲ施サンニハ必ス其資金ノ多額ヲ要スルニ非レハ能ハズ、是ヲ以テ其費金ノ幾分ヲ補助セントシ目今之レガ計画中ナリ」[104] とあるように、翌年より地方税から中学校補助費が支給されることとなった。

校舎の新築は難航したようで、同年十二月七日から開催された宇治山田市街聯合会にて「暢発学校新築費不足額追加予算」ならびに「宇治山田公立中学校及附属暢発学校費」についての審議がなされている。[105] 翌年四月、ようやく落成に至り、開校式が挙行された。[106]

一八八三年には、宇治山田公立中学校を郡立中学校に変更する議案が度会郡内町村聯合会議に諮られるも「民力ニ堪ヘ難キ」との論調が優勢で廃案となった。[107] しかし、宇治山田公立中学校の生徒数の増加は著しく、宇治山田市街だけで学校を維持するのは困難であった。

同校発足後の生徒数をみると、一八八三年は五二名、一八八四年は一一八名、一八八五年は一九一名と毎年倍増しており、[108] 津中学校の生徒数を凌駕するほどであった。[109] また、一八八四年には「中学校教則大綱」と「中学校通則」に則って教員を拡充し、「工部大学校卒業ノ者、英語ヲ修メシ者、官立師範学校卒業ノ者、本県師範学校卒業ノ者、漢文ヲ修メシ者各一名、普通学科ヲ修メシ者三名、和文ヲ修メシ者一名合九名」[110] に増員された。学校経費は、一八八三年は六、四七六円六二銭六厘、一八八四年は一、七〇五円八二銭二厘であった。

一八八四年二月には、再び度会郡町村聯合会にて宇治山田公立中学校を度会郡公立中学校に変更することが議論されたが、「費用多端民力に堪へさる」との論が多数を占めて成立しなかった。[111]『伊勢新聞』には、山田在住者と目される人物より「我郡ノ如キ既ニ宇治山田公立中学校ノ設置アリテ容易ク之ヲ郡立中学校ニ変更スルヲ議ニ附セシ好機会アルニモ拘ハラス議員諸君ハ瑣々タル費額ヲ厭ヒテヤ空シク之ヲ廃案ニ帰シ子弟教育上ニ就キ完全ノ道ヲ尽サヽルハ何ソヤ、寔ニ痛惜ノ至リト云フ可ケレ」と郡立移管が否決されたことを批判する寄書が掲載されている。また、同年の「度会郡役所申報」にも「十八年度ニ於テモ郡内聯合町村通常会ニ附シ飽マテ郡立中学校ニ変更センコトヲ務ムルノミ」[112] とあり、郡立移管は喫緊の課題と認識されていたことが指摘できる。[113]

同年十一月五日には、宇治山田公立中学校の郡立移管を要望する中西用亮の建議が、岩渕町外二ヶ町の戸長池村萍二を通じて度会郡長浦田長民宛に提出されている。[114]

建議

今ヤ文運日ニ進ミ開明月ニ歩ミ駸々乎トシテ辺土僻陬ノ地ニ至ルマテ処トシテ文明教化ノ浹洽ナラサルハナシ、茲ニ本郡ノ如キハ本県下都会屈指ノ一二ニ位シ、然モ一大欠典タル緊要急務ノ一問題アリ、云ク何ソヤ、曰ク国体ノ基礎タル教育方法ノ不完全タル是ナリ、何ヲカ教育ノ不完全ト云フヤ曰ク宇治山田公立中学ノ現状是ナリ、某論者アリ云ク已ニ客歳校舎新築セリ、毎月校費ハ宇治山田人民ヨリ課出セリ、決シテ該校体面ニ於テ現今隆盛ヲ称フルモ毫モ不完全ヲ訴ルノ理ナシト、嗚呼是レ何ノ事ソヤ、校長備ラス、教員整ラス、教科ノ授業全カラスシテ豈中学ノ名称ニ恥サルベケンヤ、已ニ本年八月宇治山田聯合会ヲ開キ該校々費ヲ議スルニ当リ、素ヨリ学費ノ堪カタキヲ厭ヒ、忽チ議場ハ囂々トシテ土地ノ長物タルノ輿論溢レ、加之本年更ニ校長ヲ招聘スルノ新議目アリテ校費ノ許額ヲ増加スルヨリ苦情百出、良モスレハ議瓦解ノ言ニ及ヒ幸ニ二三議員ノ尽力ニヨリ辛フシテ月俸四十五円ノ校長ヲ聘スルノ決議ヲ得ルモ、豈中学資格ニシテ四十五円ノ校長ヲ聘シ決シテ成規ノ科目ヲ完全ニ施シ普通中学ノ資格ヲ維持保全スルコト能ハズシテ其名実ノ背馳スルヤ最モ甚シクシテ随ツテ亦生徒ノ不幸茲ニ谷レリ、是単ニ区内人民ノ学費ヲ厭フノ一点ニ出ルト雖、亦柳該校設立組織ノ不完全ナルニ根拠セサルヲ得、何カ不完全ト云フヤ曰ク郡立組織タラサル是ナリ、夫レ資格ヲ量ラス維持方ヲ確立セス、徒ニ名ヲ中学ニ冒ラシメ一時隆盛ノ虚名ヲ博スルモ決シテ有名無実ニシテ永続ハ扨ヲキ一朝人心ノ変動ヲ来タサハ其瓦解スルヤ必セリ、幸ニ今回閣下其任ニ赴ケリ、速ニ非常ノ英断ヲ施ラサレ郡内人民ヲ奨励セラレテ宇治山田公立ノ名称ヲ更ニ度会郡立中学校ノ名称ニ引直サレ少クモ七、八十円ノ校長ヲ聘シ教員ヲ整備シ名実ニツナガラ全カラシメ倍々該校ノ隆盛ヲ計画セラレハ実ニ郡内人民ノ幸福ニシテ永ク閣下ノ賜ヲ添セシ聖惶頓首

明治十七年十月卅日　　度会郡山田岩渕町士族　中西用亮

度会郡長浦田長民殿

中西の建議は、宇治山田公立中学校を維持し拡充する上で郡立組織に改める必要性を訴えるものであった。このように、宇治山田市街では中学校の郡立移管が熱望されていたのである。

他方で、同年の『三重県第四学事年報』には「明年度ニ於テハ全ク組織ヲ改メテ県立トナスカ又ハ郡立トシ其設置区域ヲ拡張スベキノ見込ナリ」[115]とあり、宇治山田公立中学校の県立移管案も浮上していた。実際、県当局は一八八五年三月の通常県会に四日市・上野・山田に「県立初等中学校」を設置する予算案を提出し、県立移管を検討している（第六節参照）。すなわち、三重県では津中学校を「高等中学校」とし、初等中学科のみを設ける公立中学校を「初等中学校」と位置づけて差別化を図ろうとした。[116]しかしながら、県会にて否決されたため、県立移管の選択肢は消滅した。

さらに、同月の『伊勢新聞』は「宇治山田公立中学校ハ両市街に於て建設せしも目今に至り費用多端にして永続の見込覚束なきとて昨年中是を郡立にせん事を計りしも其の事成らず因て成べく費用を節減し修身、漢文、英語、数学、習字の五科を教授し学期を三ヶ年とし専ら速成を旨とする郡内高等学校となす目論是あり」[117]と報道しており、郡立中学校ではなく「郡内高等学校」に改組する案の存在を示唆している。

紆余曲折したが、同年七月、度会郡内町村聯合会議にて宇治山田公立初等中学校の郡立移管が承認され、公立度会初等中学校に改められた。[118]

名張郡公立名張中学校

宇治山田公立中学校に次いで設立されたのが、名張郡公立中学校である。一八八二年六月二十二日、名張学校にて名張伊賀両郡内教育会が開催され、中学校設置の諮問について検討された。しかし、中学校設置は時期尚早との意見が多く、否決されたという。[119]だが、翌年一月七日、伊州名張郡内教育親睦会が開催され、[120]郡長、学務掛、教員、戸長、学務委員等五〇余名が集い、「名張郡内初等中学校設置の事」を議決したとある。

後述するように、一八八三年四月の通常県会では、町村教育補助費中に中学校補助費が二校分計上された。[121]県当局は、「名張ノ如キモ既ニ中学校ヲ設立スルノ企テアリ」として、設立見込みの名張中学校にも中学校補助金を支給する計画であった。中学校補助費予算案は原案通り可決し、中学校補助費が支給されることになったため、名張中学校の設立も順調に進んだものと思われる。

同年七月、名張郡公立名張中学校が開設された。[122] 同校は修業年限四年の初等中学科で、教則は三重県津中学校初等科教則に準拠した。開校時の教職員は、「一等助教諭一人（東京師範学校卒業ニシテ三重県高等師範学科卒業終身有効ノ証書ヲ有ス）、三等助教諭一名（英学ヲ修メシモノ）、雇教員一名（漢学ヲ修メシモノ）」の教員三名と校務委員二名であった。生徒数は、七級三名、八級二六名の二九名であった。校舎は民家を仮用し、学校経費は名張郡の協議集金と地方税の中学校補助費によって賄われた。

名張中学校では、一八八四年三月十日に定期試験を実施した。[123] 定期試験には県官郡吏が臨席した。受験生は初等七級生三名、八級生二二名で、八級生の八名が落第したが、その他は及第となり進級した。

同年四月、「名張郡公立中学校へ伊賀郡を合併するの協議出来したる由、其首唱人ハ該校教師小倉庫二氏にて去る廿日の日曜日に新田村桝■〔判読不能〕方に於て戸長学務委員教員等にて会議なし、いよいよ定まりし事なり」[124] という『伊勢新聞』の報道のとおり、同年十月には伊賀郡を合わせて両郡の公立中学校となった。[125] 加えて、教員は「数学ヲ修メシ者」一名を増員、生徒数は四三名となった。なお、合併後の同校の名称は、一八八四年の『三重県第四学事年報』には「公立名張伊賀郡初等中学校」とあるが、翌年の『三重県第五年報』では「名張伊賀初等中学校」と明記されるなど、正式名が判然としない。

また、『三重県第四学事年報』では、同校についても「本校ハ両郡ノ公費ヲ以テ設置スト雖トモ其区域狭少ナルヲ以テ年ノ豊凶ニ由リ多少ノ伸縮ナキ能ハズ、故ニ其組織ヲ改テ県立学校ノ分校トナスカ又ハ一層其区域ヲ拡張スル等漸次其改良ヲ計ラントス」と県立移管の可能性が示唆されていたが、未発に終わった[126]（第六節参照）。

一八八五年四月三十日の『伊勢新聞』に「伊賀名張公立中学校は追々隆盛に趣くに付来る七月聯合会には更に資金を増加し教員を招聘し益々其の隆盛を謀かるの都合なるよし」とあるように[127]、同年教員の増員をはかり「官立師範学校卒業ノ者二名、英学ヲ修メシ者二名、漢学ヲ修メシ者一名、助手一名」の六名となった[128]。さらに、生徒数も五四名に増加した。

阿拝山田郡公立上野中学校

最後に、阿拝山田郡公立上野中学校の設立過程についてみていきたい[129]。一八八二年五月六日、阿拝山田郡長から岩村県令に提出された郡内学事年報中の「将来学事施設上須要ノ件」には、「初等中学校ヲ興シ小学全科卒業生徒ヲ修学セシムルニアリ、今試ニ郡内二十四学区毎区ニ四人ノ学生アルトキハ其数殆ト百名ニ近シ、況ヤ客年就学督責法施行セラル、ニ付テハ将来ハ必小学全科ヲ卒業シ中学ニ入ルヲ冀フ者多カラン、因テ此設ケ無ンハアル可カラサルナリ」と記されている[130]。このように、阿拝山田郡でも小学全科卒業生の進学先として初等中学校の設立が課題となりつつあった。

翌年一月二十五日の『伊勢新聞』には「頃日興益社ハ会議ヲ開キ決議ヲ以テ将ニ変則中学校ヲ設立セントス」との報道があり[131]、さらに一八八四年十二月二十八日には、「中学校設立の企」と題して森川六右衛門と窪田惣七郎が主唱となって郡長へ臨時聯合郡会の開催を要請し、上野市街戸長の賛同を取り付け、「両郡聯合の町村費及び地方税と補助費等を仰ぎて初等中学校を設置せんとの見込なり」と報じられている[132]。伊賀興益社は、一八八一年十一月に「伊賀国内公共ノ利益ヲ計画シ事業ヲ施行シ並ニ知識ヲ交換スル世務ヲ諮詢スル」ことを目的に結成され、翌年六月に伊興益義社と改称した[133]。同社の幹事は立入奇一で、森川と窪田は同社の副幹事であった。

他方、『白鳳同窓会通信』は、一八八五年の早春頃に上野町有志、白井貫造、今井順蔵、神田捨郎、立入奇一の四

名が集い、「伊山将来の利益」のために郡立中学校を設立する相談をまとめ、森川六右衛門、奥久三郎、福地次郎にも声をかけて創立委員会を立ち上げたことを中学校設立の端緒として記録している。(134) いずれにせよ、阿拝山田郡では地域振興の一環として中学校設立が図られることになった。

創立委員の白井と神田は、三重県学務課属林正幹、石井鈎三郎と面談し、津中学校長津田純一から学校組織の草案を得た。一八八五年三月には阿拝山田両郡聯合会に中学校設立を提案し、反対意見も出たが、阿拝山田郡長三田村上介の尽力もあって議案が成立した。同月十二日、阿拝山田郡役所内に公立中学校事務取扱所を設置し、白井貫造を学務委員、瀧野甫を雑務掛として設立準備に着手した。五月七日には設置認可を得て、七月三十日に「授業初の式」が開催され、阿拝山田郡公立上野中学校が開校をみた。(135)『伊勢新聞』は、式典の様子について「郡長三田村上介氏は該校創立に係る沿革を述べ併せて将来に望む所を演述せられ、次に発起人物代立入奇一氏も将来に望む所を述べられ、次に教諭物代辻寛氏が右の答辞に兼ねて学生諸子に告ぐる所あり、最後に同地の碩学小谷翁が物されたる勧学の文を学務委員白井貫造氏が朗読せられ、右了はりて学生一同へ茶菓を賜ひ、来会員則ち郡長、郡書記、戸長、学務委員、同校職員等二十余名には赤坂なる酔月楼に親睦の宴を開かれし」と詳細に報じている。(136)

同校の教員は、三等教諭一名、三等教諭試補一名、三等助教諭試補二名、修身講師一名、雇教員一名の六名であり、(137) 校長には東京師範学校初等中学師範科卒の安藤辰次郎、副校長には桑名義塾の英語科教員であった梅澤武雄が招聘された。早稲田専門学校卒の辻寛が普通学、津藩士の戸波秦太郎が漢文学、岸嘉郎は習字科、旧藩校である崇広堂の句読師で上野義学校で教務を統べった小谷虔斎が修身科を担当した。(138)

校舎は、旧藩校の有恒寮と思斎舎の建物を月五円で借り入れ、有恒寮を教室として利用し、思斉舎を校務所に充てた。また、寄宿生二、三〇名程を収容できる寄宿舎を一棟新築した。

同校の生徒定員は一〇〇名であり、修業年限は四ヶ年、入学資格として小学中等科卒業もしくはそれと同等の学力が求められた。八月二日には入学試験（試験科目は講読・作文・習字・算術）を実施したが、中等小学科卒業者は試験が免除された。[139]入学者数は、七級一名、八級五六名であった。同年十二月に追加募集を行い、八級に一八名が入学し、在籍者数は七五名となった。そのうち、十四歳未満が一九名、十四歳以上が五六名であった。[140]なお、女子生徒も二名在籍していた。[141]

同校の学科は修身、和漢文、英語、数学、地理、歴史、生理、博物、物理、化学、経済、記簿、習字、図書、体操とされるが、体操は教師がいなかったため始終欠課であったという。実際の教授の様子については、「修身は小学、読本は文章軌範と日本外史、歴史は青山の皇朝史略を小口から暗記する、それに田口卯吉の日本開化小史を、すつかり筆記させせられた。外国史は、パーレーの万国史の原書で、後にはスヰントンもやつた。地理は内田の地学教授本を土台として、筆記で補ひ、外国地理は、原書でミッチェルの中地理書を暗記させせられた。英語は、ウイルソンのプライマーに、バーチスのナショナーリーダーであつた。[142]それから、英文典はブラウンの文典で、国文典は語彙別記により、口授を筆記したもんだ」と回想されている。このように、上野中学校は初等中学校であったにもかかわらず、原書を用いて英語による教授が行なわれていた。

他郡の動向

度会郡、名張伊賀郡、阿拝山田郡以外の各郡でも、設立には至らなかったものの、郡立中学校の設置が検討されつつあったことを確認しうる。例えば、一八八三年には、桑名郡において「是非とも桑名の如きもあらざるべからざるに却って山田上野等に先鞭を占められたるは遺憾なりと同地の心ある者は思ひ居たるが先ツ方郡長より戸長学務委員を呼び出し中学校設立のことを噺されると何れも直ちに賛成したれバされば各町村に帰りて議員に諮問すべしとて返へされしと云ふ」[143]という報道がなされている。

他方、一志郡では、一八八四年一月十四日に開催された一志郡内教育会において郡立中学校設置が議論された。(144)「郡立中学校設置ノ議」を提案したのは久居学校長で郡内教育会会長も務めた玉井丈三郎である。本案提出理由は記載がないため不明だが、「郡長閣下迄設置ノ議ヲ建言シ、宜シク郡会ニ謀ラレンコトヲ請願スル意思ナリ」と玉井が述べていることから、郡会に提案するにあたって、まず郡内教育会にて郡立中学校設置の議決を得ようとする趣旨であったと推察される。しかし、「当郡内高等生目下凡四拾名ノ中弐拾名入学スルモノト見做ストキハ千円ノ大金ヲ費シテ此僅々タル生徒ヲ養成スルハ甚不満足ナリ」、「未タ小学ノ旺盛ナラサルニ進ンテ中学ヲ設ケントスルハ寔ニ其序ヲ失フモノナリ」との反論にあい、郡立中学校設立は時期尚早として退けられる結果に終わった。

また、一八八五年四月二十二日の『伊勢新聞』によれば、三重朝明両郡でも公立中学校の建設が計画中であると報じられている。このように、一八八一年に制定された「公立中学校設置手続」は、各郡における公立中学校の設置を促す役割を果たした。

六、三重県中学校施策の展開

中学校補助費

先に触れたように、一八八三年の通常県会では、町村教育補助費予算中に中学校補助費が計上された。県当局は、中学校補助費の必要性について「抑モ中学校ノ資格ヲ備ヘ完良ノ教育ヲ施サンニハ必ス其歳費金千七百五拾円以上ノ巨額ヲ要スルニ非サレハ克ハス、是ヲ以テ各地学事ノ進度ニ従ヒ其設置ノ最緊急ニ属スルモ為メニ躊躇逡巡スルノ虞ナキニアラス、故ニ一校ノ協議費千円以上ニ出ルモノニ限リ別ニ金七百五拾円ヲ補助スレハ其設立ヤ容易ニシテ児童前進ノ途ヲ開通シ成立ノ標的ニ誘導行歩スルノ便且利ナルヤ言ヲ待タスシテ明カナリ、因テ本年度ヨリ愈々勧奨督励ヲ加ヘ先ツ二校ヲ設立セシムルノ見込ヲ以テ之ニ補助スル金千五百円ヲ置ク」(145)と説明している。つまり、公立中学校の設立を促進するため、一校あたり七五〇円の中学校補助費を支給する計画であった。

中学校補助費積算の根拠は、「元来中学校経費ノ最下程度ヲ千七百五十円ト定メシヨリ起リシ目安ニシテ、協議費ヲ以テ千円ノ支出ヲナストキハ則チ七百五十円ノ補助ヲ為シテ其最下ノ資格ヲ得セシメムトスルカ為ナリ」(146)とあるように、公立中学校経費の最低基準を一、七五〇円と設定し、協議費による支出が千円を超えるところに補助費七五〇円を支給して、その資格を満たそうしたことに由来する。なお、県当局は「原案組織ノ時ニアツテハ未タ中学通則ノ布達ナケレハ依旧千円以上ノ支出アル校エハ補助スルノ精神ナリ」と発言しており、中学校経費の最低基準は三重県が独自に設定したものであったことを指摘しうる。

県当局は、すでに認可を得て開校している宇治山田公立中学校と目下設立計画中の名張中学校の二校分の予算一、五〇〇円を中学校補助費として計上した。県会の審議では、金額ならびに校数の多寡について意見が交わされたが、最終的に原案に落ち着いた。

このように、公立中学校の奨励策として中学校補助費が新設されたのだが、公立中学校の設立が進むことによって、かえって県立津中学校のあり方が疑問視されることとなった。すなわち、町村教育補助費予算と並行して進められた教育費予算の審議では、中学校費全廃論が唱えられることになる。

口火を切ったのは、河曲郡の梶川升であった。梶川は、「津中学校ノミ地方税ヲ以テ設立スルノ理アラムヤ」と述べて中学校費全廃を訴えた。(147)第一に「津中学校ニ入学スル処ノモノヲ見ルニ多クハ皆中等以上ノ子弟」であり、「一般人民ノ納ムル処ノ地方税ヲ以テ唯富者ノ子弟ヲノミ利スル」状況にあること、第二に中学校では授業料を徴収していないこと、第三に「只一地方ノ中学ヲ一般ニ関スル地方税ヲ以テ設立スル」ことは「不権衡」かつ「不公平」であるとの理由から「各郡ニ起ル処ノ中学校ニ公平ニ補助シ彼此不権衡ナカラシメン」ために町村教育補助費の増額を主張したのである。

梶川の意見に賛同したのが、宇治山田公立中学校を擁する度会郡山田在住の村井恒蔵と世古口真七であった。村井は、「地方税ヲ以テ一校ヲ設立スルハ已ニ無益ナル時期ニ達セリ」と述べ、中学校費を廃止して「各地方ノ中学ヲ補助」すべきだと強く主張した。また、世古口も「各地方ニ中学ヲ設立セシメント欲セハ県立中学ハ速ニ廃セスンハアルヘカラス」と発言し、津中学校は「名ハ県立ナルモ其実ハ安濃郡ノ中学校ニ異ナラス」と批判している。

確かに、津中学校生徒の出身郡は、七八人の内、桑名郡九人、員弁郡三人、三重郡二人、朝明郡四人、奄芸郡八人、鈴鹿郡五人、安濃郡二六人、一志郡九人、飯高郡一人、度会郡三人、南牟婁郡一人、答志郡一人、英虞郡一人、阿拝郡一人、他県六人であり(148)、安濃郡出身者が最も多かったことは事実である。宇治山田公立中学校の立場からみれば、「山田人民ノ如キハ山田中学ノ費用モ負担シ又津中学ノ費額モ負担スルコトトナル、豈不公平ナラスヤ」と梶川が述べるように、現状に不満を抱くのは致し方のないことであった。

中学校費全廃論に対して、県当局の林正幹は、「本庁ニ於テハ津中学校ハ単ニ之ヲ高等中学校トナシ漸次専門学校ノ基礎ヲ造ラムカ為メ、初等中学ハ之ヲ協議費ニ譲ランカ為メ明治十四年甲第二百十号ヲ以テ中学校設置手続ナルモノヲ布達セラレタリ、即其第四条ニ於テ后来津中学校ハ単ニ高等中学トナスノ意ヲ示セリ」と説いている。つまり、「公立中学校設置手続」第四条の解釈から、津中学校は高等中学校、公立中学校は初等中学校と段階を異にすることを強調して差別化を図ろうとしていたといえる。

館平三郎（三重郡）や竹原撲一（南牟婁）が「県立中学ヲ廃セハ必ス地方有志興起シテ公立学校ヲ設置スルニ至ル

ヤ明カナリ」と梶川の全廃論に賛同する一方で、立入奇一（山田郡）は「若シ各郡ニ初等中学ノ起ルニ至ラハ津中学ヲシテ高等中学校トナサムノミ」と反論し、山本如水（答志郡）も「津中学校ヲ高等中学トナシ各郡ニ初等中学ヲ設クルニ至ツテ初メテ地方税目中ヨリ本費ヲ刪除スルノ時」だと批判した。梶川らは全廃論を強硬に主張したが、多数派を形成するには至らず、中学校費は最終的に教員一名を増員する予算で通過した。

特置学務委員の設置

一八八二年十二月五日、太政官布告第五十六号によって「数町村聯合シテ中学校等ヲ設置スルトキハ特ニ其区域ニ学務委員ヲ置キ学務ヲ幹理セシムルコトヲ得」ることが定められた。これを受けて三重県は、一八八四年二月十四日、聯合町村が設立する中学校の事務を担う機関として特置学務委員を設置した。乙第三十八号で定められた特置学務委員事務要項は次のとおりである。(149)

特置学務委員事務要項

第一条　特置学務委員ハ中学校聯合町村内中学ニ関スル事務ヲ幹理スヘシ

第二条　特置学務委員ハ県令ノ監督ニ属スト雖モ郡長職権内ノ事件ニ付テハ郡長ノ指揮ヲ受クヘシ

第三条　特置学務委員ハ日々該中学校ニ出頭シ職務ヲ取扱フヘシ

特置学務委員の職務は全部で二一項目に及んでおり、中学校の設置廃止をはじめ、学校経費、施設設備、教則及規則、教員人事、生徒管理等、中学校の管理運営に関する事務を包括的に担った。また翌日、甲第拾五号にて特置学務委員推薦規則も定められた。(150)すなわち、特置学務委員は、中学校聯合町村区域内において定員の二倍を鷹挙し、聯合町村会議員を薦挙人として投票によって選出されることになっていた。被薦挙人は二十歳以上の男子で、聯合町村区内に土地建物を有し、本籍を定めて居住するものに限定された。特置学務委員の任期は四年で、人数や給与旅費等は各聯合町村会で評決し、県令に認可を得ることになっていた。同年の「三重県年報」には「特置学務委員ハ本年ノ創置ニシテ二名アリ」とあるが、詳細は不明である。

しかしながら、翌年八月には「教育令」が再改正され、学務委員制度が廃止されたため、同月、三重県も学務委員ならびに特置学務委員を廃止し、その事務を戸長に引き継がせた。[151]

県立初等中学校設置構想

一八八五年三月の通常県会にて、県当局は津中学校を規模拡張して高等津中学校に改称するとともに、四日市・山田・上野に県立初等中学校を設置することを提案した。[152]

金壱万千四百三拾九円七拾四銭　高等津中学校費
金三千五拾八円拾三銭三厘　初等四日市中学校費
金三千三百九拾弐円拾五銭三厘　初等山田中学校費
金三千六百三拾七円拾三銭三厘　初等上野中学校費

県当局の橋本三郎は、県立初等中学校を設置する理由を次のように説明している。

小学ノ課程ヲ卒リ更ラニ高等ノ教育ヲ受ケンコトヲ望ムモノ曰ニ多キヲ加エ現ニ本年一月津中学校ニ於テ生徒ヲ募集セシニ之ニ応スルモノ八拾有余人而シテ其募集セシ人員ヲ問ヘハ僅カニ四十五人ニ過キス、且ツ県下各小学校ヲ通観スルニ中等科生ハ年一年ヨリ増加シ既ニ十七年度ニ於ケハ八百有余名ノ生徒ヲ出ス場合ナリ、之ヲ推シテ将来ヲ想フニ高等ノ学科ヲ受ケンコトヲ望ムモノ愈多ク之レヲ待ツノ学校ヲ要スルコト愈急ヲ加フルヤ必セリ、然ルニ今日中学校トシテ県下ニ在立スルモノハ規模狭小ナル津中学校ト設備不完全ナル町村立ノ二中学校トニ過キス、豈ニ小学卒業ノ生徒ヲシテ進学ノ望ヲ眩フスルノ憾ナキヲ得ンヤ、是レ理事者カ今日ノ勢幾何カ其教育ノ歩武ヲ進メサルヲ得サルモノトシ本年度ニ於テ三個ノ中学校ヲ設置セントスル所以ナリ

このように、年々増加する小学校卒業者の進学先として中学校を整備することが目的であった。津中学校は、入学希望者が定員を上回る状況にあったが、校舎が手狭で教員配置も「中学校通則」の基準を満たしていない点が問題視されていた。そこで、漸く校舎新築のための費用が計上され、規模拡張が図られることとなった。他方で、「山田名張ノ中学ノ如キハ県庁ニテハ之ヲ完全ノモノト認メス、唯夕暫ラク現今ノ有様ニテ維持スルヲ許可セシ迄ナリ、故ニ本年度ニ於テ之ヲ県立トナシ完全ノ教育ヲナサント欲スルノミ」と述べられており、宇治山田公立中学校と名張中学校も県立に移管させるつもりであったことがわかる。

さらに、中学区についても「従前ノ区域即チ郡役所部内ニ一校ヲ置クハ多キニ過クルモノトシ、先ツ管内ヲ四中学区ニ分チ津中学校ノ外更ニ三個ノ初等中学校ヲ設置センコトヲ決定シ、則チ地理ヲ案シテ四日市、上野、山田ノ三ヶ所ニ定メタリ」と、従来の方針を撤回して管内を四中学区に改めた。上野、山田については前述のように既存の公立中学校を改組する思惑であったが、四日市は全くの新設で学校位置や認可等も未定で構想にすぎなかった。

県会の審議では、「民間困弊」を理由に県立初等中学校予算の全廃を主張する者と県立初等中学校の設置を支持する者とに分かれて議論が紛糾した。須藤富八郎（英虞郡）は、将来的に維持経費が増大することを恐れ、「到底一地方税ヲ以テ完全ナル中学校四個ヲ建設スルハ望ム可ラサル」と指摘し、「三初等中学校ノ新設ハ悉ク之ヲ削除セン」

と主張するとともに、すでに存在している町村立中学校は昨年同様「補助費ヲ置テ町村ニ放任スルヲ可ナリト認ムルナリ」と発言した。また、角利助（答志郡）も「中学校設置ノ如キハ宜シク之レヲ町村ノ自治ニ放任セント欲スル」と賛同しており、県会では町村立中学校は「町村ニ放任スル」のを適当とする意見が優勢であった。

一方、阿拝山田郡に中学校を新設しようと尽力していた立入奇一（山田郡）や福地次郎（阿拝郡）、さらに村井恒蔵（度会郡）、世古口真七（度会郡）は、原案に賛同して県立初等中学校設置の必要性を説いた。福地は「今日ノ町村立中学校ハ其設備不完全ナルモノニシテ中学校ニ適当スルノ資料アラサルモノナリ、斯ル不完全ナル中学校ヲ各郡各所ニ設置センヨリハ如カス完全ナル県立中学校ヲ置テ子弟ヲ教養セン」と述べ、世古口も「今町村立中学校ト県立中学校ト何レカ完全ナリヤト云ハ、県立ニアリト云ハサルヲ得ス」と県立であることの意義を主張した。

このように、阿拝山田郡ならびに度会郡の議員が、県立初等中学校の設置を支持したのは、中学校を町村で維持することに限界を感じていたからであった。すなわち、「今日中学校ヲ設立スルノ困難ナルハ故アルナリ、ソレ名張中学校ヲ起セシ時ハ千円ニテ設立スルヲ得タリシニ今ヤ文部ノ通則ニヨレハ四千円ヲ要セサヲ《ママ》得ス、此多額ノ金ヲ一郡ヨリ醵集スルハ大ニ苦慮セシ所ニシテ夫ノ七百五拾円ノ地方税ノ補助ニテハ其維持モ覚束ナキ程ナリ」という立入の発言にみられるように、「中学校通則」の基準を満たすには多額の財政措置が必要であり、それを賄うのに苦慮していた様子がうかがえる。それゆえ、立入は「未タ中学校ノ設立ヲ放任スヘカラス、宜シク行政範囲ニ於テ之ヲ奨励セサルヘカラス」と反論した。

しかし、立入らの反論空しく、県立初等中学校予算は二九名の反対多数で否決となった。代わりに前年度と同様に、町村教育補助費中に中学校補助費を追加することが提案された。従前の二校に加え、すでに中学校新設を議決した阿拝山田郡を合わせて公立中学校三校分すなわち二、二五〇円、一校につき金七五〇円を支出することが決定した。

七、三重県尋常中学校の成立

郡立中学校の廃止

一八八五年の「三重県年報」は、「三箇ノ郡立初等中学ハ各項額ノ経費ナルヲ以テ焉ソ完全ノ教育ヲ望ムヲ得ンヤ、仮令之カ増額ヲ求ルモ一郡若クハ二郡ノ聯合ナル民力ノ堪フル所ニアラス、若シ年ノ豊凶ニ由リテハ多少ノ伸縮ナキ能ハス到底永遠ヲ期ス可ラサルヲ以テ其組織ヲ改メ更ニ県立初等中学ヲ山田上野四日市ノ三所ニ併設シ大ニ斯学ヲ拡張セシメントシ既ニ議案ヲ本年度通常県会ニ下付セシモ遂ニ否決ニ係レリ、故ニ今後ニ在リテハ不完備ノ中学ヲ各所ニ存置セシメンヨリハ寧ロ悉ク県立津中学校ニ合併セシメ大ニ本校ノ規模ヲ拡張セント欲ス[153]」と報告している。このように、県当局は、初等中学校の県立移管から一転して郡立初等中学校を津中学校に合併するという新たな方針を示した。なぜ、三重県は中学校施策を転換したのか。その背景を検討していきたい。

一八八五年十一月には、会計年度の変更により再度通常県会が開催され、一八八六年度予算が審議された[154]。その際、県当局の橋本三郎は、「本年ハ教育令ノ改正アリ、本県ニ於テモ多少教育上ノ組織ヲ変更シ各郡役所部内ニ高等小学校ヲ設置スルカ如キ新事業ノ計画アリ」と述べ、町村教育補助費に七、五〇〇円の高等小学校補助費（県下一五校、一校あたり五〇〇円）を予算計上した。他方で、橋本は「我県下中学校ハ其設備ノ方法実ニ不完全ニシテ其功験モ亦従テ薄ク県庁ニ於テモ固ヨリ之ヲ永続スルノ見込ニアラス、而シテ十九年度ニハ多少其組織ヲ変更シ其生徒ノ幾部ヲ津中学校ニ移シ其余ハ皆郡内高等《ママ》学校ヘ移サント欲スル[155]」と説明している。つまり、同年八月の「教育令」再改正を受けて、郡立中学校を廃止して郡ごとに「高等小学校」を設置する方針を打ち出したのである。ただし、橋本は、

「十九年度中ニ郡立中学校ヲ廃スルト否ハ未タ確カニ定マリアルニアラス、早晩其廃止ノ時機ニ遭遇スルナラントノ想像ニ過キス」と弁解しており、この時点で郡立中学校廃止が確定していたわけではなかった。

また、橋本は、「高等小学校」についても次のように説明している。

彼ノ数ヶ所ニ県立中学校ヲ設置セントスルコトハ右大政府ノ主旨ニ拠テ今日其見込成立タス、故ニ先ツ此津中学校ヲ十分拡張シテ漸次地歩ヲ確ムル目的ナリ、而シテ其他ノ地方ニテハ各郡役所部内ニ一ヶ所程ツ、高等学校《ママ》ヲ置カントス、此高等学校ハ高等科小学トハ異ナリ各郡ノ土風ニ応シ民情ヲ量リテ商工ノ盛ンナル所ニハ商工ノ学科ヲ教ヘ農業ヲ以テ成立ツ所ニハ農業ノ学科ヲ置キ、以テ其実用ニ適スル教育ヲ施サントスルモノニシテ尚其上中学ノ教授ヲ受ケンコトヲ欲スル者ハ則チ津中学校ヘ来リ入学スヘキ様大体方針ヲ定メタリ

高等小学校は、「教育令」再改正ではなく、一八八六年四月の「小学校令」において定められた制度である。同年五月の「小学校ノ学科及其程度」において、高等小学校は「土地ノ情況ニ因テハ英語、農業、手工、商業ノ一科若クハ二科ヲ加フルコトヲ得」とあり、橋本の説明は、この規定を想起させる内容であった。

県当局の新方針は、県会議員にとっては寝耳に水だったようで、郡立初等中学校を擁する度会郡や阿拝山田郡の議員の間には戸惑いが広がっていた。

一八八六年四月、「中学校令」が公布された。「中学校令」は、地方税支弁による尋常中学校の設置を各府県一校に制限し、区町村費による尋常中学校の設置を認めなかった。これに伴い、三重県では、一八八六年八月に臨時県会を開催し、津中学校費に関する教育費追加予算を審議した。[156] すなわち、「中学校ニ在テハ勅令第十五号第六条及第九条

ニ拠リ山田名張上野三中学校ノ如キハ之ヲ廃セサル可ラサルノ時機ニ遭逢シタルト尋常中学校ノ学科程度ニ変更ヲ生セシトニ依リ諸般ノ准備ニ完全ヲ要スル」ことを理由として、町村教育補助費中の町村立中学校補助費の支給を八月で停止し、残額を津中学校費追加予算へ補充することを提案した。審議の結果、町村立中学校補助費は、「九月分ハ閉校ノ日十五日前后ニ拘ハラス全月分ヲ給セントス」と九月まで支給することとなった。

かくして三重県は、同年九月に郡立初等中学校を廃止し、十月に「旧郡立中学ノ生徒ヲ本校ニ合併」した。(157) こうして、同月三十一日限りで度会郡、名張伊賀郡、阿拝山田郡の各郡立初等中学校は廃校を余儀なくされた。

度会郡では、公立度会初等中学校生徒のために新たに高等小学校を創設することとした。度会郡長浦田長民は、「只名義ヲ高等小学校ニ引直シ之カ設立認可ヲ得ハ一ハ以テ本校継続ノ業ヲ全フシ、一ハ生徒離散ノ憂ヒヲ防キ将来郡内学事ノ上進ニ付最良ノ策トス」との理由から、同年九月二十九日に臨時に議員を招集して公立度会初等中学校を転用して度会郡公立高等小学校を設置することを諮った。(158) 翌月、度会郡公立高等小学校が設立され、旧中学生のうち第七級以下の生徒八〇名を本科生とし、第六級以上の生徒四一名を温習科生として編入させた。(159)

公立名張伊賀郡初等中学校では在学生の一〇名余が津中学校に転学し、残りの生徒のために高等小学校を設置することとなった。(160) 他方、阿拝山田郡公立上野中学校も生徒の大半が津中学校に転入したが、残った生徒のために「中学校に代はるべきもの」として中学予備校を設置した。(161) すなわち、一八八二年本県甲第百十号達「三重県町村立私立学校幼稚園書籍館設置廃止規則」(162) にもとづき、阿拝山田郡公立白鳳学校と改称して一八八六年十月に開校した。同校は、一八八九年四月に高等小学校に改組されるまで存続した。

津中学校は、一八八六年十月以降、旧郡立中学校からの転入生七三名を迎え入れ、生徒数は一九一名に達した。(163)

津中学校は、創立以来旧津藩有造館を仮用していたが、一八八五年の県会にて漸く校舎新築費が成立したため、旧津藩演武荘へ新築移転することとなった。[164] 旧津藩演武荘は陸軍省の所属であったが、無償で払い下げを受けることができた。一八八六年四月より本格的に建築に着手し、同年九月には落成前の新校舎へ移転した。寄宿舎は翌年九月に完成、新校舎は一八八八年三月に竣工した。

三重県尋常中学校の成立

津中学校では、校舎新築と並行して尋常中学校への改編を進めていた。一八八六年六月の「尋常中学校ノ学科及其程度」の制定を受けて、津中学校は学年等級を第一年から第五年までの五年制に改め、さらに英語教師としてアメリカ人イー・ジー・ストラーを月給一〇五円で雇い入れた。また、十月には第二外国語のドイツ語と唱歌の教授を開始している。[165] さらに、翌年二月五日、三重県令第十八号にて「三重県尋常中学校規則」[166] を定めた。学年の始期は四月一日となり、三学期制となった。

同校の課程表（**表10**）は、基本的に「尋常中学校ノ学科及其程度」に準拠しているが毎週の授業日数は六日で、授業時数は三一時間（基準は二八時間）、英語は二時間、数学は一時間の時間増となっている。また、第二外国語と農業は第四・五年での選択履修で、農業用実習地のために耕地を購入した。

試験は、入学試験、臨時試験、学期試験と学年試験の四種とされた。入学試験は、毎学年の始めに実施され、試験科目は読方（漢文交リ文）、諸比例利息算、作文（書牘漢字交リ文）、地理（日本地理ノ概略）、歴史（日本歴史ノ概略）であったが、第一第二外国語を修めた者については本人の求めにより別に試験を実施した。臨時試験は履修科目ごとに臨時に実施されるもので、学期試験は学期末に実施され、成績によって席次を定めた。学年試験は、学年の終わりに実施され及第を判定した。学年試験の及第判定基準は**表11**のとおりであった。

津中学校では、創設以来授業料を徴収していなかったが、一八八七年の通常県会にて中学校の授業料を徴収するこ

表10　三重県尋常中学校課程表

	第五級 第一年 毎週教授時間	第五級 第一年	第四級 第二年 同上	第四級 第二年	第三級 第三年 同上	第三級 第三年	第二級 第四年 同上	第二級 第四年	第一級 第五年 同上	第一級 第五年
倫理	一		一		一		一		一	
国語又漢文	五	購読及漢字交リ文書取 漢字交リ文及書牘文作文 漢字交リ文及音牘文	五	購読漢字交リ文及漢文 書取前級ニ同シ作文前級ニ同シ	五	購読 前級ニ同シ 作文 前級ニ同シ	三	購読 前級ニ同シ 作文 漢字交リ文及漢文書取	二	購読 前級ニ同シ 作文 仮名交リ文及漢文
英語	八	読方及訳読 書取 会話及綴文	八	読方及訳読 書取 会話及綴文	九	購読 会話作文及文法	七	購読会話 作文翻訳	七	購読会話 作文翻訳
独語							四	読方及訳解 書取会話 及綴文	三	読方及訳解書取 会話及綴文
農業								耕種養畜		養畜困及芸 樹木栽培
地理	一	日本地理概略	二	亜細亜欧羅巴ノ地理	二	亜米利加濠斯太剌利亜及亜弗利加ノ地理地文	一	日本地文及政治地理		
歴史	一	日本歴史	一	支那歴史	二	日本歴史	一	万国歴史	二	万国歴史
数学	五	算術 幾何初歩	五	算術ノ復習 代数 幾何	五	代数 幾何	五	代数 幾何	四	代数 三角法
博物	一	博物示教							三	動物 植物
物理			一	物理及化学示教					三	力学物質論熱学音響学支学越歴学磁気学
化学							二	無機化学		
習字	二	楷行草三体ノ臨写及速写	一	応用細字						
図画	二	自在画法	二	同上	二	自在画法 用器画法	二	用器画法	一	写物写生
唱歌	二	単音唱歌	二	単音唱歌 複音唱歌						
体操	三	普通体操	三	普通体操	三	普通体操	五	兵式体操	五	兵式体操
計	三一		三一		三一		三一		三一	

（出典：『明治二十年三重県県令告示・諭告・報告』）

表11　学年試験及落判定基準

諸科目平均評点数	学年評点六十未満ノ科目数	同上評点数		判定
		最上点	下点	
六十以上	無			及第
同	一科目	五十以上		及第
同	同	五十未満		落第（学年試業詳点数或学期評点平均数六十以上ナレハ）及第
同	二科目	五十以上		落第（同上）及第
同	同	四十以上 五十未満	五十以上	落第（二科目トモ学年試業評価点数或学期評点数六十以上ナレハ）及第
同	同	五十未満		落第
同	三科目			落第
六十以下				落第

（出典：『明治二十年三重県県令告示・諭告・報告』）

とが決定され、高等科生徒一ヶ月三〇銭、初等科生徒一ヶ月二〇銭と定められた(167)。三重県尋常中学校に改編後、授業料は一ヶ月一円に値上がりとなった。

一八八七年三月、名称を三重県尋常中学校に改め、同年四月より改正規則を実施した。また、同年九月には、寄宿舎への入舎を開始した。同年の入学生徒は一〇三名、退学者は一三三名であった。その理由の一つは、官立学校への転学および就職であるが、もう一つは「家計ノ都合」であった。後者は、改正規則によって授業料が大幅に値上げしたことが関係していると推察される(168)。

三重県尋常中学校の教職員は、校長一名、書記兼教員一名、教員兼書記一名、教員一七名、書記二名であったが、そのうち校長および教員四名は師範学校との兼務であった（**表12**）。

校長の津田純一は、明治二年に慶応義塾で学び、一八七三年には渡米して法律学士を取得、『西洋礼式』(169)を著すなど「ハイカラ」な人物であった(170)。津田は、一八八七年に尋常中学校の専任校長に就任すると独自の手腕を発揮した。

表12　一八八六年県立津中学校教員一覧

職名	資格	俸給	貫族	氏名
三重県師範学校長兼津中学校長	米国法律学士	百円	大分県士族	津田純一
書記兼一等助教諭	旧大坂師範学校卒業	三十円	山口県士族	財満久純
一等助教諭兼書記	旧愛知師範学校卒業并英学ヲ修メシモノ	同	石川県士族	清水誠吾
二等教諭	東京大学理学士	六十五円	愛知県平民	村瀬光国
三重県師範学校三等教諭兼津中学校三等教諭	東京師範学校初等中学師範学科卒業	四十円	和歌山県士族	山高幾之丞
三等教諭	医学并獨語ヲ修メシモノ	同	静岡県平民	朝川俊士
二等助教諭	英学ヲ修メシモノ	二十五円	三重県士族	小濱充之助
三等助教諭	生理学ヲ修メシモノ	十九円	同	山岸源次郎
同	旧度会県師範学校卒業并漢学ヲ修メシモノ	十七円	同	谷保太郎
同	数学ヲ修メシモノ	十五円	京都府平民	馬渕近之丞
三重県師範学校三等訓導兼津中学校三等助教諭	三重県師範学校卒業	十五円	三重県士族	梅原三千
教諭試補	生物学ヲ修メシモノ	三十五円	埼玉県士族	宮前謙二
同	英学ヲ修メシモノ	二十五円	北海道平民	新井英一郎
助教諭試補	滋賀県師範学校画学専修科卒業	二十円	滋賀県士族	林茂久次
教員兼三重県師範学校教員	………	百五円	米国人	イー、ジー、ストーラ
講授	漢学ヲ修メシ者	十八円	福井県士族	大木本弥
同	同	二十円	三重県士族	楓井純
三重県師範学校教員兼津中学校教員	書法ヲ修メシ者	十円	同	曽野義兵衛
同	音楽取調所卒業	八円	三重県平民	金津鹿之助
教員	近衛隊下士ヲ勤メシ者	六円	同	中谷富次郎
書記	………	十二円	三重県士族	野田源左衛門
同	………	八円	山口県士族	宮村呈三

（出典：『三重県第六学事年報』）

すなわち、服装改善として洋服着用を徹底したり、中学生に洋食を食させたりするなど西洋化に努めた。[171]

しかし、このような津田の経営方針について、県学務課は、「本校ノ管理ニ至テハ隔靴ノ歎ナキ能ハス、然レトモ本校ハ幼年成年生ノ混淆セシモノナレバ宜シク紀律等ノ寛厳ヲ斟酌シテ之カ管理法ヲ講スルニ非ラサレバ到底著シキ効果ヲ見ルニ至ラサルヘシ」と問題視した。[172] そこで、県学務課は、知事を責任者とする「商議会」を設置して中学校の運営に干渉しようとした。[173]「商議会」の構成は、知事のほかに学務部長、学務課長、県会常置委員に中学校長とされ、学校運営について審議するものとされた。津田校長に理解のあった石井邦猷知事が一八八八年六月に転任し、山崎直胤が三重県知事に就任すると、県学務課と中学校の対立は一層激化した。中学校内でも、津田校長の経営方針に反発する漢学派教員と「商議会」は学校教育への干渉だと反対する者たちとの間に対立が生じていた。

一八八九年一月九日、中学校教員有志が連署で「商議会」解散請求の建議書を県学務課に提出した。山崎知事は、「商議会」は干渉機関ではなく諮問機関にすぎないと弁明したが、理解を得られず、同月十一日に校長ならびに連署した教員有志一一名が辞表を提出した。鈴木隆安濃郡長の仲裁もあり、事態は一時収束するかにみえたが、中学校内での対立は解消せず、校長ならびに教員九名は同月十六日に再び辞表を提出した。県当局は、校長と教員四名の辞表を受理したが、残り五名の辞職は認めなかった。

教員の更迭は、中学校の教授にも支障をきたし、第三級以上は一月中旬から二月中旬まで休業となった。この余波は当然生徒にも波及し、大量の退学者を生みだした。一八八九年の退学者は一五〇名にのぼっている。県当局は、三月六日に黒川雲登を校長心得に任命したが、四月十七日には高島勝次郎を校長心得に任命、同月二十九日には清水誠吾へ校長を嘱託と二転三転した。[174]

他方、中学校長を依願免職された津田は、同志とともに津の寺町にある上宮寺内に私立の四州学館を開設した。館長には長井氏克[175]が就任するなど、県下の有力者の賛同を得て盛大に開館し、多くの生徒が参集したというが、程なくして閉鎖してしまった[176]。

その後も、三重県尋常中学校の展開は波乱に満ちている。一八九〇年の通常県会では、尋常中学校の廃校論が噴出し、地方税支弁によらず独立するよう求める建議が採択されるなど、混乱は続いていくのであった。

おわりに

以上、三重県における中学校形成過程を検討してきた。旧三重県下では、明治維新ならびに「学制」発布を経て旧諸藩の藩校との連続性は断ち切られてしまった。他方、度会県下では、県当局の積極的関与のもとで外国語学校が運営され、これが後に公立中学校設立の基盤となった。また、三重県の行政機構は、旧藩時代の支配機構とは一線を画するかたちで創出された。それゆえ、三重県における中学校の設立は、三重県当局主導の下、いわば官僚的に中学校施策が展開されたといえる。

三重県では、地勢を考慮し、津中学校を起点に山田、桑名、上野に漸次県立中学校を設置する計画を有していた。しかし、県会にて県立中学校設置計画が頓挫すると、三重県は方針を改め、「公立中学校設置手続」を定めて郡ごとに公立中学校を設置するよう奨励した。これを受けて、各郡は公立中学校の設置を模索し、度会郡宇治山田、名張郡名張、阿拝山田郡上野では公立中学校の設立に至った。三重県は、公立中学校に対して中学校補助費を支給したり、特置学務委員制度を定めたりするなどしてその運営を支えた。

ところが、実際に公立中学校の設置が進むと、県会ではそれを口実とした県立津中学校廃止論が再燃する。すなわち、中学校をめぐって全県的な均衡が問題視されたのだった。そこで、県当局は、津中学校を高等津中学校とし、公立中学校を県立初等中学校として位置づけ、中学校の段階を明確にしようと試みた。「中学校通則」に則って公立中学校を維持しようと苦心する度会郡や阿拝山田郡の議員等は、初等中学校の県立移管を歓迎したが、大半の議員は地方税支出が肥大化することを恐れて反対した。

初等中学校の県立移管が挫折した後、「教育令」再改正も相俟って県当局は郡立初等中学校を津中学校に合併し、新たに高等小学校を各郡に設置する方針に転じた。「中学校令」の公布によって郡立初等中学校は悉皆廃止となり、生徒の一部は三重県尋常中学校へ転入した。各郡は、残された生徒のために、高等小学校または中学予備を設置した。

他方、県立津中学校は、「中学校令」にしたがって三重県尋常中学校に改称するとともに「尋常中学校ノ学科及其程度」にもとづき体裁を整えていった。また、同校では、津中学校時代から慶応義塾出身の校長が開明的な学校運営を展開したが、そのことがかえって学校内外での対立を煽り、教員の更迭から騒擾事件にまで発展するような事態が繰り返された。三重県尋常中学校が成立してからも、その運営は安定することなく、混乱が続くこととなったのである。

注

（1）三重県総合教育センター編『三重県教育史　第一巻』一九八〇年。

（2）創立百年記念誌「あゝ母校」編集委員会『あゝ母校　三重県立津高等学校創立百年記念誌』一九八〇年。

（3）真弓六一は『三重県教育史』編さんに当初から助言者として携わり、専門委員や編さん委員を務めた。同氏は「津高同窓会々報」第三号から第十五号にわたる連載「母校の歴史」において津中に関する史実を執筆している。本稿では、「津高同窓会々報」の第一号から三十号までが収録されている津高同窓会『津高同窓会報縮刷版』（一九九三年）を参照した。

（4）三重県編『三重県史　通史編近現代一』（二〇一六年）。伊賀市史や伊勢市史では、市町村合併に伴い新たに自治体史編纂事業が取り組まれ、伊賀市編『伊賀市史　第三巻通史編近現代』（二〇一四年）、伊勢市編『伊勢市史　第四巻近代編』（二〇一二年）が刊行された。

（5）神宮権禰宜出身。慶応四年八月八日度会府御用掛に就任し、同月十三日に度会府書記となる。翌年一月九日には市政曹長を兼務し、四月一五日に度会府権判事、九月七日に度会県大属、翌八日に少参事となった。明治三年一月二十日には学校督学に就任している。

（6）「町政改革案」一門一七三二〇「浦田家旧蔵資料」七八〇所収（神宮文庫所蔵）。

（7）「学規第一条詳解」一門五六五六「御巫家図書」所収（神宮文庫所蔵）。慶安元年（一六四八）に、伊勢神宮外宮の神官出口延佳らによって神学および諸学の研修の場として開設され、自主的に運営されたのが豊宮崎文庫である。他方、林崎文庫は、内宮の宇治会合所の年寄らが山田奉行に補助金を申請して元禄三年（一六九〇）に設立された。前掲『三重県教育史第一巻』、一四一頁。

（8）拙稿「度会（府）県における学校の転回」（川村肇・荒井明夫編『就学告諭と近代教育の形成　勧奨の論理と学校創設』東京大学出版会、二〇一六年、二四一―二七二頁）を参照のこと。

（9）拙稿「度会（府）県における学校の転回」『就学告諭と近代教育の形成――勧奨の論理と学校創設』（東京大学出版会、二〇一六年）参照のこと。

（10）宮川渡賃とは、宮川の渡船料のことを言う。徳川時代には参宮人馳走として無賃となり、その費用は宇治山田の師職が支出していたが、後年に惣町中の人民の負担となった。明治二年に官費で建設された板橋が流失して以降、再び有賃となったため、剰余金が生じるようになっていた。

（11）宮崎郷学校から宮崎語学校への展開については西田善男『明治初期における三重県の外語学校』（三重県郷土資料刊行会、一九七二年）が詳しい。

（12）『宇治山田市史資料一二九　教育編一』三―八頁。

（13）同右、四三―四八頁。

(14) 「明治五年御布告書写」「越賀文書三」所収（三重県総合教育センター所蔵）。
(15) 前掲『宇治山田市史資料一二九　教育編二』五三―六四頁。
(16) 三重郡の一部は武蔵国忍藩（現埼玉県）の飛地とされ、大矢知村（現四日市市）に陣屋があった。明治三年には藩政改革の一環として大矢知村に郷学校である興譲堂が開設されていた。
(17) 『三重県史料四』政治部、学校、明治四～九年（国立公文書館所蔵）。
(18) 久居市史編纂委員会『久居市史　上巻』一九七二年、四八〇―四八三頁。
(19) 前掲『三重県史　通史編近現代一』九―一二頁。
(20) 前掲『三重県史料四』。
(21) 同右。
(22) 「明治六年布令書」「西黒部文書」所収（松阪市郷土資料室所蔵）。
(23) 『三重県史料十三』度会県史稿、明治四～九年（国立公文書館所蔵）。
(24) 三重県庶務課纂修『三重県公文全誌七』一八八〇年十月（三重県総合博物館所蔵）。
(25) 三重県庶務課纂修『三重県公文全誌弐』一八八〇年十月（三重県総合博物館所蔵）。
(26) 前掲『宇治山田市史資料一二九　教育編一』六五―七〇頁。
(27) 「外国語学校教則」は、学校を甲乙の二種とし、「甲ハ通弁ノミヲ志スモノヲ教授シ、乙ハ通弁及専門ノ諸科ニ入ラント欲スルモノヲ教授ス」と定め、甲を上等とし乙を下等とした。
(28) 尾崎行雄は、相模国の生まれであったが、父が新政府に仕官したことに伴い、明治十五年に山田に移り、宮崎語学校へ入学した。翌年には慶応義塾に入学し、後に工学寮へ転学した。
(29) 前掲『宇治山田市史資料一二九　教育編一』八九―一〇五頁。
(30) 「明治六年度会県」『文部省第一年報』四九頁。
(31) 久居語学校は、久居義塾のことと推測される。おそらく度会県合併後に、久居義塾の英学の課程が久居語学校と称されるようになったのではないかと推察しうる。
(32) 前掲『宇治山田市史資料一二九　教育編一』八五―八八頁。

(33)『明治六年旧度会県達』（三重県総合博物館所蔵）。
(34) 同右。
(35) サンデマンは、明治四年一月より半年間、大学南校で英語教師を勤めている。
(36) 前掲『宇治山田市史資料一二九　教育編一』一〇九―一一六頁。
(37) 前掲『明治初期における三重県の外語学校』七四頁。
(38)「廻達綴」「西黒部文書」所収（松阪市郷土資料室所蔵）。
(39)「外国語学校教則并改正・二条」『太政類典』第二編、明治四年～十年、第二百四十四巻、学制二、教員制置及属員学制（国立公文書館所蔵）。
(40) 前掲『宇治山田市史資料一二九　教育編一』一一七―一二六頁。
(41)「度会県私費雇入語学教師英人フレデリックサンデマン満期雇止届」『公文録』明治九年、第百九十八巻、明治九年二月、府県伺（東京府・京都府・諸県）（国立公文書館所蔵）。
(42)「明治十一年三重県年報」『文部省第六年報』一五四頁。
(43)『明治十二年三重県会議々事筆記』。以下、引用は同資料による。なお、三重県会の各年度の議事録は、三重県環境生活部文化振興課県史編さん班が収蔵しているものを用いた。
(44) 俸給の内訳は教員月給、雑務掛月給であり、給与の内訳は諸雇給（小使・門番・臨時雇人足）、諸賄料（宿直賄料）であった。
(45) 前掲『三重県公文全誌七』。
(46)『伊勢新聞』一八七九年七月九日。
(47)『学事新誌』第十七号。同誌は、一八七九年七月十九日に発刊された三重県の教育雑誌である。毎週土曜日に発行された。第一号から第三十号（一八八〇年二月二十一日発行）まで現存している（東京大学明治新聞雑誌文庫所蔵）。
(48) 十一月十二日発行の『教育雑纂』が同様の内容を報じている（『教育雑纂』第一号、一八七九年十一月十二日、三重県総合博物館所蔵）。
(49)『学事新誌』第十七号。

(50) 三重県庶務課纂修『三重県公文全誌十五』一八八〇年十一月（三重県総合博物館所蔵）。
(51) 『学事新誌』第二十四号。
(52) 「三重県報告第五号」明治十三年一月十六日「明治十三年一月ヨリ学事諸布告達全輯」所収（三重県総合博物館所蔵）。
(53) 『学事新誌』第二十七号。
(54) 『教育雑纂』第二号、一八八〇年一月二十八日。
(55) 『学事新誌』第二十八号。
(56) 「中学校校長以下生徒名簿」『公文録』明治十三年、第百五十巻、巡幸雑記第六（国立公文書館所蔵）。
(57) 『三重教育協会雑誌』第五号、明治十五年五月（玉川大学図書館木戸文庫所蔵）。同誌雑報欄に「津中学校年報抜粋」と称して一八八一年の同校年報の情報が掲載されている。
(58) 前掲『三重県教育史 第一巻』五八三頁。
(59) 「明治十四年三重県年報」『文部省第九年報』二四六頁。
(60) 三重県『御巡幸紀要』一九二八年、三〇七―三〇九頁（国立国会図書館所蔵）。
(61) 礒谷幸次郎「五十五年前の学生生活」三重県立津中学校校友会『校友会雑誌新築落成及創立五十五周年記念』第七四号、一九三六年、七一頁。
(62) 前掲「中学校校長以下生徒名簿」。
(63) 「明治十四年三重県年報」『文部省第九年報』二四五―二四六頁。前掲『三重教育協会雑誌』第五号。
(64) 前掲『三重教育協会雑誌』第五号。
(65) 前掲『三重教育協会雑誌』第五号。
(66) 『伊勢新聞』一八七九年十二月二十四日。
(67) 「中学校沿革附規則」『公文録』明治十三年、第百五十巻、巡幸雑記第六。
(68) 前掲「五十五年前の学生生活」七二―七三頁。
(69) 礒谷幸次郎「津中学校危機に関する回顧追談」三重県立津中学校校友会『校友会雑誌』第七五号、一九三七年、四頁。
(70) 竹田喜太郎・横山正太郎編『教育法規第二編』一八八三年十二月（国立国会図書館所蔵）。

(71)「明治十四年三重県年報」『文部省第九年報』二四五頁。
(72)「三重県津中学校規則」(三重県立図書館所蔵)。
(73)「三重県津中学校教則并学科課程」(三重県立図書館所蔵)。
(74)四方一沵『「中学校教則大綱」の基礎的研究』梓出版社、二〇〇四年、一五三—一七五頁。
(75)『伊勢新聞』一八八二年十月十日。
(76)高桑末秀『日本学生社会運動史』青木書店、一九五五年、一六頁。
(77)大林日出雄「明治十五年津中学生不敬事件」歴史科学協議会編『歴史評論』七二号、一九五六年一月、七九頁。
(78)同事件については、『三重県教育史第一巻』(五七五—五八八頁)が詳しく論じている。
(79)『伊勢新聞』一八八二年七月二十九日。
(80)一八八一年二月の試験でも、津中学校開校から「漸く一週年のみなるに已に五級の高等に登るものあり」とあり、飛び級が行われていたことがわかる(『三重日報』第一六号、一八八一年三月一日)。
(81)大林前掲論文、八〇—八一頁。
(82)『伊勢新聞』一八八二年十二月九日。
(83)『伊勢新聞』一八八二年十二月十五日。
(84)『伊勢新聞』一八八二年十二月十三日。
(85)『関口議官視察特別書類三重県』(静岡県立中央図書館所蔵)。
(86)前掲「五十五年前の学生生活」七五頁。
(87)『伊勢新聞』一八八三年一月二十七日。
(88)『伊勢新聞』一八八三年一月三十日。
(89)「明治十五年三重県第二学事年報」一二頁(三重県総合教育センター所蔵)。
(90)『明治十三年三重県会通常会議案』。以下、引用は同資料による。
(91)『教育雑纂』第二号、一八八〇年一月二十八日。
(92)『明治十三年三重県会議事筆記』。以下、引用は同資料による。

(93) 木村は、「生徒補助費」として「生徒八十人ノ内三十人ハ補助ヲ受ケサルモノト見做シ、五十人分寄宿費金千八百円ノ半額ヲ給ス、一人ニ付一ヶ月一円五十銭」と試算し、九〇〇円の予算創設を建議した。立案の趣旨は、「師範学校へ校費生ヲ設クルト其意ヲ異ニセリ、何ントナレハ師範学校ハ数百人ノ児童ヲ陶冶養成スル為メニ設クル所ノ生徒ナリ、中学校ハ必ス教員タルヲ目的トナスニアラス、唯自己ノ教育ヲ求ムルカ為メナリ、故ニ此校費ノ補助ハ貧困ニシテ中学ニ入ルヲ果サ、ルモノヲ補助スルモノニシテ小学ハ苟フシテ卒業ナセシモ学資ニ乏ク為メニ中学ニ入ル能ハサルモノ往々アリ、本員ハ此類ノモノヲ補助スルノ精神ナリ、因テ極貧者ノミニ限ルニ非サルナリ」と説明している（『明治十三年三重県会議事筆記』）。校費補助生の設置は支持を得て二次会まで開催されたが、結局廃案となった（『教育雑纂』第十二号、一八八〇年六月十五日）。『三重日報』は、中学校隆盛のために「校費ヲ設クルニ如クハナシ」と木村の建議が廃案となったことを批判的に報じている（『三重日報』第十六号、一八八一年三月一日）。

(94) 「明治十三年三重県年報」『文部省第八年報』一七三頁。

(95) 『明治十四年三重県甲号達』（三重県総合博物館所蔵）。

(96) 竹田喜太郎・横山正太郎編『教育法規第一編』一八八二年十月（国立国会図書館所蔵）。以下、引用は同資料による。

(97) 『明治十四年三重県第一学事年報』五三頁（三重県総合教育センター所蔵）。

(98) 『宇治山田市史資料一三〇　教育編二』三三六―三三八頁。

(99) 同右、三三九―三四〇頁。

(100) 『志勢雑誌』第四号、一八八二年八月十五日（東京大学明治新聞雑誌文庫所蔵）。『志勢雑誌』は、度会郡にて「同盟地方ノ幸福ヲ増進スル」ために結成された民権結社志勢同盟会の機関誌であり、一八八二年五月二十四日に創刊され、月一回刊行された。

(101) 『明治十五年三重県第二学事年報』一二―一三頁（三重県総合教育センター所蔵）。

(102) 前掲『宇治山田市史資料一三〇　教育編二』三三五頁。

(103) 度会郡山田在住の県会議員村井恒蔵は、「我々カ山田中学校ヲ起シタルニモ亦タ幾多ノ尽力ト幾多ノ耐忍トヲ以テ成就シタル者ニシテ其資金ノ如キハ小学校補助費ヲ二ヶ年間全ク積置、之レニ有志ノ醵金ヲ加ヘテ辛クシテ今日ノ成功ヲ見ルニ至リシナリ」と発言している（『明治十六年度通常会議筆記』）。

(104) 前掲『明治十五年三重県第二学事年報』一三頁。
(105)『志勢雑誌』第八号、一八八二年十二月十五日。
(106)『志勢雑誌』第十二号、一八八三年四月十五日。
(107)『明治十七年三重県第四学事年報附録』一〇七頁（国立国会図書館所蔵）。
(108) 各年度『三重県学事年報』参照のこと。
(109) 津中学校生徒数は、一八八三年は八二名、一八八四年は九九名、一八八五年は一五六名であった。
(110)「明治十七年三重県年報」『文部省第十二年報』一四六頁。
(111)『伊勢新聞』一八八四年三月十三日。以下、引用も同資料による。
(112)『明治十七年三重県第四学事年報附録』一〇七―一〇八頁。
(113) 中西用亮は、明治元年八月には外宮権祢宜従四位下を務め、明治維新後は貸金業を営み、一八七七年には第三十九中学区内第一小学区取締として教育普及に尽力した人物である（三谷敏一『神都名家集』一九〇一年、一一六頁、国立国会図書館所蔵）。
(114)「宇治山田市立中学校新築費之件建議書」一門一七三一〇「浦田家旧蔵資料」一六五五（神宮文庫所蔵）。
(115)『明治十七年三重県第四学事年報』一八頁（国立国会図書館所蔵）。
(116) 三重県では、一八八五年以降、初等中学科のみを設ける公立中学校のことを「初等中学校」と称するようになり、一八八五年度から『三重県学事年報』や『文部省年報』中の「三重県年報」でも「初等中学校」と記載するようになった。ただし、初等中学科のみの中学校を「初等中学校」と呼称したのは三重県独自の措置であったといえる。
(117)『伊勢新聞』一八八五年三月一日。
(118)『明治十八年三重県第五学事年報』六頁、『同附録』三九頁（国立国会図書館所蔵）。
(119)『三重教育協会雑誌』第七号、明治十五年七月。
(120)『伊勢新聞』一八八三年一月二十三日。
(121)『明治十六年度通常会議筆記』。以下、引用は同資料による。
(122)『明治十六年三重県第三学事年報』一八頁（三重県総合教育センター所蔵）。

(123)『伊勢新聞』一八八四年三月二十九日。
(124)『伊勢新聞』一八八四年四月二十六日。
(125)『明治十七年三重県第四学事年報』一八頁。『明治十七年三重県学事年報』ならびに「明治十七年三重県年報」(明治十八年八月八日、三重県令石井邦猷より文部卿大木喬任に進達)から、公立名張伊賀郡初等中学校と明記されるようになった。
(126)『明治十七年三重県第四学事年報』一九頁。
(127)『伊勢新聞』一八八五年四月三十日。
(128)『明治十八年三重県第五学事年報』七頁。
(129)前掲『伊賀市史 第三巻通史編近現代』四四—四九頁。
(130)「明治十五年三月調 明治十四年県立学校及各郡学事年報諸表」(三重県総合博物館所蔵)。
(131)『伊勢新聞』一八八三年一月二十五日。
(132)『伊勢新聞』一八八四年十二月二十八日。
(133)前掲『伊賀市史 第三巻通史編近現代』一一九—一二〇頁。
(134)「懐往事談」『白鳳同窓会通信』第十三号、明治四十一年十二月、一九—二四頁(伊賀市所蔵)。以下、引用は同資料による。
(135)『明治十八年三重県第五学事年報』には、「公立上野初等中学校」と明記されているが(七頁)、『同附録』の「阿拝山田郡役所申報」には「阿拝山田郡公立上野中学校」と記載されている(附四二頁)。
(136)『伊勢新聞』一八八五年八月十二日。
(137)『明治十八年三重県第五学事年報附録』四二頁。
(138)前掲『白鳳同窓会通信』第十三号、一九—二一頁。
(139)『伊勢新聞』一八八五年七月二十五日。
(140)『明治十八年三重県第五学事年報附録』四二頁。
(141)前掲『白鳳同窓会通信』第十三号、二三頁。
(142)同右、一九—二四頁。
(143)『伊勢新聞』一八八三年十月四日。

(144)『一志郡内学事月報』第三号、一八八四年六月、一二―一四頁（三重県総合博物館所蔵）。以下、引用は同資料による。
(145)三重県『三重県会史　第一巻』一九四二年、三九六頁。
(146)『明治十七年通常会議筆記』。以下、引用は同資料による。
(147)『明治十六年度通常会議筆記』。以下、引用は同資料による。
(148)同右。
(149)『明治十七年三重県乙号達』（三重県総合博物館所蔵）。
(150)『明治十七年三重県甲号布達』（三重県総合博物館所蔵）。
(151)「明治十八年三重県年報」『文部省第十三年報』一八八五年、一四一頁。
(152)『明治十八年度三重県通常県会議事筆記』。以下、引用は同資料による。
(153)「明治十八年三重県年報」『文部省第十三年報』一八八五年、一三四頁。
(154)『明治十九年度三重県通常県会議事筆記』。以下、引用は同資料による。
(155)県当局橋本の答弁は途中から「高等小学校」が「高等学校」と記載されているが、「高等小学校」の誤りと考える。
(156)『明治十九年度臨時県会議案』。以下、引用は同資料による。
(157)『明治十九年三重県第六学事年報』六頁（国立国会図書館所蔵）。
(158)前掲『宇治山田市史資料一三〇　教育編二』三三九―三四五頁。
(159)同右、三三四頁。
(160)『明治十九年三重県第六学事年報』一三六頁
(161)前掲『白鳳同窓会通信』第十三号。
(162)前掲『教育法規第一編』。
(163)前掲『明治十九年三重県第六学事年報』八頁
(164)『明治十八年度三重県通常県会議事筆記』。
(165)前掲『明治十九年三重県第六学事年報』六―七頁。
(166)「三重県尋常中学校規則」『三重県県令告示・諭告・報告（明治二十年）』（三重県総合博物館所蔵）。

(167)『明治十七年通常会議筆記』。
(168)『明治二十年三重県第七学事年報』八―一〇頁（国立国会図書館所蔵）。
(169)津田純一『西洋礼式』有文堂、一八八七年（国立国会図書館所蔵）。
(170)前掲『あゝ母校　三重県立津高等学校創立百年記念誌』六二頁。
(171)『三重県立津中学校沿革』一九三五年（三重県総合教育センター所蔵）。
(172)『明治二十一年三重県第八学事年報』一〇頁（国立国会図書館所蔵）。
(173)真弓六一「母校の歴史（十）津中の巻　津田校長問題①」（『津高同窓会々報』第十三号、一九七六年三月）を参照のこと。
(174)『明治二十二年三重県第九学事年報』一七―一九頁（国立国会図書館所蔵）。
(175)長井氏克は、旧津藩士で『伊勢新聞』の創刊に携わり、三重県会議員も務めた。一八八九年に津市会議員となり、翌年には津市長に就任している。
(176)三重県教育会『明治大正三重県教育小史』（一九二二年、七二頁）ならびに、真弓六一「母校の歴史（一）明治期の津中学と高女」（『津高同窓会々報』第三号、一九六六年三月）および「母校の歴史（十一）津中の巻　津田校長問題②」（『津高同窓会々報』第十四号、一九七七年二月）を参照のこと。

【本研究は、ＪＳＰＳ科研費ＪＰ１６Ｋ１７３９３の助成を受けたものです。】

池田雅則【第5章】
東京大学大学院教育学研究科博士課程修了　博士（教育学）
兵庫県立大学看護学部教授
・『私塾の近代――越後・長善館と民の近代教育の原風景』東京大学出版会、2014年
・『就学告諭と近代教育の形成――勧奨の論理と学校創設』東京大学出版会、2016年（共著）
・『明治前期中学校形成史　府県別編Ⅲ　東日本』梓出版社、2014年（共著）

著者紹介

神辺靖光　【編集　序説・第6章】
早稲田大学大学院文学研究科修了　文学博士
・『明治前期中学校形成史　府県別編Ⅰ』梓出版社、2006年
・『明治前期中学校形成史　府県別編Ⅱ　環瀬戸内海』梓出版社、2013年
・『明治前期中学校形成史　府県別編Ⅲ　東日本』梓出版社、2014年（編著）

米田俊彦　【編集　まえがき】
東京大学大学院教育学研究科修了　教育学博士
お茶の水女子大学基幹研究院人間科学系教授
・『近代日本中学校制度の確立——法制・教育機能・支持基盤の形成』東京大学出版会、1992年
・『日本の教育課題　10　近代日本人の形成と中等教育』東京法令出版、1997年
・『近代日本教育関係法令体系』港の人、2009年

田中智子　【第1章・第2章】
京都大学大学院文学研究科博士後期課程研究指導認定退学　博士（文学）
京都大学大学院教育学研究科准教授
・『近代日本高等教育体制の黎明——国と地域とキリスト教界』思文閣出版、2012年
・『近代日本の歴史都市——古都と城下町』思文閣出版、2013年（共著）
・『講座明治維新　第11巻　明治維新と宗教・文化』有志舎、2016年（共著）

熊澤恵里子　【第3章】
早稲田大学大学院文学研究科博士課程単位取得退学　博士（文学）
東京農業大学教職・学術情報課程教授、同大学院農学研究科環境共生学専攻教授
・『就学告諭と近代教育の形成——勧奨の論理と学校創設』東京大学出版会、2016年（共著）
・『近代学問の起源と編成』勉成出版、2014年（共著）
・『幕末維新期における教育の近代化に関する研究——近代学校教育の生成過程』風間書房、2007年

杉浦由香里　【第4章・第7章】
名古屋大学大学院教育発達科学研究科博士課程後期課程修了　博士（教育学）
滋賀県立大学人間文化学部准教授
・『就学告諭と近代教育の形成——勧奨の論理と学校創設』東京大学出版会、2016年（共著）
・「三重県阿山高等公民学校の発足」『日本の教育史学』第58集、2015年
・「1880年の三重県会における「学監配置建議案」の検討——教育行政の独立と専門性の視点から」『日本教育行政学会年報』No. 37、2011年

明治前期中学校形成史　府県別編Ⅳ　北陸東海

2018年10月20日　第1刷発行　〈検印省略〉

編著者© 神辺靖光
米田俊彦
発行者 本谷高哲
制作 シナノ書籍印刷
東京都豊島区池袋4-32-8
発行所 梓出版社
千葉県松戸市新松戸7-65
電話・FAX 047(344)8118

乱丁・落丁本はお取り替えいたします。
ISBN 978-4-87262-647-6 C3037